JASPER RIDLEY

Heinrich VIII.

EINE BIOGRAPHIE

WELTBILD VERLAG

Die englische Originalausgabe
erschien 1984 unter dem Titel *Henry VIII*
bei Constable and Company Ltd., London.

Für meinen Sohn Benjamin

Danksagung

*Folgenden Personen möchte ich meinen Dank aussprechen:
Tony Mercer, der mich nach Thérouanne, Eguinegatte,
Bomy, Tournai, zum »Güldenen Feld«,
nach Gravelines und nach Boulogne gefahren hat;
Christopher Small, der mich nach Solway Moss und Liddisdale gebracht hat;
Bill und Pamela Petrie, die mir gestatteten, in ihrem reizenden Cottage bei Cargill
in Perthshire zu wohnen, wo ich das erste Kapitel dieses Buches schrieb;
Ann Hoffman von Authors Research Services für ihre Hilfe bei der Recherche;
dem Bibliothekar und den Mitarbeitern der London Library
für ihre freundliche Unterstützung,
vor allem als der St. James Square gesperrt war;
den Mitarbeitern der British Library in Tunbridge Wells
sowie meiner Frau Vera und meinem Sohn John für ihre Hilfe beim Korrekturlesen.*

Jasper Ridley
Tunbridge Wells
24. Juli 1984

Genehmigte Lizenzausgabe by
Weltbild Verlag GmbH, Augsburg 1995

Umschlaggestaltung: Adolf Bachmann, Reischach
Umschlagbild: Archiv für Kunst und Geschichte, Berlin
Gesamtherstellung: Presse-Druck Augsburg
Printed in Germany
ISBN 3-89350-947-X

Inhaltsverzeichnis

Zerbrich der Bösen Waffe, gnäd'ger Gott,
Die diese Tage möchten wiederbringen,
Daß England weinen müßt' in Strömen Bluts!
Der lebe nicht und schmeck' des Landes Frucht,
Der heim des schönen Landes Frieden sucht!

Richmond in Shakespeares *König Richard der Dritte*,
5. Aufzug, 4. Szene

Vorwort

Viele Leute werden überrascht sein, daß ich auch noch eine Biographie einer so berühmten Gestalt wie Heinrich VIII. geschrieben habe. Doch erstaunlicherweise gibt es relativ wenige Biographien dieses Königs. Seine Scheidung von Katharina von Aragon, seine »Reformation« und seine Religionspolitik wurden im 19. Jahrhundert wiederholt analysiert. In jüngerer Zeit lieferten sein Regierungsstil sowie seine sechs Ehen und sein Privatleben den Stoff für viele Bücher, ganz zu schweigen von Filmen und Fernsehproduktionen. Umfassende Biographien wurden dagegen vergleichsweise selten publiziert.

Die erste moderne Darstellung stammt von A. F. Pollard und erschien 1902. Pollard stellte Heinrich als grausamen, aber fähigen Diktator dar, der vom Volk getragen wurde und dessen starke Herrschaft England vor einem Bürgerkrieg bewahrte. Im Jahr 1929 erschien Francis Hacketts anschauliche, phantasievolle und populäre Biographie. 1964 folgte ein interessantes Buch von John Bowle, 1968 J. J. Scarisbricks wissenschaftliches Werk und 1980 schließlich Carolly Ericksons *Great Harry,* ein umfassendes Werk, das erstaunlicherweise aber überhaupt nicht auf die so wichtigen Jahre 1531 und 1532 eingeht. Erickson hat sich in erster Linie mit Heinrichs Privatleben, weniger mit seiner Politik und seinen Fähigkeiten als Staatsmann auseinandergesetzt.

Im Jahr 1962 wies Professor Elton in seiner kurzen Abhandlung *Henry VIII: an essay in revision* darauf hin, daß unsere Erfahrung mit Diktatoren und ideologischer Kriegführung im 20. Jahrhundert zu einem neuen Interesse an Heinrich und seiner Regierungszeit geführt habe. Der Vergleich zwischen Heinrichs Herrschaft und totalitären Regimen der Neuzeit wurde tatsächlich häufig gezogen, aber ebenso oft verworfen. Die meisten modernen Historiker vertreten die Ansicht, daß trotz äußerlicher Gemeinsamkeiten grundlegende

Unterschiede bestehen. Je nachdem, wie man die oberflächlichen und grundlegenden Aspekte dieser Regime einschätzt, könnte man genausogut behaupten, daß die Unterschiede äußerlich und die Ähnlichkeiten grundlegend sind.

Dr. Scarisbricks Buch ist zweifellos die bedeutendste neuere Biographie. Sie hat allgemeiner Auffassung nach Pollards Werk als maßgebliche Biographie Heinrichs ersetzt. Dr. Scarisbrick stellt Heinrich nicht als tüchtigen und tyrannischen Diktator dar, sondern als vergnügungssüchtigen Playboy ohne politische Intuition oder staatsmännische Fähigkeiten. Er führt Heinrichs Erfolge fast ausschließlich auf das Geschick fähiger Minister wie Wolsey oder Thomas Cromwell zurück. Heinrich habe sich von den Schmeicheleien und Intrigen der Ratgeber beeinflussen lassen, die jeweils Zutritt zu ihm hatten. Sie hätten ihn dafür gewonnen, sie bei ihren Zwistigkeiten zu unterstützen und ihre Feinde zu vernichten, indem sie ihm eine neue attraktive Frau verschafften. Heinrich habe 1540 in einer der schwersten Krisen seiner Regierung nicht einmal ganz begriffen, weshalb es zur Niederlage seiner protestantischen Berater kam. Bei allem Respekt vor Dr. Scarisbrick bin ich mit dieser Interpretation keineswegs einverstanden. Heinrich VIII. ließ sich bei politischen Entscheidungen so wenig wie bei der Wahl seiner Frauen von intriganten Beratern beeinflussen. Er traf alle wichtigen Entscheidungen selbst und benutzte miteinander rivalisierende Minister, um die Politik zu verwirklichen, die er jeweils für richtig hielt. Wenn unpopuläre Maßnahmen erforderlich waren, lenkte er den Haß des Volkes geschickt auf diese Minister.

Ich kann auch dem gängigen Bild Heinrichs nicht zustimmen, das durch Kino und Fernsehen vermittelt wird. In Filmen über Heinrich wird sein ungestümes, extrovertiertes Naturell betont, nicht aber sein politisches Kalkül, seine Vorsicht und seine Gerissenheit. Heinrich traf die Entscheidung, einen potentiell gefährlichen Gegner oder einen loyalen Diener hinrichten zu lassen, der seine Pflicht erfüllt hatte, nicht in einem Anfall von Wut, sondern mit kalter, berechnender Grausamkeit.

Ich wurde erst durch die Arbeit an den Biographien seiner Tochter Maria, Thomas Cranmers, Kardinal Wolseys und Thomas Morus' auf die Gestalt dieses schrecklichen und doch faszinierenden Königs aufmerksam. Ich stellte fest, daß Heinrich VIII. diese Biographien ebenso beherrscht, wie er das Leben und die Handlungen dieser vier Menschen und jeder anderen Person in England, die mit ihm in Berührung kam, beherrscht hat. Dieser Eindruck konnte durch das Zeugnis seiner Zeitgenossen nur verstärkt werden. Sie alle beschreiben den überwältigenden Einfluß, den er durch seine dominierende Persönlichkeit und seine Macht und Stellung als König auf sie ausgeübt hat. Die zeitgenössischen Aussagen zu Heinrich VIII. bestärken mich darin, daß das Porträt, das ich von ihm zeichne, der Wahrheit entspricht.

1

England zur Zeit Heinrich Tudors

Am 28. Juni des regnerischen Sommers 1491, am Vorabend von Peter und Paul, brachte Elisabeth von York, Tochter Eduards IV., Schwester der »Princess in the Tower« und Gemahlin Heinrichs VII., ihr drittes Kind zur Welt, den späteren König Heinrich VIII. Heinrich wurde im königlichen Palast von Greenwich, acht Kilometer südöstlich von London in der Grafschaft Kent geboren. Von Geburt war er also ein Mann aus Kent, und daran erinnerte er seine Untertanen der Grafschaft Kent später manchmal, wenn sie sich weigerten, ihre Steuern zu bezahlen.[1] Als er ein paar Tage alt war, wurde er in der Kirche des Franziskanerordens in Greenwich in dem Taufbecken getauft, das Richard Foxe, der Bischof von Exeter, eigens zu diesem Zweck aus der Kathedrale von Canterbury hatte herschaffen lassen. Foxe hatte zur Zeit Richards III. mit seinem Vater in Frankreich im Exil gelebt und war jetzt Lordsiegelbewahrer.

Heinrich VIII. ist vielleicht der eindrucksvollste und bekannteste König, der England je regiert hat. Zu seinen Lebzeiten wurde er von Engländern wie Fremden gleichermaßen bewundert, gefürchtet und gehaßt. Noch 450 Jahre nach seinem Tod ist er in der Erinnerung als mächtige Gestalt gegenwärtig: ein hübscher junger König, ein vollendeter Musiker, Förderer der schönen Künste und ausgezeichneter Sportler, der sich zu einem aufgedunsenen, alten Despoten mit einem Taillenumfang von 137 cm entwickelte. Heinrich erscheint als machtgieriger Tyrann, der die Klöster auflöste und sich ihres Reichtums bemächtigte, der die päpstliche Souveränität nicht anerkannte und die anglikanische Religion und die Kirche von England begründete. Er ließ die Kartäusermönche und Sir Thomas Morus hinrichten und protestantische Märtyrer auf dem Scheiterhaufen verbrennen. Er gehörte zu den geistigen und materiellen Vätern der englischen Flotte und schuf die Voraussetzungen für Englands Aufstieg zur Großmacht. Doch vor allem ist er berühmt als Ehemann von sechs Frauen, an deren Schicksal noch heute ein alter Kinderreim erinnert: »Geschieden, geköpft, gestorben, geschieden, geköpft, überlebt.«

Kürzlich haben Historiker einer neuen Schule ein ganz anderes Bild von ihm entworfen: Heinrich VIII. als dummer, träger Tölpel, der »etwas von einem Baby an sich hat«, wie Professor Elton es ausdrückt,[2] der von intriganten Höflingen und seiner jeweiligen Gemahlin oder Geliebten zuerst in diese, dann in jene Richtung gelenkt worden sei und keines seiner Ziele erreicht hätte, wenn ihn nicht fähige Minister wie Thomas Wolsey und Thomas Cromwell vor Unheil bewahrt hätten. Cromwell habe er zu gegebener Zeit geopfert, um einem Günstling zu gefallen, der einen Narren aus ihm gemacht habe. Eine solche Interpretation hätte Heinrichs Zeitgenossen in Staunen versetzt, obgleich sie vielleicht nur eine respektlose Version der Beschreibungen Poles und John Foxe' sind, die Heinrich als katholischen, von Cromwell korrumpierten Herrscher bzw. als großen, guten König schildern, der von dem Papisten Gardiner in die Irre geführt worden sei.

Mehr als die meisten Menschen war Heinrich VIII. ein Produkt seiner Zeit. Nur ein König des frühen 16. Jahrhunderts konnte sich so verhalten, wie er es getan hat. Wir können uns vorstellen, daß sich Wolsey oder Cromwell auch in einem anderen Jahrhundert als tüchtige Administratoren erwiesen hätten, ebenso wie Thomas Morus und Anne Askew auch in anderen Jahrhunderten als Märtyrer hätten sterben können und Rich der zeitlose Opportunist ist, der jeden Wechsel des Regimes mitmacht. Heinrich VIII. dagegen kann man sich nur als absoluten Monarchen des 16. Jahrhunderts vorstellen, der sein Amt von seinem Vater erbte. Seine Regierungsform war den totalitären Herrschaften des 20. Jahrhunderts in vielerlei Hinsicht bemerkenswert ähnlich. Die Diktatoren des 20. Jahrhunderts müssen sich die Macht freilich erst durch eine erfolgreiche Revolution oder einen Staatsstreich erkämpfen oder indem sie die politische Leiter innerhalb des Systems emporklettern, sich bei ihren Vorgesetzten einschmeicheln und im Politbüro die richtige Partei ergreifen. So etwas ist bei Heinrich VIII. schwer vorstellbar. Genausoschwer kann man sich ihn in der Rolle vorstellen, die ihm von Geburt her eigentlich zugedacht war und der er nur durch den Tod seines Bruders entging – die Rolle Heinrichs des Herzogs von York, des jüngeren Bruders König Arthurs I. Wäre er ein loyaler Untertan gewesen, eine der Hauptstützen von seines Bruders Thron? Oder ein erfolgreicher Usurpator, der sich die Krone widerrechtlich aneignet? Oder ein Gescheiterter, der von König Arthur als Verräter hingerichtet worden wäre? Auf jeden Fall wäre er dann nicht mehr der Heinrich VIII. gewesen, den wir aus der Geschichte kennen.

Elisabeth von York war eine schöne Frau und laut Aussage des spanischen Gesandten »eine sehr vornehme Dame«, die allseits Verehrung genoß.[3] Sie war die rechtmäßige Erbin des Throns von England, aber nicht regierende Königin, sondern Gemahlin Heinrichs VII., der nur ein entferntes Anrecht auf die Krone hatte. Zwar konnte er den Anspruch erheben, ein Nachfahre Eduards III. zu sein, jenes lüsternen Königs, der nicht nur viele Mätressen hatte, sondern auch die englische Geschichte durcheinanderbrachte, weil er mit seiner rechtmäßigen Gemahlin Königin Philippa von Hainault zwölf legitime Kinder zeugte. Doch gleich mehrere englische Adelsfamilien konnten denselben Anspruch erheben: Die Plantagenets, die de la Poles, die Staffords und die Howards standen den Tudors in dieser Beziehung in nichts nach.

Die ältesten Einwohner Englands konnten sich 1491 noch an die über 70 Jahre zurückliegende Zeit erinnern, als der heldenhafte König Heinrich V. Frankreich belagert, den glorreichen Sieg von Agincourt davongetragen und den König von Frankreich gezwungen hatte, ihm seine Tochter, Prinzessin Katharina, zur Frau zu geben und ihn als Erben des französischen Thrones anzuerkennen. Doch der unbesiegbare Heinrich V. war mit 35 Jahren an der Pest gestorben. Sein Sohn Heinrich VI. wurde, noch ehe er ein Jahr alt war, König von England und Frankreich und wuchs zu einem frommen Mann heran, der Krieg und Gewalt verabscheute. Katharina von Frankreich, die Königinmutter, die mit zwanzig bereits Witwe war, verliebte sich in einen Gentleman ihrer Leibwache, den Waliser Owain ap Meredith ap Tewdwr, und heiratete ihn. Wie alle Waliser hatte Owain nur einen von den Vorfahren abgeleiteten Namen und keinen Nachnamen, doch in England trug er den Namen seines Großvaters Tewdwr als Nachnamen, und die Engländer nannten ihn Owen Tudor. Der Sohn von Owen und Katharina, Edmund Tudor, heiratete die elfjährige Lady Margaret Beaufort, die Enkelin eines unehelichen Sohnes von Johann von Gaunt und Katharina Swynford, der später für legitim erklärt wurde. Mit vierzehn gebar Margaret Beaufort einen Sohn, der 1485 als Heinrich VII. den Thron bestieg.

Ihm war es zu verdanken, daß sich in England nach dreißig Jahren immer wieder neu aufflammenden Bürgerkriegs ein Wandel vollzog. Nachdem der fromme Pazifist Heinrich VI. Frankreich verloren hatte, war das Haus York als Sieger aus den Rosenkriegen hervorgegangen. Eduard IV. wurde König und ließ Heinrich VI. ermorden. Doch als Eduard starb und sein Bruder Richard, Herzog von Gloucester, die adligen Mitglieder des Hauses York auszurotten begann, wandten sich die Anhänger des Hauses York in ihrer Angst an den in der Bretagne im Exil lebenden Heinrich Tudor und boten ihm die Königskrone an. Bedingung war, daß er die Erbin des Hauses York, Elisabeth von York, heiratete. Weihnachten 1483 legte Heinrich Tudor in der Kathedrale von Rennes den Eid ab, Elisabeth zu heiraten, und im August 1485 landete er in Wales mit einer Armee, die in der Hauptsache aus französischen, bretonischen und schottischen Truppen bestand und von einem französischen General befehligt wurde. Richard wurde bei Bosworth geschlagen und getötet. Heinrich marschierte nach London, um sich vom Parlament zum König ausrufen zu lassen.

Welchen Anspruch hatte Heinrich VII. auf den Thron? Sein Anspruch war so vage, daß er und seine Anhänger ihn absichtlich nie genauer formulierten. Hätte Heinrich sich als Erben Eduards III. über seine Mutter Margaret Beaufort ausgegeben, so hätten andere Anwärter einen besseren Anspruch auf den Thron gehabt als er. In der Urkunde, die die Kinder von Johann von Gaunt und Katharina Swynford für legitim erklärte, war festgelegt, daß sie keinen Anspruch auf die Krone hatten. Wenn Heinrich Tudor aufgrund der Erbfolge Anspruch auf den Thron erhoben hätte, hätte das zudem bedeutet, daß seine Mutter, die 1485 noch lebte, Königin geworden wäre, ehe ihr Sohn ihr auf den Thron folgen konnte. Heinrich VII. machte ferner deutlich, daß er nicht aufgrund des Rechts seiner Braut Elisabeth von York Anspruch auf den Thron erhob. Er heiratete sie erst drei Monate nachdem er zum König gekrönt worden war und ließ sie erst zwei Jahre später zur Königin krönen. Er begründete seinen Anspruch auf den Thron auch nicht mit dem Recht des Siegers, da er den König von England mit einer Armee geschlagen hatte, die zum größten Teil aus Franzosen bestand, dem verhaßten Nationalfeind. In einem vom Parlament erlassenen Gesetz hieß es lediglich, daß Heinrich allein der rechtmäßige König sei. Er selbst erklärte, kraft rechtmäßig ererbten Titels und des durch seinen Sieg auf dem Schlachtfeld offenbar gewordenen Gottesurteils zu herrschen.

Vier Jahre nach dem Tod Heinrichs VII. schrieb der florentinische Schriftsteller Niccolò Machiavelli in seinem Buch *Der Fürst,* man könne die Fürsten in zwei Gruppen einteilen: Die einen erbten den Thron in Staaten, in denen ihre Familien seit langem etabliert sind, die anderen müßten sich die Staaten erst mit Waffengewalt oder aufgrund persönlicher Tüchtigkeit aneignen. Seiner Ansicht nach konnte sich die erste Gruppe leichter an der Macht halten.[4] Heinrich VII. gehört zweifellos zur zweiten Kategorie.

Im September 1486 bekamen Heinrich VII. und Elisabeth von York einen Sohn Arthur und im November 1489 wurde ihnen eine Tochter Margarete geboren. Im Juni 1491 kam Prinz Heinrich zur Welt. Prinzessin Elisabeth, die ein paar Jahre später geboren wurde, starb mit drei Jahren. Prinzessin Maria kam im März 1496 zur Welt. Prinz Edmund wurde im Februar 1499 geboren und starb mit 16 Monaten. Das letzte Kind, Prinzessin Katharina, starb bereits wenige Monate nach der Geburt im Jahr 1503. Heinrich VII. mußte in dieser Zeit ständig Revolten abwehren, mit denen Thronprätendenten aus dem Hause York ihre Ansprüche durchsetzen wollten. Erst 1498 konnte er seinen gefährlichsten Gegner, Perkin Warbeck, endgültig besiegen und gefangennehmen. Drei Jahre zuvor hatte Heinrich Sir William Stanley hinrichten lassen, dessen Abfall von Richard III. ihn 1485 zum König gemacht hatte. Heinrich hatte entdeckt, daß Stanley ein Verräter war und mit Perkin Warbeck gemeinsame Sache machte. Als der zukünftige Heinrich VIII. heranwuchs, konnte die Tudor-Dynastie noch keineswegs als gefestigt gelten.

Heinrich VII. glaubte, seine Herrschaft festigen zu können, wenn er den einflußreichen Adel ausschaltete, der ihm den Thron streitig machen konnte. Daher beschloß er, sich die Dezimierung des Adels im Bürgerkrieg zunutze zu machen. Bei Ausbruch der Rosenkriege hatte es noch 64 Peers gegeben, 1485 waren es nur noch 38. Eine solche Ausrottung des Adels im Krieg hatte es schon früher gegeben. Neu war, daß Heinrich VII. sich weigerte, die Zahl wieder aufzufüllen, indem er, wie bisher üblich, neue Peers ernannt hätte. Er besetzte auch wichtige Staatsämter nicht mehr mit Adligen. Statt dessen übertrug er sie seinen minderjährigen Kindern und ließ die anfallenden Aufgaben von Stellvertretern erledigen, die nicht in den Adelsstand erhoben werden mußten, sondern Ritter bleiben konnten.

Nachdem er seinen ältesten Sohn Arthur mit drei Jahren zum Prinz von Wales ernannt hatte, machte er seinen zweiten Sohn Heinrich am 5. April 1493 im Alter von 21 Monaten zum Schloßvogt von Dover Castle und zum Schutzherrn der fünf Häfen. Kurz darauf wurde der Zweijährige zum Großzeremonienmeister von England ernannt. Im September 1494 folgte die Ernennung des Dreijährigen zum Statthalter von Irland; sein Stellvertreter war Sir Edward Poynings, der Verfasser von »Poyning's Law«, das Irland in größere Abhängigkeit von der englischen Regierung brachte. Sieben Wochen später wurde der kleine Heinrich feierlich zum Ritter des Bath-Ordens ernannt und am darauffolgenden Tag, dem 31. Oktober, zum Herzog von York. Letzteren Titel hatte der Usurpator Perkin Warbeck innegehabt. Im Dezember 1494 wurde er Schutzherr der schottischen Marken; als solcher hatte er die Aufgabe, für die Verteidigung der Grenze gegen die Schotten zu sorgen. Im darauffolgenden Mai wurde er, einen Monat vor seinem vierzehnten Geburtstag, zum Ritter des Hosenbandordens ernannt.[5]

Heinrich, Herzog von York, verbrachte seine Kindheit mit seinen Geschwistern in der Obhut der Mutter in den königlichen Palästen bei London, in Greenwich, Eltham und dem Palast von Sheen, der nach dem Titel des Grafen von Richmond, den Heinrich VII. vor seiner Thronbesteigung innegehabt hatte, in Richmond umbenannt wurde. Im Juni 1497, ein paar Wochen vor seinem sechsten Geburtstag, weilte er mit der Königin im Haus seiner Großmutter Margaret Beaufort in der Coldharbour Lane in London, als die Nachricht eintraf, daß die Einwohner von Cornwall gegen die ihnen auferlegten Steuern revoltierten, auf London marschierten und bereits Farnham erreicht hätten. Elisabeth von York flüchtete sich mit ihren Kindern eiligst hinter die sicheren Mauern des Tower und blieb dort, bis die Leute aus Cornwall bei Blackheath von der Armee des Königs geschlagen wurden.[6] Der junge Herzog von York lernte so schon früh, wie gefährlich Rebellionen sein konnten.

Er genoß eine ausgezeichnete Erziehung. Der berühmte Dichter John Skelton war sein Lehrer. Schon frühzeitig lernte er, Latein und Französisch fließend zu sprechen und zu schreiben und sich in Spanisch und Italienisch angemessen auszudrücken. Skelton lehrte den jungen Herzog Anstand und öffentliches Auftreten. Im Spätsommer 1499, als Heinrich sich mit seinen Geschwistern in Eltham aufhielt, bekam er Besuch von zwei jungen Intellektuellen, Lord Mountjoy und Thomas Morus. In ihrer Begleitung befand sich Erasmus von Rotterdam, der England zum ersten Mal besuchte. In Abwesenheit seines älteren Bruders Arthur übernahm der achtjährige Heinrich die Rolle des Gastgebers und fand für den großen ausländischen Gelehrten schickliche Worte des Lobes und der Ermunterung.[8]

Wer den Erbfaktoren bei der Formung des menschlichen Charakters Bedeutung beimißt, wird sich schwertun, die Vorfahren zu benennen, deren Gene für die Entwicklung von Heinrichs Charakter verantwortlich waren. Hat er etwas von seinem klugen, vorsichtigen Vater geerbt, von dessen ruhiger, gewissenhafter Art und zurückhaltendem Regierungsstil? Oder von seiner schönen, fügsamen Mutter, die eine ergebene Ehefrau und liebende Mutter war und sich, laut Aussage des spanischen Gesandten, von ihrer Schwiegermutter beherrschen ließ?[9] Von seinem unbesonnenen, vergnügungssüchtigen und lüsternen Großvater Eduard IV.? Von seinem anderen Großvater, dem unbedeutenden Edmund Tudor? Seiner frommen Großmutter Margaret Beaufort, die religiöse und pädagogische Einrichtungen stiftete? Seiner Großmutter mütterlicherseits, der nüchternen und ehrgeizigen Elisabeth Woodville, die Eduard IV. dazu brachte, seine Krone zu riskieren und die Rosenkriege neu zu entfachen, damit er sie heiraten konnte? Den Vorfahren Katharinas von Frankreich aus der Grafschaft Valois oder den walisischen Ahnen des Owen Tudor?

Ebenso wie Eduard IV. und Richard III. herrschten die Monarchen aus dem Hause Tudor über ein kleineres Territorium als ihre Vorgänger und ihre Nachfolger der nächsten vierhundert Jahre. Zum ersten Mal seit dem 11. Jahrhundert gehörte zum Reich des Königs von England keine französische Provinz. Schottland war noch nicht erworben, britisches Empire und Commonwealth lagen noch in der Zukunft. Der König regierte über England, Wales und die Kanalinseln. Er trug zwar den Titel König von Frankreich, doch als Heinrich VIII. 1491 geboren wurde, gehörte den Engländern in Frankreich lediglich ein Stück Land an der Küste um die Stadt Calais und die Burg Guisnes, etwa 13 Kilometer breit und 30 Kilometer lang. Im Süden und Westen grenzte das Gebiet an das Königreich Frankreich, im Osten an Flandern, eine Provinz des Herzogtums Burgund, das 1491 vom Hause Habsburg und dessen Oberhaupt, dem Kaiser des Heiligen Römischen Reiches, erobert worden war. Eduard IV. und Heinrich VII. hatten allerdings durch kurze, erfolgreiche Feldzüge in Frankreich die Könige von Frankreich dazu gebracht, ihnen als Gegenleistung dafür, daß sie keinen Anspruch auf die Krone Frankreichs erhoben, eine jährliche Rente zu zahlen. Der König von England trug ferner seit dem 12. Jahrhundert den Titel »Lord von Irland«. In Wirklichkeit herrschte er freilich nur über ein Gebiet, das sich von Dublin ungefähr 60 Kilometer nach beiden Seiten und ins Hinterland erstreckte.

Die drei Millionen Untertanen Heinrichs VII. waren ein vitales, streitsüchtiges, strenggläubiges und lebenslustiges Volk. Viele von ihnen ähnelten, in bescheidenem Maße, Prinz Heinrich, dem zweiten Sohn des Königs. Um 1491 herrschte relativer Wohlstand. Allerdings wurde das Land fast jeden Sommer von der Pest oder dem Schweißfieber heimgesucht, Epidemien, die viele Opfer forderten. Dadurch verbesserte sich der Lebensstandard der Überlebenden, denn der Mangel an Pächtern und Landarbeitern hielt den Pachtzins niedrig und die Löhne hoch, trotz aller Versuche des Parlaments und der Richter, die Löhne gesetzlich zu drücken. Ausländer, die England bereisten, waren überrascht, wie reichlich der englische Landarbeiter zu essen hatte. Die Engländer waren in ganz Europa für ihren gesunden Appetit bekannt. Die Freßsucht galt als typisches Laster der Engländer, während den Deutschen Trunksucht und den Franzosen Lüsternheit zugeschrieben wurde. »Jedes Land ist einem anderen Laster verfallen«, schrieb Stephen Gardiner, Bischof von Winchester, als er sich für das Fasten während der Fastenzeit aussprach. »In England und Deutschland ist es der Magen. Der Deutsche ist dem Alkohol, der Engländer dem Fleisch ergeben. In Frankreich sitzt das Laster unterhalb des Magens. In Italien ist es die Eitelkeit mit ihren Wonnen. Überläßt man einen englischen Magen sich selbst, kann ihn nichts in seinem Laster aufhalten.«[10]

Die Mehrheit der Bevölkerung arbeitete auf dem Land. Viele Menschen sahen allerdings mit Unbehagen, daß die Schafzucht immer mehr Ackerland in Anspruch nahm und daß im Interesse des Wollhandels in Südwestengland und Ostanglien immer mehr Land durch Zäune von den Allmenden abgetrennt wurde. Der Wollhandel mit Burgund nahm Jahr für Jahr stetig zu. Viele Tuchhändler machten ein Vermögen, und ihre Arbeiter gelangten zu Wohlstand. Der Wollhandel wurde ein immer bedeutenderer Faktor in der Wirtschaft und Außenpolitik Englands und Burgunds.

50 000 Menschen lebten in der Hauptstadt London, die sich von Aldgate und dem Tower im Osten bis Fleet Street und Temple Bar im Westen erstreckte und durch Häuser entlang der Themse mit Westminster am Charing

Cross verbunden war. Im Norden reichte das bebaute Gelände bis nach Holborn, im Süden zog es sich über die London Bridge, die einzige Themse-Brücke zwischen Kingston und dem Meer, bis nach Southwark am Südufer der Themse hin. Obwohl London nicht mit Städten wie Paris oder Neapel zu vergleichen war, die über 200 000 Einwohner hatten, zählte es dennoch zu den größten Städten Europas. Die zweitgrößte Stadt Englands war Norwich mit 13 000 Einwohnern. Bristol und Newcastle waren die beiden einzigen weiteren Städte mit über 10 000 Einwohnern. Neunzig Prozent der Bevölkerung lebten auf dem Land in Dörfern und Bauernhöfen.

Unter den 50 000 Einwohnern Londons war der Fremdenhaß noch stärker ausgeprägt als unter den übrigen Engländern. Die Londoner kamen, im Gegensatz zu den meisten ihrer Landsleute, viel mit Ausländern in Berührung, weil in London zahlreiche ausländische Kaufleute ansässig waren. Die fern der Heimat lebenden Ausländer wohnten, wie es sich in der damaligen, streng reglementierten Gesellschaft gehörte, zusammen in nationalen »Häusern« unter dem wachsamen Auge eines »Gouverneurs«. Der Gouverneur achtete darauf, daß sie die Gesetze und Sitten ihrer Heimatländer nicht übertraten. Gleichzeitig war er der englischen Regierung gegenüber dafür verantwortlich, daß sie sich in London gesittet aufführten. Die Kaufleute aus den Hansestädten Norddeutschlands und die baltischen Kaufleute wohnten zusammen im Stahlhof. Die französischen, venezianischen, spanischen und burgundischen Kaufleute hatten mehr Freiraum, doch auch sie waren der Kontrolle eines Gouverneurs unterworfen. Der Fremdenhaß der Engländer und insbesondere der Londoner war in ganz Europa bekannt und stand in krassem Gegensatz zu der Freundlichkeit, mit der die Schotten Ausländer behandelten. Ausländer, die nach London kamen, mußten darauf gefaßt sein, daß die Menschen ihnen mit offener Feindseligkeit entgegentraten.

England lag am westlichen Rand der christlichen Welt, und lediglich die Insel Irland im Westen und das feindliche Königreich Schottland im Norden trennten es vom Ende der bekannten Welt überhaupt. Wenn einige Europäer vor über 500 Jahren nach Amerika gesegelt waren, so erinnerte sich 1491 niemand mehr daran. Kolumbus steckte noch mitten in den Vorbereitungen zu seinem ersten Versuch einer Weltumsegelung von Spanien aus. Nach Kolumbus' erster Reise 1492/93 schickte Heinrich VII., der es abgelehnt hatte, die Expedition zu finanzieren, John Cabot auf große Fahrt, und Cabot entdeckte Neufundland. Doch obwohl englische Fischer jedes Jahr nach Island und Neufundland aufbrachen und das Interesse an den Geschichten über Amerika groß war, dachten die Engländer zu Lebzeiten Heinrichs VIII. nie ernsthaft daran, sich dort anzusiedeln. Sie kehrten dem Atlantik den Rücken zu und hatten den Blick auf die anderen christlichen Nationen im Süden und Osten gerichtet.

Zu Lebzeiten der Engländer, die 1491 bereits älter waren, hatte sich Frankreich auf höchst unwillkommene Weise wieder erholt. Sechzig Jahre nach der Krönung Heinrichs VI. zum König von Frankreich in der Kathedrale Notre Dame in Paris hatten die Franzosen die Engländer nicht nur aus ganz Frankreich vertrieben, vom Grenzland um Calais abgesehen, sie hatten auch durch Heirat die Bretagne und durch Eroberung einen Teil von Burgund dazugewonnen. Zudem trafen sie Vorkehrungen, ihre Armeen nach Italien zu schikken und das Herzogtum Mailand zu erobern. Ihr Ziel war, die italienische Halbinsel zu unterwerfen und die stärkste Militärmacht in Europa zu werden. Maximilian von Habsburg hatte die Herzogin von Burgund geheiratet und damit dieses große, souveräne Herzogtum erworben, das sich vom Genfer See bis zur Zuidersee erstreckte und bei Gravelines an das englische Grenzland von Calais stieß. Mit Maximilian war zum dritten Mal in Folge ein Habsburger zum Kaiser des Heiligen Römischen Reichs gewählt worden, und das Reich sollte auch die nächsten 300 Jahre von dieser Familie regiert werden. Die Habsburger waren damit die obersten Herren der Fürsten und freien Reichsstädte Deutschlands. Der König von Dänemark regierte über ganz Skandinavien und die ihm untergebenen Territorien von Norwegen, Schweden und Finnland. In Italien waren die Republik Venedig und der Kirchenstaat die mächtigsten der zahlreichen souveränen Kleinstaaten, während das Königreich Neapel zum Territorium des Königs von Aragon gehörte. Auf der Iberischen Halbinsel gab es die Königreiche Aragon und Kastilien, die durch die Heirat von Ferdinand von Aragon und Isabella von Kastilien vereint worden waren, ferner die ebenfalls christlichen Königreiche Portugal und Navarra und das maurisch-moslemische Königreich Granada.

Das Königreich Polen und die vereinigten Königreiche von Böhmen und Ungarn sicherten die Verteidigung der christlichen Welt im Osten. Jenseits davon lagen das riesige Großfürstentum Moskau mit seinem unerschlossenen sibirischen Hinterland und das Reich des »Großtürken«, der in das Oströmische Reich eingefallen war und den ungarischen Stützpunkt Belgrad bedrohte. Jenseits des türkischen Reiches lag das Reich des Schahs von Persien, des »Sofi«, dessen Aktivitäten die Könige der christlichen Welt mit Interesse verfolgten. Sie hofften beständig, der Schah werde mit dem Türken in Streit geraten, ihm in den Rücken fallen und ihn so davon abhalten, nach Westeuropa vorzudringen. Noch weiter östlich kamen Cathay (China) und die moslemischen Reiche Indiens. In Afrika herrschte populärem Glauben zufolge der legendäre Prester John über ein großes christliches Reich. Die Völker Westeuropas waren sich vage bewußt, daß es auch jenseits der Grenzen der christlichen Welt noch christliche Gemeinden gab.

Der Engländer war überzeugt, daß sein Land von allen Ländern der christlichen Welt das beste sei. Er war mit dessen politischem und sozialem System zufrieden. Hundert Jahre zuvor hatten John Ball und seine Anhänger gefragt: »Als Adam grub und Eva spann, wo war denn da der Edelmann?« Doch die meisten Menschen fanden sich mit der Ungleichheit ab, die ihnen in allen Lebensbereichen durch Gesetz und Sitte auferlegt wurde. Vorgeschrieben waren Kleidung und Farben, die der Hochadel, der niedere Adel, die Kaufleute und das gemeine Volk tragen durften, ebenso die Anzahl der Speisen, die Angehörige einer bestimmten Gesellschaftsschicht zur täglichen Hauptmahlzeit essen durften. Die Peers hatten im Gegensatz zu Rittern, Gentlemen und allen anderen das Privileg, bei gerichtlichen Untersuchungen von der Folter ausgenommen zu sein; war ein Peer des Hochverrats überführt worden, wurde er nicht gehängt, gestreckt und gevierteilt, sondern geköpft. Ihre Frauen hatten keine ähnlichen Privilegien: Wenn sie Hochverrat begangen oder ihren Mann umgebracht hatten, konnten sie wie alle anderen Frauen bei lebendigem Leib verbrannt werden.

Die Menschen ließen es zu, daß der Staat sich mittels zahlreicher Verordnungen in ihre Geschäfte und ihr gesellschaftliches Leben einmischte. So brauchte man die Erlaubnis der Behörden, um Geld, Wolle und andere Waren auszuführen. Man brauchte einen Paß, um ins Ausland zu reisen, und eine Genehmigung, wenn man einen Ausländer heiraten wollte. Man war gesetzlich verpflichtet, jeden Sonntag und an den wichtigen Feiertagen in die Kirche zu gehen. Freitags, samstags, in der Fastenzeit, im Advent, im Quatember und am Vorabend kirchlicher Feiertage durfte man kein Fleisch, keine Butter und keinen Käse essen, es sei denn, man hatte einen Dispens. Alle diese Genehmigungen und Dispense kosteten etwas, und zwar nicht nur die vorgeschriebene Abgabe an den König oder Bischof, sondern fast immer noch einen zusätzlichen Betrag als Bestechungsgeld für den Priester oder Beamten, der eine Genehmigung oder einen Dispens erteilen oder verweigern konnte.

Die Engländer hatten im Gegensatz zu ihren Nachbarn und Feinden, den Schotten, großen Respekt vor dem Gesetz. Zwar bestand ein beträchtlicher Teil der Bevölkerung aus Kriminellen, Vagabunden und Dienern adliger Herren, die entlassen worden waren, weil man sie nicht mehr brauchte, Leuten mithin, die nicht arbeiten wollten und es vorzogen, die Vorschriften der autoritär strukturierten Gesellschaft zu mißachten; aber die Mehrheit erwartete, daß der König für Ordnung sorgte und Übeltäter mit solcher Strenge bestrafte, daß sie nicht noch einmal wagen würden, zu morden, zu vergewaltigen oder zu stehlen. Diese Erwartung fand sich in erster Linie beim niederen Adel und den Kaufleuten, die ein Vermögen zu verlieren hatten, aber auch bei vielen einfachen Bürgern, die nicht wollten, daß ihnen das Wenige, das sie besaßen, noch von Dieben weggenommen wurde.

Der Respekt vor Gesetz und Ordnung stand in gewisser Weise im Gegensatz zu dem energischen, heißblütigen und rauhen Temperament der Engländer, die einem Streit nie aus dem Weg gingen. Bei Adligen und Gentlemen genügten oft ein paar beleidigende Worte, und sie zogen ihre Schwerter und kämpften. Die Angehörigen der niederen Schichten, die keine Schwerter trugen, gingen nicht weniger energisch mit Knüppeln und Fäusten aufeinander los. Doch das Chaos der Rosenkriege hatte Bürgerkrieg und Anarchie in Mißkredit gebracht. Die Menschen glaubten an die Notwendigkeit einer starken Regierung. Blutfehden und offener Widerstand gegen das Gesetz beschränkten sich weitgehend auf die gesetzlosen Teile des Reiches – Wales, das Grenzgebiet von Northumberland und Irland.

Die Kirche trug das Ihre dazu bei, den Glauben des Engländers an Ungleichheit, Einschränkung der Freiheit und Achtung des Gesetzes zu stärken. Selbst eine Hierarchie aus Legaten, Kardinälen, Erzbischöfen, Bischöfen, Dekanen und Priestern mit genau festgelegten Rangordnungen, Machtbefugnissen und Privilegien, mischte sie sich unablässig in das Privatleben der Menschen ein und wollte wissen, was sie taten, aßen und dachten. Sie handelte nach einem Kodex kanonischen Rechts, der legalistisch, pedantisch genau und kompliziert war. Die Ehegesetze waren besonders kompliziert, und dieser Umstand ermöglichte es Ehepaaren, ihre Ehe aufzulösen und jemand anderen zu heiraten, wenn sie genügend Geld hatten, teure Prozesse zu führen, und über den nötigen Einfluß bei den geistlichen Gerichten verfügten. Zwar erlaubte die Kirche keine Scheidung, doch konnten Ehen annulliert werden, wenn sie nicht freiwillig geschlossen worden waren, die Ehepartner verwandt waren oder einer der Partner vor der Ehe bereits jemand anderem ein Heiratsversprechen gegeben hatte. Diese Ehehindernisse konnten zwar durch einen Dispens aus dem Weg geräumt werden, doch war es immer noch möglich, die Ehe später anzufechten, wenn man beweisen konnte, daß der Dispens selbst aufgrund einer fehlerhaften Formulierung ungültig war. Angesichts der Komplexität der Ehegesetze war es vergleichsweise einfach, einen Grund für die Annullierung einer Ehe zu finden, zumal wenn die Ehegatten und der geistliche Richter einen finden wollten.

Die Einstellung des Engländers zu Religion und Kirche war widersprüchlich. Er glaubte fest an Himmel, Fegefeuer und Hölle und stellte sich die Schrecken des Höllenfeuers ganz konkret vor. Er glaubte, dem Höllenfeuer entgehen und nach einem kürzeren oder längeren Aufenthalt im Fegefeuer ins Paradies gelangen zu können, wenn er die Sakramente der Kirche beachtete und sich vom Priester die Absolution erteilen ließ. Er glaubte, daß die Dauer seines Aufenthalts im Fegefeuer durch die »guten Taten« verkürzt würde, die er zu seinen Lebzeiten vollbrachte. Eine »gute Tat« bedeutete im allgemeinen, der Kirche und den Klöstern Geld zu geben. Die Geistlichen beteten dann für die Seele des Spenders und konnten die Zeit, die er im Fegefeuer Qualen leiden mußte, um zehntausend oder hunderttausend Jahre verkürzen.

Die meisten Engländer gingen täglich zur Messe und waren überzeugt, daß Leib und Blut Christi unter den »Akzidentien« von Brot und Wein gegenwärtig waren, wenn der Priester die Worte der Wandlung gesprochen hatte. Gläubigen Herzens sahen sie den religiösen Prozessionen zu, die oft durch die Straßen ihrer Städte zogen. Sie glaubten an den Brauch, am Karfreitag auf Knien »zu Kreuze zu kriechen«, und an die Zeremonien, die an den anderen Feiertagen des Kirchenkalenders vollzogen wurden. Sie hofften und beteten, daß ihr Schutzheiliger und andere Heilige für sie bei Gott Fürbitte einlegen würden, wenn sie dem Bild des Heiligen in den Kirchen und an den Straßen Verehrung zollten. Von Zeit zu Zeit suchten sie das nächstgelegene Kloster auf, um sich eine Reliquie anzusehen und sie zu berühren, und manchmal begaben sie sich auf eine Pilgerfahrt zu den beiden berühmtesten Heiligtümern Englands, dem heiligen Schrein Unserer Lieben Frau in Walsingham in Norfolk und dem Grab Thomas Beckets in der Kathedrale von Canterbury.

Becket wurde in ganz England und in der gesamten christlichen Welt als bewegendes Beispiel des Triumphes der Macht der Kirche über die weltliche Macht der Fürsten verehrt. Im Auftrag Heinrichs II. war er am 29. Dezember 1170 in seiner Kathedrale von vier Rittern ermordet worden, weil er königlichem Geheiß zuwider an den Privilegien des Klerus festgehalten hatte. Er hatte noch im Tode triumphiert: Heinrich II. sah sich durch die Empörung der gesamten christlichen Welt gezwungen, Buße zu tun. Am 7. Juli 1174 ließ er sich an Beckets Grab auspeitschen. Die Jahrestage des Mordes und der Buße des Königs wurden in England als Feiertage begangen. Dreihundert Jahre lang pilgerten Könige, Adlige und zahlreiche einfache Leute aus allen Teilen Englands und Westeuropas zu Pferd oder zu Fuß nach Canterbury – aus London und dem Norden über Blackheath, Rochester, Sittingbourne und Faversham, von Westen über Farnham entlang der Pilgerstraße, aus Frankreich, Flandern und Deutschland über das englische Calais nach Dover und weiter durch Barham Down. In Canterbury angekommen, legten die Pilger wertvollen Schmuck oder auch nur einige bescheidene Pfennige auf das Grab des heiligen Thomas.

Nur eine kleine Minderheit von Engländern glaubte nicht an Wallfahrten, Reliquien, Heilige, die Ohrenbeichte oder die Realpräsenz des Leibes Christi in der Hostie. Diese Menschen wollten die Bibel selbst lesen, sie mit ihrem eigenen Verstand interpretieren und ihren eigenen Weg zu Gott finden. Sie wollten nicht dem Weg folgen, den die Kirche ihnen vorschrieb. Diese Männer und Frauen waren, auf andere Weise und aus edleren Motiven, ein Pendant zu den Vagabunden und Kriminellen: Sie waren das nonkonformistische Element jener totalitären Gesellschaft, die Staat und Kirche dem englischen Volk 1491 auferlegten. Sie waren bereit, sich Staat und Kirche zu widersetzen und die Empörung der Öffentlichkeit auf sich zu ziehen, indem sie Heiligenstatuen verstümmelten und die geweihte Hostie entweihten, die anzubeten ihrer Meinung nach Götzendienst war. Sie wollten lieber Gefängnis, Strafe und einen qualvollen Tod auf dem Scheiterhaufen erdulden als ihre Überzeugungen widerrufen. Sie stellten das Gebot des Gewissens über die Gesetze des Königs und die Erlasse der geistlichen Hierarchie.

Es handelte sich um die Nachfolger der Lollarden, der Anhänger Wycliffes, die hundert Jahre zuvor als Ketzer verurteilt und deren Lehren von dem Tschechen Jan Hus aufgegriffen worden waren. Die Lehren hatten in Böhmen zu einem gewaltsamen, revolutionären Aufstand geführt. Einige Lollarden waren noch 1491 an Englands Universitäten unter den Doktoren der Theologie sowie anderen Gelehrten und unter den Kunsthandwerkern Londons, Kents und Ostangliens zu finden, vor allem in den Städten, weniger auf dem Land und nur selten nördlich des Trent.

Die weltlichen und geistlichen Machthaber sahen in ihnen zu Recht eine subversive Kraft und eine Gefahr für die bestehende Ordnung, denn zweihundert Jahre später sollten ihre Ideen zur Ablehnung der absoluten Monarchie und der geistlichen Hierarchie und zu neuen Regierungsformen führen, die auf den Prinzipien persönlicher Freiheit, religiöser Toleranz und politischer Demokratie beruhten. Gesetze, die 1382, 1401 und 1414 vom Parlament verabschiedet wurden, legten fest, wie man mit diesen Ketzern zu verfahren habe: Die Beamten des Königs sollten sie verhaften und vor das Gericht des zuständigen Bischofs bringen; wenn der Bischof oder sein Ordinarius sie dann als Ketzer verurteilte und sie sich weigerten, öffentlich zu widerrufen und Buße zu tun, sollten sie im nächstgelegenen Marktflecken von den Beamten des Königs und den örtlichen Friedensrichtern bei lebendigem Leibe verbrannt werden. Zehn dieser Menschen wurden in der 24 Jahre währenden Regierungszeit Heinrichs VII. verbrannt, darunter eine alte Frau von über achtzig.

Der gemeine Mann hatte kein Erbarmen mit diesen Märtyrern, die die bestehende Ordnung bedrohten und seinen Glauben beleidigten. Er billigte, daß sie verfolgt wurden. Wenn sie auf dem Marktplatz verbrannt wurden, sah er sich das Schauspiel zusammen mit seinen Kindern an.

Aber bei aller Frömmigkeit brachte der Engländer dem Papst wenig Zuneigung entgegen. Der Papst war für ihn zwar Gottes Stellvertreter auf Erden, doch er war auch ein Ausländer, wie all die Beamten in Rom, die monate- oder sogar jahrelang die Gesuche verzögerten, die von den geistlichen Gerichten in England nach Rom gesandt wurden und die bestochen werden mußten, um Erlasse, Scheidungen und Ernennungen durchzusetzen. Der Papst hatte ein Anrecht auf »Annaten« oder Jahrgelder, den ersten Jahresertrag eines Bischofssitzes nach der Ernennung des neuen Bischofs, und bei einer

Bischofsweihe mußte seine Zustimmung eingeholt werden. Das führte zu Konflikten zwischen dem Papsttum und den katholischen Königen der christlichen Welt. Zwei Jahrhunderte lang hatten die Kaiser des Heiligen Römischen Reiches einen erbitterten Krieg gegen die Päpste geführt, und im 14. Jahrhundert hatte der König von Frankreich den Papst ins Gefängnis werfen lassen und ihn abgesetzt. Im Vergleich dazu hatten die Könige von England nur kleine Streitigkeiten mit Rom. Eduard III. und Richard II. hatten lediglich Gesetze des »praemunire« vom Parlament verabschieden lassen, wonach es ein krimineller Akt war, der mit lebenslanger Haft bestraft wurde, die Treuepflicht gegenüber dem Papst oder einem anderen ausländischen Machthaber über den dem König geschuldeten Gehorsam zu stellen.

Streitigkeiten zwischen König und Papst, bei denen es gewöhnlich um das Jahrgeld ging, wurden meist nach harten Verhandlungen mit einem Kompromiß friedlich beigelegt. König und Papst hatten einen gesunden Respekt voreinander. Der König wollte nicht exkommuniziert werden und vermeiden, daß England mit einem Interdikt belegt wurde, das dem Klerus verbot, Gottesdienste abzuhalten. Außerdem wollte er verhindern, daß der Papst an ausländische Herrscher appellierte, in England einzumarschieren und den König abzusetzen. Der Papst seinerseits wußte, daß der König sich der Exkommunikation widersetzen konnte, daß er jeden zum Tode verurteilen konnte, der die Bulle der Exkommunikation in England veröffentlichte. Er wußte auch, daß der König den englischen Klerus mit Bitten oder Drohungen dazu bringen konnte, trotz des Interdikts weiterhin seine Funktion auszuüben, und daß er sich gegen ausländische Könige, die auf Geheiß des Papstes gegen England zogen, mit seiner Flotte und den unbesiegbaren englischen Bogenschützen zur Wehr setzen konnte. Zudem konnte der König sich darauf verlassen, daß die meisten Engländer ihn gegen einen ausländischen Papst unterstützen würden.

Obwohl der Engländer den Priestern die Kompetenz zugestand, ihn von seinen Sünden freizusprechen und die Wandlung von Brot und Wein in Leib und Blut Christi zu vollziehen, hatte er von ihrem Charakter nur eine geringe Meinung. Er hielt sie bereitwillig für korrupt, lüstern und böse, vielleicht weil er auf sie angewiesen zu sein glaubte und darüber insgeheim unglücklich war. Ebenso gering achtete er die Mönche der 530 Klöster, die es in London, Canterbury, Oxford, Cambridge, den Hauptstädten der Grafschaften und noch den entlegensten Landstrichen von England und Wales gab. Die meisten Klöster beherbergten weniger als ein Dutzend Mönche, aber sie sorgten dafür, daß die Menschen der Umgebung Arbeit hatten, und nahmen Reisende gastfreundlich auf. Trotzdem waren die Mönche als habgierige Grundbesitzer verhaßt, die Gemeindeland einfriedeten und hohe Pachtzinsen verlangten. Überall kursierten Geschichten über Frauen, die zum Vergnügen der Äbte und Mönche in die Klöster geschmuggelt wurden, über homosexuelle Beziehungen zwischen den Brüdern und über Äbtissinnen und Nonnen, die in ihren Klöstern regelmäßig von ihren Liebhabern Besuch bekamen.

Kürzlich haben einige Historiker zu zeigen versucht, daß die Geschichten von der Korruption der Kirche zu Beginn der Reformation übertrieben seien und der englische Klerus um 1500 weniger ignorant und unmoralisch gewesen sei als die Geistlichen des 14. Jahrhunderts. Aber dieser Vergleich hätte die Menschen zur Zeit Heinrichs VII. genausowenig beeindruckt, wie heute einen Sozialisten die Behauptung beruhigen würde, Margaret Thatcher sei ein weniger fanatischer Tory als 1819 Castlereagh, oder einen Tory die Feststellung, er brauche keine Angst vor Tony Benn zu haben, weil der weniger gefährlich sei als 1792 Tom Paine. Tatsache war, daß der Engländer 1491 eine zwar vage, aber tiefempfundene Vorstellung davon hatte, wie ein Priester zu sein habe, und genau wußte, daß die Geistlichkeit in fast allen Fällen nicht im entferntesten diesem Ideal entsprach.

Ob die Geistlichen nun unmoralisch waren oder nicht, sie waren sicherlich weltlich gesinnt. Kein Bischof kümmerte sich um seine seelsorgerischen Aufgaben als Pfarrer. Bischöfe waren fast immer Kirchenrechtler, die die Universität verlassen hatten, um Kaplan, Sekretär oder Rechtsberater eines Adligen oder Bischofs zu werden, und von dort auf einen Posten im königlichen Haushalt oder in der Regierung vorgerückt waren. Sie zelebrierten nur selten die Messe und erledigten die meiste Zeit über Verwaltungs- und Gerichtsaufgaben, wenn sie nicht bei Hofe waren. Sie waren Mitglieder des Kronrats oder dienten dem König als Botschafter im Ausland. Untergeordnete Positionen im diplomatischen und öffentlichen Dienst wurden mit Dekanen, Domherren und Priestern besetzt, denen man eine Pfründe übertragen und gleichzeitig einen Dispens erteilt hatte, weil sie am Ort ihrer Pfründe nicht ansässig waren; so konnten sie vom Zehnt und von den Pachtzinsen der Pfründe leben, während sie ihren Pflichten bei Hofe nachkamen. Der gemeine Pfarrer schließlich, der in seiner Gemeinde lebte, ging seinen Gemeindemitgliedern, was die Moral betraf, selten mit gutem Beispiel voran. Das Gesetz der Kirche zwang die Priester, im Zölibat zu leben; doch viele englische Priester lebten 1491 offen mit ihren Konkubinen und Bastarden in ihren Pfarrhäusern, und ihr Treiben wurde von den kirchlichen Behörden meist ignoriert.

Der Engländer machte zwar seine Witze über die Laster der Geistlichkeit, doch diese Witze zeigten offen seine Mißbilligung. Er fand sich damit ab, daß König, Adel und Klerus von den Produkten seiner Arbeit lebten und daß er Steuern, Pacht und den Zehnt zahlen mußte, um sie zu unterhalten, aber dafür erwartete er auch etwas von ihnen. Er erwartete von den Adligen, daß sie tapfere Krieger waren und ihn vor Feinden beschützten, und vom Klerus, daß er tugendhaft war – tugendhafter, als er selbst zu sein gedachte.

Er erwartete, daß der König mit starker Hand regierte, sich seinem Volk zeigte und es durch seine königliche Präsenz und Prachtentfaltung beeindruckte. Der König sollte Räuber aufhängen und Ketzer verbrennen, da ein Land, das Ketzern gestattete, ihre gottlosen Lehren zu verbreiten, den Zorn Gottes auf sich zog. Er sollte ein Auge auf den Adel haben und verhindern, daß die Adligen einen zweiten Rosenkrieg begannen. Er sollte gegen die Feinde des Landes, die Franzosen und die Schotten, kämpfen und im Krieg siegen, nicht verlieren. Der Engländer erwartete von seinem König, daß er all das tat, ohne ihm zu hohe Steuern aufzuerlegen. Er wußte, daß es seine Pflicht war, dem König zu gehorchen, und er tat dies aus Achtung vor dem Gesetz und aus religiöser Überzeugung, aber auch aus Furcht vor den schmerzhaften Konsequenzen, die der Ungehorsam gegenüber der königlichen Autorität nach sich zog.

Seine Pflichten gegenüber dem König bedeuteten ihm mehr als die Loyalität gegenüber Gutsherrn oder Edelmann. Er respektierte den Gentleman seiner Gemeinde und den Edelmann seiner Grafschaft als sozial Höhergestellte, und er hielt es für richtig, daß die Durchführung königlicher Befehle und die Regierung des Landes in den Händen des lokalen Adels, der Bischöfe und der Gentlemen lag und nicht in den Händen emporgekommener Anwälte und Beamten. Doch nur in Ausnahmefällen unterstützte er die Gentlemen oder Adligen am Ort gegen den König. So konnte Heinrich VIII. einen Stafford, Neville, Dacre of the South, Courtney, Pole oder Howard verhaften und hinrichten lassen, ohne daß sich die Einwohner von Buckinghamshire, Sussex, Devon, Hampshire oder Norfolk zu ihrer Verteidigung erhoben hätten, wie es im 16. Jahrhundert die Schotten und wohl auch die Franzosen getan hätten, hätte man ihre Adligen so behandelt.

Doch die Vorstellung des Engländers vom Gehorsam gegenüber seinem König war seltsam zweideutig. Wenn ein Adliger einen plausiblen oder auch nur halbwegs plausiblen Anspruch auf die Krone hatte – und der gesamte Adel stammte irgendwie von Eduard III. ab – und es fertigbrachte, einen Umsturz zu inszenieren und den König abzusetzen, ins Gefängnis zu werfen und zu ermorden, ohne das Land in einen langen Bürgerkrieg zu verwickeln, so war der Engländer bereit, sich mit der neuen Situation abzufinden und dem Usurpator als seinem König zu gehorchen. Wahrscheinlich galt ihm der Sieg des Usurpators als Beweis dafür, daß sein Anspruch auf den Thron rechtmäßig war und Gott auf seiner Seite stand. In solchen Fällen war es zur festen Gewohnheit geworden, den Thronraub durch ein Gesetz des Parlaments zu legalisieren. Das Gesetz erklärte den Usurpator zum rechtmäßigen König, obwohl jeder Anwalt die Gültigkeit eines Gesetzes mit der Unterschrift des Usurpators statt des Königs hätte in Zweifel ziehen müssen.

Der Engländer war vor allem dann bereit, den Usurpator anzuerkennen, wenn der gestürzte König schwach, verweichlicht, homosexuell oder Pazifist war oder gar einen Krieg verloren hatte. Solche Thronübernahmen fanden mit seltsamer Regelmäßigkeit alle 72 Jahre statt. Im Jahr 1327 wurde der homosexuelle Eduard II., der einen Krieg gegen die Schotten verloren hatte, abgesetzt, ins Gefängnis geworfen und ermordet. 72 Jahre später, 1399, wurde der weibische Richard II., der sich geweigert hatte, den Hundertjährigen Krieg mit Frankreich fortzusetzen, gestürzt, eingesperrt und ermordet. Weitere 72 Jahre später schließlich, 1471, widerfuhr dem frommen Pazifisten Heinrich VI., der sämtliche englische Gebiete in Frankreich verloren hatte, dasselbe Schicksal. 72 Jahre danach, 1543, regierte Heinrich VIII. Er war weder schwach noch homosexuell oder weibisch, er war kein Pazifist, und er hatte seine Kriege gewonnen. Keiner wagte es, auch nur daran zu denken, ihn abzusetzen, einzusperren und zu ermorden.

2

Der Prinz von Wales

Fast von Anbeginn seiner Regierungszeit hatte Heinrich VII. ein Ehebündnis mit Spanien geplant. Die Tochter von Ferdinand und Isabella, Prinzessin Katharina von Aragon, wurde im Dezember 1485 geboren und war neun Monate älter als Heinrichs Sohn Arthur. Im Juli 1488 wurde ein Vertrag unterzeichnet, nach dem Arthur und Katharina heiraten sollten, sobald sie im heiratsfähigen Alter waren. Die Verhandlungen über die Höhe von Katharinas Mitgift zogen sich in die Länge, doch die geplante Ehe wurde 1496 durch einen neuen Vertrag bekräftigt. Katharina wuchs in Spanien auf. Sie galt bereits dort als »Prinzessin von Wales« und wurde gewissenhaft auf den Tag ihrer Abreise nach England vorbereitet. Unter anderem mußte sie sich daran gewöhnen, Wein zu trinken, weil der spanische Botschafter Ferdinand und Isabella mitgeteilt hatte, daß das Wasser in England ungenießbar sei.[1]

Im September 1501 machte sich Katharina schließlich auf den Weg nach England. Sie sollte ihre Heimat nie wiedersehen. Am 2. Oktober legte das Schiff in Plymouth an, und sie betrat zum ersten Mal den Boden des Landes, in dem ihr noch so viel Leid widerfahren sollte. In langsamen Etappen setzte sie ihre Reise nach London fort. Am 14. November wurden sie und Arthur in der St. Pauls-Kathedrale getraut. Auch Heinrich, Herzog von York, nahm an der Zeremonie teil: Er geleitete die Braut zum Altar.

Arthur war damals gerade fünfzehn, Katharina knapp sechzehn. Während der nächsten Jahre, und 28 Jahre später auf noch dramatischere Weise, gab es langwierige Auseinandersetzungen darüber, ob ihre Ehe nun vollzogen worden sei oder nicht. Einiges spricht dafür, doch das Urteil der Geschichtsschreibung lautet fast einmütig, daß dem nicht so gewesen sei, zum einen aufgrund des jugendlichen Alters der Ehegatten, in der Hauptsache aber, weil Katharina erklärte, nie mit Arthur geschlafen zu haben. Ihr tugendhafter Ruf war so unangreifbar, daß ihrer Erklärung ohne Einwand Glauben geschenkt wurde. Doch das Problem ist komplizierter. Obwohl Katharina niemals eine Sünde begangen, die Ehe gebrochen oder gegen die Fastenregeln verstoßen hätte, war sie durchaus fähig, im Interesse ihrer Dynastie und des Hauses Habsburg, dem sie nach der Krönung ihres Neffen Karl V. zum König von Spanien und zum Kaiser des Heiligen Römischen Reichs treu ergeben war, zu lügen und einen Meineid zu schwören.

Kurz nach ihrer Heirat zogen Arthur und Katharina nach Ludlow Castle an der Grenze von Wales, wo regelmäßig der Rat der Marken von Wales tagte und versuchte, in dem aufsässigen Gebiet für Recht und Ordnung zu sorgen. Im April 1502 starb Arthur, nach nicht einmal fünf Monaten Ehe, an einer Krankheit, die seine Zeitgenossen als »Schwindsucht« bezeichneten. Seine Eltern waren untröstlich, und Elisabeth von York wurde ganz plötzlich krank. Sie war damals erneut schwanger, und im Januar 1503 brachte sie eine Tochter, Katharina, zur Welt. Bereits einen Monat später starb Elisabeth an ihrem 38. Geburtstag. Es besteht kein Zweifel, daß die Trauer Heinrichs VII. über den Tod seiner Gattin echt war, denn nie war von Streit zwischen den beiden die Rede gewesen. Das Baby starb ein paar Monate später.

Heinrich, Herzog von York, hatte von seinem verstorbenen Bruder den Titel Herzog von Cornwall geerbt, und am 18. Februar 1503, eine Woche nach dem Tod seiner Mutter, wurde er zum Prinzen von Wales ernannt.[2] Titel und Einkünfte des Herzogs von York fielen wieder an die Krone zurück. Damals schon waren Verhandlungen über eine Heirat zwischen Heinrich und seiner verwitweten Schwägerin Katharina in Gang. Dafür war allerdings ein päpstlicher Dispens nötig. Wenn die Ehe von Arthur und Katharina vollzogen worden war, standen einer Heirat von Katharina mit Arthurs Bruder Heinrich die verwandtschaftlichen Beziehungen im Weg. War sie nicht vollzogen worden, blieb immer noch das kleinere Hindernis des »öffentlichen Anstands«. Doch war zu erwarten, daß der Papst den Dispens erteilen würde. Im September 1502 wurde deshalb ein Vertrag für eine Heirat zwischen Heinrich und Katharina aufgesetzt.

Durch den Tod Elisabeths von York war Heinrich VII. ebenso wie sein Sohn Heinrich für eine Ehe frei. Zunächst dachte er daran, Katharina selbst zu heiraten. Offensichtlich war er seiner jungen Schwiegertochter mit dem goldblonden Haar, dem aufrechten Gang und den zierlichen Händen und Füßen sehr zugetan und wollte sie für sich haben. Katharinas Mutter freilich, Königin Isabella, war schockiert. »Das wäre das Schlimmste«, schrieb sie an den spanischen Gesandten in England, »und so unerhört, daß die bloße Erwähnung eine Beleidigung für die Ohren ist. Es darf um alles in der Welt nicht geschehen.«[3]

Heinrich VII. war 1503 erst 46 Jahre alt, doch selbst für damalige Verhältnisse für sein Alter ziemlich gebrechlich. Er war oft krank, und hin und wieder machten ihm seine Augen Sorgen. Über die Jahre war er sehr fromm geworden. So hörte er 1499 in der Fastenzeit jeden Tag eine Predigt und verbrachte anschließend viele Stunden in frommer Andacht.[4]

Heinrich VII. war kein gewalttätiger Mann. Sein Regierungsstil war von Ruhe und Effizienz geprägt, und er gebrauchte nie mehr Grausamkeit oder Hinterlist als notwendig. Als er den Händlersohn Lambert Simnel gefangennahm, der die erste Revolte gegen ihn anführte und sich in Dublin zum König von England krönen ließ, verurteilte er ihn nicht zum Tode, sondern stellte ihn als Diener in seinem Haushalt ein. Als er Perkin Warbeck, einen weitaus gefährlicheren Thronprätendenten, besiegte und gefangennahm, schenkte er ihm das Leben, und erst nachdem Warbeck zweimal versucht hatte zu entkommen, wurde er hingerichtet. Nach der Niederschlagung der gefährlichen Revolte der Rebellen aus Cornwall bei Blackheath ließ Heinrich nur drei Rädelsführer hinrichten, die anderen begnadigte er. Zur selben Zeit freilich, als Warbeck für seine Vergehen büßen mußte, ließ Heinrich Eduard Plantagenet, den Grafen von Warwick, hinrichten, nachdem er ihn 14 Jahre lang im Tower gefangengehalten hatte. Warwick war der Sohn des Herzogs von Clarence, der seinerseits ein Bruder Eduards IV. war. Sein einziges Verbrechen bestand darin, ein Nachkomme Eduards III. zu sein und einen besseren Anspruch auf den Thron zu haben als Heinrich VII.

Heinrich war nicht der Mann, der jedem Gerücht über Hochverrat nachging. Lieber ignorierte er es. Als er einmal krank war, unterhielten sich einige seiner höchsten Beamten in Calais darüber, wer im Fall seines Todes wohl sein Nachfolger würde. Einige schlugen den Herzog von Buckingham vor, andere Edmund de la Pole, doch keiner nannte Prinz Heinrich. Einer der Anwesenden, ein Vertrauter Heinrichs, beschloß, dem König nichts von dieser Unterhaltung zu erzählen. Er wußte, daß der König Leute, die andere des Verrats bezichtigten, nicht mochte, weil er glaubte, daß sie das im allgemeinen aus Neid taten.[5]

Der auffälligste Charakterzug Heinrichs VII. war seine Liebe zum Geld. Er häufte ein gewaltiges Vermögen an und hütete es wie ein Drache. Einige Historiker haben kürzlich behauptet, Heinrich sei weder besonders reich noch geizig gewesen. Für seine Zeitgenossen war er es. Sogar die beiden spanischen Gesandten in London, Puebla und Ayala, die einander nicht leiden konnten und fast immer verschiedener Meinung waren, stimmten in dieser Hinsicht überein. Im Juli 1498 meinte Ayala noch, Heinrich sei zwar vermögend, aber nicht so reich, wie er vorgebe. Acht Monate später schrieb er an Ferdinand und Isabella, daß die Einkünfte des Königs von England sich täglich vermehrten: »Ich glaube, in dieser Hinsicht kommt ihm keiner gleich.« Puebla sagte, Heinrich stehe in dem Ruf, immense Reichtümer zu besitzen, und der venezianische Botschafter schrieb, daß Heinrich als König zwar »große Fähigkeiten« habe, zugleich aber auch ein »großer Geizhals« sei.[6]

Dieser Ruf wird von englischen Chronisten bestätigt. Auch die Rebellen aus Cornwall und die Mitglieder des Parlaments, die sich 1504 unter Führung von Thomas Morus Heinrichs Steuerplänen widersetzten, waren derselben Ansicht. »Wenn er sich nicht in der Öffentlichkeit oder im Kronrat zeigt, verbringt er die Zeit damit, mit eigener Hand seine Ausgaben aufzuschreiben«, schrieb Ayala.[7] Die Vorstellung, daß der König in einem Kontor saß und sein Geld zählte, um sicherzustellen, daß über jeden Pfennig Buch geführt wurde, beeindruckte sowohl seine Untertanen als auch ausländische Herrscher. Und wenn dies das Bild war, das Heinrich der Welt präsentierte, so war er selbst schuld daran.

Heinrich VII. verwarf schließlich den Gedanken, Katharina von Aragon selbst zu heiraten. Statt dessen konzentrierte er sich darauf, aus der Heirat Katharinas mit seinem Sohn so viel Geld wie möglich herauszuholen. Am 23. Juni 1503 schloß er mit den spanischen Botschaftern einen Vertrag, wonach Heinrich, Prinz von Wales, Katharina heiraten und Ferdinand und Isabella zusätzlich zu den bereits gezahlten 100 000 Scudos weitere 100 000 Scudos zahlen sollten, als neue Mitgift für die neue Heirat. In dem Vertrag wurde außerdem festgelegt, daß der Papst um einen Ehedispens gebeten werden solle, da Katharinas Ehe mit Arthur vollzogen worden sei. Als Ferdinand das hörte, war er überrascht. Er hatte geglaubt, es sei in ganz England bekannt, daß die Ehe nicht vollzogen worden und Katharina noch Jungfrau sei. Doch er änderte den Wortlaut des Ehevertrages nicht und befahl seinem Gesandten in Rom, den Papst um einen Dispens zu bitten.

Julius II., der gerade zum Papst gewählt worden war, erteilte den Dispens am 26. Dezember 1503, obwohl er die Bulle erst im Oktober 1504 nach England schickte. Der Dispens hob die verwandtschaftliche Beziehung auf, die durch die »vielleicht« vollzogene Ehe Arthurs und Katharinas entstanden war.[8]

Doch bei den Verhandlungen über die Hochzeit Heinrichs mit Katharina tauchte ein neues Problem auf. Im November 1504 starb Königin Isabella. Der Thron von Kastilien ging an Johanna über, die Tochter Ferdinands und Isabellas, bei der damals bereits erste Anzeichen des Wahnsinns auftraten. Ferdinand herrschte stellvertretend für seine kranke Tochter weiterhin über Kastilien und Aragon, doch ihr Mann, Philipp der Schöne von Habsburg, der Sohn Kaiser Maximilians und dessen Regent in den Niederlanden, beanspruchte den Thron von Kastilien für sich und seine Frau. Aufgrund des Streits zwischen Philipp und Ferdinand zögerte Heinrich VII., seinen Sohn mit Ferdinands zweiter Tochter Katharina zu vermählen. Er erwog damals, sich mit Maximilian und den Habsburgern zu verbünden und seine Tochter Maria mit dem Infanten Prinz Karl von Kastilien zu verheiraten, dem Sohn

Philipps und Johannas und späteren Kaiser Karl V. Der Handel zwischen England und den Niederlanden machte den Herrscher von Burgund zu einem wichtigeren Verbündeten als den König von Aragon.

Am 27. Juni 1505, einen Tag vor seinem 14. Geburtstag, legte Heinrich, Prinz von Wales, im Ostflügel des Palastes zu Richmond vor Foxe, dem Bischof von Winchester und Lordsiegelbewahrer, und in Gegenwart anderer Mitglieder des Kronrats Protest gegen den Ehevertrag zwischen ihm und Katharina ein. Er erklärte, der Vertrag sei geschlossen worden, als er noch minderjährig gewesen sei. Er weigerte sich, den Vertrag jetzt, da er bald volljährig sei, zu erfüllen, und erklärte ihn für null und nichtig.[9] Es ist anzunehmen, daß der König und die Ratsmitglieder diese Erklärung ausgearbeitet haben. Ferdinand war empört, doch er konnte nichts tun.

Im Januar 1506 segelten Philipp der Schöne und seine Frau Johanna mit einer Truppe von 3 000 deutschen Söldnern von den Niederlanden nach Spanien. Ein Sturm überraschte sie und trieb ihre Schiffe in der Nähe von Melcombe in Dorset an die Küste. Philipp wurde von Heinrich VII. in Windsor und Richmond empfangen. Dort schlossen die beiden ein Bündnis und einen neuen Handelsvertrag zwischen England und den Niederlanden. Zudem kamen sie überein, sich gegenseitig Rebellen auszuliefern. Als Zeichen des guten Willens bot Philipp die Auslieferung Edmund de la Poles an, Sohn der Schwester Eduards IV., der als Mitglied des Hauses York ein potentieller Anwärter auf den englischen Thron war und auf Philipps Territorium Zuflucht gesucht hatte. Edmund war in Abwesenheit durch ein Gesetz des Parlaments als Verräter verurteilt worden. Philipp bat Heinrich VII., ihn nicht hinzurichten, und der englische König sicherte ihm dies schriftlich zu. De la Pole wurde in Calais englischen Beamten übergeben und im Tower von London in sicheren Gewahrsam genommen.

Philipp ernannte den jungen Heinrich während seines Aufenthalts in England zum Ritter des burgundischen Ordens vom Goldenen Vlies.[10] Im April, als das Wetter besser wurde, segelte er nach Spanien, wo er einige unerfreuliche Begegnungen mit Ferdinand hatte. Im September starb er ganz unverhofft. Einige äußerten den Verdacht, Ferdinand habe ihn vergiftet.

Die Heiratsverhandlungen zogen sich in die Länge, und Heinrich VII. reagierte seinen Mißmut an Katharina von Aragon ab. Er setzte sie Ärger und Erniedrigungen aus und kürzte ihre Haushaltsmittel, so daß sie und ihre Bediensteten in ernstliche finanzielle Schwierigkeiten gerieten. Dann änderte er seine Meinung plötzlich wieder, zeigte ihr seine alte Zuneigung und erhöhte die Zuwendungen an sie. Sein Verhalten ihr gegenüber war vom Stand der diplomatischen Beziehungen zu Ferdinand abhängig.

Schließlich beschloß Ferdinand, die Verhandlungen über Katharinas Heirat mit dem Prinzen von Wales abzubrechen und Heinrich VII. zu bitten, sie nach

Spanien zurückzuschicken. Heinrich VII. aber wollte sie nicht gehen lassen. Ferdinand erkannte, daß sie in England als Geisel festgehalten wurde. Er fürchtete, Heinrich VII. könne sie vergiften. Im Sommer 1508 war seine Angst so groß geworden, daß er Heinrich mit Krieg drohte. Er wollte »gegen den König von England einen Krieg führen, der schlimmer war als der Krieg gegen die Türken«, auch wenn »die Welt daran untergehen sollte«. Doch die Berichte seiner Gesandten überzeugten ihn davon, daß der junge Prinz von Wales ganz anders sei als sein Vater und in keiner Weise für Katharinas schlechte Behandlung verantwortlich. Ferdinand beauftragte seinen neuen Gesandten in England, Fuensalida, dem Prinzen von Wales einen Besuch abzustatten und ihn Ferdinands Achtung zu versichern. Es gelang Fuensalida nicht, zum Prinzen vorgelassen zu werden. Er berichtete, König Heinrich lasse seinen Sohn so streng bewachen, als sei er ein Mädchen. Er sei in einem Haus eingesperrt, dessen einziger Ausgang in einen Park führe, wo er unter der strengen Aufsicht seiner Leibwache spazierengehen dürfe. Fuensalida schrieb weiter, der Prinz habe so große Angst vor seinem Vater, daß er nicht wage, in seiner Gegenwart zu sprechen, von einigen wenigen Worten abgesehen, die er in sich hineinmurmle, wenn der König das Wort an ihn richte.[11]

Heinrich VII. wurde immer unbeliebter. Der spanische Gesandte Londoño schrieb 1498, Heinrich halte sein Volk in größerer Abhängigkeit als jemals ein König vor ihm. Heinrichs Regierung wurde gegen Ende noch straffer. Die Bevölkerung klagte bitter über die hohen Steuern. Noch unbeliebter war die Angewohnheit Heinrichs und seiner Minister, wohlhabende Untertanen eines Vergehens zu beschuldigen und ihnen dann als Sicherheitsleistung oder Bürgschaft für ihr gutes Benehmen einen hohen Geldbetrag abzuverlangen. Ayala gegenüber erklärte der König, er verlange hohe Steuern, »um seine Untertanen knapp bei Kasse zu halten, weil Reichtum sie nur hochmütig macht«.[12]

Zwar lud der König gelegentlich einige seiner Adligen und Bischöfe ein, an den Sitzungen des Kronrats teilzunehmen, doch meist regierte er sein Königreich mit einem kleinen Stab von Beratern. Seine Mutter, Margaret Beaufort, hatte den größten Einfluß auf ihn. Die wichtigsten Männer seiner Finanzpolitik waren Edmund Dudley und Sir Richard Empson. Dudley war der Sohn eines Gentleman aus Atherington in der Nähe von Climping in Sussex. Empson war von niedererer Herkunft; sein Vater war ein wohlhabender Korbmacher aus Towcester in Northamptonshire. Beide Männer wurden Anwälte, Mitglieder des Parlaments und Sprecher im Unterhaus und traten in den Dienst Heinrichs VII. Empson wurde zum Ritter geschlagen und zum Kanzler des Herzogtums Lancaster ernannt, doch weder er noch Dudley hatten Stellungen inne, die sie berechtigt hätten, den Untertanen des Königs Geld abzuknöpfen.

Dudley und Empson scheinen fast überall im Land verhaßt gewesen zu sein. Sie wurden beschuldigt, von wohlhabenden Grundbesitzern gegen das Gesetz hohe Bußgelder erpreßt und dieses Geld nicht an den König abgeführt, sondern sich selbst damit bereichert zu haben. Der Historiker William Camden schrieb 75 Jahre später, Empson sei einmal einem blinden Mann begegnet, der die Zukunft voraussagen konnte. Empson habe ihn gefragt, ob die Sonne ihre Bahn je ändern werde. »Ja: Wenn ein verruchter Anwalt wie Ihr in den Himmel kommt«, soll der Wahrsager geantwortet haben.[13]

In den letzten Jahren haben Historiker mehr über die Aktivitäten von Dudley und Empson in Erfahrung gebracht. Davon scheint einiges die beiden bis zu einem gewissen Grad zu entlasten oder zumindest nahezulegen, daß alles, was sie taten, durch das Gesetz abgesegnet war. Andere Dokumente freilich bestätigen ihre willkürlichen Methoden. Keine liefert freilich eine Erklärung dafür, warum die Menschen sie mehr haßten als die anderen Ratgeber Heinrichs VII. Vielleicht kommt Francis Bacon, der hier zweifellos aus der populären Überlieferung schöpft, der Wahrheit am nächsten, wenn er erklärt, Empson habe rohe Manieren gehabt. Die Menschen ärgern sich oft mehr über eine Beleidigung als über eine materielle Schädigung.[14]

Der Prinz von Wales gehörte nicht zu dem kleinen Kreis enger Berater Heinrichs VII. Er spielte in der Regierung überhaupt keine Rolle. Als Arthur Prinz von Wales war, hatte ihn der König nach Ludlow geschickt, um im Rat der Marken von Wales den Vorsitz zu führen. Als Prinz Heinrich den Titel seines Bruders erbte, wurde er nicht nach Ludlow geschickt. Obwohl er mit drei Jahren zum Schutzherrn der fünf Häfen, zum Statthalter von Irland und zum Schutzherrn der schottischen Marken ernannt worden war, wurden ihm diese Ämter nun, da er alt genug war, die Pflichten, die sie mit sich brachten, zu erfüllen oder es zumindest zu lernen, wieder weggenommen und diversen Adligen übertragen. Heinrich verbrachte seine Zeit mit königlichen Vergnügungen wie Reiten, Jagen, der Falknerei und Turnierkämpfen. Ringen machte ihm besonderen Spaß, und im englischen Nationalsport, dem Bogenschießen, das die englischen Bogenschützen zur gefährlichsten militärischen Truppe Europas gemacht hatte, war er ein Meister. Er konnte es mit den besten Bogenschützen der Leibwache des Königs aufnehmen.

Fuensalidas Behauptung, der Prinz von Wales werde vom König fast wie ein Gefangener gehalten, ist wahrscheinlich übertrieben. Noch schwerer fällt es, eine andere Mitteilung des Botschafters zu glauben: Heinrich VII. soll in einem Wutanfall seinen Sohn beinahe umgebracht und seine Tochter Maria angegriffen haben, weil er sich über einen Brief ärgerte, den er bekommen hatte. Andere Zeugnisse bestätigen freilich, daß Vater und Sohn nicht gut miteinander auskamen. Nach Lord Montagu, dem Cousin Heinrichs VIII., der Heinrich kannte, als er noch Prinz von Wales war, mochte ihn sein Vater, der König, nicht. Montagu war so töricht, dies seinem Bruder Sir Geoffrey Pole viele Jahre später bei einem privaten Gespräch mitzuteilen. Die Aussage wurde als Beweis gegen ihn verwendet, als Heinrich VIII. Montagu als Verräter hinrichten ließ.[15] Angesichts der auffallenden Unterschiede in den Charakteren von Vater und Sohn überrascht es nicht, daß ihr Verhältnis gespannt war.

Von den Regierungsgeschäften ausgeschlossen, konnte der Prinz von Wales nichts weiter tun als auf den Tod seines Vaters warten. Er mußte nicht besonders lange warten, obwohl es länger dauerte, als viele gedacht hatten. Der Gesundheitszustand Heinrichs VII. verschlechterte sich zusehends. Im Frühjahr 1507 – er war gerade fünfzig geworden – erkrankte er ernsthaft. Seine Höflinge waren überzeugt, daß er sterben würde. Er erholte sich wieder, wurde aber im Februar 1508 erneut krank. Wieder erholte er sich, erkrankte aber fünf Monate später, im Juli, wiederum schwer. Seine Ärzte nannten die Krankheit in der damals üblichen Terminologie »Schwindsucht«. Am 24. März 1509 erlitt er einen Kollaps, und der venezianische Gesandte berichtete nach Hause, es »bestehe keinerlei Hoffnung auf Genesung«.[16]

Je kränker Heinrich wurde, desto frommer wurde er. Der letzte Anfall versetzte ihn in einen Zustand größter Reue. Am 31. März machte er sein Testament, in dem er seiner Reue über seine Sünden Ausdruck gab. Er stiftete einen Geldbetrag, damit für seine Seele zehntausend Totenmessen gelesen werden konnten. Allen Untertanen, die zu Unrecht erpreßt worden waren, sollte Genugtuung geleistet werden. Heinrich ernannte Bevollmächtigte, darunter Dudley und Empson, die darauf achten sollten, daß dies auch geschah. Am 10. April erging ein Erlaß, nach dem sämtliche Bußzahlungen, die weniger als 15 Pfund betrugen, erlassen und eine allgemeine Amnestie für Verbrecher gewährt werden sollte.

Am 20. April eilte der Prinz von Wales nach Richmond an das Bett seines Vaters. Anschließend erklärte er, der sterbende König habe ihn gebeten, Katharina umgehend zu heiraten. Wir wissen nicht, worüber sonst noch gesprochen wurde. Heinrich VII. siechte weitere 27 Stunden dahin, dann kam das Ende. Am 21. April 1509 wurde der Prinz von Wales im Alter von siebzehn Jahren und neun Monaten König Heinrich VIII., König von England, König von Frankreich und Lord von Irland.[17]

3

Der junge König

Heinrich VIII. blieb noch 24 Stunden im Palast von Richmond. Am 23. April, dem St. Georgs-Tag, begab er sich nach London und nahm im Tower Quartier. Es war Tradition, daß der neue König die Wochen zwischen Thronbesteigung und Krönung im Tower verbrachte, um dann für den Rest seines Lebens nie wieder dort zu wohnen. Am selben Tag wurde Heinrich in der Stadt von Herolden zum König proklamiert. Ebenfalls an diesem Tag wurden Dudley, Empson und Lord Henry Stafford, der Bruder des Herzogs von Buckingham, verhaftet und in den Teil des Tower gebracht, in dem das Gefängnis lag. Ein paar Tage später wurden außerdem einige der unbeliebten Freunde und Untergebenen Dudleys und Empsons verhaftet. John Baptist Brimald freilich, der Schlimmste von allen, entkam und flüchtete in die Westminster-Abtei.

Am 23. April erließ Heinrich eine Generalamnestie für alle Strafgefangenen mit Ausnahme von 77 Personen, die namentlich in der Proklamation aufgeführt waren. Zu ihnen gehörten Dudley, Empson, Henry Stafford, die Untergebenen von Dudley und Empson und Edmund de la Pole, der im Tower gefangengehalten wurde, seit Philipp der Schöne ihn an Heinrich VII. ausgeliefert hatte. Es war die zweite Amnestie innerhalb von dreizehn Tagen, denn erst am 10. April hatte Heinrich VII. gleichfalls eine allgemeine Amnestie verkündet. Begründet wurde die zweite Amnestie nach außen hin damit, die Amnestie Heinrichs VII. habe sich lediglich auf Straftaten bezogen, die vor dem Tag ihrer Verkündigung begangen worden seien. Die neue Amnestie dagegen schließe auch Straftaten der letzten elf Tage im Leben des Königs ein. Doch die Proklamation vom 23. April bewirkte noch mehr: Sie ließ die Amnestie Heinrichs VII. im Gedächtnis der Menschen verblassen. Man vergaß, daß Heinrich VII. ebenfalls eine Generalamnestie erlassen hatte, und erinnerte sich nur noch daran, daß der gute junge König, der den Platz des schlechten alten Königs eingenommen hatte, die Opfer der Tyrannei seines Vaters begnadigt hatte.

Es war üblich, daß Könige am Anfang ihrer Regierungszeit eine Amnestie gewährten und Gefangene freiließen. Daß Heinrich VIII. aber die meistgehaßten Minister des alten Königs verhaften ließ, galt als unerwartetes und eindrucksvolles Zeichen dafür, daß er der Mißwirtschaft unter seinem Vater ein Ende bereiten wollte. Heinrich machte außerdem deutlich, daß er entschlossen war, vergangenes Unrecht wiedergutzumachen. Er befahl, daß allen Fällen von Bußgeldzahlung nachgegangen werden sollte, wie Heinrich VII. es testamentarisch verfügt hatte. Im Sommer 1509 und in den darauffolgenden Jahren wurden hohe Geldsummen, die zu Unrecht als Bußzahlungen eingezogen worden waren, zurückerstattet.[1]

Heinrich VIII. galt als Befreier seines Volkes von der Unterdrückung. Thomas Morus schrieb ein Gedicht, in dem er Heinrich VII. zwar nicht direkt kritisierte, aber den jungen König pries, weil er der »Tyrannei« der Minister des toten Königs ein Ende bereitet habe. Morus feierte Heinrich VIII. als »den größten, besten und, um den König mit einem neuen Ehrentitel auszuzeichnen, den meist geliebten« Herrscher. Morus' Freund Lord Mountjoy schrieb an Erasmus noch enthusiastischer über die Tugenden »unseres Prinzen, des jetzigen *Henricus Octavus* [Heinrich VIII.], den wir getrost unseren Octavianus nennen mögen ... Die Habgier hat das Land verlassen, und Großzügigkeit verteilt freigebig den Reichtum. Unser König sucht weder Gold noch Edelsteine oder kostbare Metalle, sondern Tugend, Ruhm und Unsterblichkeit.«[2]

Heinrichs Popularität wurde durch seine stattliche äußere Erscheinung noch gefördert. Er war mit 1,90 bis 1,93 m ungewöhnlich groß und hatte breite Schultern, kräftige Glieder und eine helle Haut. Er hatte lange rotblonde Haare und war glatt rasiert. Kurze Haare und Bärte waren noch nicht in Mode. Wie bei einem mächtigen Staatsmann späterer Zeiten, Bismarck, kam zu dem beeindruckenden Äußeren eine dünne, hohe Stimme. Schon damals muß Heinrich ferner die kleinen, berechnenden und grausamen Schweinsäuglein gehabt haben, die Holbein später malte.

Wie sehr das Volk Heinrich VII. auch verabscheuen mochte, es erwartete von seinem jungen König, daß er dem Andenken seines Vaters den angemessenen Respekt zollte. Heinrich VIII. versäumte es nicht. Er blieb 18 Tage im Tower, bis die Bestattungsfeierlichkeiten für seinen Vater am 9. und 10. Mai vorbei waren. Er selbst nahm nicht am Begräbnis teil, doch das war auch nicht üblich; Beerdigungen waren Sache der Priester und Mönche. Eine große Anzahl der letzteren geleitete den Leichnam in einer langen Prozession von Richmond zur St. Pauls-Kathedrale und am nächsten Tag zur Westminster-Abtei, wo er neben Elisabeth von York bestattet wurde.

John Fisher, Bischof von Rochester, hielt die Trauerpredigt. Er war jahrelang Mitglied im Kronrat Heinrichs VII. gewesen und der engste Vertraute Margaret Beauforts, die er überredet hatte, mehrere Lehrstühle und Institute an seiner Universität Cambridge zu stiften. Die Predigt Fishers enthielt apologetische Töne. Er pries die Frömmigkeit und religiöse Orthodoxie Heinrichs VII., insbesondere die Aufrichtigkeit, mit der er seine Sünden bereut, und die Großmut, mit der er in seinem Testament wohltätige Geschenke verteilt habe. Margaret Beaufort war sehr zufrieden mit der Predigt und bat Fisher, sie drucken zu lassen. Die Veröffentlichung erlebte sie nicht mehr, denn sie starb sieben Wochen nach dem Begräbnis. Auf ihrem Totenbett bat sie ihren Enkel, den neuen König, Fisher zu seinem engsten Berater zu machen und stets seinem Rat zu folgen.[3]

Nach dem Begräbnis begannen die Krönungsfeierlichkeiten. Heinrich VIII. verließ den Tower und erfreute sich in Greenwich an Festivitäten und Vergnügungen, während letzte Vorbereitungen für die Krönung getroffen wurden. Der Kronrat und die Gesandten in London wußten zu dieser Zeit noch nicht, ob der neue König Veränderungen in der Außen- und Bündnispolitik vornehmen und, vor allem, welche ausländische Prinzessin er heiraten würde. Wollte er, nach all den Verzögerungen, nun doch Katharina heiraten, die Witwe des Prinzen von Wales? Oder würde er eine der drei anderen Bräute wählen, die sein Vater für ihn ausgesucht hatte – Eleonore, die Tochter Philipps des Schönen, die Tochter Herzog Albrechts von Bayern oder gar Marguerite de Valois von Angoulême, die Schwester Herzog Franz' von Angoulême, des Thronerben von Frankreich, wenn sein Cousin, der alte König. Ludwig XII., keinen Sohn bekam? Der spanische Botschafter Fuensalida war im Hinblick auf Katharinas Chancen wenig optimistisch, und einige Mitglieder des Kronrats, allen voran Warham, Erzbischof von Canterbury und Lordkanzler, zweifelten daran, ob es schicklich sei, daß Heinrich die Witwe seines Bruders heiratete.

Am 26. April schrieb John Stile, der englische Gesandte in Spanien, aus Valladolid an Heinrich VII. Stile wußte noch nicht, daß der König fünf Tage zuvor gestorben war. Er teilte ihm mit, der Zorn König Ferdinands über Katharinas schlechte Behandlung in England sei so stark geworden, daß er sogar an Krieg denke. Kurz darauf traf in Valladolid aus Frankreich die Nachricht ein, Heinrich VII. sei gestorben. Die Nachricht wurde bald durch Fuensalidas Depeschen aus London bestätigt.

Ferdinand glaubte, daß sich mit der Thronbesteigung des jungen Königs die internationale Lage zu seinen Gunsten verändert habe. Er schrieb an Fuensalida und Katharina, er wolle nicht länger um die Mitgift und andere Heiratsbedingungen feilschen. Er vertraue dem neuen König mehr als dem alten. Um Heinrich VIII. zur Heirat mit Katharina zu bewegen, werde er ihm daher alles zugestehen, was er Heinrich VII. verweigert habe. Was die in England laut gewordenen Zweifel hinsichtlich der Schicklichkeit einer Ehe zwischen Heinrich und der Witwe seines Bruders betraf, wies Ferdinand darauf hin, daß die Heirat vollkommen rechtmäßig sei, weil der Papst einen Dispens erteilt habe. Ferdinand trug Fuensalida auf, mit Bestechungsgeldern für Heinrichs Minister nicht zu geizen, wenn dies der Sache diene. Die Heirat der Prinzessin von Wales mit dem König von England sei die wichtigste Angelegenheit, mit der er, Fuensalida, jemals betraut worden sei oder in Zukunft betraut werde.[4]

Ferdinand hätte sich keine Sorgen zu machen brauchen. Heinrich hatte bereits beschlossen, Katharina zu heiraten. Er hatte schon immer ein gutes Verhältnis zu ihr gehabt. Die Tatsache, daß sie sechs Jahre älter war als er, war kein ernsthafter Hinderungsgrund, und nur Warham und einige andere Würdenträger schienen Zweifel im Hinblick auf die Rechtmäßigkeit der Ehe zu hegen. Heinrich schrieb an Margarete von Österreich, er habe sich so entschieden, weil ihn sein Vater auf dem Totenbett gebeten habe, Katharina zu heiraten. Er wolle nicht ungehorsam sein, zumal diese Verbindung dazu beitragen werde, ein großes Bündnis zwischen England, Spanien, dem Kaiser und dem Hause Burgund zu begründen.[5] Letzteres war wahrscheinlich Heinrichs Hauptgrund für die Heirat. Zweifellos dachte er schon damals daran, eine Allianz gegen Frankreich zu bilden und seine Popularität beim Volk durch einen Krieg gegen Frankreich noch zu steigern.

Heinrich heiratete Katharina am 11. Juni. Im 16. Jahrhundert fanden königliche Hochzeiten unter Ausschluß der Öffentlichkeit statt. Das Paar wurde in der Kapelle des königlichen Schlosses in Greenwich getraut, die Trauung wurde vom Erzbischof von Canterbury vollzogen. Heinrich mag das angesichts der Zweifel, die Warham hinsichtlich der Rechtmäßigkeit der Ehe geäußert hatte, für ratsam gehalten haben. Im Gottesdienst stellte Warham ihm feierlich die Frage: »Erlauchter Prinz, ist es Euer Wille, den Ehevertrag zu erfüllen, den Euer Vater, der verstorbene König von England, und die Eltern der Prinzessin von Wales, der König und die Königin von Spanien, geschlossen haben, und, da der Papst einen Ehedispens erteilt hat, die hier anwesende Prinzessin zu Eurer rechtmäßigen Gemahlin zu nehmen?« Heinrich bejahte. Warham wandte sich daraufhin an Katharina und fragte sie dasselbe. Auch sie bejahte.[6]

Am 21. Juni begaben Heinrich und Katharina sich von Greenwich nach London. Sie fuhren nicht wie üblich mit einer Barke, sondern ritten über Land, damit alle sie sehen konnten. Ihr Weg führte sie zuerst am Südufer der Themse entlang nach Southwark, dann über die London Bridge und an der Gnadenkirche vorbei zum Tower. Am Samstag, dem 23. Juni, ritten sie mit den höchsten Würdenträgern des Staates, den Angestellten des königlichen Haushalts, dem Bürgermeister, den Ratsherren und weiteren Begleitern in Livree in einer großen Prozession durch die Straßen von London, durch die Bread Street und vorbei an der Gnadenkirche, Cheapside und Cornhill nach Westminster. Die Straßen waren mit Goldbrokat geschmückt, und am Straßenrand standen ganz in Weiß gekleidete Jungfrauen. Priester warteten darauf, den König und die Königin zu segnen, wenn sie vorbeiritten. Heinrich war in karmesinroten, mit Hermelin besetzten Samt gehüllt und trug einen goldenen Rock mit Diamanten, Rubinen und Smaragden. Er ritt auf einem reich geschmückten Pferd und war von seiner Leibwache umgeben. Katharina folgte in angemessenem Abstand in einer Sänfte, begleitet von ihren Damen und weiterem Gefolge. Die Menge jubelte dem König begeistert zu. »Die Proportionen seines Körpers«, schrieb Edward Hall, der ihn vorbeireiten sah, »seine stattliche Erscheinung, sein freundliches Antlitz, seine fürstliche Haltung und die edlen Qualitäten seiner königlichen Abstammung, die allen bekannt sind, bedürfen keiner Erwähnung. Die Geschenke der Gnade und der Natur, die Gott ihm mitgegeben, kann ich in meiner Beschränktheit gar nicht alle nennen.«

Heinrich und Katharina verbrachten die Nacht im Palast von Westminster, wo Turniere und ein großes Bankett stattfanden. Am Sonntag, dem 24. Juni, dem Fest Johannes des Täufers, begab das Paar sich mit großem Pomp zur Westminster-Abtei, wo es von Warham nach alter Tradition gekrönt wurde. Zum Krönungsbankett kehrte es nach Westminster zurück. Als der zweite Gang serviert wurde, sprengte Sir Robert Dimock auf einem Pferd in den Saal und forderte jeden der Anwesenden, ganz gleich welchen Standes oder Ranges, der zu behaupten oder zu beweisen sich erdreistete, König Heinrich VIII. sei nicht der rechtmäßige Erbe und König dieses Reiches, zu einem Kampf auf Leben und Tod heraus.[7] Dimock hatte diese Zeremonie bereits 1483 bei der Krönung Richards III. vollführt und erneut zwei Jahre später bei der Krönung des Mannes, der Richard besiegt und getötet hatte und ihm auf den Thron gefolgt war. Zweimal hatte er seine Herausforderung bei der Krönung eines Usurpators verkündet. Diesmal tat er es für Heinrich VIII., der als ältester noch lebender Sohn Elisabeths von York zweifellos der rechtmäßige König war.

Der höchste der bei der Krönung anwesenden weltlichen Würdenträger war der Herzog von Buckingham, der tags zuvor zum Großkonnetabel von England ernannt worden war. Buckinghams Bruder Lord Henry Stafford saß immer noch wegen Verdachts auf Hochverrat im Tower, obwohl ihm noch nicht der Prozeß gemacht worden war. Als Nachfahre Eduards III. war Buckingham ein möglicher Thronerbe, und sein Name war verschiedentlich bei Spekulationen über den zukünftigen König gefallen. Solange sein Bruder freilich als Geisel im Gefängnis saß, war nicht zu erwarten, daß Buckingham einen Aufstand wagte. Kurz nach der Krönung ließ Heinrich VIII. Henry

Stafford frei und verkündete, er sei überzeugt, daß die über ihn kursierenden Gerüchte gegenstandslos seien.[8] Noch im selben Jahr machte er ihn zum Grafen von Wiltshire.

Empson wurde vor den Kronrat gebracht und beschuldigt, von der Bevölkerung unrechtmäßig Geld erpreßt zu haben. In einer langen und wohldurchdachten Rede erklärte er, daß er auf Anordnung Heinrichs VII. gehandelt habe und alles, was er getan habe, durch gültige Gesetze abgesichert sei, auch wenn einige von ihnen schon vor vielen Jahren in Vergessenheit geraten seien. Damit brachte er seine Ankläger in eine mißliche Lage. Doch bald wurde gegen ihn und Dudley eine neue Anklage erhoben: Sie hätten, als Heinrich VII. im Sterben gelegen habe, ihre Freunde um Rat und Hilfe gebeten für den Fall, daß ihre Position gefährdet sei. Dies konnte als Vorbereitung einer Rebellion gegen den neuen König aufgefaßt werden, als Hochverrat. Im Juli wurde Dudley in der Guildhall in London des Hochverrats angeklagt. Empson wurde nach Hause in die Grafschaft Northampton geschickt, wo ihm im Oktober aus demselben Grund der Prozeß gemacht wurde. Beide wurden für schuldig befunden und dazu verurteilt, gehängt, gestreckt und gevierteilt zu werden.

Fast ein Jahr lang schob Heinrich die Vollstreckung der Urteile auf. Vielleicht hielt er es für unangebracht, die Zeit der Feste und der Amnestie in diesem glücklichen Sommer 1509 durch eine öffentliche Hinrichtung zu stören, selbst wenn es sich um zwei berüchtigte Übeltäter handelte. Dudley und Empson wurden im Tower von London gefangengehalten. Im Januar 1510 wurden Schuldspruch und Urteil vom Parlament bestätigt. Die Untergebenen der beiden, die bei der Thronbesteigung Heinrichs VIII. verhaftet worden waren, wurden vom Kronrat dazu verurteilt, am Pranger zu stehen. Brimald, der in der Westminster-Abtei Zuflucht gesucht hatte, wurde nicht gewaltsam oder durch eine List aus seiner Zufluchtstätte geholt, sondern durfte sie frei verlassen.

Dudley schrieb im Tower ein Buch mit dem Titel *The Tree of Commonwealth*, das er Foxe und Sir Thomas Lovell, dem Schatzkanzler und Kommandanten des Tower, widmete. Darin erläuterte er die Prinzipien einer guten Regierung, die ein Herrscher beachten sollte. Außerdem stellte er eine Liste von 84 Fällen zusammen, in denen er Untertanen Heinrichs VII. ungerecht behandelt hatte, und bat Foxe und Lovell, seine Opfer zu entschädigen. Er bezeichnete sich selbst als »höchst erbärmliche und bedauernswerte Kreatur, von den Gesetzen des Königs zum Tode verurteilt, ein Gefangener im Tower von London, wo ich auf Wunsch meines allerhöchsten Gebieters, an dem ich wissentlich niemals Verrat oder ähnliches begangen habe, Leben oder Tod erdulde, auf daß meine sündhafte Seele gerettet werde«.

Dudley versuchte, aus dem Tower zu fliehen. Der Plan wurde aufgedeckt, und das war vielleicht mitbestimmend für Heinrichs Entscheidung, die Sache energisch zum Ende zu bringen. Er wandelte das Urteil, das auf Hängen, Strecken und Vierteilen gelautet hatte, in den gnädigeren Tod durch das Beil des Henkers um. Dudley und Empson wurden am 18. August 1510 auf dem Platz vor dem Tower enthauptet.[9]

Weder die Chronisten des 16. Jahrhunderts noch die von der modernen Forschung ans Licht gebrachten Dokumente geben Hinweise darauf, wer letztlich für Sturz und Hinrichtung Dudleys und Empsons verantwortlich war. Wolsey, dem es zuzutrauen gewesen wäre, stand zwar schon im Dienst des Königs, war aber noch nicht mächtig genug, um so etwas zu tun oder auch nur vorzuschlagen. Auch Foxe, Warham, Lovell oder Ruthall, die vorsichtig und bedächtig waren und sich ein paar Jahre später von Wolsey kampflos zurückdrängen ließen, dürften kaum dafür in Frage kommen. Fisher und Margaret Beaufort könnten es veranlaßt haben. Es ist sogar denkbar, daß Heinrich VII. selbst, um sich die Aufrichtigkeit seiner Reue zu beweisen und den Interessen seines Nachfolgers zu dienen, seinem Sohn bei ihrem letzten Gespräch geraten hat, die meistgehaßten Handlanger seiner Politik zu opfern und sich so die Zuneigung des Volkes zu sichern.

Doch die Verantwortung und die endgültige Entscheidung lag bei Heinrich VIII., und vielleicht ist es gar nicht nötig, nach anderen Verantwortlichen zu suchen. Junge Männer von 17 Jahren sind durchaus imstande, selbständig Entscheidungen zu treffen und zu drastischen und grausamen Maßnahmen zu greifen. Dazu braucht es gar nicht den Machtrausch des eben erst zum absoluten Herrscher gewordenen Kronprinzen. Die plötzliche Absetzung und Verhaftung Dudleys und Empsons, die Dehnung der Gesetze, um sie des Hochverrats zu überführen, und die Entscheidung, keine Gnade walten zu lassen, sondern das Todesurteil zu vollstrecken – das alles folgt einem Schema, das sich während der Regierungszeit Heinrichs VIII. noch bei vielen Gelegenheiten wiederholen sollte. Solche Aktionen kamen überraschend und waren ungerecht, aber populär.

Während Dudley und Empson im Tower gefangen waren und nicht wußten, ob sie leben oder sterben würden, begann Heinrich mit jener Serie verschwenderischer Vergnügungen und prachtvoller Spektakel, die sein ganzes Leben andauern und seine Zeitgenossen so sehr beeindrucken sollten. An jedem hohen Feiertag versammelte sich eine Menge aus Höflingen und Bittstellern, um den König zur Messe gehen zu sehen. Heinrich trug prächtige Gewänder und kostbaren Schmuck. Auf dem Weg zur Kirche machte er ab und zu halt, um mit Gesandten und Adligen, denen er in der Öffentlichkeit seine Gunst zeigen wollte, einige Worte zu wechseln. Wohlwollend nahm er an ihn gerichtete Bittgesuche zur Kenntnis. Auf die Messe folgte ein großes Bankett. Der König saß allein am Tisch und ließ sich von hohen Würdenträgern bedienen, die das Fleisch tranchierten oder als Mundschenk fungierten. Manchmal lud er hohe Fürsten und Besucher aus dem Ausland zum Zeichen seiner außerordentlichen Gunst an seinen Tisch. Die Adligen und Höflinge saßen mit ihren Damen ihrem Rang entsprechend an den unteren Tischen. Die Anzahl der aufgetragenen Speisen war groß, für König und Fürsten gab es noch zusätzliche Gänge. Es gab riesige Mengen an Rindfleisch, Wildbret und Huhn und anstelle des hellen Bieres, das die meisten Engländer tranken, französischen Wein aus Bordeaux. Am Ende des Banketts genehmigte man sich einen teuren Luxus: Hypocras, einen süßen Likör aus der Levante.

Nach dem Bankett, das gewöhnlich um elf Uhr begann und mehrere Stunden dauerte, wurde ein großes Turnier abgehalten. Die Regeln, nach denen Herausforderer und Verteidiger sich begegneten, waren kompliziert. Schilde und Banner der Teilnehmer wurden nach deren Rangordnung aufgestellt, und der Kampf ging in Gegenwart des Königs und der Königin sowie der Lords und der Damen bei Hof vonstatten. Als Prinz von Wales hatte Heinrich im Turnierkampf große Geschicklichkeit bewiesen. Doch bei den Turnieren, die anläßlich der Krönungsfeierlichkeiten abgehalten wurden, saß er, wie auch den Rest dieses Jahres über, neben der Königin in der Ehrenloge und sah dem Kampf mit königlicher Würde zu, wie es schon sein Vater und andere Könige vor ihm getan hatten. Der Turnierkampf war nicht ungefährlich. Obwohl die Teilnehmer schwere Rüstungen trugen, ihr Gesicht durch ein Visier geschützt war und sie durch eine Planke zu ihrer Linken voneinander getrennt waren, konnte es durch die Lanzen zu Unfällen kommen, oder die Reiter stürzten vom Pferd. Ziemte es sich für einen König, selbst an einem Turnier teilzunehmen, oder war das mit seiner königlichen Würde unvereinbar?

Am Dreikönigstag, dem 6. Januar 1510, nahm Heinrich verkleidet an einem Turnier in Richmond teil. Er bewies großes Geschick. Alle Zuschauer bewunderten den unbekannten Ritter, und als einer ihn erkannte, rief er laut: »Gott schütze den König!«[10] Da die Teilnahme Heinrich sehr populär gemacht hatte, nahm er von nun an regelmäßig an Turnieren teil. Das trug zur Schaffung seines Rufes als tapferer und gewandter junger König bei, als der er nicht nur in England, sondern überall in der christlichen Welt einen so guten Eindruck hinterließ. Das heißt freilich nicht, daß Heinrich sich nur für den Sport interessiert hätte und überhaupt nicht für Politik oder seine Aufgaben als König, daß er also lediglich seinem Lieblingssport frönen wollte, ohne an die Folgen zu denken. Trotz seiner gutmütig-derben Art und seiner Vorliebe für martialisches Auftreten war Heinrich ein vorsichtiger Mensch. Er dachte zeit seines Lebens sorgfältig, manchmal sogar jahrelang über mögliche Folgen einer Handlung nach, ehe er sie ausführte. Die Entscheidung, ob er an einem Turnier teilnehmen sollte, kostete ihn mehr Zeit als die Entscheidung, Dudley und Empson verhaften zu lassen.

Die Turniere, Bankette und Messen waren Bestandteil wichtiger Festtage, von denen es übers Jahr verteilt recht viele gab. Kaum war die Fastenzeit vorüber, kam Ostern. Im April wurden der St. Markus-Tag und das Fest des heiligen Georg, des Schutzpatrons von England, gefeiert. Acht Tage nach dem St. Georgs-Tag folgte der 1. Mai mit Robin-Hood-Spielen, bei denen es in der Bevölkerung oft recht ausgelassen zuging. Heinrich und sein Hof hielten auch an diesem Feiertag das übliche würdevolle Bankett und das anschließende Turnier ab. Als nächstes folgten Himmelfahrt, Pfingsten und Fronleichnam und im Juni der St. Barnabas-Tag, das Fest Johannes des Täufers an Johanni und am 29. Juni Peter und Paul. Das große Fest des heiligen Thomas von Canterbury wurde am 7. Juli gefeiert, am 25. August folgte der St. Jakobus-Tag. Im August feierte man den heiligen Laurentius und den heiligen Bartholomäus. Im September folgten die Geburt der Jungfrau Maria, das Fest des heiligen Matthäus und der Michaelstag, im Oktober das Fest des heiligen Lukas, im November Allerheiligen, Allerseelen und der Martinstag. Im Dezember folgten auf das Fest des heiligen Nikolaus, Mariä Empfängnis und das Fest des Apostels Thomas, die zwölf Weihnachtstage mit Heiligabend, dem St. Stephans-Tag, dem Fest des heiligen Johannes, dem Fest der Unschuldigen Kinder, dem kleineren Fest des heiligen Thomas von Canterbury, Neujahr und dem Dreikönigstag. Den ersten Januar nannte man »Neujahrstag«, weil das Kalenderjahr seit 300 Jahren am 1. Januar begann, obwohl davor jahrhundertelang der 25. März als erster Tag des Jahres gegolten hatte. Neujahr war ein besonders glanzvolles Fest, an dem man sich beschenkte. Ehrgeizige Höflinge machten etwaigen Gönnern so kostbare Geschenke, wie sie es sich nur leisten konnten, und man achtete sorgfältig darauf, wer vom König Geschenke erhielt und wie kostbar sie waren im Vergleich zu denen, die er anderen Günstlingen zukommen ließ. Ende Januar feierte man das Fest des heiligen Paulus, im Februar folgten Lichtmeß und das Fest des heiligen Matthias. An Rosenmontag und Fastnachtsdienstag fanden weitere Feste statt, dann begann die siebenwöchige Fastenzeit.

An den übrigen Tagen des Jahres ging der König auf die Jagd. Meist stand er spät auf, nicht vor acht Uhr, also zwei oder drei Stunden später als die Mehrzahl seiner Untertanen. Dann wurde er von seinen Dienern und den Adligen und Gentlemen seines Hofes angekleidet, deren Pflicht und Privileg es war, der Ankleidezeremonie beizuwohnen. Wenn er in der Kapelle die Messe besucht hatte, schwang er sich in den Sattel und ritt auf die Jagd. Im Winter, wenn er nicht jagen konnte, weil der Boden gefroren oder naß war, ging er auf die Falkenjagd. Nur bei heftigem Regen blieb er zu Hause. Gewöhnlich kehrte er erst spät von der Jagd zurück, gerade rechtzeitig zum

Abendessen um sechs. Heinrich schien nie müde zu werden und ritt acht oder zehn Pferde nacheinander bis zur Erschöpfung. Manchmal verfolgte er einen Hirsch oder Eber oder gleich mehrere dieser Tiere dreißig Meilen weit.[11] Beim Abendessen sammelte er neue Kräfte. Er aß ungeheuer viel und trank dazu in Mengen Rotwein aus der Gascogne. Vor oder nach dem Abendessen verbrachte er eine Stunde oder länger allein mit seinem Sekretär, der ihm die tagsüber angefallene Korrespondenz und die diplomatischen Berichte vorlas und auf Anweisung wartete, was er antworten sollte. Danach widmete sich der König seinen abendlichen Vergnügungen: Manchmal nahm er an Maskenspielen teil und tanzte mit den Damen, manchmal spielte er Karten – ein später Pikett genanntes Spiel – oder würfelte mit einer kleinen Gruppe von Adligen seines Haushalts, die wohl seine engsten Freunde waren. Das dauerte oftmals bis nach Mitternacht, während die meisten Engländer bereits kurz nach neun im Bett lagen.

Sein tägliches Programm ließ Heinrich nicht viel Zeit zum Regieren. Im Gegensatz zu seinem Vater nahm er nicht an den Sitzungen des Kronrats oder jener kleineren Gruppe von Beratern teil, die manchmal als sein »geheimer Rat« oder »Privy Council« bezeichnet wurde, obwohl dieser Terminus sich erst zwanzig Jahre später fest einbürgerte. Seine Sekretäre konnten ihn nur mit Mühe dazu überreden, sich mit der Korrespondenz zu befassen. Heinrich haßte das Briefeschreiben, und manchmal mußte man ihn mehrmals eindringlich darum bitten, ehe er sich bereit erklärte, die Briefe an fremde Machthaber abzuschreiben, die sein Sekretär für ihn verfaßt hatte. Die internationale Etikette verlangte, daß der König die Briefe eigenhändig schrieb. Genauso haßte er es, Briefe zu lesen, und kluge Leute wußten, daß sie sich kurz fassen mußten, wenn sie eine positive Antwort erhalten wollten.

Mit Ausnahme wirklich dringender Fälle befaßte er sich mit der täglichen Korrespondenz erst, wenn er von der Jagd zurück war. Wenn er spät zurückkehrte, was sehr oft geschah, durfte man ihm die Briefe erst nach dem Abendessen vorlesen. Das konnte Unannehmlichkeiten zur Folge haben: Der Bote mußte warten, bis der König eine Antwort verfaßt hatte, desgleichen die Sekretäre, Minister und ausländischen Gesandten, deren Terminplan wegen solcher Verzögerungen völlig durcheinandergeriet. Heinrich kümmerte das freilich wenig. Die Minister und Sekretäre, die die Depeschen abfaßten und die Staatsgeschäfte führten, während er auf die Jagd ging und sich amüsierte, waren schließlich nicht weniger seine Diener als der Page, der an kalten Wintermorgen aufstand, um Feuer zu machen und das Wams des Königs daran zu wärmen.[12] Er war ihr Herr, und es war ihre Pflicht, ihm zu dienen, nicht seine, es ihnen recht zu machen.

Wozu war Heinrich seinen Untergebenen, seinem Volk gegenüber verpflichtet? Aus dem, was er schrieb und sagte, wird deutlich, daß er es für seine Pflicht hielt, sie vor Feinden aus dem Ausland zu schützen und zu verhindern, daß die Franzosen und Schotten in sein Reich eindrangen und dort Häuser niederbrannten, wie seine Armeen Häuser in Frankreich und Schottland niedergebrannt hatten. Heinrich wollte Sicherheit und Profit seiner Kaufleute zu Hause und im Ausland gewährleisten, und er wollte Gesetz und Ordnung wahren. Aber wichtiger noch als seine Verpflichtung gegenüber seinen Untertanen war seine Verpflichtung gegenüber der einzigen Instanz, die er über sich hatte: Gott. Diese Verpflichtung konnte er erfüllen, indem er die Gesetze der Kirche achtete und an den Fastentagen Fisch aß. Außerdem mußte er fünfmal am Tag die Messe hören – wenn er auf der Jagd war, nur dreimal[13] –, am Karfreitag »zu Kreuze kriechen« und auch die anderen Zeremonien der Kirche gewissenhaft beachten. Vor allem aber mußte er Ketzer verbrennen lassen, die des Hochmuts, der Sünde Luzifers, schuldig waren und ihre eigene Meinung über die Gesetze der Kirche stellten.

Die Tatsache, daß Heinrich jeden Tag auf die Jagd ging und die Erledigung seiner Korrespondenz aufschob, bedeutet freilich nicht, daß er in der Regierung keine Rolle spielte. Nur seine engsten Berater wußten, daß er allein es war, der die Entscheidungen traf. Laut Gardiner traf er manchmal wichtige Entscheidungen sehr rasch, etwa wenn er im Hof des Palastes aufs Pferd oder vom Pferd stieg, wenn er gerade aufbrach oder von der Jagd zurückkehrte.[14] Heinrichs geschäftliche Besprechungen mit seinen Sekretären haben wahrscheinlich nur eine Stunde am Tag in Anspruch genommen, doch in dieser einen Stunde entschied er, was zu tun sei, und erklärte seinem Sekretär, wie es zu tun sei. Oftmals korrigierte er den Wortlaut bereits abgefaßter Depeschen oder trug seinem Sekretär auf, einem Gesandten die Änderung seines Standpunkts in einer Detailfrage nahezulegen. Er kümmerte sich persönlich um Einzelheiten der Regierungsgeschäfte – zumindest bei Dingen, die ihn interessierten, wie Religionspolitik und auswärtige Angelegenheiten. Hatte man ihn über eine Angelegenheit informiert, vergaß er sie nicht mehr. Er fragte nach den Fortschritten dieser Angelegenheit und versicherte sich, daß seine früheren Anweisungen befolgt wurden.

Wenn Heinrich mehr Zeit im Sattel als im Sitzungssaal des Kronrats verbrachte, dann nicht nur deshalb, weil er das Vergnügen der Arbeit vorzog, sondern auch, weil es seinen Untertanen so gefiel. Ein König, der durch das Land galoppierte und dreißig Meilen am Tag zurücklegte, war mehr nach ihrem Geschmack als ein König, der am Tisch des Kronrats saß. Außerdem war es politisch gesehen von Vorteil, sich von der Regierung zu distanzieren. Wenn unpopuläre Maßnahmen getroffen, Fehler gemacht und Menschen ungerecht behandelt wurden, dann war das nicht die Schuld des Königs, denn der König war bei der Jagd. Die Schuld lag allein bei den verhaßten Ministern, Emporkömmlingen, die in Abwesenheit des Königs das Land regierten. Wenn der König von der Jagd zurückkam und merkte, was sie vorhatten, würde er sie bestrafen und seinen Untertanen Gerechtigkeit widerfahren lassen.

Heinrich wollte sowohl als Mann des Geistes wie auch als Sportler gelten und die Anerkennung der Vertreter der neuen geistigen Kultur und derjenigen erringen, die Gefallen am traditionellen, kriegerischen und sportlichen Zeitvertreib des Rittertums fanden. Der gewöhnliche englische Gentleman hielt nichts von Büchern. »Bei Gott«, sagte einer von ihnen 1515 zu dem Humanisten Richard Pace, eher soll mein Sohn hängen, als daß ich ein Bücherwurm werde. Ein Edelmann muß das Horn blasen, jagen und auf die Beizjagd gehen können. Das Lernen überlasse er getrost den Dummköpfen.«[15] Heinrich selbst liebte Bücher ebenso wie den Klang des Jagdhorns.

Als Heinrich geboren wurde, steckte das Studium der griechischen Sprache, das sich im 15. Jahrhundert in Italien entwickelt hatte, in England noch in den Anfängen. Zur Zeit seiner Krönung gab es in England dagegen schon eine ganze Anzahl bedeutender Gelehrter. Colet, Linacre, William Latimer und Thomas Morus gelangten unter dem Schutz einflußreicher Förderer der Gelehrsamkeit wie Erzbischof Warham und Bischof Fisher zu Ruhm und Ehre. Diese Kirchenfürsten schützten die Gelehrten vor den eher konservativen Geistlichen am unteren Ende der kirchlichen Hierarchie, die sich der Verbreitung humanistischer Lehren in den Weg stellten, weil diese das traditionelle Denken und die Autorität ungebildeter Lehrer in Frage stellten.

Heinrich VIII. wollte ein noch größerer Mäzen der Literatur und Kunst sein als Warham, Fisher und die Päpste und Fürsten in Italien. Er förderte nicht nur die englischen Humanisten, sondern war bestrebt, die bekanntesten ausländischen Gelehrten nach England zu holen. So überredete er den Spanier Vives, Louvain zu verlassen, und den Holländer Erasmus, von Italien nach England zu kommen. Erasmus unternahm die Seereise nach England zwar nur sehr ungern, doch konnte er der Einladung nicht widerstehen, jenes Zentrum der Kultur zu besuchen, zu dem England unter seinem geistreichen jungen König immer mehr wurde. Er blieb fünf Jahre in London und Cambridge. Der deutsche Maler Hans Holbein der Jüngere kam ebenfalls an Heinrichs Hof. In der Musik betätigte Heinrich sich nicht nur als Gönner, sondern auch als Komponist. Er schrieb mehrere Musikstücke, darunter die Lieder »Pastime with good company« und »Helas Madam«, die Motette »O Lord, the maker of all thing« sowie zwei fünfteilige Messen. Das Lied »Greensleeves« hat er freilich entgegen allgemeiner Auffassung nicht geschrieben. Aber er konnte Laute, Orgel und Spinett spielen und gut singen.

Heinrichs Förderung der Künste und seine Freundschaft zu fortschrittlichen Intellektuellen wie Colet, Erasmus und Morus gilt vielen als unvereinbar mit dem tyrannischen Benehmen seiner späteren Jahren. Man will darin den Beweis für eine grundlegende Wandlung seiner Persönlichkeit sehen, den Beweis, daß der junge König ein ganz anderer gewesen sei als der alte. Doch es überrascht keineswegs, daß sich ein Diktator mit Intellektuellen verbindet und umgekehrt. Geistig gebildete Staatsmänner können zugleich skrupellose Männer der Tat sein. Sie bewundern die Genialität der Intellektuellen und benutzen diese zugleich als Propagandisten. Wie in anderen Jahrhunderten, so waren Intellektuelle auch zu Zeiten der Tudors auf einflußreiche Patrone angewiesen, die sie vor den Philistern schützten. In neuerer Zeit haben bedeutende Schriftsteller barbarische Autokraten bewundert und sie mit fast ebenso schmeichlerischen Worten gerühmt wie Erasmus, Morus und andere Humanisten Heinrich VIII.

Im Spätsommer des Jahres 1509 grassierte in London die Pest. Anfang August verließ Heinrich die Umgebung von London und begab sich auf »Rundreise« nach Hanworth, Sunninghill, Woking, Farnham, Esher, Enfield und Waltham. Erst Ende September kehrte er nach Richmond zurück.[17] Von nun an machte er fast jedes Jahr im August und September eine ähnliche Reise – manchmal suchte er sich auch eine andere Zeit aus und blieb länger fort –, um der Pest oder dem Schweißfieber zu entfliehen. Meist führte die Reise von Oatlands in der Nähe von Weybridge über Woking, Guildford, Easthamstead und Abingdon nach Woodstock, das zu seinen liebsten Jagdrevieren zählte, dann Richtung Osten nach Ampthill und Richtung Norden nach Grafton in Northamptonshire. Der Rückweg führte über Ampthill und Dunstable nach Windsor oder St. Albans und zu seinen Gütern in Hertfordshire. Er änderte jedoch die Route, wenn er hörte, daß in der Nähe eines dieser Orte die Pest oder die »Schwitzkrankheit« ausgebrochen war.

Heinrichs geradezu panische Angst vor der Pest beruhte zum Teil auf dem Bewußtsein, daß sein Tod schwerwiegende Probleme nach sich ziehen mußte, solange er keinen Sohn und Erben hatte. Die nächste in der Thronfolge war seine Schwester Margarete, die Jakob IV. von Schottland geheiratet hatte. Wenn sie den Thron bestieg, würde ein Schotte König von England, was bei den Engländern nicht auf Gegenliebe stoßen konnte. Als nächste war Heinrichs zweite Schwester Maria an der Reihe, die zwar noch unverheiratet, jedoch mit Karl von Kastilien verlobt war. Auch das würde bedeuten, daß England von einem fremden Herrscher regiert wurde. Es war freilich ziemlich unwahrscheinlich, daß weitere Thronanwärter wie die Courtenays, die de la Poles und vor allem Buckingham den Thron einer Schwester Heinrichs kampflos überlassen würden.

Zweifellos war es die erste Pflicht von Heinrich und Katharina, dem Land einen männlichen Erben zu präsentieren. Ein paar Wochen nach der Hochzeit war Katharina schwanger. Im Mai 1510 brachte sie eine Tochter zur Welt, die allerdings tot geboren wurde. Katharina war darüber sehr unglücklich. An Ferdinand schrieb sie, die Nation sehe darin eine Tragödie, doch sei es nicht ihre Schuld, sondern Gottes Wille. Unmittelbar darauf wurde sie erneut schwanger. Am 1. Januar 1511 gebar sie einen Sohn, der auf den Namen Heinrich getauft wurde. Es war ein wunderbares Neujahrsgeschenk für den König und das ganze Reich, und die Festivitäten zu Neujahr fielen diesmal noch aufwendiger aus als sonst. Doch obwohl Heinrich zum Schrein Unserer Lieben Frau nach Walsingham ritt, um für die Geburt seines Sohnes zu danken, starb das Kind sieben Wochen später.[18]

Es überrascht nicht, daß der vitale und lebenslustige junge König von Frauen angezogen wurde. Selbstverständlich hatte er wie alle anderen Könige seine Mätressen. Doch Sex war die einzige Sinnesfreude, der Heinrich sich diskret und mit einiger Mäßigung hingab. England gehörte am Anfang des 16. Jahrhunderts nicht zu den Ländern, in denen der Adel und andere Gesellschaftsschichten sexuelle Promiskuität so leicht nahmen, wie das im England der Restauration, der Regentschaft und des 20. Jahrhunderts der Fall war. Könige, Adlige und Kirchenmänner mögen bei Ehebruch und Unzucht oftmals ein Auge zugedrückt haben, doch vor geistlichen Gerichten wurde man dafür unweigerlich bestraft. Da aber Gefräßigkeit, nicht Lüsternheit, das Laster der Engländer war, sahen Heinrichs Untertanen darüber hinweg, daß ihr tugendhafter König nicht nur auf die Jagd ritt, an Turnieren teilnahm und Bankette gab, sondern auch Ehebruch beging. Und Heinrich, der nichts dagegen einzuwenden hatte, daß sein großer Appetit beim Essen überall bekannt war, bewahrte hinsichtlich seiner Affären Stillschweigen.

Vermutlich ging er mit anderen Frauen ins Bett, wenn die Königin hochschwanger war. Doch wenn er es tat, dann behandelte er seine Affären mit solcher Diskretion, daß es lediglich ein einziges Mal um ein Haar zu einem Skandal gekommen wäre. Im Mai 1510, gegen Ende von Katharinas erster Schwangerschaft, stellte er angeblich Anna nach, der Schwester des Herzogs von Buckingham, die mit Lord Hastings verheiratet war und zu Katharinas Hofdamen zählte. Annas Schwester Elizabeth, Lady Fitzwalter, gleichfalls eine von Katharinas Hofdamen, fand heraus, daß Anna sich heimlich mit Sir William Compton, Heinrichs Kammerdiener, traf. Buckingham war überzeugt, daß Compton bei der Affäre zwischen Anna und dem König eine Vermittlerrolle spielte. Er entfernte Anna vom Hof und schickte sie in ein 100 Kilometer entferntes Nonnenkloster. Der spanische Botschafter Caroz schreibt, Heinrich sei wütend auf Buckingham gewesen und habe ihn voller Zorn angeschrien. Jedenfalls beschuldigte er Lady Fitzwalter, ihm nachzuspionieren, und bestand darauf, daß Katharina sie entließ. Auch Lord Fitzwalter schickte er fort.

Katharina fügte sich nicht ohne Protest und sagte Heinrich deutlich ihre Meinung. Sie war eine energische Frau, und obwohl man ihr später nachsagte, sie lasse sich alles gefallen, war sie, zumindest in ihrer Jugend, zu ungestümer Leidenschaft und heftigen Wutanfällen fähig. Doch ihr Streit mit Heinrich war bald vergessen. Nach wenigen Tagen schrieb sie Ferdinand, daß sie Gott und ihm für einen Ehemann wie den König von England danke.[19]

Katharinas herrisches Temperament machte sie gegenüber den Fehlern der Gesandten ihres Vaters unduldsam. In den schweren letzten Monaten der Regierungszeit Heinrichs VII. hatte sie eine heftige Auseinandersetzung mit Fuensalida und einer ihrer spanischen Hofdamen gehabt, die sich abfällig über ihr enges Verhältnis zu ihrem Beichtvater Pater Diego Fernandez geäußert hatten. Empört schrieb sie an Ferdinand und bat ihn, Fuensalida zu »bestrafen«. Ferdinand stellte sich auf die Seite seiner Tochter. Er befahl Fuensalida in einem Brief, seine Loyalität zu beweisen, indem er sich Katharina unterwürfig nähere und sie um Verzeihung für die ihr angetane Beleidigung bitte, ganz gleich, ob er im Recht sei oder nicht. Als Caroz Fuensalidas Nachfolger wurde, war auch er wegen des Beichtvaters in Sorge, und Katharina sollte Ferdinand bald bitten, auch Caroz zu »bestrafen«.

Heinrich VIII. war Pater Diego gegenüber sehr tolerant. Katharina war jetzt zwar Königin und nicht mehr die unglückliche Witwe des Prinzen von Wales, sie suchte aber immer noch bei Diego geistlichen Beistand. Sie war sehr vertraut mit ihm und erzählte ihm früher als Heinrich, daß sie schwanger war. Sie verbrachte viel Zeit mit ihm allein, zeigte ihm in aller Öffentlichkeit ihre Sympathie und sprach in Gegenwart anderer, vor allem seiner Kritiker, voller Begeisterung von ihm. Viele meinten, Katharinas Verhalten gegenüber Diego sei töricht, aber Heinrich schritt nicht ein. Hätte er angenommen, daß sie ein Verhältnis mit Pater Diego hatte, er hätte mit Sicherheit heftig reagiert, denn nach allgemeiner Auffassung war der Ehebruch einer Frau ein weitaus schlimmeres Vergehen als der Ehebruch eines Mannes. Der Ehebruch einer Königin konnte überdies noch Erbfolgeprobleme nach sich ziehen und galt allgemein als Verbrechen, das die Todesstrafe verdiente. In England hätten sich sowohl die Königin als auch ihr Liebhaber des Hochverrats schuldig gemacht. Doch Heinrich vertraute Katharina. Er wurde nicht unnötig eifersüchtig, und er weigerte sich, dieselben Schlüsse aus ihrer Beziehung zu ihrem Beichtvater zu ziehen wie andere.

Ferdinand erlaubte seinem Gesandten Caroz lange Zeit nicht, etwas gegen Pater Diego zu unternehmen. Im Gegenteil, er befahl ihm, sich Diegos Einfluß auf Katharina zunutze zu machen und durch ihn sicherzustellen, daß sie Heinrich weiterhin im Sinne einer für Spanien vorteilhaften Außenpolitik beeinflußte. Gelegentlich erhielt Ferdinand allerdings auch Berichte, die ihn nach und nach zu der Überzeugung brachten, Diego führe ein unmoralisches Leben. Im Jahr 1515 beschuldigte er Diego der Unzucht mit Huren. Der Fall wurde von Heinrichs Beichtvater Longland, dem Bischof von Lincoln, und vom Grafen von Surrey untersucht. Sie befanden Diego für schuldig. Er wurde seiner Stellung als Beichtvater Katharinas enthoben und auf Bitten Ferdinands nach Spanien zurückgeschickt. Diego schrieb von Spanien aus an Heinrich und bestritt den ihm zur Last gelegten Vorwurf. Er behauptete, ihm drohe von Ferdinand Gefahr, und bot an, sich in Spanien als englischer Spion zu betätigen. Sein Brief wurde wahrscheinlich von Ferdinands Agenten abgefangen, und zweifellos wurde entsprechend mit ihm verfahren, denn man hörte von ihm nichts mehr.[20]

4

Guinegatte und Flodden

Vom Zeitpunkt seiner Thronbesteigung an spielte Heinrich VIII. mit dem Gedanken, gegen Frankreich Krieg zu führen. Die Friedenspolitik seines Vaters hatte England 17 Jahre lang aus größeren Kriegen herausgehalten, aber Heinrich VIII. liebte den Krieg, wie Heinrich VII. den Frieden geliebt hatte. Im Krieg konnte er sich auszeichnen und Ruhm gewinnen. Heinrichs Peers liebten den Krieg aus demselben Grund, und das einfache Volk hatte die Zeit Eduards III. und Heinrichs V. noch nicht vergessen, von der die Großväter erzählten. Damals hatte die englische Armee große Siege über die Franzosen errungen, und angeblich hatte jede Frau in England Schmuck und Juwelen getragen, die ihr Vater, Ehemann oder Geliebter als Kriegsbeute aus Frankreich mitgebracht hatte.

Einen Vorgeschmack auf Kommendes gab Heinrichs erste Begegnung mit dem Gesandten des »französischen Königs«, wie die Engländer den König von Frankreich nannten, weil sie Heinrich VIII. für den rechtmäßigen König von Frankreich hielten. Ludwig XII. schickte im Juli 1509 den dicken und undiplomatischen Abt von Fécamp nach England. Der Abt eröffnete die Unterredung mit der Erklärung, er sei gekommen, weil Heinrich seinen König in einem Brief um Frieden und Freundschaft gebeten habe. Heinrich reagierte zornig. Er glaubte, der Abt wolle unterstellen, daß er Angst vor dem französischen König habe. Also bestritt er, von dem Brief Kenntnis zu haben, und wollte wissen, welcher seiner Minister ihn geschrieben habe. Niemals, erklärte er, werde er den französischen König um Frieden und Freundschaft bitten, wage es dieser doch nicht einmal, ihm ins Gesicht zu sehen, geschweige denn Krieg gegen ihn zu führen. Dann marschierte er aus dem Zimmer und weigerte sich, den Abt nochmals zu empfangen. Die eben geschilderte Szene geht auf einen Bericht des venezianischen Gesandten zurück und ist wahrscheinlich übertrieben, denn der Venezianer war bei dem Gespräch nicht anwesend. Wie wütend Heinrich auch gewesen sein mag, er war zu ausländischen Gesandten niemals unhöflich.

Der venezianische Botschafter schreibt weiter, Heinrich habe nach dem Gespräch einem Reiterspiel zugeschaut, bei dem die Reiter in vollem Galopp versuchen mußten, die Spitze ihrer Lanze durch einen Ring von nur wenigen Zentimetern Durchmesser zu stecken. Den Abt von Fécamp hatte man ebenfalls dazu eingeladen, doch als er sah, daß auf der Tribüne kein Platz für ihn reserviert war, ging er wieder. Heinrich ordnete daraufhin an, ihm ein Kissen zu bringen. Der Abt kam zurück und sah dem bunten Treiben zu.[1]

Der Vorfall zwischen dem König und dem Abt wurde bekannt, und man sah darin ein Zeichen, daß Heinrich sich auf einen Krieg vorbereitete. Aber Heinrich mochte noch soviel sagen, er überlegte lange, bevor er handelte. Vorerst jedenfalls unternahm er keine weiteren Schritte, sondern stellte freundschaftliche Beziehungen zu Frankreich her. Sein Brief an Margarete von Österreich vom 23. Juni 1509 beweist allerdings, daß er bereits damals einen Krieg gegen Frankreich plante.

Heinrichs Kronrat war in bezug auf Krieg und Frieden geteilter Meinung. Unter den Ministern waren nur zwei Adlige: der königliche Haushofmeister George Talbot, Graf Shrewsbury, und der Lordschatzmeister von England Thomas Howard. Howard war wieder in seine Rechte als Graf von Surrey eingesetzt worden, die ihm als ehemaligem Gefolgsmann Richards III. aberkannt worden waren, aber den Titel eines Herzogs von Norfolk, den sein toter Vater innegehabt hatte, hatte er nicht wiederbekommen. Sowohl Shrewsbury als auch Surrey waren für den Krieg, desgleichen Surreys Söhne Lord Edward Howard, Lordadmiral, und Lord Thomas Howard. Buckingham, der nicht Mitglied des Rats war, und Königin Katharina waren ebenfalls gegen die Franzosen und für den Krieg. Die Vertreter der Kirche im Kronrat – Warham, Foxe, Fisher und Ruthall, den Heinrich VIII. zwei Tage nach seiner Thronbesteigung zum Bischof von Durham ernannt hatte – traten dafür ein, die friedliche Politik Heinrichs VII. fortzusetzen.

Doch Papst Julius II. zog den Vertretern der Kirche den Boden unter den Füßen weg. Er versuchte, ein internationales Bündnis gegen Frankreich zu organisieren, und stachelte seine Verbündeten zum Krieg an. Frankreich war die stärkste, von allen anderen Staaten gefürchtete Militärmacht Europas. Zwar spottete man allerorts über die klägliche Gestalt des alten und gebrechlichen Ludwig XII., aber Ludwigs Armeen wurden von tapferen Generälen wie Gaston de Foix und dem heldenhaften Bayard, dem »Ritter ohne Furcht und Tadel«, befehligt, stellten die stärkste Macht in Italien dar und hielten das zu den päpstlichen Gebieten gehörende Bologna besetzt. König Ferdinand war beunruhigt über die Bedrohung Neapels durch die Franzosen und schloß sich mit dem Papst und Venedig zu einer Liga gegen Frankreich zusammen.

Julius bat Heinrich, der Liga beizutreten. Er übte konstanten Druck auf Kardinal Bainbridge aus, den Erzbischof von York, der als Vertreter Heinrichs am päpstlichen Hof in Rom lebte. Im April 1510 sandte der Papst Heinrich eine goldene Rose, um ihm seine Hochachtung zu bezeugen und ihn zum Krieg zu ermutigen.[2]

Ferdinand war mit Heinrich hoch zufrieden. Er wurde langsam alt, seine Kräfte ließen nach, er schielte auf dem linken Auge und konnte, seit er einen Vorderzahn verloren hatte, nur noch lispeln. Doch der diplomatische Erfolg, den er durch Katharinas Heirat mit Heinrich erzielt hatte, tröstete ihn über seine körperlichen Gebrechen hinweg. Ferdinand glaubte Heinrich in der Tasche zu haben. Er war überzeugt, daß der junge König stets seinen väterlichen Rat befolgen und die Interessen Spaniens unterstützen werde. Seine Tochter bestärkte ihn in diesem Glauben. Sie schrieb, Ferdinand könne mit dem Zustand Englands und Irlands, »dieser Königreiche Eurer Hoheit«, vollauf zufrieden sein.[3] Es wäre falsch, aus Katharinas eifrigem Bemühen zu folgern, sie hätte vorgehabt, ihren Mann zum Vasallen Spaniens zu machen. Doch weder sie noch Ferdinand zweifelten daran, daß Heinrich völlig unter dem Einfluß seines Schwiegervaters stehe.

Das Haupthindernis für die Pläne des Papstes war die Feindschaft zwischen dem Kaiser und dessen südlichem Nachbarn Venedig, mit dem er erbittert um die Herrschaft über Verona und andere Grenzstädte kämpfte. Maximilian war Frankreich zwar feindlich gesinnt, weigerte sich aber, einer Liga beizutreten, zu der auch Venedig gehörte. Zusammen mit seiner Tochter Margarete von Österreich, seiner Regentin in den Niederlanden, ermunterte er statt dessen Heinrich, sich der Liga gegen Frankreich anzuschließen. Doch Heinrich wollte sich erst dann in einen Krieg gegen Frankreich verwickeln lassen, wenn er sich seiner Verbündeten sicher sein konnte. Im Januar 1510 schrieb er an Kardinal Bainbridge, daß er sich der Liga erst anschließen werde, wenn Ferdinand und Maximilian ihr beigetreten seien.[4]

Frankreichs einziger Verbündeter war Jakob IV. von Schottland, dessen Königreich im Norden Englands in Heinrichs Außenpolitik immer die wichtigste Rolle spielte. Schottland hatte unter zwei großen Nachteilen zu leiden: der Armut des Landes und seiner Lage am Rand Europas. Die Schotten waren aufgrund des rauhen Klimas und der schlechten Bodenqualität viel ärmer als die Engländer. Zwar hatte Schottland nur eine halbe Million Einwohner – in einer einzigen Stadt lebten mehr als 5 000 Menschen –, aber das Land konnte trotzdem nicht alle satt machen. Viele Schotten wanderten deshalb aus. Wegen der strengen Einwanderungsbestimmungen konnten sie freilich nicht in England einreisen. Jedem Schotten, der ohne Genehmigung in Berwick erwischt wurde, wurden die Ohren abgeschnitten, und er bekam ein Brandmal ins Gesicht.[5] In anderen Ländern waren die Schotten eher willkommen. Viele gingen nach Frankreich, einige nach Norwegen, Ostpreußen oder Polen.

Wie in vielen armen Ländern heute gab es in Schottland eine kleine, aber aktive geistige Elite. Es gab drei schottische Universitäten gegenüber zwei englischen, und an den Universitäten Europas lehrten bedeutende schottische Gelehrte. Trotzdem war Schottland für die Menschen anderer Länder ein barbarisches, halb legendäres Land hoch im Norden, das von wilden Menschen bewohnt wurde und in einer weiten Fläche aus Stein und Eis endete. Ausländische Schriftsteller lauschten fasziniert Geschichten von einem seltsamen Vogel, der angeblich in Schottland lebte und keine Eier legte, sondern seine Jungen zur Welt brachte, indem er sie von den Zweigen der Bäume fallen ließ. Die Ausländer bekamen den Vogel freilich nie zu Gesicht. So weit sie auch reisten, immer erklärte man ihnen, sie müßten noch weiter nach Norden ziehen, um ihn zu finden.[6]

Seit über 300 Jahren waren die Schotten die Verbündeten Frankreichs gegen den gemeinsamen Feind England. Doch geographische Umstände schwächten die Bedeutung dieser Allianz. Es war nicht einfach, zwischen Frankreich und Schottland hin und her zu reisen. Jeder Schotte oder Franzose, der ohne Geleitbrief der englischen Regierung englischen Boden betrat, wurde sofort verhaftet und auf unbestimmte Zeit eingesperrt. Geleitbriefe wurden nur erteilt, wenn die Beziehungen zu England gut waren; sobald die Lage sich verschlechterte, konnte man sie nicht mehr bekommen. Wenn aber kein freies Geleit gewährt wurde, war nicht nur die Reise auf dem Landweg durch England gefährlich: Wenn der Abgesandte oder Bote, der in Leith oder Dundee ein Schiff bestieg, in der Nordsee in einen Sturm geriet, kam er in ernsthafte Schwierigkeiten, da er weder im Hafen von Tynemouth noch in Hull oder Yarmouth an Land gehen konnte, ohne verhaftet zu werden. Denselben Schwierigkeiten sah er sich gegenüber, wenn er ohne Geleitbrief von Dumberton aus an der Westküste Englands entlang durch die Irische See segelte. Auf den Atlantik hinauszufahren und Irland im Westen zu umrunden war dagegen viel zu riskant, um überhaupt in Erwägung gezogen zu werden. Nur die tapfersten Seeleute konnten sich daranwagen.

Während der Regierungszeit Jakobs IV. war das internationale Ansehen Schottlands um einiges gestiegen. Jakob hatte sich vorgenommen, Schottland zu einer der führenden Nationen der christlichen Welt zu machen. Er baute eine Flotte, brachte Kanonen aus den Niederlanden ins Land, darunter sein Paradestück »Mons Meg«, eröffnete Pulverfabriken in Fife und mischte sich in die europäische Politik ein. Zu seinem erlesenen Hofstaat zählten William Dunbar, David Lindsay und andere Dichter sowie schöne Damen, von denen mehrere eine Affäre mit ihm hatten. Zugleich war er tief religiös. Trotz der vielen Zeit, die er mit Diplomatie, der Inspektion seiner Schiffe und Kanonen, beim Jagen und mit schönen Frauen verbrachte, besuchte er mehrmals am Tag die Messe.[7]

Im Jahr 1503 heiratete er Margarete, die Tochter Heinrichs VII. Doch die Heirat brachte nicht die guten Beziehungen zu England, die sich viele erhofft hatten. Jakob lehnte es ab, die »alte Allianz« mit Frankreich aufzugeben, wie Heinrich VII. erwartet hatte, und in den letzten Jahren der Regierungszeit Heinrichs VII. verschlechterten sich die englisch-schottischen Beziehungen zusehends. Nach der Thronbesteigung Heinrichs VIII. wurden sie zwar wieder besser, doch war offensichtlich, daß es erneut zu Spannungen kommen würde, sobald Heinrich einen Krieg mit Frankreich begann.

Im Sommer 1511 erfuhr Heinrich von den Aktivitäten Andrew Bartons. Barton war der fähigste Kapitän Jakobs IV. Wie andere schottische Kapitäne diente Barton nur einen Teil der Zeit in der königlichen Flotte und ging daneben noch dem Beruf eines Kaufmanns auf seinen eigenen Schiffen nach. Auch Bartons Vater war Schiffseigner gewesen, und 35 Jahre zuvor war eines seiner Schiffe vor der Küste der niederländischen Provinz Seeland von portugiesischen Schiffen geentert worden. Jakob III. hatte sich beim König von Portugal beschwert und Entschädigung für Barton verlangt. Als sich der Portugiese weigerte zu zahlen, gab Jakob den Bartons Kaperbriefe, die es ihnen gestatteten, jedes portugiesische Schiff zu kapern, bis der Verlust ihres geenterten Schiffes wettgemacht war. Er setzte die Kaperbriefe dann freilich wieder aus, in der Hoffnung, daß sich die Portugiesen durch diplomatischen Druck überreden ließen, die Bartons zu entschädigen.

Als Jakob IV. den Thron bestieg, erneuerte er die Kaperbriefe bei mehreren Gelegenheiten und hob sie dann wieder auf. Im Jahr 1510 stellte er sie erneut aus. Andrew Barton und sein Bruder Robert kaperten und plünderten daraufhin portugiesische Schiffe. Margarete von Österreich ließ Robert Barton verhaften und drohte, ihn als Piraten hängen zu lassen, doch Jakob IV. intervenierte und setzte sie von den Kaperbriefen der Bartons in Kenntnis. Dann plünderte Andrew Barton ein vollbeladenes portugiesisches Schiff, das sich auf dem Weg nach London befand. Dies alarmierte die Londoner Kaufleute. Sie befürchteten Auswirkungen auf den Londoner Handel, wenn ausländische Reeder glauben mußten, nicht mehr sicher nach London segeln zu können. Zweimal hielt Andrew Barton überdies ein englisches Schiff an und schaffte einige Waren von Bord, die er für Eigentum portugiesischer Untertanen hielt.

Heinrich gab Lord Edward Howard den Befehl, Andrew Barton aufzuspüren und ihm das Handwerk zu legen. Lord Edward und sein Bruder Lord Thomas fuhren sofort mit zwei Schiffen los. Sie wollten Barton abfangen, wenn er mit seinem Schiff *Lion* von den Niederlanden nach Schottland zurückkehrte. Am 2. August 1511 trafen sie vor den Downs an der Südostküste Englands auf ihn. Die beiden englischen Schiffe wurden im Nebel getrennt, doch Lord Thomas Howard verfolgte die *Lion* und griff sie an, während Lord Edward eine kleinere Pinasse, die die *Lion* begleitete, verfolgte und enterte. Zwischen Lord Thomas und Barton kam es zu einem heftigen Kampf. Barton leistete tapfer Widerstand, bis er zuletzt vom Pfeil eines englischen Bogenschützen getroffen wurde. Die Engländer kaperten die *Lion* und nahmen die Mannschaft gefangen. Barton fiel seinen Feinden lebend in die Hände, starb aber kurz darauf an seiner Verletzung. Damit war das Problem gelöst, ob die Howards und Heinrich ihn als Piraten hängen oder wie einen Kriegsgefangenen behandeln sollten. Die *Lion* wurde mit den Gefangenen nach Blackwall gebracht.

Heinrich befand sich zu dieser Zeit auf einer Reise durch Mittelengland. Er reiste durch Northamptonshire und Leicestershire nach Nottingham, wo er drei Wochen blieb, ehe er über Coventry, Warwick, Woodstock und Windsor in den Süden zurückkehrte.* Sogleich wurde ein Bote nach Norden geschickt, um dem König Bartons Tod und die Kaperung der *Lion* zu melden. Die Gefangenen wurden unterdessen nach York gebracht. Dort besuchte sie Foxe, der mit dem König nach Nottingham gereist war. Er erklärte ihnen, sie seien alle Piraten, die nach dem Gesetz gehängt werden müßten. Doch wenn sie ihr Verbrechen zugeben und um Gnade bitten würden, werde König Heinrich erwägen, ihnen das Leben zu schenken. Die Schotten erklärten sich dazu bereit. Foxe teilte ihnen daraufhin mit, daß Heinrich ihnen vergeben habe und sie mit Geldgeschenken nach Schottland zurückschicken werde. Falls man sie jedoch wieder bei der Piraterie erwische, würden sie gehängt.

Es war ein schwieriges rechtliches Problem, zu entscheiden, ob Andrew Barton ein Pirat war oder ein loyaler schottischer Kapitän, der unter dem Schutz gültiger Kaperbriefe die Anordnungen seines Königs befolgt hatte. Wenn er, wie die Engländer behaupteten, tatsächlich Waren von englischen und anderen nicht aus Portugal stammenden Kaufleuten an sich genommen hatte, war er theoretisch ein Pirat. Trotzdem handelte Heinrich recht dreist, wenn er einen Angriff auf ein Schiff des Königs von Schottland befahl, ohne

* Hall schreibt, Heinrich habe im Juni 1511 in Leicester von der Seeräuberei Andrew Bartons erfahren und die Howards beauftragt, gegen ihn vorzugehen. Doch das muß ein Irrtum sein. Hall meint außerdem, die Seeschlacht gegen Barton habe am 2. August stattgefunden. Auf seiner Reise nach Norden verließ Heinrich Windsor aber erst nach dem 16. Juli. Am 24. Juli war er in Stony Stratford, am 3. und 4. August in Liddington in Rutland und am 9. August in Nottingham. Über einen Aufenthalt in Leicester ist nichts bekannt, doch es ist mehr als wahrscheinlich, daß Heinrich auf seiner Reise von Liddington nach Nottingham dort Station machte. Er könnte zwischen dem 4. und 9. August in Leicester gewesen sein und dort von Bartons Tod und der Kaperung der *Lion* erfahren haben. Dies mag Halls Irrtum erklären.

das Thema zunächst auf diplomatischem Wege mit Jakob zu erörtern. Anscheinend handelte Heinrich nach dem Prinzip, das später britischen Admirälen bei vielen Gelegenheiten als Richtschnur diente: daß man sich die Chance, ein gefährliches oder potentiell gefährliches feindliches Kriegsschiff zu zerstören, nicht aus übertriebener Rücksicht auf den Buchstaben des internationalen Rechts entgehen lassen sollte.

Jakob schickte einen Boten zu Heinrich, um wegen Bartons Tod zu protestieren und die Herausgabe der *Lion* zu verlangen. Heinrich antwortete, Barton sei ein Pirat gewesen und der Tod eines Piraten dürfe nicht zu einer Auseinandersetzung zwischen Königen führen. Außerdem habe er Anspruch darauf, die *Lion* als rechtmäßige Beute zu behalten.[8]

Jakob war empört, hoffte aber immer noch, einen Krieg mit England vermeiden zu können. Er wollte nicht in den kommenden europäischen Konflikt mit hineingezogen werden. Vor allem zögerte er, die Waffen gegen den Papst zu erheben. Julius II. hatte im Mai 1512 im Lateranpalast in Rom ein Konzil einberufen – das erste seit 70 Jahren. Ludwig XII. weigerte sich, Vertreter nach Rom zu schicken, und überredete vier Kardinäle, in Bologna ein Gegenkonzil einzuberufen. Julius beschuldigte Ludwig und sein Konzil in Bologna des Schismas. Im Juli 1512 erließ er eine Bulle gegen Ludwig XII., in der verkündet wurde, daß Christus nach Menschwerdung, Kreuzestod und Himmelfahrt auf Erden einen Statthalter zurückgelassen habe, dessen Hauptaufgabe es sei, die Herde der wahren Gläubigen zu beschützen und die kranken oder sich einer Heilung widersetzenden Schafe auszusondern. Da der Teufel Ludwig, den König von Frankreich, mit seinen Netzen umgarnt und ihn dazu angestiftet habe, Bologna und Ravenna zu besetzen, ein Konzil einzuberufen und damit ein Schisma zu provozieren, habe der Papst seinen geliebten Sohn Ferdinand den Katholischen und seinen geliebten Sohn Heinrich, König von England, aufgerufen, die Kirche zu verteidigen, und all diejenigen exkommuniziert, die für den König von Frankreich kämpften.[9]

Jakob IV. lehnte es ab, Gesandte zu dem Konzil nach Bologna zu schicken. In einem Brief bat er den Papst, Ludwig zu vergeben und sein Handeln zu entschuldigen. Er legte beim päpstlichen Hof Protest ein, weil Heinrich, der sich selbst als Soldat des Papstes bezeichnete, schottische Untertanen überfalle und beraube. Doch der Papst erteilte der englischen Armee einen vollkommenen Ablaß, durch den jedem Soldaten, der an der Seite Heinrichs und seiner Verbündeten kämpfte, für die Dauer eines halben Jahres alle Sünden vergeben waren.[10]

Die ersten Jahre nach Heinrichs Thronbesteigung waren Foxe und Ruthall zumindest nach außen die einflußreichsten Minister Heinrichs. Caroz schrieb im Mai 1510 an Ferdinand, sämtliche Regierungsgeschäfte lägen in den Händen der Bischöfe von Winchester und Durham. Wenn er mit Heinrich über die internationale Lage spreche, zeige der König sich als gehorsamer Sohn Ferdinands, doch überlasse er alle Einzelheiten Foxe und Ruthall, die sich nur schleppend damit befaßten. Sie seien in dieser Hinsicht das genaue Gegenteil des Königs, den lange, ausführliche Diskussionen aufbrächten. Caroz' Brief macht freilich auch deutlich, daß weder Foxe noch Ruthall, noch Warham, noch irgendein anderes Mitglied des Kronrats in der Regierung die Fäden zog, sondern daß diese Männer nur Heinrichs Entscheidungen ausführten, solange sie das Vertrauen des Königs genossen. Im Sommer 1510, als Heinrich sich vorsichtig der gegen Frankreich gerichteten Allianz näherte, bat er Caroz, mit niemandem außer dem Bischof von Winchester Foxe über die Beziehungen zu Frankreich zu sprechen. Caroz fragte Heinrich, ob er dem Bischof von Winchester vertraue. »Ja, auf meine Gefahr«, entgegnete Heinrich. »Hier in England hält man ihn für einen Fuchs, und so heißt er ja auch.«[11]

Zwei neue Männer gewannen an Heinrichs Hof an Einfluß. Der eine war Thomas Wolsey, der Dekan von Lincoln, der andere Charles Brandon, ein Gentleman aus Heinrichs Leibgarde. Wolsey war bereits ein paar Jahre vor dem Tod Heinrichs VII. in die Dienste des alten Königs getreten und hatte mit großem Geschick einige diplomatische Missionen für ihn erledigt. Heinrich VIII. hatte ihn kurz nach seiner Thronbesteigung zu seinem Almosenier ernannt, und im Herbst 1511 wurde Wolsey Mitglied des Kronrats. Er war den anderen Ratsmitgliedern an Tatkraft weit überlegen und beherrschte den Kronrat bald. Im Gegensatz zu Foxe und Ruthall arbeitete Wolsey rasch. Er war stets bereit, statt des üblichen Weges eine Abkürzung zu nehmen, wenn dies die Geschäfte beschleunigte. Dafür nahm er es in Kauf, Regeln zu brechen und anderen Ministern auf die Füße zu treten. Diese Eigenschaften gefielen Heinrich.

Laut George Cavendish, der ein paar Jahre später Wolseys Zeremonienmeister wurde, gewann Wolsey die Gunst Heinrichs VIII., weil er Heinrich nicht wie die anderen Ratsmitglieder zu überreden versuchte, die Sitzungen des Kronrats zu leiten wie früher sein Vater, sondern ihn dazu ermunterte, weiter auf die Jagd zu gehen und sich zu amüsieren, während er für ihn das Land regierte; während die anderen Minister Heinrich geraten hätten, zu tun, was sie für richtig hielten, habe Wolsey Heinrich zu dem geraten, was Heinrich selbst wollte.[12] Das ist sicherlich eine grobe Vereinfachung. Trotzdem war Wolsey genau der Minister, den Heinrich brauchte. Er wußte die Regierungsaufgaben effizient zu erledigen und nahm Heinrich damit die Last der Staatsgeschäfte von den Schultern. Dabei hielt er Heinrich ständig über die Geschehnisse auf dem laufenden. Er beriet sich mit ihm und überließ dem König stets die endgültige Entscheidung.

Charles Brandon war der Sohn William Brandons, des Fahnenträgers Heinrichs VII. in der Schlacht von Bosworth, der an Heinrichs Seite von Richard III.

selbst niedergestreckt worden war. Charles wuchs bei Hofe auf und nahm im königlichen Haushalt verschiedene Aufgaben wahr. Bereits wenige Monate nach der Thronbesteigung Heinrichs VIII. war er ein enger Freund des Königs. Er begleitete Heinrich tagsüber zur Jagd und am Abend zum Spieltisch. Sein gutmütig-derbes, herzliches Wesen und seine unerschrockene Art gefielen Heinrich so gut, daß er ihn zum Viscount Lisle machte.

Bei den Beratungen im Kronrat über Frieden oder Krieg schlug sich Wolsey im Gegensatz zu den anderen Vertretern der Kirche auf die Seite der Adligen, die den Krieg wollten. Sein Einfluß, die Wünsche des Adels, der Druck von seiten des Papstes, Ferdinands und Katharinas und nicht zuletzt Heinrichs persönliche Meinung und sein Gespür für populäre Aktionen brachen den Widerstand der Friedenspartei. Heinrich beschloß, ohne Rücksicht auf den Kaiser zu handeln. Am 13. November 1511 trat er dem Bündnis zwischen Papst, Ferdinand und Venedig bei. Vier Tage später schloß er einen Vertrag mit Spanien, in dem er und Ferdinand vereinbarten, einen Krieg gegen Frankreich zu führen, um die Kirche zu verteidigen und den französischen König zu zwingen, Bologna an den Papst zurückzugeben. Ferdinand sollte so bald wie möglich den Kampf gegen die Franzosen in Italien aufnehmen, während Heinrich von Norden in Frankreich einmarschieren wollte. Außerdem sollte eine vereinte englisch-spanische Armee noch vor dem 30. April in Aquitanien einfallen, das von Rechts wegen Heinrich gehörte. Wenn Aquitanien erobert war, sollte es in Heinrichs Reich eingegliedert werden.[13]

Maximilian zögerte immer noch. Er weigerte sich nach wie vor, einem Bündnis mit seinen venezianischen Feinden beizutreten. Heinrich drängte ihn in einem Brief, sich dem Kampf gegen Ludwig XII. anzuschließen. Ludwig sei grausamer als der Türke und habe, obgleich er sich selbst als »allerchristlichsten König« bezeichne, das ungenähte Gewand Christi zerrissen, als er in den Kirchenstaat eingedrungen sei.[14]

Im April 1512 schickte Heinrich unter Führung des Marquis von Dorset eine Armee von 7 000 Mann nach Spanien. Der König begab sich persönlich nach Southampton, um die Truppen zu verabschieden. Danach schrieb er an Kardinal Bainbridge in Rom, daß noch nie eine Armee entschlossener gewesen sei, für die Sache der Kirche und den Heiligen Vater zu sterben, und daß die französischen Feinde in den Augen der englischen Soldaten Tyrannen, Ketzer und Ungläubige seien.[15] Die Soldaten gingen in San Sebastián an Land und schlossen sich der gleichfalls 7 000 Mann starken Armee Ferdinands an. Sie mußten freilich feststellen, daß Ferdinand keineswegs vorhatte, Aquitanien zu besetzen und Heinrich zu übergeben. Ferdinand wollte das Königreich Navarra erobern und seinem eigenen Reich einverleiben.

Heinrich hatte Dorset befohlen, sich unter das Kommando der spanischen

Generäle zu stellen und Ferdinand zu gehorchen, als sei er sein eigener König. Doch zwischen Dorset und den spanischen Befehlshabern kam es zu Streitigkeiten. Dorset erklärte sich zunächst bereit, an der Belagerung Navarras teilzunehmen, und das Land wurde eingenommen, ohne daß man auf ernsthaften Widerstand gestoßen wäre. Dann wollte Dorset in Guyenne einfallen, während Ferdinand es vorzog, seine Position zu festigen und die Eroberung Navarras zu Ende zu führen. Schließlich schlug Ferdinand vor, von Pamplona aus über die Pyrenäen und Béarn nach Frankreich vorzudringen, während Dorset Bayonne an der Westküste angreifen wollte.

Unter den englischen Soldaten, die in Fuentarrabia lagerten, breitete sich Unzufriedenheit aus. Die Männer waren das heiße Klima nicht gewohnt und ärgerten sich darüber, daß es in Fuentarrabia kein Bier gab. Anfang August wäre es fast zu einer Meuterei gekommen. Die Soldaten weigerten sich, ihren Dienst zu tun, wenn sie nicht täglich acht Pfennige mehr bekämen, und erklärten ihren Vorgesetzten, daß sie nur bis Michaeli bleiben wollten. Stile, der englische Gesandte am Hofe Ferdinands, der die Armee nach Fuentarrabia begleitet hatte, schilderte Heinrich die Situation in einem Brief vom 5. August: »Euer Gnaden müssen wissen, daß hinsichtlich des Proviantes der größte Mangel an Bier herrscht, denn Eure Untertanen trinken viel lieber Bier als Wein oder Most. Die schweren Weine schaden ihnen, und der Most führt zu Unwohlsein und Krankheit.«[16] Dorset sah ein, daß er keine andere Wahl hatte, als mit seiner aufsässigen Armee nach San Sebastián zurückzumarschieren und nach England heimzukehren.

Heinrich war wütend, als er von den Vorfällen in Fuentarrabia erfuhr, und beschämt, als er Ferdinands vorwurfsvollen Brief erhielt. Es war bereits der zweite Rückschlag in diesem Sommer. Heinrich hatte Lordadmiral Sir Edward Howard ausgeschickt, die bretonische Küste anzugreifen. Howard ließ viele bretonische Dörfer niederbrennen. Vor Brest traf er auf die Franzosen. Bei dem Gefecht ging die *Regent,* mit tausend Tonnen das größte Kriegsschiff Heinrichs, in Flammen auf. Der Kapitän, Sir Thomas Knyvett, und fast die gesamte Mannschaft kamen dabei um.

Als Heinrich von den Ereignissen aus Fuentarrabia hörte, wollte er zunächst alle Meuterer hängen lassen. Doch auf Bitten des spanischen Botschafters beschloß er, Gnade walten zu lassen. Die Befehlshaber von Dorsets Armee wurden in den Königspalast in Westminster beordert. Heinrich rügte sie und befahl ihnen, den spanischen Botschafter auf Knien um Verzeihung zu bitten.[17]

Das Fiasko von Fuentarrabia sollte auf lange Sicht ernste Folgen haben. Ferdinand traute den Engländern nicht mehr, und von nun an begannen die Alliierten sich gegenseitig zu verraten und sich hinter dem Rücken der anderen mit Frankreich zu verbünden – zuerst Ferdinand, dann Heinrich, dann

Maximilian und dann wieder Heinrich. Doch weder die Demütigung in Spanien noch die Niederlage bei Brest brachten Heinrich in Mißkredit oder machten ihn unbeliebt. Die Soldaten in Fuentarrabia hatten über Wolsey gemurrt, weil sie ihn für ihre Not und den Mangel an Bier verantwortlich machten. Den König traf kein Vorwurf.

Die Niederlagen von 1512 konnten nur vergessen gemacht werden, wenn der große Feldzug des Königs gegen Frankreich ein Erfolg war. Heinrich traf Vorkehrungen, im Sommer 1513 in Frankreich einzumarschieren. Er unternahm keinen Versuch, seine Pläne geheimzuhalten und den Vorteil eines Überraschungsangriffs zu nutzen. Es sollte zuallererst ein Propaganda-Feldzug und ein Propagandasieg werden. Im November 1512 berief Heinrich das Parlament nach Westminster ein. Er erklärte den Peers und den Abgeordneten des Unterhauses, er persönlich werde an der Spitze seiner »königlichen Armee« sein Königreich Frankreich mit Feuer und Schwert unterwerfen. Im Januar meldeten die ausländischen Gesandten in London ihren Regierungen Einzelheiten über die Rüstung der Flotte. Sie schrieben, Heinrich wolle an Ostern eine Armee von 60 000 Mann nach Calais führen. Als Ostern vorbei war und keine Invasion stattgefunden hatte, berichteten sie, es werde erst im Mai soweit sein. Dann wurde aus Mai Juni.[18] In der Zwischenzeit erlebte Heinrich im April ein weiteres Desaster. Wieder hatte Lord Edward Howard die französische Flotte vor Brest angegriffen. Die Franzosen wurden von Admiral Prégent angeführt, den die Engländer aufgrund der Ähnlichkeit seines Namens mit dem des sagenumwobenen Königs von Äthiopien »Prester John« nannten. Howard selbst führte die Mannschaft an, die Prégents Flaggschiff enterte, doch die Engländer wurden zurückgeschlagen, und Howard fiel im Kampf.

Unterdessen waren auch die militärischen Vorbereitungen für einen Krieg gegen die Schotten angelaufen, und Heinrich machte daraus kein Geheimnis. Wie jeder seiner Untertanen vertraute auch er darauf, daß die Engländer jederzeit Franzosen und Schotten gleichzeitig schlagen konnten. Hatte nicht 170 Jahre zuvor Eduard III. Frankreich belagert und den glorreichen Sieg von Crécy davongetragen, während eine Armee, die man im Norden Englands zurückgelassen hatte, den König der Schotten bei Neville's Cross besiegt und gefangengenommen hatte? Doch Heinrich versuchte, mit Jakob Frieden zu halten und einen Angriff der Schotten hinter seinem Rücken zu verhindern. Er trug Nicholas West, seinem Gesandten in Stirling, auf, Jakob zu versichern, daß er gewillt sei, schottischen Kaufleuten in Zukunft sicheres Geleit für die Durchreise durch England zu gewähren. Außerdem sollte West Jakob daran erinnern, daß jeder Verbündete des französischen Königs vom Papst exkommuniziert werde. Jakob erklärte, wenn der Papst ihn exkommuniziere, werde er dieses Urteil anfechten. West fragte ihn, an wen er sich wenden wolle;

eine Berufung gegen die Entscheidung des Papstes sei schließlich nicht möglich. Jakobs Sinn für Humor gewann die Oberhand, und er erklärte lachend, er werde sich bei Prester John beschweren. West meldete an Heinrich, Jakob wolle sich bei Admiral Prégent über den Papst beschweren. Heinrich schrieb sogleich an den Papst, um ihn über Jakobs vermeintlich gotteslästerliche Aussage in Kenntnis zu setzen.[19]

Am 5. April 1513 wurde der letzte Schritt zur Bildung der Allianz gegen Frankreich getan: Kaiser Maximilian erklärte sich endlich bereit, der Liga beizutreten. Doch Ferdinand wählte ebendiesen Moment, um seine Verbündeten zu hintergehen. Vier Tage zuvor hatte er mit Ludwig XII. einen geheimen Waffenstillstand vereinbart und sich verpflichtet, in den nächsten zwölf Monaten nicht in Frankreich einzumarschieren. Ferdinand versicherte Heinrich zwar, daß er sich nicht aus dem Bündnis zurückgezogen, sondern lediglich einen vorläufigen Waffenstillstand mit Frankreich geschlossen habe; er habe dies getan, weil er alt und krank sei und fürchte, bald sterben zu müssen; sein Beichtvater habe ihm überdies geraten, zu verhindern, daß sein Nachfolger mitten in einem Krieg den Thron besteigen müsse. Seinen Ministern erklärte er jedoch, er wolle sich aus dem Krieg heraushalten, weil er damit rechnen müsse, daß die Engländer ihn im Stich ließen, wie sie es in Fuentarrabia getan hätten.[20]

Ferdinands Verhalten rief in England heftige Empörung hervor. In London kam es zu Ausschreitungen gegen spanische Bürger. Doch die Engländer waren entschlossen, auch ohne Hilfe gegen Frankreich zu kämpfen, und die Vorbereitungen für den Einmarsch in Frankreich gingen unvermindert weiter. Die ausländischen Kaufleute in England ließen sich von der Begeisterung der Engländer anstecken. Der Venezianer Pasqualigo schrieb an seinen Bruder in Venedig, es habe seit tausend Jahren keinen so edlen und tapferen König wie Heinrich gegeben.[21]

Nur die Intellektuellen traten der Kriegsbegeisterung entgegen. Ihr Verstand sagte ihnen, daß ein Krieg falsch und absurd sei, und sie wußten um die Schrecken des Krieges, die Soldaten, die getötet und verstümmelt würden, die Witwen, Eltern und Familien der Soldaten und die Bürger und Bauern, deren Städte und Höfe niedergebrannt und geplündert würden. Erasmus von Rotterdam hatte in Holland am eigenen Leib erfahren, wie die Söldner der Armeen von Kaisern und Königen unter der Zivilbevölkerung wüteten. Er glaubte, daß Kontroversen zwischen Staaten durch richterliche Entscheidung friedlich beigelegt werden sollten. Besonders schockiert war er darüber, daß der Papst, der Stellvertreter des Friedensfürsten auf Erden, absichtlich diesen großen europäischen Krieg angezettelt hatte. Aber Erasmus protestierte nicht laut. Er war stets darauf bedacht, die Könige, die ihn förderten, nicht zu beleidigen. Thomas Morus, der vielleicht schon damals daran dachte, in die

Dienste des Königs zu treten, zeigte seine ausgeprägt konservative Gesinnung, indem er mit dem Strom schwamm und ein böses Traktat gegen die Franzosen verfaßte. Warham hatte zwar im Februar 1512 im Oberhaus eine Rede zugunsten des Friedens gehalten, sich aber seit damals nicht mehr öffentlich geäußert.[22]

Lediglich ein Intellektueller sprach sich offen gegen den Krieg aus: John Colet, der Dekan von St. Paul, hielt vom Paul's Cross, der großen Kanzel im Hof der St. Pauls-Kathedrale, eine Reihe von Predigten, in denen er den Krieg allgemein als Sünde verurteilte. Colet riskierte dabei viel. Erst vor einem Jahr war er von seinem Gegner Richard Fitzjames, dem betagten Bischof von London, als Ketzer gebrandmarkt worden, wenn er auch nach einer Anhörung vor Warham von jeder Schuld freigesprochen worden war. Viele waren über Colets Predigten gegen den Krieg verärgert.

Am Karfreitag, dem 25. März 1513, predigte Colet in Greenwich in Anwesenheit des Königs. Er verurteilte Fürsten, die danach strebten, in die Fußstapfen Alexanders des Großen oder Julius Cäsars zu treten, statt Jesus Christus zu folgen. Ein ungerechter Friede, erklärte er, sei besser als ein gerechter Krieg. Heinrich befahl Colet zu sich, doch als er hörte, daß Colet bei den Franziskanern in Greenwich wohne, suchte er deren Kloster auf und sprach im Klostergarten mit Colet über dessen Predigt. Er erklärte Colet, er sei nicht gekommen, ihn bei seinen Studien zu stören, sondern um sein Gewissen zu erleichtern. Nun, da er im Begriff sei, einen Krieg zu beginnen, sei er beunruhigt, weil Colet den Krieg etwas Böses genannt habe. Müsse Colet nicht zugeben, daß es so etwas wie einen gerechten Krieg gebe? Colet stimmte zu, erinnerte aber gleichzeitig an die Schrecken des Krieges. Die beiden diskutierten lange über die Moral des Krieges. Schließlich ließ Heinrich Wein kommen und erklärte Colet, daß er die größte Achtung vor ihm habe, obgleich er nicht mit allem, was er sage, übereinstimme. Erasmus von Rotterdam, der wahrscheinlich durch Colet von dem Vorfall erfuhr, schreibt, Heinrich habe zu seinen Höflingen gesagt, jedermann habe seinen Lieblingsarzt, und der seine sei Colet.[23]

Es war ein eindrucksvolles Bild – der hübsche junge König, der in Kürze zweiundzwanzig werden sollte, führt sein Volk in einen gerechten Krieg, um die Kirche und den Heiligen Vater zu verteidigen. Heinrich wollte den Krieg in Übereinstimmung mit den Regeln des Rittertums führen. Zugleich war er stark und großmütig genug, die Meinungen der Anwälte des Friedens zu tolerieren und ihre Aufrichtigkeit zu respektieren. Er wußte ganz genau, daß sie die Loyalität und den Patriotismus seiner Untertanen nicht erschüttern konnten. Nur wenige bemerkten, daß Heinrich damals heimlich Order gab, Edmund de la Pole, der immer noch im Tower gefangen war, hinzurichten. Damit brach er das Versprechen seines Vaters gegenüber Philipp dem Schönen, daß Edmunds Leben geschont werden solle, wenn er an England ausgeliefert würde. Ohne ein gerichtliches Verfahren wurde Edmund eines Tages aus seiner Zelle auf den Platz vor dem Tower geführt und enthauptet. Damit wurde das Todesurteil wegen Hochverrats vollstreckt, das durch ein Gesetz des Parlaments elf Jahre zuvor ergangen war, als Pole im Ausland Zuflucht gesucht hatte.

Vielleicht fühlte sich Heinrich durch das Versprechen seines Vaters nicht gebunden. Laut Guillaume Du Bellay, der zwanzig Jahre später in diplomatischer Mission nach London reiste, in dieser Hinsicht aber nicht unbedingt verläßlich ist, soll sich Heinrich VII. auf dem Totenbett seinem Sohn gegenüber entsprechend geäußert haben. Vielleicht machte er geltend, daß Pole erneut Verrat begangen habe und das Versprechen deshalb nicht mehr gültig sei. Dem Bericht des spanischen Gelehrten Petrus Martyr Anglerius zufolge, der sich als einer von wenigen Zeitgenossen zu der Hinrichtung äußerte, hat Edmund heimlich an seinen Bruder Richard geschrieben, der in der Armee des französischen Königs kämpfte, und ihn gedrängt, in England einzufallen. Sein Brief soll von Heinrichs Beamten abgefangen worden sein.[24] Das Schicksal Edmund de la Poles kümmerte so gut wie niemanden. Kaum einer nahm zur Kenntnis, was Heinrich getan hatte, wie auch keiner den grausamen Blick in den Augen des hochgewachsenen, goldblonden Helden bemerkte.

Schließlich war die Expedition bereit, die Segel zu setzen. Am 15. Juni verließen Heinrich und Katharina Greenwich und begaben sich etappenweise nach Dover. Heinrich nahm Wolsey, Buckingham, Dorset, Essex und viele weitere Adlige mit nach Frankreich, desgleichen die Angestellten seines Haushalts, darunter Charles Brandon, den neuen Viscount Lisle. Katharina sollte in England bleiben und während seiner Abwesenheit mit Hilfe eines aus Warham, Foxe, Ruthall und einigen Richtern gebildeten Rates das Reich regieren. Surrey und sein Sohn Lord Thomas Howard sollten die Armee befehligen, die die Nordgrenze vor einem Angriff der Schotten schützte.

In Dover trennte Heinrich sich von Katharina. Am 30. Juni ging er um vier Uhr nachmittags an Bord.[25] Es war ein herrlicher Sommertag. Die Segel der 300 Schiffe seiner Flotte füllten den Kanal, so weit das Auge reichte. Einer der Offiziere schrieb, es sei eine Flotte gewesen, wie sie Neptun noch niemals gesehen habe. Die See war ruhig, und um sieben Uhr erreichten die Schiffe Calais. Es war Heinrichs erster Besuch der Stadt, er wurde deshalb mit großem Pomp begrüßt. Der Klerus geleitete ihn durch die geschmückten Straßen zur St. Nikolaus-Kirche. Dort sprach er ein Dankgebet für seine sichere Ankunft, dann begab er sich zu seiner Unterkunft.

Es war für einen Feldzug in Frankreich noch nicht zu spät im Jahr, obwohl höchstens noch vier Monate dafür blieben. Im 16. Jahrhundert war es so gut wie unmöglich, nach Ende Oktober noch mit einer Armee im Feld zu stehen.

Die Straßen waren dann so naß und morastig, daß die Soldaten nicht mehr marschieren konnten und die Proviantkarren steckenblieben. Außerdem brauchten die Männer bei kaltem Wetter ein Dach über dem Kopf, und das war schwer zu bekommen. Und da es viel zu teuer war, die Söldner im Winter fürs Nichtstun zu bezahlen, mußte eine Armee Anfang November, wenn nicht früher, aufgelöst werden. Wenn der Krieg dann noch nicht beendet war, mußte für den nächsten Sommer ein neuer Feldzug geplant und eine neue Armee zusammengestellt werden.*

Heinrich durfte also nicht länger zögern, seine Männer gegen den Feind zu führen. Doch der Feldzug in Frankreich sollte in erster Linie der Propaganda dienen. Heinrich blieb deshalb noch drei Wochen in Calais. Dort ging er in glanzvollen Prozessionen zur Messe in die Marienkirche, empfing ausländische Gesandte und nahm an den üblichen Turnieren und Banketten teil. Er maß sich mit den Bogenschützen seiner Leibwache in einem Garten im Schießen und besiegte alle, weil er die Zielscheibe in die Mitte traf. Er schlug viele der Gentlemen seines Haushalts zum Ritter und begnadigte kleine Gauner. Erst am 21. Juli verließ er Calais. Noch am selben Tag schlug das Wetter um, und den schönen Tagen folgten Regen und Sturm. Die erste Nacht verbrachte die Armee bei heftigem Regen und Wind in der Nähe von Coulogne. Heinrich blieb bis drei Uhr morgens wach, machte im Lager die Runde und munterte seine Männer auf. »Wohlan, Kameraden«, sagte er, »nun, da wir anfangs gelitten haben, verheißt uns das Schicksal Besseres, so Gott will.«[26]

Am fünften Tag des Marsches erreichte die Armee französisches Territorium und lagerte in der Nähe von Ardres. Ein paar von Heinrichs deutschen Söldnern steckten in Ardres Kirchen in Brand, und das Feuer breitete sich über die ganze Stadt aus. Heinrich ließ drei der Deutschen aufhängen. Dann rückte die Armee langsam auf Thérouanne vor. Sie stieß nicht auf offenen Widerstand, aber die Franzosen bedrängten sie von der Seite. Am 27. Juli erlebten die Soldaten in der Nähe von Tournehem den ersten und einzigen heißen Sommertag des Feldzuges, der ihnen als »trockener Mittwoch« in Erinnerung bleiben sollte. Sie trafen auf feindliche Soldaten und kämpften zum ersten Mal bei großer Hitze. Sie schlugen den Feind und setzten ihren Marsch fort. Dann regnete es wieder, und ein paarmal herrschte am Morgen dichter Nebel. Schließlich kamen sie an einen Fluß, der durch den heftigen Regen so stark angeschwollen war, daß das Fußvolk zögerte, ihn zu durchwaten. Franzosen

* Im Zusammenhang damit und hinsichtlich der anderen Tage des Jahres sei daran erinnert, daß der Julianische Kalender, der während der Regierungszeit Heinrichs VIII. in ganz Europa galt, damals zehn Tage hinter unserem modernen Gregorianischen Kalender hinterherhinkte. Wenn Heinrich und seine Zeitgenossen also vom 31. Oktober sprachen, meinten sie damit nach unserem Kalender den 10. November.

lagerten in der Nähe, bereit zum Angriff, sobald die Engländer im Wasser waren. Heinrich stieg vom Pferd, watete in den Fluß und führte sein Pferd am Zügel. Die Männer folgten ihm, durch seine Kühnheit ermutigt.

Die Armee brauchte zwölf Tage, um die 40 Kilometer lange Strecke von Calais bis fünf Kilometer vor Thérouanne zurückzulegen. Dann regnete es zwei Tage und zwei Nächte so stark, daß die Artillerie nicht weiter vorrücken konnte. Erst am 4. August konnte die Belagerung der Stadt beginnen. Heinrich ließ die Mauern mit zwölf Kanonen beschießen, deren jede mit dem Bild eines Apostels geschmückt war.

Heinrich bereitete sich auf eine lange Belagerung vor. Vor den Mauern der Stadt ließ er einen eindrucksvollen hölzernen Pavillon für sich errichten. Der Pavillon war 38 Meter lang, hatte einen Kamin aus Eisen und wenigstens sechs Zimmer. Für Heinrichs Berater und für Gesandte, die ihn besuchten, waren daneben ebenfalls hölzerne Unterkünfte errichtet worden. Die Offiziere waren in imposanten und farbenprächtigen Zelten untergebracht. Wie immer war Heinrich sich der Propagandawirkung bewußt. Die Belagerung sollte ein eindrucksvolles Spektakel werden. Die Beschaffung des Proviants, in der Kriegführung des 16. Jahrhunderts meist ein wunder Punkt, wurde von Wolsey sehr effektiv gehandhabt. Laut Aussage eines Adligen vom Hofe Margaretes von Österreich, der das Lager besuchte, lag der gesamte Nachschub in den Händen von »zwei willensstarken Männern«, Wolsey und Lord Lisle.[27]

Kaiser Maximilian hielt sich mit einer kleinen burgundischen Truppe in Aire auf, das nur sechs Meilen von Thérouanne entfernt lag, aber bereits zu Flandern gehörte. Heinrich traf mit ihm in Aire zusammen. Die beiden begrüßten einander herzlich, und Maximilian begleitete Heinrich zu seinem Lager in Thérouanne. Er versicherte ihn seiner Hochachtung und bot an, in Heinrichs Armee als einfacher Pikenier zu dienen. Das Angebot war natürlich nicht ernst gemeint, und Heinrich lehnte es sofort ab. Doch Maximilian, bereit, alles zu tun, um aus Heinrich Geld herauszuholen, bestand darauf, das Kreuz des heiligen Georg zu tragen, die Uniform der englischen Soldaten. Er beriet Heinrich hinsichtlich der Belagerung Thérouannes, denn er hatte in Belagerungen mehr Erfahrung als der Engländer.

Jakob IV. war endlich zu dem Schluß gekommen, daß er keine andere Wahl hatte, als an der Seite seines französischen Verbündeten in den Krieg einzutreten. Am 26. Juli schickte er einen Kronwappenherold mit einer Kriegserklärung zu Heinrich. Der Herold traf Heinrich am 12. August vor Thérouanne an und verlas Jakobs Erklärung. Jakob begründete die Kriegserklärung damit, daß Heinrich in das Reich seines Verbündeten, des Königs von Frankreich, eingedrungen sei. Daneben nannte er noch mehrere andere Gründe wie die Ermordung Andrew Bartons. Heinrich nahm in seiner Antwort

Jakobs Herausforderung an und warf ihm vor, sich mit einem Abtrünnigen verbündet zu haben. Sowohl Jakobs Kriegserklärung als auch Heinrichs Antwort waren ausnehmend höflich formuliert.[28]

Die Franzosen schickten 8 000 Mann los, um Heinrich zur Aufgabe der Belagerung von Thérouanne zu zwingen. Heinrich erfuhr davon am Morgen des 16. August in seinem Lager bei Guinegatte, dem heutigen Enguinegatte auf der Hochebene im Süden von Thérouanne, und zog den Franzosen mit seiner Armee entgegen. Die Armeen trafen in der Nähe des Dorfes Bomy aufeinander. Zuerst brachte die englische Artillerie die Schlachtordnung der vorrückenden Franzosen durcheinander, dann schickte Heinrich seine Reiter ins Treffen. Laut Aussage des Chronisten Edward Hall, der einen ausführlichen Bericht über den Feldzug in Frankreich schrieb und seine Informationen von Soldaten der englischen Armee bekommen haben muß, wollte Heinrich die Reiter selbst anführen, wurde jedoch von den Adligen um ihn daran gehindert und erklärte sich schließlich bereit, an der Seite des Kaisers mit dem Fußvolk die Nachhut zu bilden. Das war die Beschreibung, die England erreichte, und genau das wollte das Volk von seinem tapferen König hören.

Das Fußvolk kämpfte Mann gegen Mann. Nach kurzer Zeit gaben die Franzosen auf und flohen. Die französische Reiterei galoppierte so schnell davon, daß die Franzosen diesen Tag den »Tag der Sporen« nannten. Einige französische Adlige, darunter der Herzog von Longueville, wurden gefangengenommen, desgleichen der berühmte Bayard, als er vergeblich versuchte, seine Männer um sich zu scharen und an der Flucht zu hindern. Warum die Franzosen, die erst kurz zuvor überzeugende Siege in Italien errungen hatten, in Bomy eine so erbärmliche Vorstellung gaben, bleibt ein Geheimnis. Für die Engländer kam es nicht überraschend: Sie hatten wieder einmal bewiesen, daß sie die Franzosen jederzeit schlagen konnten.

Heinrich behandelte die Adligen, die er gefangengenommen hatte, mit großem Respekt. Er bestand darauf, daß sie mit ihm in seinem Pavillon speisten. Dann ließ er den Herzog von Longueville und die anderen adligen Gefangenen nach England bringen und im Tower einsperren. Bayard ließ er als Zeichen seiner Hochachtung für seine Tapferkeit frei, ohne Lösegeld zu fordern. Bayard mußte ihm lediglich versprechen, sechs Wochen lang nicht in der französischen Armee zu dienen. Es war ein großer Sieg, und als solcher wurde er in England auch gefeiert. Das Volk schien nicht zu wissen, daß auch burgundische Truppen daran beteiligt gewesen waren. Hall schreibt zwar, daß Maximilian und seine Soldaten in Heinrichs Armee gedient und das rote Kreuz des heiligen Georg getragen hätten, doch er erwähnt nicht, daß 2 000 von Maximilians Soldaten in der Schlacht gekämpft hatten.

Sechs Tage nach dem Sieg gab die Garnison von Thérouanne auf, und am 24. August zogen Heinrich und Maximilian im Triumphzug in die Stadt ein. Die Garnison durfte mit ihren Waffen abziehen. Der alte Kaiser ließ dem jungen König in den Straßen und beim Dankgottesdienst in der Kathedrale den Vortritt. Während Heinrich in Thérouanne weilte, begaben sich vier seiner englischen Soldaten nach Aire, wo sie Häuser ausraubten und mit Einwohnern kämpften. Heinrich befahl, zwei von ihnen, die Brüder waren, aufzuhängen. Die beiden anderen, ebenfalls Brüder, durften zu ihrer Einheit zurückkehren.

Heinrich bot Maximilian Thérouanne an. Da Maximilian nicht in der Lage war, die Stadt mit einer Garnison zu belegen, brannte er sie kurzerhand nieder. Die englischen Schriftsteller machen den Kaiser allein für diese Aktion verantwortlich, aber Heinrichs Soldaten halfen den Burgundern, die Befestigungsanlagen und Häuser einzuebnen, die das Feuer nicht zerstört hatte.[29]

Dann marschierte Heinrich mit seiner Armee in das Gebiet des Kaisers ein und rückte nach Tournai vor, das die Franzosen Maximilian weggenommen hatten und als vorgeschobene Bastion in Flandern besetzt hielten. Auf dem Weg dorthin kam Heinrich durch Lille, wo sich Margarete von Österreich und Maximilian mit ihrem Hofstaat aufhielten. Mit großem Prunk zog er in die Stadt ein. Er trug seine Krone, als ob er eine Parlamentssitzung in Westminster eröffnen wolle. Das Volk begrüßte ihn jubelnd, als er durch die geschmückten Straßen ritt.

Heinrich kam mit Maximilian überein, daß er Tournai im Fall einer erfolgreichen Belagerung als Teil seines Reiches beanspruchen durfte. Außerdem erklärte er sich bereit, Maximilian weitere 200 000 Kronen vorzuschießen. Nach dreitägigen Feiern in Lille marschierte er nach Tournai, das er am 15. September erreichte.[30] Tournai war eine große, wohlhabende und schöne Stadt an der Schelde mit mehreren Mühlen und Brücken. Nur ein halbes Dutzend englischer Städte waren so groß wie Tournai. Der Weg um die Mauern der Stadt war fünf Kilometer lang, und sie hatte 99 Türme, die Türme der Befestigungen und der Kirchen zusammengenommen.[31] Heinrich belagerte Tournai, beschoß die Mauern mit seiner Artillerie und wartete in seinem Pavillon aus Gold und Purpur darauf, daß die Garnison und die Bürger der Stadt sich ergaben.

Jakob IV. überschritt am 22. August mit 20 000 Mann die Grenze zu England in der Nähe von Coldstream. Er hatte seine großartigen flämischen Kanonen mitgebracht, die von 356 Ochsen und 150 Soldaten gezogen wurden. Der Erfolg ließ nicht auf sich warten. Rasch nahm er Norham Castle ein, die wichtigste Festung an der englischen Grenze, von der man geglaubt hatte, sie sei stark genug, einer langen Belagerung standzuhalten. Innerhalb weniger Tage nahm er auch die kleineren Festungen Wark, Etal und Ford ein. Er ließ Sir William Heron, den Besitzer von Ford Castle, als Gefangenen nach

Schottland bringen und richtete sein Hauptquartier in Ford ein. Dann schickte er sich an, Lady Heron zu verführen, während sein unehelicher Sohn, der 22jährige Erzbischof von St. Andrews, sich mit Lady Herons Tochter vergnügte. Keiner der zeitgenössischen Chronisten erwähnt Lady Heron. Erst 60 Jahre später berichten die protestantischen Autoren George Buchanan und Lindsay von Pitscottie die bekannte Geschichte von Lady Heron, die aus Patriotismus Jakobs Geliebte wurde, um ihn in Ford festzuhalten, während der Graf von Surrey eine Armee gegen ihn zusammenstellte. Die Autoren schildern, wie Lady Heron und ihre Tochter Jakob und seinen Sohn durch eine List dazu brachten, ihre Pläne für den Feldzug aufzudecken und Lady Heron nach York reisen zu lassen, wo sie die entscheidenden militärischen Informationen sofort an Surrey weitergab.

Es ist unwahrscheinlich, daß Lady Heron irgendeinen Einfluß auf den Feldzug hatte, denn Jakob hat sicherlich niemals vorgehabt, weit nach England vorzudringen. Er hoffte wohl eher, Surreys Armee in der Gegend um Ford schlagen und vernichten zu können. Doch die Geschichte von Jakob und seiner fatalen Schwäche für Frauen, die ihm durch die List einer englischen Delila zum Verhängnis wurde, fand in den 70er Jahren des 16. Jahrhunderts Anklang bei den schottischen Protestanten. Pitscottie war zwar bereit, es Lady Heron als Verdienst anzurechnen, daß sie sich von der »Liebe zu ihrem Land« hatte leiten lassen, aber sie blieb trotzdem »die gottlose Lady von Ford«. Pitscottie führt die schließliche Niederlage der Schotten auf die Tatsache zurück, daß »der gemeine Ehebruch und die Unzucht großen Anteil an ihrem lasterhaften Erfolg hatten«.[32] Surrey, der seine erste Schlacht in den Rosenkriegen noch vor der Geburt Jakobs IV. geschlagen hatte, war mit siebzig Jahren so tatkräftig wie eh und je. Auf dem Marsch nach Norden führte er das große Banner von St. Cuthbert aus der Kathedrale von Durham mit. Er ließ das Banner seiner Armee vorantragen, so wie es 1138 und 1346 beim Sieg über die schottischen Eindringlinge vorangetragen worden war. Er forderte Jakob auf, ihm am Freitag, dem 9. September, in der Schlacht gegenüberzutreten. Lord Thomas Howard fügte dem noch eine eigene Herausforderung hinzu, in der er Jakob erklärte, daß er gekommen sei, sich für den Tod Andrew Bartons zu verantworten, und daß seine Männer keine Nachsicht üben und keine Gefangenen machen würden außer Jakob selbst.

Die Schlacht vom 9. September wurde von den Schotten die Schlacht von Flodden genannt. Die Engländer, die sich in dieser Gegend besser auskannten, nannten sie genauer die Schlacht von Branxton. Die Geschichte hat den Namen übernommen, den die Verlierer der Schlacht gaben. Wenn es tatsächlich eine Schlacht bei Flodden gegeben hätte, wäre es den Schotten sicherlich besser ergangen, denn Jakob und seine Armee hatten auf der Höhe von Flodden Hill eine gute Stellung eingenommen. Surrey allerdings umging die schottische Armee, rückte heimlich in ihren Rücken vor und stellte sich zwischen ihr und der Grenze auf. Jakob, der glaubte, Surrey wolle in Schottland einfallen, verließ Flodden Hill und marschierte mit 20 000 Mann einige Kilometer nach Nordosten zur Ortschaft Branxton. Dort besetzte er die Anhöhe Branxton Hill. Surrey und seine 13 000 Soldaten standen am Fuß des Hügels.

Jakob eröffnete das Feuer mit seinen großen Kanonen. Die Kanonen waren schlecht in Stellung gebracht und schossen über die Köpfe des Feindes weg. Daraufhin gab Jakob seinen Männern den Befehl zum Angriff. Sie zogen ihre Schuhe aus und stürmten, angeführt vom König selbst, den Hügel hinunter. Die kleineren englischen Kanonen feuerten auf die herankommenden Schotten, doch weitaus mehr Schaden richteten die englischen Bogenschützen an, die hier zum letzten Mal in der Geschichte den Ausgang einer Schlacht entschieden. Die schottischen Pikeniere hatten lange Spieße, die ihnen gegenüber den Engländern mit ihren kürzeren Hellebarden einen Vorteil hätten verschaffen sollen. Doch die Engländer hieben mit ihren Hellebarden die hölzernen Schäfte der Spieße entzwei und töteten die so entwaffneten schottischen Soldaten. Die Engländer machten ihre Drohung wahr und nahmen niemanden gefangen. Die schottischen Verluste waren schwer. König Jakob fiel, und unter den Toten waren außerdem sein Sohn, der Erzbischof von St. Andrews, ein weiterer Bischof, zwei Äbte, zwölf Grafen, vierzehn Lords – fast der gesamte schottische Adel –, ferner Ritter, Gentlemen und gemeine Soldaten. Die englischen Verluste hielten sich in Grenzen. Jakobs Leichnam konnte nur mühsam identifiziert werden. Er wurde nach London überführt. Man konnte ihn nirgends begraben, weil Jakob exkommuniziert worden war.[33]

Am 17. September traf ein Bote, der unterwegs mehrmals die Pferde gewechselt hatte, in Heinrichs Lager bei Tournai ein und überbrachte die Nachricht vom Sieg über die Schotten bei Branxton. Heinrich ordnete sogleich an, einen Dankgottesdienst in seinem Pavillon abzuhalten.[34] Vier Tage später traf ein Bote Katharinas ein und legte Heinrich ein Stück Stoff vom Mantel Jakobs IV. zu Füßen. Er brachte auch einen Brief Katharinas: »Ich denke, Euer Gnaden werden erkennen, daß ich mein Versprechen halten kann, wenn ich Euch für Eure Fahnen den Mantel eines Königs schicke. Ihn selbst wollte ich Euch schicken, doch die Herzen unserer Engländer wollten es nicht zulassen. Er hätte besser daran getan, Frieden zu halten. Nun ist ihm sein Lohn zuteil geworden. So, wie Gott es fügt, ist es zum besten.«[35]

Ein Erfolg folgte dem andern. An dem Tag, an dem Katharinas Bote mit dem Stoff von Jakobs Mantel eintraf, ergab sich die Garnison von Tournai, da sie erfahren hatte, daß die Franzosen nicht in der Lage waren, sie zu befreien. Am nächsten Tag wurden die Schlüssel der Stadt ausgehändigt, am

24. September ritt Heinrich im Triumph und mit großem Pomp in Tournai ein.[36]

Flodden sollte in den nächsten 34 Jahren entscheidenden Einfluß auf die Entwicklung in Schottland und auf das Schicksal Heinrichs VIII. haben. In künftigen Jahrhunderten würden die Schotten mit Stolz von Flodden sprechen und sich rühmen, einen Vorfahren zu haben, der dort gefallen war – was für viele von ihnen zutraf. Doch in den unmittelbar folgenden Jahren wirkte Flodden sich verheerend auf die schottische Moral aus. Die Errungenschaften der Regierungszeit Jakobs IV. und der Traum von Schottland als einer Großmacht der christlichen Welt wurden in diesen drei Stunden auf dem Branxton Hill zerschlagen. Der Optimismus machte Verzweiflung Platz. Die Lords und Gutsherren dachten nur noch an ihren eigenen Vorteil und daran, wie sie das Chaos überstehen könnten, das wie immer in der schottischen Geschichte mit der Thronbesteigung eines minderjährigen Königs einherging.

In England dagegen stärkten die Siege von Guinegatte und Branxton und die Einnahme Tournais Heinrichs Stellung für den Rest seiner Regierungszeit. Seine Erfolge machten in ganz Europa großen Eindruck, und Ausländer stellten fest, daß Heinrich nicht nur der reichste König der christlichen Welt sei, sondern auch derjenige, der sich den größten militärischen Ruhm erworben habe. Wieder einmal, wie zur Zeit Eduards III., war ein König von England erfolgreich in Frankreich eingefallen und hatte zur selben Zeit eine Reservearmee eine ihr zahlenmäßig überlegene schottische Armee geschlagen. Noch viele Jahre später sprachen die Engländer voll Stolz von dem Sieg bei Branxton, von dem »schottischen Schlachtfeld«, auf dem der König der Schotten getötet worden war. Und sie rechneten den Sieg nicht Surrey, sondern ihrem König als Verdienst an.

5

Suffolk und Maria

Heinrich blieb drei Wochen in Tournai, um seinen neuen Untertanen sein Wohlwollen zu zeigen. Sie hatten vierzig Tage Zeit, ihm den Treueid zu leisten. Am ersten Abend kamen Maximilian und Margarete von Österreich aus Lille und hielten bei Fackelschein feierlich Einzug in die Stadt. Nach ein paar Tagen reiste Maximilian nach Deutschland weiter. Margarete ließ er in Gesellschaft Heinrichs zurück, der sie mit den üblichen Banketten und Turnieren unterhielt. Heinrich und Lord Lisle forderten bei den Turnieren jedermann heraus und zeichneten sich durch Mut und Geschick aus. Einer von Heinrichs Gentlemen schrieb, der König habe an Behendigkeit beim Lanzenbrechen und durch seine noble Erscheinung alle übertroffen.[1]

Margarete von Österreich war damals 33 Jahre alt. Mit siebzehn hatte sie den Bruder Katharinas von Aragon Prinz Juan geheiratet, der wenige Monate später starb. Danach heiratete sie den Herzog von Savoyen, der nach dreijähriger Ehe starb und Margarete mit 24 Jahren zum zweiten Mal zur Witwe machte. Aus keiner der beiden Ehen waren Kinder hervorgegangen. Während ihres Aufenthalts in Tournai fand Margarete in Lord Lisle einen ergebenen Bewunderer, und sie zeigte ihm auf vielerlei Weise ihre Gunst. Lisles Tochter aus der Ehe mit seiner verstorbenen Frau wurde an Margaretes Hof erzogen.

Eines Tages fragte Heinrich Margarete, ob sie Lisle heiraten wolle. In England, so erklärte er, verstoße es nicht gegen die Etikette, wenn eine Prinzessin einen Untertanen heirate. Sie sei keineswegs zu alt, um sich wieder zu verheiraten, da Witwen manchmal sogar noch mit fünfzig oder sechzig eine neue Ehe eingingen. Außerdem sei Lisle sehr in sie verliebt, und er verfüge über alle männlichen und christlichen Tugenden. Aber Margarete lehnte ab. Ganz gleich wie man in England darüber denke, erwiderte sie, in den Niederlanden zieme es sich nicht für eine Prinzessin, einen Mann zu heiraten, der nicht königlichen Geblüts sei. Falls sie es dennoch tue, wäre sie entehrt, »und man würde mich eine Närrin und ein leichtfertiges Geschöpf schelten«. Sie sei sich freilich Lisles Tugenden durchaus bewußt, und wenn eine Heirat nicht unmöglich wäre, könne sie sich keinen besseren Ehemann vorstellen als ihn.

Eines Abends zog Heinrich sich nach einem großen Bankett mit Margarete in sein Gemach zurück, und Lisle folgte den beiden. Lisle fiel vor Margarete auf die Knie, erklärte ihr seine Liebe und bat sie, ihm den Ring zu schenken, den sie trug. Als sie sich weigerte, beharrte er darauf, zog ihr vorsichtig den Ring vom Finger und wollte ihn nicht mehr zurückgeben. Lachend erklärte sie, er sei ein Dieb, und fragte Heinrich, ob er eine Armee von Dieben aus England mitgebracht habe. Heinrich bat sie, Lisle den Ring zu lassen. Er werde ihr als Ersatz neue Ringe schenken. Am nächsten Morgen, als die Wirkung des am Abend zuvor genossenen Weines nachgelassen hatte, wurde sich Margarete des Skandals bewußt, der entstehen konnte, wenn Lisle den Ring behielt. Sie bat Heinrich, Lisle zu befehlen, den Ring zurückzugeben und den Vorfall nicht mehr zu erwähnen. Lisle erklärte sich dazu bereit, verlangte aber einen Armreif als Ersatz. Margarete war einverstanden.

Heinrich unternahm in Lisles Gegenwart einen zweiten Versuch, Margarete zur Heirat mit ihm zu überreden. Wieder lehnte sie ab. Selbst wenn sie eine Heirat in Betracht zöge, könne sie Lisles Antrag nicht annehmen, ohne ihren Vater, den Kaiser, zu Rate zu ziehen. Heinrich drängte sie zur sofortigen Heirat. Er wisse, daß Lisle ihr immer treu sein werde, erklärte er, denn nur die Frauen seien wankelmütig. Wenn er und Lisle ohne ihr Versprechen nach England zurückkehrten, werde der Kaiser sie mit einem anderen Mann verheiraten. Schließlich schlug Heinrich vor, die beiden sollten sich versprechen, bis zu ihrem Wiedersehen niemand anderen zu heiraten. Margarete meinte, das guten Gewissens tun zu können, da sie nicht vorhatte, wieder zu heiraten.[2]

Heinrich erhielt in Tournai auch Besuch von Margaretes Neffen Prinz Karl von Kastilien. Im Jahr 1508 war vertraglich festgelegt worden, daß Karl Heinrichs Schwester Maria heiraten solle, sobald er das heiratsfähige Alter von vierzehn Jahren erreicht habe.[3] Karl würde im kommenden Februar vierzehn werden, und Heinrich wünschte, daß die Heirat zwischen Karl und Maria kurz danach stattfand.

Am 13. Oktober verließ Heinrich Tournai, um nach England zurückzukehren. Auf dem Weg nach Calais verbrachte er ein paar Tage am Hof Margaretes von Österreich in Lille. Er unterzeichnete einen neuen Bündnisvertrag mit Margarete und dem spanischen Botschafter in Lille. Darin kamen Heinrich, Maximilian und Ferdinand überein, noch vor dem 1. Juni 1514 gemeinsam in Frankreich einzufallen. Außerdem wurde vereinbart, daß Karl und Maria vor dem 15. Mai in Anwesenheit Heinrichs, Katharinas von Aragon und Margaretes von Österreich in Calais heiraten sollten. Heinrich versprach Margarete, durch sein Parlament ein Gesetz verabschieden zu lassen, nach dem die Krone von England an die Kinder aus der Ehe von Maria und Karl von Kastilien fallen sollte statt an seine ältere Schwester Margarete, die Königinwitwe von Schottland, und deren Sohn, Jakob V. von Schottland.[4]

An Heinrichs letztem Tag in Lille fand ein Turnier statt, dem am Abend ein großes Bankett folgte. Nach dem Bankett gelang es Heinrich und Lisle, Margarete hinter einen Schrank zu locken, wo Lisle vor ihr auf die Knie fiel und ihr erneut eine leidenschaftliche Liebeserklärung machte. Margaretes Höflinge bemerkten den Vorfall und waren außer sich. Bald war er in aller Munde.[5]

Heinrich liebte solche ausgelassenen Späße. Und falls es in diesem Fall zu einem Skandal oder politischen Verwicklungen kam, war Margarete die Leidtragende, nicht er.

Am 21. Oktober verließ er Calais. Er traf noch am selben Tag in Dover ein und begab sich unverzüglich nach Richmond, um Katharina wiederzusehen. Weihnachten verbrachte er in Windsor. Dort fanden die üblichen Feste statt. Auf Turnieren wehrten er und Lisle alle Herausforderer erfolgreich ab. Den Mönchen in Sheen trug Heinrich auf, den Leichnam Jakobs IV. mit allen Ehren zu bestatten. Zuvor hatte er den Papst überreden können, so zu tun, als habe Jakob sterbend auf dem Schlachtfeld Zeichen der Reue gezeigt. Der Papst konnte also die Exkommunikation aufheben und gestatten, daß Jakob in einer Kirche beigesetzt wurde.[6] Heinrich hatte nun nichts mehr von Schottland zu befürchten. Dort war der siebzehn Monate alte Jakob V. auf den Thron gelangt, für den seine Mutter, Heinrichs Schwester Margarete, die Regierungsgeschäfte führte.

An Lichtmeß 1514 tat Heinrich etwas, das sein Vater immer abgelehnt hatte: Er ernannte einige neue Peers. Surrey wurde für seinen Sieg bei Branxton mit dem Titel Herzog von Norfolk belohnt, den sein Vater verloren hatte. Sein Sohn Lord Thomas Howard wurde Graf von Surrey. Brandon wurde zum Herzog von Suffolk ernannt, und sein Titel Viscount Lisle wurde Arthur Plantagenet übertragen, dem unehelichen Sohn Eduards IV. Arthur Plantagenet hatte die Witwe Edmund Dudleys geheiratet, und Heinrich gab dem neuen Viscount Lisle und seiner Frau jetzt den Besitz zurück, der nach der Hinrichtung Dudleys und Empsons an den König gefallen war. Heinrich gab auch die Ländereien des zweiten Thronprätendenten aus dem Hause York zurück, des Grafen von Warwick, Clarence' Sohn, den Heinrich VII. 1499 zusammen mit Perkin Warbeck hatte hinrichten lassen. Heinrich übertrug die Ländereien Warwicks Schwester Margarete, der Witwe Sir Geoffrey Poles und ernannte sie zur Gräfin von Salisbury. Auch mehreren Rittern und Gentlemen aus Heinrichs Gefolge wurde die Peerswürde verliehen. Wolsey wurde zum Bischof von Lincoln und Tournai ernannt.

Im Winter wurde Heinrich krank. Seine Höflinge waren beunruhigt, denn sie fürchteten, es könnten die Pocken sein. Doch Heinrich erholte sich rasch und erhob sich von seinem Krankenlager »mit ungeschmälertem Haß auf Frankreich«.[7] Die Begeisterung für den Krieg war größer denn je. Ein offizieller Vertreter der Regierung versicherte den Mitgliedern des Unterhauses, daß König Ferdinand bei dem bevorstehenden Feldzug seinen Teil beitragen und in Guyenne einmarschieren werde, wenn Heinrich in die Picardie vordringe. Während die Gebrechlichkeit des altersschwachen französischen Königs täglich zunehme, werde Heinrich gleich der aufgehenden Sonne mit jedem Tag stärker und strahlender.[8]

Maximilian und Ferdinand waren freilich von einer Fortsetzung des Krieges weit weniger begeistert, und der neue Papst trat offen für den Frieden ein. Julius II. war im März 1513 gestorben. An seine Stelle trat Giovanni di Medici als Papst Leo X. Leo sandte Heinrich ein Schwert und eine Rose als Zeichen der Anerkennung für dessen Verdienste im Krieg zum Schutze der Kirche. Er bat Heinrich jedoch gleichzeitig, jeden Hochmut zu vermeiden, sich für Frieden und Einigkeit in der christlichen Welt einzusetzen und einen Kreuzzug gegen die Türken vorzubereiten. Heinrich versicherte Leo seiner Demut. Er wisse genau, daß Gott allein, der Saul und David die Kraft verliehen habe, Tausende und Abertausende von Feinden zu erschlagen, seine Siege über die Franzosen und Schotten möglich gemacht habe. Doch fürchte er, ein vorzeitiger Friede könne die wahre Einheit der Christenheit gefährden. Diese könne nur durch einen weiteren siegreichen Feldzug gegen Frankreich im Sommer 1514 gesichert werden.[9]

Heinrich beschloß, Suffolk an den Hof Margaretes von Österreich zu schikken, um sicherzustellen, daß sie und Maximilian an ihrem Vorsatz festhielten, im folgenden Sommer in Frankreich einzumarschieren. Das führte zu unglücklichen Komplikationen. In England, den Niederlanden, Deutschland und Frankreich kursierten Gerüchte, nach denen Suffolk beabsichtigte, Margarete von Österreich zu heiraten. Margarete erörterte die Angelegenheit mit dem englischen Gesandten. Sie erklärte, sie habe Suffolk in Tournai und Lille nur deshalb so große Zuneigung entgegengebracht, weil sie wisse, wie sehr Heinrich ihn schätze. Trotz der hohen Meinung, die sie von Suffolk um seiner Verdienste willen habe, habe sie stets deutlich gemacht, daß sie ihn nicht heiraten könne. Sie bat Heinrich, Suffolk nicht an ihren Hof zu schicken, um den Gerüchten nicht noch neue Nahrung zu geben. Andernfalls sehe sie sich zu ihrem größten Bedauern gezwungen, ihm mit äußerster Zurückhaltung zu begegnen.

Heinrich schrieb an Maximilian und brachte sein Bedauern darüber zum

Ausdruck, daß dieses Gerücht überhaupt habe entstehen können. Es sei sicher von ihren gemeinsamen Feinden verbreitet worden, die Zwietracht zwischen ihnen säen wollten. Zwar sei es peinlich, Suffolks bereits bekannt gewordene Ernennung zum Gesandten an Margaretes Hof zu widerrufen, doch sei er einverstanden, statt dessen Sir Richard Wingfield, den Statthalter von Calais, zu schicken. Suffolk versicherte dem Gesandten Margaretes, er habe dieses Gerücht nicht in die Welt gesetzt. Er bot an, seine Tochter von Margaretes Hof zu entfernen, doch Margarete erklärte, das sei nicht nötig.[10]

Margarete kannte nun die Gefahren, die ein harmloser Flirt in sich barg. Als ihr ein paar Jahre später einer der Edelleute ihres Gefolges Avancen machte, befahl sie ihm, ihren Hof sofort zu verlassen.[11]

Suffolk indes hatte seine Heiratspläne geändert und sein Auge auf eine andere Prinzessin geworfen. Heinrichs Schwester Maria, die den vierzehnjährigen Prinzen Karl von Kastilien heiraten sollte, war damals achtzehn und sehr schön. Gérard du Pleine, den Margarete von Österreich mit einem Auftrag an Heinrichs Hof geschickt hatte, mag übertrieben haben, als er Margarete schrieb, Prinz Karls Braut sei die schönste Frau, die er je gesehen habe, und sie verstehe es, amüsant zu plaudern, und sei eine begnadete Tänzerin und überaus lebhaft.[12] Aber auch viele andere Männer waren von ihrer Schönheit beeindruckt. Heinrich merkte, daß Suffolk sich in Maria verliebt hatte und umgekehrt. Doch obwohl er Margarete von Österreich erklärt hatte, in England könne eine Prinzessin einen Untertanen heiraten, konnte er es sich nicht leisten, auf die diplomatische Ehe zwischen Maria und Prinz Karl von Kastilien zu verzichten. Immerhin sollte diese Ehe das Bündnis gegen Frankreich festigen.

Heinrich und Wolsey, der damals die englische Außenpolitik lenkte, spielten ein doppeltes Spiel. Einerseits drängten sie Maximilian und Ferdinand, den Krieg weiterzuführen, Friedensangebote Ludwigs XII. abzulehnen und den Friedensappell des Papstes zu ignorieren. Andererseits jedoch zogen sie insgeheim die Möglichkeit in Betracht, ihre Verbündeten zu überlisten und separat mit Frankreich zu verhandeln. Für Ludwig XII. war Heinrich der schlimmste Feind und die größte Gefahr. Während Ferdinand lediglich Navarra und Béarn für sich beanspruchte und Maximilian auf Grenzkorrekturen im Nordosten bestand, erhob Heinrich Anspruch auf den Thron von Frankreich und Ludwigs gesamtes Reich. Und im Gegensatz zu Ferdinand und Maximilian hatte Heinrich bereits ein französisches Heer besiegt. Wenn es Ludwig gelang, mit Heinrich Frieden zu schließen, brauchte er sich wegen Ferdinand und Maximilian keine Sorgen zu machen. Er würde deshalb wahrscheinlich bereit sein, Heinrich gewisse Vorteile einzuräumen.

Im Februar 1514 vereinbarte Ferdinand mit Ludwig XII. erneut einen geheimen Waffenstillstand. Heinrich und Wolsey erfuhren davon und fürchteten, daß Ferdinand sie beim nächsten Feldzug wieder im Stich lassen würde. Aus diesem Grund traten sie selbst in geheime Verhandlungen mit Frankreich ein. Auch Maximilian verhandelte insgeheim mit den Franzosen, ohne Heinrich davon Mitteilung zu machen. In der Hoffnung, die Heirat von Karl und Maria als Druckmittel einsetzen zu können, um von Heinrich Geld zu bekommen, schlug er vor, den Termin der Hochzeit zu verschieben.

Im Mai erreichte Maximilian und Margarete von Österreich die Nachricht, daß Heinrich mit den Franzosen verhandle und die Verlobung zwischen Maria und Karl von Kastilien lösen wolle, um Maria mit Ludwig XII. zu vermählen. Als Margaretes Gesandter im Mai bei Heinrich vorstellig wurde, stritt dieser alles ab und drängte darauf, die Hochzeit von Maria und Karl sofort zu feiern. Aber zur gleichen Zeit hielt sich auch Seigneur de Bohier, der Feldherr der Normandie, in London auf, angeblich, um über das Lösegeld für Heinrichs Gefangenen, den Herzog von Longueville, zu verhandeln. Margaretes Gesandter hegte nicht als einziger den Verdacht, daß Bohier in Wirklichkeit mit Wolsey geheime Friedensverhandlungen führte.[13] In der Zwischenzeit ging der Krieg weiter. Im Februar griff Admiral Prégent die Küste von Sussex an. Er ließ das blühende Fischerdorf Brighthelmstone (Brighton) niederbrennen, ehe ihn ein örtliches Aufgebot verjagen konnte. Im Juni übten die Engländer Vergeltung. Englische Soldaten landeten in der Nähe von Cherbourg und brannten ein paar französische Dörfer nieder.

Heinrichs Schiffsbauer hatten ein neues Schiff fertiggestellt, das die *Regent* ersetzen sollte. Es war mit 1 500 Tonnen anderthalbmal so groß wie die *Regent* und hatte vier Masten, von denen drei Bramsegel trugen, acht Decks und 184 Kanonen verschiedener Größe. Heinrich lud sämtliche Gesandten in London ein, nach Erith zu kommen und gemeinsam mit Königin Katharina, Prinzessin Maria, Bischöfen und Adligen dem Stapellauf beizuwohnen. Als er und sein Gefolge wieder gingen, feuerten die Schiffskanonen Salut. Das Schiff erhielt den Namen *Henry Grace-à-Dieu*. So hatte ursprünglich die *Regent* geheißen, die Heinrich VII. 1488 hatte bauen lassen. Später wurde das Schiff allgemein unter dem Namen *Great Harry* bekannt.[14]

Heinrich war beim Stapellauf bester Laune gewesen und hatte Gérard du Pleine, den Abgesandten Margaretes von Österreich, besonders zuvorkommend behandelt. Doch als er du Pleine vier Tage später in Eltham eine Audienz gewährte, sprach er vorwurfsvoll von Maximilians Verhandlungen mit den Franzosen und dem Aufschub der Hochzeit von Karl und Maria in Calais. Du Pleine seinerseits fragte im Namen Margaretes höflich an, warum sich Seigneur de Bohier tatsächlich in London aufhalte.[15]

Am 9. Juli stimmte Ludwig XII. in St. Germain en Laye den Friedensbedingungen zu, die Bohier ausgehandelt hatte. Er war bereit, Heinrich zusätzlich zu den durch die Verträge von 1475 und 1492 festgelegten 750 000

Goldkronen eine Million Goldkronen zu zahlen. Das Geld sollte in halbjährlichen Raten von 26 315 Kronen jeweils am 1. November und am 1. Mai des Jahres in Calais bezahlt werden, bis die ganze Summe beglichen war. Ludwigs Gemahlin Anne von Bretagne war im Januar gestorben, und Ludwig wollte jetzt Heinrichs Schwester Maria heiraten. Er war bereit, den führenden Mitgliedern von Heinrichs Regierung als Zeichen der Anerkennung für ihre Teilnahme an den Friedensverhandlungen »Pensionen« zu zahlen – 1 030 Écus d'or jährlich für den Herzog von Norfolk, 1 000 Écus d'or für Suffolk und Wolsey und geringere Beträge für Foxe, den Grafen von Worcester, Compton und andere Höflinge.[16]

Diese diplomatische Kehrtwendung wurde unter strengster Geheimhaltung vollzogen und einer erstaunten Öffentlichkeit schließlich ohne Vorankündigung mitgeteilt, eine Methode, die an das deutsch-sowjetische Abkommen von 1939 erinnert. Am 29. Juli machten sich der Feldherr und der Präsident der Normandie von St. Germain en Laye aus auf den Weg nach London. Am nächsten Tag erklärte Prinzessin Maria in Wanstead Manor im Beisein von Heinrichs Beratern, sie erkenne den Ehevertrag mit Prinz Karl von Kastilien nicht an und bitte, dem König diese Entscheidung mitzuteilen. Ein paar Tage später trafen die französischen Gesandten in London ein. Am 7. August unterzeichneten sie und der Herzog von Longueville mit Norfolk, Wolsey und Foxe den Friedensvertrag. Am St. Laurentius-Tag wurde in ganz England der Frieden ausgerufen, und am 20. August wurde der Vertrag von Heinrich in Kraft gesetzt. Es versteht sich von selbst, daß die französischen Gesandten mit den üblichen Turnieren und Banketten unterhalten wurden.[17]

Heinrich verlor keine Zeit, den Ehevertrag zu erfullen. Die Hochzeit fand am 13. August in Greenwich statt. Der Herzog von Longueville fungierte als Stellvertreter Ludwigs XII. Gleich nach der Trauung wurde die Ehe symbolisch vollzogen. Maria ging in ihre Kammer, entkleidete sich in Gegenwart vieler Edelleute und Damen vom Hof und legte sich ins Bett. Der Herzog von Longueville, bekleidet mit Wams und roten Strümpfen, zog einen Strumpf aus, stieg zu Maria ins Bett und legte in Gegenwart der Zeugen sein nacktes Bein über ihren Körper. Daraufhin wurde die Ehe für vollzogen erklärt.[18]

Maximilian und Ferdinand hatten die Unverfrorenheit, sich darüber zu beschweren, daß Heinrich sie hintergangen und mit Frankreich einen separaten Frieden geschlossen habe. Margarete von Österreich erklärte Sir Richard Wingfield, dem englischen Gesandten in Brüssel, sie könne einfach nicht glauben, daß Heinrich Maria mit Ludwig XII. vermählt habe. Sie schickte einen Boten nach England, um dagegen zu protestieren. Offenbar hatte sie das von dem lebenslustigen, jungen König nicht erwartet. Schließlich hatte er ihr vor weniger als einem Jahr in Tournai und Lille erklärt, daß es in England durchaus schicklich sei, wenn eine Prinzessin einen gutaussehenden und galanten Untertan wie Suffolk heirate. Sir Edward Poynings, den Heinrich zum Gouverneur von Tournai ernannt hatte, schrieb Heinrich, die Hochzeit stoße in Flandern auf solch großen Unmut, daß er fürchte, die Bevölkerung in den benachbarten Gebieten werde sich weigern, Tournai mit Vorräten zu versorgen.[19]

Die flämischen und spanischen Gegner des Friedens machten sich natürlich darüber lustig, daß Maria den alten und gebrechlichen Ludwig XII. geheiratet hatte. Ludwigs Alter und Schwäche waren während des Krieges von Engländern, Flamen und Spaniern schamlos als Propagandawaffe gegen ihn eingesetzt worden. Die Vorstellung, daß er nun die Rolle des Bräutigams der schönen, achtzehnjährigen englischen Prinzessin übernehmen sollte, sorgte in Spanien und den Niederlanden für Spott. Petrus Martyr Anglerius am Hof von Valladolid schrieb, man sei allgemein entsetzt darüber, daß dieses schöne Mädchen von achtzehn Jahren einem alten, aussätzigen Invaliden angetraut worden sei. Er malte sich aus, wie Ludwig XII. in Erwartung der Hochzeitsnacht »das Wasser im Munde zusammenläuft«. Doch war er der Meinung, Ludwig werde den Versuch, die Ehe zu vollziehen, vor Anstrengung nicht überleben.[20]

Maria hatte sich zunächst schlichtweg geweigert, Ludwig zu heiraten. Sie hatte Heinrich erklärt, sie liebe Suffolk und wolle ihn heiraten. Heinrich war hin und her gerissen zwischen seiner großen Zuneigung zu seiner Schwester und Suffolk und dem, was er für sein Interesse als König und die Pflicht Marias und Suffolks als seiner Untertanen hielt. Wie immer bei Heinrich behielt das nüchterne politische Kalkül die Oberhand. Er erklärte Maria, der Erfolg seiner Außenpolitik und der Friede der Christenheit hingen von ihrer Heirat mit Ludwig XII. ab. Ludwig werde zudem sicher bald sterben und Maria als junge Witwe zurücklassen. Wenn sie jetzt in die Heirat mit Ludwig XII. einwillige, dürfe sie nach Ludwigs Tod den Mann ihrer Wahl heiraten.[21]

Dennoch war Maria unglücklich, als sie im September 1514 nach Frankreich aufbrach. Heinrich begleitete sie bis Dover. Unterwegs machten sie in Canterbury halt, wo Heinrich am Kreuz des heiligen Augustin, am Schrein des heiligen Augustin, in der Krypta der Muttergottes, am Hochaltar der Kathedrale und am Schrein Beckets betete und jedem dieser heiligen Orte eine Mark oder 13 Schilling und 4 Pfennige spendete. In heutige Währung umgerechnet, sind das 160 Pfund.[22] In Dover ging Maria mit ihrem großen Gefolge an Bord. Heinrich hatte Norfolk, Dorset, Surrey, Lord Herbert, Ruthall und Docwra, den Prior von St. Johann zu Jerusalem, dazu ausersehen, sie zu begleiten und ihrer Hochzeit und Krönung in Frankreich beizuwohnen. Der Graf von Worcester, Bischof West und Sir Richard Wingfield waren bereits in Paris. Dort hatte Worcester Maria bei ihrer Ferntrauung mit König

Ludwig vertreten. Es war sicherlich kein Zufall, daß Suffolk nicht mit von der Partie war.

Ludwig XII. traf in Abbeville mit Maria zusammen. Wie allgemein üblich wurde die Trauung am 9. Oktober nochmals unter Anwesenheit beider Ehegatten in der Kathedrale von Abbeville vollzogen. Das Paar blieb 14 Tage in Abbeville, dann reiste es in Etappen nach Paris weiter. Maria war jetzt noch unglücklicher. Sie schrieb an Wolsey und beklagte sich, daß man ihr ihre englischen Diener weggenommen und sie durch französische ersetzt habe. Außerdem beschuldigte sie Norfolk, nichts zu tun, um sie vor der schlechten Behandlung durch die Franzosen zu schützen.

Daraufhin schickte Heinrich Suffolk nach Frankreich. Suffolk sollte dort zu seinen Kollegen aus dem Kronrat stoßen. Die Reise kam höchstwahrscheinlich auf Anregung Suffolks zustande. Sein Auftrag war, mit Ludwig XII. wichtige diplomatische Verhandlungen zu führen, doch mit dieser Aufgabe hätten auch Norfolk, Ruthall, West oder sogar Surrey beauftragt werden können, die sich bereits in Frankreich aufhielten. Vor seiner Abreise sprach Heinrich mit Suffolk in seinem Kabinett in Eltham. Nur Wolsey war noch anwesend. Heinrich verlangte Suffolk das Versprechen ab, Maria nicht den Hof zu machen, solange er in Frankreich sei. Suffolk gab ihm sein Wort darauf.[23]

Am 20. Oktober, drei Wochen nach Marias Abreise, stach Suffolk von Dover aus in See. Ehe er an Bord ging, schrieb er an Wolsey, er hoffe, mittags in Boulogne und tags darauf in Paris zu sein. Suffolk muß ein Optimist gewesen sein, wenn er hoffte, die 220 Kilometer von Boulogne nach Paris in 36 Stunden zurücklegen zu können. Sechzig Kilometer am Tag waren das höchste, was ein Reiter normalerweise auf den holprigen Straßen zurücklegen konnte, zumal im Herbst, wenn der Boden durch den Regen aufgeweicht war. Selbst Eilboten mit wichtiger Post schafften nur mit Mühe 160 Kilometer am Tag. Aber Suffolk holte Ludwig XII. und Maria noch in Beauvais ein. Bei seiner ersten Audienz beim König lag Ludwig im Bett und Maria saß ernst daneben.[24]

Am Sonntag, dem 5. November, wurde Maria in der Abtei von St. Denis mit großem Pomp zur Königin gekrönt. Nach der Krönung begab sich der Hof nach Paris. Marias Zustand hatte sich ein wenig gebessert, und Ludwig schrieb mehrmals an Heinrich und Wolsey, wie zufrieden er mit Suffolk sei.

Heinrich und Wolsey hatten Suffolk beauftragt, Ludwig einen streng geheimen Vorschlag zu unterbreiten. England und Frankreich sollten gemeinsam gegen Ferdinand in den Krieg ziehen und Navarra und Kastilien erobern. Navarra sollte wieder an Frankreich fallen, Heinrich sollte König von Kastilien werden. Heinrich rechtfertigte diesen Plan mit dem Argument, Ferdinand sei lediglich König von Aragon, und nach Königin Isabellas Tod sei die Krone von Kastilien nicht an ihren Mann, sondern an ihre beiden Töchter Johanna und Katharina übergegangen. Da Johanna verrückt sei, stehe es Heinrich als Ehemann Katharinas zu, Kastilien für Katharina in Besitz zu nehmen. Heinrich wollte sich an Ferdinand für dessen Verrat rächen und zugleich ein neues Königreich und noch mehr Kriegsruhm gewinnen. Heinrichs Biograph Dr. Scarisbrick hat wahrscheinlich recht, wenn er meint, daß hier zum ersten Mal deutlich wird, welch bedeutende Rolle der Wunsch nach Rache in Heinrichs Politik spielte.

Es ist durchaus denkbar, daß Heinrich im letzten Moment noch abgesprungen wäre, wenn Ludwig seinen Vorschlag akzeptiert hätte. Ludwig dachte freilich nicht daran, sich auf ein derart sinnloses Unternehmen einzulassen. Am 26. November teilte er Suffolk seine Antwort mit: Wenn Heinrich diesen Vorschlag tatsächlich ernst meine, werde er darüber nachdenken; er sei jedoch der Meinung, daß die Kosten des Feldzuges den Wert von Navarra und Kastilien bei weitem übersteigen würden. Statt dessen schlug Ludwig vor, Heinrich, der für seinen Reichtum bekannt war, solle ihm bei der Eroberung Mailands helfen, indem er ihm 200 000 Kronen leihe.[25]

Ludwig XII. starb an Neujahr, und Maria war nach 83 Tagen Ehe bereits Witwe. Thronerbe war Ludwigs Cousin und Schwiegersohn Herzog Franz von Angoulême, vorausgesetzt, daß Maria nicht von Ludwig schwanger war und einen Jungen gebar. Niemand war überrascht, als Maria erklärte, sie sei nicht schwanger.[26] Daraufhin wurde der Herzog von Angoulême zum König Franz I. ausgerufen. Franz war zwanzig, so sportlich wie Heinrich und gleichfalls ein begeisterter Jäger und Soldat. Dem nationalen Laster der Franzosen frönte er noch eifriger als seine Landsleute: Sein Hof galt als der unmoralischste in ganz Europa.

Maria trauerte, wie es die Etikette von einer verwitweten Königin verlangte. Sie wachte neben Ludwigs Leichnam, und nach dem Begräbnis zog sie sich, mit Ausnahme einer weißen Haube ganz in Schwarz gekleidet, in ihr Zimmer zurück. Ein venezianischer Kaufmann in Paris, der sie sah, schrieb freilich, sie könne selbst in Trauer nicht stillsitzen, sondern bewege ständig den Kopf. Überhaupt sei sie die anziehendste und schönste Frau, die er je gesehen habe.[27] Marias blasser Teint beeindruckte die Franzosen besonders. Sie nannten Maria »la reine blanche«.

Norfolk und die anderen englischen Räte waren nach Marias Krönung nach England zurückgekehrt. Nur Suffolk, West und Sir Richard Wingfield blieben als Gesandte am französischen Hof. Sie erörterten mit Franz und seinen Ministern die Möglichkeit einer Begegnung zwischen Heinrich und Franz. Franz' Minister warfen die Frage nach der Rückgabe von Tournai an Frankreich auf und wollten wissen, unter welchen Bedingungen Heinrich dazu bereit sei.[28] Während Suffolk, West und Wingfield gemeinsam Depeschen über die Verhandlungen an Heinrich und Wolsey schickten, schrieb Suffolk Wolsey persönliche Briefe über Maria.

Als Wolsey kurz nach Weihnachten erfuhr, daß sich der Gesundheitszustand Ludwigs XII. verschlechtert habe, schrieb er Maria, sie dürfe sich im Falle seines Todes bezüglich einer künftigen Heirat auf keinen Fall festlegen. Sie müsse Heinrichs Anweisungen abwarten und sich in dieser Angelegenheit von ihm leiten lassen. Maria versicherte Wolsey, sie sei kein unvernünftiges Kind mehr und werde selbstverständlich tun, was ihr Bruder von ihr verlange.[29]

Maria, Suffolk, die anderen englischen Gesandten und der gesamte Hof begaben sich zur Krönung von Franz und Königin Claudia am 25. Januar nach Reims. Auf der Rückreise nach Paris drängte Franz Maria, mit ihm zu schlafen. Maria weigerte sich. Sie erklärte, sie liebe Suffolk und wolle ihn heiraten. Franz fand sich mit der neuen Situation sofort ab. Er sagte Suffolk, er habe Verständnis für seinen Wunsch, Maria zu heiraten. Suffolk wollte das zunächst nicht zugeben. Schließlich war es eine Kühnheit, die Königin eines fremden Reiches ohne Zustimmung von dessen König oder seines eigenen Herrn zu heiraten. Doch Franz erklärte, Maria habe das Geheimnis bereits gelüftet, und versprach, alles zu tun, damit sie heiraten könnten. Eine Heirat lag nicht zuletzt auch in seinem Interesse, denn es gab weit und breit keinen französischen Prinzen, den Maria hätte heiraten können. War sie aber erst mit Suffolk verheiratet, konnte Heinrich sie nicht mehr mit Karl von Kastilien oder einem anderen Habsburger oder Verbündeten Maximilians verheiraten, wenn er ein Bündnis gegen Frankreich schließen wollte.

Suffolk schrieb an Wolsey und bat ihn, Heinrich so lange zuzureden, bis er die Heirat mit Maria erlaube. Er wisse, daß Wolsey als einziges Mitglied von Heinrichs Kronrat bereit sei, seinen Wunsch zu unterstützen. Suffolk betonte die Dringlichkeit der Sache. Wenn Maria ihn nicht bald heirate, werde Franz erneut versuchen, sie zu verführen. Maria selbst schrieb einen ähnlichen Brief an Heinrich. Sie, Suffolk und Franz schrieben gleichzeitig an Heinrich und baten ihn, der Heirat zuzustimmen.[30]

Die erste Reaktion aus England war vielversprechend. Wolsey schrieb Suffolk, Heinrich stehe seinem Wunsch mit großem Wohlwollen gegenüber. Doch schon wenige Tage später schrieb Wolsey erneut. Heinrich bestehe auf der Rückgabe der Mitgift und der Juwelen Marias. Gelinge es Suffolk, beides von Franz zu bekommen, werde Heinrich die Heirat mit Maria erlauben, andernfalls werde er seine Zustimmung verweigern. Wolsey bat Suffolk, »in dieser Angelegenheit mit der größten Sorgfalt und Beharrlichkeit vorzugehen. Denn seid versichert, es ist die Hoffnung, besagte Mitgift und die Juwelen wiederzubekommen, die Seine Gnaden am beständigsten dazu drängt, Eurer Heirat mit seiner Schwester zuzustimmen. Ein Fehlschlag dagegen könnte, so fürchte ich, ihn gleichgültig und unzugänglich machen und eine Meinungsänderung bewirken, worüber hier alle außer Seiner Gnaden und mir sehr froh wären.«[31]

Trotz seines früheren Versprechens, Maria dürfe nach Ludwigs Tod heiraten, wen sie wolle, und trotz seiner Zuneigung zu ihr und Suffolk war Heinrich offenbar entschlossen, so viel Geld wie möglich aus der Situation herauszuschlagen. Ebenfalls klar war, daß Franz I. Schwierigkeiten machen würde, wenn es um die Rückgabe der Mitgift und der Juwelen ging. In Paris gingen Gerüchte um, Maria solle mit dem Herzog von Savoyen vermählt oder nach Flandern geschickt werden, um dort einen Adligen zu heiraten. Zwei Mönche aus England suchten Maria auf. Sie waren von Mitgliedern aus Heinrichs Kronrat und englischen Adligen geschickt worden, die verhindern wollten, daß der Emporkömmling Suffolk eine Prinzessin als Braut bekam. Die Mönche rieten Maria, ihren Plan, Suffolk zu heiraten, aufzugeben, weil Heinrichs Kronrat dieser Heirat niemals zustimmen werde.

Der Rat der Mönche hatte genau die entgegengesetzte Wirkung. Suffolk und Maria beschlossen, sofort zu heiraten und Heinrich und Wolsey vor vollendete Tatsachen zu stellen. Das war riskant, doch gingen die beiden sicher zu Recht davon aus, daß dies ihre einzige Chance war. Sie wurden heimlich in Anwesenheit von nur zehn Zeugen getraut. Weder West noch Wingfield wurden informiert, weil Maria glaubte, die Gesandten könnten sich übergangen fühlen und als Mitwisser später Schwierigkeiten mit Heinrich bekommen. Bereits jetzt kursierte in den Niederlanden das Gerücht, Suffolk wolle Maria heiraten. Am 27. Februar schrieb Sampson von Gent aus an Wolsey, das Gerücht werde vermutlich nur verbreitet, um England zu demütigen. Spinelli, ein anderer englischer Gesandter, schrieb am gleichen Tag ebenfalls aus Gent, seiner Überzeugung nach handle es sich dabei um eine infame Lüge.[32]

Am 5. März teilte Suffolk Wolsey schriftlich mit, daß er und Maria geheiratet hatten. »Neben Gott und meinem König bin ich auch Euch verpflichtet und will daher nichts vor Euch verbergen. Ich vertraue darauf, daß Ihr mir auch diesmal helfen werdet, so wie Ihr es immer getan habt. Mylord, als ich nach Paris kam, hörte ich vieles, das mich ebenso wie die Königin in große Furcht versetzte, und die Königin ließ mir keine Ruhe, bis ich einwilligte, sie zu heiraten. Ich will euch also aufrichtig sagen, daß ich sie aus herzlicher Zuneigung geheiratet und mit ihr geschlafen habe, und ich will ein Lügner sein, wenn sie nicht schwanger ist. Mylord, ich bin in großer Sorge, wie der König es aufnehmen wird und ob Seine Gnaden über mich verärgert sein werden; denn ich versichere Euch, daß ich lieber tot wäre, als daß er mit mir unzufrieden sein soll.«[33]

Wolsey antwortete »mit kummervollem Herzen«, er sei verpflichtet gewesen, dem König Mitteilung zu machen, und dieser sei sehr zornig auf Suffolk gewesen. Durch die Heirat mit der Schwester des Königs und den Vollzug der Ehe habe Suffolk Schande über den König gebracht. Obendrein habe er das Versprechen gebrochen, das er dem König in Eltham gegeben habe, »ihm, der Euch von niederem Range erhöht hat« zum Herzog. Wolsey schrieb weiter, er bezweifle, ob Suffolk die Vergebung Heinrichs erreichen könne. Die einzige Hoffnung für Suffolk und Maria sei, reuevolle Briefe an Heinrich zu senden und sich darüber hinaus bereitzuerklären, Heinrich jährlich 4 000 Pfund aus Marias Mitgift zu zahlen, wobei ihnen immer noch der Rest von 6 000 Pfund im Jahr verbleiben würde. Zudem müsse Suffolk Franz veranlassen, Heinrich die 800 000 Kronen der Mitgift zurückzuzahlen.[34]

Maria verfaßte einen Brief an Heinrich und schickte Wolsey den Entwurf. Sie erklärte darin, sie allein trage für das Geschehene die Verantwortung. Sie habe nur deshalb so gehandelt, weil die beiden Mönche behauptet hätten, Heinrichs Kronrat werde einer Heirat mit Suffolk niemals zustimmen. »Daraufhin, Sir, stellte ich Mylord Suffolk vor die Wahl, die Heirat innerhalb von vier Tagen zu vollziehen oder mir niemals mehr unter die Augen zu treten. Ich weiß wohl, daß ich ihn dadurch zwang, das Euch gegebene Versprechen zu brechen, da er fürchtete, mich zu verlieren, und weil ich ihm versicherte, daß ich nie nach England käme, wenn er die Versprechen hielte. Und nun, da Euer Gnaden die beiden Vergehen kennen, zu denen ich Anlaß gab, bitte ich Euch untertänigst und als Eure sorgenvolle Schwester, Erbarmen mit uns zu haben und uns unsere Vergehen zu verzeihen.«[35]

Maria unterzeichnete ein Dokument, in dem sie Heinrich »aus freien Stükken« alles Silber und Gold und alle Juwelen übertrug, die ihr bei der Heirat mit Ludwig XII. als Mitgift mitgegeben worden waren. Sie überredete Franz I., einen Teil der Mitgift zurückzugeben, darunter einen großen Diamanten mit einer Perle, der als »Spiegel von Neapel« bekannt war. Am 16. April verließen sie und Suffolk Paris und brachen nach Dover auf. Von Montreuil aus schrieb Suffolk einen Brief an Heinrich: Obwohl er wisse, daß Heinrichs Kronrat ihn einsperren oder sogar zum Tode verurteilen wolle, bitte er um Gnade.[36]

In Calais wartete das Paar so lange, bis Wolsey und sein Sekretär Brian Tuke für Maria einen passenden Brief an den König entworfen hatten. Darin erklärte sie: »Ich habe nun das Königreich Frankreich verlassen und mich in Eurer Stadt Calais unter Eure Gerichtsbarkeit gestellt. Ich gedenke hierzubleiben, bis ich Antwort von Euch habe, daß Ihr uns verziehen habt.« Maria beharrte erneut darauf, daß sie und nicht Suffolk die Schuld treffe.[37] Das war notwendig, um dem allgemeinen Eindruck entgegenzuwirken, Suffolk habe, nachdem er vom einfachen Gentleman zum Herzog aufgestiegen war, dreist eine Prinzessin königlichen Geblüts verführt, um seine Macht weiter auszubauen. Suffolks Heirat wurde sowohl vom einfachen Volk als auch vom Adel verurteilt. Er wagte nicht, das Haus des Statthalters in Calais zu verlassen, aus Angst, von den Einwohnern gelyncht zu werden.[38] Die Geschichte vom treulosen Gesandten, der bei einer Mission im Ausland auf niederträchtige Weise das Vertrauen seines Herrn, des Königs, mißbraucht und mit dessen Schwester durchbrennt, fand Eingang in die Volkssagen und zu gegebener Zeit auch in die Märchenbücher der Kinder.

Heinrich verzieh Suffolk und Maria. Er traf zufriedenstellende finanzielle Vereinbarungen mit ihnen und erwies ihnen dann weiterhin jede Gunst. Als bekannt wurde, daß Maria nicht schwanger war, wie sie und Suffolk zunächst angenommen hatten, konnte Heinrich seiner Ehre und der des Paares wieder aufhelfen, indem er die heimliche Heirat in Paris vertuschte und in Greenwich noch einmal eine Hochzeit veranstaltete, der er und Katharina beiwohnten. Als Maria neun Monate später, im März 1516 einen Sohn zur Welt brachte, waren Heinrich, Wolsey und Katharina die Paten.[39] Heinrich gab dem Kind seinen Namen. Mit neun Jahren wurde der Junge zum Grafen von Lincoln ernannt. Später bekamen Suffolk und Maria noch eine Tochter, Franziska, die den Marquis von Dorset heiratete und Mutter von Lady Jane Grey war.

Die beiden hielten ihr Versprechen und zahlten Heinrich jährlich 1 000 Pfund, bis sie 24 000 Pfund von Marias Mitgift zurückgezahlt hatten. Die meiste Zeit verbrachten sie in ihrem Landhaus bei Westhorpe in Suffolk, doch weilten sie auch oft am Hof. Maria, die in England für den Rest ihres Lebens »die französische Königin« blieb, spielte bei repräsentativen Empfängen eine wichtige Rolle. Manchmal speiste sie sogar mit prominenten ausländischen Gästen an der Tafel des Königs. Suffolk diente Heinrich weiterhin wie jeder andere Lord auch. Er war bei Hof anwesend und führte im Krieg Heere gegen die Franzosen und Schotten. Maria starb 1533 im Alter von 37 Jahren. Suffolk stand bis zu seinem Tod als Höfling und General in Heinrichs Gunst. Er starb 1545, siebzehn Monate vor Heinrich. Nach Marias Tod heiratete er Katharina Willoughby. Katharina überlebte ihn und wurde eine fanatische Protestantin. Sie mußte illegal und unter großer Gefahr aus England fliehen, da sie unter Königin Mary sonst als Ketzerin verbrannt worden wäre.

Suffolk kam also ungestraft davon. Er verlor weder Leben noch Freiheit, obwohl er ohne Einwilligung des Königs dessen Schwester geheiratet hatte. Er hatte in vielerlei Hinsicht Glück. Er hatte das Glück, zu den wenigen Menschen zu gehören, die Heinrich als persönliche Freunde schätzte. Er hatte Glück, weil sein Verhältnis mit Maria zwar an die Ehre des Königs rührte, aber nicht Heinrichs persönliche Gefühle oder seine Eifersucht weckte, wie es der Fall gewesen wäre, wenn Suffolk eine Frau geheiratet hätte, in die Heinrich verliebt war. Er hatte Glück, daß er und Maria sich zur Zeit ihrer Heirat im Ausland aufhielten und daß sie einen Priester fanden, der bereit war, sie auch ohne Heinrichs Zustimmung zu trauen, was in England sicherlich kein Priester getan hätte. Er hatte Glück, weil er Maria zuerst geheiratet und dann mit ihr geschlafen hatte. So konnte man ihn nicht der Sünde und Unzucht beschuldigen. Er hatte Glück, daß Franz I. ihm wohlgesonnen und bereit war, einige von Marias Juwelen zurückzugeben. Er hatte Glück, daß er nicht von einem Großteil des Volkes gehaßt wurde, wie in späteren Jahren Wolsey und Cromwell, obwohl ihn einige Adlige als Emporkömmling verachteten und die öffentliche Meinung ihn verurteilte. Er hatte Glück, daß keiner der Adligen, die ihn verachteten, Einfluß bei Heinrich hatte und daß Wolsey, der Einfluß gehabt hätte, sexuellen Vergehen gegenüber tolerant und kein Moralapostel war. Er hatte Glück, daß er kein Nachfahre Eduards III. war und keiner auf die Idee kommen konnte, er habe Maria nur geheiratet, weil er insgeheim hoffte, eines Tages selbst König zu werden.

Doch vor allem hatte er Glück, daß er Maria 1515 und nicht 1536 oder 1541 geheiratet hatte. Heinrich war zwar mit vierundzwanzig im Grunde nicht weniger habgierig und rachsüchtig wie mit fünfundvierzig oder fünfzig. Doch das politische Klima war in späteren Jahren völlig anders. Wenn zwanzig Jahre nach Suffolks Tod ein Höfling heimlich die Schwester des Königs geheiratet hätte, wäre das Heinrich und seinen Ministern weit weniger genehm gewesen, und es wäre ihnen politisch viel schwerer gefallen, über diesen Affront gegen die Autorität des Königs hinwegzusehen.

6

Wolsey

Heinrich VIII. wurde am päpstlichen Hof in Rom gut vertreten. Kardinal Bainbridge, der Erzbischof von York, war dort fünf Jahre lang als Heinrichs Gesandter tätig. Ein päpstlicher Dispens befreite ihn von der Anwesenheitspflicht in seiner Diözese York. Außer durch Bainbridge wurden die englischen Interessen in Rom noch durch zwei italienische Kardinäle vertreten, denen man englische Bistümer zugeteilt hatte. Weder Kardinal Silvester di Gigli, der Bischof von Worcester, noch Kardinal Adriano di Castello, der Bischof von Bath und Wells, hatten ihre Diözesen jemals besucht. Sie erhielten die Einkünfte aus den Bistümern zum Lohn dafür, daß sie am päpstlichen Hof für Heinrich tätig waren. Adriano di Castello, den die Engländer »Kardinal Hadrian« nannten, konnte von Glück reden, daß er überhaupt noch am Leben war. Im Jahr 1503 hatte er in seinem Garten ein Fest veranstaltet, und danach waren er, einige andere Männer und Papst Alexander VI. (Rodrigo Borgia) lebensgefährlich erkrankt. Der Papst war ein paar Tage später gestorben. Man hatte damals, obwohl höchstwahrscheinlich zu Unrecht, allgemein angenommen, der Papst habe versehentlich das Gift geschluckt, das sein Sohn Cesare Borgia eigentlich Hadrian zugedacht habe.

Eines Abends im Mai 1514, als sich England und Frankreich noch im Krieg befanden, beobachtete ein Agent Bainbridges, wie ein Diener Giglis das Haus des Bischofs von Marseille, des französischen Gesandten in Rom, heimlich durch den Hinterausgang verließ. Bainbridge vermutete, der Bischof von Worcester hintergehe Heinrich und habe geheimen Kontakt zu den Franzosen. Er warnte Heinrich in einem Brief. Sechs Wochen später starb Bainbridge ganz plötzlich. Sein Sekretär Richard Pace verdächtigte Bainbridges italienischen Kaplan, ihn vergiftet zu haben, und informierte die Behörden in Rom. Der Kaplan gestand unter Folter, von Gigli dafür bezahlt worden zu sein,

Bainbridge zu vergiften. Er konnte sich ein Messer beschaffen und beging Selbstmord, um einer erneuten Folter zu entgehen. Gigli stritt alles ab und behauptete, die Aussage des Kaplans sei falsch. Man habe sie ihm unter Folter abgerungen, und außerdem sei der Kaplan sowieso verrückt. Der Papst entschied, daß es keinen Beweis gegen Gigli gebe, und sprach ihn von jeder Schuld frei. Heinrich stimmte der Entscheidung zu.[1]

Heinrich ernannte Wolsey zum Nachfolger Bainbridges als Erzbischof von York und bat den Papst, ihn in diesem Amt zu bestätigen und zum Kardinal zu ernennen. Wie gewöhnlich versuchte Heinrich die Summe herunterzuhandeln, die dem Papst als Annaten gezahlt werden sollte, wenn Wolsey nach York versetzt wurde, und wie gewöhnlich wurde der Streit durch einen Kompromiß beigelegt. Mehr Schwierigkeiten machte Leo X. bei der Ernennung Wolseys zum Kardinal, denn im Gegensatz zu Julius II. war er darauf bedacht, Frankreich versöhnlich zu stimmen. Doch nachdem er seine Entscheidung über ein Jahr hinausgezögert hatte, gab er schließlich dem Drängen Heinrichs und Wolseys nach und schickte Wolsey den Kardinalshut. Dieser wurde Wolsey im November 1515 in einer feierlichen Zeremonie in der Westminster-Abtei verliehen.[2]

Nachdem Wolsey bereits zwei Jahre lang die Regierungsgeschäfte Englands gelenkt hatte, bekam er im Dezember 1515 die seiner Funktion entsprechende Stellung: Er löste Warham als Lordkanzler ab. Als Erzbischof von Canterbury rangierte Warham innerhalb der geistlichen Hierarchie freilich theoretisch immer noch vor Wolsey. Heinrich und Wolsey versuchten das zu korrigieren, indem sie den Papst drängten, Wolsey zu seinem »Legatus a latere« zu ernennen. Damit hätte er die Möglichkeit gehabt, sich über die Autorität der geistlichen Obrigkeit in England einschließlich des Erzbischofs von Canterbury hinwegzusetzen. Wieder zögerte der Papst es hinaus,Wolsey zu ernennen, doch 1518 tat er es schließlich doch.

Heinrichs Höflinge, das englische Volk und die ausländischen Gesandten waren von Wolseys Reichtum, vom Prunk seiner Hofhaltung und von seiner Macht wie geblendet. Im Mai 1515 schrieb Erasmus, Wolsey sei so allmächtig wie der König. Im Juli schrieben die venezianischen Gesandten Badoer und Giustinian, er scheine tatsächlich ganz England zu regieren. Im Januar 1516 schrieb Giustinian, Wolsey sei in der Tat »ipse rex«, der König selbst, »der König und Urheber von allem«. Im November nannte ihn Giustinian »den Grund, die Mitte und das Ziel« der englischen Außenpolitik. Im April 1517 schrieb Chieregato, der päpstliche Nuntius in London, die ausländischen Gesandten in London betrachteten Wolsey nicht als Kardinal, sondern als zweiten König. Vierzehn Tage später schrieb Chieregato erneut, Wolsey habe aufgrund seiner Fähigkeiten alles in der Hand.[3]

Die Gesandten waren überzeugt, daß Wolsey England regierte, während

Heinrich auf die Jagd ging und sich amüsierte. Chieregato schrieb, Heinrich gebe sich Tag und Nacht nur dem Vergnügen hin und sei an nichts anderem interessiert als an Turnieren und Musik. Er überlasse sämtliche Regierungsgeschäfte dem Kardinal von York, vor dem er so viel Achtung habe, daß er nur durch dessen Mund spreche. Als sich die französische Delegation im September 1518 in London aufhielt, sagte der soeben zum Mitglied des Kronrats ernannte Thomas Morus zu Giustinian, Wolsey verhandle allein mit den französischen Abgesandten. Wenn er mit ihnen zu einer Einigung gekommen sei, rufe er Heinrichs Berater zusammen und erstatte ihnen Bericht, »so daß der König selbst kaum weiß, wie die Dinge stehen«.[4]

Heinrich war nicht der einzige König, der einen fähigen Kirchenmann mit der Führung seiner Außenpolitik betraute und selbst auf die Jagd ging. Franz I. verbrachte noch mehr Zeit mit der Jagd als Heinrich und befaßte sich noch weniger mit Staatsgeschäften. In Kardinal Du Prat hatte er einen tüchtigen Außenminister. Und Karl V., der ebenfalls ein begeisterter Jäger war, aber mehr Zeit im Ratssaal verbrachte als Heinrich oder Franz, betraute Mercurino Gattinara, seinen Berater aus Piemont, mit diplomatischen Verhandlungen. Aber Du Prat und Gattinara hatten nicht den Ruf Wolseys. Sie galten zwar als fähige und einflußreiche Minister ihrer Könige, aber keineswegs als diesem ebenbürtig. Die Diplomaten berichteten von der Politik und den Taten des »allerchristlichsten Königs« von Frankreich und des »katholischen Königs« von Spanien. In England dagegen berichteten sie von der Politik und den Taten »des Königs und des Kardinals von England«.

Ausländische Könige behandelten Wolsey beinahe wie ihresgleichen. Wenn sie persönliche Briefe an Heinrich schrieben, schrieben sie gleichzeitig auch an Wolsey. Im Mai 1519 erklärte Giustinian, er habe dem Dogen von Venedig schon hundertmal gesagt, er müsse, wenn er an Heinrich schreiben wolle, auch an Wolsey schreiben. Und wenn er nur einem von beiden schreibe, sei es besser, Wolsey zu schreiben, damit Wolsey sich nicht darüber ärgere, daß Heinrich der Vorzug gegeben werde.[5]

Doch die ausländischen Gesandten kannten das tatsächliche Verhältnis zwischen Kardinal und König nicht und konnten es auch gar nicht kennen. Ihr Eindruck von Wolseys Allmacht entsprang dem, was Wolsey ihnen sagte, und der Tatsache, daß er seine Kollegen in der Regierung vollkommen beherrschte. Obwohl auch Du Prat und Gattinara die Außenpolitik Franz' I. und Karls V. lenkten, gab es am französischen und am kaiserlichen Hof noch andere bedeutende Minister, die sich politischen Aufgaben widmeten. In England dagegen hielt Wolsey alle Fäden in der Hand.

Er verzichtete jedoch nicht, wie manchmal behauptet wird,[6] ganz auf Kronrat und Privy Council, die in den ersten vier Jahren von Heinrichs Herrschaft das Reich regiert hatten. Er nahm die Dienste der übrigen Ratsmitglieder durchaus in Anspruch. Als Heinrich 1518 einmal nicht in London weilte, bot er Wolsey an, ihm einige seiner Berater zu schicken, falls er Schwierigkeiten habe, die anfallenden Geschäfte ohne ihre Hilfe zu bewältigen. Manchmal hatte Wolsey Foxe, Ruthall und Warham bei sich, wenn er mit ausländischen Gesandten sprach. Von Zeit zu Zeit wurden auch immer noch Ratssitzungen abgehalten. Doch die meisten Angelegenheiten erledigte Wolsey ohne seine Kollegen im Kronrat. Ruthall, neben Foxe der wichtigste Minister, bevor Wolsey Mitglied des Kronrats wurde, war praktisch Wolseys Privatsekretär. Wolsey, schrieb Cavendish, »beherrschte all diejenigen, die zuvor ihn beherrscht hatten«. In Sitzungen des Kronrats, berichtete Morus Giustinian, teile Wolsey seinen Kollegen lediglich seine Entscheidungen mit. Nach seinem Sturz legte man ihm unter anderem zur Last, er habe den anderen Ratsmitgliedern in Sitzungen selten gestattet, das Wort zu ergreifen.[7]

Bescheidenheit war nicht Wolseys Sache. Er versuchte gar nicht erst, als der ergebene Berater des Königs zu scheinen, wie es viele einflußreiche Minister getan hatten. Statt dessen wollte er seine Untergebenen und ausländische Gesandte mit seiner Macht, seinem Reichtum, seinem prunkvollen Auftreten und der Größe seines Palastes in Hampton Court beeindrucken. An Gigli schrieb er, weder Heinrich noch der englische Adel würden jemals zulassen, daß er von seinem Amt zurücktrete. Als Giustinian im August 1516 um eine Audienz bei Heinrich ersuchte, der sich gerade auf einer Reise nach Dorset befand, erklärte ihm Wolsey, Heinrich wünsche nicht mit außenpolitischen Angelegenheiten belästigt zu werden. Und Giustinian, der Wolsey auf keinen Fall beleidigen wollte, erklärte sich bereit, die Angelegenheit mit ihm statt mit dem König zu besprechen. Bei seiner Rückkehr nach Venedig im Oktober 1519 berichtete Giustinian dem Senat von seinem vierjährigen Aufenthalt in England. Bei seiner Ankunft in London 1515 habe Wolsey gesagt: »Seine Majestät wird dies oder jenes tun.« Ein paar Jahre später habe er erklärt: »Wir werden dies oder jenes tun.« Und 1519 habe er bereits gesagt: »Ich werde dies oder jenes tun.«[8]

Da Wolsey die meiste Zeit bei Hofe verbrachte, konnte er normalerweise alle Angelegenheiten mit Heinrich persönlich besprechen und brauchte nicht schriftlich mit ihm zu verkehren. Doch wenn Heinrich im August und September seine jährliche Reise machte, blieb Wolsey auf seinen Landsitzen Hampton Court, Moor oder Tyttenhanger in Hertfordshire. Bei solchen Gelegenheiten und während der schrecklichen Schweißfieberepidemie 1517 und 1518, als Heinrich London fast ein Jahr fernblieb, herrschte zwischen dem König und dem Kardinal ein reger Briefwechsel.

Einige dieser Briefe sind erhalten geblieben und geben uns Aufschluß über das Verhältnis von Heinrich und Wolsey. Ihre Beziehung war ganz anders, als Giustinian, Chieregato oder Cavendish sie sich vorstellten. Weder war

Heinrich dabei der lebenslustige König, der kein Interesse an Regierungsgeschäften und Diplomatie hatte und mit allem einverstanden war, was sein allmächtiger Minister ihm vorschlug, noch Wolsey der Duckmäuser und Kriecher, der zu Schmeicheleien und Tricks greifen mußte, um einen dummen Herrscher seinen Plänen gefügig zu machen. Der Briefwechsel läßt vielmehr die erfolgreiche Zusammenarbeit zweier intelligenter Männer erkennen, die dieselben Ziele verfolgten und sich im Grunde darin einig waren, wie diese Ziele zu erreichen seien. Die Beziehung hatte geradezu Modellcharakter für das Verhältnis zwischen Herrn und Diener oder Vorgesetztem und Untergebenem, und sie funktionierte 15 Jahre lang außerordentlich gut. Zwischen 1512 und 1527 hatten Heinrich und Wolsey keine einzige Auseinandersetzung.

Heinrich hatte gewiß kein Interesse an Verwaltungsfragen oder an Wolseys richterlichen Entscheidungen als Lordkanzler. Doch in allen wichtigen politischen Fragen, vor allem in auswärtigen Angelegenheiten, war er genau unterrichtet. Heinrich mochte die Jagd noch so sehr vorziehen und Wolsey noch so sehr wünschen, die Außenpolitik selbständig und ohne Einmischung des Königs zu gestalten, die internationale Gepflogenheit verlangte von Heinrich, ausländischen Gesandten persönliche Audienzen zu gewähren, und Heinrich drückte sich nicht vor dieser Aufgabe. Wolsey war bei diesen Unterredungen nicht zugegen. Heinrich, der sich in der Regel vorher mit Wolsey besprach, mußte das Gespräch selbst führen. Er tat das sehr wirkungsvoll auf seine ganz besondere Weise, mit Höflichkeit, mit derber Gutmütigkeit, mit gelegentlichen, teils echten, teils gespielten Anfällen von Unwohlsein und mit einer Mischung aus entwaffnender Offenheit und vorsätzlicher Lüge. Seine Taktik verfehlte ihre Wirkung nicht. Im März 1517 schrieb Giustinian an den Dogen: »Ich glaube, Seine Majestät kann viel freier und unvoreingenommener beurteilen, was richtig ist, als der Kardinal.«[9]

Wir wissen aus Heinrichs und Wolseys Briefen, daß Wolsey Heinrich riet, was zu tun sei, wenn wichtige politische Entscheidungen anstanden. In neun von zehn Fällen folgte Heinrich Wolseys Rat. Doch gelegentlich war er auch anderer Meinung und nannte Wolsey die Gründe, weshalb er einen anderen Kurs einschlagen wollte. Wolsey fand sich nur in den seltensten Fällen damit ab. Meist wartete er mit neuen Argumenten auf, um seinen ursprünglichen Vorschlag zu untermauern und Heinrich dazu zu bringen, seine Meinung zu ändern. Manchmal gab Heinrich nach und tat, was Wolsey wollte, manchmal hielt er an seiner Meinung fest. Die endgültige Entscheidung lag in jedem Fall bei Heinrich, und Wolsey stellte das auch nie in Frage. Er war jedoch stets bereit, gegen Heinrichs Standpunkt anzugehen. Keineswegs redete er Heinrich nur nach dem Mund, wie Cavendish schreibt. Seine Briefe an Heinrich waren natürlich sehr höflich abgefaßt, aber unterwürfig waren sie nicht.

Sie bestätigen die Aussage so verschiedener Männer wie Erasmus, Morus und Cranmer, daß Heinrich im vertraulichen Gespräch Schmeicheleien und Unterwürfigkeit ablehnte und von seinen engsten Beratern erwartete, daß sie offen sagten, was sie für das Beste hielten.

König und Kardinal waren sich in ihren Zielen vollkommen einig – Heinrichs Macht sollte zu Hause und im Ausland ausgebaut werden. Recht und Ordnung und die absolute königliche Autorität im Königreich sollten gefestigt, Ansehen und Einfluß Heinrichs und seines Reiches in internationalen Angelegenheiten gesteigert werden. Es mutet seltsam an, daß Pollard und andere bedeutende Historiker unserer Zeit schreiben, Wolsey habe die Interessen des Papstes stärken wollen. Die Interessen des Papstes kümmerten Wolsey keinen Deut. Er wollte selbst gern Papst werden, doch nur, um seine Stellung als Papst im Interesse Heinrichs zu nutzen. Heinrich unterstützte Wolseys Wunsch, Papst zu werden. Für Wolsey war der Papst ein Potentat, den man wie jeden anderen ausländischen Herrscher unterstützen, bekämpfen, manipulieren, täuschen und hintergehen konnte, je nachdem, welcher Kurs den Interessen Heinrichs und Englands am besten diente. Meist stand er mit dem Papsttum auf Kriegsfuß. Er wurde von allen Päpsten, mit denen er zu tun hatte, von den meisten Mitgliedern des Kardinalskollegiums und von den Beamten am päpstlichen Hof gehaßt. Daher erhielt er bei beiden Wahlen, bei denen er für das Amt des Papstes kandidierte, auch nur ein paar Stimmen.

Heinrich und Wolsey waren sich auch über die Mittel einig, mit denen sie ihr gemeinsames Ziel erreichen wollten. Sie waren für den Krieg gegen den Staatsfeind Frankreich, solange er kurz und erfolgreich war. Auf keinen Fall wollten sie in einen längeren Krieg verwickelt werden, am allerwenigsten in einen Krieg ohne Verbündete. Als sie den Krieg gegen Frankreich begannen, hofften sie, propagandawirksame Siege erringen und die schlimmsten Kämpfe ihren Verbündeten überlassen zu können. Sie suchten immer nach einer Gelegenheit, ihre Verbündeten zu hintergehen und mit dem Feind einen für sie günstigen Separatfrieden zu schließen, bevor ihre Verbündeten sie auf die gleiche Weise hintergehen konnten. Nach den ruhmreichen Siegen über Franzosen und Schotten 1513 wollten Heinrich und Wolsey ihr Glück nicht herausfordern. Sie verzichteten gern auf einen Krieg, wenn sie ihre Ziele auch mit friedlichen Mitteln erreichen konnten.

Sie versuchten nach Kräften, ausländische Herrscher gegeneinander aufzustacheln und den größten Nutzen aus den Kriegen anderer Nationen zu ziehen. Sie waren nicht im geringsten daran interessiert, Osteuropa von den Türken zu befreien. Sie wollten für Heinrich die Krone Frankreichs, wenn diese ohne einen längeren Krieg zu bekommen war. Andernfalls wollten sie sich mit Geld dafür abfinden lassen, daß Heinrich auf seinen Anspruch verzichtete. Sie wollten Schottland den Franzosen entreißen und es dem Einflußbereich der Engländer unterstellen. Auch dieses Ziel sollte nicht durch Krieg, sondern durch besonnene Diplomatie, durch Aufwiegeln schottischer Verräter, durch Schmeichelei und Drohung und durch einen gelegentlichen Überfall an der Grenze erreicht werden.

Sowohl Heinrich wie Wolsey liebten den Pomp und die prunkvolle Repräsentation. Sie kannten den Propagandawert von »Prestigeprojekten«, wie man so etwas heute nennen würde. Dabei war sich Heinrich der Notwendigkeit populärer Zustimmung zu seiner Politik vielleicht noch deutlicher bewußt als Wolsey. Zwar scheute er sich nie, unpopuläre Maßnahmen zu ergreifen, wenn er das für notwendig oder vorteilhaft erachtete, doch war er mehr darauf bedacht als Wolsey, die emotionalen Bedürfnisse seines Volkes im Hinblick auf den Krieg mit Frankreich oder gegenüber dem Klerus zu befriedigen. Zugleich konnte er mit gnadenloser Härte gegen unbeliebte Minderheiten vorgehen.

Auch in der Beurteilung der neuen internationalen Situation, die im Frühjahr 1515 durch die Thronbesteigung Franz' I. entstanden war, waren sich Heinrich und Wolsey vollkommen einig. Statt des altersschwachen Ludwig XII. saß nun ein König auf dem französischen Thron, der noch jünger war als Heinrich und ebenso sportlich, ebenso begeistert von der Jagd und ebenso erpicht darauf, im Krieg Ruhm zu erwerben. Bevor Ludwig starb, hatten Verhandlungen über eine Begegnung zwischen ihm und Heinrich stattgefunden. Nach der Thronbesteigung Franz' I. hatten sowohl Heinrich als auch Franz den Wunsch, sich kennenzulernen. Jeder war neugierig auf den anderen, und sie wetteiferten in freundschaftlicher Weise miteinander. Erste Folge dieses Wettstreits war ein Wandel der Herrenmode: Man trug in Westeuropa wieder Bart, nachdem er über ein Jahrhundert aus der Mode gewesen war. Als Heinrich erfuhr, daß sich Franz einen Bart hatte wachsen lassen, beschloß er, es ihm gleichzutun, und bald hatte er einen schönen, goldfarbenen Bart, der gut zu seinem rotblonden Haar paßte.[10]

Das Jahr verstrich mit den üblichen Festivitäten an den hohen Feiertagen. Am St. Georgs-Tag nahm Heinrich an einer Versammlung der Ritter des Hosenbandordens in Richmond teil. Das Zeremoniell des Hosenbandordens, dessen Mitglied er mit vier Jahren geworden war, faszinierte ihn immer wieder. Es sprach die Seite seines Charakters an, die den alten romantischen Idealen des Rittertums verbunden war. Heinrich nahm fast jedes Jahr am St. Georgs-Tag persönlich an der Sitzung des Ordenskapitels teil.

Der Doge und der Senat von Venedig hatten zwei neue Gesandte nach Frankreich und England geschickt: Giustinian und Pasqualigo. Sie trafen gerade rechtzeitig in London ein, um Heinrich am St. Georgs-Tag in Richmond vorgestellt zu werden. Heinrich trug das Gewand eines Ritters des Hosenbandordens. Er stand neben einem goldenen Stuhl, umgeben von acht Lords. Pasqualigo hielt ihn mit seinen kastanienbraunen Haaren und dem Teint, der so zart war wie der einer schönen Frau, für den hübschesten Fürsten der Welt. Heinrich trug eine Kappe aus karmesinrotem Samt, dazu einen Rock nach Schweizermanier aus rot und weiß gestreiftem Satin, scharlachrote Beinkleider und um den Hals einen goldenen Halskragen mit einem riesigen Diamanten. Sein Mantel war aus purpurnem Samt und hatte eine Schleppe, die über vier venezianische Yards maß. Pasqualigo und Giustinian waren angenehm überrascht, daß Heinrich nicht nur leidlich gut Italienisch, sondern auch perfekt Lateinisch sprach.[11]

In der Woche darauf begaben sich die venezianischen Gesandten, die anderen Diplomaten und der Hof nach Greenwich, um den 1. Mai zu feiern. Vom Palast ging es an einer großen Menge Schaulustiger vorbei zu einem Wald in der Nähe von Shooter's Hill. Heinrich und seine Leibwache trugen eine grüne Livree und hielten Langbogen in den Händen, als wären sie Robin Hood und seine lustige Schar. Die Königin befand sich in Begleitung ihrer Hofdamen. Überall im Wald hatte man Lauben mit Singvögeln errichtet.

Heinrich betrat die Laube, in der Pasqualigo saß, und unterhielt sich mit ihm auf französisch. Am meisten interessierte ihn, daß Pasqualigo am französischen Hof gewesen war, und er fragte ihn nach Franz I. Das Gespräch war typisch für Heinrich: »Ist der König von Frankreich so groß wie ich?« fragte er. Pasqualigo antwortete, es bestehe nur wenig Unterschied. »Ist er genauso stark?« Pasqualigo verneinte. »Was für Beine hat er?« Sie seien mager, erklärte Pasqualigo. Daraufhin öffnete Heinrich sein Wams, legte die Hand auf einen Schenkel und meinte: »Seht her. Und meine Wade ist ebensogut gebaut.« Er erklärte Pasqualigo, er habe Franz sehr gern und sei ihm während des Krieges dreimal sehr nah gekommen, doch Franz habe sich nie sehen lassen wollen und sich stets zurückgezogen. Nachdem Heinrich so indirekt den Mut des französischen Königs in Frage gestellt hatte, fügte er hinzu, Franz habe sich sicher nur aus Gehorsam gegenüber König Ludwig so verhalten, der die Schlacht habe vermeiden wollen.

Später verließ die Gesellschaft den Wald wieder und kehrte in den Palast zurück, wo ein prächtiges Bankett stattfand. Man aß von wertvollen goldenen Tellern. Nach dem Essen lauschte man der Musik, dann besuchte man ein Turnier, bei dem Heinrich mit viel Bravour kämpfte. Laut Giustinians Sekretär Sagudino saß Heinrich auf dem Pferd wie der heilige Georg. Königin Katharina dagegen sei eher häßlich gewesen, ganz im Unterschied zu ihren hübschen Hofdamen.[12]

Heinrichs Seitenhiebe auf Franz I. in Gegenwart Pasqualigos bedeuteten nicht, daß er Franz feindselig gesinnt war oder den erst vor kurzem geknüpften, freundschaftlichen Beziehungen mit Frankreich ein Ende bereiten wollte.

Heinrich war auch nicht weiter beunruhigt über die Vorbereitungen, die Franz traf, um den Krieg in Italien weiterzuführen und Mailand zurückzuerobern. Ludwig XII. hatte Suffolk im November 1514 erklärt, er plane für das Frühjahr einen Feldzug gegen Italien. Heinrich hatte darauf nicht reagiert. In einem anderen Punkt allerdings prallten englische und französische Interessen hart aufeinander. Franz hatte das gleich nach seiner Thronbesteigung erkannt. In einem Gespräch mit Giustinian im März 1515 in Paris erklärte er, er sei Heinrich zwar freundlich gesinnt, doch sehe er in bezug auf Schottland Schwierigkeiten voraus. Heinrich erwarte von ihm, daß er Schottland Schutz und Freundschaft verwehre, und dazu werde er niemals bereit sein.[13]

Während Heinrich Pasqualigo im Wald bei Greenwich wegen Franz' Beinen neckte, war John Stewart, Herzog von Albany, im Begriff, von Frankreich nach Schottland zu segeln. Albany war der Cousin Jakobs IV. Sein Vater war der jüngere Sohn Jakobs II. von Schottland, seine Mutter eine französische Gräfin. Über seine Frau, ebenfalls eine französische Gräfin, war er mit Papst Leo X. verwandt. Mit drei Jahren hatte man ihn von Schottland nach Frankreich geschickt, wo er dreißig Jahre lebte, bis Franz I. beschloß, ihn in seine Heimat zurückzuschicken. Albanys Muttersprache war Französisch, Schottisch und Englisch sprach er nur ein wenig. Doch als treuer Diener des Königs von Frankreich übernahm er, wenn auch zögernd, die Aufgabe, die Stellung von Heinrichs Schwester Margarete als Regentin des erst dreijährigen Jakob V. anzufechten.

Margarete Tudor, die Königinmutter, war gerade vierundzwanzig, als sie nach der Schlacht von Flodden als Witwe mit dem kleinen Jakob V. und einem noch ungeborenen Sohn Jakobs IV. zurückblieb. Heinrich dachte daran, sie mit Kaiser Maximilian zu vermählen, doch sie verliebte sich in Archibald Douglas, Graf von Angus, einen jungen Mann ihres Alters, und heiratete ihn im August 1514, knapp ein Jahr nach dem Tod Jakobs IV. Heinrich hatte gegen die Heirat nichts einzuwenden. Die einflußreiche Familie Douglas bot Margarete Rückhalt, und Angus und sein Bruder Sir George Douglas waren die Hauptstützen der proenglischen Partei in Schottland. Angus wurde von Lord Home unterstützt, dessen Ländereien in Berwickshire so nah an der Grenze lagen, daß er nicht gegen die Engländer kämpfen wollte. Außerdem standen ihm der Graf von Arran und die Hamiltons zur Seite. Bei den anderen schottischen Lords weckte Margaretes Heirat mit Angus allerdings Furcht und Neid. Das schottische Parlament entschied, daß sie durch die Heirat mit Angus ihr Recht, als »Governor« (Regentin) für ihren Sohn zu fungieren, verwirkt habe und Albany als nächster Verwandter des Königs ihre Stelle einnehmen solle.

Franz I. war einverstanden, den noch zögernden Albany nach Schottland zu schicken. Albany ging am 18. Mai 1515 in Dumbarton von Bord. Unterstützt vom gesamten schottischen Hochadel außer den Familien Douglas, Home und Hamilton, belagerte er Margarete und Jakob V. in Stirling Castle. Margarete mußte sich Albany ergeben, der sie und den König nach Edinburgh brachte.

Heinrich und Wolsey befanden sich in einer schwierigen Lage. Sie wußten, daß sie die Schotten erneut schlagen konnten, wenn es zu einem Krieg kam. Auf der anderen Seite scheuten sie den Aufwand und die Kosten einer Eroberung und Besetzung des südlich des Tay gelegenen Teils von Schottland. Als erste Reaktion auf Albanys Machtergreifung schmiedeten sie einen Plan, wie sie Margarete und Jakob V. befreien und nach England bringen konnten. Der Schutzherr der schottischen Marken, Lord Dacre of the North, erklärte allerdings, das sei unmöglich. Daraufhin beschloß Margarete, die von Angus schwanger war, allein zu fliehen. Sie gab vor, mit Albany ein Abkommen treffen zu wollen, schickte aber zugleich geheime Botschaften an Heinrich, in denen sie ihn bat, ihre eigene Flucht nach England vorzubereiten, auch wenn sie den König nicht mitnehmen könne. Heinrich vermochte ihr die Bitte nicht abzuschlagen. Mit Dacres Hilfe kam sie im September über die Grenze und begab sich nach Harbottle Castle in der Nähe von Otterburn in Northumberland.[14]

Margarete war eine von drei Königinnen in Heinrichs Familie, die im Herbst 1515 schwanger waren. Maria, die »französische Königin«, erwartete ein Kind von Suffolk. Noch wichtiger war, daß Königin Katharina inzwischen zum fünften Mal schwanger war. Margaretes Baby kam zuerst. Am 8. Oktober gebar sie in Harbottle Castle eine Tochter. Sie teilte Albany mit, sie habe »einer christlichen Seele, einer jungen Dame« das Leben geschenkt.[15] Als die junge Dame erwachsen war, heiratete sie den Grafen von Lennox und wurde Mutter von Lord Darnley, dem späteren Mann Maria Stuarts. Vier Monate später, am Montag, den 18. Februar 1516 um 4.00 Uhr morgens, brachte Katharina in Greenwich eine Tochter zur Welt. Diese Tochter war das einzige von sechs Kindern, das länger als ein paar Wochen überlebte. Es war die künftige Königin von England, die berüchtigte »Bloody Mary«. Katharina und Heinrich waren zutiefst enttäuscht, daß sie wieder keinen Sohn bekommen hatten. Doch Heinrich gewann seine Tochter lieb und war froh, daß wenigstens eines seiner Kinder kräftig genug war, um am Leben zu bleiben. Er war wie immer optimistisch. Als Giustinian ihm und Katharina gratulierte, meinte er: »Wir sind beide noch jung; wenn es diesmal ein Mädchen ist, so werden durch die Gnade Gottes Knaben folgen.«[16]

Das Kind von Maria und Suffolk kam als letztes zur Welt. Am 11. März wurde ihnen ein Sohn geboren.[17]

Margarete wurde in Harbottle sehr krank. Sie hatte sich kaum von der schweren Geburt erholt, da bekam sie Ischias. Zur gleichen Zeit erfuhr sie, daß ihr jüngster Sohn aus der Ehe mit Jakob IV. in Edinburgh mit zwanzig

Monaten gestorben war. Heinrich ließ das Gerücht verbreiten, Albany habe ihn ermordet und wolle auch Jakob V. ermorden, um sich des Throns von Schottland zu bemächtigen. Albany seinerseits warnte die schottischen Lords, Heinrich plane, Jakob V. zu entführen und nach England zu bringen.

Als Margarete im Frühjahr 1516 wieder kräftig genug war, um zu reisen, lud Heinrich sie nach London ein. Er ritt ihr bis Tottenham entgegen. Sie blieb fast ein Jahr an seinem Hof. Auch Suffolk und Maria weilten oft am Hof. Die Königin der Schotten und die französische Königin spielten bei Festlichkeiten und Banketten eine wichtige Rolle, und Heinrich tanzte mit seinen beiden Schwestern bei den Maskenspielen, die am Abend stattfanden.

Heinrich und Wolsey hatten diese Runde in Schottland eindeutig verloren. Sie begnügten sich vorerst damit, einen persönlichen Protestbrief Heinrichs an Franz zu schicken. Albany wollten sie hinsichtlich der Schritte, die sie gegen ihn zu unternehmen gedachten, absichtlich im unklaren lassen. Da Albany an einem Krieg mit England nicht gelegen sein konnte, bot er an, den Waffenstillstand an der Grenze zu erneuern. Heinrich und Wolsey trugen Lord Dacre auf, das Angebot abzulehnen und Albany auszurichten, daß Heinrich ihn nicht als Regent von Schottland anerkenne. Als Albany seinen Wunsch nach Freundschaft mit England und seine Bereitschaft betonte, über alle offenen Fragen zwischen den beiden Reichen zu verhandeln, entgegnete Dacre verächtlich, Heinrich werde, falls er überhaupt über Schottland verhandeln wolle, mit Albanys Herrn, dem französischen König verhandeln. Albany und die Schotten könnten Heinrich nur dadurch versöhnen, daß sie ihr Bündnis mit Frankreich lösten. Im März 1516 berichtete Giustinian dem Dogen, daß eine englische Invasion in Schottland bevorstehe. Vielleicht hatten ihm Heinrich und Wolsey diesen Eindruck absichtlich vermittelt. Zu diesem Zeitpunkt hatten sie jedenfalls noch nicht die Absicht, zu Waffengewalt zu greifen.[18]

Die beiden beschlossen, Franz einen Schlag zu versetzen. Sie wollten den Kaiser und die Schweiz gegen ihn aufwiegeln und einen Krieg gegen Franz in Italien finanzieren. Ihr nützlichster Verbündeter war Matthäus Schiner, der Kardinal von Sitten. Dieser tatkräftige und listenreiche alte Kirchenmann war der Sohn eines Schweizer Bauern. Als Bischof von Sitten war er zugleich weltlicher Oberherr des Kantons Wallis und Fürst des Heiligen Römischen Reiches. Schiner war in erster Linie dafür verantwortlich gewesen, daß die Mehrheit der Schweizer Kantone im letzten Krieg in Italien gegen Ludwig XII. gekämpft hatten. Die zähen Schweizer Bergbewohner waren in ganz Europa als tapfere und gewalttätige Soldaten bekannt. Sie waren als Streiter für ihre eigene Freiheit ebenso respektiert und gefürchtet wie als Söldner in den Armeen anderer Herrscher. Sie waren bereit zu kämpfen, wenn Heinrich den Sold bezahlte.

Heinrich galt als der weitaus reichste König Europas. Zwar hatte er Dudley und Empson hinrichten lassen und einige der Gelder zurückerstattet, die sie erpreßt hatten, aber das hinderte ihn nicht daran, sich des übrigen Geldes zu bedienen, das sie für Heinrich VII. angehäuft hatten. Heinrichs Zeitgenossen schätzten die Summe auf 4 Millionen Pfund. Obwohl die Gesandten an seinem Hof die Behauptung für übertrieben hielten, er sei so reich wie alle Könige Europas zusammen, zweifelten sie nicht daran, daß er reicher sei als die anderen Könige.[19] Diese Einschätzung ist von modernen Historikern in Zweifel gezogen worden, die gelernt haben, Reichtum in Zusammenhang mit nationaler Produktion und wirtschaftlichem Wachstum zu definieren. Doch für die Menschen des 16. Jahrhunderts hatte ein reicher König Gold in seiner Schatulle, und Heinrich VIII. besaß mehr Gold als Maximilian und Karl von Kastilien. Der Grund dafür war nicht nur der Schatz, den er von Heinrich VII. geerbt hatte und von dem er bereits einen großen Teil für prunkvolle Paraden und noch mehr für den Krieg von 1512/13 ausgegeben hatte. Dazu kam, daß die Engländer manchmal zwar auch über die ihnen auferlegten Steuern stöhnten, aber eher bereit waren, sie zu zahlen, als die praktisch unabhängigen deutschen Staaten oder die aufsässigen Provinzbehörden in Spanien.

Maximilian war hoch verschuldet und konnte die Fugger in Augsburg oder die Bankiers von Antwerpen nur unter Schwierigkeiten dazu überreden, Geld zu leihen. Heinrich und Wolsey waren bereit, ihm Geld zu leihen, wenn er in Italien gegen die Franzosen kämpfte. Heinrichs Gesandter an Maximilians Hof, Sir Robert Wingfield, war ein Diplomat der alten Schule. Er war außerdem ein tapferer Soldat, der Maximilian besser gefiel als jeder Bischof. In den sieben Jahren, die er Maximilian auf dessen Reisen begleitete, wurde Wingfield ein enger Freund des Kaisers. Er jagte mit ihm Wildschweine im Elsaß und ritt neben ihm zur Messe in der Kirche von Hagenau. Wie die meisten englischen Gentlemen hielt auch Wingfield die Franzosen für die ewigen Feinde der Engländer. Der Friedensvertrag, den der Kirchenmann Wolsey mit Frankreich ausgehandelt hatte, gefiel ihm nicht. Seiner Ansicht nach hatten die Franzosen England hintergangen, seit Philipp August gegen Richard Löwenherz und König Johann ein Komplott geschmiedet hatte. Es konnte in der christlichen Welt erst Frieden geben, wenn Heinrich VIII. König von Frankreich war.[20]

Heinrich und Wolsey beschlossen, Sir Robert Wingfields gutgemeinte diplomatische Bemühungen zu unterstützen. Sie beauftragten Richard Pace, sich um die Übermittlung des Geldes an Maximilian zu kümmern, immer vorausgesetzt, der Kaiser kämpfte in Italien gegen die Franzosen. Pace war ein gewiefter junger Kirchenmann und erfahrener Humanist und Freund von Erasmus und Morus. Als Bainbridges Sekretär in Rom hatte er sich mit Feinheiten und Listen der Diplomatie vertraut gemacht, die außerhalb von Wingfields Möglichkeiten lagen. Heinrich und Wolsey wußten, daß Maximilian trotz seiner Liebe zur Jagd und zum romantischen Rittertum des Mittelalters als »der klügste lebende Herrscher« galt.[21] Sie hatten nicht vergessen, wie er einmal hinter ihrem Rücken mit den Franzosen verhandelt hatte. Sie trauten ihm nicht und fürchteten, der getreue Sir Robert Wingfield könne von seinem kaiserlichen Jagdgefährten zum Narren gehalten werden.

Während Wingfield, Pace und Kardinal Schiner durch Bayern und die Schweiz reisten und Maximilian und die Schweizer gegen Frankreich aufwiegelten, übten Heinrich und Wolsey in London Druck auf Giustinian aus. Die Venezianer waren auf Franz' Hilfe angewiesen, wenn sie Maximilian zwingen wollten, ihnen Verona zu überlassen. Sie beabsichtigten deshalb, im italienischen Krieg gegenüber Frankreich eine Politik der freundschaftlichen Neutralität zu verfolgen, auch wenn sie sich nicht offen auf die Seite Frankreichs stellten. Doch Heinrich und Wolsey hatten ein Druckmittel gegen die Venezianer in der Hand. Der Handel mit England hatte für Venedig besondere Bedeutung. Obwohl Exportgüter laut Gesetz eigentlich auf englischen Schiffen transportiert werden mußten, hatten die Venezianer im Unterschied zu den anderen Handelsnationen das Privileg, Waren aus England auf ihren eigenen Schiffen transportieren zu dürfen. Die venezianischen Galeeren segelten von Venedig aus mit Waren aus Smyrna durch die Meerenge von Gibraltar zu den portugiesischen und spanischen Häfen und von dort weiter nach Southampton und London.

Heinrich und Wolsey versuchten Giustinian in mehreren Gesprächen davon zu überzeugen, daß es im Interesse Venedigs liege, auf Verona zu verzichten, sich mit dem Kaiser auszusöhnen, die Freundschaft mit England der mit Frankreich vorzuziehen und sich Maximilian und den Schweizern in einem Bündnis gegen Frankreich anzuschließen. Die meisten Gespräche führte Wolsey, aber Heinrich gewährte dem Botschafter oft Audienz, um bei dieser Gelegenheit Wolseys Argumente zu bekräftigen. Sowohl der König als auch der Kardinal verloren manchmal die Beherrschung. Laut Giustinian hat Wolsey einmal sogar Hand an den päpstlichen Nuntius gelegt und wäre beinahe gewalttätig geworden.[22] Heinrich ging nie so weit. Er war insgesamt höflicher und beherrschter als Wolsey. Bereits im März 1515 hatte Heinrich Giustinians Vorgänger Badoer vor Franz gewarnt. »Der König von Frankreich ist in der Tat ein achtbarer und rechtschaffener Souverän, aber dennoch bleibt er ein Franzose, und man darf ihm nicht trauen.« Als Giustinian Badoer in London ablöste, wiederholte Heinrich ihm gegenüber seine Warnungen. »König Ludwig war zwar mein Schwager, aber er war trotzdem ein schlechter Mensch. Ich weiß nicht, wie der junge König sich entwickeln wird. Jedenfalls ist er ein Franzose, und ich weiß nicht, inwieweit man ihm trauen kann.«

Ende Juni 1515 teilte Giustinian Heinrich mit, Franz bereite in Lyon einen Überfall auf Italien vor. Aber Heinrich glaubte nicht daran. »Der König wird in diesem Jahr nicht nach Italien ziehen, auch wenn er entsprechende Gerüchte verbreiten läßt.« Er fügte hinzu, Franz werde es nicht wagen, die Alpen zu überschreiten, weil er Angst vor ihm habe. »Ich glaube, daß er sie nicht überschreiten wird, wenn ich es nicht will, und daß er sie überschreiten wird, wenn ich es wünsche.«[23]

Sechs Wochen später überquerte Franz die Alpen und zog in Mailand ein. Im Süden der Stadt stieß er auf eine starke Schweizer Armee, die der Kardinal von Sitten geschickt hatte. Am 13. September kam es bei Marignano zu einer erbitterten Schlacht. Fast hätten die Schweizer gesiegt, doch zuletzt verloren sie. Als Giustinian Heinrich und Wolsey die Neuigkeit überbrachte, wollten ihm diese zuerst nicht glauben. Sie erklärten, sie hätten Berichte erhalten, wonach die Schweizer die Franzosen in Italien geschlagen hätten und Franz getötet worden sei. Als die Nachricht von Marignano bestätigt wurde, machten Heinrich und Wolsey keinen Hehl aus ihrem Ärger.[24]

Sie luden den französischen Botschafter nicht zu dem offiziellen Stapellauf eines neuen Kriegsschiffes am 25. Oktober nach Woolwich ein. Giustinian hingegen erhielt eine Einladung und nahm an dem großen Bankett teil, das an Bord der Galeere veranstaltet wurde. Die Galeere hatte 120 Ruder und 207 Kanonen und faßte annähernd tausend Soldaten. Giustinian schrieb, sie sei dreimal so groß wie die größte venezianische Galeere und die Feuerkraft ihrer Kanonen sei so stark, daß wohl keine Stadt der Welt ihr standhalten könne. Heinrich trug ein Wams aus Goldbrokat, Kniebundhosen aus Goldstoff und purpurne Strümpfe. Um den Hals hatte er eine über vier Finger dicke goldene Kette, an der eine goldene, fast einen Meter lange Kapitänspfeife hing, die er mit großem Vergnügen blies. Königin Katharina und Heinrichs Schwester Maria waren ebenfalls anwesend. Letztere taufte das Schiff auf den Namen *Virgin Mary*. Später wurde es jedoch allgemein unter dem Namen *Mary Rose* bekannt.[25]

Nach der Niederlage bei Marignano schlossen die Schweizer Kantone Frieden mit Franz. Heinrich und Wolsey beauftragten den Kardinal von Sitten, den Schweizern 120 000 Kronen aus Heinrichs Schatztruhe zu versprechen, wenn sie den Vertrag für nichtig erklärten und eine neue Armee aufstellten, um unter dem Befehl des Kaisers gegen die Franzosen zu kämpfen. Die Nachricht erreichte Schiner in Konstanz gerade rechtzeitig, um zu verhindern, daß sich zehn Kantone den Franzosen anschlossen. Schiner konnte sechs Kantone überreden, Truppen für Maximilian aufzustellen. Heinrich und Wolsey schickten Maximilian weitere 20 000 Pfund, beauftragten Pace jedoch, Maximilian das Geld erst dann auszuhändigen, wenn er mit seiner Armee nach Italien aufbrach.

Im Februar 1516 marschierte Maximilian von Augsburg nach Trient und fiel in das Herzogtum Mailand ein. Schiner, Pace und Wingfield begleiteten ihn. Die Franzosen zogen sich in Richtung Stadt zurück. Schiner teilte Wolsey die gute Nachricht mit, war jedoch in Sorge, da Heinrichs Geld noch nicht eingetroffen sei, um die Schweizer Söldner zu entlohnen. Wenn die Bankiers Schwierigkeiten hätten, das Geld nach Trient zu schaffen, solle Wolsey das Risiko eingehen und Reiter von Antwerpen nach Trient schicken, in deren Wams die Goldbarren eingenäht waren. Wenn das Geld nicht bald eintreffe, werde es Ärger mit den Soldaten geben.

Am 23. März erreichte der Kaiser die Adda. Der französische General, der Herzog von Bourbon, hatte nicht genügend Männer, um ihn an der Überquerung des Flusses zu hindern. Er zog sich deshalb mit seiner Armee in die Randbezirke von Mailand zurück und bereitete die Verteidigung der Stadt vor. Heinrichs Geld war immer noch nicht da, obwohl Pace Maximilian versicherte, es müsse jede Stunde eintreffen. Am 25. März ließ Maximilian Pace und Wingfield in sein Zelt kommen und erklärte ihnen, er habe von seinen Spionen in Frankreich erfahren, daß Franz Heinrich angeboten habe, Schottland aufzugeben und Heinrichs Einfluß zu überlassen, wenn Heinrich sich aus dem Bündnis gegen Frankreich zurückziehe. Maximilian glaubte Pace, als dieser ihm versicherte, die Geschichte sei erfunden, aber noch in derselben Nacht schickte er erneut nach Pace und Wingfield und teilte ihnen seinen Entschluß mit, sich aus Italien zurückzuziehen und seine Armee aufzulösen, da Heinrichs Geld immer noch nicht eingetroffen sei. Pace überredete ihn, noch eine Weile auf das Geld zu warten. Wenn Maximilian sich jetzt zurückziehe, seien er und die ganze Christenheit mit Sicherheit verloren.

Mitten in die Unterhaltung platzte ein Bote des Herzogs von Bourbon, der den Kaiser auf einen Umtrunk nach Mailand einlud. Maximilian lehnte die Einladung ab. Er schickte den Markgrafen von Brandenburg zu Bourbon, um ihm mitzuteilen, daß er ihn am nächsten Tag auf dem Schlachtfeld zu treffen gedenke. Da Bourbon jedoch seine Verteidigungsstellung nicht aufgeben wollte, sah sich Maximilian zum Rückzug gezwungen.[26] Er überquerte die Adda und setzte seinen Rückzug fort, bis er Trient erreichte. Bourbons Armee nahm die Verfolgung auf und besiegte die Schweizer bei Lodi. Aus Wut darüber, daß sie ihren Sold nicht bekommen hatten, nahmen die Schweizer Pace als Geisel und drohten, ihn zu hängen, wenn Heinrichs Geld nicht eintreffe. Anfang Mai traf das Geld endlich in Trient ein – sechs Wochen zu spät.[27]

Franz trug seinem Gesandten in London auf, Heinrich über seinen Sieg zu informieren. Er sei sicher, daß auch Heinrich, sein lieber Bruder, sich über den Erfolg freue.[28]

Die Nachricht von Maximilians Rückzug erreichte London am 17. April.

Heinrich und Wolsey, die sich noch am 20. April Giustinian gegenüber herausredeten und mit dem Vorstoß des Kaisers nach Mailand prahlten, mußten schließlich die Niederlage in Italien eingestehen. Daraufhin änderten sie ihre Argumentationsweise gegenüber Giustinian und erklärten, Franz treibe in bezug auf Verona mit Venedig ein falsches Spiel und wolle auf Kosten Venedigs ein Abkommen mit Maximilian treffen.[29]

Für Pace war Maximilians Rückzug aus Mailand ein Verrat an den Herrschern der christlichen Welt, der so schwer wog wie Judas' Verrat an Christus. Auch Wolsey meinte, der Rückzug habe »dem Kaiser viel Schande eingetragen«. Angesichts der neuen Situation waren Heinrich und Wolsey zum ersten Mal bereit, mit Albany zu verhandeln, allerdings unter der Bedingung, daß dies nicht Albanys Anerkennung als Regent von Schottland bedeute.[30]

Maximilian benutzte die Gelegenheit, Wingfield und Pace um weitere 60 000 Gulden zu bitten. Im Gegenzug bot er an, Heinrich das Herzogtum Mailand zu überlassen, wenn er es den Franzosen abgenommen habe. Obendrein versprach er, als Kaiser des Heiligen Römischen Reiches abzudanken und seinen Einfluß bei den Kurfürsten des Reiches geltend zu machen, damit sie Heinrich an seiner Stelle zum Kaiser wählten. Heinrich ließ sich davon nicht beeindrucken. Es bestand keinerlei Aussicht, daß Maximilian auch nur den Versuch unternehmen würde, Mailand von den Franzosen zurückzubekommen. Und was den Kaisertitel betraf, wiesen Heinrichs Ratgeber darauf hin, daß es zweifelhaft sei, ob Heinrich überhaupt Kaiser werden könne, da sein Königreich niemals zum Heiligen Römischen Reich gehört habe. Außerdem würde er damit sich und England eine schwere Bürde aufladen.[31]

Heinrich und Wolsey ließen das von Maximilian gewünschte Geld durch die Bank der Fugger in Augsburg an Wingfield und Pace übermitteln. Pace sollte es Maximilian jedoch erst dann aushändigen oder ihm von dessen Eintreffen Mitteilung machen, wenn es sichere Anzeichen dafür gab, daß eine weitere Schweizer Armee zum Kampf gegen die Franzosen aufgestellt wurde. Pace lehnte Maximilians Bitte um Geld deshalb zunächst ab. Wingfield dagegen sagte dem mit ihm befreundeten Kaiser ohne vorherige Absprache mit Heinrich oder Wolsey zu, er werde es bekommen. Inzwischen hatte Kardinal Schiner Maximilian erklärt, er habe von Agenten in England erfahren, daß Pace Heinrich und Wolsey mit seinen Berichten gegen Maximilian aufhetze. Daraufhin forderte der Kaiser Pace auf, seinen Hof zu verlassen, und Wingfield schrieb Heinrich, er halte Maximilians Forderung für gerechtfertigt.

Heinrich war wütend und erteilte Wingfield einen strengen Verweis. Insgeheim hoffte er, daß Maximilian doch noch gegen die Franzosen kämpfen würde, da außer ihm niemand dafür in Frage kam. Zögernd willigte er ein, das von Wingfield gemachte Versprechen zu respektieren, und ermächtigte ihn, Maximilian das Geld auszuzahlen. Wingfield blieb als Botschafter an

Maximilians Hof, obwohl er seinen Rücktritt angeboten hatte. Heinrich entsandte jedoch einen anderen Geistlichen, seinen Kaplan Dr. Knight, an den Hof des Kaisers. Knight sollte Pace als Überwacher Wingfields ablösen.[32]

König Ferdinand starb am 23. Januar 1516. Als Heinrich die Neuigkeit Mitte Februar erfuhr, stand Katharina kurz vor einer erneuten Niederkunft. Heinrich hielt die Nachricht vom Tod ihres Vaters ein paar Tage geheim, da er nicht wollte, daß sie Katharinas glückliche Entbindung gefährde.[33] Prinz Karl von Kastilien folgte seinem Großvater Ferdinand auf den Thron von Aragon. Gleichzeitig übernahm Karl auch Ferdinands Aufgaben als Regent von Kastilien für seine verrückte Mutter Johanna, die fast so lange lebte wie er selbst. In einem Monat würde er sechzehn werden. Er blieb in den Niederlanden, wo er sein ganzes bisheriges Leben zugebracht hatte, und ging auf die Jagd, während seine Königreiche von seinem Rat in Brüssel regiert wurden.

Die Mitglieder seines Rats verfolgten gegenüber Frankreich einen Kurs freundlicher Neutralität und machten es der englischen Garnison in Tournai so schwer wie möglich. Heinrich und Wolsey erklärten Maximilian, die Ratsmitglieder seien von Franz bezahlte französische Agenten, und baten ihn, sie aus ihren Ämtern zu entlassen.[34] Doch Maximilian redete sich heraus. In Wirklichkeit führten die Ratsmitglieder nur Maximilians Politik aus. Maximilian wollte nicht gleichzeitig Krieg in Flandern und in Italien führen. Er hoffte, die franzosenfreundliche Politik von Karls Rat werde die Franzosen davon abhalten, in den Niederlanden einzufallen, während er in der Lombardei gegen sie kämpfte.

Um Maximilian und die Schweizer dazu zu bringen, den Krieg gegen Frankreich wieder aufzunehmen, versprachen Heinrich und Wolsey, England werde sich an einem gemeinsamen Einfall in Frankreich beteiligen. Heinrich wollte selbst eine königliche Armee anführen und von Calais aus in Nordfrankreich einmarschieren, während die Schweizer im Südosten angreifen sollten. Anfang Mai 1516 wurde Margarete von Österreich von ihrem Botschafter unterrichtet, daß Heinrich fest vorhabe, in Frankreich einzumarschieren. Doch drei Wochen später schrieb Wolsey an Gigli, der Kronrat wolle im Gegensatz zu Heinrich die Invasion aufschieben, bis die Schweizer bereit seien, von Italien aus einen Angriff zu führen. Etwa zur selben Zeit schrieb Wolsey an Pace nach Trient und bat ihn, »durch geschicktes Taktieren und kluges Vorgehen« auf die Schweizer einzuwirken. Sie sollten von sich aus Heinrich bitten, ihnen den Einmarsch in Frankreich zu ersparen, da sie nicht weiter als bis Mailand vorrücken wollten.

Dr. Scarisbrick schreibt in seiner Biographie Heinrichs, es habe in dieser Hinsicht zwischen Heinrich und Wolsey ernste Meinungsverschiedenheiten gegeben. Heinrich habe unbedingt in Frankreich einmarschieren wollen, während Wolsey dagegen gewesen sei. Gemeinsam mit Pace habe Wolsey sich die Weigerung der Schweizer, von Italien aus in Frankreich einzumarschieren, zunutze machen und Heinrich davon abhalten wollen, von Calais aus einen Feldzug zu beginnen.[35] Es ist durchaus möglich, daß Heinrich mehr als Wolsey darauf drängte, in Frankreich einzufallen. Heinrich war für die Meinung des Volkes meist empfänglicher als Wolsey; wenn die Menschen schon Steuern bezahlen mußten, um einen Krieg gegen Frankreich zu finanzieren, dann erwarteten sie dafür von ihrem König, daß er als tapferer Held in die Schlacht zog. Es gibt jedoch keinen Hinweis auf eine diesbezügliche Meinungsverschiedenheit Heinrichs und Wolseys, und nichts deutet darauf hin, daß Wolseys Brief an Pace ohne Heinrichs Wissen geschrieben wurde. Viel wahrscheinlicher ist, daß sowohl Heinrich als auch Wolsey hofften, die Schweizer dazu bringen zu können, ihre Abneigung gegen eine Invasion Frankreichs offen auszusprechen, damit Heinrich eine Ausrede hatte, die Maximilian gemachten Versprechungen nicht einhalten zu müssen. Unwahrscheinlich ist dagegen, daß Wolsey einen Plan zu Papier gebracht haben soll, in dem er und Pace sich mit den Schweizern gegen Heinrich verschworen.

Im August unterzeichnete der Rat Karls von Kastilien im niederländischen Noyon einen Freundschaftsvertrag mit Franz I. Wieder ersuchten Heinrich und Wolsey Maximilian, Karls Ratgeber zu entlassen. Am 29. Oktober vereinbarten sie ein neues Militärbündnis mit Maximilian und Karl, das mit dem Kardinal von Sitten in London geschlossen wurde. Heinrich bot an, sich mit Maximilian in Calais zu treffen und ihm zu helfen, die franzosenfreundlichen Mitglieder aus Karls Rat zu entfernen. Maximilian hielt ihn mehrere Monate hin und schloß dann unter Einhaltung des Vertrages von Noyon im Februar 1517 Frieden mit Frankreich. Gleichzeitig verkaufte er Verona an die Venezianer.[36]

Giustinian begab sich nach Greenwich und überbrachte Heinrich die Nachricht. Da er von London aus nicht mit dem Schiff weitergelangen konnte – die Themse war durch Eis unpassierbar –, mußte er auf gefährlichen gefrorenen Wegen über Land reiten. Als Heinrich hörte, was Maximilian getan hatte, hellte sich sein Gesicht plötzlich auf. »Wie ist das möglich?« fragte er Giustinian, und nachdem er die Frage ein paarmal wiederholt hatte, meinte er: »Fürwahr, der Kaiser hat sich vom König von Frankreich täuschen lassen.« Mit einem breiten Grinsen fügte er hinzu: »Wer immer den Schaden davonträgt, Eure Signoria hat Verona nicht bekommen.«[37]

Cuthbert Tunstall, ein überaus fähiger Kirchenmann, den Heinrich an den Hof Margaretes von Österreich entsandt hatte, überredete Heinrich, seinen Ärger zu verbergen und ein nach außen freundschaftliches Verhältnis mit Maximilian aufrechtzuerhalten. Doch im Februar 1517 berichtete Knight von Maximilians Hof, Maximilian habe Karl von Kastilien gedrängt, zusammen mit ihm sowohl mit den Franzosen als auch mit den Engländern ein doppeltes

Spiel zu spielen: »*Mon fils, vous allez tromper les Français, et moi je vais tromper les Anglais*« (Mein Sohn, Ihr werdet die Franzosen täuschen und ich die Engländer).[38] Diese bekannte Äußerung wird manchmal zum Beweis dafür zitiert, daß Maximilian Heinrich und Wolsey zum Narren gehalten habe. Sie dürfte allerdings eher ein Beleg für die Tüchtigkeit der englischen Spione sein.

Franz rächte sich für Heinrichs feindseliges Verhalten. Er weigerte sich, wie versprochen die Mitgift zurückzugeben, die Prinzessin Maria bei ihrer Heirat mit Ludwig XII. in die Ehe gebracht hatte. Als Entschuldigung für seinen Wortbruch gab er an, Maria und Suffolk hätten französische Beamte mit einer List dazu gebracht, ihnen den »Spiegel von Neapel« genannten Diamanten auszuhändigen, ohne daß er, Franz, es erlaubt hätte.[39] Außerdem ermutigte und unterstützte Franz Richard de la Pole, den Sohn der Schwester Eduards IV., der seit der Hinrichtung seines Bruders Edmund durch Heinrich der Anwärter des Hauses York auf den Thron von England war. Richard nannte sich selbst Herzog von Suffolk. Heinrich und seine Agenten dagegen nannten ihn »Weiße Rose«. Im Krieg von 1513 hatte er in der französischen Armee gedient. Als Ludwig XII. mit Heinrich Frieden schloß, hatte Richard sich nach Metz auf das Gebiet des Kaisers zurückgezogen. Jetzt nahmen die Franzosen erneut Kontakt mit ihm auf.

Wie alle Diktatoren hatte Heinrich große Angst selbst vor kleinen und schwachen Gruppen englischer Flüchtlinge, die im Ausland in sicherer Entfernung gegen sein Regime arbeiteten. Er versuchte, ausländische Regierungen zu überreden, sie an England auszuliefern oder ihnen zumindest kein Asyl zu gewähren. Er gab erstaunlich viel Geld für Agenten aus, die ihnen nachspionierten, sich in ihre Unterkünfte schmuggelten und versuchten, sie zu entführen oder zu ermorden. Als sich die Beziehungen zwischen Heinrich und Franz 1515 verschlechterten, berichteten Heinrichs Agenten, Franz wolle die »Weiße Rose« mit 15 000 französischen Soldaten nach England entsenden. Andere Agenten fürchteten, Franz werde Richard mit einer Armee nach Schottland schicken.[40]

Heinrichs Wunsch, Richard de la Pole zu vernichten, war noch stärker als seine Liebe zur Musik. Heinrich war stets darauf bedacht, bedeutende Musiker an seinen Hof zu ziehen. Er war hocherfreut, als Dionisius Memo, der Organist der Markuskirche in Venedig, sich im September 1516 bereit erklärte, nach London zu kommen. Im Februar 1516 lud er auch den flämischen Lautenspieler Hans Nagel ein. Nagel war früher mit Richard de la Pole befreundet gewesen. Er hielt es für ratsam, Heinrich dies zu gestehen, ehe er englischen Boden betrat, und ihn um Verzeihung zu bitten, daß er mit dem Verräter Umgang gehabt hatte.

Heinrich glaubte daraufhin, daß Nagel ihm nützlicher sein konnte, wenn er Richard de la Pole nachspionierte, als wenn er in Greenwich die Laute schlug. Da in der Fastenzeit sowieso keine Musikabende stattfanden, teilten Heinrichs Agenten in Brüssel Nagel mit, er solle seine Reise nach England bis nach Ostern verschieben. In der Zwischenzeit solle er Richard de la Pole in Metz aufsuchen, seine Freundschaft zu ihm auffrischen und Berichte über Richards Verhandlungen mit dem französischen König und seine Kontakte in England an die englische Botschaft senden. Wenn Nagel das tue, werde Heinrich ihm verzeihen und ihn in England willkommen heißen.[41] Es ist unklar, weshalb ein hervorragender Musiker wie Nagel bereit war, seine Arbeit wochenlang zu vernachlässigen und sich als Spion zu betätigen. Vielleicht fürchtete er, durch eine Weigerung den mächtigen König von England zu erzürnen, obwohl er in sicherer Entfernung von England auf kaiserlichem Territorium weilte. Oder vielleicht hatte Heinrich Macht über ihn, weil einige von Nagels flämischen Musikerfreunden bereits in England waren.

Heinrich und Wolsey hatten in der Auseinandersetzung mit Franz eine üble Schlappe erlitten. Die Idee, Maximilian und die Schweizer finanziell zu unterstützen, damit sie gegen die Franzosen kämpften, hatte sich nicht bezahlt gemacht. Doch es wäre übertrieben, Heinrichs und Wolseys Außenpolitik in den Jahren 1515 und 1516 insgesamt als kompletten Fehlschlag zu bezeichnen. Die Anwesenheit Maximilians und seiner Armee in Norditalien und die Gefahr, daß Maximilian eine neue Armee aufstellen und den Krieg fortsetzen könnte, hatten Franz wahrscheinlich davon abgehalten, weiter nach Italien vorzudringen und Neapel zu besetzen. Und 1517 gelang es Heinrich, in Schottland zu einem befriedigenden Kompromiß zu gelangen. Franz war zwar nicht bereit, Albany aus Schottland abzuziehen, aber er beorderte ihn auf unbestimmte Zeit nach Frankreich zurück, obwohl Albany offiziell Regent von Schottland blieb. Etwa zur selben Zeit kehrte Königinmutter Margarete nach Schottland zurück. Jetzt regierte ein Regentschaftsrat schottischer Lords das Königreich. Franz hatte sich ohne Gesichtsverlust zurückgezogen, Heinrich hatte sich in einer entscheidenden Frage behaupten können.

7

Der blutige 1. Mai

Heinrich hatte einen Krieg zur Verteidigung der Kirche gegen den abtrünnigen Ludwig XII. geführt und war im Mai 1514 vor Tausenden schaulustiger Londoner in einer Robe aus purpurnem Satin und einem Wams aus Goldbrokat feierlich in die St. Pauls-Kathedrale eingezogen, um als Lohn seiner Tapferkeit das ihm vom Papst gesandte Schwert und den Hut zu empfangen. Danach verschlechterte sich sein Verhältnis zum Papsttum.[1] Papst Leo X. wollte die Könige der christlichen Welt in einem Kreuzzug gegen die Türken vereinen, und er wollte den König von Frankreich nicht beleidigen, dessen Armeen eine ständige Gefahr für Italien darstellten. Erst nach langem Zögern war er bereit, Wolsey zum Kardinal zu ernennen, doch weigerte er sich, Heinrich den Titel »Beschützer des Glaubens« zu verleihen, nur damit dieser sich vor dem »allerchristlichsten König« von Frankreich und dem »katholischen König« von Spanien damit brüsten konnte. Nach der Schlacht von Flodden lehnte er Heinrichs Bitte ab, dem Erzbischof von St. Andrews den Rang des Metropoliten zu nehmen und sein Bistum der Kirchenprovinz des Erzbischofs von York einzugliedern. Als Franz I. in Italien einmarschierte, kam es nach dem französischen Sieg bei Marignano zu einer Begegnung zwischen Leo und Franz in Bologna. Der Papst ließ nicht zu, daß Franz ihm die Füße küßte, sondern bot ihm statt dessen die Wange.[2]

Im Jahr 1516 wurde in Westeuropa der Ruf nach Frieden in der christlichen Welt und nach einem Kreuzzug gegen die Ungläubigen laut. Der türkische Sultan Selim lag mit den tscherkessischen Herrschern Syriens und Ägyptens im Krieg. Für die christlichen Staaten bot sich hier eine gute Gelegenheit, die Türken anzugreifen. Einfallsreiche Strategen entwarfen Pläne für einen Feldzug sämtlicher zwanzig Herrscher der christlichen Welt. Heinrich, Franz und Maximilian sollten ihre Armeen durch den Balkan führen, während der

König von Polen die Türken an der russischen Grenze angreifen sollte. Der König von Portugal sollte durch Nordafrika marschieren und dem Sultan von Ägypten zur Seite stehen, der sich mit ihm gegen Selim verbünden würde. Sowohl der Sofi von Persien als auch Prester John von Äthiopien würden der Allianz beitreten. Jerusalem sollte befreit, Anatolien nach dem Sieg zwischen Maximilian und dem Sofi aufgeteilt werden. Letzterer, so hoffte man, werde sich vielleicht zum Christentum bekehren lassen.[3]

Heinrich und Wolsey bekannten sich zwar zur Idee eines Kreuzzuges, doch war das nicht mehr als ein Lippenbekenntnis. Giustinian versuchte von Zeit zu Zeit, Heinrichs Begeisterung für einen Kreuzzug nachzuhelfen. Denn obwohl Venedig einen einträglichen Handel mit den Türken betrieb und venezianische Kaufleute sich in Smyrna angesiedelt hatten, und obwohl Venedig der einzige christliche Staat war, der einen diplomatischen Vertreter in Konstantinopel hatte, fürchtete es die Türken als mächtige und angriffslustige Nachbarn. Venedig glaubte seine Position stärken zu können, wenn die anderen christlichen Staaten sich gegen die Türken zusammenschlossen, während es selbst mit den Türken einen einträglichen Handel trieb. Heinrich ließ den venezianischen Gesandten gegenüber wiederholt verlauten, der Kreuzzug liege ihm sehr am Herzen. Bei einer Gelegenheit bekundete er sogar seine Absicht, persönlich eine Armee nach Jerusalem zu führen.[4] Doch er fügte immer rasch hinzu, daß man damit noch warten müsse, bis der Friede in der christlichen Welt gesichert sei. Diesen Frieden aber könne man nur sichern, indem man Frankreichs Macht breche.

Giustinian berichtete mehrmals nach Hause, Heinrich und Wolsey zeigten sich nicht beeindruckt, wenn von der türkischen Bedrohung die Rede sei. Heinrich erklärte unbekümmert, die Türken würden aus Angst vor dem Sofi niemals wagen, den Westen anzugreifen. Er war auch dann nicht beeindruckt, als Giustinian ihm 1516 und 1517 von dem türkischen Vorstoß nach Syrien und Ägypten und von der Einnahme Kairos berichtete. Einmal meinte er lachend, die Venezianer bräuchten die Türken nicht zu fürchten, da sie doch durch ihre freundschaftlichen Beziehungen zu den Türken vorgesorgt hätten. Man habe von den Türken weniger zu befürchten als von schlechten Christen. »Schreibt Eurer Signoria«, sagte er, »sie soll sich mehr vor einer gewissen anderen Person hüten als vor dem Großtürken.« Dann vertraute er Giustinian an, seine Spione hätten erfahren, daß Franz einen Angriff auf Venedig plane. Wolsey erklärte Giustinian, Venedigs größte Feinde seien die christlichen Türken, nicht die echten Türken.[5]

Ein neuer Skandal in Rom brachte Heinrich und Wolsey wieder mit dem Papst in Konflikt. Im Mai 1517 ließ Leo X. zwei Kardinäle verhaften, weil sie angeblich versucht hatten, ihn zu vergiften. Ein paar Tage später beschuldigte er Kardinal Hadrian und einen weiteren Kardinal, an dem Komplott beteiligt gewesen zu sein. Als Hadrian von den Anschuldigungen erfuhr, die man gegen ihn vorbrachte, brach er in Lachen aus. Dann wies er die Anklage zurück. Später gab er zu, von dem Komplott zwar gehört, es aber nicht ernstgenommen zu haben. Der Papst bot an, ihn von jeder Schuld freizusprechen, wenn er ihm 25 000 Dukaten zahle. Daraufhin floh Hadrian nach Venedig und beteuerte von dort aus seine Unschuld. Leo hielt sein Angebot weiterhin aufrecht.

Als Heinrich und Wolsey von dem Vorfall erfuhren, verlangten sie, Hadrian solle all seiner Ämter enthoben werden und seine Diözesen Bath und Wells verlieren. Heinrich betrachtete es als Verletzung seiner Ehre, daß sein Vertreter im Kardinalskollegium des versuchten Mordes am Papst angeklagt sein sollte. Hinzu kam, daß Wolsey an Stelle von Hadrian Bischof von Bath und Wells werden wollte, um sich zusätzlich zu seinen Pfründen als Erzbischof von York und Bischof von Tournai auch noch die Einkünfte dieses Bistums zu sichern. Solange jedoch die Möglichkeit bestand, daß Hadrian ihm die 25 000 Dukaten bezahlte, wollte Leo ihn weder bestrafen noch ihm sein Bistum wegnehmen. Heinrich und Wolsey beharrten auf ihrer Forderung. Zudem legten sie bei Giustinian Protest ein, weil die venezianische Regierung Hadrian in Venedig Asyl gewährt und zu seinen Gunsten beim Papst interveniert hatte.[6]

Die latente Feindseligkeit der Engländer gegenüber dem ausländischen Papst und dem korrupten Klerus kam immer wieder zum Durchbruch. Wolsey erinnerte den päpstlichen Hof von Zeit zu Zeit daran, daß Heinrich der Kirche ergebener sei als jeder andere Herrscher. Kein anderer König habe der Kirche im letzten Krieg bessere Dienste geleistet, und in England würden mit fester Regelmäßigkeit Verfahren gegen Ketzer eingeleitet. Fitzjames, der Bischof von London, verfolge solche Leute mit besonderem Eifer. In der Tat wurden 1511 in London zwei Ketzer verbrannt, weil sie die Realpräsenz der Eucharistie geleugnet hatten. Doch die meisten von Fitzjames' Opfern widerriefen. War ein Ketzer bereit, zu widerrufen, wurde sein Leben geschont. Er mußte dann »sein Reisigbündel tragen«, das heißt seine Irrlehre bei Paul's Cross oder an einem anderen Ort öffentlich widerrufen. Außerdem wurde er zur Strafe meist für kurze Zeit eingesperrt. Nur wenn ein Ketzer sich weigerte zu widerrufen, wurde er vom bischöflichen Gericht exkommuniziert und den weltlichen Behörden übergeben, um auf dem Scheiterhaufen zu sterben. Wurde ein Ketzer, nachdem er widerrufen und sein Reisigbündel getragen hatte, erneut der Ketzerei für schuldig befunden, wurde er als rückfälliger Ketzer verurteilt und verbrannt, ganz gleich ob er widerrief oder nicht.

Fitzjames hatte sich noch eine zusätzliche Strafe für Ketzer ausgedacht, die widerriefen und ihr Reisigbündel trugen. Sie mußten für den Rest ihres Lebens als Zeichen der Schande die Abbildung eines Reisigbündels auf ihrer Kleidung tragen,[7] in Anklang an das gelbe Abzeichen, das jeder Jude tragen mußte, der nicht zum christlichen Glauben übergetreten war. In England gab es freilich keine Juden mehr, da man sie vor über 200 Jahren vetrieben hatte. In Venedig dagegen, wo der Haß auf die Juden besonders groß war, mußten sie sogar einen gelben Hut tragen. Kein Jude mit gelbem Hut konnte sich in Venedig auf die Straße wagen, ohne Beleidigungen ausgesetzt zu sein. Heinrich nahm die Dienste mehrerer Juden in Anspruch, sowohl als Theologen wie als Geheimagenten. 1529 bat sein Botschafter in Venedig den Dogen und den Senat, einen berühmten Arzt von der Verpflichtung zu entbinden, den gelben Hut zu tragen. Der französische Gesandte und der päpstliche Nuntius äußerten dieselbe Bitte. Schließlich erklärten sich Doge und Senat zum Zeichen des guten Willens gegenüber den ausländischen Souveränen dazu bereit.[8]

Der gewöhnliche Londoner Bürger hielt es für richtig, Menschen zu verbrennen, die die Realpräsenz leugneten. Gleichzeitig aber irritierte ihn der übertriebene Eifer, mit dem Fitzjames und seine Beamten jeden als Ketzer denunzierten, der auch nur im geringsten Kritik an der orthodoxen Lehre übte. Das Volk schlug sich auf die Seite des in Whitechapel außerhalb der Stadtmauern lebenden Kaufmanns Richard Hunne, als dieser sich nicht von einem habgierigen Priester betrügen lassen wollte. Wenn Hunne früher einmal beschuldigt worden war, häretische Bücher zu lesen, darunter eine alte Lollardenbibel in englischer Übersetzung, so machte man ihm deswegen keine großen Vorwürfe. Hunnes Kind war im Alter von wenigen Wochen gestorben. Der Priester der Gemeinde wollte es nicht eher beerdigen, als bis Hunne ihm das Leichentuch gab, in das der Leichnam des Kindes eingewickelt worden war. Ein Priester, der eine Bestattung vornahm, hatte als Vergütung tatsächlich ein Anrecht auf das Leichentuch. Aber Hunne, der Priester verachtete, kannte den genauen Wortlaut des Gesetzes. Der Priester durfte nur das Leichentuch fordern, das dem Verstorbenen gehört hatte. Doch in diesem Fall gehörte das Leichentuch nicht dem toten Kind, sondern Hunne.

Der Priester bestattete den Leichnam des Kindes schließlich, verklagte Hunne jedoch vor dem geistlichen Gericht, weil er sich geweigert hatte, ihm das Leichentuch zu geben. Hunne legte beim Kronrat Beschwerde ein und erklärte, der Priester stütze sich bei seiner Klage auf das Recht eines ausländischen Souveräns, des Papstes. Er habe damit gegen das Gesetz des »praemunire« verstoßen, weil er die Autorität des Königs in England verletzt habe, und müsse mit lebenslanger Haft bestraft werden. Diese Anklage war natürlich lächerlich, da das Recht des Klerus, beim geistlichen Gerichtshof Klage einzureichen, durch das Praemunire-Gesetz niemals in Frage gestellt worden war. Dr. Horsey, der Kanzler des Bischofs von London, klagte Hunne der Ketzerei an. Hunne wurde verhaftet und in das Gefängnis der St. Pauls-Kathedrale geworfen, den sogenannten Lollardenturm. Dort wurden Ketzer gefangengehalten, die auf ihren Prozeß warteten. Zwei Tage später, am 4. Dezember 1514, wurde Hunne erhängt in seiner Zelle aufgefunden. Die Gefängniswärter erklärten, er habe Selbstmord begangen.

Der Coroner von London ordnete eine Untersuchung an. Die Nachforschungen ergaben, daß Hunne zum Zeitpunkt seines Todes geblutet hatte. Doch auf seiner Kleidung war kein Tropfen Blut zu entdecken. Die Schlinge um seinen Hals war aus Seide, doch sein Genick war gebrochen. Seine Hände waren nicht gefesselt, als man ihn fand, doch Spuren an seinen Handgelenken deuteten darauf hin, daß sie kurz zuvor noch zusammengebunden gewesen waren. Aufgrund dieser Beweise kamen die Untersuchungsbeamten zu dem Schluß, daß Hunne von seinen Wärtern auf Befehl des Kanzlers des Bischofs ermordet worden sei.

Dr. Horsey und die Gefängniswärter wurden vor dem Oberhofgericht des Königs des Mordes angeklagt. Unterdessen setzten Horsey und Fitzjames das Verfahren wegen Ketzerei gegen den toten Hunne fort. Hunne wurde posthum der Ketzerei für schuldig befunden und exkommuniziert. Sein Leichnam wurde in Smithfield öffentlich verbrannt, wie es üblich war, wenn ein Ketzer nach seinem Tod überführt wurde. Doch Hunnes Freunde behaupteten jetzt, Fitzjames und Horsey hätten mit der Verbrennung gegen das Praemunire-Gesetz verstoßen.

Im Frühjahr brachte der Abt von Winchcombe das Problem auf der Kirchenversammlung von Canterbury zur Sprache. Er erklärte, die Privilegien des Klerus seien durch die Anklage Horseys wegen Mordes vor dem Oberhofgericht verletzt worden. Dem Abt trat Dr. Standish entgegen, ein gelehrter Mönch und Kaplan Heinrichs. Standishs Auftreten gegen den Klerus überraschte, denn er war nicht nur streng gläubig und besonders starr in seinen dogmatischen Ansichten, sondern auch in allen religiösen Angelegenheiten sehr konservativ. Er war ein erklärter Gegner von Erasmus, Morus und anderen Vertretern des Humanismus. Doch als Kaplan des Königs kannte er zweifellos die Einstellung des Königs gegenüber Leuten, die die Zuständigkeit der königlichen Gerichte für alle Untertanen in Frage stellten. Standish wurde für seinen Widerstand gegen den Abt von Winchcombe gebührend belohnt: Er wurde drei Jahre später zum Bischof von St. Asaph ernannt. Auf der Kirchenversammlung freilich bekam er den Vorwurf zu hören, er habe die Privilegien des Klerus verletzt.

Schließlich wurde der Fall im Herbst 1515 in Blackfriars vor Heinrich, Wolsey und den Richtern verhandelt. Warham schlug vor, den Streit dem päpstlichen Gericht in Rom zur Entscheidung zu übergeben, aber Heinrich sträubte sich. »Wir sind durch Gottes Willen König von England, und Könige von England hatten in der Vergangenheit keinen Herrn über sich außer Gott.

Daher werden wir auch in diesem Fall wie unsere Vorfahren die Rechte der Krone wahren.« Am Ende der Debatte trug Heinrich Wolsey auf, sich des Streitfalls anzunehmen und ihn zu klären. Dies hatte den doppelten Vorteil, daß Wolseys Ansehen gefördert und die Verantwortung vom König auf den Kardinal übertragen wurde. Es besteht jedoch kein Zweifel, daß Wolsey Heinrich im Hinblick auf seine Entscheidung zu Rate zog. Es wurde eine Kompromißlösung gefunden, die soweit als möglich verhindern sollte, daß man entweder die geistliche Hierarchie oder die öffentliche Meinung in London gegen sich aufbrachte. Das Urteil des Untersuchungsrichters, das posthume Verfahren wegen Ketzerei gegen Hunne sowie die Mordanklage gegen Horsey und die Gefängniswärter wurden aufrechterhalten. Die Anklage akzeptierte jedoch die Unschuldsbeteuerungen Horseys und der Gefängniswärter. Die Angeklagten mußten London verlassen und erhielten in Südwestengland eine neue Anstellung.[9]

Der Haß der Londoner gegen Ausländer verschärfte sich 1517 in den Krawallen des »blutigen 1. Mai«. Nicht nur in der Stadt, sondern überall, wo Ausländer die Nahrungsmittel auf den Märkten aufkauften und die Engländer hungern mußten – in Southwark, Westminster, Temple Bar, Holborn, St. Martin's, St. John Street, Aldgate, Tower Hill und St. Katherine's –, wuchs der Groll gegen die zahllosen »Fremden«. Die Londoner haßten nicht nur die arroganten Franzosen, die die Engländer immer wieder beleidigten und von denen einer einen Ladenbesitzer dermaßen eingeschüchtert hatte, daß dieser ihm schließlich zwei Tauben verkaufte, die bereits an einen englischen Tischler verkauft waren. Sie haßten auch deutsche Kaufleute, die Lederwaren, Körbe, Stühle und Tische importierten und in England verkauften, denn damit ruinierten sie den englischen Lederwarenherstellern und Tischlern das Geschäft und machten deren Handwerker arbeitslos. Die Venezianer verschifften Waren aus London mit ihren eigenen Galeeren und schadeten damit den englischen Schiffseignern. Ein Lombarde hatte eine englische Frau überredet, ihren Ehemann zu verlassen und mit ihm zusammenzuleben. Der Lombarde hatte Freunde am Hof des Königs, und dort hatte man zufällig mit angehört, wie er sich vor Sir Thomas Palmer mit seiner erfolgreichen Verführung brüstete.

Ein Altwarenhändler namens John Lincoln beschloß, gegen die Ausländer vorzugehen. Er bat Dr. Standish, die Ausländer in seiner Osterpredigt öffentlich anzuprangern. Standish weigerte sich, da dies eine Einmischung in die Politik darstelle. Daraufhin überredete Lincoln Dr. Beal, den Vikar von St. Mary's in Spitalfields, in seiner Osterpredigt vor einer großen Menschenmenge auf freiem Feld außerhalb der Stadt die Ausländer zu verdammen. Beal prangerte die Fremden an, die den Lebensunterhalt der Engländer schmälerten und ihre Frauen und Töchter verführten. Selbst Vögel jagen Eindringlinge aus ihrem Nest, erklärte er. Daher hätten auch die Menschen das Recht, sich in ihrem Land gegen Ausländer zur Wehr zu setzen.

Ende April wurden in London Gerüchte laut, das Volk werde sich am Maifeiertag erheben und die Ausländer töten. Giustinian suchte Wolsey auf. Dieser versprach, Vorkehrungen gegen eventuelle Unruhen zu treffen. Giustinian war immer noch besorgt. Er begab sich am 29. April nach Richmond und berichtete Heinrich von seinen Befürchtungen. Heinrich versprach, alle Ausländer zu schützen. Um Unruhen vorzubeugen, befahl Wolsey dem Bürgermeister und den städtischen Beamten, am Vorabend des Maifeiertages eine Ausgangssperre zu verhängen, da es in der Nacht zum 1. Mai immer zu großen Menschenansammlungen und manchmal auch zu Unruhen kam. Einige Lehrlinge hielten sich jedoch nicht an die Ausgangssperre. Als ein Wachtposten einen von ihnen festnehmen wollte, kam es zum Tumult. Bald griffen Tausende junger Leute Ausländer an und brannten ihre Häuser nieder. Thomas Morus versuchte als Vertreter des Sheriffs von London in einem anderen Teil der Stadt, einige der jungen Leute, die gegen die Ausgangssperre verstoßen hatten, zu überreden, friedlich auseinanderzugehen. Es hatte schon den Anschein, als habe er Erfolg, da warf einer der Lehrlinge einen Stein nach ihm, und der Aufruhr brach auch hier los.

Heinrich wurde in Richmond unverzüglich von den Unruhen in Kenntnis gesetzt. Er stand um Mitternacht auf und rief die Soldaten seiner Wache zusammen. Dann schickte er einen Boten mit der Nachricht nach London, er selbst werde an der Spitze einer Armee die Ordnung wiederherstellen. In Wirklichkeit verließ er Richmond nicht, denn er wollte nicht in das Chaos eines Aufstands hineingezogen werden. Wie üblich ließ er die unangenehmen Dinge von seinen Untergebenen erledigen. Er befahl dem Herzog von Norfolk, eine Armee zusammenzustellen und sobald als möglich nach London zu marschieren.

Die Unruhen dauerten die ganze Nacht und gingen am Morgen und am Nachmittag des 1. Mai weiter. Die Randalierer hatten es vor allem auf die verhaßten Franzosen abgesehen. Mehrere von ihnen wurden auf offener Straße überfallen. Der französische Botschafter konnte fliehen, als sein Haus gestürmt wurde, und versteckte sich in einem Kirchturm. Giustinians Haus blieb verschont. Die Londoner Stadtwache wurde mit den Aufrührern nicht fertig. Der Kommandant des Tower eröffnete mit seiner Kanone das Feuer auf sie, doch er gab nur ein paar Warnschüsse ab, die keinen größeren Schaden anrichteten. Am Nachmittag traf der Herzog von Norfolk mit 2 000 Soldaten in London ein und machte den Unruhen ein Ende. Mehrere hundert Menschen wurden verhaftet. Fast alle waren Lehrlinge. Laut Edward Hall, der mit ihnen sympathisierte, waren die Priester, Dienstboten und Fährleute beim Anblick der Soldaten geflohen und hatten die Lehrlinge als Sündenböcke zurückgelassen. John Lincoln wurde verhaftet, Dr. Beal entkam.

Heinrich und Wolsey nahmen die Unruhen des 1. Mai sehr ernst. Bereits vier Tage später wurde den Gefangenen gemeinsam der Prozeß gemacht. Nicht die üblichen Londoner Richter saßen über sie zu Gericht, sondern ein vom König eingesetztes Tribunal. Ihm gehörten der Herzog von Norfolk, sein Sohn, der Graf von Surrey, der Graf von Shrewsbury und der Bürgermeister an. Entgegen der allgemeinen Erwartung, daß die Randalierer des Aufruhrs angeklagt würden, lautete die Anklage auf Hochverrat. Einem Gesetz Heinrichs V. von 1414 zufolge war es Hochverrat, gegen Bürger eines Landes, mit dem sich der König im Frieden befand, Feindschaft zu schüren. Den 279 Angeklagten wurde noch am selben Tag der Prozeß gemacht. Unter ihnen waren Priester, Bauern und Lehrlinge. Einige von ihnen waren erst dreizehn. Die Londoner Bürger brachten den Lehrlingen große Sympathie entgegen. Norfolk erschien am Tag der Verhandlung mit 1 300 Soldaten in der Stadt, um die Ordnung aufrechtzuerhalten.

Alle Angeklagten wurden für schuldig befunden. Einige von ihnen wurden zum Tod durch Erhängen, Strecken und Vierteilen verurteilt, doch bei den meisten wurde das Urteil verschoben. Die zum Tode Verurteilten wurden gleich am nächsten Tag hingerichtet. Die Leichen ließ man an den Galgen in Aldgate, Whitechapel, in der Gracechurch Street, in Leadenhall, Newgate, Aldersgate, Bishopsgate und anderswo zur Warnung hängen. Berichten Chieregatos zufolge wurden über sechzig hingerichtet. Wahrscheinlicher ist Halls Angabe, daß am 5. Mai dreizehn Gefangene hingerichtet wurden. Halls starke Sympathien für die Aufrührer haben ihn sicher nicht dazu verleitet, die Zahl der Opfer herunterzuspielen.

John Lincoln und drei weiteren Aufruhrern wurde am 6. Mai einzeln der Prozeß gemacht. Sie wurden zum Tode verurteilt und sollten am folgenden Tag gehängt, gestreckt und gevierteilt werden. Nach Lincolns Hinrichtung wurde jedoch verkündet, der König habe die Todesurteile gegen die anderen drei aufgehoben. Und das Volk rief: »Gott schütze den König!«

Ein paar Tage später fand in Westminster Hall ein eindrucksvolles Schauspiel statt. Heinrich traf mit Wolsey, Königin Katharina und den Räten und Würdenträgern seines Hofes aus Greenwich in London ein. Die verurteilten Aufrührer wurden mit Schlingen um den Hals vor den König geführt. Wolsey bat Heinrich, sie zu begnadigen, doch Heinrich weigerte sich. Als die Gefangenen weinten und um Gnade bettelten, warf sich Wolsey vor Heinrich auf die Knie und bat ihn nochmals um ihre Begnadigung. Königin Katharina schloß sich Wolseys Bitte an. Schließlich erklärte sich Heinrich bereit, den Gefangenen Leben und Freiheit zu schenken. Sie wurden freigelassen, nachdem sie und alle anwesenden Adligen und Bürger dem König für seine große Gnade gedankt hatten.[10]

Zum ersten Mal seit seiner Thronbesteigung hatte Heinrich durch sein hartes Vorgehen gegen die ausländerfeindlichen Aufrührer des 1. Mai seine Popularität beim Volk aufs Spiel gesetzt. Der Groll gegen die Ausländer, die Sympathie für die Lehrlinge, die Trauer der Eltern um ihre dreizehnjährigen toten Söhne, das Gefühl, daß in vielen Fällen der Unschuldige bestraft worden war, während der Schuldige entkommen war, und Halls Berichte über die Brutalität der Soldaten Surreys, die den Unruhen ein Ende bereitet hatten – all das weckte große Sympathie für die Aufrührer. Sogar Giustinians Sekretär Sagudino, der als Ausländer selbst Zielscheibe des Hasses der Aufrührer gewesen war, war schockiert, wie viele junge Burschen hingerichtet werden sollten, obwohl sie niemanden umgebracht hatten. Doch Heinrich wollte den ausländischen Kaufleuten demonstrieren, daß sie in London unbehelligt ihren Geschäften nachgehen konnten. Und noch wichtiger, er wollte in seinem Reich keine Anarchie und keine Mißachtung seiner königlichen Autorität und der Gesetze dulden. Nach dem strengen Gesetz von 1414 hatte er das Recht, den Aufstand als Akt des Hochverrats zu behandeln. Zudem hatten Beal und die anderen Agitatoren die Randalierer eindeutig aufgefordert, das Gesetz selbst in die Hand zu nehmen. Beal hatte sie aufgerufen, ihre Heimat gegen Eindringlinge zu verteidigen und als echte Engländer für ihr Land zu kämpfen. Heinrich mußte ihnen klarmachen, daß Engländer nur für ihr Land kämpfen durften, wenn ihr König es befahl.

Das harte Durchgreifen schadete Heinrich nicht. Die Menschen waren erschüttert und traurig, aber sie gaben dem König nicht die Schuld an dem, was vorgefallen war. Hall berichtet von der Brutalität der Soldaten Surreys gegenüber den Londonern und von Norfolks Vorurteilen bei den Prozessen, aber Heinrich kritisiert er nirgends. Er erwähnt lediglich die Jubelrufe des Volkes, als die Aufhebung der Todesurteile bekannt wurde.

Ein paar Tage nach den blutigen Unruhen am 1. Mai in London kam es in Southampton zu einem Aufstand. Foxe, der sich in seine Diözese in Winchester zurückgezogen hatte, schrieb Wolsey, es handle sich nur um einen Bagatellfall, denn die harte Bestrafung der Londoner Aufrührer habe viele aufgebrachte Bürger in Southampton von einer Beteiligung an dem Aufruhr abgehalten. Foxe glaubte deshalb, daß mit den Unruhestiftern von Southampton milde verfahren werden könne. Seiner Meinung nach genügte es, die Anführer einzusperren und dann auf Kaution wieder freizulassen. Auch an verschiedenen Orten in Hampshire, Berkshire, Wiltshire und Somerset kam es zu Unruhen. Dort waren die Weber unzufrieden, weil sie in Naturalien und nicht mit Geld bezahlt wurden. Zur allgemeinen Unzufriedenheit kam noch eine schlimme Dürre.[11]

Die Sorgen und Nöte der Bevölkerung hielten Heinrich und Wolsey nicht davon ab, die Gesandten Karls von Kastilien, die im Juli 1517 zur Unterzeichnung eines Freundschaftsvertrages nach London kamen, besonders üppig zu bewirten. Da Heinrich und Wolsey es Maximilian und Karl verübelten, daß sie mit Franz Frieden geschlossen hatten, und da im Ausland Gerüchte über Unruhen und Aufstände in England kursierten, war es um so notwendiger, Zweifel und Unzufriedenheit durch prächtige Turniere und Bankette zu zerstreuen. Bei den Turnieren am Tag des heiligen Thomas von Canterbury ritt Heinrich acht Gänge gegen den Herzog von Suffolk. Sie kämpften mit solcher Ausdauer, daß Giustinian sie mit Hektor und Achill verglich. Heinrich und Suffolk zerbrachen bei jeder ihrer acht Begegnungen ihre Lanzen an der Rüstung des Gegners. Zwischen den einzelnen Gängen ritt Heinrich zu einem Fenster, von dem aus Königin Katharina, seine Schwester Maria und die schönsten Damen des Hofs ihm zusahen. Er zeigte den staunenden Damen seine Reitkünste und ließ sein Pferd die wildesten Sprünge vollführen. Beim anschließenden Bankett speiste er nicht wie sonst allein, sondern ehrte vier Gäste mit einer Einladung an seinen Tisch. Königin Katharina saß zu seiner Rechten, Maria zu seiner Linken. Wolsey saß zur Linken Katharinas, und Karls Gesandter, der gutaussehende junge Herzog von Luxemburg, zur Rechten Marias. Die übrigen Gesandten saßen mit Heinrichs Adligen an den unteren Tischen. Das Essen dauerte sieben Stunden, und es wurden über zwanzig Gänge aufgetragen.[12]

Innerhalb eines Monats wurde dem gesellschaftlichen Leben am Hof durch den Ausbruch des Schweißfiebers ein jähes Ende bereitet. Die Krankheit befiel die Menschen ganz plötzlich in ihren Häusern, im Bett oder auf der Straße. Sie schwitzten furchtbar und starben, die einen nach vier Stunden, andere nach zehn oder zwölf Stunden. »Einige sind mittags noch ganz munter, und abends sind sie tot«, schrieb Hall. Wenn jemand nach 24 Stunden noch am Leben war, hatte er die Krankheit überstanden und erholte sich rasch. Die beste Überlebenschance hatte man, wenn man sich in warme Decken wickelte, sich in einem mäßig beheizten, weder zu warmen noch zu kalten Raum auf den Rücken legte und die Arme über der Brust verschränkte, damit kein Luftzug an die Achselhöhlen drang. Wer dagegen kalte Getränke zu sich nahm, um das Fieber zu senken, mußte unweigerlich sterben.[13]

Ende Juli 1517 war die Epidemie auf dem Höhepunkt. Allein in Oxford starben innerhalb einer Woche 400 Menschen. Nach Aussage Halls wurde in einigen Städten die Hälfte, in anderen ein Drittel der Bevölkerung von der Krankheit hinweggerafft.

Heinrich, der London im August und September sowieso verlassen und sich auf Reisen begeben hätte, blieb wegen des Schweißfiebers den ganzen Herbst über in Windsor. Der Gerichtstag an Michaeli in London wurde abgesagt, auf öffentliche Veranstaltungen und Festivitäten bei Hofe verzichtet. Als freilich vorgeschlagen wurde, sämtliche Volksfeste zu verbieten, lehnte Heinrich ab. Er wollte den Menschen in dieser schlimmen Zeit nicht noch die letzte ihrer wenigen Vergnügungen nehmen. Heinrich selbst traf alle möglichen Vorkehrungen, um sich nicht anzustecken, nachdem sich einige Mitglieder seines Haushalts die Krankheit geholt hatten. Sein römischer Sekretär, der Italiener Ammonio, starb Mitte August am Schweißfieber.

Selbst der strenge Winter konnte die Verbreitung der Krankheit nicht zum Stillstand bringen. Im November starben einige von Heinrichs Bediensteten. Die Weihnachtsfeiern wurden abgesagt. Heinrich weigerte sich, Gesandte zu empfangen, und zog sich vollkommen zurück. Nur drei oder vier Diener durften zu ihm. Abgesehen von einigen kurzen Besuchen in Esher und Newhall in Essex blieb er den ganzen Winter über in Windsor. Das Schweißfieber grassierte auch noch im Frühjahr. Im März wurde in der Nähe von Windsor ein Fall von Schweißfieber bekannt. Heinrich zog deshalb zuerst nach Abingdon, dann nach Woodstock um. Erst Anfang August kehrte er nach Greenwich zurück. Was das Schweißfieber betraf, war der große blonde König, der Meister im Turnierkampf, alles andere als ein Held. Er war fest entschlossen, kein Risiko einzugehen.[14]

Die Unruhen und die Dürre des Sommers 1517, der strenge Winter und der schreckliche Tribut, den das Schweißfieber gefordert hatte, brachten der Bevölkerung mehr Elend und Unzufriedenheit als zu jeder anderen Zeit seit Heinrichs Thronbesteigung. Viele gaben Wolsey die Schuld. Wolsey hatte sich mit seiner Liebe zum Pomp und seiner Arroganz bei den Höflingen und beim Adel sogar noch unbeliebter gemacht als beim gemeinen Volk. Doch Heinrich wollte keine Kritik an ihm hören. Als sich Sir Robert Sheffield, der Sprecher des Unterhauses, bei Heinrich beschwerte, daß Wolsey ihn schikaniere, wurde er unter dem Vorwurf, ein Mitglied des Kronrats beleidigt zu haben, in den Tower geworfen. Im Februar 1518 wurde er vor den Rat gebracht. Obwohl die Anklage wegen Beleidigung fallengelassen wurde, kam er erneut in den Tower, weil er angeblich von Männern Geld angenommen hatte, die des Mordes beschuldigt wurden. Schließlich wurde er von Heinrich begnadigt, nachdem er sich zu seinem Vergehen bekannt und um Gnade gebeten hatte.[15]

Heinrich hielt sich genau ein Jahr von London fern. Er sah Wolsey während dieser Zeit kaum. Doch seine Achtung vor Wolsey und seine Zuneigung zu ihm waren so groß wie eh und je. Im April 1518 pries er Wolsey vor den Höflingen in Woodstock in den höchsten Tönen, und in dem Jahr, in dem das Schweißfieber grassierte, zeigte er sich um Wolseys Gesundheit und Sicherheit außerordentlich besorgt.[16]

Im Sommer 1518 hatte es den Anschein, als könne die Vorstellung des Papstes von einem umfassenden Frieden der christlichen Welt verwirklicht werden. Da Karl von Kastilien und Maximilian mit Franz Frieden geschlossen hatten, blieb Heinrich und Wolsey nichts anderes übrig, als diesem Beispiel zu folgen. Das Problem Schottland war zu Heinrichs Zufriedenheit gelöst worden, und auch der Fall Tournai konnte geregelt werden. In den fünf Jahren, in denen Tournai zu Heinrichs Reich gehörte, hatte es ihm eine Menge Ärger eingebracht. Die Bewohner hatten gegen die ihnen auferlegten Steuern revoltiert, walisische Einheiten der Garnison hatten gemeutert, weil sie mit ihrem Sold unzufrieden waren. Heinrich war sowohl mit der Revolte als auch mit der Meuterei auf seine Weise fertiggeworden: Nachdem er ein paar der Anführer hatte hängen lassen, begnadigte er die übrigen Rebellen und Meuterer in aller Öffentlichkeit.[17]

Franz hatte Tournai gleich nach seiner Thronbesteigung von Heinrich zurückkaufen wollen. Nach dem Bruch zwischen Franz und Heinrich im Sommer 1515 waren die Verhandlungen ausgesetzt worden. Drei Jahre später wurden sie wieder aufgenommen. Karl von Kastilien und sein Rat in den Niederlanden waren über die Aussicht nicht erfreut, daß Tournai wieder in die Hand der Franzosen kommen sollte, und legten bei Heinrich gegen die Verhandlungen Protest ein. Wenn Heinrich Tournai unbedingt verkaufen wolle, dann solle er es ihnen verkaufen. Doch Heinrich fühlte sich Karl und seiner Familie gegenüber nicht verpflichtet. Im Sommer 1518 verkaufte er Tournai an Frankreich. Zu den fälligen Zahlungen, die Frankreich gemäß den Verträgen von 1492 und 1514 an Heinrich leisten mußte, kam nun noch der Kaufpreis von 600 000 Écu d'or. Zur selben Zeit gab Wolsey das Bistum Tournai ab. Er hatte sich mit einem französischen Kandidaten auseinandersetzen müssen, der behauptete, selbst der rechtmäßige Bischof zu sein, und der erreicht hatte, daß Wolsey von den Einkünften des Bistums nur einen geringen Teil bekam. Wolsey überließ das Bistum dem französischen Bischof und erhielt als Gegenleistung von Franz eine zusätzliche Leibrente.[18]

Der bevorstehende Friede in der christlichen Welt ermutigte Papst Leo X., erneut zum Kreuzzug gegen die Türken aufzurufen. Er schickte Kardinal Campeggio, den Bischof von Salisbury, als seinen Legaten zu Maximilian, Franz und Heinrich. Campeggio sollte die Fürsten drängen, sich dem Kreuzzug anzuschließen oder zumindest ihren Klerus zu veranlassen, Geld zur Verfügung zu stellen. Aber obwohl Heinrich und Wolsey ihre Ergebenheit gegenüber dem Papst beteuerten und begeistert von dem Kreuzzug sprachen, wiesen sie zugleich darauf hin, daß es einem päpstlichen Legaten nach dem Praemunire-Gesetz verboten sei, das Königreich ohne Zustimmung des Königs zu betreten. Und Heinrich wollte nur unter zwei Bedingungen seine Zustimmung geben. Er und Wolsey hatten bereits seit einigen Jahren den Papst zu überreden versucht, Wolsey mit den Befugnissen eines päpstlichen Gesandten auszustatten und ihn zur obersten geistlichen Autorität in England zu machen. Damit stünde er über Erzbischof Warham und sämtlichen Bischöfen und Äbten im Königreich. Jetzt forderten sie erneut, daß der Papst Wolsey neben Campeggio zum Legaten ernennen sollte. Der Papst war einverstanden. Er bestand jedoch darauf, daß Wolseys Legatenamt wie üblich nur eine begrenzte Zeit dauern und seine Gültigkeit verlieren solle, sobald Campeggios Besuch in England beendet sei. Der Papst war bereit, Wolsey als Legaten den Vorrang vor Campeggio einzuräumen. Das bedeutete, daß Wolsey auf allen offiziellen Dokumenten vor Campeggio genannt wurde; wenn sie Seite an Seite gingen, durfte er den Ehrenplatz rechts einnehmen, während Campeggio links gehen mußte, und bei besonderen Anlässen saß er auf einem größeren Stuhl als Campeggio.

Als zweites verlangten Heinrich und Wolsey, der Papst solle Kardinal Hadrian die Bistümer Bath und Wells entziehen und Wolsey übertragen. Wolsey brauchte dazu den üblichen Dispens, der ihn von der Anwesenheitspflicht in diesen Bistümern befreite und ihm, der ja bereits Erzbischof von York war, den Besitz mehrerer Pfründen erlaubte. Der Papst willigte nur zögernd ein. Als Campeggio mit großem Pomp in Calais einzog, war Hadrian immer noch nicht abgesetzt. Heinrich ordnete daher an, Campeggio so lange in Calais festzuhalten und nicht über den Kanal zu lassen, bis Hadrian seines Amtes enthoben sei. Campeggio mußte einen Monat in Calais bleiben. Erst am 23. Juli durfte er ein Schiff nach Deal besteigen, nachdem man Hadrian endlich sein Bistum und seinen Kardinalshut genommen und die Priesterwürde entzogen hatte.[19]

Hadrian befürchtete, von Heinrichs Agenten ermordet zu werden, und tauchte unter. Man hörte nichts mehr von ihm. Gerüchten zufolge soll er bei den Türken in Konstantinopel Unterschlupf gefunden haben. Doch wahrscheinlich blieb er bis zu seinem Tod ein paar Jahre später in Venedig oder einem Dorf der Republik Venedig. Campeggio zog mit großem Gepränge und in langsamen Etappen von Deal nach London. Heinrich empfing die beiden Legaten Wolsey und Campeggio feierlich in Greenwich. Er zog vor ihnen den Hut und hielt eine Willkommensrede auf lateinisch. Es folgten die üblichen prunkvollen Empfänge und Bankette. Noch üppiger fielen freilich die Festivitäten zu Ehren Bonnivets, des Admirals von Frankreich, und seiner Delegierten aus, als diese am 24. September in London eintrafen. Der Vertrag mit Frankreich wurde am 2. Oktober unterzeichnet. Heinrichs Tochter Maria, gerade zwei Jahre und acht Monate alt, sollte Franz' fünf Monate alten Sohn, den Dauphin, heiraten, sobald beide vierzehn waren. Tournai wurde an Frankreich verkauft. Obwohl der Vertrag im Hinblick auf Schottland keine Regelung enthielt, gab Bonnivet Heinrich und Wolsey schweren Herzens das Versprechen, daß Albany nicht dorthin zurückkehren dürfe.[20]

Am selben Tag unterzeichneten die Vertreter von Heinrich, Franz, Maximilian, Karl von Kastilien und dem Papst einen weiteren Vertrag. Darin wurde festgehalten, daß die vier weltlichen Herrscher auf Bitten des Papstes übereingekommen seien, eine Heilige Liga zu bilden. Ziel der Vertragspartner sei es, sich gegen türkische Angriffe auf die christliche Welt zur Wehr zu setzen und untereinander Frieden zu halten. Wenn einer der vier Staaten einen seiner Partner angriff, sollten die anderen Staaten dem Angreifer den Krieg erklären. Innerhalb der nächsten acht Monate stand es jedem weiteren christlichen Staat, der sich vor Angriffen schützen wollte, frei, dem Vertrag beizutreten. Der Vertrag enthielt noch eine zusätzliche Vereinbarung zwischen Heinrich und Franz: Wenn einer von ihnen von einer dritten Macht angegriffen würde, sollte der andere ihm persönlich mit einer Armee zu Hilfe eilen.[21]

Nach Unterzeichnung der Verträge blieben Bonnivet und die Vertreter Frankreichs noch eine Woche in London und nahmen an Festivitäten teil. Bonnivet war ein Admiral, der mehr Zeit bei Hof als auf See verbrachte. Er war ein guter Freund von Franz und versuchte, es seinem König in bezug auf amouröse Abenteuer nachzutun. Seine Bemühungen, Franz' Schwester Margarete, Herzogin von Alençon, zu verführen, schlugen jedoch fehl. Als er eines Nachts heimlich in ihr Schlafzimmer schlich, mußte er alsbald mit übel zerkratztem Gesicht den Rückzug antreten. Margarete berichtete darüber ein paar Jahre später, als sie bereits Königin von Navarra war, in ihrem Buch *Der Heptameron.*[22]

Bei den Festivitäten in London und Greenwich war Bonnivet in seinem Element. Am Sonntag, dem 3. Oktober, dem Tag nach der Unterzeichnung der beiden Verträge, begab Heinrich sich mit großem Pomp in die St. Pauls-Kathedrale. Wolsey zelebrierte die Messe – was er nur sehr selten tat –, dann leisteten Heinrich und die Gesandten der anderen Herrscher am Hochaltar den Schwur, sich an die Vertragsbedingungen zu halten. Danach lud der Bischof von London den König und die Gesandten zum Essen ein. Am Abend gab Wolsey in seinem Palast York Place in Westminster ein Essen. Mitten in die Gesellschaft platzten zwölf Männer und zwölf Frauen, die als Komödianten auftraten und prächtige Kostüme und Masken trugen. Nach einem gemeinsamen Tanz nahmen sie die Masken ab. Die Anführer der Komödianten entpuppten sich als Heinrich und seine Schwester Maria, die anderen waren Damen und Herren vom Hof.

Am Dienstag vertrat Bonnivet den Dauphin bei der Zeremonie, die dessen Verlobung mit Prinzessin Maria in einem Vorvertrag besiegelte. Die zweijährige Prinzessin wurde in das Gemach der Königin in Greenwich gebracht, wo Bonnivet Maria im Namen des fünf Monate alten Dauphin mit Wolseys Hilfe einen goldenen Ring an den Finger steckte.

Die Feste fanden in einem großen Turnier am Donnerstag ihren Höhepunkt. Heinrich zerbrach bei den Turnierkämpfen acht Lanzen. Beim Abendessen saß er mit einer Reihe von Gästen zu Tisch. Die Herzöge von

Buckingham, Norfolk und Suffolk und der Marquis von Dorset hielten die Wasserschüssel, während er sich die Hände wusch. Dann nahm er in der Mitte der Tafel Platz. Königin Katharina, Wolsey und Campeggio saßen zu seiner Rechten, seine Schwester Maria, Bonnivet und der Bischof von Paris zu seiner Linken. Die drei Herzöge saßen ihnen gegenüber, und neben jedem Lord war eine Dame plaziert. Auf dem Tisch standen 82 goldene Vasen und 52 silberne Trinkbecher. Während des Essens führten Schauspieler ein Historienspiel auf, das den Sieg der Christen über die Türken darstellte. Nach der Aufführung brachten Diener einen fast zwei Meter hohen Mischbecher aus reinem Silber herein, der Konfekt ausspuckte, das die Gäste auffingen und aßen. Das Fest dauerte bis zwei Uhr morgens. Die Kosten für die Unterhaltung der französischen Gesandten beliefen sich auf 5 000 Pfund – in heutige Währung umgerechnet rund 1 500 000 Pfund. In diesem Betrag waren 1 000 Pfund enthalten, die Heinrich beim Karten- und Würfelspiel mit seinen Gästen verspielte.[23]

Heinrich und sein Volk sahen einem noch bedeutenderen Ereignis als dem Friedensvertrag entgegen. Katharina war zum sechsten Mal schwanger. Heinrich erfuhr es erst Anfang Juli, als er und Katharina in Woodstock weilten, um sich vor dem Schweißfieber zu schützen. Er war mit einer kleinen Eskorte nach Greenwich gereist, um mit Wolsey über Staatsgeschäfte zu sprechen. Pace, sein Privatsekretär, schrieb ein paar Tage später an Wolsey, die Königin habe Heinrich bei seiner Rückkehr nach Woodstock »mit einem dicken Bauch begrüßt«. Heinrich ließ zum Dank in der St. Pauls-Kathedrale in London ein *Te Deum* singen und traf alle möglichen Vorkehrungen für Katharinas Sicherheit. Er bestand darauf, daß sie nur reiste, wenn es unbedingt notwendig war, um das Risiko einer Ansteckung zu vermeiden. Der Papst wurde unterrichtet und betete, Katharina möge einen Sohn bekommen. Wenn sie einem männlichen Erben das Leben schenkte, würde Heinrich nach Ansicht Giustinians eher bereit sein, persönlich an militärischen Unternehmungen wie einem Kreuzzug teilzunehmen.

Am Abend des 10. November 1518 brachte Katharina eine Tochter zur Welt. Es war eine Totgeburt.[24]

8

Der Sturz Buckinghams

Während Katharinas Schwangerschaft hatte Heinrich eine Affäre mit einer ihrer Hofdamen. Seine Auserwählte war Elizabeth Blount, Tochter von Sir John Blount aus Shropshire und eine Cousine Lord Mountjoys. Hall zufolge entbrannte Heinrich in Liebe zu ihr, weil sie »bei Gesang, Tanz und vergnüglichem Zeitvertreib« alle anderen übertraf.[1] Heinrich behandelte seine Affären überaus diskret, so daß nicht bekannt ist, wann genau Elizabeth seine Geliebte wurde. Im Sommer 1519 brachte sie einen Sohn zur Welt. Der Knabe erhielt den Namen Lord Heinrich Fitzroy und wuchs zu einem kräftigen Burschen heran. Für den König war es eine frustrierende Situation: Trotz all seiner Bemühungen, einen männlichen Erben zu zeugen, war sein einziger Sohn, der überlebte, ein Bastard.

Heinrich war Elizabeth Blount aufrichtig zugetan. Als sie Gilbert Talboys, den Sohn Sir John Talboys', heiratete, schenkte er ihr Ländereien und Geld.

Kaiser Maximilian starb im Januar 1519. Die Wahl seines Nachfolgers als Kaiser des Heiligen Römischen Reiches war Sache der sieben Kurfürsten des Reiches. Nach Maximilians Tod sollten sie in Frankfurt am Main zusammenkommen und den neuen Kaiser wählen. Der erfolgreiche Kandidat trug dann bis zu seiner Krönung zum Kaiser durch den Papst den offiziellen Titel Römischer König. Maximilian hatte Heinrich bei zwei Gelegenheiten, bei denen er sich von ihm Geld borgen wollte, angeboten, als Kaiser abzudanken und Heinrich zu seinem Nachfolger zu machen.[2] Doch in Wirklichkeit hatte er den Kurfürsten hohe Geldsummen versprochen, wenn sie seinen Enkel Karl von Kastilien zu seinem Nachfolger wählten.

Als Maximilian starb, galt Karl als hoher Favorit. Der zwölfjährige König Ludwig von Böhmen und Ungarn sollte Karls Schwester Maria heiraten. Seine Stimme als Kurfürst war Karl gewiß. Die Stimmen des Markgrafen von Brandenburg, des Erzbischofs von Mainz – eines Bruders des Markgrafen – und des Erzbischofs von Köln hatte Maximilian gekauft. Dem Markgrafen hatte er eine habsburgische Prinzessin als Braut angeboten, den beiden Erzbischöfen versprach er hohe Geldsummen. Die anderen drei Kurfürsten, der Herzog von Sachsen, der Pfalzgraf bei Rhein und der Erzbischof von Trier, hatten sich noch nicht entschieden. Franz I. versuchte sie zu bestechen, damit sie ihn an Stelle von Karl wählten. Der Papst begünstigte Franz. Er wollte verhindern, daß Karl auf den Kaiserthron kam. Als König von Aragon regierte Karl das Königreich Neapel, und der Papst wollte nicht, daß Neapel im Süden und das Heilige Römische Reich im Norden in den Händen desselben Herrschers waren.

Heinrich und seine Ratgeber strebten nicht nach der Kaiserkrone. Es war sowieso höchst unwahrscheinlich, daß sie die Kurfürsten dazu bringen konnten, Heinrich zum Kaiser zu wählen. Außerdem würde Heinrich sich als Kaiser in Deutschland nur Verantwortung und Schwierigkeiten aufladen, ohne daß für ihn oder England ein materieller Nutzen dabei heraussprang. Er beschloß daher, nicht gegen Karl und Franz anzutreten. Als jedoch Ende Juni der Tag der Wahl näherrückte, konnte es der Kämpfer und Spieler Heinrich doch nicht ertragen, vom Wettstreit ausgeschlossen zu sein. In letzter Minute griff er in das Geschehen ein, um Karl und Franz vielleicht doch noch zu schlagen. Am 17. Mai begab sich Pace in aller Eile von London nach Frankfurt. Er sollte auf Anordnung Heinrichs und Wolseys herausfinden, ob eine Kandidatur Heinrichs Aussicht auf Erfolg hatte. War dies der Fall, sollte er mit deutschen Bankiers Kontakt aufnehmen, damit Geld bereitstand, um die Stimmen der Kurfürsten zu kaufen. Pace sollte nichts unternehmen, was Karl oder Franz helfen konnte, die Wahl zu gewinnen. Vielmehr sollte er Karls Anhänger glauben machen, Heinrich unterstütze Karl, und Franz' Anhänger sollten denken, Heinrich mache seinen Einfluß für Franz geltend.

In Frankfurt sprach Pace mit dem Erzbischof von Trier. Dieser weckte in ihm die Hoffnung, er werde im Kurfürstenkolleg für Heinrich stimmen. Pace wurde sich jedoch in zunehmendem Maße der Schwierigkeiten bewußt, die mit einer Kandidatur Heinrichs verknüpft waren. Als er den Bankier Hermann Rinck bat, die Bestechung der Kurfürsten zu arrangieren, erklärte Rinck, die Kurfürsten würden auf Barzahlung bestehen und sich nur dann auf Rincks Bürgschaft verlassen, wenn Heinrich ihm unter dem Großsiegel von England Vollmacht erteile. Pace erkannte auch, daß die Wahl Heinrichs enorme Summen kosten würde. Franz hatte 200 000 Kronen an Bestechungsgeldern ausgegeben, Karl 1 500 000 Goldflorin (266 666 Pfund). In Deutschland wollte man keinen Franzosen als Kaiser. Bewaffnete Männer schlossen sich zu Gruppen zusammen, um zu verhindern, daß ein anderer Kandidat als Karl gewählt würde. Pace glaubte, daß die Deutschen über eine Wahl Heinrichs ebenso empört wären, und fürchtete sogar um sein Leben.[3]

Als Wolsey Pace' Berichte gelesen hatte, war er überzeugt, daß Heinrich sich nicht als Kandidat aufstellen lassen sollte. Er schickte seinen Kaplan John Clerk zu Heinrich nach Windsor, um sich dessen Zustimmung zu holen. Am Abend des 12. Juni führten Clerk und Heinrich ein langes Gespräch. Es war nicht leicht, Heinrich von seinem Standpunkt abzubringen. Schließlich erklärte Heinrich, er könne sich nicht sofort entscheiden. Er wolle noch eine Nacht darüber schlafen und Clerk seine Entscheidung am nächsten Morgen mitteilen. Um ein Uhr nachts schrieb Clerk an Wolsey: »Was seine Ziele im Hinblick auf die Kaiserkrone betrifft, habe ich so gut argumentiert, als mein bescheidener Verstand mir ermöglicht, und bin nicht von Euren Instruktionen abgewichen. Doch mich dünkt, Seine Gnaden achtet nicht der Gefahren.«[4]

Am Morgen hatte Heinrich jedoch eingesehen, daß es in jedem Fall zu spät war. Die Kurfürsten waren bereits im Begriff, sich in Frankfurt zur Wahl zu versammeln. Alle ausländischen Botschafter wurden angewiesen, die Stadt zu verlassen und sich bis nach der Wahl nach Mainz zu begeben. Heinrich und Wolsey erteilten Pace Order, kein Geld für Heinrichs Kandidatur auszugeben. Statt dessen sollte er den Kurfürsten kleinere Summen dafür zahlen, daß sie Karl erklärten, sie hätten ihn gewählt, weil Heinrich sich für ihn eingesetzt habe. Damit sollte vertuscht werden, daß Pace den Kurfürsten vorgeschlagen hatte, für Heinrich zu stimmen.

Im letzten Moment traf in Frankfurt die Nachricht ein, der Papst habe seinen Widerstand gegen Karls Kandidatur aufgegeben. Zur selben Zeit brach in Frankfurt die Pest aus, die Kurfürsten wollten die Stadt deshalb so schnell wie möglich wieder verlassen. Am 28. Juni, dem zweiten Tag der Wahl, wählten sie schließlich morgens um sieben Uhr Karl von Kastilien zum Kaiser. Als die Nachricht in England eintraf, beglückwünschte Heinrich Karl zu seinem Sieg und übermittelte Franz sein tiefstes Bedauern. Keiner von beiden erfuhr, daß Heinrich selbst auf eine Kandidatur gehofft hatte.[5]

Altgediente Staatsmänner, die bereits Erfahrung gesammelt hatten, waren beunruhigt: Zehn Jahre zuvor war Westeuropa von vier älteren und umsichtigen Souveränen regiert worden; nun hatten drei junge Männer den Platz von Maximilian, Ferdinand, Ludwig XII. und Heinrich VII. eingenommen, die alle nach militärischem Ruhm dürsteten. Heinrich VIII. war mit achtundzwanzig der Älteste. Franz I. war fünfundzwanzig, Karl V. neunzehn.

Heinrich war jedoch nicht mehr auf militärischen Ruhm aus. Er und Wolsey hatten ein unmittelbares Ziel: Sie wollten gegenüber Franz und Karl neutral bleiben und aus Konflikten zwischen den beiden den größtmöglichen Nutzen ziehen. Man war sich allgemein darüber im klaren, daß der Wettstreit bei der Wahl in Frankfurt nur der Anfang einer lang andauernden Rivalität zwischen Karl und Franz sein würde, denn ihre Interessen stießen in wenigstens drei Gebieten aufeinander – in der Lombardei, in Burgund und in Navarra.

Heinrich und Wolsey wollten die internationale Entwicklung abwarten und sich in der Zwischenzeit von beiden Seiten umwerben lassen, obwohl Tradition, die franzosenfeindliche Gesinnung in England und der Wollhandel mit den Niederlanden Karl und nicht Franz zu Heinrichs natürlichem Verbündeten machten.

Nach Bonnivets Besuch im Oktober 1518 in London schlug Franz Heinrich ein persönliches Treffen vor. Doch Heinrich und Wolsey wollten ihm dieses Privileg noch nicht gewähren und liebäugelten gleichzeitig mit Karl. Franz nannte den Sommer 1519 als Termin für eine Begegnung mit Heinrich. Heinrich und Wolsey erklärten jedoch, ein Treffen vor 1520 sei unmöglich. Im Herbst 1519 führten Vertreter Frankreichs und Englands langwierige vorbereitende Verhandlungen. In der Hauptsache mußte sichergestellt werden, daß keiner der Könige im Vergleich zum anderen benachteiligt wurde. So wurde endlos darüber diskutiert, ob das Treffen auf englischem oder französischem Boden stattfinden sollte, welcher König folglich dem anderen die Ehre seines Besuches erweisen sollte, wessen Schild bei den Turnieren höher hängen sollte, wie viele Lords und Edelleute Heinrich und Franz begleiten sollten und wer von beiden den Ehrenplatz zur Rechten einnehmen sollte, wenn sie nebeneinander gingen. Schließlich schlug Heinrich Franz vor, die Vorbereitungen Wolsey zu überlassen, nicht in seiner Eigenschaft als Heinrichs Lordkanzler, sondern in seiner neutralen Stellung als päpstlicher Legat. Franz, der unbedingt noch vor Karl mit Heinrich zusammentreffen wollte, war einverstanden.

Wolsey entschied, die Begegnung solle an der Grenze zwischen Frankreich und den Marken von Calais stattfinden, zwischen Guisnes und Ardres. Beide Könige sollten von der gleichen Anzahl Männer begleitet werden. Nach der Begegnung an der Grenze sollte Heinrich Franz' Gemahlin Königin Claudia in Ardres aufsuchen, während Franz zur selben Zeit Katharina von Aragon in Guisnes seine Aufwartung machte. Nach dieser ersten Begegnung stand es Heinrich und Franz frei, sich gegenseitig in Ardres und Guisnes zu besuchen. Auf englischem Boden sollte Heinrich Franz den Ehrenplatz zur Rechten gewähren, während Franz in Frankreich das Kompliment zurückgeben und Heinrich den Platz an seiner rechten Seite überlassen sollte. Heinrich sollte bis spätestens 31. Mai 1520 in Calais eintreffen. In England wurden für das Treffen umfassende Vorbereitungen getroffen. Den Lords und Edelleuten, die Heinrich begleiten sollten, wurde mitgeteilt, wie viele berittene und unberittene Begleiter sie ihrem Rang entsprechend mitzubringen hatten. Zahlreiche Handwerker wurden mit dem Bau der Pavillons an der Grenze beauftragt, wo die Begegnung stattfinden sollte.[6]

Heinrich und Franz trafen auch noch eine informelle Vereinbarung: Beide wollten unbedingt den Bart des anderen sehen; deshalb kamen sie überein, sich die Bärte erst nach dem Treffen abzuscheren. Da aber Katharina Heinrichs Bart nicht mochte, ließ Heinrich ihn ihr zuliebe schon vorher abschneiden. Franz war enttäuscht, als sein Botschafter ihm berichtete, Heinrich habe die Abmachung nicht eingehalten. Er akzeptierte jedoch Heinrichs Erklärung, weshalb er es getan habe. Franz versicherte dem englischen König, ihre gegenseitige Freundschaft ruhe in ihren Herzen, nicht in ihren Bärten.[7]

Karl hatte nichts gegen die bevorstehende Begegnung einzuwenden, er wollte sich allerdings ebenfalls mit Heinrich treffen, und zwar möglichst noch vor dessen Begegnung mit Franz. Hier bot sich Heinrich und Wolsey noch eine Gelegenheit, Heinrichs Ansehen zu stärken. Karl war, nachdem er König von Aragon und Kastilien geworden war, nach Spanien gegangen. Nun plante er, im Frühjahr 1520 auf dem Seeweg von Spanien in die Niederlande zurückzukehren. Heinrich lud ihn ein, unterwegs einen Abstecher nach England zu machen. Er wollte bei der ersten Begegnung mit Karl die Ehre haben, der Gastgeber zu sein. Karl nahm an, weil er die Chance einer Begegnung mit Heinrich nicht verpassen wollte. Das Treffen sollte in Canterbury stattfinden, noch ehe Heinrich Ende Mai nach Calais segelte. Nach der Begegnung mit Franz sollte Heinrich den Kaiser ein zweites Mal treffen. Karl hatte Heinrich nach Brügge eingeladen, aber Heinrich erklärte, er könne unmöglich kommen. Er wolle Karl vielmehr im Juli an der Grenze der Niederlande und der Marken von Calais zwischen Calais und Gravelines treffen und mit dem Kaiser einige Tage auf Karls Territorium in Gravelines und in Calais verbringen.

Die Pläne wären durch die ungünstigen Winde, die Karls Flotte den ganzen April und die erste Maihälfte in La Coruña festhielten, beinahe zunichte gemacht worden, da Heinrich sein Franz gegebenes Versprechen nicht brechen konnte, bis zum 31. Mai in Calais zu sein.[8] Der Wind drehte gerade noch rechtzeitig. Am 21. Mai verließen Heinrich und Katharina mit ihrem Gefolge Greenwich, am 25. Mai trafen sie in Canterbury ein. Tags darauf landete Karl in Dover. Wolsey und andere Räte ließen sich zu seinem Schiff rudern und geleiteten ihn zum Schloß. Später am Tag ritt Heinrich mit einer kleinen Eskorte von Canterbury nach Dover. Karl hatte sich bereits zur Ruhe begeben, doch als er hörte, daß Heinrich im Schloß eingetroffen sei, stand er auf und trat aus seiner Kammer, um Heinrich noch auf der Treppe zu begrüßen. Nach einer herzlichen Umarmung begab sich Heinrich zur Priorei der Stadt, wo er übernachtete. Das Schloß überließ er dem Kaiser und seinem Gefolge. Für Heinrich hätte Karls Ankunft gar nicht besser arrangiert werden können. Nicht nur, daß der Kaiser ihm die Ehre gab, ihn in seinem Land zu besuchen: Obendrein war es auch noch Wolsey und nicht Heinrich selbst gewesen, der Karl auf englischem Boden willkommen geheißen hatte. Und bei Heinrichs erster Begegnung mit Karl war es zu einer herzlichen, spontanen Begrüßung auf der Schloßtreppe gekommen – zumindest schien es so.

Am darauffolgenden Pfingstsonntag, den 27. Mai, ritten Heinrich und Karl gemeinsam von Dover nach Canterbury, wo Karl zum ersten Mal seiner Tante Katharina begegnete. Katharina begleitete ihn und Heinrich mit großem Pomp zur Messe in der Kathedrale. Sie betraten die Kathedrale und schritten über einen Teppich aus purpurnem Samt. Gemeinsam beteten sie an Beckets Grab. Nach zwei weiteren Tagen, an denen Bankette veranstaltet und spanische Tänze aufgeführt wurden, verließ Karl Canterbury und segelte von Sandwich nach Flushing.[9] Heinrich und Katharina begaben sich nach Dover. Am 31. Mai – dem letzten Tag, wenn Heinrich sein Versprechen an Franz halten wollte – segelten sie mit einer Flotte von 27 Schiffen nach Calais.

Wolsey, Buckingham, Suffolk, Foxe, Fisher und sämtliche Lords von England begleiteten sie. Nur Norfolk blieb in London und sah dort nach dem Rechten. Heinrichs Gefolge bestand alles in allem aus 3 997 Menschen und 2 087 Pferden. Dazu kam Katharinas Eskorte von 1 175 Menschen und 778 Pferden. Am 5. Juni ritt Heinrich nach Guisnes, zwei Tage später, an Fronleichnam, traf er mit Franz an der Grenze zwischen Guisnes und Ardres im Val d'Or zusammen. Die erste überschwengliche Begrüßung der beiden Könige war alles andere als spontan. Jedes Detail war genau geplant und zwischen Wolsey und Franz' Ministern abgesprochen worden. Heinrich kam aus Guisnes, Franz aus Ardres. Beide hielten an, als sie auf Sichtweite aneinander herangekommen waren, galoppierten dann ohne ihre Eskorte los und trafen sich genau an der Grenze. Dort umarmten sie sich vom Pferd aus zwei- oder dreimal, dann stiegen sie ab und fielen sich erneut in die Arme.

Heinrichs Steinmetzen und Zimmerleute hatten auf dem Feld zwischen Guisnes und Ardres einen provisorischen Palast errichtet. Auf einem steinernen Fundament erhoben sich bis zu dreieinhalb Meter hohe Backsteinmauern, das Dach war aus Holz. Um einen Innenhof gruppierten sich vier Flügel für Heinrich, Katharina, Wolsey sowie Maria und Suffolk. Drei der Räume waren sogar größer als die Zimmer in Heinrichs Palästen in England. Der größte Saal war 38 m lang, 13 m breit und 9 m hoch. Der Speisesaal war 24 m lang, 10 m breit und 8 m hoch. Der Salon schließlich war 18 m lang, 10 m breit und 8 m hoch. Die Räume waren überall mit Goldbrokat ausgekleidet. Aus diesem Grund nannte man den Ort der Begegnung fast vom ersten Tag an das »Güldene Feld«. Zu Heinrichs Palast gehörte auch eine Kapelle mit kostbaren goldenen und juwelenbesetzten Statuen und Kruzifixen und ein Keller mit 3 000 Fässern der edelsten Weine. Um den Palast waren 2 800 Zelte für Heinrichs und Franz' Gefolge errichtet worden. Franz selbst logierte in Ardres.

Die Begegnung dauerte siebzehn Tage. Meist war es heiß und sonnig. Zweimal mußten die Turniere verschoben werden, weil ein starker Wind den Reitern Staub ins Gesicht blies. Abgesehen von den Begegnungen in der Zeltstadt, besuchte Franz Heinrich und Katharina mehrmals in Guisnes, und Heinrich suchte Königin Claudia und Herzogin Margarete von Alençon in Ardres auf. Die anwesenden französischen und englischen Edelleute feierten die anglo-französische Freundschaft. Einmal stritten sich Heinrichs und Franz' Würdenträger darüber, wessen Schild beim Turnier am Ehrenplatz rechts über den Schranken hängen sollte. Als Heinrich davon erfuhr, ordnete er an, seinen Schild auf der linken Seite und Franz' Schild auf dem Ehrenplatz anzubringen. Heinrich und Franz traten mit jeweils drei englischen und drei französischen Rittern gegen die Herausforderer an. Franz wurde einmal leicht an der Wange verletzt. Heinrich hatte mehr Glück und blieb unverletzt, als eine Lanze an seiner Hand zersplitterte.

Einer der drei französischen Ritter, die mit Franz und Heinrich beim Turnier kämpften, war der Sieur von Fleuranges. Er berichtet, Heinrich habe Franz bei einem Besuch in dessen Pavillon zu einem Ringkampf herausgefordert. Franz, ein ebenso geschickter Ringer wie Heinrich, nahm die Herausforderung an. Obwohl Heinrich ein paar Punkte erzielte, warf Franz ihn schließlich zu Boden. Sogleich forderte ihn Heinrich zu einer zweiten Runde heraus. Doch dazu war keine Zeit mehr, da das Essen bereits serviert wurde. Wie zu erwarten, erwähnt kein englischer Autor die Niederlage Heinrichs im Ringkampf. Trotzdem kann Fleuranges' Geschichte sich durchaus so zugetragen haben. Das Treffen endete am 23. Juni, dem Vorabend des Johannistages, mit einer Messe, die Wolsey feierlich in der Kapelle auf dem Güldenen Feld zelebrierte. Am nächsten Tag nahmen Heinrich und Franz Abschied, und Heinrich kehrte nach Calais zurück. An der Stätte ihrer Begegnung sollte eine Kapelle aus Stein errichtet werden, die den Namen »Kapelle Unserer lieben Frau des Friedens« erhalten sollte.[10]

Vierzehn Tage später, am 10. Juli, traf Heinrich zum zweiten Mal mit Karl V. an der Grenze zwischen Calais und Gravelines zusammen. Zunächst war er in Gravelines Karls Gast, dann empfing er Karl in Calais. Im Vergleich zu der Begegnung mit Franz war diese Begegnung eher bescheiden. Das Treffen in Gravelines und Calais dauerte nur vier Tage. Heinrich und Karl wurden jeweils von nur 200 Personen begleitet, weniger als ein Zwanzigstel des auf dem Güldenen Feld versammelten Gefolges. Doch für Karl war die Begegnung zumindest ein Ausgleich für den diplomatischen Erfolg, den Franz bei seinem Treffen mit Heinrich erzielt hatte. Heinrich wiederum hielt sich nach wie vor alle Möglichkeiten offen. Er und Franz hatten auf dem Güldenen Feld den Ehekontrakt zwischen Heinrichs Tochter Maria und dem Dauphin erneuert. Als Franz dafür plädierte, Albany die Rückkehr nach Schottland zu gestatten, erstickte Wolsey diesen Vorschlag im Keim. In Gravelines und Calais unterzeichneten Heinrich und Karl einen Vertrag, in dem Heinrich sich verpflichtete, ohne Karls Zustimmung keinen neuen Vertrag mit Franz oder einer anderen Macht zu schließen. Karl erklärte sich im Gegenzug bereit, seinerseits keinen Vertrag ohne Heinrichs Zustimmung zu schließen.[11]

Heinrich und Wolsey waren sich darüber im klaren, daß der allgemeine Friede unsicher war und daß es im Sommer 1521 wahrscheinlich zu einem Krieg zwischen Karl und Franz kommen würde. Nach dem Vertrag von 1518 waren sie verpflichtet, dem Opfer des Angriffs beizustehen. Sie wußten jedoch nicht, wer das Opfer sein würde. In der Zwischenzeit achteten sie darauf, daß sich Franz keinen Vorteil auf Kosten Englands verschaffte. Als Heinrich von seinen Begegnungen mit Franz und Karl zurückkehrte, ging er nach Berkshire auf die Jagd, wohnte in Windsor Castle und weilte als Gast des Abtes in Reading Abbey. Pace berichtete Wolsey, Heinrich stehe außer an Feiertagen jeden Morgen um vier oder fünf Uhr auf und sei bis neun oder zehn abends auf der Jagd. Hier übertreibt Pace wohl ein bißchen, denn die Sonne ging abends kurz nach sieben unter. Pace, ein härterer Arbeiter als Heinrich, aber von schwächerer Konstitution, war der Meinung, Heinrich mache die Jagd zu einem Martyrium. Aber Heinrich hielt sich ständig auf dem laufenden. Nach seiner Rückkehr von der Jagd fragte er ungeduldig nach den neuesten Berichten. Er erfuhr, daß die Franzosen Ardres befestigten. Franz hatte ihm auf dem Güldenen Feld versprochen, dies zu unterlassen. Wolsey stellte die Franzosen energisch zur Rede, und Franz, der das gute Verhältnis zu Heinrich nicht gefährden wollte, versprach, die Arbeiten umgehend einzustellen.[12]

Heinrichs Beliebtheit in England und sein Ansehen im Ausland waren ungebrochen. Keiner pries ihn überschwenglicher als die Intellektuellen, die jeden Höfling an Schmeichelei übertrafen. Thomas Morus, ein genauso großer Patriot wie der französische Autor Germain de Brie, schrieb in einem Pamphlet gegen de Brie, Heinrich habe sein Reich von Habgier, Plünderung und Falschheit befreit. Erasmus, der sich nicht wie Morus damit entschuldigen konnte, einer von Heinrichs Untertanen und Ministern zu sein, lobte Heinrich in fast jedem Brief, den er an einen Engländer schrieb. Wenn er an Heinrich selbst schrieb, rühmte er ihn als Urheber des universalen Friedens, als Beschützer der Schwachen, als Förderer der Gelehrsamkeit des englischen Klerus und – einen Monat vor der Geburt seines unehelichen Sohnes – als getreuen Ehemann.[13]

Kritik wurde in England nur gelegentlich laut. In Shaftesbury wurde ein Mann von seinen Nachbarn angezeigt, weil er an Lichtmeß 1521 zu einem aus Heinrichs Armee entlassenen Soldaten gesagt hatte: »Sir, Ihr habt bei Herrn Heinrich gedient? Eine edle Tat, fürwahr. Ihr habt mein Geld verpraßt wie ein Vagabund und Schurke.« Drei Monate später wurde Anklage gegen den Pastor von Rampsham in Dorset erhoben. Er hatte behauptet, Heinrich verdiene es sowenig wie sein Vater, König zu sein, weil Heinrich VII. »ein Stallbursche und Pferdeknecht« gewesen sei.[14]

Die Unsicherheit des europäischen Friedens beeinträchtigte Heinrichs und Wolseys Politik in Irland und Schottland. Im Gegensatz zu den anderen Teilen seines Reiches hatte Heinrich in Irland und an der Grenze zu Schottland keinen Einfluß auf Recht und Ordnung. Die irischen Führer erkannten Heinrich zwar als Lord von Irland an, doch in der Praxis mißachteten sie die Autorität des königlichen Statthalters in Dublin und führten auf eigene Faust Krieg gegen andere irische Führer, gegen die englischen Siedler im östlichen Teil Irlands und manchmal sogar gegen die Beamten der königlichen Regierung.

Im Jahr 1520 ernannte Heinrich den Grafen von Surrey zum Statthalter von Irland. Surrey mußte bald feststellen, daß er gegen die irischen Führer nicht mit denselben harten und brutalen Mitteln vorgehen konnte, die er nach dem blutigen 1. Mai gegen die Londoner Lehrlinge eingesetzt hatte. Als er mit einer Rebellion konfrontiert war, die O'Neill, der einflußreichste Führer in Ulster, angezettelt hatte, teilte er Heinrich mit, er brauche Truppen aus England, wenn der Aufstand niedergeschlagen werden solle.[15]

An der schottischen Grenze gab es immer Ärger. In der Pfalzgrafschaft Durham, die vom Bischof von Durham regiert wurde, in der blühenden Hafenstadt Newcastle und in dem küstennahen Gebiet entlang der Straße von Newcastle zur Garnisonsstadt Berwick konnte die Ordnung aufrechterhalten werden. Doch weiter westlich in Tynedale und Redesdale waren Raub und blutige Fehden zwischen rivalisierenden Familien an der Tagesordnung. Gerichtsverfahren mit Friedensrichtern und Geschworenen gab es hier nicht. Von Zeit zu Zeit schickte der Schutzherr der Marken eine Abteilung Soldaten nach Tynedale und Redesdale, in der Hoffnung, einen berüchtigten Verbrecher zu fangen, der in Newcastle verurteilt und hingerichtet werden konnte. Doch meist gelang dem Übeltäter die Flucht nach Schottland.

Die Marken gliederten sich in östliche, mittlere und westliche Marken. Hauptort der östlichen Marken war Berwick, ihnen gegenüber lagen die schottische Grafschaft Merse und die Städte Jedburgh und Kelso. Die mittleren, von Carlisle aus verwalteten Marken lagen den Schotten von Liddisdale gegenüber; in diesem Grenzgebiet ging es schon immer am turbulentesten zu. Die westlichen Marken schließlich, ebenfalls von Carlisle aus verwaltet, sahen sich den Schotten in Dumfriesshire und Annandale jenseits der Solway Firth gegenüber. Die Einwohner des englischen Grenzgebiets beraubten und töteten sich nicht nur gegenseitig, sie überquerten häufig auch die Grenze und fielen in Schottland ein. Die Einwohner des schottischen Grenzgebiets wiederum überfielen England und trugen Fehden untereinander aus. In Friedenszeiten versuchten die Schutzherrn der Marken nur recht zaghaft, diese

Grenzverletzungen einzudämmen. Drei- oder viermal im Jahr trafen sie sich mit ihren schottischen Kollegen zu einem »Waffenstillstandstag«, der abwechselnd auf englischem und schottischem Boden abgehalten wurde. Bei diesen Zusammenkünften beschwerte sich der englische Schutzherr bei seinem schottischen Kollegen über die Überfälle der Schotten und versprach gleichzeitig, alles zu tun, um das Eindringen englischer Grenzräuber in Schottland zu verhindern. Der schottische Schutzherr äußerte entsprechende Beschwerden und Versprechen.

Der katastrophale Zustand Schottlands zur Zeit der Minderjährigkeit Jakobs V. wirkte sich auf Redesdale und Tynedale aus, wo es in den 20er Jahren des 16. Jahrhunderts zügelloser zuging als in den Jahrhunderten zuvor. Hier wie in Irland mußten Heinrich und Wolsey sich wohl oder übel mit der Situation abfinden. Ihnen blieb nur der eine Trost: Im Krieg gegen die Schotten würden die Banditen aus Tynedale und Redesdale in der Armee gute Dienste leisten.

Abgesehen von den ständigen Grenzunruhen hörte Heinrich wiederholt Klagen seiner Schwester Margarete, sie werde seit ihrer Rückkehr nach Schottland knapp bei Kasse gehalten und die schottischen Lords verweigerten ihr ihre Mitgift. Margarete bat Heinrich, in ihrem Namen bei den Schotten zu intervenieren und ihr Geld zu schicken, da sie sonst seine Feinde um Hilfe ersuchen müsse. Gegen ihren Mann, den Grafen von Angus, hatte sie eine starke Abneigung entwickelt. Heinrich war das unangenehm, weil Angus und die Familie Douglas seine wichtigsten Verbündeten in Schottland waren.

Angesichts eines möglichen Krieges in Europa mit Beteiligung Englands wollten Heinrich und Wolsey keine Truppen entsenden, um die Unruhen in Irland und an den Grenzen zu Schottland niederzuschlagen. Heinrich erklärte Surrey, er könne es sich nicht leisten, drei Armeen gleichzeitig im Feld zu haben. Surrey solle daher auf diplomatischem Wege, nicht mit Gewalt gegen O'Neill und die Iren vorgehen. Obwohl er zu diesem Zeitpunkt keine Armee nach Irland schicken wollte, befahl er den Edelleuten von Cheshire, Lancashire und Wales, ihre Pächter für einen Feldzug in Irland zu rüsten, um O'Neill und die Iren glauben zu machen, er wolle eine Armee gegen sie aufbieten. Surrey erklärte er, dies sei in Wirklichkeit nur eine List; Surrey solle versuchen, Zeit zu gewinnen und O'Neill hinzuhalten. Heinrich verlieh O'Neill die Ritterwürde und schickte ihm eine Goldkette als Geschenk.[16] Kein Staatsmann wußte besser als Heinrich VIII., daß Politik die Kunst des Möglichen ist.

Da Heinrich und Wolsey auch in Schottland nicht zu gewaltsamen Mitteln greifen wollten, benutzten sie Franz. Sie wußten, daß Franz das gute Verhältnis zu Heinrich aufrechterhalten wollte, damit Heinrich sich nicht mit Karl verbündete. Im Januar 1521 teilte Franz den schottischen Lords mit, Wolsey habe deutlich gemacht, daß er einer Rückkehr Albanys nach Schottland niemals zustimmen werde. Franz drängte die Schotten, sich mit dieser Tatsache abzufinden. Im April gelangten Heinrich und Wolsey zu der Einsicht, daß es zu ihrem Vorteil sei, den Waffenstillstand mit Schottland zu verlängern. Sie glaubten allerdings, daß es Heinrichs Ansehen abträglich sei, wenn die Initiative dabei von ihm ausging. Also trugen sie Sir William Fitzwilliam, Heinrichs Gesandtem in Frankreich, auf, dafür zu sorgen, daß die Bitte um Verlängerung des Waffenstillstands von den Schotten kam; Heinrich wollte sich dann Franz zuliebe damit einverstanden erklären. Fitzwilliam sollte auf keinen Fall den Eindruck erwecken, als sei er auf den Frieden mit Schottland allzu erpicht. Im Gegenteil, je mehr er sich zum Krieg entschlossen zeige, desto inständiger werde Franz die Schotten um einen Waffenstillstand bitten, da er auf keinen Fall in einen Konflikt mit Heinrich hineingezogen werden wolle. Der Plan funktionierte, wie Heinrich und Wolsey gehofft hatten. Die Schotten baten Lord Dacre, den Schutzherrn der Marken, um eine Verlängerung des Waffenstillstands, und Heinrich willigte ein.[17]

Weder der Adel noch das englische Volk waren glücklich über die Friedenspolitik mit Frankreich, die sie Wolsey zuschrieben. Keiner widersetzte sich dieser Politik mehr als der Großkonnetabel von England, der Herzog von Buckingham. Der Herzog zählte nie zu Heinrichs engen Freunden, obwohl er oft am Hof weilte. Dort hatte er bei Wettkämpfen im Bogenschießen und beim Würfelspiel Geld an den Herzog von Suffolk verloren, einmal sogar bei einem Tennismatch vierzehn Pfund an Heinrich. Er verachtete Wolsey, den emporgekommenen Sohn eines Fleischers, und mißbilligte dessen franzosenfreundliche Politik. Polydore Vergil, der Wolsey ebenfalls haßte, schreibt, Buckingham sei einmal derart entrüstet gewesen, als Wolsey es wagte, seine Hände in derselben Schüssel zu waschen wie Heinrich, daß er das Wasser über Wolseys Schuhe ausgegossen habe. Die Geschichte ist freilich nicht glaubhaft. Buckinghams Briefe an Wolsey waren außerordentlich respektvoll abgefaßt.[18]

Buckingham hatte eine Auseinandersetzung mit seinem Verwalter Knivet. Laut Polydore Vergil hatte Knivet Buckinghams Pächter unterdrückt, Buckingham hatte ihn deshalb auf Bitten der Pächter seines Postens enthoben. Andere behaupten, Knivet sei wütend gewesen, weil Buckingham ihn um sein Erbe betrogen habe. Wie auch immer, jemand anders haßte Buckingham jedenfalls noch mehr als Knivet, und dieser Jemand – wahrscheinlich handelte es sich um Buckinghams Kaplan, vielleicht auch um seinen Beichtvater – schrieb einen anonymen Brief an Wolsey und beschuldigte Buckingham des Hochverrats.

Verwalter, Kaplan und Beichtvater wurden verhört. Sie behaupteten, Buckingham habe sich zunächst gesträubt, Heinrich zum Güldenen Feld zu begleiten und dort so zu tun, als sei er gut Freund mit den Franzosen. Er habe oft über Wolsey geschimpft. Einmal habe er gesagt, es tue ihm leid, daß er vor ein paar Jahren, als Heinrich VII. krank war, die Gelegenheit verpaßt habe, Wolsey und Sir Thomas Lovell die Köpfe abzuhacken. Er habe Astrologen kommen lassen, die ihm verkündet hätten, er werde eines Tages König sein, und er glaube, das Parlament werde ihm nach Heinrichs Tod die Krone anbieten. Er habe erklärt, wenn man ihn jemals in den Tower werfe, würden seine Freunde innerhalb weniger Tage eine Armee von 10 000 Soldaten aufbieten, um ihn zu befreien. Außerdem habe er angedeutet, daß er mit Heinrich VIII. das zu tun gedenke, was sein Vater mit Richard III. vorgehabt habe.

Entsprachen diese Anschuldigungen der Wahrheit? Vielleicht. Jedenfalls war es klüger, kein Risiko einzugehen, wenn es um einen so einflußreichen Adligen und Nachkommen Eduards III. ging wie Buckingham. Heinrich und Wolsey waren immer auf das Schlimmste gefaßt und hatten bereits entsprechende Vorkehrungen getroffen. Sie ließen nicht nur Heinrichs Tennispartner Buckingham, sondern auch dessen Kumpan und Schwiegersohn Suffolk streng bewachen und ihnen Fallen stellen. Etwa ein Jahr zuvor hatte Heinrich mit eigener Hand seinem »guten Kardinal« von dieser Sache Mitteilung gemacht. Da ihm das Briefeschreiben beschwerlich falle, so hatte er erklärt, wolle er Wolsey einen Boten schicken, der ihm mündlich über eine gewisse Sache berichten werde. »Dennoch hielt ich es nicht für ratsam, ihn oder irgend jemand anderen außer Euch in das folgende einzuweihen. Ich möchte, daß Ihr den Herzog von Suffolk, den Herzog von Buckingham, die Lords von Northumberland, Derby und Wiltshire und andere, die Ihr für verdächtig haltet, überwacht, um zu sehen, was sie mit diesen Neuigkeiten anfangen. Soviel für heute, doch *sapienti pauca* [für den Kundigen bedarf es nur weniger Worte]. Geschrieben von der Hand Eures liebenden Herrn, Heinrich R.«[19]

Es war bereits einige Jahre her, daß ein hoher Adliger zum Tode verurteilt worden war. Die Hinrichtung des ersten Herzogs in England konnte eine ebenso heilsame Wirkung auf die Aristokratie haben, wie sie die Hinrichtung der Londoner Lehrlinge auf die Aufständischen in Southampton gehabt hatte. Buckingham besaß große Besitzungen. Ihm gehörten das Gut Thornbury in Gloucestershire, sein Hauptwohnsitz, wenn er nicht am Hof weilte, ein eindrucksvolles Haus in Penshurst in Kent, wo er erst kürzlich den König empfangen hatte, Häuser in London und Calais sowie Güter und Ländereien in 24 Grafschaften im Wert von 6 000 Pfund. Das alles würde an Heinrich fallen, wenn Buckingham des Hochverrats überführt wurde. Heinrich konnte mit dem Vermögen nicht nur seine Schatzkammer auffüllen, sondern auch all die Höflinge und Würdenträger belohnen, die dem König ohne Lohn dienten und darauf hofften, eines Tages zusätzlich zu den regelmäßigen Einkünften aus Bestechungsgeldern Ländereien zu erhalten, die einem Verräter weggenommen worden waren. Nicht auszuschließen ist ferner, daß Heinrich immer noch einen persönlichen Groll gegen Buckingham hegte, weil der Herzog vor zehn Jahren seine Schwester in ein Kloster geschickt hatte, damit Heinrich sie nicht verführen konnte.

Im April 1521 erhielt Buckingham in Thornbury eine Einladung an den Hof. Er machte sich mit seinen Begleitern auf den Weg und besuchte unterwegs den Liebfrauenschrein von Eyton bei Reading. Als er in Richtung London weiterritt, bemerkte er, daß ihm in einigem Abstand ein Trupp Soldaten folgte, war darüber jedoch nicht weiter beunruhigt. Er übernachtete in einem Gasthaus in Windsor. Als er am nächsten Morgen frühstückte, sah er, daß vor seiner Zimmertür ein Offizier stand. Er fragte den Offizier, weshalb er dort stehe, und der Offizier erwiderte, er gehorche lediglich dem Befehl des Königs. Daraufhin wurde Buckingham kreidebleich.

Als er Westminster erreichte, hatte er sich wieder in der Hand, obwohl er jetzt auf das Schlimmste gefaßt war. In Tothill bestieg er eine Barke, um nach Greenwich zu fahren, doch unterwegs machte er am York Place halt und verlangte Wolsey zu sprechen. Man sagte ihm, Wolsey sei unpäßlich, er könne keinen Besuch empfangen. Buckingham bat um ein Glas Wein, das letzte, das er auf Kosten des Kardinals trinken wolle. Dann bestieg er wieder seine Barke und fuhr den Fluß hinunter. Als er die London Bridge passierte, wurde das Boot gestoppt. Der Hauptmann der königlichen Wache und ein paar Soldaten kamen an Bord. Der Hauptmann verhaftete ihn wegen Hochverrats und brachte ihn in den Tower.

Buckinghams Schwiegersohn Lord Abergavenny und Henry Pole, Lord Montagu, dessen Schwester Buckinghams Sohn geheiratet hatte, wurden ebenfalls verhaftet und der Teilnahme an Buckinghams Verrat bezichtigt. Montagu war Abergavennys Schwiegersohn. Seine Mutter, Margaret Pole, Gräfin von Salisbury, war die Cousine Elisabeths von York, der Mutter Heinrichs VIII., und Schwester des Grafen von Warwick, den Heinrich VII. 1499 hatte hinrichten lassen.

Buckingham selbst, seine Anhänger und fast das gesamte Volk waren davon überzeugt, daß Wolsey für die Verhaftungen verantwortlich war. Der Fleischersohn hatte den bedeutendsten Adligen des Reiches zu Boden gestreckt. Buckinghams Verhör freilich übernahm Heinrich selbst. Wolsey war nicht anwesend, als Buckingham vor den König gebracht und seinem Kaplan, seinem Beichtvater, seinem Verwalter und den anderen Zeugen gegenübergestellt wurde, die die unbesonnenen Worte bezeugten, die er über die Jahre in privaten Gesprächen geäußert hatte. Die Worte konnten als Beweis seiner Absicht gewertet werden, nach Heinrichs Tod dessen Tochter des Thrones zu berauben. Aus diesem Grund war er des Hochverrats schuldig.

Buckingham konnte allerdings erst dann verurteilt werden, wenn ihm die anderen Peers des Oberhauses den Prozeß gemacht hatten. Mit diesen war er durch vielfältige verwandtschaftliche Bande verknüpft. Zusätzlich zu seinen verwandtschaftlichen Beziehungen zu Abergavenny und den Poles hatte eine seiner Töchter den Grafen von Surrey, eine andere den Grafen von Westmorland geheiratet. Der Prozeß fand nicht vor dem ganzen Oberhaus statt, sondern vor dem Gericht des Lord High Steward. Es war üblich, daß der König nur eine bestimmte Anzahl Peers auswählte, um bei einem solchen Prozeß als Richter zu fungieren. Erst nach der Revolution von 1688 wurden Hochverratsprozesse vor dem Gericht des Lord High Steward verboten. Norfolk führte den Vorsitz. Seine Beisitzer waren Suffolk, Dorset, Shrewsbury, zwölf weitere Peers und Docwra, der Prior von St. Johann von Jerusalem. Surrey und Westmorland waren nicht dabei.

Keiner der Adligen des Gerichts wollte als Sympathisant eines Mannes gelten, der des Hochverrats angeklagt war. Moralischer Druck, Gehorsam gegenüber dem König und persönliche Bewunderung für Heinrich spielten dabei eine größere Rolle als Furcht. Heinrich hatte keinen Zweifel am Ausgang des Prozesses. Sein Sekretär Pace schrieb in einer Notiz auf der Rückseite eines Briefes: »Der König ist überzeugt, daß die Lords Buckingham für schuldig befinden und verurteilen werden.«[20]

Buckingham beteuerte seine Unschuld, doch das Gericht befand ihn einmütig für schuldig. Heinrich wandelte das Urteil Tod durch Erhängen, Strekken und Vierteilen in Tod durch Enthaupten um. Fünfhundert Soldaten standen um das Schafott, als Buckingham am 17. Mai mit großer Tapferkeit auf dem Platz vor dem Tower starb. Dreimal mußte der Henker mit dem Beil zuschlagen, um seinen Kopf vom Leib zu trennen.[21]

In Frankreich und den Niederlanden ging das Gerücht um, in England sei eine Revolution ausgebrochen. Heinrichs Gesandte versicherten Franz und Karl, das Gerücht sei frei erfunden; Buckingham sei der einzige abtrünnige Adlige gewesen; Lord Abergavenny und Lord Montagu hätten eher töricht als böswillig gehandelt, und Adel und Volk von England stünden treu zu Heinrich. Abergavenny und Montagu wurde verziehen, nachdem sie Heinrich und Wolsey einen Teil ihrer Ländereien überlassen hatten.[22]

In derselben Woche, in der Buckingham hingerichtet wurde, nahm England offiziell die neue Lehre zur Kenntnis, die das Christentum verändern sollte. Martin Luther hatte einen der schlimmsten Skandale aufgedeckt, von denen Papsttum und Kirche je betroffen waren, und dadurch die Autorität des Papstes in Frage gestellt. Albrecht von Brandenburg, der 25jährige Erzbischof von Magdeburg und Bischof von Halberstadt, wollte Erzbischof von Mainz und damit einer der Kurfürsten des Heiligen Römischen Reiches werden. Als Kurfürst konnte er von Maximilian hohe Bestechungsgelder kassieren, damit er für Karl von Kastilien stimmte. Er forderte also einen Dispens für das Bistum Mainz und seine beiden anderen Bistümer sowie einen zweiten Dispens, damit er zum dritten Mal Bischof werden konnte, ohne das vorgeschriebene Alter von dreißig Jahren erreicht zu haben. Der Papst verlangte 10 000 Dukaten für diesen Dispens, der Albrecht hohe Profite ermöglichen würde. Um dem Bischof aber bei der Beschaffung des Geldes für den Dispens zu helfen, verkündete der Papst, daß jedermann in Deutschland die Vergebung vergangener und künftiger Sünden erlangen könne, wenn er Geld für den Umbau der Peterskirche in Rom spende. In Wirklichkeit sollte das Geld nicht für die Kirche, sondern für die Bezahlung des Dispenses verwendet werden. Ein Teil der Einnahmen sollte an das Bankhaus der Fugger gehen, die dafür sorgen wollten, daß das Geld nach Rom gelangte.

Am 31. Oktober 1517 schlug Luther seine 95 Thesen an die Tür der Schloßkirche von Wittenberg an. Luther meinte, der päpstliche Ablaß könne lediglich die Strafe erlassen, aber nicht die Schuld der Sünde, die nur Gott allein vergeben könne. Weder Luthers Argumente noch die skandalösen Umstände, die dazu Anlaß gegeben hatten, waren nach Ansicht des Papstes und der Kirchenfürsten von Belang. Luther hatte die Autorität des Papstes angezweifelt, und das genügte, ihn zu verdammen. In den folgenden drei Jahren sah sich Luther aufgrund der Unnachgiebigkeit der kirchlichen Behörden dazu veranlaßt, eine extremere Haltung einzunehmen und die Macht des Papstes direkt anzugreifen. Seine drei bekannten Schriften *Von der Freiheit eines Christenmenschen, An den christlichen Adel deutscher Nation* und *Von der babylonischen Gefangenschaft der Kirche*, die im Sommer 1520 veröffentlicht wurden, stießen in Deutschland auf große Begeisterung. Dort kam es zu einer gegen den Papst und die Ausbeutung Deutschlands durch Rom gerichteten Massenbewegung, die von mehreren deutschen Fürsten unterstützt wurde.

Die Herrscher Europas unterstützten den Papst geschlossen gegen Luther. Die Könige hatten sich oft mit den Päpsten um Geld und außenpolitische Fragen gezankt, doch eine Volksbewegung, die die päpstliche Autorität bedrohte, war zugleich eine Bedrohung der sozialen Ordnung des Christentums und konnte zu revolutionären Angriffen auf die Autorität der Könige und die Privilegien und den Besitz des Adels und der wohlhabenden Schichten führen. Dieser Aspekt des Luthertums, den Thomas Morus und andere katholische Propagandisten besonders nach der Eskalation des Bauernkrieges in Deutschland 1525 betonten, sorgte von Anfang an in kirchlichen und weltlichen Kreisen für Aufregung und ließ Heinrich VIII. wie die anderen Herrscher zu einem entschlossenen Gegner des Luthertums werden.

Erasmus stimmte zwar mit Luthers Kritik an der Kirche überein, fürchtete aber die revolutionäre Gewalt und die intellektuellenfeindliche Haltung der Massen, die Luther folgten. Er versuchte, sich neutral zu verhalten, und glaubte, die Kirche werde Luther zu einer noch extremeren Haltung treiben, wenn sie ihn verfolge. Erasmus wollte Leo X. daran hindern, Luther zu verdammen und mit ihm halb Deutschland gegen sich aufzubringen. Im Juli 1520 reiste er mit Karl V. zu dessen Treffen mit Heinrich in Gravelines. Anschließend begleitete er Kaiser und König nach Calais. Dort sprach er mit Heinrich und bat ihn, bei Papst und Obrigkeit für eine gemäßigtere Haltung gegenüber Luther einzutreten, doch ohne Erfolg. Heinrich war freundlich und charmant wie immer, aber entschlossen, gegen Luther vorzugehen. Nach Luthers Anhänger Myconius, dessen Zeugnis allerdings nicht gesichert ist, klopfte Heinrich Erasmus auf den Rücken und fragte ihn, warum er Luther nicht öffentlich verteidige. Als Erasmus erklärte, er sei außerstande, sich in dieser Angelegenheit auf einen theologischen Disput einzulassen, soll Heinrich gesagt haben: »Ihr seid ein guter Kerl, Erasmus.« Dann gab er ihm 40 Dukaten und schickte ihn fort.[23]

Vierzehn Tage vor Erasmus' Gespräch mit Heinrich in Calais hatte der Papst Luther in einer Bulle exkommuniziert. Im Herbst schickte er seinen Nuntius nach Deutschland und in die Niederlande, um die Bulle bekanntzumachen. Im Dezember verbrannte Luther die Bulle in Wittenberg vor einer jubelnden Menge. Der Papst rief die Herrscher der christlichen Welt auf, sich öffentlich gegen Luther zu stellen, seine Bücher zu verbrennen, jeden daran zu hindern, sie zu lesen, und Luthers Anhänger als Ketzer zu verfolgen. Heinrich und Wolsey verlangten als Gegenleistung dafür vom Papst die Ernennung Wolseys zum ständigen päpstlichen Legaten in England. Als ihnen der Papst mangelnden Eifer im Kampf gegen das Luthertum vorwarf, entgegnete Wolsey mit dem zweifelhaften Argument, er habe keine rechtliche Befugnis, gegen Luther vorzugehen, solange er nicht päpstlicher Legat sei.[24]

Nach einigem Hin und Her erneuerte der Papst Wolseys Machtbefugnisse als Legat schließlich für weitere zwei Jahre. Am 12. Mai fand die vom Papst gewünschte antilutherische Demonstration bei Paul's Cross in Anwesenheit Wolseys und einer großen Menschenmenge statt. Der Sekretär des venezianischen Gesandten schätzte, daß sich 30 000 Menschen eingefunden hatten. Fisher sprach zwei Stunden lang über die Gottlosigkeit Luthers und seiner Lehren. Während seiner Predigt wurden Luthers Bücher ins Feuer geworfen. Anschließend wurde verkündet, jeder, der Luthers Bücher lese, mache sich der Ketzerei schuldig.[25]

Heinrich wollte selbst ein Buch gegen Luther verfassen. Im Mai 1521 war es fast fertig. Die *Verteidigung der sieben Sakramente* umfaßte etwa 30 000 Wörter und war in lateinischer Sprache abgefaßt. Im Juli wurde das Buch in London veröffentlicht. Nur die wenigsten Zeitgenossen hielten Heinrich für den tatsächlichen Autor. Einige hielten Wolsey für den Autor, andere Morus oder Fisher. Luther war überzeugt, daß Edward Lee es geschrieben habe.

Doch obwohl Morus und andere Theologen Heinrich bei der Recherche halfen und Vorschläge machten, hat Heinrich das Buch laut Morus selbst geschrieben.

Viele Historiker der Neuzeit haben sich wie Heinrichs Zeitgenossen geweigert, an Heinrichs Verfasserschaft zu glauben. Aber Heinrich langweilte zwar die Lektüre von Staatspapieren, und auch das Schreiben und selbst Lesen von Briefen war ihm zuwider, doch theologische Kontroversen faszinierten ihn. Keiner, der seine Entwürfe und Korrekturen der Glaubensartikel und dogmatischen Abhandlungen liest, die in den letzten Jahren seiner Regierungszeit veröffentlicht wurden, kann überrascht sein, daß er bereits fünfzehn Jahre früher imstande war, die *Verteidigung der sieben Sakramente* zu schreiben. Als Pace im April 1521 in Greenwich eintraf, sah er, wie Heinrich begierig in einem Exemplar von Luthers neuestem Buch las, das Wolsey ihm geschickt hatte. Heinrich nahm sich jetzt weniger Zeit für die Jagd. Er saß öfters in seinem Kabinett, studierte die Quellen, die Morus, Fisher und Lee für ihn zusammengetragen hatten, und schrieb an seinem Buch.[26]

Auch der Stil des Buches deutet darauf hin, daß Heinrich selbst der Autor war. Es liest sich nicht wie das Werk eines Theologen, sondern wie das eines intelligenten Laien. Es enthält nur wenige Bibelzitate und patristische Texte, die Argumentation ist knapp, klar und von zwingender Logik. Obwohl Heinrich Luther mit einiger Heftigkeit als »gottlosen Kerl«, »neumodischen Doktor«, »kleinen Heiligen« und »Mönchlein« beschimpft, reicht seine Sprache nicht an die polemischen Beleidigungen heran, die für die meisten gegen Luther gerichteten Schriften dieser Zeit typisch sind.

Heinrich verteidigt zunächst den Ablaßhandel. Es sei falsch von Luther, »die Menschen dazu anzustiften, auf die Reichtümer ihrer eigenen Bußfertigkeit zu vertrauen und die Schätze der heiligen Kirche und die Mildtätigkeit Gottes zu verachten«. Dann wendet er sich der Frage der päpstlichen Souveränität zu, die er als selbstverständliche Wahrheit anerkennt: »Ich möchte dem Bischof von Rom nicht unrecht tun und ihm dies Recht streitig machen, als ob es irgendeinen Zweifel daran gäbe.« Luther könne »nicht leugnen, daß alle Gläubigen den Heiligen Römischen Stuhl ehren und ihn als ihre Mutter und höchste Autorität anerkennen«. Bezüglich des heiligen Sakraments lehnt Heinrich Luthers Forderung ab, die Gemeinde solle sowohl Wein als auch Brot empfangen. Zwar hat er gegen die Spendung des Sakraments in beiderlei Gestalt nichts einzuwenden, doch vertritt er den orthodoxen Standpunkt, die gegenwärtige Praxis, nur das Brot an die Laien auszuteilen, solle angesichts der untergeordneten Bedeutung dieses Problems beibehalten werden, und niemand solle sie anprangern, bis die Kirche anderweitig entscheide. Wenn Luther so viel Wert auf die Auslegung der Schrift lege, warum beharre er dann nicht darauf, daß die Eucharistie nur abends gefeiert werde?

Wie könne Luther die Ehe als Sakrament leugnen, nur weil das nicht in der Bibel stehe? »Ihr erkennt kein Sakrament an, wenn Ihr seine Einsetzung nicht in einem Buch nachlesen könnt!« Die Ehe, schreibt Heinrich, sei das erste Sakrament gewesen, das eingesetzt wurde: Adam, der erste Mensch, sei verheiratet gewesen. Außerdem habe Christus auf einer Hochzeit sein erstes Wunder vollbracht. »Wenn jede Generation, die der Ehe entstammt, verdammungswürdig ist, muß die Gnade der Ehe fürwahr groß sein, wenn durch sie dieser Akt (der von sich aus schon zur Strafe verdammt) nicht nur gebüßt wird, um ihm den Makel zu nehmen, sondern so heilig und unverletzlich, daß er, wie der Apostel bezeugt, verdienstvoll ist.« Warum, fragt Heinrich weiter, »suchen wir bei einer so eindeutigen Sache nach so vielen Beweisen, wo doch ein einziger Text für alle maßgebend ist, der da lautet: ›Was Gott zusammengefügt hat, das soll der Mensch nicht scheiden.‹ Welch vortrefflicher Satz! Kein anderer hätte ihn aussprechen können als das fleischgewordene Wort!«

Vor allem aber beschuldigt Heinrich Luther der Volksverhetzung. Er zitiert mit Zustimmung ein Wort des heiligen Augustinus: »Die Macht des Königs, das Recht des Eigentümers, die Werkzeuge des Henkers, die Waffen des Soldaten, der Drill des Kommandanten und die Strenge des Vaters wurden nicht umsonst eingerichtet«, und fügt hinzu: »Doch ich unterlasse es, von Königen zu sprechen, damit es nicht den Anschein hat, ich spräche für mich selbst.« An zwei Stellen seines Buches schweift er vom Thema ab und wendet sich der Überlegenheit des Mannes über die Frau zu. Sie sei von der christlichen Lehre so klar festgelegt, daß selbst eine Christin, die einen Ungläubigen geheiratet habe, die christliche Pflicht habe, ihrem Mann zu gehorchen.[27]

Im Oktober überreichte John Clerk, Heinrichs Gesandter in Rom, dem Papst im Konsistorium ein prachtvoll gebundenes Exemplar des Buches. Leo X. bedankte sich bei Heinrich, seinem »liebsten Sohne in Christo«, der früher die Kirche mit dem Schwert verteidigt und jetzt mit demselben Ziel zur Feder gegriffen habe. Um Heinrich in seinem frommen Streben zu bestärken und seine Ergebenheit zu fördern, verlieh er ihm und seinen Nachfolgern den Titel »Verteidiger des Glaubens«. Er versicherte ihm, daß der Zorn des allmächtigen Gottes und der Apostel Petrus und Paulus den treffen werde, der versuchen wollte, ihm diesen Titel zu nehmen.[28]

9

Der große Plan

Weder die innere Bedrohung durch das Luthertum noch die äußere durch die Türken konnten die Herrscher der Christenheit dazu bewegen, längere Zeit Frieden zu halten. Wie Heinrich, Wolsey und viele andere Beobachter vorausgesehen hatten, kam es im Frühjahr 1521 zwischen Karl V. und Franz I. zu ersten Feindseligkeiten. Robert von La Marck, der Herrscher über das Gebiet von Bouillon und Sedan an der Südgrenze der Niederlande, überquerte die Grenze und griff Karls Territorium an. Karl entsandte seinen General, den Grafen von Nassau, um La Marck zu vertreiben. Nassau drang in La Marcks Territorium ein. Franz kam La Marck zu Hilfe.

Karl behauptete nun, Franz habe ihn angegriffen, und bat Heinrich, ihm aufgrund des Londoner Vertrags von 1518 zu Hilfe zu kommen. Heinrich bot an, zwischen Karl und Franz zu vermitteln. Da fiel Franz als Vergeltung für Nassaus Einmarsch in Sedan in Karls Königreich Navarra ein, das Ferdinand von Aragon 1512 erobert hatte. Die Franzosen überrannten Navarra und standen schließlich vor Pamplona. Die Karl treuergebene Stadt hielt den Franzosen in einer langen Belagerung stand.

Zweifellos war Franz der eigentliche Angreifer. Man mag La Marcks Einfall in die Niederlande und die anschließende Eskalation in Sedan als vergleichsweise unbedeutenden Zwischenfall betrachten, aber der französische Übergriff auf Navarra war eine eindeutig gegen Karl gerichtete kriegerische Handlung. Heinrich und Wolsey taten alles, was in ihrer Macht stand, um den Frieden zu wahren. Sie wollten von keiner Seite in einen Krieg hineingezogen werden, fürchteten aber, es könne eine Situation entstehen, in der sie gezwungen wären, sich aufgrund des Londoner Vertrags auf Karls Seite zu schlagen. Sie baten Franz mehrmals, seine militärischen Unternehmungen in Navarra einzustellen und den Streit ihrer Vermittlung anheimzustellen.

Dann kam Heinrich und Wolsey ein noch besserer Gedanke. Katharina von Aragon würde wahrscheinlich nicht mehr gebären können, Heinrich hatte also keinen legitimen männlichen Erben. Wenn sein einziges legitimes Kind, Prinzessin Maria, nach seinem Tod Königin wurde, konnte sie Revolution und Bürgerkrieg unter den Adligen nur verhindern, indem sie einen ausländischen Prinzen heiratete. Noch war sie mit dem Dauphin verlobt, doch ein französischer König würde dem englischen Volk kaum willkommen sein. Heinrich und Wolsey zogen daher die Alternative in Betracht, Maria mit Karl V. zu verheiraten. Karl war nur sechzehn Jahre älter als sie und würde noch Kinder zeugen können, wenn sie im heiratsfähigen Alter war.

Dieser Plan bedeutete eine grundlegende Umorientierung der englischen Außenpolitik: den Verzicht auf einen neutralen, nach beiden Seiten offenen Standpunkt zwischen Karl und Franz einerseits und die Befestigung des Bündnisses mit Englands traditionellem Handelspartner Burgund andererseits. Heinrich wollte Marias Ehevertrag mit dem Dauphin für ungültig erklären, sobald der Papst den notwendigen Dispens gewährt hatte. Anschließend wollte er sein Einverständnis geben, daß sie mit vierzehn Jahren Karl heiratete, und dann Franz den Krieg erklären. Heinrich und Karl würden gleichzeitig von Calais, den Niederlanden, Italien und Spanien aus einen Feldzug gegen Frankreich beginnen, dem Franz unmöglich standhalten konnte. Nach dem Sieg über die Franzosen sollte Karl die Provinzen von Burgund, die Frankreich 1482 in Besitz genommen hatte, ferner einige Gebiete entlang der Ostgrenze sowie Guyenne an der spanischen Grenze annektieren. Heinrich wollte anstelle von Franz König des restlichen Frankreich werden. Wie zur Zeit Heinrichs VI. würde dann der König von England wieder in seinem Königreich Frankreich regieren. Nach Heinrichs Tod sollten Karl und Maria gemeinsam als König und Königin von England, Frankreich und Spanien und als Kaiser des Heiligen Römischen Reiches regieren und diese Länder zu gegebener Zeit ihren Nachkommen übergeben. Es war in der Tat ein »großer Plan«, wie der Deckname des Projekts lautete.

Karl war von dem Vorschlag nicht begeistert. Seiner Meinung nach war Heinrich nach Franz' Angriff aufgrund des Londoner Vertrags gezwungen, ihm zu Hilfe zu kommen, es brauchte dazu also keinen neuen Vertrag. Er schlug vor, er und Heinrich sollten zunächst ein militärisches Bündnis gegen Franz schließen und dann zu gegebener Zeit über eine engere Verbindung verhandeln. Doch Wolsey wollte sich auf keinen Kompromiß einlassen. Wenn Karl sich einer Heirat mit Maria und der Auslöschung Frankreichs als unabhängigem Königreich widersetze, werde Heinrich einen neutralen Kurs einschlagen und sich wie ein unparteiischer Vermittler verhalten.[1]

Heinrich und Wolsey griffen nun zu einem der gezieltesten Täuschungsmanöver, das die Geschichte der englischen Diplomatie kennt. Sie schlugen vor, Karl und Franz sollten Vertreter zu einer Konferenz nach Calais entsenden, bei der Wolsey den Vorsitz führen würde. Die Konferenz sollte einer friedlichen Lösung des Konflikts dienen. Doch während Wolsey in Calais scheinbar als unparteiischer Vermittler auftrat, sollte er gleichzeitig geheime Verhandlungen mit Karl über die Bildung eines militärischen Bündnisses zur völligen Vernichtung Frankreichs führen. Da ein solches Bündnis nicht nur von Botschaftern ausgehandelt werden konnte, wurde vereinbart, daß Wolsey Karl in Brügge treffen sollte. Freilich war zu befürchten, daß das Mißtrauen der Franzosen geweckt würde, wenn Wolsey die Konferenz in Calais verließ, um Karl aufzusuchen. Wolsey und Karls Großkanzler Gattinara, der ebenfalls an der Konferenz teilnehmen sollte, griffen deshalb mit Heinrichs ausdrücklicher Zustimmung zu einer List, um Franz' Kanzler Kardinal Du Prat, den Leiter der französischen Delegation in Calais, hinters Licht zu führen. Gattinara sollte auf der Konferenz verkünden, Karl habe ihm aufgetragen, die Verhandlungen abzubrechen und die Konferenz zu verlassen. Wolsey würde ihn bitten, die Verhandlungen im Interesse des Friedens fortzusetzen, und Gattinara sollte erwidern, er sei dazu nicht ermächtigt. Daraufhin würde Wolsey vorschlagen, Gattinara nach Brügge zu begleiten, um dort Karl zu überreden, Gattinara an den Verhandlungstisch zurückkehren zu lassen.

Anfang August 1521 wurde die Konferenz in Calais eröffnet. In der Zwischenzeit ging der Kampf an der Grenze zwischen Frankreich und den Niederlanden wenige Kilometer von Calais entfernt unvermindert weiter. Alles lief genau nach Plan. Gattinara drohte, die Konferenz zu verlassen, und er und Wolsey begaben sich nach Brügge, während Du Prat und die französische Delegation in Calais blieben.[2] Am 25. August schlossen Wolsey und Karl ein geheimes Militärbündnis gegen Frankreich. Darin wurde vereinbart, daß Heinrich und Karl bis spätestens 15. Mai 1523 mit jeweils 40 000 Mann in Frankreich einmarschieren sollten, Heinrich von Calais aus und Karl von Süden her.

Da der Feldzug erst 1523 stattfinden sollte, sollte der Vertrag in der Zwischenzeit streng geheim bleiben. Unterdessen setzte Wolsey seine Bemühungen fort, in Calais einen für Karl akzeptablen Waffenstillstand zu erreichen. Das sollte nicht nur den Argwohn der Franzosen zerstreuen, während Heinrich und Karl insgeheim ihre militärischen Vorbereitungen trafen, sondern auch sicherstellen, daß Franz die Raten von Heinrichs Rente weiterzahlte, die er ihm nach den Verträgen von 1492, 1514 und 1518 schuldete und die jährlich am 1. Mai und am 1. November fällig waren. Falls man sich in Calais aber nicht bis November 1521 auf einen Waffenstillstand einigen konnte, wollte Heinrich Franz den Krieg erklären.[3]

Wolsey schrieb fast täglich von Calais und Brügge aus an Heinrich, der sich, wie immer im August, auf Reisen befand. Er hielt Heinrich über jede

List auf dem laufenden, mit der er Du Prat und die Vertreter Frankreichs täuschte. Pace, der Heinrich als Sekretär begleitete, schrieb Wolsey, Heinrich freue sich über Wolseys »einzigartigen Eifer und scharfen Verstand«. Der König sei der Meinung, er selbst hätte es nicht besser machen können, wenn er in Brügge gewesen wäre. Ende August hinderten ungünstige Winde alle Schiffe daran, den Kanal in Richtung England zu überqueren, und Heinrich blieb in Guildford vier oder fünf Tage lang ohne Nachricht von Wolsey. Er war beunruhigt, denn er wartete ungeduldig auf Neuigkeiten über den Fortschritt der Verhandlungen in Brügge. Aber er beauftragte Pace, Wolsey mitzuteilen, er tadle ihn nicht dafür, daß er nicht geschrieben habe, da er wisse, daß nur der Wind dafür verantwortlich sei, nicht Wolseys Nachlässigkeit.[4]

Als Heinrich hörte, daß der geheime Vertrag mit Karl unterzeichnet sei, war er überaus zufrieden. Am 4. September schrieb Pace an Wolsey: »Ich versichere Euer Gnaden eines: Meine Feder kann nur ungenügend ausdrükken, wie tief die Zufriedenheit des Königs mit Eurer Arbeit seinem Herzen eingeprägt ist.«[5]

Wolsey kehrte nach Calais zurück und begann von neuem, Du Prat und die Franzosen zu täuschen. Die Konferenz dauerte noch drei Monate. Wolsey spielte die Rolle des unparteiischen Vermittlers und versuchte, sowohl die Franzosen als auch die Abgesandten des Kaisers zu Zugeständnissen zu bewegen. Gleichzeitig gab er an Gattinara nützliche militärische Informationen weiter, die er über die französischen Stellungen in der näheren Umgebung von Calais in Erfahrung gebracht hatte. Außerdem lieferte er ihm Informationen über günstige Möglichkeiten für einen Überraschungsangriff auf die französische Garnisonsstadt Ardres. Zugleich war er jedoch aufrichtig bemüht, beide Seiten für einen Waffenstillstand zu gewinnen, da er und Heinrich bis zum Frühjahr 1523 keinen Krieg mit Frankreich wollten. Karl freilich war nicht an einem Waffenstillstand gelegen. Seine Armeen hatten Bouillon, Peronne und Tournai eingenommen, und er war im Begriff, den Krieg in Flandern zu gewinnen. Franz war bereit, einen Waffenstillstand zu schließen, doch nur auf der Basis des *status quo*. Jede Partei sollte behalten, was sie besetzt hatte. Karl wollte dem erst zustimmen, wenn die Franzosen das in Navarra eroberte Gebiet oder zumindest die Stadt Fuentarrabia geräumt hatten. Gemäß den Vereinbarungen des Vertrages von Brügge wollte Heinrich Frankreich den Krieg erklären, wenn bis November kein Waffenstillstand zustande kam.[6]

Wolsey, der viele Monate unter starker Anspannung gestanden hatte, erkrankte während der Konferenz in Calais. Heinrich war außerordentlich um seine Gesundheit besorgt und beauftragte Pace, sich regelmäßig nach Wolseys Zustand zu erkundigen.[7]

Es war Wolsey erstaunlich gut gelungen, die Franzosen über die Gründe seiner Mission in Brügge zu täuschen. Doch die strikte Geheimhaltung, mit der die Verhandlungen dort geführt worden waren, weckte Mißtrauen, und es kursierten Gerüchte über einen Krieg zwischen Frankreich und England. Englische Gelehrte, die sich an der Universität in Paris aufhielten, beschlossen, nach England zurückzukehren.[8] Englische Kaufleute fragten bei Heinrich an, ob die Überfahrt nach Bordeaux noch sicher sei, wo sie zweimal im Jahr, im Herbst und an Lichtmeß, Weine aus der Gascogne einkauften.

Die Sorgen der Kaufleute führten zu einer Unstimmigkeit zwischen Heinrich und Wolsey. Am 1. September schrieb Pace an Wolsey, Heinrich sei besorgt wegen der Schiffe, die nach Bordeaux segelten. Die Gerüchte über einen Krieg könnten Franz veranlassen, sie zu beschlagnahmen oder aufzuhalten. Wenn die Schiffe aber nicht wie üblich im Herbst nach Bordeaux segelten, würde Franz dann nicht glauben, daß ein Krieg mit England unausweichlich sei, und dementsprechend handeln? Wolseys Antwort kam am 4. September aus Calais. Er riet Heinrich, die Schiffe nach Bordeaux fahren zu lassen. Er glaube nicht, daß Franz die Schiffe beschlagnahmen werde, denn Franz wolle keinen Streit mit Heinrich, solange er mit Karl Krieg führe. Da Du Prat Wolsey in Calais erklärt hatte, Franz traue Heinrich mehr als allen anderen Fürsten, war Wolsey überzeugt, daß die Franzosen hinsichtlich des geheimen Abkommens zwischen Heinrich und Karl keinen Verdacht hegten. Wolsey schlug außerdem vor, Heinrich solle französischen Kaufleuten in diesem Jahr ausnahmsweise gestatten, Waren aus England mit französischen Schiffen zu exportieren. Dadurch würden viele französische Schiffe in englische Häfen gelockt, und Heinrich konnte sie beschlagnahmen, wenn englische Schiffe in Bordeaux festgehalten wurden.

Wolseys Argumente überzeugten Heinrich nicht. Pace schrieb am 9. September aus Woking, Heinrich habe große Zweifel, ob die englischen Kaufleute nach Bordeaux fahren sollten. Wolsey beharrte auf seinem Standpunkt. Am 15. September drängte er Heinrich, die Schiffe fahren zu lassen. Franz würde sonst merken, daß Heinrich ihm den Krieg erklären wollte, die Zahlungen an Heinrich einstellen und militärische Vorbereitungen treffen. Schließlich folgte Heinrich zögernd Wolseys Rat. Die Angelegenheit war erledigt, als Pace am 4. Oktober schrieb: »Vor kurzem beliebte der König noch, mit Euer Gnaden zu streiten, doch nun ist wieder Zufriedenheit eingekehrt.«[9]

Wolsey war mit seinem gewohnten Optimismus und Draufgängertum bereit, den Verlust der Schiffe zu riskieren, um sich den militärischen Vorteil der Überraschung zu sichern. Heinrich war zwar beim Würfeln ein großer Spieler, aber in der Politik war er stets vorsichtig. Er ging nur ungern das Risiko ein, die Schiffe zu verlieren; außerdem wollte er die Kaufleute nicht gegen sich aufbringen, indem er ihnen einen Rat gab, der ihren finanziellen Ruin bedeuten konnte.

Auch in der Beurteilung der militärischen Lage in Flandern und der diplomatischen Verhandlungen in Calais gingen die Meinungen Heinrichs und Wolseys auseinander. Wieder war Wolsey der Optimist und sprach sich für eine gewagte Politik aus. Heinrich hingegen war eher pessimistisch und vorsichtig. Im Oktober schickte Karl einen Teil seiner Armee, die im Nordosten Frankreichs im Feld stand, nach Tournai, um die französische Garnisonsstadt zu belagern. Wolsey gratulierte Karl zu seinem Entschluß. Heinrich war jedoch der Ansicht, Karl habe seine Armee vorschnell geteilt.[10] Als Tournai im November fiel, waren sowohl Heinrich als auch Wolsey hoch erfreut, obwohl Franz sich jetzt weigerte, Heinrich den Teil der Pension zu zahlen, der ihm aus dem Verkauf von Tournai zustand; schließlich gehöre ihm Tournai jetzt nicht mehr.

Wolsey war überzeugt, daß es ihm gelingen würde, sowohl Franz als auch Karl zu einem Waffenstillstand zu bewegen. Er wollte Karl klarmachen, daß es für ihn und Heinrich von Vorteil wäre, die Feindseligkeiten bis zum Frühjahr 1523 aufzuschieben, weil sie Frankreich dann gemeinsam angreifen konnten. Wenn Franz einem Waffenstillstand nicht zustimmte, wollte er ihm drohen: Die Mitglieder von Heinrichs Rat würden darauf bestehen, daß sich England gemäß den Bedingungen des Londoner Vertrags auf Karls Seite stellte. Heinrich glaubte nicht an einen Erfolg Wolseys. Karl und Franz vertraten seiner Ansicht nach viel zu unterschiedliche Standpunkte, um zu einer Einigung zu gelangen. Er machte sich aber auch um seine eigene Position Sorgen. Wolsey hatte vorgeschlagen, ihn zum Bewahrer des Waffenstillstands zu ernennen. Er fragte Wolsey, ob er dann nicht schwören müsse, alles in seiner Macht Stehende zu tun, den Waffenstillstand zu bewahren? Würde er nicht seinen Eid brechen, wenn er Franz den Krieg erklärte? Und würde er, wenn er Franz nicht den Krieg erklärte, nicht gegen den Vertrag von Brügge verstoßen, den er mit Karl geschlossen hatte? Wolsey versicherte Heinrich, er habe alles bedacht, Heinrich brauche sich keine Sorgen zu machen. Lediglich die beiden Parteien müßten einen Eid leisten, den Waffenstillstand einzuhalten, nicht der Bewahrer desselben.[11]

Diesmal sollte Heinrich recht behalten. Da Karl seine Zustimmung zu einem Waffenstillstand verweigerte, wenn Franz nicht Fuentarrabia aufgab, und Franz dazu nicht bereit war, befahl Karl Gattinara, die Konferenz von Calais zu verlassen. Sie endete, ohne daß ein Waffenstillstand zustande gekommen war. Ehe Wolsey am 28. November nach England zurückkehrte, unterzeichnete er mit Gattinara in Calais ein zweites geheimes Abkommen. Wenn Karl im Frühjahr 1522 von den Niederlanden nach Spanien segelte, sollte er unterwegs Heinrich aufsuchen, und während seines Aufenthalts in England wollte Heinrich Frankreich den Krieg erklären. Eine Klausel des Vertrags sah die Bestrafung aller Feinde der Kirche und des katholischen

Glaubens in den Gebieten vor, die Heinrich und Karl in Frankreich erobern wollten.[12]

Heinrich war Wolsey für seine Bemühungen in Calais und Brügge außerordentlich dankbar. Zu Pace sagte er, Wolsey müsse im Laufe der Verhandlungen 10 000 Pfund von seinem eigenen Geld ausgegeben haben. Er bedankte sich bei Wolsey mit einem eigenhändigen Brief. Kurz vor Wolseys Rückkehr nach England starb der Abt von St. Albans. Ohne Wolsey zu Rate zu ziehen, schickte Heinrich einen Brief an den Papst und bat ihn, Wolsey zum neuen Abt zu ernennen. Gleichzeitig sollte der Papst den notwendigen Dispens erteilen, damit Wolsey neben dem Erzbistum York und den Bistümern Bath und Wells auch noch die Abtei als Pfründe innehaben konnte.[13]

Doch Leo X. starb, ehe er Heinrichs Brief erhielt. Heinrich und Wolsey nutzten all ihren Einfluß, um Wolseys Wahl zum Papst durchzusetzen. Das Ergebnis der Wahl hing allerdings in der Hauptsache von Karl V. ab. Karl hatte Wolsey im August in Brügge versprochen, er werde die »kaiserlichen Kardinäle«, wie seine Anhänger im Konklave genannt wurden, bitten, für Wolsey zu stimmen, statt für den Medici-Kardinal, den er bisher favorisiert hatte. Als Karls Gesandter in London Heinrich und Wolsey am 16. Dezember in Richmond aufsuchte, schien ihm Heinrich »über alle Maßen darum bemüht«, daß Karl seinen Einfluß zugunsten Wolseys geltend mache. Zuletzt stimmten freilich nur wenige von Karls Kardinälen für Wolsey. Nachdem der Medici-Kardinal und andere Kardinäle wiederholt an der notwendigen Stimmenmehrheit gescheitert waren, wurde zum Erstaunen aller im 14. Wahlgang der flämische Kardinal Adrian gewählt. Adrian war Bischof des spanischen Bistums Tortosa und vormals Erzieher Karls. Er bestieg den Papstthron als Hadrian VI. und war der letzte nichtitalienische Papst für die nächsten 456 Jahre.[14]

Hatte Karl mit Wolsey falsches Spiel getrieben und seinen Gesandten in Rom insgeheim beauftragt, nicht für ihn zu werben? Es war nicht leicht festzustellen, was Karl tat oder plante. Der junge Kaiser mit seinen knapp 22 Jahren, seinem vorspringenden Kinn, der nachlässigen Kleidung, seinem leichten Stottern, seiner ruhigen und zurückhaltenden Art, einem Appetit, der fast so groß war wie der Heinrichs, und einer Leidenschaft für Frauen, die fast so stark war wie die von Franz, war ein ebenso gerissener politischer Stratege wie die anderen Herrscher. Er verfolgte zwei Ziele: den Aufstieg des Hauses Habsburg und die Blüte des Handels in seinen Territorien. Seine Verehrung der Kirche, seine Loyalität gegenüber dem Papst, seine Verachtung für die Ketzerei, seine Bewunderung für die katholischen Märtyrer, die von Türken und Ketzern verfolgt wurden, und jegliches persönliche Gefühl der Dankbarkeit, Loyalität oder Rache waren den Interessen seines Hauses und den Pflichten gegenüber seinen Untertanen nachgeordnet.

Während Heinrich und Wolsey gegen Franz intrigierten, zog Karl bereits die Möglichkeit in Betracht, Heinrich zu verraten. Die gesamte Politik Heinrichs und Wolseys baute auf der späteren Heirat Karls und Marias auf. Im Januar 1522 wies Karl seinen Gesandten in Portugal an, den König von Portugal zu bitten, wenigstens eine seiner Töchter noch nicht zu verheiraten, damit er selbst sie heiraten könne; er ziehe es vor, ein Mitglied seiner eigenen Familie zu heiraten. Karl befahl dem Gesandten, darüber strengstes Stillschweigen zu bewahren. Heinrich und Wolsey sollten nichts davon erfahren.[15]

Unterdessen gingen die Vorbereitungen für den gemeinsamen Feldzug gegen Frankreich weiter. Im Laufe des Winters 1521/22 arbeiteten Karls Gesandte in London mit Wolsey strategische Pläne aus. Heinrich war auf der Hut. Als man sich im Juli 1521 Gedanken über ein Bündnis mit dem Kaiser gemacht hatte, hatte Heinrich Wolsey bezüglich eines Plans um Rat gebeten, der, wie er sagte, von ihm selbst stammte. Ob seine und Karls Flotte in der Lage seien, im geeigneten Moment einen Überraschungsangriff gegen die französische Flotte zu führen und sie vollständig zu zerstören? Wolsey hielt das für eine ausgezeichnete Idee, doch sollte der Plan seiner Ansicht nach so lange aufgeschoben werden, bis die Verbündeten zum Krieg gerüstet waren.[16]

Doch je länger Heinrich über seinen Plan nachdachte, desto mehr wurde er sich der Schwierigkeiten bewußt. Am 31. Januar 1522 versuchte Wolsey, Karls Botschafter in London den Plan schmackhaft zu machen. Mit der Zerstörung der französischen Flotte sei der Krieg gewonnen, da Frankreichs Handel damit ruiniert sei. Es werde sechs oder sieben Jahre dauern, bis die Franzosen wieder eine neue Flotte aufgebaut hätten. Als die Gesandten allerdings drei Tage später in Greenwich mit Heinrich, Wolsey und drei Räten Heinrichs über den Plan diskutierten, wies Heinrich auf die damit verbundenen Schwierigkeiten hin. Anscheinend war er von dem Plan nicht mehr so überzeugt wie Wolsey. Er erklärte, der Erfolg des Unternehmens hänge vom Wind ab. Es sei unmöglich, die französische Flotte auf einen Schlag zu vernichten, da die Schiffe in verschiedenen Häfen vor Anker lägen – in Brest, Honfleur, Dieppe und Havre. Einige dieser Häfen seien so stark befestigt, daß sie nur von einer größeren Armee eingenommen werden könnten. Die dafür erforderlichen Soldaten aber fänden keinen Platz auf den englischen und kaiserlichen Schiffen. Schließlich wurde der Plan fallengelassen.[17]

Am 23. Mai 1522 trat Karl von Brüssel aus die Reise nach Spanien an. Vier Tage später segelte er von Calais nach Dover. Eine englische Flotte mit 10 000 Soldaten gab ihm das Geleit über den Kanal. Wolsey ließ sich zum Hafen von Dover hinausrudern, um Karl zu begrüßen. Dann geleitete er ihn zu Heinrich aufs Schloß. Karls Troß bestand aus 2 044 Adligen, Edelleuten und Dienern. Alle klagten über die schlechte Unterbringung in Dover und das furchtbare Wetter. Heinrichs Adlige und Höflinge waren fast vollzählig mit ihrer Dienerschaft nach Dover gekommen. Heinrich ritt mit Karl über Canterbury, Sittingbourne und Rochester nach Greenwich, wo Königin Katharina sie erwartete. Ein paar Tage vor Karls Ankunft in England hatte Heinrich einen Herold ausgeschickt, um Frankreich den Krieg zu erklären.[18]

In Greenwich fanden die üblichen Turniere, Bankette und Maskeraden statt. Als der Herold am 5. Juni mit der Nachricht zurückkehrte, er habe Franz vor einer Woche in Lyon die »Herausforderung« – die Kriegserklärung – überbracht, herrschte helle Begeisterung. Am 6. Juni ritten Karl und Heinrich gemeinsam durch London. Der Bürgermeister und sämtliche Würdenträger der Stadt begrüßten sie ein paar Kilometer außerhalb der Stadtmauern bei St. George's Bar. Anschließend ritten die beiden Herrscher mit großem Pomp durch Southwark und die reich geschmückten Straßen von London zur St. Pauls-Kathedrale, wo sie an einer Messe teilnahmen, ehe sie ihre Unterkünfte in Heinrichs Palast in Bridewell aufsuchten. Am nächsten Tag spielten sie Tennis in Baynard's Castle, einem von Heinrichs Stadtpalästen. Sie traten als Partner in einem Doppel gegen den Prinzen von Oranien und den Markgrafen von Brandenburg an, zwei von Karls hochrangigsten Höflingen. Der Graf von Devonshire und Lord Edmund Howard betätigten sich als Balljungen. Das Match endete nach elf Spielen unentschieden.

Wolsey lud König und Kaiser zu einem Bankett in seine Residenz York Place, das spätere Whitehall. Gemeinsam besuchte man die Messe in der Westminster-Abtei. Der Herzog von Suffolk und seine Gemahlin luden die königlichen Gäste in ihr Stadthaus in Southwark ein. Danach begaben sie sich über Richmond und Hampton Court nach Windsor, wo Karl auf die Jagd ging und zum Ritter des Hosenbandordens ernannt wurde. Nach einem mehrtägigen Aufenthalt in Windsor begleitete Heinrich Karl nach Southampton.[19] In Windsor und Bishops's Waltham unterzeichneten sie drei neue Verträge, in denen sie vereinbarten, in Frankreich einzumarschieren und keinen Separatfrieden mit Franz zu schließen. Außerdem sollte Karl in sechs Jahren Maria heiraten, die dann zwölf sein würde.[20] Am 6. Juli segelte Karl von Southampton nach La Coruña.

Heinrich und Wolsey begannen unverzüglich mit der Offensive gegen die Franzosen. Obwohl der eigentliche Feldzug erst für den nächsten Sommer geplant war, schickte Heinrich den Grafen von Surrey mit einer Armee nach Calais. Dort sollte er sich mit der Armee des Kaisers zusammenschließen und in den wenigen Wochen, die noch für militärische Operationen blieben, dem Feind den größtmöglichen Schaden zufügen. Am 4. September überquerten Surreys Truppen in der Nähe von Ardres die französische Grenze. Das Unternehmen unterschied sich grundlegend von Heinrichs letztem französischen

Feldzug 1513. Damals hatte Heinrich selbst die Armee geführt und sämtliche Regeln ritterlicher Kriegskunst beachtet. Soldaten, die Häuser in Brand gesteckt hatten, waren aufgehängt worden. Diesmal ließ Heinrich Surrey den Krieg führen, während er selbst sich auf die Falkenjagd nach Essex und Hertfordshire begab. Surrey führte einen »gemeinen Krieg«, wie es der französische General, der Herzog von Vendôme, ausdrückte. Er ließ Burgen, Städte, Dörfer, Bauernhöfe und sogar eine Kirche niederbrennen, letztere, weil sie »eher einem Haus des Krieges als einem Gotteshaus« gleiche.

Surrey drang 80 Kilometer tief in Frankreich ein, bis er vor Doullens stand. In Lottinghen bei Desvres brannten seine Soldaten in einem Gebiet von acht Kilometern Länge und dreizehn Kilometern Breite alles nieder. Hesdin konnten sie allerdings nicht einnehmen. Im Gegensatz zu Surrey sorgten sich Karls Generäle zunehmend, die Franzosen könnten sich für die Zerstörungen rächen und in den Niederlanden Dörfer und Höfe niederbrennen. So beschlossen sie nach einem Monat, die Unternehmen bis zum nächsten Frühjahr zu beenden, und Surrey kehrte nach Calais zurück.

Obwohl Vendôme über Surreys Methoden der Kriegsführung und den Verlust seiner eigenen Burg empört war, war er einverstanden, als Surrey einen Austausch der Gefangenen vorschlug. Die Engländer, die aus der Gefangenschaft in Montreuil zurückkehrten, berichteten, die Franzosen gäben Wolsey die Schuld an dem Leid, das ihren Landsleuten zugefügt worden sei.[21] Offensichtlich machte auch in Montreuil niemand Heinrich für den Krieg verantwortlich. Sowohl im Ausland wie zu Hause bekam immer nur der Kardinal die Schuld.

Heinrich und Wolsey gingen nun daran, Franz' Verbündete Venedig und Schottland auf ihre Seite zu ziehen oder auszuschalten. Wolsey übte starken Druck auf den venezianischen Gesandten Suriano aus. Venedig solle Frankreich fallenlassen und sich dem antifranzösischen Bündnis anschließen, das Heinrich, Karl, der Papst und die anderen italienischen Staaten geschlossen hätten. Pace wurde nach Venedig geschickt, um Wolseys Argumenten Nachdruck zu verleihen. Venedig, sowieso nicht geneigt, seinen Handel mit England zu gefährden, war zusätzlich dadurch im Nachteil, daß Wolsey venezianische Galeeren unter allen möglichen Vorwänden in englischen Häfen festhielt. Der Kardinal gab den Venezianern zu verstehen, daß die Schiffe erst freigegeben würden, wenn sie sich dem Bündnis gegen die Franzosen angeschlossen hätten. Heinrich mischte sich in Wolseys erpresserische Verhandlungen nicht ein. Doch bei den wenigen Gelegenheiten, wo Suriano dieses Thema anschnitt, stellte er sich voll und ganz hinter Wolsey. Nachdem die Schiffe über dreizehn Monate festgehalten worden waren, gaben die Venezianer endlich nach und schlossen sich im Juli 1523 dem Bündnis von Karl und Heinrich an.[22]

Im selben Jahr schickte Franz Albany nach Schottland zurück. Im Herbst 1522 marschierte Albany nach Carlisle. Dacre war auf einen Angriff nicht vorbereitet und bat Albany um einen Waffenstillstand. Albany hätte Carlisle ohne Mühe einnehmen können. Doch der Defätismus, der seit Flodden überall in Schottland herrschte, und die Gewißheit, daß Franz ihnen im Notfall nicht helfen konnte, veranlaßte die schottischen Lords, mehr denn je jede Gelegenheit zu nutzen, Heinrichs Zorn zu besänftigen und ihm ihren Wunsch nach friedlichen Beziehungen mit England zu demonstrieren. Heinrich war zunächst erbost, daß Dacre ohne seine Erlaubnis um einen Waffenstillstand gebeten hatte, aber Wolsey besänftigte ihn. Zugleich bereitete der Kardinal einen Feldzug vor, um Schottland zu vernichten, wenn der Waffenstillstand im nächsten Jahr ablief.[23]

Die Verwüstung der Grafschaft Boulonnais war nur als Vorspiel der vollständigen Vernichtung Frankreichs 1523 gedacht. Die Dinge standen schlecht für Franz. Er sah sich einem Bündnis gegenüber, zu dem England, das Kaiserreich, der Papst, die italienischen Staaten und die Schweiz gehörten, und mußte Überfälle auf sein Reich abwehren, die zur gleichen Zeit von Calais, den Niederlanden, der Schweiz, Italien und Spanien ausgingen. Doch es sollte noch schlimmer kommen. Franz' erster General, der Herzog von Bourbon und Konnetabel von Frankreich, trat in geheime Verhandlungen mit Karl. Er bot an, Franz zu hintergehen und gleichzeitig mit den Überfällen von außen eine Revolte im südöstlichen Frankreich anzuzetteln. Dafür wollte Bourbon Karls Schwester zur Frau und eine Mitgift von 100 000 Kronen.

Doch sein Verrat, der Franz den Rest geben sollte, schwächte in erster Linie dessen Feinde. Er säte Mißtrauen zwischen Karl und Heinrich, denn Karl erzählte Heinrich und Wolsey nichts von Bourbons Angebot. Bourbon sorgte selbst dafür, daß sie es erfuhren. Damit war sogleich ihr Mißtrauen im Hinblick auf Karls andere Absichten geweckt. Ihre Furcht wuchs, als Dr. Knight, Heinrichs Gesandter am Hofe Margaretes von Österreich, berichtete, er habe gehört, Bourbon wolle nach Franz' Niederlage selbst König der Franzosen werden. Karl und Heinrich hatten dagegen vereinbart, daß Heinrich König von Frankreich werden sollte, während Karl im Osten und Süden französisches Gebiet annektieren würde.[24]

Heinrich und Wolsey schickten Sir John Russell, einen Edelmann aus Dorset, der als Soldat, Diplomat und Höfling Karriere gemacht hatte, zu einem geheimen Treffen mit Bourbon nach Frankreich. Heinrich lag persönlich sehr viel an den Verhandlungen mit Bourbon. Er schlug vor, Bourbon solle Franz entführen, wenn dieser verkleidet auf nächtliche Streifzüge gehe oder auf der Jagd sei oder bei einer anderen Gelegenheit nur wenige Begleiter um sich habe.[25] Heinrich und Wolsey beharrten außerdem darauf, daß Bourbon Heinrich als König von Frankreich anerkennen müsse. Bourbon war einverstanden. Doch Heinrich und Wolsey fürchteten immer noch, Karl und Bourbon könnten hinter ihrem Rücken ein Komplott schmieden.

Heinrich hatte sich erneut bereit erklärt, seine Verbündeten im Krieg gegen Frankreich finanziell zu unterstützen. Er hatte Unterhaus, Kirche und die Stadt London ersucht, Geld für den Krieg bereitzustellen. Trotz anfänglichen Widerstands gegen die hohen Summen, die er forderte, siegte letzten Endes die patriotische Begeisterung. Alle wollten ihren Teil zum Krieg gegen Franzosen und Schotten und zu einer »königlichen Armee« beitragen, die unter Führung des Königs ins Ausland entsandt werden sollte. In sämtlichen von Wolsey verfaßten Proklamationen und Berichten war freilich immer davon die Rede, daß die königliche Armee vom König »oder seinem Stellvertreter« geführt werde. Heinrich hat nie wirklich die Absicht gehabt, am Feldzug teilzunehmen. Er schickte Suffolk als Befehlshaber der Armee nach Calais. Karl hatte versprochen, noch vor Ende August 1523 von Spanien aus nach Guyenne zu marschieren, aber er hielt sein Versprechen nicht.

Heinrichs Strategie für den Feldzug war einfach und praktisch: Suffolk sollte mit Hilfe der Flotte Boulogne belagern und einnehmen. Doch Bourbon und Karl boten eine Alternative an. Suffolk sollte sich mit der Armee Margaretes von Österreich aus den Niederlanden vereinigen und geradewegs nach Paris marschieren, während Bourbon seine Revolte gegen Franz in dem Moment beginnen würde, in dem die Verbündeten die französische Grenze überschritten. Bourbon bestand darauf, daß keine Gehöfte und Dörfer geplündert und niedergebrannt würden, wie es Surreys Armee im Jahr zuvor getan hatte: Damit würden sie es sich bei den Franzosen verscherzen, die sich, wie er hoffte, seiner Revolte gegen Franz anschließen würden. Heinrich und Wolsey betrachteten den Plan mit Skepsis. Sie hielten ihn für eine List von Karls Generälen in den Niederlanden mit dem Ziel, die Engländer für sich kämpfen zu lassen. Doch Karls General Graf Buren erkannte in zunehmendem Maße die Schwierigkeiten, die eine Belagerung Boulognes mit sich bringen würde, und überredete Wolsey, dem riskanteren Plan zuzustimmen und nach Paris vorzurücken. Heinrich stimmte zu, obwohl er immer noch skeptisch war.[26]

Das Sammeln von Geld für den Krieg, die Vorbereitungen für den Transport der Armee nach Calais und die Verhandlungen mit Bourbon kosteten viel Zeit. Erst Anfang September war endlich alles bereit. Da verriet im letzten Moment Bourbons Page den Herzog an Franz. Bourbon konnte gerade noch rechtzeitig nach Italien fliehen, um sich seiner Verhaftung wegen Verrats zu entziehen. Heinrich und Wolsey waren mißtrauischer denn je, als Karl Bourbon zum Oberbefehlshaber seiner Armee in Norditalien ernannte. Heinrich und Wolsey luden Bourbon nach England ein, um ihm die Leitung der Invasion Frankreichs von Calais aus zu übertragen, doch Bourbon lehnte ab. Ganz offensichtlich stand er völlig unter dem Einfluß Karls.

Im August und September begab Heinrich sich auf seine übliche Rundreise. Er nahm Sir Thomas Morus als Sekretär mit, während Wolsey in Hampton Court und auf seinen Gütern in Hertfordshire blieb. Morus schrieb mehrmals an Wolsey und berichtete ihm von Heinrichs Widerstand gegen den Plan, nach Paris zu marschieren. Der König konnte sich nicht vorstellen, daß dies so einfach war, wie Buren glaubte. Er befürchtete große Schwierigkeiten beim Transport und bei der Versorgung des Heeres mit Proviant. Er teilte Bourbons Überzeugung nicht, daß die Engländer und Burgunder auf keine französischen Truppen stoßen würden, weil sich diese völlig auf den Einmarsch in Italien konzentrierten. Vielmehr glaubte er, Franz werde das tun, was auch er in einer solchen Notlage tun würde, nämlich für die Verteidigung des eigenen Reiches sorgen, ehe er in fremdes Gebiet eindrang. Was Bourbons hartnäckige Forderung betraf, es dürfe nicht geplündert oder gebrandschatzt werden, so zweifelte Heinrich, ob man die englischen Soldaten davon abhalten konnte, fahnenflüchtig zu werden, wenn sie keine Aussicht auf Beute hatten. Am 20. September schrieb Morus aus Abingdon an Wolsey: »Da seine Armee bei schlechtem Wetter marschieren soll und viele Beschwernisse auf sich nehmen muß, ist Seine Königliche Hoheit der Meinung, daß die Soldaten nur widerwillig marschieren werden, wenn sie auf Beute verzichten sollen. Der bloße Gedanke daran, und sei die Beute noch so gering, sei ihnen ein großer Ansporn. Die Offiziere würden sie nur mit Mühe davon abhalten können, die Heimkehr zu fordern.«[27]

Schließlich blieben nur noch sieben oder acht Wochen für den Feldzug. Suffolk zog am 19. September aus Calais ab, schloß sich Burens Armee an und marschierte in Richtung Paris. Die vereinten Heere drangen 160 km auf französisches Gebiet vor, überquerten die Somme bei Bouvain und waren noch 97 km von Paris entfernt. Doch inzwischen war es Anfang November. Obwohl Heinrich Wolsey zu seinem erfolgreichen Unternehmen beglückwünschte, bewahrheiteten sich seine schlimmsten Befürchtungen. Franz schickte eilends Truppen nach Paris, und die Einwohner von Paris bereiteten sich auf die Verteidigung der Stadt vor. Dann kam ein strenger Frost. Hundert Soldaten Suffolks erfroren oder wurden von Krankheiten hinweggerafft. Als es zu tauen begann, versanken die burgundischen Proviantkarren im Morast. Die Minister Margaretes von Österreich wollten nicht riskieren, den Sold für die Soldaten von Antwerpen aus auf unbewachten Straßen so weit nach Frankreich hinein zu schicken. Suffolk und der burgundische General traten den Rückzug an, Heinrichs Armee kehrte nach Calais zurück.[28]

Während Suffolk in Frankreich einmarschierte, fiel Surrey in Schottland ein. Königin Margarete tat ihr möglichstes, um die Verwüstung des Landes zu verhindern. Sie schrieb an Surrey, die Brandschatzung der Grenzlande werde die schottischen Lords nicht dazu bringen, Albany fallenzulassen und das Bündnis mit Frankreich zu lösen, weil die Lords über das Leid der Armen nur spotteten. Doch Wolsey bestand auf der Durchführung des Angriffs. Heinrich sollte in Woodstock darüber entscheiden. Er befahl, die Aktion fortzusetzen. Er glaubte, daß die Schotten nur Zeit gewinnen wollten, und kritisierte Surrey, weil er den Überfall auf Margaretes Bitte hin aufgeschoben hatte. Allerdings trug er Surrey auf, die Ländereien der Familien Douglas und Home und anderer Schotten, die die Engländer unterstützten, zu verschonen.

Surrey brannte Haddington und Jedburgh nieder und verwüstete Dörfer, Höfe und Felder in der Merse und in Teviotdale. Als Vergeltung schickte Albany eine Armee nach England. Doch obwohl die Schotten die englische Grenzfestung Wark Castle stürmten und bis in den Innenhof vordrangen, wurden sie geschlagen und hinter die Grenze zurückgetrieben. Die Engländer konnten sich jetzt sicher fühlen. Unter Führung ihres großen Königs hatten sie eine Armee »tief in das Innere Frankreichs« geschickt und den Schotten großes Leid zugefügt. Laut Surrey war England beim Überfall Albanys auf Northumberland ein Schaden von weniger als zehn Schilling entstanden.[29]

Das Luthertum faßte in Deutschland immer mehr Fuß. Karl ließ die Lutheraner in Spanien und den Niederlanden verfolgen, doch die Verfassung des Heiligen Römischen Reiches erschwerte es ihm, in Deutschland ähnliche Schritte zu unternehmen. Der Herzog von Sachsen, der in seinem Herzogtum fast wie ein souveräner Fürst regierte, gewährte Luther Schutz. An einem sicheren Ort verfaßte Luther eine Antwort auf Heinrichs *Verteidigung der sieben Sakramente*. Seine *Antwort auf König Heinrich von England* schokkierte die meisten seiner Leser wegen der respektlosen Sprache gegenüber einem König. Luther nannte Heinrich »Herr Heinricus von gotis ungnaden könig von Engelland«, »lieber iuncker«, »König Heyntz« und »Heintz von Engelland«.[30]

Heinrich betrachtete es als unter seiner Würde, auf diese Beleidigungen zu antworten, doch ermutigte er seine Beamten und Anhänger zu schriftlichen Erwiderungen in seinem Sinne. Die deutschen katholischen Theologen Thomas Murner und Johann Eck sowie Bischof Fisher in England schrieben gelehrte Bücher, in denen sie Heinrich vor Luther in Schutz nahmen. Doch damit nicht genug, glaubte man Luther in einer vulgären, unflätigen Schmähschrift bei den Lesern verunglimpfen und lächerlich machen zu müssen.

Kein König oder Bischof konnte sich dazu herablassen, ein solches Werk zu schreiben, aber ein anderer Mann war dazu bereit und sogar erpicht darauf, es zu tun. Dieser Mann war kein obskurer Verfasser von Traktaten, sondern Heinrichs Sekretär, der berühmte Gelehrte Sir Thomas Morus persönlich. Morus verabscheute Luthertum und Ketzerei um so mehr, als er und sein Freund Erasmus früher selbst Kritik an der Korruption der Kirche geübt hatten und von vielen Katholiken als Wegbereiter Luthers angesehen wurden. Morus' *Antwort auf Luther* wurde im Dezember 1523 in London in lateinischer Sprache veröffentlicht. Was Beleidigungen und Obszönitäten betrifft, findet diese Publikation nicht einmal in der theologischen Streitliteratur des 16. Jahrhunderts ihresgleichen. Das Buch erschien unter dem Pseudonym William Rosse. Man gab sich redlich Mühe, die Tatsache zu verschleiern, daß ein Mitglied von Heinrichs Kronrat der Verfasser war. Morus fälschte sogar eine Anzahl Dokumente, um den Beweis für die Existenz des fiktiven Verfassers zu erbringen.

Heinrich hatte offiziell überhaupt nichts mit Morus' Buch zu tun. Im Gegenteil, er schrieb sogar einen Brief an Herzog Friedrich von Sachsen, in dem er würdevoll erklärte, es kümmere ihn nicht im geringsten, was Luther über ihn schreibe. Allerdings bat er Herzog Friedrich, zu überlegen, ob es in seinem Interesse und dem der anderen Fürsten sei, wenn er einem Mann Asyl gewähre, der in seinen Büchern einen König beleidige und zum Aufruhr gegen geistliche und weltliche Autoritäten aufrufe. Der Herzog antwortete mit einem taktvollen und ausweichenden Brief, in dem er jede Verantwortung für Luthers Bücher und Ansichten ablehnte.[31]

Heinrich hielt sich also aus der ganzen Angelegenheit heraus und überließ es Morus, sich die Finger schmutzig zu machen, so wie er an jenem 1. Mai in Richmond geblieben war und es Norfolk und Surrey überlassen hatte, den Aufstand der Londoner Lehrlinge niederzuschlagen.

Im September 1523 starb Papst Hadrian. Erneut forderten Heinrich und Wolsey Karl auf, seinen Einfluß geltend zu machen, um Wolseys Wahl zum Papst durchzusetzen. Wieder versprach Karl, es zu tun, und wieder scheint er nichts getan zu haben, um Wolsey zu helfen. Seine Kardinäle im Konklave stimmten für Kardinal Medici, der nach 49 Tagen als Klemens VII. zum Papst gewählt wurde. Keiner der Kardinäle war bereit, Wolsey in einem der Wahlgänge als Kandidat vorzuschlagen.[32]

Im Jahr 1524 wurde der Krieg gegen Frankreich fortgesetzt. Das Jahr fing vielversprechend an. Unter Führung von Bourbon griffen Karls Armeen die französischen Truppen in der Lombardei an, besiegten sie in einer Schlacht, in der der große Bayard getötet wurde, und marschierten in die Provence ein. Heinrich und Wolsey schickten Pace und Russell mit Geld für Bourbon los. Pace begleitete Bourbon auf seinem Marsch entlang der Mittelmeerküste nach Marseille. Er drängte Heinrich und Wolsey, in Nordfrankreich einzufallen, solange Franz' Armeen im Süden mit Bourbon beschäftigt seien, da sich Heinrich nie wieder eine bessere Gelegenheit bieten würde, die Krone Frankreichs zu erlangen.

Doch Heinrich und Wolsey unternahmen nichts. Im Feldzug von 1524 waren sie so untätig, wie Karl es 1523 gewesen war. Am 17. Juli schrieb Wolsey an Pace. Nachdem er ausführlich die Schwierigkeiten einer Invasion im Norden dargelegt hatte, nannte er in einem Satz den wahren Grund für Heinrichs Untätigkeit: Der König fürchte, daß Bourbons Erfolg dem Kaiser und Bourbon mehr nützen werde als ihm.[33]

Wolsey führte unterdessen in London mit zwei Gesandten von Franz' Mutter Luise von Angoulême vorläufige Friedensverhandlungen. Er berichtete Karl von seinem Treffen mit den Vertretern Frankreichs und versicherte ihm, Heinrich werde niemals einen Separatfrieden mit Frankreich schließen, ohne ihn zu Rate zu ziehen. Karl war über die Anwesenheit französischer Unterhändler in London trotzdem nicht erfreut. Wolsey verhandelte außerordentlich hartnäckig. Heinrich, erklärte er, werde sich mit weniger als dem Königreich Frankreich nicht zufriedengeben. Die Franzosen boten Heinrich zwar hohe Geldsummen an, erklärten aber ihrerseits, Franz werde niemals auch nur einen Zentimeter französischen Territoriums aufgeben. Sie blieben über ein Jahr in London und wohnten im Haus des Bruders von Wolseys Mätresse. Sämtliche Verhandlungen wurden von Wolsey geführt, doch zumindest bei einer Gelegenheit sprachen die französischen Unterhändler mit Heinrich in Wolseys Residenz The Moor, und der König war zu jeder Zeit über die Gespräche unterrichtet.[34]

In der Provence änderte sich die Lage plötzlich. Bourbon belagerte Marseille, nahm die Stadt jedoch nicht ein und wurde schneller nach Italien zurückgetrieben, als er gekommen war. Franz verfolgte ihn bis in die Lombardei, nahm Mailand ein und belagerte im November Pavia. Vielleicht war Karls Niederlage der Grund, daß Wolsey sich im Februar 1525 zu einer Provokation des Kaisers hinreißen ließ. Praet, Karls flämischer Gesandter in London, hatte einen Kurier mit einer Botschaft an Karl losgeschickt. Der Kurier machte sich auf den Weg nach Plymouth, von wo aus er mit dem Schiff nach Spanien segeln wollte. Spät nachts wurde er in der Nähe von Brentford von einigen Beamten unter der Führung von Sir Thomas Morus angehalten. Morus hielt den Kurier fest, öffnete sein Bündel und las den Brief an Karl, obwohl der Kurier gegen diese Verletzung der diplomatischen Immunität protestierte. Morus leitete den Brief an Wolsey weiter, denn Praet kritisierte in seinem Brief die Politik Wolseys. Wolsey lud Praet vor den Kronrat, machte ihm Vorhaltungen wegen des Briefes, stellte ihn unter Hausarrest und verbot ihm, an den Kaiser zu schreiben. Anschließend beschwerten Heinrich und Wolsey sich sowohl bei Karl als auch bei Margarete von Österreich darüber, daß Praet falsch berichtet und damit Karls Beziehung zu Heinrich geschadet habe. Sie forderten Karl auf, Praet zurückzubeordern und durch einen anderen Gesandten zu ersetzen.

Die diplomatische Immunität von Gesandten war 1525 noch nicht so eindeutig festgelegt wie in späteren Jahrhunderten. Doch sowohl Praet als auch Karl betrachteten Praets Festnahme als Verstoß gegen internationale Gepflogenheiten und als schwerwiegenden Affront gegen die Ehre des Kaisers. Aller Wahrscheinlichkeit nach war Wolsey und nicht Heinrich für das Vorgehen gegen Praet verantwortlich. Heinrich ließ während seiner restlichen Regierungszeit nie wieder diplomatische Post abfangen und einen ausländischen Gesandten verhaften, auch wenn er es mit Gesandten und Herrschern zu tun hatte, die ihm weitaus feindseliger gesinnt waren als Praet und Karl 1525. Wolsey hätte jedoch keinesfalls ohne Heinrichs Wissen und Zustimmung gehandelt, und nach Praets Festnahme unterstützte Heinrich offen Wolseys Vorgehensweise. Er sprach mit den Gesandten Margaretes von Österreich und schrieb persönlich an Karl, um Praets Abberufung zu fordern und gleichzeitig seine Hochachtung für Wolsey zu betonen.

Karl gab Wolsey die Schuld an dem Vorfall. Er hielt es allerdings für geraten, seinen Ärger vorläufig zu unterdrücken, und erklärte sich bereit, Praet durch einen anderen Gesandten zu ersetzen. Zu Praet sagte er, er wünschte, er wäre in der Lage, Wolsey zu bestrafen.[35]

Zwei Wochen nach Praets Verhaftung nahm das Kriegsglück erneut eine dramatische Wende. Bourbon besiegte Franz in Pavia und nahm ihn gefangen. Heinrich und Wolsey waren hocherfreut, als sie von dem Sieg in Pavia erfuhren. Sie konnten noch aus einem anderen Grund zufrieden sein: Richard de la Pole, die Weiße Rose, war im Kampf auf seiten Frankreichs gefallen. In der St. Pauls-Kathedrale wurde mit großem Pomp ein *Te Deum* abgehalten, und Heinrich befahl, in ganz England den Sieg zu feiern, die Kirchenglocken zu läuten und Freudenfeuer anzuzünden.[36] Er und Wolsey waren sich allerdings darüber im klaren, daß Karl jetzt völlig Herr der Lage wurde.

Für Heinrichs Beziehung zu Karl und Franz war der entscheidende Moment gekommen. Heinrich und Wolsey erklärten Karl, da Franz gefangen sei, sei dies der geeignete Zeitpunkt, um in Frankreich einzufallen. Wenn Franz erst wieder auf freiem Fuß sei und auf dem Thron sitze, werde er Rache nehmen. Daher sollten er und seine Nachfolger für immer des Thrones beraubt und Heinrich an ihrer Stelle zum König von Frankreich proklamiert werden. Doch Karl antwortete, er wolle nicht gegen einen Gefangenen Krieg führen. Er hatte nicht die Absicht, Heinrich zu helfen, den Thron von Frankreich zu gewinnen. Vielmehr wollte er seine Verhandlungsposition als Sieger über Franz zu seinem eigenen Vorteil nutzen.[37]

Im Sommer 1525 bat Karl, der das für den Krieg von Heinrich geliehene Geld noch nicht zurückgezahlt hatte, Heinrich solle ihm umgehend 200 000 Dukaten von Marias Mitgift auszahlen, das Datum seiner Hochzeit mit Maria vorverlegen und Maria sofort in sein Reich schicken. Als sich Heinrich und Wolsey weigerten, ihrem säumigen Schuldner noch mehr Geld vorzustrecken, wurde der Ehevertrag zwischen Karl und Maria in gegenseitigem Einvernehmen gelöst, und Karl heiratete die Schwester des Königs von Portugal. Im

August gelangte Wolsey mit den französischen Vertretern in London endlich zu einer Einigung. Luise von Angoulême, die während Franz' Gefangenschaft Frankreich regierte, erklärte sich bereit, eine enorme Entschädigungssumme sowie die noch ausstehenden Renten zu zahlen, die Heinrich gemäß den Verträgen von 1492, 1514 und 1518 zustanden, deren Auszahlung aber während des Krieges eingestellt worden war. Hinzu kamen noch zwei Millionen Kronen, die Franz Heinrich von früher schuldete. Luise war empört über diese harten Bedingungen, doch mußte sie sich wohl oder übel damit abfinden.[38]

Im Januar 1526 schloß Karl in Madrid einen separaten Friedensvertrag mit Franz. Franz war bereit, die Provinzen von Burgund, die Frankreich 1482 annektiert hatte, und dazu Tournai und einige andere Städte in Flandern an Karl abzutreten und zugunsten der Karl ergebenen Familie Sforza auf das Herzogtum Mailand zu verzichten. Außerdem kam man überein, daß Franz Karls Schwester heiraten sollte. Im März wurde Franz freigelassen, und seine beiden Söhne wurden als Pfand für die Einhaltung des Vertrages an Karl ausgeliefert. Sogleich setzte Wolsey alles daran, Franz dazu zu bewegen, den Vertrag zu brechen. Nachdem er zuvor den Kaiser und dessen Verbündete für den Krieg mit Frankreich finanziell unterstützt hatte, schickte er nun Franz' Anhängern in Italien Geld, damit sie gegen Bourbon und Karls andere Befehlshaber kämpften.

Die zeitgenössischen Diplomaten und Beobachter meinten, Wolsey sei allein für diese völlige Wende der englischen Außenpolitik verantwortlich gewesen. Moderne Historiker stimmen darin mit ihnen überein. Aber obwohl nicht bekannt ist, wie Heinrich darüber dachte, hielt Wolsey ihn sicherlich auf dem laufenden, und Heinrich muß der neuen Politik trotz einiger Zweifel zugestimmt haben. Jedenfalls blieb Heinrich angesichts von Karls Haltung keine andere Wahl, als aus der Situation das Beste zu machen. Und er wußte genau, daß Wolsey die Schuld treffen würde, wenn etwas schiefging.

10

Die heilige Liga

Im Sommer 1525 stand Heinrich mit vierunddreißig bereits im 17. Jahr seiner Regierung. Aus seinem zweiten Krieg mit Frankreich war er als Sieger hervorgegangen. Obwohl er sein hochgestecktes Ziel, die Krone Frankreichs zu erringen, nicht erreicht hatte, hatte er mit den Franzosen außerordentlich günstige Friedensbedingungen ausgehandelt. Er erhielt eine Menge Geld und mußte dafür nichts weiter tun, als Karl V. zur Freilassung Franz' I. zu bewegen.

Kaiser Maximilian war nicht der einzige europäische Staatsmann, der glaubte, Heinrichs hauptsächliches Interesse in der Außenpolitik gelte Schottland.[1] Und in Schottland schien die Lage 1525 für Heinrich günstig. Heinrich verfolgte eine einfache und gemäßigte Politik: Das »alte Bündnis« zwischen Frankreich und Schottland sollte aufgelöst und Schottland an Stelle des französischen dem englischen Machtbereich unterstellt werden. Heinrich und Wolsey machten den Schotten wiederholt deutlich, daß sie Albany als Regent von Schottland niemals akzeptieren und seine Anwesenheit dort nicht dulden könnten; solange Albany sich in Schottland aufhalte, könne es zwischen Schotten und Engländern keinen Frieden geben. Heinrich war allerdings bereit, mit einer schottischen Regierung in Frieden zu leben, die Albany zurück nach Frankreich schickte und das Bündnis mit Frankreich löste.

Um dieses Ziel zu erreichen, bedienten sich Heinrich und Wolsey abwechselnd einer Politik der Drohung, der Stärke und des Entgegenkommens. Ungeachtet der Bitte seiner Schwester hatte Heinrich im Herbst 1523 die Grafschaft Merse und Teviotdale verwüsten lassen. Gleichzeitig jedoch bekundete er gegenüber den Schotten seinen Versöhnungswillen. Obwohl die Könige von England in den vergangenen Jahrhunderten stets die unumschränkte Herrschaft über Schottland beansprucht hatten, wollte er diesen

Anspruch zu Lebzeiten seines Neffen Jakob V. nicht erneuern. Heinrich wollte lediglich Albany und die franzosenfreundliche Fraktion in Schottland daran hindern, seinen Neffen zu ermorden oder als Gefangenen nach Frankreich zu bringen.

Nachdem Albany bei Wark Castle zurückgeschlagen worden war, kehrte er nach Frankreich zurück. Dort wurde ihm in Franz' Armee in Italien ein Kommando übertragen. Vor seiner Abreise aus Schottland ließ er Angus und Sir George Douglas verhaften und als Gefangene nach Frankreich bringen. Im Sommer 1524 gelang den beiden Männern jedoch die Flucht, und sie begaben sich nach London. Angus hatte mehrere Unterredungen mit Heinrich und Wolsey. Man kam überein, daß Angus und sein Bruder nach Schottland zurückkehren und dort ihren Einfluß geltend machen sollten, die schottischen Lords zum Bruch mit Frankreich zu bewegen. Angus unterzeichnete einen Vertrag mit Heinrich und schwor, Heinrich vor allen anderen Herren zu dienen, mit Ausnahme seines eigenen Königs Jakob V., und eine englandfreundliche Politik zu verfolgen.

Im Oktober verließen Angus und George Douglas London und reisten auf dem Landweg nach Schottland. Doch noch ehe sie die Grenze erreichten, erhielt Wolsey eine Nachricht von Königin Margarete. Entsetzt, daß ihr Mann nach Schottland zurückkehren sollte, hatte sie Lord Dacre in Morpeth in einem Schreiben gebeten, Angus die Weiterreise zu untersagen. Margarete erklärte, sie habe die meisten schottischen Lords, darunter den Grafen von Arran, überredet, mit Frankreich zu brechen und eine englandfreundliche Politik zu verfolgen. Da jedoch alle, insbesondere Arran, Angus haßten, würden sie wieder einen franzosenfreundlichen Kurs einschlagen, sobald Angus schottischen Boden beträte. Um ihren guten Willen zu bekunden, ließen Margarete und Arran den Erzbischof von St. Andrews und den Bischof von Aberdeen verhaften, zwei führende Vertreter der Frankreich zugeneigten Partei.

Dacre trug Wolsey die Angelegenheit in Hampton Court vor. Heinrich und Wolsey sahen sich hier einem Problem gegenüber, mit dem jede Großmacht zu kämpfen hat, in deren Satellitenstaaten sich einander verfeindete Parteien gegenüberstehen. Sollten sie Angus und den Douglas-Clan unterstützen, die völlig unter ihrem Einfluß standen, aber von der Mehrheit der Schotten für Verräter und englische Agenten gehalten wurden? Oder sollten sie eine eher gemäßigte Gruppe unterstützen, die zumindest für den Augenblick auf eine englandfreundliche Politik umschwenken wollte? Da die Angelegenheit keinen Aufschub duldete und Heinrich gerade in Ampthill weilte, handelte Wolsey, ohne sich zuvor mit dem König zu beraten. Obwohl ihm die Entscheidung schwerfiel, wies er Dacre an, Angus und Sir George Douglas in Northumberland festzuhalten und sie unter irgendeinem Vorwand daran zu hindern, schottischen Boden zu betreten. Auf keinen Fall sollten sie erfahren, daß Dacre auf Heinrichs Befehl handelte. Aber Angus und Sir George merkten bald, was gespielt wurde. Sie waren bereit, in Newcastle zu warten, erklärten jedoch, daß alle Freunde Heinrichs in Schottland entmutigt würden, wenn man sie hindere, dorthin zu reisen. Sie gewannen die Sympathie der englischen Beamten in Northumberland einschließlich Surreys, dessen Vater kurz zuvor gestorben war und ihm den Titel des Herzogs von Norfolk vererbt hatte.

Heinrich, der inzwischen nach Greenwich zurückgekehrt war, wollte seine getreuen Anhänger nicht opfern, nur um seiner Schwester und den noch wankelmütigen Schotten einen Gefallen zu tun. Er befahl, Angus und seinem Bruder die Rückkehr nach Schottland zu gestatten, bat Angus aber, sich von Margarete fernzuhalten. Als Heinrich ein paar Tage später erfuhr, daß Margarete und Arran den Erzbischof von St. Andrews und den Bischof von Aberdeen wieder freigelassen hatten, war er von der Richtigkeit seiner Entscheidung überzeugt.

Die Ruhe in Schottland währte nicht lange. Im Februar 1525 marschierte Angus mit 800 bewaffneten Männern nach Edinburgh. Margarete und der junge König zogen sich aufs Schloß zurück, von wo aus Margarete die Anhänger ihres Mannes mit Kanonen beschießen lassen konnte. Angus und seine Männer zogen sich nach Canongate zurück, wo die Kanonen sie nicht erreichen konnten. Magnus, Heinrichs Gesandter in Schottland, handelte einen Waffenstillstand aus, der über ein Jahr dauerte, bis Angus und die Douglases im Sommer 1526 den Kampf gegen den Graf von Lennox und die Stewarts aufnahmen. Ein paar Wochen später gelang es Angus, den inzwischen vierzehnjährigen Jakob V. gefangenzunehmen und die Macht in Schottland an sich zu reißen. Margarete warf ihm vor, den König wie einen Gefangenen zu behandeln. Heinrich und Wolsey dagegen waren mit der Situation sehr zufrieden. Heinrich beglückwünschte Angus zu seinem Staatsstreich und sagte ihm jede nur erdenkliche Hilfe zu. Er konnte freilich nicht verhindern, daß Margarete beim päpstlichen Gericht in Rom die Scheidungsklage gegen Angus einreichte und die Geliebte von Henry Stewart wurde, einem gutaussehenden jungen Höfling.[2]

Zu Hause gab es für Heinrich gleich mehrere Gründe zur Besorgnis. Zwar stellte das Luthertum keine ernsthafte Bedrohung dar, doch die Behörden waren aufgrund der Ereignisse in Deutschland, wo die Gewalttätigkeit der Massen und der Bildersturm in einem Aufstand der Bauern gipfelten, so beunruhigt, daß sie selbst die geringsten Anzeichen aufrührerischer Ketzerei in England aufmerksam verfolgten. Junge Theologen der Universität Cambridge fühlten sich zum Luthertum hingezogen oder zeigten zumindest Interesse dafür. Einige von ihnen trafen sich regelmäßig im White Horse Inn in Cambridge, um über Luthers Lehren zu diskutieren. Die gläubigen Katholiken bezeichneten diese Lehren verächtlich als »neue Gelehrsamkeit« und nannten das White Horse Inn »Deutschland«.[3] Die Behörden waren auch über die Umtriebe deutscher Lutheraner in London besorgt: Kaufleute der Hanse im Stalhof schmuggelten lutherische Bücher ins Königreich.

Wolsey verfolgte solche Aktionen eher nachlässig. Viele Bischöfe waren der Meinung, er gehe mit Ketzern zu sanft um. Erst auf Drängen von Warham, Fisher, Standish und Heinrichs Beichtvater Longland, Bischof von Lincoln, ging er vereinzelt gegen Lutheraner vor. Er schlug Heinrich vor, eine Proklamation zu erlassen, wonach jeder, der im Besitz lutherischer Bücher sei, diese unter Androhung der Exkommunikation an einem bestimmten Tag den Behörden auszuhändigen habe. Außerdem wollte er alle Kaufleute und Buchhändler schriftlich darauf verpflichten, solche Bücher weder zu importieren noch vorrätig zu haben. Heinrich war einverstanden. Der Vorschlag, Kaufleute und Buchhändler schriftlich zu verpflichten, gefiel ihm besonders, da seiner Ansicht nach viele Leute eine solche Drohung mehr fürchteten als die Exkommunikation.[4]

Im Jahr 1525 erschien ein häretisches Werk, das bei den Behörden für mehr Aufregung sorgte als jede Manifestation des Luthertums. Es handelte sich um William Tyndales Übersetzung des Neuen Testaments ins Englische. Tyndale, wahrscheinlich ein Edelmann aus Gloucestershire, hatte in Oxford und Cambridge Theologie studiert und war danach vor der Verfolgung als Lutheraner ins Ausland geflohen. Sein Neues Testament enthielt einen Kommentar, in dem er seine Meinung über die Irrtümer der Kirche kundtat. Das Werk wurde unter großen Schwierigkeiten in Köln und Worms illegal veröffentlicht und von Kaufleuten der Hanse und anderen Reisenden nach England geschmuggelt; oft waren die Bücher in Stoffballen versteckt. Es sei sein Ziel gewesen, erklärte Tyndale, mit der Übersetzung der Bibel ins Englische dem Bauernjungen die Heilige Schrift ebenso nahezubringen wie dem größten Gelehrten. Genau das freilich wollten die meisten Gelehrten nicht.

Kirchliche wie staatliche Autoritäten hielten die englische Übersetzung der Bibel für staatsgefährdend. Wenn, wie die Kirche selbst sagte, die Bibel das Wort Gottes war, dann hatte sie mehr Gewicht als das Wort des Papstes oder das Wort des Königs. Wenn nun aber einfache Leute die Bibel verstehen und selbst lesen konnten oder sie sich von Freunden, die lesen konnten, laut vorlesen ließen, konnten sie die Bibel selbst interpretieren und sich gegen Papst und König auf das Wort Gottes berufen, wie sie es verstanden. Die Befürchtungen der Behörden waren durchaus berechtigt, wie die Geschichte der nächsten 150 Jahre zeigen sollte. Nichts hat Gedankenfreiheit und politische Demokratie in England mehr gefördert als die Veröffentlichung der englischen Bibel.

Die Lutheraner bekamen bedeutenden Zuwachs, als sich Robert Barnes, der Prior der Augustiner-Chorherren von Barnwell in Cambridge, zum Luthertum bekannte. Weihnachten 1525 hielt er in Cambridge eine Predigt, in der er die Begehung kirchlicher Feiertage anprangerte, für die es in der Bibel keinen Beleg gebe. Er übte Kritik am Pomp der Bischöfe und Kardinäle und sagte, sie sollten ihr Vermögen lieber den Armen geben, anstatt damit zu prunken. Im Februar 1526 wurde Wolsey gegen Barnes und andere Ketzer tätig. Sie wurden gezwungen, zu widerrufen und am Paul's Cross ein Reisigbündel zu tragen. Ein anderer bekannter Gelehrter aus Cambridge, der die neue Lehre unterstützte, war Thomas Bilney. Er reiste durch die Gemeinden der Diözese Norwich und predigte gegen die Heiligenverehrung.[5]

Am 1. September 1525 bat Luther Heinrich in einem Schreiben um Verzeihung dafür, daß er ihn in seinem Buch beleidigt habe. Offenbar schrieb er den Brief auf Anraten König Friedrichs I. von Dänemark, dessen Sohn ein Anhänger Luthers war. Im Sommer 1525, nach dem Bauernkrieg in Deutschland, wollte Luther demonstrieren, daß er nicht zum Aufruhr gegen Fürsten hetzen wollte. In seinem Brief an Heinrich schreibt er, er sei zu der Ansicht gelangt, daß Heinrichs Buch nicht von ihm selbst stamme, sondern von einem verschlagenen Sophisten, der Heinrichs Namen benutzt habe, und zweitens »von diesem gräßlichen und berüchtigten Menschen, der Gott und den Menschen gleichermaßen verhaßt ist, dem Kardinal von York, der Pest Eures Reiches«. Luther hatte erfahren, daß Heinrich sich dem Evangelium zuzuwenden begann, und bot an, sein Buch öffentlich zu widerrufen, wenn Heinrich ihm mitteile, in welcher Form dies geschehen solle.[6]

Wie andere später noch erfahren sollten, zahlte es sich nicht aus, Heinrichs Zorn beschwichtigen zu wollen. Luthers Brief gab Heinrich die langersehnte Gelegenheit, als strenger Richter aufzutreten, dem der Bösewicht um Gnade bettelnd vor die Füße sinkt, der aber trotzdem außerstande ist, diesem seine abscheulichen Verbrechen zu vergeben. Er wartete fast ein Jahr, ehe er Luther antwortete. Dann schrieb er ihm einen langen Brief, nicht für Luther, sondern für die Öffentlichkeit bestimmt, die ihn lesen würde, wenn er gedruckt war. Heinrich schrieb, er hätte sich nicht zu einer Antwort herabgelassen, wenn Luther nicht anzudeuten gewagt hätte, er, Heinrich, stehe Luthers Lehren wohlwollend gegenüber. Er rügte Luther aufs schärfste und übte Kritik an seiner Lehre von der Rechtfertigung durch den Glauben statt durch gute Taten. Vor allem aber beschimpfte er Luther, weil dieser erst kurz zuvor eine ehemalige Nonne geheiratet hatte und beide damit gegen das Gelübde des Zölibats verstoßen hatten. Was Luthers beleidigende Äußerungen über Wolsey betreffe, schrieb der König, so sei Wolsey in seiner Achtung dadurch nur noch gestiegen. Er lehnte Luthers Angebot ab, sich zu entschuldigen und Heinrich in einem Buch zu preisen: Luthers Lob kümmere ihn nicht. Er werde Papst und Papsttum stets gegen Luthers Angriffe verteidigen. Heinrich beendete den Brief mit der Aufforderung an Luther, seine illegale Verbindung mit der Nonne zu lösen und sich in ein Kloster zurückzuziehen.[7]

Aber Heinrich sah sich einer Bedrohung gegenüber, die noch ernster war als die durch das Luthertum. In ganz England herrschte Unzufriedenheit wegen der Steuern, die für den Krieg gezahlt werden mußten. Heinrichs und Wolseys Politik, an den Kaiser und andere Herrscher Geld zu verleihen, damit diese gegen die Franzosen kämpften, war recht kostspielig, da das Geld meist nicht zurückgezahlt wurde. Dazu kamen die etwas niedrigeren Ausgaben für Heinrichs aufwendige Hofhaltung, für teure Geschenke an ausländische Gesandte und Herrscher, für Diamanten, Rubine und Saphire, die Heinrich in Ringe gefaßt an seinen Fingern trug, und für die Ketten um seinen Hals. Heinrich selbst sah darin keine Geldverschwendung. Für ihn stellte sein Reichtum sein wertvollstes diplomatisches Kapital dar. Spinelly, sein Agent in Brüssel, berichtete Wolsey, ausländische Machthaber zollten Heinrich in erster Linie wegen seines Geldes Respekt.[8] Seine Untertanen mußten freilich dafür aufkommen. Und obwohl ihre Bereitschaft, Steuern zu zahlen, Heinrich im Ausland ebenfalls Respekt verschaffte, hatte auch diese Bereitschaft ihre Grenzen.

Um an mehr Geld zu kommen, appellierten Heinrich und Wolsey 1525 an das Volk, dem König zusätzlich zu den gesetzlich festgelegten Steuern ein freiwilliges Geldgeschenk zu machen, eine sogenannte »Freundschaftshilfe«. Zuerst lieferten Wolsey und alle führenden Ratsmitglieder und Höflinge ihre Geschenke ab, dann übte man auf das Volk Druck aus, damit es ebenfalls zahlte. In einigen Gegenden Südostenglands regte sich heftiger Widerstand. In Tonbridge, Chelmsford, Stansted, Sudbury und Norwich weigerte sich die Bevölkerung zu zahlen. In der Gegend von Otford erklärten die Bewohner, sämtliche Steuern hätten nicht einen Meter französischen Bodens eingebracht. In Canterbury hingegen wurde bereitwillig gezahlt.[9]

Den stärksten Widerstand gab es in Lavenham in Suffolk, wo eine große Menschenmenge die königlichen Beamten bedrohte, die sie zur Zahlung aufgefordert hatten. Wolsey behandelte den Widerstand wie Hochverrat und befahl den Herzögen von Suffolk und Norfolk, in den benachbarten Grafschaften Truppen aufzustellen und den Aufstand niederzuschlagen. Die Richter des Königs allerdings, die das Gesetz oft großzügig auslegten, um Heinrich zufriedenzustellen, es jedoch nicht gänzlich mißachten wollten, erklärten Heinrich und Wolsey, die Bewohner von Lavenham hätten nichts getan, was vor dem Gesetz als Hochverrat gelten könne. Man könne sie lediglich des Aufruhrs anklagen. Norfolk ließ vier der Anführer verhaften, die übrigen wurden freigelassen, nachdem sie im Hemd niedergekniet waren und um Gnade gebeten hatten. Norfolk erklärte ihnen, sie hätten eine harte Strafe verdient, doch Heinrich wolle Gnade walten lassen. Die vier Anführer wurden ebenfalls begnadigt.[10]

Eine weitere Quelle der Unruhe war, daß Wolsey gemäß seinen Befugnissen als päpstlicher Legat und gemäß den Bestimmungen einer päpstlichen Bulle 22 Klöster aufgelöst hatte. Mit dem Vermögen der Klöster wollte er an der Universität von Oxford ein neues College gründen, das eine berühmte Stätte der Gelehrsamkeit werden und seinen Namen unsterblich machen sollte. Die Auflösung von Ordenshäusern fand allerdings nicht den erwarteten Beifall. Heinrich sollte das zehn Jahre später noch einmal feststellen, als er Klöster in großem Umfang auflöste. Zwar war die Kritik an den Klöstern im Königreich weit verbreitet: Die Reformfanatiker in der Kirche, der niedere Adel, der stets darauf bedacht war, bei Zwangsversteigerungen billigen Profit zu machen, die geistreichen Humanisten, die Bänkelsänger und Geschichtenerzähler, sie alle verurteilten und verspotteten die Klöster, die faulen, lüsternen oder homosexuellen Mönche und die Nonnen mit ihren Liebhabern und Bastarden; und gerade für das einfache Volk waren die Klöster eine beliebte Zielscheibe des Unmuts; man beklagte sich über die Mönche, weil sie schlechte Grundherren seien, und sprach halb mißbilligend, halb scherzhaft über die schlechte Moral, die in den Ordenshäusern herrsche. Aber als Klöster aufgelöst wurden, drehte sich die Kritik um. Die Auflösung der Klöster führte zu lokaler Arbeitslosigkeit, da die Bediensteten der Klöster ihre Arbeit verloren. Die Armen verloren ihre Almosen, die Reisenden eine gastliche Herberge und die Einwohner Stätten der Wallfahrt und der Andacht, die die Klöster trotz allen Spotts und aller Gerüchte geblieben waren. In Tonbridge und ein paar Kilometer weiter in Bayham Abbey kam es unter den Bewohnern zu Tumulten, als die Klöster aufgelöst wurden. In Bayham brachten bewaffnete Männer die Mönche in das Kloster zurück, bevor der Aufstand niedergeschlagen werden konnte.[11]

Wolsey verwendete das Vermögen der aufgelösten Klöster zur Gründung des Cardinal's College in Oxford und ging dann daran, in seiner Heimatstadt Ipswich ebenfalls ein College einzurichten. Priester, Chorsänger und Gelehrte wurden bestallt, um für die Seelen von Wolseys Eltern zu beten und arme Jungen aus der Gegend zu unterrichten. Wolsey setzte Äbte, Adlige und reiche Kaufleute unter Druck und griff manchmal auch zu Drohungen, damit sie mit ihrem Geld die Kosten der Colleges deckten. Die Stiftung in Ipswich erregte mehr Unmut als das College in Oxford. In Oxford oder Cambridge ein College zu gründen war alter Brauch. Doch der einzige Grund für die Gründung des Colleges in Ipswich schien zu sein, daß Wolseys Vater dort als Fleischer gelebt hatte.

Heinrichs größtes Problem war, daß er keinen männlichen Erben hatte. Uns, die wir die Lebensgeschichte seiner zweiten Tochter Elisabeth kennen, mutet seine Besorgnis heute eher seltsam an. Doch 1525 war das noch Zukunft. Heinrich konnte nicht voraussehen, daß eine Frau in der Lage sein würde, 44 Jahre zu regieren, ohne sich mit einem ausländischen Herrscher oder einem ehrgeizigen Untertanen zu vermählen, und daß dieselbe Frau mit Erfolg einen Bürgerkrieg verhindern würde. Nur einmal in den 700 Jahren, die England schon als Nation existierte, hatte eine Königin, Mathilde, den Thron bestiegen. Doch die Erfahrung mit Mathilde im 12. Jahrhundert hatte gezeigt, daß eine Frau in England nicht in Frieden regieren konnte.

Als Heinrich erkannte, daß Katharina von Aragon ihm keinen Sohn mehr schenken würde, wollte er die Thronfolge sichern, indem er seine Tochter Maria mit Karl V. verheiratete. Als dieser Plan im Sommer 1525 fehlschlug und Karl den Ehevertrag für nichtig erklärte, mußte Heinrich eine andere Lösung finden. So zog er eine Zeitlang die Möglichkeit in Betracht, seinen unehelichen Sohn Heinrich Fitzroy für ehelich zu erklären. Nachdem er seine Affäre mit Elisabeth Blount so lange streng geheimgehalten hatte, ging er plötzlich damit in die Öffentlichkeit und ließ alle seine Untertanen wissen, daß aus seiner Verbindung mit Elisabeth ein Kind hervorgegangen war.

Am 16. Juni 1525, kurz nachdem der Ehevertrag zwischen Karl und Maria für nichtig erklärt worden war, erhob Heinrich seinen Sohn in einer feierlichen Zeremonie in Bridewell in London in den Adelsstand. Der Junge, gerade sechs Jahre alt, trat in den Raum, wo Heinrich, umgeben von Wolsey, Warham, Norfolk, Suffolk und anderen Adligen, auf einem Thron saß. Sir Thomas Morus verlas die Ernennungsurkunde, dann ernannte Heinrich seinen Sohn zum Grafen von Nottingham. Der Junge verließ den Raum, um sogleich wieder zurückzukommen und zum Herzog von Richmond und Somerset ernannt zu werden.[12] Wenig später machte Heinrich ihn zum Präsidenten des Geheimen Staatsrats des Nordens, der die Aufgaben des Kronrats nördlich des Trent wahrnahm. Der Herzog residierte mit einem eindrucksvollen Haushalt 16 Kilometer nordöstlich von York im Schloß von Sheriffhutton und in weiteren Schlössern in Yorkshire. Heinrich vergaß auch die Mutter des neuen Herzogs nicht. Etwa um dieselbe Zeit schlug er ihren Mann Gilbert Talboys zum Ritter.

Heinrich hatte die Affäre mit Lady Talboys einige Jahre zuvor beendet und sich eine neue Geliebte genommen, Mary Boleyn. Wieder ist nicht bekannt, wann die Affäre begann, da Heinrich auch diesmal mit solcher Diskretion vorging, daß nur wenige Leute davon wußten. Marys Vater Thomas Boleyn, der Sohn eines Ritters aus Norfolk, war Soldat, Höfling und Diplomat. Er kämpfte mit Heinrich bei den Turnieren am Hof, diente im Krieg in der Armee, war Gesandter bei Franz I. und Karl V. und hatte Elisabeth Howard geheiratet, die Tochter des Siegers von Flodden und Schwester des dritten Herzogs von Norfolk. Allerdings scheint er seinem Schwager weder persönlich noch politisch besonders nahegestanden zu haben. Thomas Boleyn lebte in Hever in der Grafschaft Kent und hatte dort einigen Einfluß. 1525 machte Heinrich ihn zum Viscount Rochford.

Thomas Boleyns Töchter Mary und Anne hatten beide einige Jahre am Hof Franz' I. verbracht. Franz, der einschlägige Erfahrungen hatte, meinte bei Gelegenheit, Mary Boleyn sei die flatterhafteste Dame seines Hofes.[13] Nach ihrer Rückkehr nach England wurde Mary Hofdame Königin Katharinas. Als sie 1520 Sir William Carey heiratete, war Heinrich bei der Hochzeit anwesend. Wahrscheinlich war sie sowohl vor wie nach ihrer Heirat Heinrichs Geliebte. Nach Heinrichs Heirat mit Anne Boleyn kursierte das Gerücht, Lady Boleyn, die Mutter Marys und Annes, sei auch einmal Heinrichs Geliebte gewesen. Heinrich stritt das allerdings ab.[14]

Im gleichen Jahr 1525, in dem er seinen unehelichen Sohn zum Herzog von Richmond ernannte, zog Heinrich zum ersten Mal ernsthaft eine weitere Möglichkeit in Betracht, wie er an einen männlichen Erben kommen konnte – durch die Scheidung von Königin Katharina und die Heirat mit einer anderen Frau. Später erklärte er, sein Beichtvater Longland habe ihn erst auf den Gedanken gebracht, daß seine Ehe mit Katharina womöglich ungesetzlich sei, weil es gegen Gottes Gebot verstoße, wenn ein Mann die Witwe seines Bruders heirate. Longland behauptete dagegen, Heinrich habe das Problem selbst angesprochen.[15] Wenn Heinrich behauptete, der Anstoß sei von seinem Beichtvater ausgegangen, so wollte er damit nicht erklären, warum er Zweifel an seiner Ehe hatte, sondern warum ihm die Zweifel nicht früher gekommen waren. Schon 1502 waren Warham und andere Ratsmitglieder nicht eben glücklich gewesen, daß Heinrich die Frau seines verstorbenen Bruders heiraten wollte. Heinrich hatte sie trotzdem geheiratet und seitdem nie öffentlich Zweifel an der Gültigkeit der Ehe geäußert. Das konnte er erst, als er das Bündnis mit Katharinas Neffen Karl V. gelöst hatte.

Aber selbst dann besprach Heinrich diese Angelegenheit nur unter vier Augen mit seinem Beichtvater. Er und Wolsey gingen mit äußerster Vorsicht gegen Karl vor. Sie rieten Franz, sich nicht an die Bedingungen des Vertrages zu halten, den er als Gefangener in Madrid hatte unterzeichnen müssen, und schickten ihm Anwälte, die ihn überzeugen sollten, daß niemand einen Vertrag erfüllen müsse, der ihm aufgezwungen worden sei. Heinrich bat Franz in einem Brief, das Schicksal seiner Söhne, die in Spanien als Geiseln gefangengehalten wurden, zurückzustellen, seiner Pflicht als König zu gehorchen und Karl die Stirn zu bieten.[16]

Heinrich hatte den Warnungen des Papstes vor der Bedrohung der Christenheit durch den Großtürken nie Bedeutung beigemessen. Nachdem Sultan Selim die Perser besiegt und Ägypten erobert hatte, bereitete sein Nachfolger Suleiman der Prächtige einen Angriff auf den Westen vor. Im Jahr 1522 nahm er die ungarische Grenzstadt Belgrad ein, im darauffolgenden Jahr griff er die Insel Rhodos an, die dem Johanniterorden als christlicher Stützpunkt im Osten diente. Der Fall von Rhodos erschütterte ganz Europa. Heinrich fühlte sich persönlich betroffen, weil Docwra, der Prior des Johanniterordens, in England ein prominenter Würdenträger war. Docwra war Mitglied des Oberhauses und diente Heinrich als Ratgeber und Diplomat. Doch selbst wenn er gewollt hätte, Heinrich hätte nichts für Rhodos tun können.

Im Frühjahr 1526 marschierte ein gewaltiges türkisches Heer, das von christlichen Spähern auf 300 000 Mann geschätzt wurde, in Ungarn ein. Der junge König Ludwig von Böhmen und Ungarn konnte den Türken lediglich 50 000 Mann entgegenstellen. Er und der Papst baten deshalb alle Könige der christlichen Welt dringend um Hilfe. Heinrich war diesmal allerdings noch weniger geneigt als sonst, etwas gegen die türkische Bedrohung zu unternehmen, denn Ludwig war der Schwager Karls V. Heinrich und Wolsey versprachen zwar, Ludwig wenigstens finanziell zu unterstützen – vom Papst erhielten sie dafür Dankschreiben –, aber Heinrich schrieb später an Klemens VII., er bedaure, nichts für Ludwig tun zu können, da Ungarn zu weit von England entfernt sei.[17]

Am 29. August vernichteten die Türken Ludwigs Armee bei Mohács. Ludwig ertrank auf der Flucht in der Donau. Elf Tage später nahmen die Türken Buda ein und richteten unter der Bevölkerung der Stadt ein Blutbad an. Wolsey erhielt die Nachricht von Ludwigs Niederlage und Tod am 8. Oktober in London und verständigte Heinrich in Ampthill. Dr. Knight, der als Heinrichs Sekretär fungierte, berichtete Wolsey, Heinrichs Augen hätten sich mit Tränen gefüllt, als er von dem Unglück hörte. Er habe sich jedoch mit den Worten Christi an Petrus getröstet: »*Oravi, ne deficiat fides tua* – Ich aber habe für dich gebeten, daß dein Glaube nicht aufhöre« (Lukas 22, 32). Nach seiner Rückkehr nach London schrieb Heinrich am 23. Oktober dem Papst von den Tränen, die er beim Erhalt der Nachricht aus Mohács vergossen habe. Er machte die Zerrissenheit der christlichen Welt für das Unglück verantwortlich und versprach, als erster gegen die Ungläubigen zu ziehen, wenn die Spaltung erst überwunden sei und die Herrscher der Christenheit sich gemeinsam auf den Kreuzzug gegen die Türken geeinigt hätten.[18]

Es besteht kein Grund, an der Aufrichtigkeit von Heinrichs Mitleid mit dem jungen König Ludwig zu zweifeln. Seine habsburgfeindliche Außenpolitik wurde dadurch allerdings nicht beeinflußt. Ludwigs Schwager Ferdinand von Österreich, der Bruder Karls V., folgte Ludwig auf den Thron von Böhmen und Ungarn. Während Ferdinand Böhmen in Besitz nahm, machte sich der Woiwode von Siebenbürgen, Johann Zápolya, zum König von Ungarn. Ferdinand und die meisten Christen verurteilten Zápolya als Rebellen und Kollaborateur der Ungläubigen.

Heinrich und Wolsey dagegen genügte es, daß Zápolya ein Gegner von Karls Bruder war und dem Kaiser im Osten Schwierigkeiten bereiten konnte. Heinrich schickte Sir John Wallop zu Zápolya, um ihn zu einem Krieg gegen

Ferdinand zu ermutigen und ihm finanzielle Hilfe anzubieten. Ferdinand erfuhr von Wallops Mission. Er ließ ihn in Breslau abfangen und schickte ihn nach England zurück. Heinrich und Wolsey gelang es, über Italien mit Zápolya Kontakt aufzunehmen, und im Sommer 1527 schickte Zápolya einen Gesandten nach London. Obwohl Ferdinand Zápolya weiterhin für einen Rebellen hielt, kam es nicht zum Krieg.[19]

Beim Papst und den italienischen Herzögen hatten Heinrich und Wolsey mehr Erfolg, als es darum ging, sie zu einem Krieg gegen Karl aufzustacheln. Der Papst war beunruhigt, weil Karl die gesamte italienische Halbinsel beherrschte, und da Heinrich ihm Mut machte und finanzielle Unterstützung zusagte, gründete er eine Heilige Liga gegen den Kaiser. Vier Jahre zuvor hatten Heinrich und Wolsey Venedig durch Erpressung gezwungen, sich dem Kaiser in einem gegen Frankreich gerichteten Bündnis anzuschließen. Nun forderten sie Venedig auf, einer Allianz mit Frankreich gegen den Kaiser beizutreten.

Heinrich und Wolsey wollten nicht direkt in einen Krieg mit Karl verwickelt werden. Sie waren stets darauf bedacht, daß der einträgliche Handel zwischen England und den Niederlanden keinen Schaden litt. Um die Gründung der heiligen Liga zu unterstützen, kamen sie überein, daß Heinrich der Liga beitreten und zum Schutzherrn des Bündnisses ernannt werden solle. Heinrichs Beitritt zum Bündnis sollte jedoch noch so lange geheimgehalten werden, als der König es für notwendig erachtete. Heinrich und Wolsey erfanden alle möglichen Ausreden, um die Bekanntgabe von Heinrichs Beitritt zur Liga hinauszuschieben. Am 1. Oktober schrieb Knight, der sich mit Heinrich in Ampthill aufhielt, an Wolsey, Heinrich sei froh über die neuesten Nachrichten aus Italien, »wodurch sich sein Beitritt zur Liga von Italien wohl mit gutem Grund verzögern wird, ohne ihm Schande zu machen, worüber Seine Hoheit sehr froh ist«. Inzwischen versicherte Edward Lee, Heinrichs Gesandter in Granada, Karl V., Heinrich sei der Liga nicht beigetreten. Karl glaubte ihm, oder zumindest tat er so. Er erklärte Lee, er sei überzeugt, daß Heinrich dem Bündnis nicht beitreten werde.[20]

Karls Truppen schlugen die Heere der Liga. Am 20. September fielen seine Soldaten in Rom ein und brandschatzten und plünderten die Stadt. Am nächsten Tag unterzeichnete der Papst mit Karls General einen Waffenstillstand. Als die Nachricht in London eintraf, kehrte Heinrich, der sich wie immer während seiner Rundreise im Herbst über die politischen Ereignisse auf dem laufenden hielt, mit einer kleinen Eskorte aus Dunstable zurück, um die Situation mit Wolsey zu erörtern. Er riet Wolsey, dem päpstlichen Nuntius und dem französischen Gesandten unverfroren und »in aller Deutlichkeit« zu verstehen zu geben, daß es zu dem Unglück nur deshalb habe kommen können, weil der Papst und Franz zu träge gewesen seien und sich Karl nicht energisch genug widersetzt hätten.[21]

Heinrich schrieb an Karl und bat ihn, Frieden zu schließen und sich auf einen Kreuzzug der gesamten christlichen Welt gegen die Türken vorzubereiten. Gemeinsam mit Wolsey drängte er den Papst, den Waffenstillstand zu brechen, den dieser am Tag nach der Einnahme Roms mit Karls General unterzeichnet hatte: Er sei nicht an einen Vertrag gebunden, den er unter Zwang geschlossen habe. Sie versprachen Klemens, wenn er und seine Verbündeten den Krieg fortsetzten, würden sie von Heinrich Geld erhalten, um ihre Söldner zu entlohnen. Im Vertrauen auf dieses Versprechen widersetzten sich der Papst und die Liga dem Vorrücken der vom Herzog von Bourbon befehligten Armeen Karls. Heinrich und Wolsey schickten Russell, der zwei Jahre zuvor bereits Bourbons Armee mit Geld versorgt hatte, mit Geld nach Italien. Diesmal war das Geld für die Armee bestimmt, die gegen Bourbon kämpfte. Bei der Abwicklung des Geldtransfers in Antwerpen gab es die üblichen Verzögerungen. Als Bourbons Armee weiter vorrückte, schrieben die Minister des Papstes einen verzweifelten Brief an Wolsey, in dem sie von den Greueltaten der Söldner Bourbons berichteten. Die Söldner entweihten die Hostien und begingen Freveltaten in den Kirchen der Städte und Dörfer, durch die sie auf dem Vormarsch nach Rom kamen.[22]

Anfang Mai 1527 erreichte Bourbon Rom und verlangte freien Durchzug durch die Stadt. Als der Papst ihm das verweigerte, befahl Bourbon den Angriff auf Rom. Er selbst kam dabei ums Leben, doch seine Männer nahmen die Stadt ein und mordeten, raubten und plünderten zwölf Tage lang. Karls Vizekönig hielt den Papst in Rom gefangen.

Als die Nachricht von der Plünderung Roms England erreichte, nutzten Heinrich und Wolsey die Greueltaten nach Kräften für Propagandazwecke gegen den Kaiser aus. In einem Brief an den Papst brachte Heinrich sein Entsetzen über das Geschehene zum Ausdruck. Die englischen Bischöfe schrieben an die spanischen Bischöfe und protestierten gegen das Vorgehen von Karls Truppen. Karl entschuldigte sich beim Papst. Bourbons Armee setzte sich aus spanischen Truppen und italienischen und deutschen Söldnern zusammen. Als Entschuldigung für das Verhalten der Soldaten des Kaisers des Heiligen Römischen Reiches verbreiteten Karls Anhänger das Gerücht, die deutschen Söldner in Karls Heer seien Lutheraner gewesen und die Spanier insgeheim Moslems, die nach der Eroberung des maurischen Königreichs Granada vor 35 Jahren durch Ferdinand und Isabella an ihrem Glauben festgehalten hätten.[23] Obwohl es für diese Behauptungen keine zuverlässigen Beweise gibt, haben sie mehr als 450 Jahre überdauert.

Eine Woche vor der Plünderung Roms kam Wolsey mit den französischen Gesandten bei den Verhandlungen, die seit Anfang März in London stattfanden, endlich zu einer Übereinkunft. Es wurde vereinbart, daß Heinrichs Tochter Maria entweder Franz I. oder dessen zweiten Sohn, den Herzog von

Orléans, heiraten sollte und daß Heinrich und Franz Karl gemeinsam zwingen würden, Franz' Söhne freizulassen und seine Schulden bei Heinrich zurückzuzahlen.[24] In dieser Situation traf Heinrich die wohl bedeutsamste Entscheidung seines Lebens: Im Mai 1927 leitete er die Scheidung gegen Katharina von Aragon ein.

11

Des Königs große Sache

Kein Ereignis in Heinrichs Leben wurde so eingehend untersucht wie seine Scheidung von Katharina von Aragon. Ein Großteil der Berichte, Briefe, päpstlichen Bullen, Schriftsätze und theologischen Abhandlungen, die während des sieben Jahre dauernden Scheidungsverfahrens abgefaßt wurden, war bereits vor Ende des 17. Jahrhunderts veröffentlicht, und in den folgenden 300 Jahren analysierten und erörterten Theologen, Historiker und Biographen diese Dokumente. Viel weniger Material gibt es dagegen über ein Ereignis, das zur selben Zeit eintrat und mit der Scheidung in engem Zusammenhang stand – den Sturz Wolseys.

Heinrich hatte sich bereits vor dem Sommer 1527 ernsthaft in Anne Boleyn verliebt, die jüngere Tochter des Viscount Rochford. Anne war wie ihre Schwester Mary am französischen Hof erzogen worden. Mit fünfzehn war sie, noch vor Ausbruch des Krieges, 1522 nach England zurückgekehrt und an Heinrichs Hof gekommen. Kurz darauf verliebte sich der Sohn des Grafen von Northumberland Lord Percy, der in Wolseys Haushalt lebte, in Anne, und sie erwiderte seine Gefühle. Doch Northumberland hatte für seinen Sohn bereits die Heirat mit Mary Talbot, der Tochter des Grafen von Shrewsbury, arrangiert, Wolsey verbot Percy deshalb, Anne weiterhin den Hof zu machen. Er vereinbarte mit Northumberland, Percy zurück nach Alnwick zu schicken. Wolseys Zeremonienmeister George Cavendish, der dabei war, als Wolsey Percy wegen dessen Vernarrtheit in Anne schalt, schreibt, Wolsey habe auf Befehl des Königs gehandelt. Heinrich sei damals bereits selbst in Anne verliebt gewesen und habe deren Heirat mit Percy verhindern wollen, um sie selber zu heiraten. Da Percy aber 1524 Mary Talbot heiratete, muß sich der Vorfall, den Cavendish beschreibt, schon vorher zugetragen haben, und es ist unwahrscheinlich, daß Heinrich schon damals an eine Heirat mit Anne dachte. Laut Cavendish hat Anne Wolsey die Einmischung nie verziehen, wie der Kardinal später zu seinem Nachteil feststellen mußte.[1]

Keiner, der Anne kannte, hielt sie für eine ausgesprochene Schönheit. Doch auf Männer wirkte sie offenbar recht anziehend, und wenn die Angabe eines zeitgenössischen katholischen Autors stimmt, daß sie an einer Hand sechs Finger hatte,[2] so tat dies ihrem Charme keinen Abbruch. Heinrich muß sich um 1526 in das 19jährige Mädchen verliebt haben. Im Gegensatz zu ihrer Schwester Mary weigerte sie sich, seine Geliebte zu werden, und das erhöhte nur noch seine Bewunderung für sie.

Als Anne nicht mehr am Hof weilte, schrieb Heinrich ihr Liebesbriefe, die er meist in französischer Sprache abfaßte.

»Meine Herrin und Freundin, ich und mein Herz geben sich in Eure Hände und bitten Euch, uns Eurer Gunst zu empfehlen und in Eurer Zuneigung zu uns nicht durch die Trennung nachzulassen. Es wäre gar zu grausam, unseren Kummer noch zu vergrößern, da Eure Abwesenheit uns schon genug bereitet… Da ich nicht selbst bei Euch sein kann, sende ich Euch, was meiner Person am nächsten kommt, mein Bild, in ein Armband gefaßt … und wünsche mich an seine Stelle, wann es Euch gefallen mag. Dies von der Hand Eures ergebenen Dieners und Freundes, H. R.«[3]

Doch Anne zeigte wenig Neigung, an den Hof zurückzukehren, und Heinrich schrieb erneut »an meine Herrin«:

»Man sagt mir, daß sich Eure Absichten, von denen Ihr mir bei unserem Abschied spracht, geändert haben und daß Ihr nicht mehr gewillt seid, an den Hof zurückzukehren, weder in Begleitung Eurer Mutter noch unter irgendeiner anderen Voraussetzung – eine Mitteilung, über die ich, wenn sie auf Wahrheit beruhen sollte, unsäglich erstaunt bin, da ich doch weiß, daß ich Euch, während Ihr bei Hofe wart, nie in eine unziemliche Lage gebracht habe. Wie sehr enttäuscht es mich daher, daß ich zum Lohn für meine große Liebe von dem einen Wesen getrennt sein soll, das ich auf der ganzen Welt am höchsten schätze. Und wenn Ihr mir soviel Zuneigung entgegenbringt, wie ich hoffe, bin ich sicher, daß auch Euch unsere Trennung ein wenig Kummer bereitet, obwohl das eher dem Diener als der Herrin zukommt. Bedenket wohl, meine Herrin, wie sehr mich Eure Abwesenheit grämt. Ich hoffe, Ihr wollt nicht, daß dem so sei. Sollte sich aber erweisen, daß diese Trennung Euer eigener Wunsch ist, bleibt mir freilich nichts anderes übrig, als mein Schicksal zu beklagen und zu versuchen, meine wilde, törichte Leidenschaft zu bezähmen.«[4]

Als Anne Heinrich einen entmutigenden Brief schrieb, war dieser sehr bedrückt:

»Wenn ich über den Inhalt Eurer Briefe nachdenke, bin ich in großer Pein, da ich nicht weiß, wie ich sie verstehen soll… Ich bitte Euch daher von ganzem Herzen, mir, was die Liebe zwischen uns beiden angeht, Eure ganze Absicht kundzutun. Diese Antwort zu verlangen zwingt mich die Notwendigkeit, da ich seit über einem Jahr vom Pfeil der Liebe verwundet bin und nicht weiß, ob ich scheitern oder einen Platz in Eurem Herzen und Eurer Liebe finden werde. Die Ungewißheit hat mich in letzter Zeit davon abgehalten, Euch meine Herrin zu nennen, wenn Ihr denn nur gewöhnliche Zuneigung zu mir empfindet. Wenn Ihr mir aber eine wirklich getreue Gebieterin und Freundin sein und Euch mit Leib und Seele mir schenken wolltet, der ich Euer sehr getreuer Diener gewesen bin und sein werde (wenn Eure Hartherzigkeit es nicht verbietet), so verspreche ich Euch, daß Ihr nicht nur dem Namen nach eine Herrin sein sollt, sondern daß ich Euch zu meiner einzigen Herrin nehmen und alle anderen, die Euch diesen Titel streitig machen wollten, aus meinen Gedanken und meiner Zuneigung verbannen werde, um nur Euch allein zu dienen. Ich bitte Euch, mir eine vollständige Antwort auf diesen meinen ungelenken Brief zu geben, damit ich weiß, worauf ich vertrauen darf. Doch wenn es Euch nicht gefällt, mir schriftlich Antwort zu geben, so bezeichnet mir einen Ort, an dem ich sie aus Eurem Munde empfangen kann, und ich werde mich herzlich gerne dort einfinden. Ich schreibe nun nicht weiter, aus Furcht, Euch zu verärgern. Geschrieben von der Hand dessen, der gerne der Eure bleiben möchte. Unabänderlich, H. R.«[5]

Da Anne Heinrichs Briefe nicht beantwortete, schrieb er wieder:

»Obwohl es Euch, meiner Herrin, nicht gefallen hat, Euch an das Versprechen zu erinnern, welches Ihr mir bei unserer letzten Begegnung gegeben, daß ich nämlich von Euch Neuigkeiten erfahren und eine Antwort auf meinen letzten Brief erhalten solle, denke ich doch, es zieme sich für einen treuen Diener (da er doch anders nichts erfahren kann), sich nach dem Befinden seiner Herrin zu erkundigen. Um der Pflicht des treuen Dieners zu genügen, sende ich Euch diesen Brief und bitte Euch, mir über Euer Befinden Bericht zu geben ... und damit Ihr öfter an mich denkt, lasse ich Euch durch diesen Boten einen Rehbock schicken, den ich gestern abend mit eigener Hand erlegt, in der Hoffnung, daß Ihr des Jägers gedenkt, wenn Ihr ihn verspeist.«[6]

Im Frühjahr 1527 hatte Heinrich beschlossen, sich von Königin Katharina scheiden zu lassen und Anne Boleyn zu heiraten. Als seine Frau und Königin würde Anne ihm nicht nur die Befriedigung geben, die sie ihm jetzt verweigerte, sondern ihm vielleicht sogar einen legitimen Sohn und Erben schenken. Der Entschluß ist sicher Heinrich selbst zuzuschreiben. Die zeitgenössischen katholischen Schriftsteller und die der nächsten Generation glaubten, Wolsey sei für Heinrichs Entscheidung und die daraus folgende Reformation der Kirche verantwortlich gewesen. Wolsey habe sich an Karl V. rächen wollen, weil Karl nicht für ihn als Papst eingetreten sei. Bei der Verhandlung in Blackfriars erklärte Heinrich jedoch, Wolsey habe ihn nie zur Scheidung von Katharina gedrängt, sondern ihn vielmehr davon abzubringen versucht. Laut Cavendish soll Wolsey Heinrich auf den Knien angefleht haben, sich nicht von Katharina scheiden zu lassen.[7]

Als die Heirat von Heinrich und Katharina nach Arthurs Tod vor 25 Jahren erstmals in Erwägung gezogen worden war, waren große Zweifel hinsichtlich der Gültigkeit einer solchen Ehe aufgetaucht. Erst der Dispens von Papst Julius II. im Jahr 1503 hatte sie möglich gemacht. Wenn sich nun zeigen sollte, daß dieser Dispens aufgrund eines Formfehlers ungültig war, dann bedeutete das, daß Heinrichs Ehe mit Katharina schon immer ungültig gewesen war und Heinrich Anne Boleyn als Junggeselle heiraten konnte. Doch 1527, wenn nicht schon früher, wurde Heinrich klar, daß ihm noch eine andere Argumentation offenstand: Selbst wenn es bei der Erteilung des Dispenses 1503 keinen Formfehler gegeben hatte, wäre dieser ungültig, wenn Julius II. dabei seine päpstlichen Machtbefugnisse überschritten hätte. Dies wäre der Fall, wenn das Wort Gottes die Heirat eines Mannes mit der Witwe seines Bruders verbot, es sich also nicht um ein Hindernis des kanonischen Rechts handelte, das der Papst durch einen Dispens aufheben konnte.

Der biblische Text aus dem 3. Buch Mose enthielt einen deutlichen und allseits bekannten Hinweis darauf, daß Heinrichs Ehe mit Katharina einen Verstoß gegen das Gebot Gottes darstellte: »Wenn jemand seines Bruders Weib nimmt, das ist eine schändliche Tat. Sie sollen ohne Kinder sein, darum daß er seines Bruders Blöße aufgedeckt hat.« In direktem Widerspruch dazu stand der Text aus dem 5. Buch Mose: »Wenn Brüder beieinander wohnen und einer stirbt ohne Kinder, so soll des Verstorbenen Weib nicht einen fremden Mann draußen nehmen; sondern ihr Schwager soll sich zu ihr tun und sie zum Weibe nehmen und sie ehelichen.«[8] Viele frühe Kirchenväter hatten sich mit diesen Texten beschäftigt und nach dem anerkannten Grundsatz gehandelt, daß biblische Texte immer in einer Weise interpretiert werden müssen, die jeden Widerspruch zwischen ihnen ausschließt. Die meisten hatten den Text aus dem 3. Buch Mose so verstanden, daß das Verbot der Ehe eines Mannes mit der Witwe seines Bruders nicht galt, wenn die Frau kinderlos zurückgeblieben war. Nur eine Minderheit hatte das Verbot aus dem 3. Buch Mose im strengen Sinn ausgelegt und den Text aus dem 5. Buch Mose damit erklärt, daß er nur für Juden gelte. Trotzdem war der Standpunkt, Heinrichs Ehe mit Katharina verstoße aufgrund des Textes aus dem 3. Buch Mose gegen das Gebot Gottes, sicherlich vertretbar, und zwischen 1527 und 1534 bekannten sich viele Theologen dazu. Dr. Scarisbrick, dessen Biographie über Heinrich VIII. eine wissenschaftliche Untersuchung zum kanonischen Scheidungsrecht enthält, kann gewiß nicht mit gutem Recht behaupten, Heinrich habe nicht nur den Text des 3. Buches Mose falsch verstanden, sondern überhaupt zum falschen Mittel gegriffen.[9]

Das Argument, die Ehe Heinrichs und Katharinas verstoße gegen das Gebot Gottes, hatte noch eine wichtige Implikation. Wenn Heinrich behauptete, die Ehe sei ungültig, weil der Dispens aus dem Jahr 1503 einen Formfehler beinhalte, mußte diese Frage von einem geistlichen Gericht geklärt werden. Die höchste Berufungsinstanz war dann zweifellos das päpstliche Gericht in Rom. Erklärte Heinrich dagegen, die Ehe verstoße gegen das Gebot Gottes, so galt das unabhängig von der Entscheidung des Papstes. Heinrich erkannte von Anfang an, daß es zwei Möglichkeiten gab, die Annullierung seiner Ehe zu erreichen – durch den Papst oder gegen den Papst. Und dies bedeutete zugleich: entweder durch Wolsey oder gegen ihn. Wolsey mochte dem König gegenüber noch so loyal sein und die Interessen des Papstes noch so häufig den Interessen Heinrichs unterordnen, wenn Heinrich erklärte, daß kein Papst die Macht habe, seine Heirat mit Katharina zu erlauben, begab er sich damit in das Lager der Feinde des Klerus, denen die Kardinäle im allgemeinen und Wolsey im besonderen verhaßt waren. Zugleich konnte das eine Annäherung an das Luthertum und die Ermutigung gefährlicher aufrührerischer Elemente bedeuten, die mit ihren Angriffen gegen die Geistlichkeit auch die weltliche Ordnung gefährdeten. Wie immer ihre Forderungen bisher lauten mochten, eines Tages konnten sie ebensogut die Autorität der Könige in Zweifel ziehen. Außerdem bedeutete ein solcher Kurs die Kirchenspaltung, wenn nicht gar Ketzerei. Heinrich widerstrebte dies, aber es war immerhin ein Mittel, dessen man sich in letzter Not bedienen konnte.

Heinrich und Wolsey standen sich seit 1512 nahe. Von Morus' Schwiegersohn William Roper wissen wir, daß Heinrichs Verhältnis zu Wolsey so eng war wie das zu Morus[10]. Doch für einen so nüchternen, gefühllosen und berechnenden Politiker wie Heinrich konnte es von Vorteil sein, Wolsey zu opfern. Er würde damit den Adligen einen Gefallen tun, die Wolsey als Emporkömmling und Sohn eines Fleischers haßten und ihn für Buckinghams Tod verantwortlich machten; außerdem fürchteten sie, daß er jederzeit zu einem neuen Schlag gegen einen anderen prominenten Adligen ausholen könne. Auch der Bevölkerung würde Heinrich damit einen Gefallen tun. Die Menschen machten Wolsey für die hohen Steuern verantwortlich, die er unter dem Vorwand aus ihnen herausgepreßt hatte, einen patriotischen Krieg gegen die verhaßten Franzosen führen zu wollen, während er sich in Wirklichkeit mit den Franzosen verbünden wollte und damit den Wollhandel mit Burgund gefährdete. Auch die Gegner des Klerus konnten sich nur darüber freuen; sie ärgerten sich über das prunkvolle Auftreten und den Hochmut der Kardinäle und über die Macht, die Wolsey als päpstlicher Legat im Namen des ausländischen Papstes ausübte. Auch Luther, dessen Hilfsangebot Heinrich so verächtlich zurückgewiesen, aber vielleicht nicht vergessen hatte, würde über den Sturz Wolseys erfreut sein. Selbst die Lutheraner, die Wolsey für die Pest Englands hielten, die aber bereit waren, Heinrich zu unterstützen, wenn sich erkennen ließ, daß er sich der lutherischen Denkweise annäherte, konnten im Notfall – allerdings nur im Notfall – nützliche Verbündete eines Königs sein, der einzig und allein seine eigenen Interessen im Auge hatte.

Wie immer Wolsey auch auf Heinrichs Ansinnen, sich von Katharina scheiden zu lassen, reagiert haben mag, im April 1527 jedenfalls suchte er eifrig nach Beweisen, die Heinrichs Sache dienlich sein konnten. Er schickte Beamte nach Winchester, um den fast 80jährigen Bischof Foxe über die Ereignisse der Jahre 1501 und 1505 zu befragen. Wolsey wollte von dem Bischof wissen, ob die Ehe von Arthur und Katharina vollzogen worden sei und ob man behaupten könne, Heinrich sei gegen seinen Willen von seinem Vater zu dem Versprechen genötigt worden, Katharina zu heiraten.[11]

Heinrich und Wolsey gingen in aller Stille vor. Heinrich wollte von Katharina geschieden werden, ohne daß diese die Möglichkeit hatte, sich zu verteidigen, und ohne daß sie oder sonst jemand, mit Ausnahme einer Handvoll Hofbeamter, davon erfuhr. Wolsey in seiner Eigenschaft als päpstlicher Legat sollte Heinrich vor ein Gericht laden, das nur aus Wolsey und Warham bestand, und den König beschuldigen, gesetzwidrig mit der Witwe seines Bruders verkehrt zu haben, da er nicht rechtmäßig mit ihr verheiratet gewesen sei. Heinrich sollte sich schuldig bekennen, das Gericht sollte daraufhin seine Trennung von Katharina anordnen und die Ehe mit Katharina für ungültig erklären. Vermutlich hatte man deshalb Warham gebeten, mit Wolsey zu Gericht zu sitzen, weil dieser bereits vor 25 Jahren Zweifel an der Gültigkeit der Ehe zwischen Heinrich und Katharina geäußert hatte.

Als die Verhandlung am 17. Mai in Wolseys Stadtpalast York Place in Westminster eröffnet wurde, waren nur acht Personen anwesend – Heinrich, Wolsey, Warham und fünf Anwälte, darunter Wolseys überaus tüchtiger Sekretär Stephen Gardiner. Am 20., 27. und 31. Mai versammelte sich das Gericht erneut, vertagte sich dann jedoch und trat nicht wieder zusammen. Anscheinend hatten Heinrich oder Wolsey eingesehen, daß eine heimliche Verhandlung unmöglich war.[12] Jetzt wollten sie die Bischöfe zu Rate ziehen, um sich dann zu gegebener Zeit wegen der Scheidung an den Papst zu wenden. Wir wissen nicht, warum man den ursprünglichen Plan fallenließ. Vielleicht hatte sich Warham dagegen gesperrt. Heinrich behauptete später, Warham habe beim Scheidungsprozeß auf Katharinas Seite gestanden.

Als die Bischöfe nach ihrer Meinung gefragt wurden, verhielten sich die meisten so, wie Heinrich und Wolsey es erwartet hatten. Sie erklärten, die Ehe eines Mannes mit der Witwe seines Bruders verstoße nach dem 3. Buch Mose gegen das Gebot Gottes. Fisher meinte allerdings, der päpstliche Dispens von 1503 könne nicht ungültig sein, da dem Papst von Christus die Macht verliehen worden sei, den Widerspruch zwischen dem 3. und dem

5. Buch Mose auszuräumen. Durch die Gewährung des Dispenses habe Julius II. stillschweigend entschieden, daß in diesem Fall das 5. Buch Mose maßgebend sei. Die Ehe zwischen Heinrich und Katharina könne daher durch kein Argument für ungültig erklärt werden.[13]

Obwohl Heinrich und Wolsey sich alle Mühe gaben, die Sache geheimzuhalten, hatte Katharina erfahren, daß Heinrich sich von ihr scheiden lassen wollte. Sie trat Heinrich gegenüber und brach in Tränen aus. Als er ihr erklärte, er sei leider zu dem Schluß gelangt, daß ihre Ehe ungültig sei und sie 18 Jahre lang gesetzwidrig als Mann und Frau zusammengelebt hätten, entgegnete sie, daß sie sich einer Scheidung widersetzen werde.[14] Außerdem versicherte sie ihm, wie sie es bereits früher getan hatte, daß ihre Ehe mit Arthur nie vollzogen worden sei. Angesichts dieser Schwierigkeiten riet Wolsey zur Vorsicht. Er sprach mit Norfolk, Suffolk und Heinrichs Kaplan Richard Sampson über die Angelegenheit und schlug vor, keine weiteren Schritte zu unternehmen, bis man den Papst und Franz I. zu Rate gezogen habe. Wolsey wollte sich mit großem Pomp zu Franz nach Amiens begeben und mit ihm das weitere Vorgehen gegen Karl erörtern. Bei dieser Gelegenheit würde er mit Franz in Amiens über »die geheime Sache« des Königs sprechen, wie der Scheidungsprozeß genannt wurde.

Als Sampson Heinrich von seiner Unterredung mit Wolsey berichtete, war Heinrich verstimmt. Am 1. Juli, zwei Tage vor Wolseys Abreise nach Amiens, schickte Heinrich Dr. Wolman nach York Place, um Wolsey mitzuteilen, daß er dessen lässige Haltung bezüglich der Scheidung bedaure. Wolsey schrieb umgehend an Heinrich und versicherte ihm »bei Gott, Sir, und demütigst Euch zu Füßen liegend«, daß niemand die Scheidung mehr wünsche als er. Er habe Sampson lediglich erklärt, es werde Katharina nichts nützen, wenn sie weiterhin bestreite, daß ihre Ehe mit Arthur vollzogen worden sei. Denn wenn die Ehe nicht vollzogen worden sei, wäre zwar nicht ihre »Verwandtschaft«, wohl aber der »öffentliche Anstand« ein Hinderungsgrund für ihre nachfolgende Heirat mit Heinrich. Da in dem Dispens von 1503 nicht ausdrücklich auf das Hindernis des öffentlichen Anstands hingewiesen worden sei, könne man argumentieren, Katharinas Heirat mit Heinrich sei durch den Dispens nicht genehmigt worden.[15]

Heinrich verstand, worauf Wolsey hinauswollte. Aber obwohl er das Argument bei drei Gelegenheiten vorbrachte,[16] wurde es in keinem der vielen Berichte und Bücher über den Scheidungsprozeß besonders hervorgehoben. 440 Jahre lang maß ihm niemand Bedeutung bei, bis Dr. Scarisbrick in seiner Biographie Heinrichs VIII. im Jahr 1968 darauf hinwies. Seiner Meinung nach war es das entscheidende Argument, das Heinrich als einziges zum Sieg hätte verhelfen können und wahrscheinlich auch verholfen hätte, wäre es mit mehr Nachdruck vorgebracht worden. Nach Ansicht Dr. Scarisbricks war das deshalb nicht der Fall, weil Heinrich, der sich auf das 3. Buch Mose berief, zu dumm gewesen sei, zu erkennen, daß er trotz der Strittigkeit dieser Bibelstelle den Prozeß gewinnen konnte, wenn er auf Wolseys Vorschlag hörte. Denn welchen politischen Einflüssen Klemens auch immer ausgesetzt gewesen sein mochte, er hätte sich wahrscheinlich auf Heinrichs Seite gestellt, wenn dieser ein ähnlich stichhaltiges Argument vorgebracht hätte. Die Gelegenheit sei verpaßt worden, weil Heinrich in seiner »Sturheit« an der Behauptung festgehalten habe, Katharinas Ehe mit Arthur sei vollzogen worden, während er sich in seinem eigenen Interesse ihrer Erklärung hätte anschließen sollen, daß dies nicht der Fall gewesen sei. Professor Elton meint sogar, Heinrich »habe den einen Vorschlag Wolseys nicht verstanden, der ihm unmittelbaren Erfolg garantiert hätte«.[17]

Die Darstellung Heinrichs als halsstarriger Tölpel, der zu dumm gewesen sei, das von dem cleveren Kardinal so brillant ausgetüftelte Argument zu verstehen, ist völlig unhaltbar. Nur aufgrund seines scharfen politischen Gespürs und seines gesunden Menschenverstands stützte Heinrich sich in seinem Prozeß auf das 3. Buch Mose und beharrte darauf, daß die Ehe von Arthur und Katharina vollzogen worden sei. Wolseys Argumentation, in dem Dispens von 1503 fehle der Hinweis auf den öffentlichen Anstand, war ein extremes Beispiel rechtlicher Kasuistik. Selbst wenn ein Dispens, der vom Ehehindernis der Verwandtschaft entband, nicht ohne weiteres gleichzeitig auch von dem vergleichsweise kleineren Hindernis des öffentlichen Anstands befreite, war das Argument, eine nichtvollzogene Ehe mit Arthur sei ein Hinderungsgrund für Katharinas Heirat mit Heinrich, während eine vollzogene Ehe kein Hindernis darstelle, verfahrenstechnisch derart wertlos, daß es nur von einem Gericht akzeptiert werden konnte, das unbedingt einen, wenn auch noch so fadenscheinigen Grund finden wollte, um sich auf Heinrichs Seite zu stellen. Auch wenn die Mehrheit der frühen Kirchenväter die auf dem 3. Buch Mose basierende Argumentation zurückwies, war diese Argumentation doch weitaus überzeugender als die spitzfindige Beweisführung Wolseys, die dieser auch eher versuchsweise vorgebracht und nicht ernsthaft verteidigt hatte.

Da der Bibeltext immer so ausgelegt wurde, als sei er nur auf vollzogene Ehen anzuwenden, behauptete Heinrich, die Ehe von Arthur und Katharina sei vollzogen worden. Katharina leugnete das hartnäckig. Nur zwei Menschen kannten die Wahrheit und wußten, ob Katharina noch Jungfrau war, als sie 1509 Heinrichs Frau wurde. Diese beiden Menschen waren Katharina und Heinrich. Einer von ihnen sagte nicht die Wahrheit, und wahrscheinlich war es Heinrich. Sobald er einmal behauptet hatte, die Ehe von Arthur und Katharina sei vollzogen worden, konnte er Katharina nicht mehr recht geben, ohne zuzugeben, daß er gelogen hatte.

Es gab noch einen schwerwiegenderen Grund, weshalb Heinrich Wolseys Argumentation hinsichtlich des öffentlichen Anstands nicht folgen konnte. In diesem Fall hätte er seine ganze Hoffnung darauf setzen müssen, daß der Papst sein Argument akzeptierte. Er hätte nicht mehr die Möglichkeit gehabt, die Ehe mit Katharina für ungültig zu erklären, indem er sich gegen den Papst stellte und sich auf das Wort Gottes berief. Wenn Heinrich sich die Abspaltung der englischen Kirche mit Hilfe der Gegner des Papstes als letzte Waffe vorbehalten und sich unter Berufung auf die Bibel gegen die Autorität der Kirche wenden wollte, so mußte er als Grund anführen, daß er das Wort Gottes über eine päpstliche Bulle stelle. Hätte er nur das Prinzip wahren wollen, daß ein Dispens von einem größeren Hindernis nicht gleichzeitig den Dispens von einem kleineren beinhalten könne, wäre das kein ausreichender Grund für eine Kirchenspaltung gewesen.

Obwohl wir im Grunde nicht wissen, weshalb Heinrich Wolsey verstieß, sind sich alle zeitgenössischen Autoren darin einig, daß Anne Boleyn hierbei die entscheidende Rolle spielte. Vieles deutet darauf hin, daß Heinrich ab Sommer 1527 allmählich das Vertrauen zu Wolsey verlor. Am 18. Mai schrieb Mendoza an Karl V., Wolseys Stellung sei in Gefahr. Norfolk und Tunstall, der Bischof von London, seien die Anführer einer Gruppe von Räten Heinrichs, die Wolsey stürzen wollten, und Heinrich denke daran, Tunstall an Wolseys Stelle zum Lordkanzler zu machen.[18]

Am 3. Juli reiste Wolsey von London nach Amiens. Unterwegs machte er in Rochester halt, wo er Fisher zu überreden suchte, seinen Widerstand gegen die Scheidung aufzugeben. Er erklärte Fisher, der Bischof von Tarbes habe bei den jüngsten Verhandlungen mit den französischen Gesandten in London hinsichtlich der Vermählung Prinzessin Marias mit dem Dauphin Bedenken geäußert, mit der Begründung, Maria sei ein uneheliches Kind, wenn Heinrichs Ehe mit der Witwe seines Bruders gegen Gottes Gebot verstoße. Wenn der Bischof von Tarbes tatsächlich dieses Thema angeschnitten hatte, dann sicherlich nicht, ohne von Heinrich oder Wolsey dazu ermutigt worden zu sein.[19]

Als Wolsey in Dover eintraf, wurde ihm dort ein Rothirsch aufgetischt, den Heinrich selbst auf der Jagd erlegt und ihm geschickt hatte. Heinrichs Sekretär Dr. Knight teilte Wolsey in einem Brief mit, Heinrich sei mit seinen Bemühungen, Fisher in der Scheidungssache zum Einlenken zu bewegen, außerordentlich zufrieden. Wegen des regnerischen und stürmischen Wetters in diesem schlechten Sommer blieb Wolsey elf Tage in Calais.[20] Dort erreichte ihn ein zweiter Brief von Knight, in dem dieser ihn um seine Mithilfe bei einem kleinen Komplott gegen Katharina ersuchte, das sich Heinrich ausgedacht hatte. Heinrich glaubte, daß Katharina versuchen würde, Karl über das Scheidungsverfahren zu informieren. Da er nicht wußte, daß Mendoza Karl bereits alles erzählt hatte, wollte er Katharina daran hindern, einen Boten zu Karl zu schicken.

Der König und die Königin machten sich mit ihren Täuschungsmanövern Konkurrenz. Katharina hatte beschlossen, ihren spanischen Arzt Francisco Felipez mit einem Brief an Karl nach Spanien zu schicken. Zu Heinrich sagte sie, Felipez brauche einen Paß, weil er seine kranke Mutter in Spanien besuchen wolle. Um Heinrichs Argwohn zu zerstreuen, tat sie so, als wollte sie Felipez nicht gehen lassen. Sie bat Heinrich, ihm den Paß nicht auszustellen. Heinrich durchschaute den Trick, ließ sich aber nichts anmerken. Katharina sollte nicht wissen, daß er ihren Kontakt zu Karl unterbinden wollte. Er ließ Felipez den Paß ausstellen, schrieb aber gleichzeitig an Wolsey nach Calais. Wolsey sollte mit Franz absprechen, daß Felipez auf dem Weg durch Frankreich abgefangen und verhaftet und der Brief Katharinas an Karl konfisziert wurde. Wolsey schrieb zurück, er werde Felipez abfangen, wenn er den Landweg durch Frankreich nehme, er könne Felipez jedoch nicht aufhalten, wenn er mit dem Schiff von England nach Spanien reise. Er bat Heinrich, zu verhindern, daß Felipez ein Schiff nahm. Wenn sich das nicht verhindern ließ, sollte Heinrichs Gesandter in Spanien Fitzwilliam davon in Kenntnis gesetzt werden, damit er Felipez auf dem Weg zwischen dem spanischen Hafen und Karls Hof in Valladolid abfangen und durchsuchen konnte. Als Felipez seinen Paß bekommen hatte, schiffte er sich ein. Er erreichte weniger als zwei Wochen später sicher Valladolid. Am 29. Juli schrieb Karl an Mendoza. Er teilte ihm mit, daß Felipez mit Katharinas Brief eingetroffen sei. Die Nachricht vom Scheidungsprozeß habe ihn zutiefst erschüttert. Er werde alles tun, um seiner Tante, der Königin, zu helfen.[21]

Während seines Aufenthalts in Calais erhielt Wolsey vom König eine unangenehme Mitteilung. Heinrich hatte Wolsey gebeten, einen von ihm favorisierten Priester mit einer Pfründe in Calais zu belehnen, über die Wolsey als Lordkanzler die Verfügung beanspruchte. Wolsey hatte Heinrich geschrieben, er habe bereits dreimal einem Kandidaten Heinrichs eine Pfründe in Calais übertragen, diesmal wolle er diese Pfründe einem seiner eigenen Kaplane geben. Heinrichs Kaplan Wolman antwortete am 26. Juli aus Beaulieu in Hampshire, wo sich Heinrich zu diesem Zeitpunkt aufhielt. Er schrieb, Heinrich sei von zwei seiner Beamten, die kürzlich in Calais gewesen seien, unterrichtet worden, daß nicht dem Lordkanzler, sondern ihm als König das Recht zustehe, in Calais Pfründen zu vergeben. Wolsey sei ebenfalls davon unterrichtet worden, doch habe er diese Mitteilung unterschlagen und Heinrich nichts davon gesagt. Wolman schrieb weiter, der König sei »überrascht, daß Ihr, ohne seine Wünsche zu berücksichtigen, versucht haben solltet, besagte Pfründen zu vergeben, wo Ihr doch früher seine Ansprüche gegen alle anderen verteidigt habt. Er meint, Ihr würdet lieber auf etwas verzichten, das Euch durch Euer Amt zusteht, als wissentlich in irgendeinem Punkte gegen sein Vorrecht zu verstoßen und darin ein Beispiel für Eure Nachfolger zu geben.« Wenn Wolsey tatsächlich das Recht zustehe, Pfründen zu vergeben, fügte Wolman hinzu, so danke ihm Heinrich, daß er sie seinen Kandidaten gegeben habe. Als rechtmäßiger Patron der Kirche sei Heinrich stets bereit, Wolseys Kaplanen eine Pfründe zu geben, wenn Wolsey ihn darum bitte.[22]

In Amiens wurde Wolsey von Franz mit großen Ehren empfangen. Franz behandelte ihn wie seinesgleichen, nicht wie den Untertan eines ausländischen Königs. Später begleitete Wolsey Franz von Amiens nach Compiègne, wo weitere Gespräche und Bankette stattfanden. Er stimmte mit Franz darin überein, daß Heinrich und Franz ihre Gesandten in Spanien anweisen sollten, von Karl die Freilassung von Franz' Söhnen zu fordern, obwohl der französische König den Vertrag nicht erfüllt und erklärt hatte, er gedenke dies auch nicht zu tun. Außerdem sollten die französischen und englischen Gesandten von Karl das Geld zurückverlangen, das Heinrich ihm zur Deckung der Kriegskosten geliehen hatte. Wenn Karl sich weigerte, waren die Gesandten ermächtigt, ihm schlimmstenfalls den Krieg zu erklären. Heinrich und Wolsey hofften allerdings, daß dies nicht nötig sein würde.[23]

Heinrich unternahm nun in seiner »großen Sache« einen Schritt, ohne Wolsey zu Rate zu ziehen. Er schickte seinen Sekretär Dr. Knight nach Rom, um den Papst um einen bedingten Dispens zu bitten, der ihm ermöglichen sollte, im Fall der Annullierung seiner Ehe mit Königin Katharina die Schwester seiner früheren Geliebten zu heiraten. Wenn Heinrich kein Dispens erteilt wurde, konnte sein Ehebruch mit Mary Carey seiner Heirat mit ihrer Schwester Anne Boleyn das Hindernis der Verwandtschaft in den Weg stellen. Knight schrieb Wolsey von Beaulieu, daß Heinrich ihn nach Rom schicken wolle und er über Compiègne reisen werde. Der König erwarte, daß Wolsey für finanzielle und sonstige Erleichterungen auf seiner Reise Sorge tragen werde. Wolsey hielt es jedoch für töricht, wenn Knight nach Rom ging. Ghinucci und andere Beamte beschäftigten sich bereits mit Heinrichs Fall und Knights Eingreifen würde mehr schaden als nützen. Er erklärte Heinrich in einem Brief seinen Standpunkt und fügte hinzu: »Wenn sich Euer Gnaden noch ein wenig gedulden wollen … wird Euer Vorhaben auf ehrenvolle und gesetzliche Weise den gewünschten Ausgang nehmen.« Wolsey wußte nicht, warum Heinrich Knight nach Rom schicken wollte.[24]

Als Knight am 10. September in Compiègne eintraf, änderte Wolsey Heinrichs Befehle eigenmächtig ab. Er trug Knight auf, solange in Compiègne zu bleiben, bis er von Heinrich eine Antwort auf sein Schreiben erhalten habe. Heinrich antwortete nicht mit einem von einem Sekretär verfaßten gewöhnlichen Brief, sondern mit einem persönlichen Schreiben, das außerordentlich freundlich gehalten war. Er dankte Wolsey für seine Umsicht und Aufmerksamkeit, »die ein freundlicher Gebieter nicht vergessen darf, welches Versäumnis man mir, so verspreche ich, niemals vorwerfen soll, insbesondere Euch gegenüber, der Ihr mir so eifrig dient«. Er fügte jedoch hinzu, er habe nach Abwägung von Wolseys Argumenten beschlossen, Knight trotzdem nach Rom zu entsenden, weil er dem Papst seit dessen Gefangennahme durch Karls Soldaten keinen Gesandten mehr geschickt habe. Er halte es für angebracht, wenn jemand dem Papst die Sympathie des Königs bekunde. Daraufhin trug Wolsey Knight auf, nach Venedig weiterzureisen und dort zu warten, bis der Sekretär des Papstes Kardinal Gambara und Heinrichs italienischer Agent Sir Gregory di Casale Vorkehrungen für Knights Besuch bei dem gefangenen Papst getroffen hätten.[25]

Solche Unstimmigkeiten in bezug auf eine bestimmte Taktik hatte es zwischen Heinrich und Wolsey schon oft gegeben, und nie war es deswegen zu Feindschaft gekommen. Wolsey wäre jedoch beunruhigt gewesen, hätte er den Bericht gelesen, den Knight Heinrich am 13. September in Compiègne schrieb, nachdem der Kurier Christopher Morres mit Heinrichs Schreiben an Wolsey eingetroffen war. Morres hatte auch Knight einen Brief Heinrichs überbracht. Knight schrieb Heinrich nun, er habe seinen Brief gelesen, »der Eure geheime Angelegenheit betrifft und nur an mich gerichtet ist«. Er fügte hinzu:

»Bei meiner Ankunft erklärte Seine Gnaden, der Legat [Wolsey], Eure Hoheit sei sicher so vollkommen zufriedengestellt, daß ich durch Christopher Morres von Euer Gnaden den Befehl zur Rückkehr erhalten würde. Ich sollte deshalb hier verweilen und auf besagten Christopher warten. Um keinen Verdacht aufkommen zu lassen, erklärte ich mich einverstanden, obgleich ich entschlossen war, meine Reise fortzusetzen, wenn besagter Christopher am nächsten Tag nicht gekommen wäre. Nun, da der Wunsch Eurer Gnaden bekannt ist, hat mir Mylord geraten, mich nach Venedig zu begeben. Dieser Rat kann der Absicht Eurer Gnaden nicht hinderlich sein. Denn wenn die Möglichkeit besteht, zum Papst zu gelangen, habe ich den Vorteil, bis 160 Kilometer vor Rom mit dem Schiff zu fahren.«[26]

Heinrich hatte nicht nur hinter Wolseys Rücken Kontakt mit Knight, er erlaubte diesem auch, ihm Briefe zu schreiben, die ihn als Mitverschwörer gegen den Kardinal auswiesen.

Als Knight in Rom eintraf, mußte er feststellen, daß Klemens nach Orvieto geflohen war. Knight folgte Klemens und hatte am Neujahrstag eine Unterredung mit ihm. Klemens sicherte ihm den Dispens für Heinrichs Heirat mit der Schwester seiner Geliebten zu, wenn Heinrichs Ehe mit Katharina als ungültig erklärt würde, machte aber deutlich, daß dies keine Entscheidung in der Scheidungsfrage beinhalte. Knight war der erste einer ganzen Flut englischer und italienischer Agenten, die Heinrich 1528 zu Klemens schickte, um diesen für sich zu gewinnen. Weder Knight noch die anderen Agenten hörten vom Papst etwas anderes als Versprechungen. Was Wolsey auch ursprünglich über die Zweckmäßigkeit der Scheidung gedacht haben mag, jetzt bot er all seine Kräfte auf, um sie durchzusetzen. Immer wieder schrieb er an Klemens und betonte die Ehrlichkeit von Heinrichs Absicht. Es sei falsch, anzunehmen, der König werde von der Begierde nach einer bestimmten Dame getrieben. Er denke nur an seine Pflicht, seinen Untertanen einen männlichen Erben zu schenken, um einen Bürgerkrieg in England zu verhindern. Und die junge Dame, die er zu diesem Zweck heiraten wolle, sei ein leuchtendes Beispiel der Tugend.

Fast von Anfang drohte Wolsey dabei in kaum verhohlener Form mit der Kirchenspaltung. Er erinnerte Klemens daran, daß kein König der Kirche ergebener sei als Heinrich, der Verteidiger des Glaubens. Wenn der Papst ihm seine Dankbarkeit zeige, indem er der Scheidung zustimme, werde Heinrich der Kirche weiterhin große Dienste leisten. Wenn sich der Papst jedoch als undankbar erweise, die Scheidung ablehne und damit die Thronfolge Englands gefährde, werde Heinrich seine empörten Untertanen nicht daran hindern können, die päpstliche Autorität zurückzuweisen und die Kirchenspaltung voranzutreiben.[27]

Im Februar 1528 schickte Wolsey Gardiner und Edward Fox, einen anderen fähigen jungen Diplomaten, nach Rom. Die beiden reisten so schnell, wie es die schwierigen winterlichen Verhältnisse erlaubten. Während der dreißigstündigen Überquerung des Ärmelkanals hätten sie beinahe Schiffbruch erlitten. Die Strecke zwischen Lyon und Orvieto legten sie in 17 Tagen zurück, und sie erreichten Orvieto am 23. März.[28] Dort blieben sie drei Wochen, setzten dem Papst zu und sprachen immer häufiger Drohungen aus. Als Gardiner dem Papst Undankbarkeit gegenüber Heinrich vorwarf, konnte Klemens seine Tränen kaum noch verbergen. Gardiner schrieb an Wolsey:

»Ich sagte, ich hielte es durchaus für Gottes Wille, daß, wenn durch uns kundgetan wird, wie die Menschen hier mit denen verfahren, die sich allergrößte Verdienste erworben haben, ihnen die Gunst des Fürsten, die ihnen jetzt so ungeteilt gilt, entzogen werde und der Heilige Stuhl mit Zustimmung und unter Beifall aller zerbreche. Bei diesen Worten warf Seine Heiligkeit die Arme in die Luft.« Der Papst erklärte sich mit Gardiners Forderungen einverstanden, »ging im Zimmer auf und ab und warf hin und wieder die Arme in die Luft, während wir schweigend dastanden.«*[29]

Der unglückliche Klemens wurde jedoch von Karl ebenfalls unter Druck gesetzt. Wenn Heinrich den Papst mit der Androhung eines Schismas in Schrecken versetzen konnte, so erreichte Karl dasselbe mit der Androhung

* Einige Worte dieser Passage aus Gardiners Brief sind in Latein geschrieben.

einer zweiten Plünderung Roms. Die Greueltaten vom Mai 1527 hatten Karl politisch gesehen zwar in Verlegenheit gebracht, sie hatten dem Papst und den Kardinälen aber auch nachdrücklich vor Augen gerufen, was ihnen drohte, wenn sie nicht parierten. Wenn der Kaiser sich gezwungen sah, seine Truppen gegen den Papst einzusetzen, würden seine Soldaten, zum großen Bedauern Seiner Majestät, in Rom noch einmal zwölf Tage wahllos plündern, brandschatzen und morden.

Wolsey ersuchte den Papst um eine Dekretal-Vollmacht, die es ihm ermöglichen würde, Heinrichs Scheidungsprozeß als päpstlicher Legat in England zu führen. Katharina erfuhr von Wolseys Plan und konnte die Information an Karl weiterleiten. Dessen Botschafter protestierte beim Papst dagegen, daß der Prozeß von einem derart befangenen Richter wie Wolsey geführt werden sollte. Da Katharina im Königreich ihres Mannes nicht auf Gerechtigkeit hoffen könne, beharrte er darauf, daß die Verhandlung vor dem päpstlichen Gericht in Rom stattfinden solle. Klemens wollte das unlösbare Problem dadurch lösen, daß er versuchte, Zeit zu gewinnen und beiden Seiten entgegengesetzte Versprechungen zu machen. So konnte er sich tatsächlich sieben Jahre lang mit Ausflüchten durchlavieren. Als ihn Wolseys Agenten um die Dekretal-Vollmacht baten, zögerte er die Gespräche immer wieder hinaus, bis er schließlich versprach, Wolsey die Vollmacht zu erteilen. Als Karls Botschafter davon erfuhr und Protest einlegte, versprach der Papst, das Versprechen, das er den Engländern gegeben hatte, zu brechen. Als Klemens dann erneut versprach, Wolsey die Vollmacht zu erteilen, bestanden Wolseys Beauftragte darauf, daß er ihnen zusätzlich das Versprechen gab, sein Wort nicht zu brechen. Klemens versprach es »beim Wort eines römischen Pontifex«,[30] und anschließend versprach er Karls Botschafter, auch dieses Versprechen zu brechen.

In Palencia überbrachten die englischen und französischen Botschafter Karl ein Ultimatum. Er sollte Franz von den Bedingungen des Vertrags von Madrid entbinden, in dem sich Franz bereit erklärt hatte, die französischen Provinzen Burgunds abzutreten und seinen Anspruch auf Mailand fallenzulassen. Von der vertraglich vorgesehenen Kriegsentschädigung in Höhe von 2 000 000 Kronen wollte Franz Karl nur 1 200 000 Kronen zahlen. Der Restbetrag von 800 000 Kronen sollte an Heinrich gehen, um Karls Schulden bei Heinrich zu tilgen. Außerdem sollte Karl Franz' Söhne freilassen. Als letztes Angebot erklärte sich Karl bereit, auf die burgundischen Provinzen zu verzichten, er bestand jedoch darauf, daß Franz seinen Anspruch auf Mailand fallenließ und ihm die gesamten 2 000 000 Kronen bezahlte. Obgleich er zugab, Heinrich eine größere Summe zu schulden, stritt er über deren Höhe und erklärte, Heinrich habe nach dem Gesetz über Wucher die ganze Summe verwirkt, da er zu viel verlangt habe. Daraufhin trugen die französischen und englischen Botschafter ihren Herolden auf, Karl den Krieg zu erklären und als Grund anzugeben, Karl habe Rom geplündert und halte den Papst gefangen. Als Antwort auf die Herausforderung Heinrichs und Franz' ging Karl, was noch nie geschehen war, zum Angriff auf den Untertanen eines ausländischen Souveräns über: Er behauptete, Wolsey allein sei für die Kriegserklärung verantwortlich. Er bat Margarete von Österreich, Flugblätter nach England zu schmuggeln, auf denen Wolsey die Schuld an dem Krieg zugeschoben wurde.[31]

Heinrich und Wolsey waren über den Kriegsausbruch verärgert und schalten Ghinucci und Lee, ihre Gesandten an Karls Hof: Zwar habe Heinrich ihnen die Befugnis gegeben, den Krieg zu erklären, aber man habe von ihnen erwartet, daß sie davor noch einmal Rückmeldung erstatteten. Sie wurden beschuldigt, dem Druck ihrer französischen Kollegen nachgegeben zu haben. Heinrich und Wolsey trafen ein Abkommen mit Margarete von Österreich, nach dem der Handel zwischen England und den Niederlanden fortgesetzt und keinerlei militärische Aktionen gegen Karl unternommen werden sollten. Auch nach der Kriegserklärung änderten Heinrich und Wolsey ihre Taktik nicht: Sie wollten anderen Staaten Geld geben, damit sie in Italien gegen Karl kämpften, ohne daß England in den Krieg verwickelt wurde. Sie überredeten Franz und Karl zu einem Waffenstillstand, der im Juni 1528 in Hampton Court unterzeichnet wurde. Danach sollten die Feindseligkeiten »diesseits des Gebirges« – also nördlich der Alpen – für acht Monate ruhen, während in Italien weiter gekämpft wurde.[32] Dort besiegten die Franzosen zum ersten Mal die kaiserlichen Truppen, und eine französische Armee unter dem Kommando von Albany fiel erfolgreich in Karls Königreich Neapel ein. Doch Ende 1528 hatten Karls Armeen wieder die Oberhand gewonnen.

12

Der Prozeß in Blackfriars

Heinrichs Untertanen waren 1528 aufgebracht wie noch nie über die Regierung. Der furchtbare Sommer des Jahres 1527 hatte die Ernte schwer geschädigt, und im darauffolgenden Winter wurde die Nahrung knapp. Die Bauern horteten das wenige Getreide, das sie hatten. Im Juni 1528 war der Preis für ein Scheffel Getreide von einem Schilling und sechs Pfennig auf zwei Schilling und sechs Pfennig gestiegen. Die Regierung schickte Kommissare aufs Land, um die Vorräte der Bauern zu überprüfen und sie zu zwingen, den Überschuß an Getreide, den sie für sich und ihre Familien nicht brauchten, zu verkaufen. Bei Ausbruch des Krieges mit dem Kaiser fürchtete man, die Niederlande könnten ein Einfuhrverbot für englische Wolle verhängen. Die Kleiderfabrikanten entließen viele ihrer Arbeiter, was in den vom Wollhandel abhängigen Gegenden zu hoher Arbeitslosigkeit führte.

Im Frühjahr und Frühsommer 1528 kam es unter den arbeitslosen Arbeitern in Westbury, Taunton, Bridgwater, Colchester und Suffolk zu Aufständen. Wie bereits 1525 war auch diesmal der Bezirk Tonbridge in Kent einer der schlimmsten Unruheherde. Die Bewohner von Tonbridge, Penshurst, Speldhurst, Bidborough und Sevenoaks marschierten geschlossen zu Warhams Palast in Knole und übergaben ihm eine Petition, in der sie vom König die Rückgabe des Geldes forderten, das sie ihm vor drei Jahren als »Freundschaftshilfe« geliehen hatten. Heinrich befahl Rochford und den Edelleuten von Kent, den Verfasser der Petition ausfindig zu machen. Gerüchten zufolge war es Thomas Messer aus Hawkhurst. Aufgrund der falschen Anschuldigung, den Vikar von Hawkhurst bei einem Streit bedroht zu haben, wurde Messer verhaftet und bezüglich der Petition befragt. Man konnte ihm jedoch nichts nachweisen.[1]

Ein paar Wochen später wurde ein gefährlicheres Komplott aufgedeckt.

Einige Arbeiter in Goudhurst planten, die Edelleute von Bedgbury, Haddon und Scotney Castle als Geiseln gefangenzunehmen. Dann wollten sie das Zeughaus von Rye besetzen, nach London marschieren, sich dort den unzufriedenen Handwerkern anschließen und Wolsey gefangennehmen. Da man einen Kardinal nicht töten durfte, wollten sie ihn in ein Boot setzen, in dessen Boden Löcher gebohrt waren, und das Boot aufs offene Meer hinaustreiben lassen. Ein Mann aus Cranbrook, dem sie von ihrem Plan erzählten, meinte, er kenne fünfzig Männer in Cranbrook, die sich ihnen anschließen würden. Doch die Männer hatten bereits zu viel ausgeplaudert. Ihre Anführer wurden verhaftet und vom Gericht in Rochester wegen Hochverrats zum Tode verurteilt.[2] Überall machte man Wolsey für die vielen Schicksalsschläge verantwortlich – die Nahrungsmittelknappheit, die Steuern und den Krieg mit Burgund.

Verschlimmert wurde die Situation noch dadurch, daß im Juni 1528 eine besonders bösartige Schweißfieberepidemie ausbrach. Wie immer kehrte Heinrich London den Rücken und begab sich nach Hertfordshire. Zuerst wohnte er in Hunsdon, anschließend in Wolseys Wohnsitz in Tyttenhanger. Wolsey selbst hielt sich in Hampton Court auf, wo er am Schweißfieber erkrankte. Dasselbe Schicksal widerfuhr einigen Damen und Herren vom Hof, so der Marquise von Exeter, Sir Thomas Cheyney, Norris und Wallop. Einer von Anne Boleyns Bediensteten erkrankte ebenfalls, und Heinrich sah sich zu seinem großen Kummer gezwungen, Anne fortzuschicken. Sie reiste zu ihrem Vater nach Hever. Heinrich schrieb ihr von seinen Ängsten, tröstete sich aber damit, daß Frauen seltener an Schweißfieber erkrankten als Männer. Doch Anne und ihr Bruder George steckten sich beide an. Heinrich schickte seinen Arzt Dr. Butts nach Hever. Die beiden überlebten, und wie alle, die das Schweißfieber überstanden hatten, erholten sie sich rasch. Annes Schwager Sir William Carey starb jedoch an der Seuche, ebenso Sir William Compton und andere Höflinge.

Heinrich hatte lediglich eine Handvoll Begleiter mit nach Hunsdon genommen. Er zog sich in einen Turm zurück und blieb dort, da frische Luft das Risiko einer Infektion angeblich erhöhte. Dreimal am Tag besuchte er die Messe. Einer seiner wenigen Begleiter war sein Sekretär Brian Tuke, der am Schweißfieber erkrankt war, sich aber wieder erholt hatte. Tuke hielt Angst für die Hauptursache der Krankheit. Er glaubte beobachtet zu haben, daß nur Menschen, die Angst vor der Krankheit hatten, an ihr erkrankten. In Frankreich und Flandern nannte man das Schweißfieber die »Krankheit des Königs von England«. Wenn die Epidemie in Calais ausbrach, breitete sie sich nie bis nach Gravelines aus. Kinder erkrankten angeblich nicht daran, wenn ihre Eltern nicht mit ihnen über die Krankheit sprachen. Als jedoch das Gerücht umging, ein Mann habe das Schweißfieber von Sussex nach

London eingeschleppt, sollen noch am selben Abend tausend Menschen erkrankt sein. Wenn ein gesunder Mann aus London nach Ausbruch der Krankheit in London in eine andere Stadt kam und vom Schweißfieber erzählte, grassierte die Seuche angeblich noch am selben Abend in der ganzen Stadt. Der französische Gesandte Jean Du Bellay seinerseits stellte fest, daß die Krankheit nicht so gefährlich sei, wie man annehme. Obwohl in London 40 000 Menschen an Schweißfieber erkrankt seien, seien nur 2 000 daran gestorben.

Heinrich reagierte gelassener als sonst. Als die Ansteckungsgefahr größer wurde, nahm er das mit Gleichmut hin. Vielleicht hat ihm Tukes Erklärung Mut gemacht. Hennege, der sich ebenfalls in Hunsdon aufhielt, schrieb am 23. Juni an Wolsey, Heinrich sei heiter und fröhlich. Als der König hörte, daß es in Wolseys Haushalt in Hampton Court einen Fall von Schweißfieber gab, war er wegen Wolseys Gesundheit überaus besorgt. Er trug Tuke auf, Wolsey einen aufmunternden Brief zu schreiben und ihm zu sagen, daß das Schweißfieber nicht gefährlich sei, wenn vernünftige Vorsichtsmaßnahmen getroffen würden. Bisher seien nur wenige Menschen daran gestorben, und Anne Boleyn und ihr Bruder hätten sich schnell wieder davon erholt. Er riet Wolsey, alle Gegenden zu meiden, in denen das Schweißfieber aufgetreten sei, sich mit nur wenigen Leuten zu umgeben, »wenig zu essen und nur ein bißchen Wein zu trinken« und einmal die Woche die Pillen von Rosis einzunehmen. Falls Wolsey dennoch erkranken sollte, solle er die Krankheit aus seinem Körper entweichen lassen und sie nicht zurückhalten, »mit weiteren guten und heilsamen Ratschlägen von Seiner überaus besorgten und liebenden Majestät an Euer Gnaden«.[3]

Drei Wochen später erhielt Wolsey von Heinrich einen ganz anderen Brief. Die Äbtissin von Wilton war kurz zuvor gestorben, und die Nonnen des Klosters mußten eine Nachfolgerin wählen. Obwohl diese Wahlen eigentlich frei waren, war es üblich, daß einflußreiche Gönner den Nonnen ihren Kandidaten nannten. Wolsey hatte sich dies seit vielen Jahren zur Gewohnheit gemacht. Jetzt schickte er seinen Beauftragten Dr. Bell nach Wilton, um die Nonnen wissen zu lassen, sie sollten ihre Priorin Lady Isabel Jordan zur neuen Äbtissin wählen. Eine der Nonnen im Kloster war das Edelfräulein Eleanor Carey, die Schwester Sir William Careys. Kurz bevor Sir William am Schweißfieber gestorben war, hatte er seine Schwägerin Anne Boleyn gebeten, dafür zu sorgen, daß Eleanor zur Äbtissin von Wilton gewählt wurde. Heinrich schrieb an Wolsey und bat ihn, dieser Bitte zu entsprechen.

Wolsey war jedoch nicht bereit, Annes Kandidatin über den Kopf der Priorin weg zu unterstützen. Er fand heraus, daß Eleanor Carey vor vielen Jahren von einem Priester zwei uneheliche Kinder bekommen und erst kürzlich eine Affäre mit einem von Lord Brokes Dienern gehabt hatte. Als Heinrich davon erfuhr, schrieb er an Anne und erklärte, angesichts dieser Fehltritte sei Eleanor keine geeignete Äbtissin. Er könne Wolsey auch in keinem Fall empfehlen, Sir William Careys zweite Schwester zur Äbtissin zu ernennen, da diese einen ebenso unmoralischen Lebenswandel führe. Heinrich hatte allerdings erfahren, daß auch Isabel Jordan schon Liebhaber gehabt hatte. Daher trug er Wolsey auf, eine vierte Person als Äbtissin auszuwählen. Wolsey hielt sich nicht an diese Anweisung. Als Heinrich ihm deswegen Vorhaltungen machte, brachte er sein Bedauern zum Ausdruck und schrieb, er habe nicht gewußt, daß Heinrich Einwände gegen die Ernennung Isabel Jordans habe. Dabei hatte Heinrich seine Meinung unmißverständlich geäußert.[4]

Am 14. Juli schrieb Heinrich aus Ampthill einen langen, persönlichen Brief an Wolsey. »Die große Zuneigung und Liebe«, die er für Wolsey empfinde, habe ihn dazu veranlaßt, der Lehre seines Herrn Jesus Christus zu folgen und nach dem Grundsatz zu handeln: »Den, den ich achte, züchtige ich.«

»Und deshalb bitte ich das, was ich sage, nicht als Worte des Mißfallens zu deuten, sondern als Rat dessen, dem Euer Wohlergehen an Leib und Seele am Herzen liegt wie Euch selbst. Ich glaube, es ziemt sich nicht für einen liebenden Freund und Diener, der mit Zustimmung seines Herrn in einer Angelegenheit zu urteilen und zu entscheiden hat (zumal, wenn sein Herr der König ist und ein besonderes Interesse hat), daß er eine Person wählt und aussucht, die sein Herr ihm verboten hat. Etwas anderes mißfällt mir freilich noch mehr: daß Ihr Euer Vergehen verschleiert und meinen ausdrücklichen Wunsch mißachtet.«

Anschließend kam Heinrich auf eine andere Sache zu sprechen – die Methoden, mit denen Wolsey für sein College in Ipswich von den Klöstern Geld erpreßte.

»Da ich bisher immer Euer Herr und Freund war, dünkt mich, ich sollte diese Rolle auch diesmal übernehmen und Euch bitten, das nicht übelzunehmen, denn ich tue es sicherlich aus keinem anderen Grund als zum Wohle Eurer Seele und Eures Geistes. Und daher erlaube ich mir, offener mit Euch zu sprechen als viele andere, die nur in der Ferne murren.«

Heinrich schrieb, ihm sei wiederholt zu Ohren gekommen, Wolsey erpresse widergesetzlich Geld von den Ordenshäusern. Er könne nicht glauben, daß die Klöster Wolsey aus freiem Willen Geld für sein College in Ipswich zur Verfügung stellten, nachdem sie sich so abweisend gezeigt hätten, als man sie bat, Freundschaftshilfe für den Krieg gegen Frankreich zu leisten. Am Ende seines Briefes versicherte er Wolsey, der Brief sei »von der Hand dessen geschrieben, der immer Euer liebender Herrscher und Freund war und sein wird, Heinrich R.«[5]

Noch am selben Tag setzte Hennege, wohl auf Befehl des Königs, Wolsey in einem Brief davon in Kenntnis, daß Heinrich Russell und Hennege seinen

Brief an Wolsey laut vorgelesen habe. Anschließend habe der König noch einmal seine Hochachtung für Wolsey und die freundschaftliche Art betont, mit der er ihn getadelt habe.[6] Wolsey antwortete mit einem unterwürfigen und reumütigen Brief. Daraufhin schrieb ihm Heinrich einen freundlichen Brief, in dem er erklärte, die Sache mit der Äbtissin von Wilton sei nicht so wichtig.

»Und da ich Eure demütige Reue sehe, Mylord, kann ich zufrieden sein und Euch vergeben, auch wenn die Sache noch viel abscheulicher gewesen wäre. Ich bin von Herzen froh, daß meine Mahnungen und Warnungen von Euch so gütig und freundlich beherzigt wurden, wie es meine Absicht war. Seid versichert, daß mich allein die Zuneigung, die ich für Euch hege, dazu veranlaßt hat. Ich wünschte, die Klöster würden Euch beim Bau Eures College kräftiger unterstützen, damit alles rechtens ist. Ich will nur der Welt vor Augen führen, daß es damit seine Ordnung hat, und will den Anlaß für ihr Murren aus dem Weg räumen, denn im ganzen Königreich wird gar viel darüber gemunkelt.«[7]

Wolsey drückte Heinrich seine Dankbarkeit aus und erklärte, er werde von keinem Kloster mehr Geschenke für sein College annehmen, ganz gleich, wie bereitwillig man es ihm anbiete. Doch er mißachtete weiterhin Heinrichs Wünsche in bezug auf Wilton. Er schickte umgehend Benet nach Wilton, um die Nonnen zu zwingen, gegen ihren Willen Isabel Jordan zur neuen Äbtissin zu wählen. Benet sperrte drei oder vier Nonnen ein und verriegelte die Türen des Klosters, damit niemand es betreten oder verlassen konnte, bis die Nonnen Isabel Jordan gewählt hatten.[8]

Wolsey versuchte nicht, den Adel oder das Volk versöhnlich zu stimmen. Zudem glaubte er, Heinrich bei Laune halten zu können, indem er ihm demütige Entschuldigungsschreiben schickte und Anne Boleyn Geschenke machte. Anne bedankte sich in einem entzückenden Brief:

»Mylord, mit der tiefsten Demut meines Herzens danke ich Euer Gnaden für Euern freundlichen Brief und für die reichen und schönen Geschenke... Alle Tage meines Lebens will ich Euer Gnaden mehr als alle anderen Menschen nach dem König lieben und Euch dienen.«[9]

Wolsey war überzeugt, einen Trumpf in der Hand zu halten: Heinrichs Glauben, daß Wolsey, und nur Wolsey, den Papst überreden könne, der Scheidung zuzustimmen. Im Juli 1528 setzten Wolseys Agenten in Italien dem Papst so lange zu, bis er Wolsey die Dekretal-Vollmacht erteilte, bei Heinrichs Scheidungsprozeß als Richter zu agieren, obwohl der Gesandte des Kaisers darauf bestanden hatte, daß der Prozeß nicht in England stattfinden solle. Wolsey sah allerdings voraus, daß niemand das Gericht für unbefangen halten würde, wenn er der einzige Richter war. Deshalb bat er den Papst, Kardinal Campeggio, den Bischof von Salisbury, der Heinrichs Interessen stets geneigt gewesen war, zum zweiten Richter zu bestellen.[10] Das gab Klemens die Möglichkeit, die Sache weiter hinauszuzögern. Campeggio entschuldigte sich mit seiner schlechten Gesundheit und reiste im Schneckentempo von Rom nach England.

Heinrich und Anne erwarteten seine Ankunft voller Ungeduld. Anne fragte Wolsey in einem Brief, wann Campeggio eintreffen werde. Bei dieser Gelegenheit erkundigte sie sich auch nach Wolseys Befinden. Sie schrieb, sie könne die großen Anstrengungen, die er Tag und Nacht für sie unternehme, nicht anders belohnen »als dadurch, daß ich Euch, nach dem König, mehr als alle anderen Menschen liebe«. Heinrich fügte selbst noch ein Postskriptum hinzu:

»Die Verfasserin dieses Briefes wollte nicht ruhen, bis sie mich dazu gebracht hat, etwas hinzuzufügen... Wir sind ein wenig besorgt, weil wir nichts von der Ankunft des Legaten in Frankreich gehört haben. Nichtsdestoweniger hoffen wir, durch Euren Eifer und Eure Umsicht (und mit der Hilfe des allmächtigen Gottes) bald von dieser Sorge befreit zu sein. Soviel für heute. Ich bete, daß Gott Euch so viel Gesundheit und Wohlstand schenken möge, wie es der Verfasser dieser Zeilen tun würde. Von Eurem liebenden Herrscher und Freund Heinrich R.«

Anne setzte ihre Unterschrift darunter: »Eure demütige Dienerin, Anne Boleyn.«[11]

Während Heinrich auf Campeggio wartete, trafen aus Schottland schlechte Nachrichten ein. Jakob V. war es gelungen, seinen Bewachern Angus und Sir George Douglas im Falkland Palace zu entkommen und sich Heinrichs altem Gegenspieler, dem Erzbischof von St. Andrews, in Stirling anzuschließen. Unterstützt wurde er von Königin Margarete, die beim Papst die Scheidung von Angus durchgesetzt und Henry Stewart geheiratet hatte. Angus und Sir George Douglas wurden in Abwesenheit vom schottischen Parlament des Hochverrats angeklagt, weil sie geplant hatten, Jakob V. als Gefangenen an Heinrich VIII. auszuliefern. Sie wurden zum Tode verurteilt, ihre Ländereien fielen an den König. Jakob belagerte Angus' Burg Tantallon am Meer im Norden von Berwick. Obwohl es ihm nicht gelang, Tantallon einzunehmen, und die Brüder Douglas sich noch einige Monate im Grenzgebiet behaupten konnten, mußten sie schließlich in Berwick Zuflucht suchen.

Heinrich protestierte bei Jakob gegen den Vorwurf, die Brüder Douglas hätten Jakob an ihn ausliefern wollen. Er versicherte Jakob, sie seien seine ergebenen Untertanen. Dacre sammelte in Northumberland Männer, um für eine Intervention in Schottland gerüstet zu sein, doch Heinrich befahl ihnen nicht, die Grenze zu überqueren. Nachdem er zuerst die Brüder Douglas gedrängt hatte, in Schottland zu bleiben und gegen Jakobs Armee zu kämpfen, gewährte er ihnen in Northumberland Asyl, als weiterer Widerstand ihrerseits unmöglich wurde. Jakob legte bei Heinrich Protest ein, weil er Verrätern Schutz gewähre. Er war zwar bereit, das gegen die Verräter verhängte Todesurteil aufzuheben, weigerte sich jedoch, ihre Verurteilung wegen Hochverrats und die Einziehung ihres Besitzes zurückzunehmen.[12]

Für Heinrich war die Niederlage ein Signal: Der inzwischen 16jährige Jakob wollte nicht mehr eine Schachfigur in den Händen der Agenten Heinrichs sein.

Auf dem Weg nach Easthampstead schickte Heinrich Wolsey den einzigen Rothirsch, den er auf einer zehnstündigen Jagd im großen Park von Windsor erlegt hatte.[13] In Guildford erreichte den König die Nachricht, daß Campeggio in Paris eingetroffen sei. Nach der Rückkehr von der Jagd schrieb er nachts um elf an Anne Boleyn:

»Der Legat, den wir so sehr ersehnen, traf am vergangenen Sonntag oder Montag in Paris ein, so daß ich hoffe, nächsten Montag von seiner Ankunft in Calais zu hören. Und dann hoffe ich, so Gott will und zu unser beider Wohlergehen, mich an dem ergötzen zu können, was ich so lange ersehnt habe. Nichts mehr für heute, meine Geliebte, aus Mangel an Zeit, als daß ich wünschte, Ihr wärt in meinen Armen oder ich in Euren, denn es ist schon so lange her, daß ich Euch das letzte Mal küßte. Geschrieben um elf Uhr, nachdem ich einen Hirsch erlegt. Wenn es Gott gefällt, wird morgen rechtzeitig ein zweiter Hirsch von der Hand erlegt, die, wie ich hoffe, bald Euch gehören wird. Heinrich R.«[14]

Aus diesem Brief wird ersichtlich, daß Anne sich ihm noch immer widersetzte.

Am 29. September landete Campeggio endlich in Dover. Da er an Gicht litt, mußte er in einer Sänfte reisen, und es dauerte weitere acht Tage, bis er in London eintraf. Heinrichs und Annes Hoffnungen wurden jedoch enttäuscht. In Paris hatte Campeggio einen Brief vom Sekretär des Papstes aus Viterbo erhalten. Darin wurde ihm mitgeteilt, der Papst wolle angesichts der militärischen Erfolge Kaiser Karls in Italien nichts unternehmen, was Karl zu einem Angriff auf Rom provozieren könne. Campeggio sollte alles tun, was in seiner Macht stand, um Heinrich und Katharina miteinander zu versöhnen. Auf keinen Fall sollte er ohne neue und ausdrückliche Anweisung aus Rom ein Urteil in dem Scheidungsprozeß fällen. Als Campeggio seinen Richterkollegen Wolsey von der Anweisung des Papstes in Kenntnis setzte, war Wolsey schockiert. Er wußte, daß dies ernste Folgen für ihn haben konnte.

Campeggio blieb neun Monate in London, ohne den Scheidungsprozeß in Gang zu setzen. Er versuchte alles mögliche, um das Urteil hinauszuschieben. Zuerst wollte er Katharina überreden, in ein Kloster einzutreten und in die Scheidung einzuwilligen. Als sie sich weigerte, bemühte er sich, Heinrich von der Scheidung abzubringen. Er schlug vor, der Papst solle einen Dispens gewähren, damit Heinrichs Tochter Maria ihren unehelichen Halbbruder, den Herzog von Richmond, heiraten könne. Richmond sollte für ehelich erklärt werden und nach Heinrichs Tod als König gemeinsam mit Maria als Königin regieren. Aber diese Lösung stellte niemanden zufrieden, und der Papst hätte das Angebot wohl wieder zurückgezogen, wenn Heinrich es angenommen hätte.[15]

Da offensichtlich jeder in London den Grund für Campeggios Anwesenheit kannte, wollte Heinrich seine Untertanen offiziell von seinem Scheidungsprojekt in Kenntnis setzen. Am 8. September lud er die Peers, die Richter, den Bürgermeister und die Ratsherren von London sowie andere Würdenträger in seinen Palast nach Bridewell und hielt eine lange Rede. Er erklärte, wie dringend das Königreich einen männlichen Erben brauche, der ihm nach seinem Tod auf den Thron folgen könne, da sonst eine Neuauflage jener Kriege zwischen York und Lancaster zu erwarten sei, die ehemals das Reich erschüttert hätten. Man habe ihm gesagt, daß er mit der Königin zwanzig Jahre lang in Sünde gelebt habe, daß sie nicht seine Gemahlin und seine Tochter ein Bastard sei. Dies habe sein Gewissen nicht ruhen lassen. Er habe deshalb die bedeutendsten Kirchenmänner der Christenheit gebeten, ihm mitzuteilen, ob seine Ehe rechtsgültig sei oder nicht. Nur aus diesem Grund habe er nach Campeggio geschickt.

»Und was die Königin betrifft: Wenn nach dem Gebot Gottes befunden wird, daß sie meine rechtmäßige Gemahlin sei, dann wüßte ich nicht, was es in meinem Leben Angenehmeres und mir Lieberes geben könnte, sowohl was die Erleichterung meines Gewissens angeht als auch bezüglich der großen Qualitäten, welche in ihr angelegt sind. Denn ich versichere Euch, daß sie nicht nur von edler Herkunft ist (wie ihr alle wißt), sondern dazu ein höchst sanftmütiges, liebreizendes und frisches Wesen hat und daß sie wahrhaftig alle guten Eigenschaften besitzt, welche der edlen Herkunft zugehören, und darin nicht ihresgleichen hat, wie ich es seit nun schon fast zwanzig Jahren selbst erfahren habe, so daß ich, wenn ich abermals heiraten sollte und es eine gute Ehe sein sollte, gewißlich sie vor allen anderen wählen würde. Doch wenn befunden wird, daß unsere Ehe gegen das Gebot Gottes verstößt und ungültig ist, dann werde ich nicht nur die Trennung von einer so wunderbaren Frau und liebenden Gefährtin zu beklagen haben, sondern noch mehr das Unglück beweinen, so lange gegen Gottes Willen in Sünde gelebt und keinen leiblichen Erben gezeugt zu haben, dem ich dieses Königreich vermachen kann.«[16]

Das war natürlich alles gelogen, und die meisten von Heinrichs Untertanen wußten es. Insbesondere die Frauen von London brachten Katharina große Sympathie entgegen.[17]

Im Januar 1529 wurde der Papst ernstlich krank, und in London traf die

Nachricht von seinem Tod ein. Heinrich und Wolsey drängten die Kardinäle, Wolsey zum neuen Papst zu wählen. In einem Brief an Gardiner und seine anderen Agenten in Rom drohte Heinrich stärker als sonst indirekt mit der Kirchenspaltung. Er erklärte, über seine Scheidung könne nur mit Erlaubnis des Oberhaupts der Kirche entschieden werden. Es widerstrebe ihm, auf ein anderes Rechtsmittel zurückzugreifen als auf die Autorität des Heiligen Stuhls, wenn er dort gemäß seinen Verdiensten auf Wohlwollen rechnen könne. Dessen könne er aber nur sicher sein, wenn Wolsey zum Papst gewählt werde. Mit einem anderen Papst sei er nicht zufrieden. Gardiner müsse mit Bestechungsgeldern arbeiten, um Wolseys Wahl zu sichern. Wenn ein anderer Kandidat gewählt würde, sollten Wolseys Anhänger das Konklave verlassen und Wolsey in einem Gegenkonklave in einer anderen Stadt zum Papst wählen. Heinrich wollte den Sold für 3 000 Söldner zur Verfügung stellen, die die Teilnehmer des Konklave einschüchtern und sie zwingen sollten, Wolsey zu wählen. Er fügte allerdings hinzu, er werde notfalls auch Campeggio als Papst anerkennen.[18]

Ein paar Tage später wurde in London bekannt, der Papst sei gar nicht gestorben, sondern habe sich von seiner Krankheit erholt.

Am 31. Mai 1529 – mehr als zwei Jahre, nachdem Heinrich sein Scheidungsprojekt begonnen hatte – eröffneten Wolsey und Campeggio in Blackfriars in der Nähe von Ludgate in London die Verhandlung.[19] Campeggio war entschlossen, jede Gelegenheit zur Verzögerung zu nutzen, die sich aus der notorisch langsamen Prozeßführung römischer Gerichte ergab. Nach der ersten Sitzung vertagte sich das Gericht bis zum 18. Juni. An diesem Tag wurden sowohl Heinrich als auch Katharina vor Gericht geladen. Heinrich unterwarf sich durch seinen Anwalt Gardiner der Rechtsprechung des Gerichts. Katharina, die persönlich vor Gericht erschien und die Anwälte, die sie vertreten sollten, ignorierte, kniete vor Heinrich nieder und flehte ihn um Erbarmen an, da sie in seinem Land eine Fremde ohne Freunde sei. Sie sagte, sie sei seine liebende Gattin und er solle bezeugen, daß sie als Jungfrau zu ihm gekommen sei. An Wolsey und Campeggio gewandt erklärte sie, sie erkenne die Autorität des Gerichts nicht an und verlange, daß der Fall vor dem päpstlichen Gericht in Rom verhandelt werde. Ihr mutiges Auftreten sorgte unter den Zuschauern für Aufsehen und brachte ihr überall Sympathie ein.

Für Heinrich war es eine peinliche Situation, aber er meisterte sie, so gut es ging. Er erklärte dem Gericht und den anwesenden Zuschauern, er habe Katharina stets die größte Achtung entgegengebracht, und nur das Gebot seines Gewissens und seine Pflicht, das Gebot Gottes zu befolgen, hätten ihn veranlaßt, eine solch edle Frau zu verlassen. Auf Katharinas Frage, ob sie bei ihrer Heirat noch Jungfrau gewesen sei, antwortete er nicht.[20]

Wolsey und Campeggio lehnten Katharinas Ersuchen ab, den Fall nach Rom zu überweisen, und warfen ihr Ungehorsam vor, weil sie sich weigerte, sich ihrer Rechtsprechung zu unterwerfen. Sie bestimmten, daß die Verhandlung ohne sie fortgesetzt werden sollte. Der Prozeß zog sich über mehrere Wochen hin. Zeugen wurden vernommen, die aussagen sollten, ob Katharinas Ehe mit Arthur vor 28 Jahren vollzogen worden war. Betagte Lords, vornehme Damen, Edelleute und Diener berichteten, was sie im November 1501 in der Hochzeitsnacht gesehen und gehört hatten – wie blaß und müde der Prinz von Wales am nächsten Morgen ausgesehen habe und daß er seinen königlichen Kammerherren erklärt habe, er sei in der Nacht »mitten in Spanien« gewesen. Am 28. Juni mußte Heinrich allerdings erneut eine Schlappe einstecken. Fisher, der wie die anderen Bischöfe als Beobachter an dem Prozeß teilnahm, erklärte, der König habe vor zwei Jahren alle Bischöfe um ihre Meinung hinsichtlich der Scheidung gebeten, und er wolle nun antworten: Heinrichs Ehe mit Katharina sei seiner Ansicht nach gültig; der päpstliche Dispens von 1503 habe sämtliche Hindernisse für die Heirat aus dem Weg geräumt. Eine Ehe dürfe nach 20 Jahren nicht einfach ohne stichhaltigen Grund annulliert werden. Fishers Worte machten großen Eindruck auf die Zuhörer.[21]

Wolsey fürchtete, der Papst könne Katharinas Bitte entsprechen und den Fall in Rom verhandeln. Das wäre eine Katastrophe, die Heinrich ihm niemals verzeihen würde. Er schrieb Sir Gregory di Casale, einem seiner Agenten in Rom, er solle die Übertragung des Falles nach Rom auf jeden Fall verhindern. »Versichert Seiner Heiligkeit mit größtem Nachdruck, wenn er besagter Überweisung auf Antrag eines Fürsten zustimme, werde er nicht nur die Freundschaft des Königs und die Ehrerbietung dieses Reiches für den Heiligen Stuhl verlieren, sondern auch mich für immer vernichten.«[22]

Obgleich sich Wolsey so verzweifelt um die Durchsetzung der Scheidung bemühte, hatte Heinrich den Verdacht, Wolsey könne versuchen, sie zu verhindern. Bereits zwei Jahre zuvor hatte Heinrich durchblicken lassen, daß Wolsey die Scheidung nicht mit dem nötigen Eifer befürworte.[23] Dieser Verdacht verstärkte sich, als Heinrich auf immer neue Schwierigkeiten stieß, die seine Scheidung und die Heirat mit Anne verhinderten.

Franz und Karl hatten seit Januar geheime Friedensverhandlungen geführt, ohne Heinrich und Wolsey davon in Kenntnis zu setzen. Im Mai erklärten sie, Margarete von Österreich werde sich mit Luise von Angoulême, der Schwester von Margaretes verstorbenem Ehemann, dem Herzog von Savoyen, zu Friedensverhandlungen in Cambrai treffen. Wolsey wäre gerne selbst nach Cambrai gereist, doch da ihn der Scheidungsprozeß in London festhielt, wurden statt dessen Tunstall und Morus dorthin entsandt.

Heinrich und Wolsey schickten Suffolk nach Paris, um mit Franz über die

Friedensbedingungen zu sprechen. Suffolk hatte von Heinrich allerdings noch einen weiteren persönlichen Auftrag bekommen: Er sollte Franz fragen, ob Wolsey in Amiens oder Compiègne etwas gesagt habe, was darauf schließen ließ, daß er gegen Heinrichs Scheidung war. Franz gab eine zweideutige Antwort, die ganz sicher Heinrichs Mißtrauen gegen Wolsey nähren und damit die Position des Ministers schwächen sollte, der Frankreich in der Vergangenheit so viel Leid zugefügt hatte. Franz erklärte, bei ihrem Gespräch über Heinrichs Scheidung habe der Kardinal diese scheinbar gebilligt, doch Heinrich solle sich hüten, einem so mächtigen Minister zu vertrauen. Du Bellay, der französische Gesandte in London, berichtete Wolsey von Franz' Unterredung mit Suffolk, und Wolsey protestierte in Gegenwart Suffolks bei Heinrich. Suffolk versuchte sich herauszureden. Wahrscheinlich schadete der Protest Wolsey mehr, als daß er ihm nützte, da er verriet, daß er mit dem französischen Gesandten auf recht vertrautem Fuß stand.[24]

Wenn wir heute die vielen langen, leidenschaftlichen und manchmal verzweifelten Briefe lesen, die Wolsey an den Papst und die päpstlichen Beamten und an Heinrichs Agenten in Italien geschrieben hat, um die von Heinrich gewünschte Scheidung durchzusetzen, erscheint es außerordentlich ungerecht, daß Heinrich ihn verdächtigt haben sollte, sich nicht mit genügend Eifer für seine Sache einzusetzen. Aber wenn Wolsey in den Briefen, die er nach Rom schrieb, die Scheidung befürwortete, konnte Heinrich deshalb noch nicht sicher sein, daß Wolsey nicht zur gleichen Zeit andere Briefe schrieb, die er nicht zu Gesicht bekam und die ganz andere Vorschläge an den Papst enthielten. Keiner wußte besser als Heinrich, was für ein abgefeimter Lügner Wolsey war. Heinrich und Wolsey waren Partner, von denen keiner sicher sein konnte, ob der andere ihn nicht hinterging. Heinrich wußte noch, wie Wolsey mit Karl einen Krieg gegen Frankreich geplant hatte, während er in Calais gegenüber Du Prat und den französischen Abgesandten Freundschaft geheuchelt hatte; wie er Ferdinand von Aragon, Maximilian und Karl getäuscht und mit den Franzosen zweimal Frieden geschlossen hatte, während er diese Möglichkeit zugleich weit von sich gewiesen hatte; wie er noch vor wenigen Monaten eingefädelt hatte, daß Heinrich sich heimlich der Heiligen Liga in Italien anschloß, während er selbst Karl versichert hatte, Heinrich werde das niemals tun. Forderte er den Papst jetzt insgeheim auf, die Briefe zu ignorieren, in denen er sich so ausdrücklich für Heinrichs Scheidung aussprach? Aber Wolsey mochte ausländische Herrscher noch so oft hinters Licht geführt haben, zu Heinrich war er immer aufrichtig. Nur, wie hätte Heinrich sich dessen sicher sein können?

Die Entwicklung in Italien und Spanien überrollte Wolsey. Der Papst stellte sich auf Karls Seite. Am 29. Juni unterzeichnete sein Nuntius in Barcelona mit Karl einen Bündnisvertrag, nach dem der Neffe des Papstes Karls uneheliche Tochter heiraten sollte. Der Vertrag wurde unterzeichnet, noch ehe die Nachricht in Barcelona eintraf, daß Karls Armee in Italien die Franzosen bei Landriano besiegt habe. Der Vertrag von Barcelona und der Sieg von Landriano wogen mehr als alle Argumente der Agenten Wolseys in Rom. Am 6. Juli setzte der Papst Casale davon in Kenntnis, daß er Heinrichs Scheidungsprozeß nach Rom überweisen werde. Zwölf Monate zuvor hatte er noch versprochen, das nicht zu tun.[25]

Die Nachricht von der Entscheidung des Papstes erreichte Campeggio und Wolsey am 22. Juli um acht Uhr abends in London.[26] Am darauffolgenden Tag versammelte sich das Gericht wieder in Blackfriars. Es ging das Gerücht um, die Legaten würden an diesem Tag das Urteil verkünden. Heinrich war persönlich anwesend, der Saal war überfüllt. Zu Beginn der Verhandlung erklärte Campeggio, angesichts der zahlreichen Dokumente, die es zu prüfen gelte, könne das Gericht an diesem Tag noch kein Urteil fällen. Und da das Gericht während der Gerichtsferien in Rom unmöglich zusammentreten könne, werde die Verhandlung bis Oktober vertagt. Im Saal herrschte betretenes Schweigen, bis Suffolk wütend rief: »In England ging es noch nie fröhlich zu, wenn Kardinäle in unserer Mitte waren.«

Laut Cavendish wurden Suffolks Worte im Saal mit Schweigen aufgenommen. Suffolk wiederholte sie in noch heftigerem Ton. Jetzt antwortete Wolsey, niemand habe weniger Grund, sich über Kardinäle zu beklagen, als Suffolk, denn wenn es einst in England keinen Kardinal gegeben hätte, hätte er seinen Kopf verloren. Wolsey spielte darauf an, daß er durch sein Eingreifen Suffolks Leben gerettet hatte, als dieser 1515 Heinrichs Schwester Maria geheiratet hatte. Cavendish schreibt, als Suffolk seine Stimme zum ersten Mal erhoben habe, habe Heinrich den Saal verlassen und sich zu seinem Palast in Bridewell begeben.[27]

Suffolks Wutausbruch kam wahrscheinlich nicht spontan. Er hätte kaum gewagt, so etwas über Kardinäle zu sagen, ohne vorher mit Heinrich zu sprechen oder dem König zumindest so viel anzudeuten, daß er sich dessen Zustimmung sicher sein konnte. Als Wolsey am vorangegangenen Tag um acht Uhr abends Casales Brief mit der Mitteilung erhielt, der Papst wolle das Verfahren nach Rom überweisen, muß er gewußt oder zumindest geahnt haben, was Campeggio bei der Verhandlung zwölf Stunden später am 23. Juli vorhatte; er hat es Heinrich sicher rechtzeitig mitgeteilt, damit dieser Suffolks Auftritt arrangieren und beschließen konnte, den Saal von Blackfriars in dem Moment zu verlassen, in dem Suffolk zu reden begann.

Alle wußten, was Suffolks Worte bedeuteten. Sogleich verbreitete sich in ganz London, England und Europa die Nachricht, daß Wolsey die Macht verloren habe.[28]

13

Der Sturz Wolseys

Nach dem aufsehenerregenden Auftritt Suffolks in Blackfriars am 23. Juli deutete nichts darauf hin, daß Heinrich mit Wolsey unzufrieden war. Der König blieb eine Woche in Greenwich und begab sich dann auf seine übliche Rundreise. Wolseys Sekretär Gardiner, der sich durch sein Eintreten für die Scheidung in Italien und als Heinrichs Anwalt beim Prozeß in Blackfriars ausgezeichnet hatte, war in den Dienst des Königs getreten. Er schrieb Wolsey aus Greenwich und von den Stationen der Reise Heinrichs und versicherte ihm, Heinrich sei zufrieden damit, wie er, Wolsey, in Abwesenheit des Königs verschiedene Routineangelegenheiten erledigt habe.[1]

Am 2. August begab sich Heinrich von Greenwich nach Waltham. Gardiner und sein Kollege Edward Fox stiegen im Haus von Master Cressy ab. Dort wohnte auch Thomas Cranmer, ein Doktor der Theologie aus Cambridge und Erzieher von Cressys Sohn. Beim Abendessen drehte sich das Gespräch um die Scheidung des Königs und darum, daß der Prozeß in Blackfriars offenbar an einem toten Punkt angelangt sei. Cranmer erklärte Gardiner und Fox, die Frage der Rechtmäßigkeit von Heinrichs Ehe dürfe nicht von den Mitgliedern der geistlichen Gerichte entschieden werden; die Theologen der Universitäten seien dafür zuständig.* Gardiner und Fox waren von Cranmers Vorschlag so beeindruckt, daß sie Heinrich darüber informierten und wenig später eine Begegnung zwischen Cranmer und dem König in Greenwich arrangierten. Laut John Foxe soll Heinrich nach seinem Gespräch mit Cranmer

* Ralph Morice, der einige Jahre später Cranmers Sekretär wurde, verfaßte um 1565 für Erzbischof Parker einen Bericht über diese Begegnung. John Foxe hat nicht verstanden, worauf es Morice in erster Linie ankam. Foxe' bekannte Aussage, Cranmer habe vorgeschlagen, sich an die Universitäten zu wenden, ist zwar richtig, doch läßt er dabei den für Cranmer entscheidenden Punkt außer acht, daß für die Scheidung Theologen zuständig seien und nicht Kanoniker.

gesagt haben, Cranmer habe »den Nagel auf den Kopf getroffen«.[2] Gardiner war also für den plötzlichen Ruhm des bis dahin unbekannten Gelehrten aus Cambridge verantwortlich. Cranmer sollte zwanzig Jahre lang Gardiners erbitterter Gegner an der Spitze der Macht in Kirche und Staat sein.

Während Heinrich sich noch auf Reisen befand, traf das offizielle päpstliche Dekret ein, wonach der Scheidungsprozeß an das päpstliche Gericht in Rom verwiesen wurde. Damit sollte verhindert werden, daß das Gericht im Oktober erneut in Blackfriars zusammentrat.[3] Außerdem wurde bekannt, daß Margarete von Österreich und Luise von Angoulême in Cambrai einen Friedensvertrag für Karl V. und Franz I. ausgehandelt hatten. Heinrichs Vertreter Tunstall und Morus waren von den Gesprächen in Cambrai ausgeschlossen worden und erhielten nicht einmal eine Abschrift des Vertrages. Der Vertrag war ein Sieg für Karl und eine Niederlage für Franz und Heinrich. Franz erklärte sich bereit, seinen Anspruch auf Mailand aufzugeben und Tournai und weitere Städte in Flandern Karl zu überlassen. Er durfte zwar die französischen Provinzen Burgunds behalten, doch Karl behielt sich das Recht vor, irgendwann in der Zukunft seinen Anspruch darauf geltend zu machen. Besonders ungünstig für Heinrich war, daß Franz sich bereit erklärte, Karl gemäß dem Vertrag von Madrid die gesamte Entschädigungssumme von zwei Millionen Kronen zu zahlen, ohne die 800 000 Kronen abzuziehen, die Karl Heinrich schuldete. Zudem übernahm Franz die Verpflichtung, Karls Schulden an Heinrich zurückzuzahlen.[4] Das bedeutete, daß Heinrich von Karl nichts zu erwarten hatte. Da Heinrich keine andere Wahl blieb, fand er sich mit dem Vertrag ab.

Obwohl Heinrich keinerlei Verärgerung über Wolsey gezeigt hatte, war dieser beunruhigt, gerade jetzt keinen Kontakt mit dem König zu haben. Er schrieb Gardiner, er müsse mit Heinrich wichtige Dinge besprechen, und schlug vor, den König in Woodstock aufzusuchen. Gardiner antwortete, Heinrich sei überzeugt, daß Wolsey ihn ebensogut schriftlich über die wichtigen Dinge informieren könne.[5] Schließlich fand Wolsey einen anderen Vorwand, um Heinrich aufzusuchen. Campeggio beabsichtigte, nach Rom zurückzukehren; er wollte sich von Heinrich verabschieden und um seinen Paß bitten. Es war nur angebracht, daß Wolsey Campeggio nach Grafton in Northamptonshire begleitete, wo Heinrich sich aufhielt.

Wolsey und Campeggio trafen am 18. September in Grafton ein. Campeggio bekam im Palast einige Räume zugewiesen; zu Wolsey sagte man, für ihn sei kein Platz, er könne jedoch im Haus von Master Empson in Easton Neston übernachten, fünf Kilometer westlich von Grafton. Empson war der Sohn jenes Thomas Empson, den Heinrich vor neunzehn Jahren hatte hinrichten lassen. Das war ein bewußter Affront gegenüber Wolsey. Die Höflinge schlossen untereinander Wetten ab, ob Heinrich Wolsey empfangen werde.

Die meisten glaubten, der König werde sich weigern. Doch als Wolsey und Campeggio dem König gemeldet wurden, begrüßte Heinrich Wolsey herzlich. Er protestierte bei Campeggio gegen die Überweisung des Scheidungsverfahrens nach Rom und zog sich anschließend mit Wolsey in eine der Nischen entlang der Galerie zurück, wo man ungestört war. Die beiden Männer führten ein langes Gespräch. Cavendish und die anderen Leute auf der Galerie konnten Heinrich und Wolsey zwar sehen, aber nicht hören, was sie sagten. Sie sahen, wie Heinrich Wolsey mit einem Wink bedeutete, seinen Hut wieder aufzusetzen, eine besondere Gunstbezeigung des Königs. Woran mag Heinrich gedacht haben, als er mit Wolsey in der Nische saß? Erwachte seine alte Zuneigung und Sympathie für Wolsey? Bedauerte er, diese Gefühle seinen politischen Interessen und seiner Stellung als König unterordnen zu müssen?

Wolsey blieb bis zum Einbruch der Nacht und ritt dann nach Easton Neston. Gardiner suchte ihn dort auf und führte ein langes Gespräch mit ihm. Am nächsten Morgen begab sich Wolsey erneut nach Grafton. Als er vor dem Schloß eintraf, bestieg Heinrich gerade sein Pferd, um nach Hartwell zu reiten und den neuen Park zu besichtigen, der dort für ihn angelegt wurde. Wieder war Heinrich außerordentlich freundlich. Er bat Wolsey, bei einer Ratssitzung im Palast den Vorsitz zu führen und anschließend Campeggio auf der ersten Etappe seiner Reise nach Rom zu begleiten. Dann verabschiedete er sich und ritt nach Hartwell Park. Er sah seinen Kanzler nie wieder.[6]

Wolsey brachte Campeggio zu seinem Landsitz The Moor in Hertfordshire und kehrte anschließend nach Hampton Court zurück. Campeggio blieb ein paar Wochen in The Moor, ehe er nach Rom zurückkehrte. Als Wolsey am 9. Oktober als Lordkanzler im Court of Chancery in Westminster Hall zu Gericht saß – es war der erste Tag der herbstlichen Sitzungsperiode –, erschien zur gleichen Zeit der Erste Kronanwalt vor dem Oberhofgericht des Königs in Westminster und beschuldigte Wolsey des »praemunire«: Wolsey habe seine Macht als päpstlicher Legat in Heinrichs Reich ausgeübt und dadurch der königlichen Autorität geschadet.[7] Die Anklage beruhte auf einem Gesetz, das unter Eduard III. erlassen worden war. Der Angeklagte mußte mit Haft auf unbestimmte Zeit rechnen – was lebenslänglich bedeuten konnte – und mit dem Verlust aller Güter. Bisher hatte man freilich nie daran gedacht, das Statut auf einen päpstlichen Legaten anzuwenden, der seine Macht mit Zustimmung des Königs ausübte. Jetzt durften die englischen Anwälte ihren papstfeindlichen Gefühlen freien Lauf lassen.

Heinrich war inzwischen nach Windsor weitergereist. Er schickte Norfolk und Suffolk nach York Place, um Wolsey mitzuteilen, daß er seines Amtes als Lordkanzler enthoben sei und das Großsiegel von England herausgeben solle. In London ging das Gerücht um, Wolsey sei verhaftet worden. Als Wolsey seinen Palast verließ, wimmelte es auf der Themse von Booten mit

Menschen, die zusehen wollten, wie der Kardinal in den Tower gebracht wurde. Wolsey schlug jedoch die entgegengesetzte Richtung ein; in einer Barke ließ er sich stromaufwärts rudern, zu seinem Palast in Esher. In Putney holte ihn Heinrichs Kammerherr Sir Henry Norris ein. Norris übergab ihm einen Ring des Königs.[8] Der Ring war nicht nur ein Zeichen königlicher Gunst: Wenn jemand vom König einen Ring bekam, hieß das, daß er ohne ausdrücklichen Befehl des Königs nicht verhaftet werden konnte. Wenn Wolsey von einem Beamten verhaftet wurde, brauchte er diesem nur den Ring zu zeigen, und die Sache würde dem König vorgetragen.

An dem Tag, an dem Wolsey beschuldigt wurde, gegen das Praemunire-Statut verstoßen zu haben, traf Campeggio auf dem Weg nach Rom in Dover ein. Die Zollbeamten in Dover öffneten sein Gepäck und durchsuchten es gründlich, obwohl Campeggio protestierte und erklärte, daß damit seine Immunität als Diplomat und päpstlicher Legat verletzt werde. Campeggio glaubte, daß die Beamten sein Gepäck nur deshalb durchsuchten, weil sie den Verdacht hatten, er wolle einige Wertsachen Wolseys außer Landes bringen. Er war darüber derart erbost, daß er, anstatt sich einzuschiffen, in Dover blieb und sich in einem Brief bei Heinrich beschwerte.[9]

Heinrichs Antwort fiel scharf aus: Campeggio sei kein päpstlicher Legat mehr, seit der Papst die Vollmacht widerrufen habe, aufgrund derer er in Blackfriars als Richter fungiert habe; er genieße keine diplomatische Immunität mehr. Heinrich zeigte sich überrascht, daß Campeggio zu behaupten wagte, er sei noch päpstlicher Legat; dazu sei er nicht berechtigt, und als Bischof von Salisbury unterstehe er dem Gesetz des Reiches. Dies war eine indirekte Drohung, gegen Campeggio aufgrund des Praemunire-Gesetzes ein Verfahren anzustrengen. Anschließend milderte Heinrich die Wirkung seiner Worte ab. Er brachte sein Bedauern darüber zum Ausdruck, daß der Übereifer der Beamten in Dover Campeggio Unannehmlichkeiten bereitet habe; die Beamten hätten ihre Befugnisse allerdings nicht überschritten. Er bat Campeggio, das Geschehene mit Nachsicht hinzunehmen.[10]

Wolsey wurde wegen des Verstoßes gegen das Praemunire-Gesetz vor dem Oberhofgericht der Prozeß gemacht. Er bekannte sich schuldig, wurde zu einer lebenslänglichen Gefängnisstrafe verurteilt und mußte dem König seinen gesamten Besitz übergeben.[11] Der König bestand allerdings nicht darauf, daß Wolsey ins Gefängnis kam, sondern erlaubte ihm, in Esher zu bleiben.

Heinrich berief ein neues Parlament ein, das am 3. November 1529 in Westminster zusammentrat. Das neue Parlament sollte fast sieben Jahre tagen. Nach Vorgabe des Königs setzte es eine religiöse, politische und soziale Revolution ins Werk. Die Sitzung wurde vom neuen Lordkanzler Sir Thomas Morus eröffnet. Morus übte heftige Kritik an Wolsey. Er nannte ihn einen »großen Hammel«, den der König als guter Hirte aus der Herde der ihm anvertrauten Schafe entfernt habe, um diese zu schützen. Die Mitglieder des Parlaments verstanden die Metapher mit ihren Anspielungen auf die Landwirtschaft und die Heilige Schrift sehr gut. Allerdings mußte eine Erklärung dafür gefunden werden, weshalb der gute Hirte den bösen Hammel siebzehn Jahre lang hatte ungehindert wirken lassen. Morus erklärte, Heinrich sei bis vor kurzem noch vollauf damit beschäftigt gewesen, seine siegreiche Armee in den Krieg zu führen; er habe daher keine Zeit gehabt, sich um Wolsey zu kümmern. Diese Erklärung war wenig überzeugend: Heinrich hatte seine Armee zuletzt 1513 ins Feld geführt. Ein paar Wochen später ließen sich Morus und seine Kollegen im Oberhaus eine noch größere Ungenauigkeit zuschulden kommen. Sie überreichten Heinrich eine Petition, in der sie ihn aufforderten, Wolsey für 44 Vergehen zu bestrafen. Die Petition enthielt nicht nur eine lange Liste der politischen und persönlichen Vergehen Wolseys, sondern klagte ihn auch an, Heinrich absichtlich angehaucht zu haben, als er sich mit Syphilis angesteckt hatte, um zu bewirken, daß auch der König angesteckt wurde.[12]

Der Lordkanzler und die Peers hätten Heinrich diese Petition sicher nicht überreicht, wenn der König dies nicht gewünscht hätte. Mit der Petition in Händen konnte Heinrich gegenüber dem gestürzten Kardinal großmütig sein und mit ihm einen Handel abschließen. Wolsey überließ dem König freiwillig seine Häuser York Place, The Moor und Tyttenhanger. Dafür durfte er den Palast in Esher, der ihm als Bischof von Winchester zustand, und den Besitz des Erzbischofs von York in Nordengland behalten. Die Strafe für den Verstoß gegen das Praemunire-Statut wurde ihm erlassen. Den Palast Hampton Court hatte Wolsey Heinrich bereits ein paar Jahre zuvor zu für ihn äußerst zufriedenstellenden Bedingungen überlassen: Sowohl in Hampton Court wie in Richmond standen ihm nach wie vor eine Reihe von Zimmern zur Verfügung.

Im Dezember erkrankte Wolsey in Esher. Heinrich schickte Dr. Butts zu ihm. Obendrein machte er ihm noch einen Ring zum Geschenk, und Anne Boleyn schickte ihm zum Zeichen ihrer Hochachtung einen Edelstein aus ihrem Gürtel. Nach seiner Genesung durfte Wolsey von Esher nach Richmond übersiedeln. Der Kardinal hoffte, eines Tages wieder in der Gunst des Königs zu steigen. Doch im März befahl Heinrich ihm, sich in seine Diözese York zu begeben, die er in den sechzehn Jahren, in denen er Erzbischof war, nicht ein einziges Mal aufgesucht hatte. Wolsey verließ Richmond und reiste mit großem Pomp auf Heinrichs Kosten zum erzbischöflichen Palast in Southwell in Nottinghamshire am Rand der Diözese.[13]

Den größten Kummer bereitete Wolsey das Schicksal seiner Colleges in Oxford und Ipswich. Der erste Verstoß gegen das Praemunire-Statut, zu dem er sich bekannt hatte, war die Ernennung eines Vikars am 2. Dezember 1523 gemäß seinen Befugnissen als päpstlicher Legat gewesen; jetzt war das gesamte Vermögen, das er seit dieser Zeit angehäuft hatte, eingezogen worden. Dazu gehörte auch das Geld, das er seinen Colleges zwischen 1526 und 1528 hatte zukommen lassen. Als seine Anwälte ihm erklärten, es gebe keine Möglichkeit, den Gerichtsentscheid zu umgehen, appellierte er an Heinrich, die Colleges, über deren Vermögen der König jetzt verfügte, bestehen zu lassen. Heinrich war hin und her gerissen zwischen seiner Sympathie für Wolsey und der Liebe zur Gelehrsamkeit einerseits und seiner Geldgier andererseits. Seine Höflinge wiederum hofften, das Vermögen der Colleges vom König als Geschenk zu erhalten oder billig erwerben zu können. Heinrich ließ sich auch von dem weitverbreiteten Unmut über die Methoden anstekken, mit denen Wolsey an das Geld für die Colleges gekommen war. Und während College-Gründungen in Oxford nichts Neues waren, glaubte Heinrich, daß Wolsey das College in Ipswich nur gegründet habe, um sich selbst ein Denkmal zu setzen.

Heinrich löste das Dilemma zu seinem Vorteil. Auf Wolsey oder die Mitglieder der Colleges nahm er keine Rücksicht. Das College in Oxford sollte bestehen bleiben, aber von »Cardinal's College« in »King Henry VIII's College« umgetauft werden. Wolseys Wappen sollte von sämtlichen Türen und Fenstern entfernt und durch das königliche Wappen ersetzt werden. 1546 ließ Heinrich das College umgestalten, und es hieß fortan »Christ's Church«. Das College ist heute seit 450 Jahren eine blühende Stätte der Gelehrsamkeit.

Obwohl viele einflußreiche Männer Heinrich um den Erhalt des College in Ipswich baten, bestand er darauf, es aufzulösen und die Lehrer, Studenten und Bediensteten fortzuschicken. Wenn sie Glück hatten, fanden sie anderswo eine Anstellung. Heinrich beauftragte seine Agenten, die Vermögenswerte zu verkaufen und den Mietzins der Pächter einzuziehen. Den größten Teil des Besitzes behielt er für sich, ein Teil wurde billig an die Höflinge und ihre Freunde verkauft. Heinrich mußte jede Erinnerung an den Mann auslöschen, den er vernichtet hatte und der nun im Parlament und überall im Land kritisiert wurde. In Ipswich konnte die Erinnerung an Wolsey als Gründer des Colleges nicht so leicht ausgelöscht werden wie in Oxford. Wenn Heinrich jedoch Wolseys College in Oxford weiterbestehen ließ und das College in Ipswich auflöste, konnte er zugleich die Gelehrsamkeit fördern, sich bereichern und das Wohlwollen der Höflinge und Edelleute gewinnen, deren Unterstützung ihm wichtiger war als die Dankbarkeit der Lehrer, Chorsänger, Gärtner und Schüler von Ipswich.[14]

Mit dem Sturz Wolseys leistete Heinrich jener antiklerikalen Strömung Vorschub, die von ihren Gegnern als »Luthertum« bezeichnet wurde. Die Bezeichnung »Lutheraner« wurde 1529 in drei verschiedenen Bedeutungen verwendet. Im engeren Sinn waren damit die gemeint, die an Luthers theologische Lehren glaubten – daß der Mensch durch seinen Glauben gerettet werde, nicht durch seine Taten; daß es drei und nicht sieben Sakramente gebe; daß der Laie bei der Messe sowohl den Wein als auch das Brot erhalten solle; daß Priestern die Heirat erlaubt werden solle; und daß der Leib Christi, obwohl im geweihten Brot und Wein »real« gegenwärtig, nicht durch Transsubstantiation des Brotes, sondern neben dem Brot durch Konsubstantiation präsent sei. Als »Lutheraner« bezeichnete man in England aber auch die Anhänger des Schweizer Reformators Zwingli, der im Gegensatz zu Luther die Realpräsenz von Christi Leib in Brot und Wein bestritt und glaubte, der Leib sei lediglich »geistig« oder »im übertragenen Sinne« präsent. Die Anhänger Zwinglis waren in ihren Ansichten weit von den Lutheranern entfernt und wurden von Luther für ihre ketzerische Abendmahlslehre heftig kritisiert. Nach 1530 wurden die extremen Reformer sowohl von gläubigen Katholiken wie von Lutheranern allgemein »Sakramentierer« genannt. Drittens diente das Wort »Lutheraner« als Bezeichnung jenes weitaus größten Teiles der Bevölkerung, der den Klerus und den ausländischen Papst haßte und nicht Luthers theologische Thesen las, sondern die beliebten Traktate, die William Roy und Simon Fish in Deutschland und den Niederlanden veröffentlichten und illegal nach England schmuggelten. In diesen Traktaten machten sich Roy und Fish über Priester lustig, die einer Hure für eine Stunde im Bett zwanzig Pfennig pro Tag und den Kupplern, die ihnen die Huren besorgten, einen Schilling pro Tag bezahlten, während ein Mann für schwere Feldarbeit lediglich vier Pfennig und eine Frau drei Pfennig am Tag verdiente.[15]

In diesem letzten Sinn kann man wohl auch Anne Boleyn und ihre Familie als Lutheraner bezeichnen, wie es die Anhänger des Papstes taten. Da Anne der unmittelbare Anlaß für Heinrichs Nichtanerkennung des päpstlichen Supremats war, wurde sie von Katholiken und Reformern gleichzeitig als Lutheranerin beschimpft und bejubelt. Je nach Parteizugehörigkeit glaubte man, Anne diene entweder Satan oder Gott als Werkzeug, um Heinrich zum Bruch mit Rom zu verleiten. Einiges spricht dafür, daß Anne und ihre Familie schon früh zu den Antiklerikalen gehörten. John Foxe schrieb kurz nach Erscheinen von Fishs erfolgreichem Traktat *Supplication of the Beggars* (Bittschrift der Bettler) 1528, Heinrich und Anne würden mit Freuden darin lesen. Fish hatte gefordert, der Klerus solle sein Geld den Armen geben und nicht den Mönchen, damit diese für das Seelenheil beteten. Als Campeggio Ostern 1529 an Heinrichs Hof weilte, klagte er darüber, daß unter den Höflingen offen häretische Schriften kursierten.[16]

Während Suffolk als Sympathisant der Lutheraner galt, vertrat Norfolk stets einen streng religiösen Standpunkt und mißbilligte »die neue Gelehrsamkeit«, wie er geringschätzig dazu sagte.[17] Er teilte nicht die Ansichten seiner Nichte Anne Boleyn und seines Schwagers Thomas Boleyn, den Heinrich 1530 zum Grafen von Wiltshire ernannte.

Heinrich bediente sich zu dieser Zeit einer neuen politischen Strategie, von der er in den verbleibenden Jahren seiner Regierung noch oft Gebrauch machen sollte. Die Strategie zielte darauf ab, innerhalb der Regierung ein Gleichgewicht der Kräfte zu wahren und auf einen politischen Schachzug in eine Richtung einen Gegenzug in die andere Richtung folgen zu lassen. Heinrich gab den antiklerikalen Kräften durch den Sturz Wolseys Auftrieb; zugleich wurde Wolsey am Schluß der 44 Punkte langen Petition des Oberhauses vorgeworfen, die Bischöfe an der Verfolgung von Ketzern an den Universitäten gehindert zu haben, und ausgerechnet Thomas Morus, ein erbitterter Gegner Luthers, wurde an Stelle Wolseys zum neuen Lordkanzler ernannt. Die Ernennung von Morus barg noch einen zweiten Widerspruch in sich. Zum ersten Mal seit 75 Jahren hatte ein Laie das Amt des Lordkanzlers inne, das seit 1454 immer von einem Geistlichen bekleidet worden war. Selbst die Lutheraner, die wußten, daß Morus ihnen nicht gut gesinnt war, begrüßten seine Ernennung zum Lordkanzler, weil ein Laie in diesem Amt die Autorität der Kirche schwächte.

Heinrich hat im Umgang mit Menschen immer viel Geschick bewiesen. Mit der Vereinnahmung Morus' für seine Interessen übertraf er sich selbst. Der neue Lordkanzler war intelligent genug, um zu erkennen, wozu er benutzt wurde. Heinrich kannte Morus von Kindesbeinen an. Als er 1509 nach seiner Thronbesteigung von den Intellektuellen als großer Förderer der Gelehrsamkeit und der Künste gefeiert worden war, hatte er beschlossen, sich die Dienste des brillanten englischen Humanisten zunutze zu machen. Er machte Morus zum Mitglied des Kronrats und gab seiner Hoffnung Ausdruck, Morus werde ihm nach Gott stets zuerst dienen.[18] So hatte er sich Morus verpflichten können.

Als Heinrich und Wolsey 1523 Geld für den Krieg gegen Frankreich brauchten, trug Morus als Sprecher des Unterhauses das Seinige dazu bei, daß die Mitglieder des Parlaments das Geld bewilligten. Morus' Schwiegersohn Roper versuchte hinterher den Eindruck zu erwecken, als habe Morus sich zum Sprecher der Parlamentsmitglieder gemacht und sich Wolseys Wünschen widersetzt. Viel wahrscheinlicher ist, daß Morus die Mitglieder des Parlaments gemeinsam mit Wolsey veranlaßte, sich Wolseys Wünschen zu beugen, denn auf Wolseys Vorschlag hin belohnte Heinrich Morus mit einem Geschenk von 200 Pfund und ernannte ihn zu seinem Sekretär.[19]

Heinrich hielt große Stücke auf Morus, und sie wurden gute Freunde. Der König sah Morus nicht nur bei Hof, er war auch oft in Morus' Haus in dem Dorf Chelsea zu Gast. Die beiden Männer hatten völlig verschiedene Charaktere. Morus hielt die Jagd für einen barbarischen Sport, Heinrich brachte den größten Teil des Tages damit zu. Morus nahm nur wenig Fleisch zu sich und ernährte sich vorwiegend von Eiern, Milch und Gemüse; dazu trank er

Wasser, dem er nur gelegentlich ein wenig Bier beimischte. Heinrich aß riesige Fleischportionen und trank dazu literweise Wein aus der Gascogne. Morus trug ein härenes Hemd, geißelte sich und hatte eine ausgeprägte Abscheu vor sexueller Begierde. Heinrich war allen Sinnesfreuden zugetan. In Morus' Haus waren Karten- und Würfelspiele verboten, Tennis hielt Morus für Zeitverschwendung. Heinrich spielte Tennis und brachte die halbe Nacht beim Karten- und Würfelspiel zu. Gemeinsam war beiden die Liebe zu Büchern und theologischen Streitgesprächen, und beide hatten, jeder auf seine Weise, einen Sinn für Humor.[20]

Morus wußte, wie es um Heinrichs Freundschaft zu ihm bestellt war. Während des Krieges mit Frankreich 1522 bis 1525 hatte Heinrich Morus einmal in Chelsea besucht und war mit ihm im Garten spazierengegangen. Morus' Sohn Roper hatte erfreut festgestellt, daß der König den Arm um seinen Vater gelegt hatte: Er hatte noch nie erlebt, daß Heinrich mit einem anderen außer Wolsey so vertraut umging. Doch Morus sagte später zu seinem Sohn: »Ich danke unserem Herrn, daß Seine Gnaden in der Tat ein guter Gebieter ist, und ich glaube, er schenkt mir seine Gunst wie sonst keinem Untertanen seines Reiches. Trotzdem sage ich dir, mein Sohn, ich habe keinen Grund, stolz darauf zu sein, denn wenn mein Kopf ihm ein Schloß in Frankreich einbrächte, er würde ihn abschlagen.«[21]

Im September 1527, wenige Wochen nachdem Heinrich erste Schritte zu seiner Scheidung unternommen hatte, fragte er Morus zum ersten Mal um Rat. Der König ging mit Morus im Garten von Hampton Court spazieren und erklärte ihm, seiner Ansicht nach verstoße seine Ehe mit Katharina gegen das Gebot Gottes. Dann bat er ihn um seine Meinung. Morus wollte sich noch nicht endgültig festlegen, meinte aber, die Ehe sei wohl gültig. Obwohl Heinrich veranlaßte, daß Morus mit verschiedenen Theologen und Befürwortern der Scheidung über diese Frage diskutierte, änderte Morus seine Meinung nicht. Heinrich gab ihm daraufhin zu verstehen, er werde seine Dienste nicht im Zusammenhang mit der Scheidung, sondern nur anderweitig in Anspruch nehmen. Als er Morus zwei Jahre später zum Lordkanzler ernannte, hatte diese Vereinbarung immer noch Gültigkeit.[22]

Als Lordkanzler konnte Morus Heinrich gute Dienste leisten. Er konnte die Antiklerikalen bekämpfen und dem Papst, dem Kaiser und der ganzen Welt demonstrieren, daß Heinrich ein eifriger Verteidiger des Glaubens war, solange der Papst ihn nicht zu sehr provozierte und die Scheidung ablehnte. Zwar lief die Entwicklung allmählich auf einen Bruch mit Rom zu, aber Heinrich war wie immer vorsichtig. Derselbe König, dem es 1523 geratener erschienen war, Boulogne zu belagern, statt nach Paris zu marschieren, und der in Schottland eine zurückhaltende Politik verfolgte, drohte nun zwar dem Papst mit der Kirchenspaltung, zögerte aber, den letzten Schritt zu tun. Drei

Jahre lang versuchte Heinrich nach der Überweisung des Scheidungsverfahrens nach Rom abwechselnd den Papst einzuschüchtern und ihm durch Ergebenheitsadressen zu schmeicheln. Einmal beleidigte er den päpstlichen Nuntius, ein andermal behandelte er ihn besonders zuvorkommend. Erst kokettierte er mit den Lutheranern, dann trampelte er auf ihnen herum. In England ließ er sie verfolgen, im Ausland ermutigte er sie. Er ließ dem Papst die Wahl zwischen Zuckerbrot und Peitsche. Als Peitsche dienten das englische Nationalbewußtsein und der englische Antiklerikalismus, als Zuckerbrot die Verfolgung der Lutheraner durch Morus. Wenn der Papst Heinrichs Scheidung bewilligte, sollte er das Zuckerbrot bekommen, lehnte er sie ab, die Peitsche.

Das Parlament bestätigte, wie es bei Verfahren gegen einflußreiche Würdenträger üblich war, das Urteil des Oberhofgerichts gegen Wolsey. Anschließend übermittelte das Unterhaus Heinrich eine Petition, in der die Vergehen des Klerus angeprangert wurden. Der König sollte diesen Mängeln abhelfen und die Macht der Kirche einschränken. Die Petition konnte für Heinrich noch nützlich sein, aber er stellte sie vorerst zurück. Es schien ihm vordringlicher, die Lutheraner im Auge zu behalten, die sich durch den Sturz Wolseys zu immer dreisteren Aktionen ermutigt fühlten. Im Mai 1530 schrieb Nix, der Bischof von Norwich, an Warham, in seiner Diözese seien einige Männer verhaftet worden, die häretische Bücher gelesen hätten und behaupteten, dem König gefielen diese Bücher.[23]

Am 24. Mai leitete Heinrich auf seinem Stuhl an der Ostwand des Parlamentssaales in Westminster eine Sitzung, an der Warham, Morus, Tunstall, Gardiner, Sampson, Wolman, Bell, Latimer, Dr. Layton sowie 15 weitere Geistliche und Anwälte teilnahmen. Man beschloß, eine Proklamation gegen die Anhänger Luthers und ihre Schriften zu erlassen. Jeder Beamte sollte bei Übernahme eines Amtes schwören, daß er den Bischöfen bei der Ausrottung der Ketzerei nach besten Kräften helfen werde. Die Proklamation enthielt eine Liste von Büchern, die als ketzerisch galten und daher verboten waren. Jeder, der solche Bücher ins Land brachte oder versäumte, ein Exemplar, das ihm in die Hände fiel, innerhalb von zwanzig Tagen bei den Behörden abzuliefern, sollte vor den Kronrat gebracht und bestraft werden. Zu den ketzerischen Büchern gehörten Tyndales Neues Testament, Fishs *Supplication of Beggars* und alle gegen den Klerus gerichteten Schmähschriften, die im Land und an Heinrichs Hof in Umlauf waren.

Die auf der Sitzung versammelten Räte äußerten sich Heinrich gegenüber auch zu der Frage, ob die Bibel ins Englische übersetzt werden solle. Sie erklärten, für das Seelenheil sei es nicht erforderlich, die Bibel zu lesen, weil jeder durch die sieben Sakramente gerettet werden könne. Der Gläubige habe allein der Lehre zu folgen und den Gesetzen der Kirche zu gehorchen. Es sei nicht notwendig, die Bibel ins Englische zu übertragen, und angesichts der gegenwärtigen Ausbreitung der Ketzerei sei das auch gar nicht wünschenswert. Wenn die Menschen die Bibel selbst lesen würden, würden sie über deren Sinn nachdenken, und dadurch entstünden immer neue ketzerische Lehren. Letzten Endes müsse jedoch der König entscheiden, ob die Bibel ins Englische übersetzt werden dürfe oder nicht. Vielleicht werde der König später einmal einer Übersetzung zustimmen. Mit dieser Aufgabe sollten dann allerdings nicht eigenmächtige Ketzer betraut werden, sondern vom König ausgewählte erfahrene Bischöfe und Geistliche. Solange Heinrich sich nicht zu diesem Schritt entschließe, sei es ein Vergehen, die Bibel in der Übersetzung des Lutheraners Tyndale zu lesen. Heinrich nahm die Empfehlungen seiner Räte an. Im Juni wurden einige der verbotenen lutherischen Bücher, darunter Tyndales Neues Testament, öffentlich bei Paul's Cross verbrannt. Die Reformer waren über die Verbrennung der Bibel empört und sprachen von Blasphemie.[24]

Das Scheidungsverfahren ging seit seiner Überweisung nach Rom langsamer voran denn je. Katharina hatte in Karls neuem Gesandten in London, Eustache Chapuys, einen neuen Verbündeten. Chapuys war ein junger Priester aus Savoyen und einer der fähigsten Diplomaten Karls. Über Chapuys und Karl bat Katharina den Papst in Rom, sobald wie möglich ein Urteil zu ihren Gunsten zu fällen. Außerdem ersuchte sie den Papst, Heinrich und seine Bischöfe durch eine Bulle daran zu hindern, bezüglich des Scheidungsprozesses in England weitere Schritte zu unternehmen, und Heinrich zu verbieten, weiterhin mit Anne Boleyn Ehebruch zu begehen, solange die Entscheidung in Rom noch in der Schwebe hänge. Nun lag es bei dem ungeduldigen Heinrich, den Scheidungsprozeß so lange wie möglich hinauszuzögern. Ghinucci, Sir Gregory und John di Casale sowie weitere Abgesandte, die Heinrich nach Rom geschickt hatte, baten den Papst, keine Bulle gegen Heinrich zu erlassen und den Prozeß nicht in Rom fortzuführen. Heinrich erklärte, kein englischer König sei jemals vor ein Gericht außerhalb seines Reiches zitiert worden, und sein Volk werde das niemals akzeptieren. Katharina behaupte, der Fall könne vor einem englischen Gericht nicht gerecht verhandelt werden. Aber wie könne er in Rom auf Gerechtigkeit hoffen, wo der Kaiser überragenden Einfluß habe? Heinrich bat um die Erlaubnis, einen »Verteidiger« nach Rom entsenden zu dürfen, der vor dem päpstlichen Gericht dafür eintreten sollte, daß der Fall nicht dort verhandelt wurde. Vor dem päpstlichen Gericht gab es lange Debatten, ob man den Abgesandten Heinrichs anhören solle oder nicht. Das alles nahm viel Zeit in Anspruch, und das Gericht mußte sich häufig vertagen, da während der langen Gerichtsferien in Rom keine Verhandlung stattfinden konnte.

Klemens spielte sein altes Spiel. Er erfand alle möglichen Ausreden wegen der Verzögerung und versprach allen alles. Er versprach Karls Gesandtem, eine Bulle zu erlassen, die Heinrich den Ehebruch mit Anne verbieten sollte, und ein Urteil zugunsten Katharinas zu fällen. Heinrichs Agenten versprach er, ebendies nicht zu tun. Schließlich erließ er die Bulle, weigerte sich aber, sie zu veröffentlichen. Er erklärte Heinrichs Agenten Carne, er könne Heinrich einen Dispens für die Heirat mit Anne geben, ohne daß Heinrich sich deshalb von Katharina scheiden lassen müsse; die Bigamie sei gegenüber der Scheidung das geringere Übel.[25]

Heinrich hatte unterdessen Cranmers Rat befolgt, die Universitäten zu konsultieren. Gardiner und Fox machten sich im Februar 1530 in Cambridge an die Arbeit. Sie mußten feststellen, daß Heinrichs Wünsche dort auf großen Widerstand stießen. Erst als sie eine Anzahl von Doktoren ausgewählt hatten, von denen sie wußten, daß sie auf Heinrichs Seite standen, und diese um eine Stellungnahme im Namen der Universität ersuchten, bekamen sie die Antwort, die Heinrich haben wollte. Einer der ausgewählten Doktoren war Hugh Latimer. Er hatte an Diskussionen im White Horse Inn teilgenommen und war ein enger Freund Bilneys. Außerdem galt er als Lutheraner. Die Vertreter der Universität erklärten, die Heirat eines Mannes mit der Witwe seines Bruders verstoße gegen göttliches Gebot, und auch ein päpstlicher Dispens könne eine solche Ehe nicht für gültig erklären. Als Longland, Fox und Bell im April nach Oxford kamen, stießen sie dort auf noch stärkeren Widerstand. Auch hier bekamen sie von der Universitätsleitung schließlich mit 27 zu 22 Stimmen die Antwort, daß Heinrichs Ehe gegen Gottes Gebot verstoße.[26]

Danach wandte Heinrich sich an die Universitäten im Ausland. Er sicherte sich dabei die Unterstützung Franz' I., indem er ihm zusicherte, ihn gegen den Kaiser zu unterstützen. Franz versprach sich einen Vorteil davon, wenn er Heinrich half, die Scheidung von Katharina durchzusetzen, denn eine Scheidung würde Heinrichs Beziehungen zu Karl V. auf Dauer belasten. Er unterstützte Heinrich nicht nur in Rom, wo sein Gesandter Heinrichs Argument bekräftigte, man könne von einem König nicht verlangen, außerhalb seines Reiches vor einem Gericht zu erscheinen; er übte auch starken Druck auf die französischen Universitäten aus, damit sie Heinrichs Ehe für ungesetzlich erklärten. An der theologischen Fakultät der Pariser Sorbonne war man hinsichtlich dieser Frage geteilter Meinung. Der führende katholische Theologe Budé stellte sich auf Katharinas Seite. Nachdem Franz jedoch gedroht hatte, Budé verhaften zu lassen, wenn er weiterhin Katharina unterstützte, kamen auch die Theologen der Sorbonne zu dem Schluß, daß Heinrichs Ehe gegen das Gebot Gottes verstoße. Karls Gesandter in Rom erklärte, die Entscheidung der Sorbonne sei nicht mit der nach dem Universitätsstatut erforderlichen Zweidrittelmehrheit der Doktoren getroffen worden.

Heinrich und Franz ignorierten das Statut und erklärten, die Universität von Paris habe sich auf die Seite Heinrichs gestellt. Die Universitäten von Orléans, Angers, Bourges und Toulouse waren leichter zu einer Stellungnahme zugunsten Heinrichs zu überreden.[27]

Karl V. seinerseits sorgte dafür, daß die Universitäten Alcalá und Salamanca Heinrichs Ehe für gültig erklärten. Karls Gesandter in Rom überredete den Papst, den Universitäten durch eine Bulle die Erörterung der Scheidungsfrage zu verbieten, solange das Verfahren beim päpstlichen Gericht in Rom anhängig war. Heinrich schickte Cranmer als Verstärkung seiner englischen und italienischen Agenten nach Rom. Gemeinsam überredeten die Abgesandten des Königs den Papst, das Verbot aufzuheben und den italienischen Universitäten die Erörterung der Frage zu gestatten. Die italienischen Universitäten waren politischem Druck weniger ausgesetzt als die englischen, französischen und spanischen, sie konnten deshalb bestochen werden. Cranmer und seine Kollegen bestachen die Universitäten von Padua, Ferrara, Pavia und Bologna, damit sie zu Heinrichs Gunsten urteilten.[28]

Im Juli 1530 bat das Oberhaus den Papst in einer Petition, Heinrich die Scheidung zu gewähren. Sämtliche Peers und Bischöfe, darunter Wolsey als Erzbischof von York, hatten die Petition unterschrieben, nur Lordkanzler Morus nicht. Die Bittsteller wiesen den Papst darauf hin, daß großes Unglück über England hereinbrechen werde, wenn er sich ihrer Bitte verschließe. Um dieses Unglück zu verhindern, könnten sie sich gezwungen sehen, unabhängig vom Papst eigene Schritte zu unternehmen. Klemens war über diese unverhohlene Drohung entsetzt und erklärte, Heinrich, der doch ein so frommer König sei, habe die Petition sicher nicht gebilligt.[29]

Heinrich selbst verhielt sich dem Papst gegenüber unberechenbar. Als Karl V. im Februar 1530 in Bologna vom Papst zum Kaiser des Heiligen Römischen Reiches gekrönt werden sollte, schickte Heinrich als Provokation den Grafen von Wiltshire, Anne Boleyns Vater, nach Bologna. Wiltshire sollte Heinrich bei der Zeremonie vertreten und war beauftragt, Karl mitzuteilen, daß Heinrichs Ehe mit Katharina gegen göttliches Gebot verstoße. Wenn man dem glauben darf, was John Foxe 30 Jahre später schrieb, weigerte sich Wiltshire, dem Papst die Füße zu küssen, obwohl selbst Könige und Kaiser dem Papst diese Höflichkeit erwiesen. Im April wiederum schrieb Heinrich Klemens einen versöhnlichen Brief. Er versprach dem Papst, der den Scheidungsprozeß vor dem Gericht in Rom bis September vertagt hatte, seinerseits bis dahin nichts zu unternehmen, um die Scheidung voranzutreiben. Als der September vorbei war, schrieb er Klemens einen erbitterten Brief, in dem er ihn dafür kritisierte, daß er ihn, einen König, vor ein ausländisches Gericht laden wolle.[30]

Noch immer war die Frage offen, wie man mit Wolsey verfahren sollte. Wolsey reiste im September 1530 von Southwell zu seinem Palast in Cawood, elf Kilometer südlich von York. Dort wartete er, während die Vorbereitungen für seine Inthronisation getroffen wurden, die am 7. November in einer feierlichen Zeremonie im Münster von York stattfinden sollte. Heinrich hatte wegen Wolsey heftige Gewissensbisse, doch die Höflinge, die den Kardinal gestürzt hatten – Norfolk, Suffolk, Wiltshire und Anne Boleyn –, wußten, daß sie keine Gnade erwarten konnten, wenn er jemals wieder an die Macht kam. Wolseys Charakter hatte sich angeblich gebessert; zum ersten Mal in seinem Leben soll er seinen seelsorgerischen Pflichten in den Dörfern von Nottinghamshire und im Süden von Yorkshire nachgekommen sein. Allerdings wurde auch berichtet, er wolle seinen Palast in Southwell vergrößern. War das nicht ein Beweis dafür, daß er so ehrgeizig war wie eh und je?[31]

Wolsey war wie immer optimistisch und risikobereit. Er beauftragte seinen italienischen Arzt Dr. Agostini, mit den Gesandten von Karl und Franz Kontakt aufzunehmen. Wolsey und Agostini stellten drei Männer ein, um Norfolk nachzuspionieren und auszuforschen, was am Hof vor sich ging. Unglücklicherweise waren die Männer von Norfolk bezahlte Lockspitzel. Auch Agostini selbst scheint Wolsey an Norfolk verraten zu haben. Heinrich wurde informiert, daß Wolsey gemeinsam mit dem französischen König und dem Papst ein Komplott gegen ihn schmiede. Wolsey habe Franz versprochen, in seinem Interesse zu handeln, wenn er erst wieder an der Macht sei. Den Papst habe er gebeten, ein Urteil zugunsten Katharinas zu fällen; so wolle er Heinrich zwingen, sich Anne Boleyns zu entledigen und ihn an den Hof zurückzuholen, weil er als einziger in der Lage sei, Heinrichs Schwierigkeiten mit dem Papst aus dem Weg zu räumen.[32] Vielleicht hatten Norfolk und die Boleyns diese Geschichten erfunden, aber Heinrich kannte Wolsey gut genug, um zu wissen, daß sie ebensogut wahr sein konnten. Jedenfalls war es riskant, einem verbitterten Mann Leben und Freiheit zu lassen.

Am 4. November, drei Tage vor Wolseys Inthronisation in York, kam der Graf von Northumberland nach Cawood und verhaftete Wolsey wegen Hochverrats. Zunächst widersetzte Wolsey sich der Verhaftung ohne ausdrücklichen Befehl des Königs. Doch Master Walsh, ein Edelmann aus der engen Umgebung des Königs, war zusammen mit Northumberland nach Cawood gekommen. Als Wolsey ihn sah, ergab er sich; ein Kammerherr des Königs hatte das Recht, Personen auch ohne Haftbefehl festzunehmen. Heinrich hatte Northumberland aufgetragen, Wolsey mit Höflichkeit und Achtung zu behandeln. Wolsey sollte in den Tower von London gebracht werden, durfte jedoch so langsam reisen, wie er wollte, und unterwegs überall so lange Rast machen, wie es ihm beliebte. Er war schwer krank. Für die Reise von Cawood nach Leicester benötigte er 22 Tage. In Sheffield Park übergab Northumberland ihn Sir William Kingston, dem Kommandanten des Tower, der Wolsey genauso zuvorkommend behandelte wie Northumberland. Kingston erklärte Wolsey, Heinrich achte ihn immer noch sehr und habe ihn nur verhaften lassen, damit er sich bei dem Prozeß entlasten könne. »Master Kingston«, entgegnete Wolsey, »Ihr wollt mit Euren tröstlichen Worten nur bewirken, daß ich mich Illusionen hingebe. Ich weiß, was mich erwartet.«

Wolsey starb am 29. November in der Abtei von Leicester. Am Tag vor seinem Tod sprach er mit Kingston über Heinrich. Sein Zeremonienmeister Cavendish war bei dem Gespräch dabei; 27 Jahre später hat er in seiner Biographie Wolseys dessen Worte zitiert. »Hätte ich Gott so fleißig gedient, wie ich dem König gedient habe«, sagte Wolsey, »so hätte er mich nicht jetzt als grauhaarigen alten Mann fallen lassen.« Heinrich sei »ein Herrscher königlichen Muts, und er hat einen festen Willen. Er würde sein halbes Königreich wagen, um das durchzusetzen, wozu er entschlossen ist. Ich versichere Euch, ich habe oft ein oder zwei Stunden in seiner Kammer vor ihm auf den Knien gelegen, um ihn von seinem Willen und seinem Vorhaben abzubringen, aber es ist mir nie gelungen.«

Für den Fall, daß Kingston jemals Mitglied des Kronrats werden sollte, riet Wolsey ihm, sich »gut zu überlegen, was Ihr ihm in den Kopf setzt, denn Ihr werdet es nie wieder aus seinem Kopf herausbringen«.

Dann sagte Kingston, er habe erfahren, daß Wolsey irgendwo Geld versteckt habe; wo das Geld sei? Wolsey erwiderte, das Geld gehöre nicht ihm selbst, er werde ihm aber am nächsten Tag sagen, wo er es versteckt habe. Wolsey starb um acht Uhr am nächsten Morgen, ehe er Kingston das Versteck des Geldes verraten konnte.[33]

Kingston und Cavendish nahmen an Wolseys Beerdigung in Leicester teil und ritten dann nach Hampton Court, wo Heinrich sich aufhielt. Am 5. Dezember kamen sie dort an. Kingston mahnte Cavendish zur Vorsicht: Man werde sie sicher fragen, ob Wolsey vor seinem Tod noch etwas gesagt habe, und es wäre für sie beide gefährlich, wenn sie das ausplauderten, was Wolsey über Heinrich gesagt habe.

Am nächsten Tag teilte man Cavendish mit, der König wünsche ihn zu sprechen. Cavendish ging in den Park, wo Heinrich mit Pfeil und Bogen übte. Da Heinrich mit seinem Sport beschäftigt war, wagte Cavendish nicht, ihn anzusprechen. Er lehnte sich an einen Baum und wartete. Während er so in Gedanken versunken dastand, näherte sich Heinrich von hinten und legte eine Hand auf Cavendishs Schulter. Cavendish fuhr herum und fiel auf die Knie. Der König sprach ihn mit Namen an und sagte: »Ich werde mein Spiel beenden und dann mit Euch sprechen.«

Heinrich verschoß die letzten Pfeile und gab den Bogen einem Diener, der die Bogen des Königs aufbewahrte. Dann machte er sich auf den Rückweg zum Palast, ohne ein Wort an Cavendish zu richten, der ihm in angemessenem Abstand folgte. Auf dem Weg sprach er mit Sir John Gage.

Schließlich erreichte er den Hintereingang des Palastes und verschwand. Die Tür wurde hinter ihm geschlossen. Cavendish ging weiter. Er war erst wenige Schritte gegangen, als die Hintertür erneut geöffnet wurde und Sir Henry Norris Cavendish zurief, er solle mit ihm kommen. Sie gingen hinein. Heinrich stand hinter der Tür. Er trug einen Morgenrock aus rostbraunem Samt, der mit Zobel besetzt war.

Cavendish kniete vor Heinrich nieder und sprach über eine Stunde mit ihm. Heinrich fragte, ob er etwas von den 1 500 Pfund wisse, die Wolsey angeblich besessen hatte. Cavendish erwiderte, er glaube sagen zu können, wo das Geld sei. »Könnt Ihr das?« fragte Heinrich. »Dann bitte ich Euch, sagt es mir, und Ihr werdet uns viel Freude damit bereiten. Es soll auch Euer Schaden nicht sein.« Daraufhin erzählte Cavendish Heinrich, Wolsey habe das Geld einem Priester gegeben, und er nannte dessen Namen. »Wohlan«, sagte Heinrich, »laßt mich jetzt allein und bewahrt darüber Stillschweigen. Erzählt es keinem weiter, denn höre ich mehr darüber, weiß ich, wer es weitergegeben hat. Drei können ein Geheimnis bewahren, wenn zwei davon fort sind. Wenn meine Mütze ein Geheimnis von mir wüßte, ich würde sie ins Feuer werfen und verbrennen.«

Heinrich bot Cavendish an, ihn in seine Dienste zu nehmen und ihm denselben Posten als Zeremonienmeister zu geben, den er in Wolseys Haushalt innegehabt hatte; Norfolk werde ihm ein ganzes Jahresgehalt im voraus bezahlen. »Euer Jahresgehalt beträgt zehn Pfund, stimmt das?« Cavendish nickte und fügte hinzu, daß er das Gehalt für das letzte Dreivierteljahr noch nicht bekommen habe. »Das ist richtig«, meinte Heinrich, »wir sind davon unterrichtet.« Das war bezeichnend für Heinrich: Zwar verbrachte er viel Zeit beim Sport im Park, aber er wußte, daß Wolsey 1 500 Pfund besaß, die noch nicht aufgetaucht waren, und ihm war bekannt, wieviel Lohn Cavendish bekam und wie weit man mit den Zahlungen im Rückstand war. Heinrich hatte es bewußt so eingerichtet, daß er allein mit Cavendish sprechen konnte und nur Norris davon wußte. Und er hatte Cavendish auf wirksame Weise davor gewarnt, etwas auszuplaudern.

Cavendish wurde vor den Kronrat zitiert, der unter dem Vorsitz Norfolks in Hampton Court zusammengetreten war. Norfolk fragte Cavendish, ob Wolsey vor seinem Tod noch etwas gesagt habe. Zuvor hatte der Rat bereits Kingston befragt, der erklärt hatte, Wolsey habe nichts gesagt. Cavendish antwortete, Wolsey habe vor seinem Tod »viele nichtssagende Worte von sich gegeben«, wie es Menschen tun, wenn sie sterben müssen, aber er könne sich nicht mehr an sie erinnern.[34]

Norfolk und die anderen Räte konnten bei ihrem Verhör im Ratssaal nichts aus Cavendish herausbekommen. Heinrich dagegen hatte, als er mit dem Bogenschießen fertig war, alles erfahren, was er wissen wollte.

14

Monate des Schwankens

Fünfzehn Monate waren vergangen, seit der Scheidungsprozeß nach Rom überwiesen worden war, und noch immer war kein Urteil gesprochen. Katharina war bitter enttäuscht und fühlte sich vom Papst hintergangen. Chapuys drängte Karl und den päpstlichen Nuntius in London, den Papst zum Handeln zu überreden; er war überzeugt, daß man energisch gegen Heinrich vorgehen müsse. »Sanftmut macht solche Leute hart«, schrieb er am 4. Dezember 1530 an Karl, »und Härte macht sie sanft. Solange der Papst sie noch wohlwollend behandelte, drohten und trotzten sie ihm so unverschämt wie nur irgend möglich. Doch jetzt, da Seine Heiligkeit die Zügel angezogen hat, sind sie die Demut und Sanftheit selbst.«[1]

Aber Heinrich holte erneut zum Schlag gegen den Papst aus. Außerdem wollte er den Antiklerikalen einen Führer geben. Im Januar 1531 erklärten Heinrichs Justizbeamte, die gesamte Geistlichkeit habe sich des Praemunire schuldig gemacht: Sie habe Wolsey als Legat gehorcht und ihm dadurch geholfen, sich die Macht des Königs in dessen Reich anzueignen; jeder Bischof, Dekan und Priester in England müsse deshalb eigentlich lebenslänglich eingesperrt werden und habe sein Hab und Gut verwirkt. Heinrich erklärte, er werde dem Klerus den Verstoß gegen das Praemunire-Statut vergeben, wenn der Klerus ihm in der Konvokation ein hohes Sühnegeld bewillige und ihn in seinem Reich als Oberhaupt der Kirche anerkenne. Die Geistlichen sollten also ein Bußgeld an den König zahlen, weil sie dem allmächtigen Minister gehorcht hatten, den der König selbst zu ihrem Vorgesetzten bestimmt und dessen Autorität er durch seine königliche Macht bekräftigt hatte. Diese Forderung war ganz offenkundig ungerecht. Heinrich konnte sie nur aufstellen, weil große Teile des hohen und niederen Adels, der Kaufleute und der Bevölkerung den Klerus dermaßen haßten, daß sie frohlockten, ihn als Opfer eines Komplotts zu sehen.

Der päpstliche Nuntius protestierte bei Heinrich und forderte die Konvokation auf, die Zahlung des Bußgelds zu verweigern. Doch am 24. Januar erklärte sich die Konvokation von Canterbury bereit, Heinrich 100 000 Pfund zu zahlen (heute wären das 25 Millionen Pfund). Die Geistlichkeit erkannte den König als Oberhaupt der Kirche Englands an, nachdem die Vorbehaltsklausel »soweit das Gesetz Gottes es zuläßt« hinzugefügt worden war.[2] Heinrich war mit dem Zusatz einverstanden. Fürs erste konnte er mit seinem Erfolg zufrieden sein.

Mehrere Kirchenmänner protestierten dagegen, daß Heinrich sich den Titel eines Oberhauptes der Kirche anmaßte. Sie erklärten, kein weltlicher Herrscher könne Oberhaupt der Kirche sein. Heinrichs einflußreichster Gegner war Tunstall, der Bischof von Durham. Heinrich antwortete auf Tunstalls Protest mit einem freundlichen Brief: Tunstall habe ihm so demütig geschrieben, daß er sich durch ihn nicht beleidigt fühle. Er wies jedoch Tunstalls Argument zurück und erklärte, jeder Herrscher sei in seinem Reich das Haupt der Kirche.[3]

Am 5. Januar schickte der Papst, vielleicht beeinflußt von Chapuys' Rat an den päpstlichen Nuntius, Heinrich ein Breve: Hiermit ergehe auf Bitten der Königin Katharina eine Anordnung an ihn, welche an den Toren von Brügge, Tournai und anderen Städten der Niederlande angebracht werden solle. Dies reiche vor dem Gesetz aus, wenn Heinrich sich weigere, dem päpstlichen Breve zu gehorchen. Klemens verbot Heinrich eine erneute Heirat und erklärte für den Fall, daß der König dennoch wieder heirate, alle Kinder dieser Verbindung zu Bastarden. Außerdem verbot er allen Gerichten, in der Scheidungssache ein Urteil zu sprechen, solange der Fall bei seinem Gericht in Rom noch in der Schwebe hing.[4]

Heinrichs Agenten in Rom hatten den König bereits vor dem päpstlichen Breve gewarnt. Als der päpstliche Nuntius Heinrich das Schreiben am 6. Februar überreichte, warf dieser nur einen kurzen Blick darauf und sagte, sein Rat werde sich damit befassen. Dann erklärte er dem päpstlichen Nuntius, ihm sei bekannt, daß der Papst die englischen Bischöfe aufgefordert habe, die Strafe für das Praemunire nicht zu bezahlen und ihn nicht als Oberhaupt der Kirche anzuerkennen. Zugleich behandelte er den Nuntius so zuvorkommend wie noch nie und veranstaltete ihm zu Ehren ein prunkvolles Bankett.[5]

Heinrich hatte soeben einen weiteren jener fähigen Beamten in seine Dienste genommen, der seine Karriere unter Wolsey begonnen hatte. Thomas Cromwell war niederer Herkunft, der Sohn eines Schafscherers aus Putney. Im Jahr 1530 war er etwa fünfundvierzig. Anders als die anderen Beamten, die Heinrich von Wolsey übernommen hatte, war er kein Priester oder Doktor der Universität. Er hatte Wolsey nicht als Diplomat gedient, sondern als Geschäftsmann und Anwalt. In seiner Jugend hatte er einige Zeit in Italien verbracht und dort und in den Niederlanden Erfahrungen im Bankgeschäft und im Rechtswesen gesammelt. Er saß als Abgeordneter der Stadt Taunton im Unterhaus und hatte gelernt, mit seinen Kollegen im Parlament umzugehen. Wolsey hatte Cromwell eingestellt, als er an die Auflösung von 22 Klöstern ging, deren Vermögen seinen Colleges in Oxford und Ipswich zufließen sollten. Nach seinem Sturz hatte Wolsey Cromwell beauftragt, in seinem Namen mit König und Hof zu verhandeln und das Beste aus der Niederlage zu machen. Heinrich schätzte Cromwells Fähigkeiten hoch ein und nahm ihn in seine Dienste. Obwohl er viele fähige Diplomaten hatte, fehlte ihm ein Organisator mit politischem Weitblick vom Format Cromwells. Cromwell konnte Heinrich als Agent nützlich sein und vielleicht eines Tages als Sündenbock geopfert werden.

Cromwell dürfte sich als Angestellter des verhaßten Kardinals kaum für die »neue Gelehrsamkeit« und die Lehren Luthers interessiert haben. Wir wissen, daß er noch im Juli 1529 ein Testament aufsetzte, in dem er die Jungfrau Maria und alle Heiligen um Fürsprache bei Gott für seine Seele anflehte und Geld dafür bereitstellte, Messen für seine Seele lesen zu lassen.[6] Allerdings war er wohl genauso antiklerikal eingestellt wie die meisten Engländer seiner Generation. Als er Heinrichs wichtigster Minister geworden war und beim Angriff gegen die Kirche und die Anhänger des Papstes eine führende Rolle spielte, machten ihn die Katholiken für die papstfeindliche Politik verantwortlich. Kardinal Pole schrieb 1539, Heinrich habe nach dem Sturz Wolseys schon seine Scheidungspläne aufgeben und sich der Autorität des Papstes unterwerfen wollen, als plötzlich Cromwell auf der Bildfläche aufgetaucht sei. Cromwell sei ein Bote des Teufels, der für Machiavellis Buch *Der Fürst* schwärme. Pole zufolge soll Cromwell Heinrich vorgeschlagen haben, sich zum Oberhaupt der Kirche zu machen, um die Scheidung von Katharina auch ohne Zustimmung des Papstes durchsetzen zu können.[7]

Poles Darstellung weist jedoch einige Ungenauigkeiten auf. So ist es absurd anzunehmen, Heinrich habe den Titel »Oberhaupt der Kirche« auf Anraten eines Mannes beansprucht, der erst wenige Monate zuvor in einer untergeordneten Stellung in seine Dienste getreten war.

In der Zeit, als Heinrich seine Autorität über die Kiche geltend machte, waren Ketzer schlimmeren Verfolgungen ausgesetzt als je zuvor. Warham und Fisher verurteilten Thomas Hitton wegen Ketzerei. Hitton war aus den Niederlanden nach England gekommen, um dafür zu sorgen, daß Tyndales Neues Testament heimlich ins Land geschmuggelt wurde. Er wurde im Februar 1530 in Maidstone verbrannt – es war die erste Ketzerverbrennung in England nach neunjähriger Pause. Im Frühjahr 1531 wurden drei weitere Ketzer verhaftet und von Morus in dessen Haus in Chelsea verhört. Die Ketzer beschuldigten Morus, sie geschlagen und gefoltert zu haben.[8]

Morus war die treibende Kraft hinter der Ketzerverfolgung. Die anderen daran beteiligten Männer – die Bischöfe, die die Ketzer verurteilten, die Sheriffs und Friedensrichter, die sie verbrannten, und die Händler, die die Reisigbündel für die Scheiterhaufen lieferten – handelten meist aus Gehorsam oder Gewohnheit, aus dem Wunsch heraus, ihre Tüchtigkeit unter Beweis zu stellen und gesellschaftlich aufzusteigen, oder einfach, weil es ihre Arbeit war. Morus jedoch wurde von einem leidenschaftlichen Haß auf Ketzer getrieben, dessen Ursache vielleicht Schuldgefühle waren. Viele Leute glaubten, Morus und sein Freund Erasmus seien für die gegenwärtigen Unruhen verantwortlich, weil sie als erste die Laster der Kirche angeprangert hatten. Schämte sich Morus, wenn er die Menschen sagen hörte, Erasmus habe die Eier gelegt, die Luther ausgebrütet habe? Was auch immer der Grund gewesen sein mag: Morus griff die Lutheraner scharf an. Er beschuldigte sie, in Kirchen herumzuhuren, er nannte Hitton höhnisch »des Teufels stinkenden Märtyrer«, er brandmarkte die weiblichen Anhänger Luthers als Huren, er verurteilte die Bischöfe, weil sie mit Ketzern zu nachsichtig umgingen, und er erklärte, Ketzer müßten »einen schlimmen, qualvollen Tod« sterben, wenn sie dem Gebot ihres Gewissens folgten und nicht den Anordnungen der Kirche.[9]

All das war ganz im Sinne Heinrichs. Morus schaffte aufrührerische Ketzer beiseite, die in England subversiv tätig gewesen waren. Ihr Tod auf dem Scheiterhaufen würde den Papst vielleicht davon überzeugen, daß ein König, der ein so eifriger Verteidiger des Glaubens war, es verdiente, daß man ihm die angestrebte Scheidung bewilligte. Allerdings trat ausgerechnet Morus, der durch seine Verfolgungen den Haß der Reformer auf sich zog, gegen Heinrichs Scheidung auf.

Zur selben Zeit, als Heinrich Morus gestattete, in England Ketzer zu verbrennen, suchte er Kontakt zu den Lutheranern in Deutschland. Obwohl er die lutherischen Führer warnte, sich vor radikalen Unruhestiftern in acht zu nehmen – vor Männern, die Glaubenskriege anstifteten und sich selbst auf eine Stufe mit den Königen stellten –, ermutigte er sie gleichzeitig, dem Kaiser in Deutschland Schwierigkeiten zu machen. Im Mai 1530 berief Karl V. in Augsburg einen Reichstag ein. Er hoffte, zwischen den deutschen Katholiken und Lutheranern eine Einigung herbeiführen zu können. Heinrich schickte Agenten nach Augsburg, um den deutschen Lutheranern Geld anzubieten, wenn sie einen Kompromiß ablehnten und sich Karl widersetzten; wenn ihr Widerstand gegen Karl erlahme, seien sie endgültig verloren. Außerdem bat er Franz um Unterstützung.[10]

Heinrich nahm sogar Kontakt mit Tyndale auf, der 1528 in Marburg das Buch *The Obedience of a Christian Man* (Der Gehorsam eines Christenmenschen) veröffentlicht hatte. Tyndale stellte in seinem Buch in extremer Weise die Lehre vom Gehorsam gegenüber »dem Fürsten« in den Vordergrund, dem

Herrscher eines unabhängigen, souveränen Staates. Gott »hat in allen Ländern Könige, Regenten und Herrscher an seine Stelle gesetzt, um die Welt durch sie zu regieren«, schrieb Tyndale. »Wer immer sich ihnen widersetzt, widersetzt sich Gott, da sie an Gottes Stelle stehen; und wer sich widersetzt, soll verdammt sein... Auch darf sich der Untertan nicht an seinem Herrn rächen oder sich ihm gewaltsam widersetzen, ganz gleich welches Unrecht ihm widerfahren ist.« Sich einem königlichen Beamten zu widersetzen sei ebenso schlimm, wie wenn man sich dem König selbst widersetze. Auch wenn der König »der größte Tyrann auf Erden ist, ist er für Euch doch eine große Wohltat Gottes, für die Ihr Gott von Herzen dankbar sein sollt«. Der König »mag nach Belieben Recht und Unrecht tun und soll nur Gott allein Rechenschaft ablegen«.[11]

Zweihundert Jahre später schrieb Strype, Heinrich habe nach der Lektüre von Tyndales Buch ausgerufen: »Dieses Buch ist für mich und alle Könige geschrieben.« Morus hingegen behauptete in den langen Büchern, die er als Antwort auf Tyndale schrieb, Tyndale gebe zwar vor, die königliche Autorität zu verteidigen, er sei in Wahrheit aber ein Aufrührer. Tyndale hatte erklärt, daß der Untertan in einem Fall dem Fürsten den Gehorsam verweigern müsse: wenn der Fürst von ihm verlange, gegen das Gebot Gottes zu verstoßen; selbst dann dürfe er dem Fürsten freilich keinen aktiven Widerstand entgegensetzen, sondern müsse den Märtyrertod erleiden. Morus hielt Tyndales Ansicht, der Einzelne müsse das Gebot des Gewissens über die Befehle des Königs stellen, für staatsgefährdend. Als Beispiel nannte er Robert Barnes, der sich, nachdem er sein Reisigbündel getragen und aus dem Gefängnis entlassen worden war, den Lutheranern in Deutschland angeschlossen hatte. Barnes hatte geschrieben, wenn ein König seinem Untertan befehle, die Bibel zu verbrennen, so dürfe der Untertan diesem Befehl nicht gehorchen und müsse als Märtyrer sterben. Heinrich aber, so argumentierte Morus, habe seinen Untertanen befohlen, Tyndales englische Übersetzung der Bibel zu verbrennen; die Lutheraner forderten Heinrichs Untertanen also auf, dem König den Gehorsam zu verweigern.[12]

Tyndale vertrat wie Luther und die meisten lutherischen Gelehrten in Deutschland im Hinblick auf Heinrichs Ehescheidung strenge Grundsätze. Die Lutheraner stellten sich auf Katharinas Seite, ohne an ihren persönlichen Vorteil oder den politischen Nutzen zu denken, und verschenkten so die Gelegenheit, sich mit Heinrich auszusöhnen.[13]

Heinrich war beeindruckt von Morus' Argument, der Zweifel an der Autorität der Kirche könne zum Zweifel an der Autorität des Königs führen. Er beauftragte Stephen Vaughan, einen englischen Agenten in Antwerpen, sich mit Tyndale in Verbindung zu setzen und ihn zu bitten, nach England zurückzukehren und in den Dienst des Königs zu treten. Vaughan schrieb an

Tyndale in Deutschland und leitete den Antwortbrief Tyndales an Heinrich weiter. Tyndale bekundete darin seine Ergebenheit gegenüber dem König, äußerte aber gleichzeitig die Befürchtung, er könne im Fall seiner Rückkehr verhaftet, als Ketzer verurteilt und von Morus und den Bischöfen verbrannt werden. Daraufhin schrieb Vaughan Tyndale, Heinrich sei bereit, ihm freies Geleit zuzusichern, wenn er zurückkehre.

Im April 1531 erhielt Vaughan von einem Freund die Mitteilung, ein Unbekannter wünsche ihn an einem Ort außerhalb Antwerpens zu sprechen. An besagtem Ort traf er einen Mann, der sich als Tyndale vorstellte. Tyndale erklärte Vaughan, er bedaure, Heinrich beleidigt zu haben. Er habe eine *Answer unto Thomas More* (Antwort auf Thomas Morus) verfaßt, verspreche jedoch, sie erst zu veröffentlichen, wenn Heinrich sie gelesen habe. Die beiden Männer unterhielten sich bis zum Einbruch der Dunkelheit. Anschließend kehrte Vaughan nach Antwerpen zurück, während Tyndale die entgegengesetzte Richtung einschlug. Vaughan vermutete, daß Tyndale sich auf einem Umweg ebenfalls in die Stadt begeben wollte und nur deshalb in die entgegengesetzte Richtung gegangen war, um ihn nicht merken zu lassen, daß er sich heimlich in Antwerpen aufhielt.[14]

Tyndale schickte Vaughan ein Exemplar des Buches für Heinrich. Vaughan zögerte, es Heinrich zu schicken. Schließlich schickte er es Cromwell, der es dem König gab. Heinrich las es und kam zu dem Schluß, daß er Tyndale nicht gebrauchen konnte. Cromwell schrieb an Vaughan, Heinrich habe seinen Eifer bei der Kontaktaufnahme mit Tyndale gelobt und sei ihm dankbar, daß er ihm das Buch geschickt habe. Dem König habe jedoch »das besagte Buch nicht gefallen, das voll aufwieglerischer, verleumderischer Lügen und überspannter Ansichten sei«. Heinrich habe den Eindruck gewonnen, daß Vaughan Tyndale bewundere. Tyndales Buch beweise jedoch, daß es ihm an »Anstand, Tugend, Gelehrsamkeit, Diskretion und allen anderen guten Eigenschaften« fehle und daß er nur darauf aus sei, »zu verführen, zu täuschen und unter den Menschen dieses Reiches Unruhe zu stiften«.* Der König habe daher beschlossen, Tyndale nicht nach England zu holen, denn wenn er käme, würde er versuchen, »das ganze Reich zu vergiften und aufzuwiegeln und dem Gemeinwohl Schaden zuzufügen«.

Cromwell fürchtete offenbar, daß nicht nur Vaughan, sondern auch er selbst in Schwierigkeiten kommen könnte, wenn Heinrich seine und Cromwells Freunde für Sympathisanten der Ketzer hielt. Er bat Vaughan, vorsichtig zu sein, wenn er Heinrich schreibe. »Erweist Euch als sein treuer, liebender und gehorsamer Untertan und zeigt in keinem Fall Wohlwollen, Liebe oder Zuneigung für besagten Tyndale oder seine Werke, sondern verurteilt ihn

* Diese Worte wurden später aus dem Entwurf von Cromwells Brief gestrichen.

entschieden und laßt Eure Abscheu erkennen.« Andernfalls werde Vaughan »Gottes Zorn und das Mißfallen seines Herrschers erregen«, und seine Freunde würden es bereuen, ihn Heinrichs Gunst empfohlen zu haben.[15]

Zu Tyndales treuesten Anhängern zählte ein junger Mann namens John Frith, der Sohn eines Gastwirts aus Sevenoaks. Frith war Bakkalaureus der Theologie in Cambridge und war vor der Verfolgung in England nach Deutschland geflohen. Jeder, der ihn kannte, bewunderte seine Gelehrsamkeit, seinen reinen Lebenswandel und seine Aufrichtigkeit. Obwohl Heinrich mit Tyndale nichts zu tun haben wollte, trug er Vaughan auf, Frith Straferlaß anzubieten, wenn er seinen ketzerischen Lehren abschwor und nach England zurückkehrte. Frith lehnte Heinrichs Angebot ab, kam aber kurz darauf illegal nach England, um dort Tyndales Übersetzung des Neuen Testamentes zu verteilen. Sir Thomas Morus versuchte mit allen Mitteln, ihn zu fassen. Frith konnte sich der Verhaftung mehrere Monate lang immer wieder entziehen, wurde aber schließlich in Milton Shore in Essex geschnappt, als er sich gerade nach den Niederlanden einschiffen wollte. Er wurde in den Tower geworfen.[16]

Im Juli ersuchte Heinrich Karl V., Tyndale nach England auszuliefern, damit ihm dort wegen Ketzerei und Aufwiegelung der Prozeß gemacht werden könne. Karl antwortete, nach dem Auslieferungsabkommen mit England aus dem Jahr 1506 sei Ketzerei kein Vergehen, das die Auslieferung nach sich ziehe. Wenn Heinrich Beweise habe, daß Tyndale ein Ketzer sei, solle er sie an die niederländischen Behörden schicken, die sich dann mit dem Fall befassen würden. Karl schrieb weiter, Heinrich verlange die Auslieferung Tyndales wahrscheinlich nur deshalb, weil Tyndale sich gegen die Scheidung ausgesprochen habe, und aus diesem Grund werde er die Auslieferung verweigern.[17]

Heinrich hatte gegen Tyndale und für Morus Partei ergriffen, doch Morus mußte den Preis dafür zahlen. Bisher hatte Heinrich keine Stellungnahme zur Scheidung von ihm verlangt. Als sich jedoch das Parlament im März 1531 vertagte, hielt Morus als Lordkanzler vor beiden Häusern eine Rede zu diesem Thema: Einige Abgeordnete seien der Meinung, Heinrich wolle sich nur deshalb von Katharina scheiden lassen, weil er sich in eine gewisse Dame verliebt habe; der wirkliche Grund sei jedoch, daß Heinrich fürchte, seine Ehe verstoße gegen das Gebot Gottes – eine Ansicht, die von elf Universitäten der christlichen Welt bestätigt worden sei. Chapuys wußte, daß Morus diese Rede halten mußte, wenn er sein Amt nicht verlieren und weiterhin seinen Einfluß gegen die Scheidung und zugunsten Karls geltend machen wollte. Auf Anregung Chapuys' schrieb der Kaiser Morus einen Brief, in dem er ihn seiner Hochachtung versicherte. Doch Morus bat Chapuys, ihm den Brief des Kaisers nicht zustellen zu lassen: Dann müsse er ihn Heinrich zeigen, und in diesem Fall wäre es ihm unmöglich, Karl weiterhin zu dienen.[18]

Fisher schrieb ein Buch nach dem anderen – insgesamt waren es sieben –, um Katharinas Sache zu unterstützen, obwohl er von allen Seiten gedrängt wurde, davon Abstand zu nehmen. Im Februar 1531 starben zwei Mitglieder seines Haushalts und einige Bettler, nachdem sie von einer Suppe gekostet hatten, die Fishers Koch zubereitet hatte. Fisher selbst hatte nichts davon gegessen. Der Koch wurde verhaftet und des Mordversuchs an Fisher beschuldigt. Er gestand, böswillig ein Pulver in die Suppe geschüttet zu haben, um den Mitgliedern des Haushalts Magenkrämpfe zu bescheren. Er bestritt jedoch, von der tödlichen Wirkung des Pulvers gewußt zu haben. Fisher habe er keinen Schaden zufügen wollen. In London ging das Gerücht um, die Boleyns hätten den Koch bezahlt, damit er Fisher vergiftete; sie hätten verhindern wollen, daß er sich weiterhin der Scheidung widersetzte. Wie gewöhnlich wurde Heinrich keine Schuld gegeben. Chapuys, der Anne und ihren Vater in Verdacht hatte, war überzeugt, daß Heinrich zu rechtschaffen sei, um sich an einem solchen Komplott zu beteiligen.[19]

Heinrich wollte der Welt beweisen, daß er das Verbrechen zutiefst mißbilligte. Auf seinen Vorschlag hin verabschiedete das Parlament ein Gesetz zur Bestrafung von Giftmördern. Der Koch des Bischofs von Rochester sollte hingerichtet werden, indem man ihn so lange in kochendes Wasser tauchte, bis er starb. Das Urteil wurde ordnungsgemäß vollstreckt.[20]

An Ostern hielt der Franziskanermönch Peto vor dem König und dem Hof in Greenwich eine Predigt. Peto sagte, die Fürsten müßten sich vor Schmeichlern hüten, die sie auf den falschen Weg führen könnten. Dann kam er darauf zu sprechen, daß Kaiser Konstantin sich im 4. Jahrhundert geweigert habe, den Streit zwischen zwei Bischöfen zu schlichten, weil er geglaubt habe, ein weltlicher Herrscher dürfe nicht über Kirchenmänner zu Gericht sitzen. An dieser Stelle unterbrach Heinrich den Mönch. Er erklärte, Peto rede Unsinn und solle zum Kern seiner Predigt kommen. Anschließend zog er sich mit Peto zu einem Gespräch in eine Fensternische zurück. Er versuchte den Mönch davon zu überzeugen, daß er im Unrecht sei. Aber Peto wollte seine Meinung nicht ändern, und die Unterredung nahm ein abruptes Ende: Der König drehte sich um und ging.[21]

Heinrich befahl, Peto im Franziskanerkloster in Bedford unter Hausarrest zu stellen. Kurz darauf gewährte er Peto jedoch einen Paß, damit er an einem Treffen der Franziskaner in Toulouse teilnehmen konnte. Peto blieb im Ausland, verfaßte Schriften gegen Heinrich und sprach sich für das päpstliche Supremat aus. Zu Lebzeiten Heinrichs kehrte er nicht nach England zurück.

Im Sommer 1531 zeigte sich Heinrich gegenüber dem Papst und den Antiklerikalen abwechselnd stur und nachgiebig. Am 23. April schrieb er Benet, seinem Agenten in Rom, einen energischen Brief: Benet solle dem Papst sagen, wenn er darauf bestehe, Heinrich vor das Gericht in Rom zu zitieren, werde er seine Autorität in England verlieren. Wenig später schrieb Klemens an Heinrich und bat ihn um Hilfe gegen die Türken. Der Papst trug seinem Nuntius in London auf, Heinrich das Schreiben zu übergeben. Der Nuntius fürchtete sich davor, Heinrich aufzusuchen, denn er wußte, wie gespannt das Verhältnis des Königs zum Papst war. Chapuys mußte ihm gut zureden. Am 30. Mai empfing Heinrich den Nuntius in Greenwich. Heinrich war ausgesucht höflich, wollte jedoch nur über die Scheidung und nicht über die Türken sprechen. Er erklärte, der Papst sei kein schlechter Mensch, aber er sei eine Schachfigur in den Händen des Kaisers. Wenn der Papst weiterhin darauf bestehe, den Scheidungsprozeß in Rom zu verhandeln, werde er sich dem Papst widersetzen. Das Schlimmste, was der Papst ihm tun könne, sei, ihn zu exkommunizieren, und das kümmere ihn nicht im geringsten. Wenn der Papst ihm Schaden zufüge, werde er sich rächen und mit Unterstützung seines Verbündeten, des französischen Königs, mit einer Armee nach Rom ziehen. Und was die Türken betreffe, so solle der Papst seinen Herrn, den Kaiser, um Hilfe bitten, nicht ihn.[22]

Suleiman bereitete mit Hilfe seines Verbündeten Johann Zápolya, des Königs von Ungarn, einen Feldzug gegen Österreich vor. Der Papst exkommunizierte Zápolya, weil er einen Ungläubigen unterstützte. Heinrich trat daraufhin nachdrücklich für Zápolya ein. Er protestierte beim Papst aufs schärfste und erklärte, es sei außerordentlich bedenklich, einen König zu exkommunizieren. Heinrich bat den König von Polen in einem Schreiben, im Streit zwischen Ferdinand von Böhmen und Zápolya zu vermitteln. Zu Chapuys sagte er, es sei Karls Schuld, wenn die Türken in Österreich und Deutschland einfielen; Karl habe zugelassen, daß sich sein Bruder mit Zápolya anlegte.[23]

Die Ketzerverfolgung ging weiter. Morus widmete sich ihr mit größerem Eifer denn je. Unterstützt wurde er von Stokesley, der Tunstall als Bischof von London abgelöst hatte, als Tunstall nach Durham versetzt wurde. Auch Stokesley verfolgte die Ketzer mit großem Eifer, obwohl er zugleich Heinrichs Scheidung unterstützte. Im August wurde Bilney in Norwich verbrannt. Laut Morus widerrief er, ehe er starb, doch konnte ihn das nicht mehr retten: Er hatte zuvor schon einmal das Reisigbündel getragen und galt daher als rückfällig. Bilneys Anhänger bestritten, daß er widerrufen habe. Zwei weitere Opfer von Morus wurden im Dezember verbrannt. Auf Morus' Befehl war James Bainham, ein Anwalt des Rechtskollegiums Middle Temple, verhaftet und wahrscheinlich auch gefoltert worden; im April 1532 starb er auf dem Scheiterhaufen. Bainham soll unter anderem behauptet haben, der heilige Thomas von Canterbury habe seinen Herrscher verraten. Auch Bilneys Freund Hugh Latimer, der Heinrich gute Dienste geleistet hatte, als die Universität

Cambridge zu Heinrichs Scheidung Stellung nehmen mußte, wurde der Ketzerei beschuldigt. Er konnte jedoch sein Leben retten, indem er widerrief. Shaxton, ein Theologe aus Cambridge, wurde von Nix, dem Bischof von Norwich, der Ketzerei bezichtigt, weil er Zweifel an der Existenz der Hölle äußerte. Doch Heinrich ordnete an, Shaxton solle weiter predigen dürfen, da er sich beim Verhör als guter Katholik erwiesen habe.[24]

In ganz Europa schrieben gelehrte Männer Bücher über Heinrichs Scheidung. Cranmer, der zu Anne Boleyns Kaplan ernannt worden war, gehörte zu den Engländern, die sich auf Heinrichs Seite stellten. Er wollte in einem Buch beweisen, daß der Text aus dem dritten Buch Mose maßgebend sei. Heinrich bat Lutheraner in Deutschland, Anhänger Zwinglis in der Schweiz und jüdische Rabbis, über dasselbe Thema zu schreiben. Erasmus wollte wie üblich mit keinem einflußreichen Gönner in Konflikt geraten und lehnte es ab, sich festzulegen. Vives unterstützte Katharina und schrieb Heinrich, wenn er sich um einen männlichen Erben sorge, solle er seine Tochter Maria verheiraten, damit ihr Sohn ihm auf den Thron folgen könne.[25]

Heinrich schrieb selbst ein Buch mit dem Titel *The Glass of the Truth* (Der Spiegel der Wahrheit). Anders als seine *Verteidigung der sieben Sakramente* von 1521 wurde dieses Buch anonym veröffentlicht. Heinrich machte allerdings kein Geheimnis daraus, daß er der Autor war. Wie bei seinem vorangegangenen Buch zweifelten die Leute auch diesmal an seiner Autorschaft. Dabei hatte das Buch Heinrich viele Stunden mühevoller Arbeit gekostet. In einem Brief teilte er Anne Boleyn mit: »Ich beschäftige mich vor allem mit meinem Buch, und ich habe heute über vier Stunden daran gearbeitet. Ich schreibe Dir daher diesmal nur einen kurzen Brief, weil ich Schmerzen im Kopfe habe. Ich wünsche mir (vor allem abends), in den Armen meiner Liebsten zu liegen, deren reizende Brüste ich bald zu küssen hoffe.«[26]

Katharinas Lage wurde immer schwieriger. Zwar begleitete sie Heinrich meist, wenn er von einem Schloß zum anderen reiste, doch jeder wohnte dann in einem anderen Teil des Palasts. An Festtagen saß Katharina öffentlich mit Heinrich an der Tafel, doch abgesehen davon besuchte er sie nur alle drei Tage einmal. Sowohl privat als auch in der Öffentlichkeit hatte sich Heinrichs Haltung ihr gegenüber geändert. Zuerst hatte er gesagt, daß sie eine edle Frau sei, die er liebe und achte, daß aber eine Ehe mit ihr gegen das Gebot Gottes verstoße. Jetzt behandelte er sie wie einen ungehorsamen Untertan, weil sie den Papst gebeten hatte, ihren Fall in Rom zu verhandeln und den König von England, der doch keine Instanz über sich kannte außer Gott, vor ein römisches Gericht zu zitieren.

Heinrich war ständig in Gesellschaft Anne Boleyns. Anscheinend war sie im Sommer 1531 endlich bereit, seine Geliebte zu werden. Von jetzt an benahm sie sich in der Öffentlichkeit, als wäre sie seine Frau.

Am 10. Juli schrieb Heinrich, der mit Katharina, Anne und dem Hof in Windsor weilte, an Benet und trug ihm auf, sich dem Papst gegenüber versöhnlich zu zeigen.[27] Am nächsten Morgen reiste Heinrich in aller Frühe mit Anne und dem Hofstaat von Windsor ab. Er hinterließ Katharina eine Nachricht, in der er sie bat, ihm nicht zu folgen. Katharina schrieb zurück, sie bedaure, nicht von seiner Abreise gewußt und sich nicht verabschiedet zu haben, und versicherte ihm ihre Liebe und Achtung. Heinrich antwortete, sie sei lieblos und ungehorsam, weil sie den Papst gebeten habe, die Scheidung außerhalb seines Reiches zu verhandeln, und weil sie fälschlicherweise behauptet habe, ihre Ehe mit Arthur sei nicht vollzogen worden.

Heinrich und Katharina sahen sich nie wieder. Vierzehn Tage später teilte er ihr mit, daß er nach Windsor zurückkehren werde. Sie müsse den Palast allerdings noch vor seiner Ankunft verlassen und sich auf den Landsitz The Moor begeben. Die Zahl ihrer Diener wurde reduziert – eine Demütigung, die abgesetzte Würdenträger stets außerordentlich übelnahmen. Als Chapuys Katharina ein paar Monate später wiedersah, war sie um Jahre gealtert, obwohl sie erst sechsundvierzig war. Am Neujahrstag 1532 schickte sie Heinrich einen goldenen Becher als Geschenk. Heinrich wollte ihn nicht annehmen und sandte ihn zurück.[28]

Der päpstliche Nuntius und Chapuys baten Heinrich, Katharina freundlicher zu behandeln und sie nicht zu zwingen, von ihm getrennt zu leben. Heinrich antwortete, wenn Katharina wirklich seine Gemahlin sei, wie der Papst und der Kaiser behaupteten, dann sollten diese sich nicht in die Streitigkeiten zwischen Mann und Frau einmischen. Als der päpstliche Nuntius am 26. Januar an den Hof kam, um Heinrich ein Breve des Papstes zur türkischen Bedrohung zu übergeben, ließ Heinrich ihn drei Stunden warten. Dann nahm er das Breve in Empfang, warf jedoch keinen Blick hinein, sondern kritisierte den Nuntius heftig dafür, daß er dem Papst berichtet hatte, Heinrich behandle Katharina schlecht. Anschließend begab er sich zu Tisch, ohne den Nuntius einzuladen, mit ihm zu speisen.[29]

Am Tag vor diesem unerfreulichen Gespräch hatte Klemens VII. Heinrich einen Brief geschrieben, der erst ein paar Wochen später in London eintraf. Der Papst schrieb, ihm sei zu Ohren gekommen, daß Heinrich seine Gemahlin Königin Katharina vom Hof verbannt habe und mit »einer gewissen Anne« Ehebruch begehe. Er könne das kaum glauben. Da Heinrich bisher der eifrigste Verteidiger der Kirche gewesen sei, wolle er ihn wie ein liebender Vater tadeln, ehe er in die Rolle des Richters schlüpfe. Ob Heinrich denn nicht wisse, daß die Ketzer frohlocken würden, wenn er sich von einer Königin scheiden ließ, die die Tante des Kaisers sei? Doch auch dieser Appell des Papstes beeindruckte Heinrich nicht. Er ignorierte ihn einfach.[30]

Im Frühjahr 1532 ergriff Heinrich erneut drastische Maßnahmen gegen den Papst. Das Parlament verabschiedete ein Gesetz, welches das Recht des Papstes auf die Annaten aufhob – die Abgabe des ersten Jahresertrages eines Bischofssitzes nach der Ernennung eines neuen Bischofs. Nach diesem Gesetz machte sich jeder, der die Annaten an Rom zahlte, des Praemunire schuldig. Allerdings sah eine Klausel des Gesetzes vor, daß das Gesetz erst in einem Jahr in Kraft treten sollte und auch dann nur, wenn der König es befahl. Das Unterhaus verfaßte wie schon 1529 eine Petition gegen den Klerus. Diesmal fand die Petition allerdings die Zustimmung Heinrichs und seiner Minister. Cromwell half bei der Abfassung der Petition und nutzte seine Erfahrung als politischer Stratege im Unterhaus, um sicherzustellen, daß sie vom Parlament gebilligt wurde. In der Petition wurde verlangt, der Klerus solle anerkennen, daß der König als Oberhaupt der Kirche Englands auch die höchste richterliche Gewalt in kirchlichen Verfahren habe; die Konvokation dürfe ohne Zustimmung des Königs keinen Fall erörtern. Den Bischöfen wurde das Recht entzogen, Fälle der Ketzerei vor ihren geistlichen Gerichten zu verhandeln. Künftig sollten Ketzer nur noch von eigens dazu vom König eingesetzten Bevollmächtigten abgeurteilt werden.[31]

Als das Gesetz über die Abschaffung der Annaten im Parlament eingebracht wurde, erklärte Heinrich dem Nuntius, er sei dafür nicht verantwortlich. Hier zeige sich vielmehr, wie sehr das Volk den Papst hasse und daß der langgehegte Groll gegen die Annaten nun seinen Höhepunkt erreicht habe. Das Gesetz wurde nicht ohne Widerstand verabschiedet. Heinrich begab sich selbst während der Debatte dreimal ins Oberhaus, um Druck auf die Peers und die Parlamentsmitglieder auszuüben. Nach Verabschiedung des Gesetzes schrieb Heinrich am 21. März an Ghinucci und seine anderen Agenten in Rom. Er erklärte, er habe das Parlament nicht daran hindern können, das Gesetz über die Abschaffung der Annaten zu erörtern und zu verabschieden. Schließlich hätten die Peers und die Mitglieder des Parlaments Rede- und Handlungsfreiheit. Das Gesetz könne allerdings nicht ohne seine Genehmigung in Kraft treten, und er habe nicht die Absicht, eine entsprechende Anordnung zu treffen, es sei denn, die unvernünftige Haltung des Papstes lasse ihm keine andere Wahl. Heinrich trug Ghinucci auf, dem Papst und den Kardinälen in Rom die Sachlage zu erläutern und dafür zu sorgen, daß sie sich hinsichtlich der Annaten weder zu viel noch zu wenig Hoffnung machten.[32]

Die Petition der Parlamentarier gegen den Klerus stieß nicht nur im Kreis der Kirchenmänner, sondern auch innerhalb von Heinrichs Kronrat auf erheblichen Widerstand. Morus und Gardiner, den Heinrich mit Zustimmung des Papstes an Wolseys Stelle zum Bischof von Winchester ernannt hatte, lehnten die Petition strikt ab. Heinrich machte aus seinem Mißfallen darüber keinen Hehl. Daraufhin bat Gardiner Heinrich in einem Brief um Entschuldigung, gab seinen Widerstand auf und blieb weiterhin in Heinrichs Diensten. Morus trat unter dem Vorwand seiner schlechten Gesundheit von seinem Amt als Lordkanzler zurück.[33]

Am 15. Mai nahm die Konvokation die Petition der Parlamentsmitglieder an; seither spricht man von der »Unterwerfung des Klerus«. Am nächsten Tag steckte Morus das Großsiegel Englands in einen weißen Lederbeutel und gab den Beutel Heinrich um drei Uhr nachmittags im Garten von York Place. Heinrich ernannte Sir Thomas Audley, ebenfalls ein Laie und Anwalt, zu Morus' Nachfolger als Lordkanzler.[34] Der König verbrachte inzwischen viel Zeit in York Place, dem späteren Whitehall. Er ließ Wolseys Palast vergrößern und auch seine anderen Residenzen Newhall in Essex, Woking, Oatlands bei Weybridge und Nonesuch bei Ewell großzügig umbauen.[35]

So war alles für den Bruch mit Rom bereit, für die Zurückweisung des päpstlichen Supremats und die Proklamation Heinrichs zum Oberhaupt der Kirche von England.

15

Der Bruch mit Rom

Heinrich hätte nur ein Zeichen zu geben brauchen, und der Bruch mit Rom wäre vollzogen gewesen. Doch er tat nichts dergleichen. Er wartete noch ein Jahr ab, um zu sehen, was der Papst tun würde. Aber auch der Papst unternahm im Grunde nichts, obwohl er von Karl unter Druck gesetzt wurde. Es waren nun schon fünf Jahre vergangen, seit Heinrich sein Scheidungsprojekt begonnen hatte, und drei Jahre, seit der Fall nach Rom überwiesen worden war. Klemens zögerte das Verfahren hinaus, um Zeit zu gewinnen. Jedes Jahr entschuldigte er sich aufs neue damit, daß die langen römischen Gerichtsferien es unmöglich machten, zwischen Mitte Juli und Anfang November etwas in dem Scheidungsprozeß zu unternehmen.

Es ist nicht bekannt, wie das englische Volk über Heinrichs Scheidungspläne dachte. Im 16. Jahrhundert gab es noch keine Meinungsumfragen oder allgemeine Wahlen, in denen politische Parteien um die Gunst ihrer Wähler kämpfen mußten. Katharina und Chapuys glaubten, daß die Mehrheit des Volkes gegen die Scheidung sei und daß, wenn der Papst zugunsten Katharinas entschied, die öffentliche Meinung in England Heinrich zwingen werde, sich mit dem Urteil abzufinden, Anne Boleyn fortzuschicken und seine Beziehung zu Katharina wieder aufzunehmen. Als 1532 wieder einmal die langen Gerichtsferien vor der Tür standen, drängte Karls Gesandter in Rom, Dr. Ortiz, den Papst, umgehend ein Urteil zugunsten Katharinas zu fällen und Heinrich wegen Ehebruchs mit Anne Boleyn zu exkommunizieren. Am 8. Juli lehnte Klemens diesen Vorschlag im Konsistorium ab. Statt dessen setzte er Heinrich davon in Kenntnis, daß die Argumente seines Verteidigers abgelehnt worden seien und er in Vertretung durch einen Anwalt am 1. November oder früher vor dem Gericht in Rom erscheinen müsse. Andernfalls werde das Gericht den Fall in seiner Abwesenheit verhandeln.[1]

Ortiz war bitter enttäuscht. Er erklärte dem Papst, er werde ihn am Tag des Jüngsten Gerichts als Sünder anprangern, weil er sich geweigert habe, Heinrich zu exkommunizieren. Heinrich war mit der Entscheidung des Papstes jedoch ebenso unzufrieden wie Ortiz, Karl und Katharina. Die Zurückweisung seines Verteidigers ärgerte ihn fast ebenso, als wenn Klemens in dem Scheidungsprozeß zugunsten Katharinas geurteilt hätte.[2] Heinrich und Anne lebten inzwischen ganz offen wie Mann und Frau zusammen. Der König sprach immer seltener von der Scheidung und immer öfter von der ungeheuerlichen Anmaßung des Papstes, einen König von England vor ein Gericht außerhalb seines Reiches zu zitieren.

Chapuys erhielt erfreuliche Berichte aus England vom Widerstand gegen die Scheidung, von Demonstrationen gegen Anne Boleyn, als sie mit Heinrich auf seiner Rundreise durch die Dörfer ritt, und von Frauen, die Anne als Hure beschimpften, die man verbrennen solle. In Yarmouth in Norfolk beteiligten sich einige Frauen an einem Aufstand, der nach Ansicht Heinrichs von deren Männern angezettelt worden war. Der Prior der Kreuzbrüder von London erklärte am Vorabend des Jakobustages bei Tisch, wenn Heinrich tatsächlich viele Klöster auflösen wolle, wie es im Volk heiße, solle man ihn nicht Verteidiger des Glaubens, sondern Zerstörer des Glaubens nennen.[3]

Die Opposition hoffte, den tief verwurzelten Aberglauben des Volkes ausnützen zu können, indem sie ihm eine fromme Frau präsentierte, die Unheil prophezeite, wenn der König seine Einstellung nicht ändere. Die Frau war Elizabeth Barton, die »Heilige Jungfrau von Kent«, die zum ersten Mal 1526 in dem Ort Courtopestreet bei Aldington von sich reden gemacht hatte. Vor den Augen der Dorfbewohner war sie in Trance verfallen und hatte sich am Boden gekrümmt und gestöhnt, bis eine gewaltige Stimme ertönte, die aus ihrem Innern zu kommen schien. Elizabeth Barton selbst und alle Umstehenden waren überzeugt, daß es sich um die Stimme eines von Gott gesandten Engels handelte. Elizabeths Beichtvater Edward Bocking, ein Mönch der Christchurch-Priorei in Canterbury, überredete die Frau, in das Kloster zum Heiligen Grab in Canterbury einzutreten.

Unter Bockings Anleitung hörte Elizabeth Barton, wie die Stimme des Engels ihr offenbarte, daß man Ketzer verfolgen und Tyndales Neues Testament verbrennen müsse. Als einmal zwei ketzerische Mönche mit dem Schiff in die Niederlande reisen wollten, um dort Tyndale zu besuchen, befahl ihr der Engel, um ungünstigen Wind zu bitten. Der Sturm blies so heftig, daß das Schiff den Hafen nicht verlassen konnte. Die Nonne konnte Warham und Fisher für sich einnehmen, und sie suchte Wolsey auf und warnte ihn davor, nach zu viel Macht in Kirche und Staat zu streben.

Vermutlich um das Jahr 1532 ersuchte sie um eine Audienz beim König. Heinrich ließ sich von frommen Männern und Frauen nicht leicht beeindrukken. Als er einige Jahre zuvor einen für seine Frömmigkeit berühmten Mann aus Spanien kennengelernt hatte, der zu Besuch in England weilte, hatte er anschließend erklärt, der Mann sei ihm mehr wie ein Bettelmönch als wie ein Heiliger vorgekommen; er sei ungebildet gewesen, dafür aber um so unverschämter.[4] Trotzdem war der König bereit, Elizabeth Barton zu empfangen. Die Frau erklärte ihm, ein von Gott gesandter Engel habe ihr aufgetragen, ihn aufzusuchen und zu ermahnen, sein Leben neu zu ordnen, nicht auf die Rechte des Papstes überzugreifen und die neue Lehre, die sich im Volk ausbreitete, und die Bücher der neuen Gelehrsamkeit auszurotten. Wenn er Anne Boleyn heirate, werde ihn Gottes Zorn treffen. Heinrich hörte ihr geduldig zu und schien beeindruckt. Doch nachdem sie gegangen war, gab er Befehl, sie zu beobachten.

Zwei Monate später suchte Elizabeth Barton Heinrich erneut auf. Diesmal sagte sie, der Engel habe ihr offenbart, daß Heinrich innerhalb eines Monats sterben werde, wenn er Anne heirate; außerdem werde dann innerhalb von sechs Monaten eine schlimme Seuche sein Reich heimsuchen. Heinrichs Agenten folgten der Frau. Sie führte sie zu Bocking und einigen Brüdern des Franziskanerklosters von Greenwich sowie zu anderen Klöstern, die sich auf die Seite Katharinas gestellt und sich gegen Heinrichs Scheidung ausgesprochen hatten.[5]

Der osmanische Sultan Suleiman stellte in Ungarn eine gewaltige Armee von 250 000 Mann auf, um in Österreich einzufallen. Als der Papst Heinrich um Unterstützung gegen Suleiman bat, erklärte Heinrich, die Meldung von der bevorstehenden türkischen Invasion sei falsch. Karl habe sie ausgestreut, um den Papst glauben zu machen, er brauche Karls Hilfe zur Rettung der Christenheit vor den Türken, und ihn dadurch zu zwingen, sich Karls Wünschen hinsichtlich der Scheidung zu beugen. Doch im Juni 1532 überquerten die Türken die österreichische Grenze, und Anfang August belagerte Suleiman Graz. Karl, der sich in Regensburg aufhielt, bereitete sich auf einen Feldzug gegen die Türken vor und ersuchte alle Könige Europas um militärische oder zumindest finanzielle Unterstützung.

Heinrich schickte Cranmer als Botschafter zu Karl. Cranmer sollte dem Kaiser mitteilen, daß es keinen Zweck habe, englische Soldaten zu schicken; sie seien nach einer so langen Reise und in einem derart ungewohnten Klima nicht in der Lage zu kämpfen. Außerdem habe die Geschichte gezeigt, daß englische Soldaten besser gegen die Ungläubigen kämpften, wenn ihr König selbst sie anführe; Heinrich aber sei im Augenblick zu beschäftigt, um seine Männer auf einem Kreuzzug zu führen, er werde es jedoch irgendwann in der Zukunft tun. Er bedaure, daß er im Augenblick nichts tun könne. Karl erklärte Cranmer, es sei eine Schande, daß er und sein Bruder Ferdinand in der Stunde der Not von allen anderen Herrschern im Stich gelassen würden.

Sie würden aber dennoch ihre Pflicht tun und die Christenheit auch ohne fremde Hilfe retten.[6] Karl marschierte an der Spitze seiner Armee gegen Suleiman. Suleiman hob die Belagerung von Graz auf und zog sich nach Ungarn zurück, nachdem er in Österreich weite Landstriche verwüstet hatte.

Für Heinrich konnten Suleiman und die deutschen Lutheraner nützlich sein, indem sie Karl reizten. Da jedoch der endgültige Bruch mit Rom kurz bevorstand, sah Heinrich sich nach einem geeigneteren Verbündeten um. Seine Wahl fiel auf Franz I. Im Jahr 1515 hatte Heinrich Franz' Pläne durchkreuzt und seine Feinde finanziell unterstützt, 1521 hatte er ihn getäuscht, 1522 hatte er sein Land verwüstet, 1523 war er nach Paris marschiert, in dem Friedensvertrag von 1525 hatte er ihn geschröpft, und während des Krieges von 1528 hatte er seinen Verbündeten im Stich gelassen. Aber Heinrich wußte, daß Franz Karl mehr haßte als ihn, und er nahm zu Recht an, daß Franz ihm nützlich sein könne.

Heinrich hoffte, Franz werde sich nicht nur mit ihm gegen Karl verbünden, sondern ihm auch dabei helfen, den Frieden mit Schottland zu bewahren. Er wollte zum jetzigen Zeitpunkt keinen Krieg mit den Schotten. Im Sommer 1532 kam es zu einer ganzen Reihe von Grenzverletzungen durch die Schotten. Heinrich befahl dem Grafen von Northumberland, die Edelleute der Grafschaft und ihre Pächter in Bereitschaft zu halten. Er wollte die Brüder Douglas für seine Zwecke benutzen. Angus hatte die letzten vier Jahre in England verbracht. Ab und zu hielt er sich am Hof auf, einmal gewann er beim Murmelspiel in Abingdon von Heinrich 100 Pfund. Angus hatte wiederholt versprochen, Heinrich zu dienen, aber immer unter dem Vorbehalt, daß die Aktionen sich nicht gegen seinen eigenen Souverän Jakob V. richteten. Diese Einschränkung wurde jetzt aufgehoben. Am 25. August 1532 verpflichtete sich Angus unter Eid, Heinrich als dem unumschränkten Herrscher Schottlands zu dienen, wenn er mit Schottland einen Krieg begann. Als Gegenleistung versprach Heinrich, Angus tausend Pfund im Jahr zu zahlen, bis dieser seine Ländereien in Schottland zurückerhalten habe.

Heinrich schickte einen Herold zu Jakob V., um ihn seines Friedenswillens zu versichern. Jakob machte Heinrich ähnliche Versprechungen. Den ganzen Herbst hindurch kam es allerdings an der Grenze weiterhin zu vereinzelten Kampfhandlungen.[7]

Im Sommer 1532 ließ Heinrich dem französischen Botschafter Jean Du Bellay, dem Bischof von Bayonne, besondere Aufmerksamkeit zukommen. Er sorgte dafür, daß Du Bellay Anne Boleyn häufig zu Gesicht bekam, und lud ihn ein, ihn auf seiner Rundreise zu begleiten. Im Juli gingen Heinrich, Anne und Du Bellay in Ampthill einen ganzen Tag lang gemeinsam auf die Jagd. Heinrich ließ Anne und Du Bellay an einer Stelle zurück, von wo aus sie mit ihren Armbrüsten auf das Wild schießen konnten, das Heinrich und die Jäger an ihnen vorbei trieben. Anne war zu Du Bellay besonders charmant und schenkte ihm ein Jagdkostüm, einen Hut, ein Jagdhorn und einen Windhund, da Windhunde sich am besten für die Jagd eigneten. Du Bellay war überzeugt, daß sie dies nicht getan hätte, wenn Heinrich es ihr nicht aufgetragen hätte, denn »was besagte Dame tut, geschieht immer auf Anordnung meines Herrn, des Königs«.[8]

Heinrich lud Franz zu einem Treffen ein, auf dem sie ihre Pläne gegen Karl abstimmen konnten. Als Treffpunkte schlug er Calais und Boulogne vor. Obwohl es diesmal weniger aufwendig zugehen sollte als bei ihrer Begegnung auf dem Güldenen Feld vor zwölf Jahren, sollte das Treffen dennoch genügend Eindruck machen, um die Aufmerksamkeit der Welt auf sich zu lenken. Heinrich und Franz wollten gemeinsam verkünden, daß sie über Maßnahmen zum Schutz der Christenheit vor den Türken sprechen wollten. Sie erwarteten allerdings nicht, daß man ihnen glaubte, und im Grunde war ihnen das auch gar nicht wichtig.

Du Bellay riet Franz, Anne zu dem Treffen einzuladen, um dadurch Heinrichs Freundschaft zu gewinnen; nichts würde Heinrich mehr freuen. Anne wurde also eingeladen, und Heinrich bat Du Bellay, dafür zu sorgen, daß auf französischer Seite Margarete, die Königin von Navarra, als erste Dame an dem Treffen teilnahm. Wie Du Bellay feststellte, wollte Heinrich nicht, daß Franz seine Frau, die Schwester Karls V., mitbrachte. Du Bellay schrieb, Heinrich hasse die spanische Kleidung »so sehr, daß er den Teufel darin zu erblicken scheint«.[9] Es waren allerdings schwerwiegendere Gründe, die Heinrich hoffen ließen, daß Franz' Gemahlin, die Karls Schwester und Katharinas Nichte war, nicht nach Boulogne und Calais kommen würde. Franz löste das Problem, indem er überhaupt keine Frauen zu dem Treffen mitbrachte.

Als Vorbereitung auf die Begegnung mit Franz erhob Heinrich Anne am 1. September in einer feierlichen Zeremonie in Windsor zum Marquis* von Pembroke. Anne schritt vor Heinrich her, der von Suffolk, Norfolk und Du Bellay begleitet wurde. Das Haar fiel ihr über den Rücken, und sie trug einen Überrock aus karmesinrotem, mit Hermelin besetztem Samt mit schmalen Ärmeln. Norfolks Tochter Lady Mary Howard trug ihre Schleppe. Als Anne vor Heinrich niederkniete, verlas Gardiner die Urkunde. Heinrich legte ihr den Mantel um und setzte ihr die Krone auf. Neben dem Titel übertrug ihr der König Ländereien im Wert von 1 023 Pfund, 13 Schilling und 2 Pence.[10]

Die Begegnung mit Franz sollte nach Heinrichs Willen so bald wie möglich stattfinden. Sir Edward Guilford, der Schutzherr der fünf Häfen, erklärte Crom-

* Moderne Autoren haben zu erklären versucht, warum Annes Titel »Marquis« und nicht »Marquise« von Pembroke war. Doch die Ehefrau eines Marquis wurde wie Anne ebensohäufig »Frau Marquis« wie »Marquise« genannt.

well, es sei alter Brauch, die fünf Häfen mindestens vierzig Tage im voraus zu informieren, wenn der König eine Seereise unternehmen wolle. Man brauche diese Zeit, um die Verschiffung des Gefolges vorzubereiten, das Heinrich nach Calais mitnehmen wolle. Die Schiffe der fünf Häfen seien in alle Winde zerstreut; einige lägen in Whitby vor Anker, andere vor der Isle of Man, und wieder andere seien auf Fischfang vor Island. Sir Edward war allerdings bereit, die Bürgermeister der fünf Häfen in sein Haus in Halden einzuladen und mit ihnen zu vereinbaren, die Vorbereitungen so weit wie möglich zu beschleunigen.[11]

Cromwell und Heinrichs Minister sorgten unterdessen dafür, daß die Damen und Edelleute, die den König nach Calais begleiteten, auch passend gekleidet waren. Katharina sollte nicht an dem Treffen mit Franz teilnehmen. Heinrich befahl ihr, Anne ihren Schmuck zu schicken, damit diese ihn in Calais tragen könne. Diese Beleidigung Katharinas war nicht ganz so empörend, wie es den Anschein hatte. Der Schmuck der Prinzessinnen der königlichen Familie stand dem König zur Verfügung, wenn er ihn brauchte, um die Damen damit zu schmücken, die von ihm ausgewählt worden waren, an festlichen Ereignissen teilzunehmen. Heinrich bat auch seine Schwester Maria, Anne ihren Schmuck zu schicken. Es überrascht allerdings nicht, daß Katharina Heinrichs Bitte nur ungern entsprach und daß Chapuys Karl davon unterrichtete, um die Wut und Empörung über Heinrich am Hof des Kaisers zu schüren. Katharina schickte den Schmuck und ließ den König wissen, daß sie wie eine gehorsame Ehefrau gehandelt habe.[12]

Das Glück begünstigte Heinrich. Am 24. August starb Warham. Man hatte schon lange auf seinen Tod gewartet. Er war fast achtzig geworden und 28 Jahre lang Erzbischof von Canterbury gewesen. Zur allgemeinen Überraschung ernannte Heinrich Cranmer zu Warhams Nachfolger. Dieser ruhige, gebildete und ziemlich schüchterne Mann besaß so wenig Ehrgeiz, daß er in den 26 Jahren, die er in Cambridge verbracht hatte, nicht ein einziges Amt an der Universität übernommen und vor seinem vierzigsten Lebensjahr nichts Bemerkenswertes geleistet hatte. Als ihm zwanzig Jahre später wegen Ketzerei der Prozeß gemacht wurde, erklärte er: »Niemals hat ein Mann das Amt des Bischofs mit mehr Widerwillen übernommen als ich.« Immerhin hatte Cranmer in den drei Jahren, die er im Dienst des Königs stand, auf Heinrich einen vorteilhaften Eindruck gemacht. Zudem war er Annes Kaplan.

Die Anhänger Katharinas und des Papstes glaubten damals, Anne sei für Cranmers Ernennung zum Erzbischof von Canterbury verantwortlich. Außerdem hielten sie ihn für einen Lutheraner.[13] Zweifellos stand er dem Luthertum bereits 1532 wohlwollend gegenüber. Während seines Aufenthalts in Deutschland als Gesandter am Hof Karls V. hatte er nicht nur Kontakt zu den Lutheranern in Nürnberg aufgenommen, sondern auch die Nichte der

Frau des bedeutenden lutherischen Theologen Osiander geheiratet, obwohl die Priesterehe in England verboten war und ihre Befürwortung als Ketzerei galt. Vermutlich wußte Heinrich damals noch nichts von Cranmers Heirat, denn er sprach Cranmer zum ersten Mal 1543 darauf an.[14] Aber davon abgesehen, was Heinrich über Cranmer wußte oder nicht wußte und wie wohlwollend Anne ihm gegenüberstand, die Entscheidung, ihn zum Erzbischof von Canterbury zu ernennen, lag wie alle wichtigen politischen Entscheidungen bei Heinrich. Heinrich taktierte geschickt zwischen Papst und Ketzern; er bot dem Papst die Stirn und ließ die Lutheraner verbrennen. Nachdem er 1529 den Luther-Gegner Morus zum Lordkanzler ernannt hatte, beschloß er 1532, den pro-lutherischen Cranmer zum Erzbischof von Canterbury zu machen. Sein ganzes Leben lang bekundete Cranmer Heinrich stets seine Hochachtung und Zuneigung. Heinrich wußte, wie er ihn behandeln mußte, so wie er gewußt hatte, wie er mit Wolsey, Morus und all den anderen Ministern umgehen mußte. Für Heinrich war Cranmer ein treuer Diener, den er benutzen und eines Tages opfern konnte. Freilich wurde Cranmer im Gegensatz zu den meisten Ministern des Königs erst nach Heinrichs Tod als Opfer auserwählt.

Heinrich schickte Hawkins nach Regensburg. Hawkins sollte Cranmer dort als Botschafter ablösen, Cranmer sollte nach England zurückkehren. Anschließend machte sich Heinrich mit Anne, dem dreizehnjährigen Herzog von Richmond, Suffolk, Norfolk, Cromwell, einer Anzahl Peers und Ladies und ungefähr 2 000 Edelleuten und Dienern auf den Weg nach Calais. Da in Rochester die Pest ausgebrochen war, reiste Heinrich zu Wasser von Greenwich zu Sir Thomas Cheyneys Haus in Shurland auf der Insel Sheppey. Von dort aus ging es über Land weiter nach Canterbury und Dover. Am 11. Oktober ging Heinrich um fünf Uhr nachmittags an Bord der *Swallow,* fünf Stunden später erreichte er Calais. Er blieb zehn Tage in Calais. Am 21. Oktober ritt er in Richtung Boulogne, um sich mit Franz zu treffen. Anne und die Damen blieben in Calais, 600 Lords, Edelleute und Soldaten begleiteten Heinrich.

Die beiden Könige trafen sich an der Grenze, drei Kilometer nördlich von Marquise. Sie umarmten sich fünf- oder sechsmal, ohne dabei vom Pferd zu steigen, dann ritten sie einen Kilometer Seite an Seite und Hand in Hand, bis sie an eine Quelle in einem kleinen Wäldchen kamen, wo sie vom Pferd stiegen und Wein tranken, ehe sie nach Boulogne weiterritten. Dort wurden sie mit tausend Salutschüssen begrüßt, die noch in dreißig Kilometer Entfernung zu hören waren. Heinrich und Franz stiegen beide in der Abtei ab. Beim Abendessen in der Abtei knieten Heinrichs Diener wie gewöhnlich nieder, wenn sie ihm das Essen brachten, während Franz' Diener nach französischer Sitte im Stehen servierten. Die Begegnung in Boulogne sollte Gelegenheit zu ernsthaften Gesprächen bieten, deshalb fanden weder Turniere noch große Bankette statt. Heinrich spielte in Boulogne lediglich ein wenig Tennis. Während nur in bescheidenem Maße für Unterhaltung gesorgt war, stellte Heinrich seinen Reichtum mit seiner Kleidung zur Schau. Er trug ein Wams aus karmesinrotem Satin, das mit Perlen besetzt war, die angeblich 100 000 Kronen wert waren.

Nachdem die beiden Könige drei Tage in Boulogne verbracht hatten, ritten sie mit ihren Eskorten am Freitag, den 25. Oktober nach Calais. In Calais konnte Heinrich Franz überbieten, weil dort alles größer und besser war als in Boulogne. Als sie nach Calais kamen, wurden sie mit 3 000 Salutschüssen empfangen, auch wenn die Kanonen kleiner waren als die tausend Kanonen in Boulogne. Zwar trug Franz in Calais ein Wams, das mit Diamanten verziert und über 100 000 Kronen wert war, und die französischen Lords und Edelleute waren besser gekleidet als die Engländer. Aber Heinrich trug eine Robe aus violettem Goldbrokat und eine Kette mit 14 Rubinen, von denen der kleinste so groß war wie ein Ei, 14 etwas kleineren Diamanten, zwei Reihen großer Perlen und einem Granat, der so groß war wie ein Gänseei. Die Kette war über 400 000 Kronen wert. Anders als in Boulogne waren in Calais auch Damen anwesend – die englischen Ladies, die Franz, den Dauphin, den König von Navarra und sämtliche Lords und Edelleute aus Franz' Gefolge unterhielten und bezauberten.

Franz war in Calais im Haus der Kaufleute des Staple untergebracht, Heinrich wohnte mit Anne in einem anderen Haus in der Nähe. Franz schickte den Bürgermeister von Paris mit einem Diamanten zu Anne, der 15 000 oder 16 000 Kronen wert war. Es fanden keine Turniere statt, aber dafür wurden im Garten von Franz' Unterkunft Bären und Bullen gehetzt. Die englischen und französischen Edelleute veranstalteten einen Ringkampf, den die Engländer gewannen.

Am Sonntagabend fand ein Ball statt. Sieben maskierte Damen betraten den Saal und forderten Franz und die Adligen seines Gefolges zum Tanz auf. Während sie tanzten, riß Heinrich den Damen die Masken vom Gesicht, und sie entpuppten sich als Lady Mary Howard, Lady Derby, Lady Fitzwalter, Lady Rochford, Lady Lisle, Lady Wallop und, allen voran, die Lady Marquis von Pembroke, deren Schönheit alle anderen in den Schatten stellte. Anne tanzte eine ganze Stunde mit Franz.

Franz blieb drei Tage in Calais. Am 29. Oktober brach er nach Paris auf. Heinrich begleitete ihn bis Marquise, wo die beiden Herrscher sich trennten. Der Herzog von Richmond ging mit Franz nach Paris, um am französischen Hof seine Bildung zu vervollkommnen.[15]

Da die Verteidigung der christlichen Welt gegen die Türken der offizielle Anlaß für die Begegnung war, wurde am 28. Oktober in Calais pflichtgemäß ein Vertrag unterzeichnet, in dem Heinrich und Franz übereinkamen, eine

Armee von 80 000 Mann aufzustellen, darunter 15 000 Reiter. Die Armee sollte gegen die Türken kämpfen, wenn diese Europa erneut angriffen. Obwohl ein Angriff der Türken rein hypothetisch war, machte Heinrich auch diesmal das Beste aus dem Handel mit Franz: Der französische König sollte von den 80 000 Mann allein 53 000 stellen, darunter 11 000 Reiter. Viel wichtiger war Heinrich allerdings die Erörterung der Scheidung und seiner Beziehung zum Papst. Obwohl Franz in Calais zu Anne außerordentlich liebenswürdig war, riet er Heinrich, den Papst besser nicht durch die Scheidung von Katharina und die Heirat mit Anne zu provozieren. Heinrich lehnte den Rat sofort ab. Allerdings stimmte er mit Franz insoweit überein, daß seine Tochter Maria nicht zum Bastard gestempelt werden dürfe und daß sie als legitimes Kind zu gelten habe, auch wenn Heinrich darauf beharre, den Scheidungsprozeß zu Ende zu führen. Damit wäre dem kanonischen Recht Genüge getan, nach dem Kinder aus ungültigen Ehen legitim waren, wenn ihre Eltern in gutem Glauben handelten und von der Gültigkeit ihrer Ehe überzeugt waren. Franz versprach, alles zu tun, was in seiner Macht stand, um den Papst im Scheidungsprozeß zu einem Urteil zugunsten Heinrichs zu überreden, und selbst nichts gegen Heinrich zu unternehmen. Heinrich versprach seinerseits, Franz zu Hilfe zu kommen, wenn er von Karl angegriffen würde.[16]

Für diese Jahreszeit herrschte in Boulogne und Calais ein erstaunlich mildes Klima. Doch nachdem Franz Calais verlassen hatte, kam ein Sturm auf, der Heinrich an der Überfahrt nach Dover hinderte. Als sich der Sturm gelegt hatte, zog Nebel auf, so daß Heinrich erst am 12. November von Calais abfahren konnte. Er ging um Mitternacht an Bord und war um fünf Uhr morgens in Dover. Heinrich blieb ein paar Tage in Dover, um sich die neuen Befestigungsanlagen anzusehen. Am 24. November traf er in Eltham ein. In ganz England wurden Dankgottesdienste für seine glückliche Rückkehr abgehalten.

Vier Tage später gewährte der König Chapuys Audienz. König und Botschafter übertrafen einander an Höflichkeit und Doppelzüngigkeit. Heinrich versicherte Chapuys, man habe in Boulogne und Calais keine Übereinkunft getroffen, die dem Kaiser schaden könne. Chapuys versicherte Heinrich, der Kaiser werde mit Freuden vernehmen, daß Heinrich und Franz in Freundschaft vereint und entschlossen seien, sich den Türken zu widersetzen. Als Chapuys Heinrich von Karls Absicht berichtete, den Papst in Bologna zu treffen, zeigte Heinrich keine Spur von Verärgerung und meinte nur, er hoffe, der Gesundheitszustand des Papstes lasse eine Begegnung mit dem Kaiser zu. Chapuys machte sich jedoch Sorgen. Die Marquise von Exeter hatte ihm in einem unsignierten Brief mitgeteilt, daß Heinrich dem Papst seine Gefolgschaft aufkündigen und die Scheidung von den Bischöfen in England vornehmen lassen wolle.[17]

Auf dem Weg nach Bologna war Karl inzwischen in Mantua eingetroffen. Cranmer begleitete ihn. Hawkins holte Cranmer erst am 16. November in Mantua ein und teilte ihm dort mit, daß er zum Erzbischof von Canterbury ernannt worden sei. Cranmer verließ Mantua am folgenden Tag, zeigte aber keine Eile. Im Jahr 1555 erklärte er seinen Richtern in Oxford, er habe sich für die Heimreise sieben Wochen Zeit gelassen, weil er gehofft habe, Heinrich werde ihn vergessen und einen anderen zum Erzbischof ernennen. Doch Heinrich schickte Vaughan los, der Cranmer begleiten und zur Eile antreiben sollte.

Cranmer entschuldigte sich mit dem Wetter: In Frankreich waren die Straßen gefroren. Als Vaughan nach der Überfahrt von Dover in Wissant an Land ging, wollte ihm niemand ein Pferd geben, weil die Straßen zu glatt waren; deshalb mußte er die 20 Kilometer bis Boulogne zu Fuß gehen. Dort bekam er ein Pferd, doch das Pferd rutschte bei Abbéville auf dem Eis aus, und Vaughan verletzte sich am Bein. Er mußte in Amiens warten und sich von einem Arzt behandeln lassen. Schließlich traf er Cranmer in Lyon. Er konnte ihn jedoch nicht überreden, mehr als 24 Kilometer pro Tag zurückzulegen, und so erreichten sie London erst am 10. Januar. Den Berichten zeitgenössischer katholischer Autoren zufolge war Heinrich auf einer Bärenhetze, als Cranmer in Greenwich eintraf. Empört schreiben die Autoren, daß Heinrich Cranmer auf einer Bärenhetze zum Erzbischof von Canterbury ernannt habe.[18]

In Sachen Scheidung geschah nichts. Da Heinrich keinen Anwalt zum päpstlichen Gericht nach Rom schickte, als die Anhörungen nach Allerheiligen weitergingen, entschied der Papst, daß der Prozeß in Heinrichs Abwesenheit fortgesetzt werden solle. Allerdings lehnte er die Forderung von Karls Agenten ab, umgehend ein Urteil zugunsten Katharinas zu fällen. Außerdem weigerte sich Klemens, Heinrich zu exkommunizieren, obwohl er, wie Karl feststellte, von Heinrichs unerhörtem Benehmen unterrichtet war und wußte, daß der König Anne zu der Begegnung mit Franz in Calais mitgenommen hatte, nachdem Klemens ihm befohlen hatte, sie fortzuschicken. Katharina war verzweifelt. »Sämtliche Unwetter dieser Erde scheinen sich immer nur über mir zu entladen«, schrieb sie an Karl.[19]

Ende Januar 1533 merkte Anne, daß sie schwanger war. Wenn das Kind ein Junge wurde, konnte er der männliche Nachkomme sein, den Heinrich so dringend brauchte. Der König mußte Anne heiraten, ehe das Kind zur Welt kam, damit es ehelich war, und je eher er sie heiratete, desto besser blieb der Anstand gewahrt. Heinrich gedachte folgendermaßen vorzugehen: Er wollte Anne sofort heiraten, die Heirat aber noch geheimhalten. Anschließend sollte das Parlament ein Gesetz verabschieden, das verbot, in Rechtsstreitigkeiten Berufung beim päpstlichen Gericht in Rom einzulegen. Cranmer als Erzbischof von Canterbury sollte den Scheidungsprozeß in England führen und zu dem Urteil kommen, daß Heinrichs Ehe mit Katharina von Anfang an ungültig gewesen sei, weil sie gegen Gottes Gebot verstoßen habe und der päpstliche Dispens von 1503 sie nicht für gültig habe erklären können. Da Heinrich in diesem Fall nie mit Katharina verheiratet war, war er im Januar 1533 noch Junggeselle und konnte Anne heiraten. Falls jemand von Heinrichs Liaison mit Annes Schwester Lady Carey wußte und zu behaupten wagte, damit sei die Ehe mit Anne ungültig, lautete die Antwort, daß dieses Hindernis, das sich lediglich auf das kanonische Recht und nicht auf das Gebot Gottes bezog, durch den Dispens aus dem Weg geräumt wurde, den der Papst Heinrich 1527 gewährt hatte, damit er die Schwester seiner ehemaligen Geliebten heiraten konnte, wenn seine Ehe mit Katharina für nichtig erklärt wurde. Da Annes Kind weniger als neun Monate nach Ende Januar geboren würde, sollte zu gegebener Zeit das Gerücht ausgestreut werden, Heinrich habe Anne am Tag des heiligen Erkenwald am 14. November 1532 geheiratet. Keiner der Verantwortlichen scheint bemerkt zu haben, daß Heinrich und Anne dann gleich nach ihrer Rückkehr aus Calais in Dover geheiratet haben mußten.

Vorerst jedenfalls sollte die Heirat streng geheimgehalten werden. Obwohl Heinrich das Supremat des Papstes nicht anerkennen und Cranmer zum ersten Erzbischof einer von Rom abgespaltenen Kirche machen wollte, war es besser, zunächst die äußere Form zu wahren, damit gegen das, was er vorhatte, keine rechtlichen Bedenken vorgebracht werden konnten. Daher sollte Cranmer der letzte englische Bischof sein, der durch eine päpstliche Bulle geweiht wurde. Heinrich unterrichtete den Papst, daß er Cranmer zum Erzbischof von Canterbury ernannt habe, und bat ihn, die Ernennung durch die Weihe Cranmers zu bestätigen. Er bat Klemens, den Erlaß der Bulle zu beschleunigen. Normalerweise lagen zwischen der Ernennung eines Bischofs durch den König und der Weihe durch den Papst in einer Bulle viele Monate.

Damit wurde die Frage der Annaten wieder aufgeworfen, die für das Bistum Canterbury zu zahlen waren – das erste Jahreseinkommen des Bistums, das sich auf 15 000 Pfund belief. Heinrich wollte das Geld ungern verlieren. Da das Gesetz vom Mai 1532, das die Zahlung von Annaten an Rom verbot, nicht vor Ablauf eines Jahres in Kraft treten sollte und auch dann nur auf Anordnung Heinrichs, mußten die Annaten in Cranmers Fall noch gezahlt werden. Heinrich bat den Papst, ihm zuliebe auf die Zahlung der Annaten zu verzichten. An dieser Bitte war nichts ungewöhnlich, denn über den zu zahlenden Betrag wurde immer verhandelt, wenn ein neuer Bischof geweiht wurde. Heinrich konnte zu einem Zeitpunkt, an dem ihr Verhältnis derart gespannt war, allerdings nicht erwarten, daß Klemens dazu bereit war. Klemens seinerseits wußte, daß Heinrich das Gesetz in Kraft setzen konnte, das die Zahlung der Annaten insgesamt abschaffte, wenn er sich weigerte, in diesem Fall auf die Annaten zu verzichten.

Klemens durfte von Heinrichs Heirat mit Anne nichts erfahren, bis er die Bulle für Cranmers Bischofsweihe erlassen hatte. Das Geheimnis wurde so streng gehütet, daß wir selbst heute noch nicht wissen, wann genau die Hochzeit stattfand. Als sie einige Monate später bekannt wurde, nahm man allgemein an, daß Cranmer die beiden getraut hatte, obwohl das der generellen Ansicht widersprach, sie hätten am 14. November 1532 geheiratet. Cranmer selbst schrieb an Hawkins, Heinrich und Anne hätten am Tag des heiligen Paulus geheiratet, am 25. Januar 1533. Er habe sie nicht getraut und erst zwei Wochen später von der Heirat erfahren.[20] Heinrich und Anne hatten also nicht einmal Cranmer, den künftigen Erzbischof von Canterbury und Annes Kaplan, eingeweiht, obwohl er sich damals am Hof aufhielt. Es ist nicht bekannt, wer die Trauung vornahm.

Nach sechs Jahren vorsichtigen Taktierens hatte Heinrich schließlich entschieden, mit Rom zu brechen, die englische Kirche von Rom abzuspalten und die ersten Schritte auf einem Weg zu tun, der wahrscheinlich zwangsweise dazu führte, daß England ein protestantischer Staat mit einer offiziellen Religion wurde, die 1533 von allen Autoritäten einschließlich Heinrichs als ketzerisch angesehen wurde. Der entscheidende Faktor war Annes ungeborenes Kind, die künftige Königin Elisabeth I. Bereits im Mutterleib leistete Elisabeth dem Protestantismus den ersten Dienst.

Während Heinrich darauf wartete, daß Klemens die Bulle für Cranmers Bischofsweihe erließ, zeigte er sich gegenüber dem Nuntius recht versöhnlich. Als der Nuntius ihn drängte, dazu beizutragen, daß die Christenheit vor den Türken gerettet werden konnte, erklärte Heinrich, er sei nur ein unbedeutender Herrscher ohne Macht, ganz auf sich allein gestellt in einem bescheidenen Winkel der Welt; trotzdem werde er tun, was er könne. Indirekt schwang immer die Androhung von Zuckerbrot und Peitsche mit, die Drohung mit dem Gesetz zur Abschaffung der Annaten, das er in Kraft treten lassen konnte. Benet sollte den Papst in Rom daran erinnern, daß er der Nachfolger des heiligen Petrus sei, des Fischers: Wenn ein Fischer »zu schnell und zu heftig an seinem Netz zieht, reißt es. Zieht er dagegen nur sacht daran, ist es voller Fische«. Im Falle der deutschen Lutheraner sei zu heftig gezogen worden: »Erinnert Euch, wie das Netz damals zur Zeit Papst Leos aufgrund des törichten Handelns eines Kardinals zerriß. Der Kardinal zog und zerrte so heftig, daß das Netz bis heute nicht wieder geflickt ist, sondern immer mehr einreißt.« Der Papst solle bedenken, daß Herrscher große Fische seien, die man sorgsam behandeln müsse. Wenn er sich weigere, Heinrich in einer so unbedeutenden Sache wie den Annaten entgegenzukommen, werde kein Herrscher der christlichen Welt die Autorität des Papstes mehr tolerieren.[21]

Chapuys zweifelte nicht daran, daß Heinrich Cranmer nur deshalb zum

Erzbischof von Canterbury ernannt hatte, damit dieser die Scheidung von Katharina vollzog und eine von Rom unabhängige Kirche begründete. Am 27. Januar schrieb Chapuys Karl, der beim Papst in Bologna weilte, von seinen Befürchtungen. Er berichtete, daß Cranmer Gerüchten zufolge Lutheraner sei. Auch der Nuntius in London schrieb und warnte den Papst. Am 9. Februar schrieb Chapuys erneut: Karl solle den Papst überreden, die Bulle für Cranmers Bischofsweihe zu verweigern und im Scheidungsprozeß sofort ein Urteil zugunsten Katharinas zu fällen; statt des Königs solle der Papst lieber Anne exkommunizieren. Nun, da sich Heinrich auf einen Krieg mit Schottland eingelassen habe, sei der geeignete Moment gekommen, Schritte gegen ihn zu unternehmen. Wenn der Papst jetzt nicht handle und zulasse, daß Cranmer zum Bischof geweiht würde, würden Cranmer, Anne und Annes Vater, der Graf von Wiltshire, allesamt Lutheraner, Heinrich dazu bringen, die Kirche zu vernichten. Die Stunde der Entscheidung sei gekommen.

Chapuys wiederholte seine Warnung in zwei weiteren Briefen an Karl. Außerdem teilte er ihm mit, er habe erfahren, daß Cranmer Heinrich und Anne heimlich getraut habe. Trotz aller Warnungen erließ der Papst am 21. Februar die Bulle für Cranmers Bischofsweihe und erklärte sich bereit, auf die Annaten zu verzichten. Chapuys schrieb an Karl, Katharinas Anhänger seien empört, daß der Papst die Bulle erlassen habe.[22]

Nur wenige Tage nach Erhalt der päpstlichen Bulle brachte Heinrich im Parlament ein Gesetz ein, das das Recht aufhob, sich in kirchlichen Fragen an Rom zu wenden. Das Gesetz sollte verhindern, daß Katharina Berufung gegen das Urteil einlegte, das Cranmer in Kürze verkünden würde. Als Chapuys am 15. März auf einem zweistündigen Spaziergang im Park von Greenwich mit Heinrich sprach, griff dieser den Papst an und schalt ihn arrogant, weil er von Königen verlange, daß sie ihm die Füße küßten, und weil er das Recht für sich in Anspruch nehme, sie abzusetzen. Heinrich erklärte, die Macht des Papstes sei für jeden Herrscher der christlichen Welt eine Bedrohung.[23]

Sir George Throckmorton äußerte in einer Rede vor dem Unterhaus seine Bedenken hinsichtlich des Gesetzes, das die Berufung beim Gericht in Rom untersagte. Heinrich ließ Throckmorton an den Hof kommen, um mit ihm und Cromwell über die Angelegenheit zu sprechen. Throckmorton riet dem König dringend ab, Anne Boleyn zu heiraten, »denn man behauptet, Ihr hättet Euch sowohl mit der Mutter als auch mit der Schwester eingelassen«. »Nicht mit der Mutter«, entgegnete Heinrich. »Und auch nicht mit der Schwester«, fügte Cromwell hinzu, »schlagt Euch das aus dem Sinn.« Heinrich sagte dazu nichts. Das Lügen überließ er Cromwell.[24]

Am 30. März 1533 wurde Cranmer in der St. Stephen's Chapel in Westminster zum Erzbischof von Canterbury geweiht. Zur Weihe gehörte, daß der Erzbischof schwor, Papst Klemens VII. und seinen Nachfolgern zu gehorchen und das Papsttum gegen alle Feinde zu verteidigen. Daraus ergab sich für Heinrich ein Problem. Er wollte, daß es bei Cranmers Bischofsweihe in jeder Hinsicht korrekt zuging, damit später niemand behaupten konnte, die Weihe sei nicht ordnungsgemäß vollzogen worden. Auf der anderen Seite wollte er in Kürze erklären, die Autorität des Papstes gelte nicht für England, und Cranmer würde dann alles tun, die Macht des Papstes zu brechen. Der Erzbischof sollte aber nicht schon wenige Monate nach Übernahme seines Amtes seinen Eid brechen. Wie immer schlug Heinrich bei der Lösung des Problems zwei Fliegen mit einer Klappe. Denn Cranmer gab seine bekannte Erklärung sicherlich auf Anraten Heinrichs ab, obwohl die zeitgenössischen katholischen Autoren Cranmer allein die Schuld zuschoben.

Cranmer gab die Erklärung noch vor Betreten der Kirche im Domkapitel von Westminster in Anwesenheit von fünf Anwälten ab: Der Treueid gegenüber dem Papst, den er leisten solle, sei für ihn nicht bindend, wenn er dem Gebot Gottes, dem Willen unseres erlauchten Königs von England und den Gesetzen seines Reiches zuwiderlaufe. Der Eid werde ihn nicht davon abhalten, Maßnahmen zur Stärkung der königlichen Prärogative zu ergreifen. In der Kirche las Cranmer diese Erklärung dreimal laut vor, aber die meisten Zuhörer waren sich der Bedeutung seiner Worte offensichtlich nicht bewußt. Das überrascht keineswegs, und Heinrich und Cranmer vertrauten wohl auch darauf, daß die Zuhörer nicht auf Cranmers Worte achteten.[25]

Zwei Tage nach Cranmers Bischofsweihe sprachen die Bischöfe in der Konvokation von Canterbury über die Scheidung des Königs. Sie kamen zu dem Schluß, daß die Ehe von Heinrich und Katharina nach dem Gebot Gottes ungesetzlich und nichtig sei, wenn die Ehe zwischen Arthur und Katharina vollzogen worden war. Fisher stimmte als einziger gegen diese Entschließung, die auch im Unterausschuß der Konvokation mit 14 gegen 7 Stimmen verabschiedet wurde. Am 3. April erklärte eine kleine Gruppe von Anwälten vor der Konvokation, nach sorgfältiger Prüfung der Beweise, die Wolsey und Campeggio 1529 beim Prozeß in Blackfriars vorgelegt worden seien, habe sich zweifelsfrei ergeben, daß die Ehe von Arthur und Katharina vollzogen worden sei.[26] Daraufhin entschied Heinrich, daß Cranmer jetzt auf der Grundlage der Entschließung der Konvokation und der Entscheidung der Anwälte ein Urteil zu seinen Gunsten fällen konnte, ohne nach weiteren Beweisen oder Argumenten zu suchen.

Am 11. April ersuchte Cranmer Heinrich in einem Brief um die Erlaubnis, seinen Scheidungsprozeß führen zu dürfen, da das gemeine und unwissende Volk bereits überall davon spreche und die Scheidung für die Erbfolge außerordentlich wichtig sei. »Da Euer Gnaden mein Herrscher und Souverän ist, schickt es sich nicht für mich, in besagter wichtiger Angelegenheit ohne

Einverständnis von Euer Gnaden etwas zu unternehmen.« Cranmer bat Heinrich deshalb »demütig flehend auf den Knien«, ihm zu erlauben, über die Gültigkeit seiner Ehe mit Katharina zu befinden. Cranmer schickte Heinrich den Entwurf des Schreibens. Heinrich nahm eigenhändig Änderungen vor, die Cranmers Sätze noch unterwürfiger und die Bitte, den Fall verhandeln zu dürfen, noch deutlicher machten. So waren in der neuen Fassung die Worte »ersuche ich Eure Hoheit demütig flehend auf den Knien« abgeändert in »ersuche ich flehentlich, zu Füßen Eurer Majestät im Staube liegend«.[27] Die Formulierung »zu Füßen Eurer Majestät im Staube liegend« war kein Beispiel für Heinrichs maßlose Eitelkeit, sondern bezeichnete die angemessene Form, in der sich ein Bittsteller an den König zu wenden hatte. Mit diesem Zusatz brachte Heinrich Cranmers Entwurf lediglich in die richtige Form.

Bedeutungsvoller war die Änderung von »Eure Hoheit« in »Eure Majestät«. Der König wurde normalerweise mit »Euer Gnaden« oder »Eure Hoheit« angeredet; beides war korrekt. Der Kaiser hingegen wurde immer mit »Eure Majestät« angesprochen. Heinrich machte als erster englischer König von diesem Titel Gebrauch. Er wollte damit zeigen, daß er Karl ebenbürtig und Kaiser in seinem eigenen Reich war, ohne eine höhere Instanz über sich zu haben außer Gott. Die Anrede »Euer Gnaden« und »Eure Hoheit« sollte beibehalten werden, aber Heinrich hielt es für wünschenswert, daneben gelegentlich die Anrede »Eure Majestät« zu benutzen. Und nirgends war dies wünschenswerter als in dem Schreiben Cranmers. Da Heinrich angesichts der drohenden Exkommunikation und vielleicht sogar Rebellion die Autorität des Papstes nicht länger anerkennen wollte, mußte seine königliche Autorität besonders hervorgehoben werden. Weil jedoch die prozeßführende Partei normalerweise dem Richter untergeordnet ist, mußte Heinrich zeigen, daß er über dem Erzbischof von Canterbury stand, der in seinem Prozeß Recht sprechen sollte.

Heinrich beantwortete Cranmers Brief gleich am nächsten Tag. Cranmer, »den Gott und wir zum Erzbischof von Canterbury bestimmt haben«, habe um Erlaubnis ersucht, den Prozeß zu führen, »und richtig erkannt, daß es Euch als unserem Untertan nicht zusteht, in einer so wichtigen Sache, die uns, Euren Herrscher und Souverän, angeht, ohne unsere ausdrückliche Genehmigung zu befinden«. Heinrich war bereit, Cranmers demütiger Bitte zu entsprechen. »Obgleich wir, Euer König und Herrscher, auf Erden keine höhere Instanz anerkennen, sondern nur Gott, und obgleich wir den Gesetzen anderer irdischer Kreaturen nicht unterworfen sind«, wollte Heinrich Cranmer erlauben, den Prozeß in Übereinstimmung mit den Geboten Gottes zu führen, »denen wir uns als christlicher König bisher gehorsam unterworfen haben, was wir auch in Zukunft zu tun gedenken ... (dessen ungeachtet unsere überragende Macht und Autorität uns und unseren Nachkommen erhalten bleibt)«.[28]

Heinrich und seine Ratgeber waren sich des Widerstands, auf den die Scheidung in England stieß, durchaus bewußt, und sie wußten auch, daß der Plan, dem Papst zum Trotz Cranmer mit der Führung des Prozesses zu betrauen, in einigen Gegenden Unmut wecken konnte. Sie wollten die Gerichtsverhandlung nicht in London abhalten, wo Demonstrationen von Katharinas Anhängern zu erwarten waren. Auf Heinrichs Wunsch sollte Cranmers Gericht in Dunstable tagen, einen Tagesritt von London entfernt. Wenn jemand fragte, warum der Prozeß dort stattfinden sollte, konnte man sagen, so sei es für Königin Katharina bequemer, die in Heinrichs Palast in Ampthill wohnte. Cranmer forderte Heinrich und Katharina auf, am 10. Mai persönlich vor seinem Gericht zu erscheinen oder sich von einem Anwalt vertreten zu lassen.[29]

Chapuys wußte, daß der entscheidende Moment gekommen war. Er hatte seit jeher geglaubt, daß Nachgiebigkeit Heinrich nur noch mehr anspornte, Entschlossenheit ihn dagegen zurückweichen ließ. Da der Papst sich weigerte, gegen Heinrich tätig zu werden, und Karl außerordentlich vorsichtig war, beschloß Chapuys, die Sache selbst in die Hand zu nehmen. Es war ein gewagtes und riskantes Unterfangen, weil er dabei häufig bluffen, leere Drohungen aussprechen und vielleicht sogar die Vollmacht überschreiten mußte, die Karl ihm übertragen hatte. Es erforderte auch persönliche Risikobereitschaft: Acht Jahre zuvor, als die Beziehungen zwischen Karl und Heinrich noch besser gewesen waren als 1533, hatten Heinrich und Wolsey die diplomatische Immunität von Karls Botschafter Praet verletzt, ihn unter Hausarrest gestellt und ihm mit Bestrafung gedroht. Doch zusätzlich zu seinem Pflichtbewußtsein gegenüber Karl und der katholischen Religion empfand Chapuys für Katharina und deren Tochter Maria große Sympathie und Achtung, und er wollte das wenige tun, was in seiner Macht stand.

Am 7. April ging Chapuys an den Hof und ersuchte um Audienz beim König. Norfolk und Wiltshire erklärten ihm, Heinrich sei zu beschäftigt, um mit ihm zu sprechen. Doch nachdem Chapuys ihnen gesagt hatte, Karl werde die Weigerung Heinrichs, seinen Botschafter zu empfangen, überaus ernst nehmen, sorgten sie dafür, daß er zwei Tage später, am Gründonnerstag, eine Audienz erhielt. Chapuys sprach gegenüber dem König sehr offen und bestimmt. Heinrich seinerseits nutzte alle Waffen, die ihm zur Verfügung standen – theologische Argumente, Drohungen und Humor. Chapuys erklärte, die Pflicht gegenüber Gott und Kaiser verlange von ihm, aufs schärfste gegen die Maßnahmen zu protestieren, die im Parlament und in der Konvokation gegen Königin Katharina ergriffen würden. Offenbar sei Heinrich egal, wie die Menschen über ihn dachten, weil er sie verachte; aber er solle zumindest Gott den nötigen Respekt entgegenbringen. Heinrich versicherte Chapuys, er achte Gott durchaus. Deshalb gehorche er auch dem Gebot Gottes und weigere sich, mit der Witwe seines Bruders zusammenzuleben. Er habe ein vollkommen reines Gewissen. Chapuys erklärte, die Welt werde nicht verstehen, daß Heinrich seine Königin nach 25 Jahren verstoße. Heinrich erwiderte, 25 Jahre seien noch keine so lange Zeit, und außerdem könne die Welt noch viel weniger verstehen, wie der Papst einen Dispens erteilen könne, zu dem er gar nicht berechtigt sei. Als Heinrich erklärte, er brauche einen Sohn, um die Nachfolge zu sichern, meinte Chapuys, es gebe keine Gewißheit, daß er in zweiter Ehe Kinder bekommen werde. Heinrich protestierte, fragte dreimal, ob er denn anders sei als andere Männer – »*s'il n'était point homme comme les autres?*« –, und deutete an, daß Anne schwanger sei.

Heinrich fragte Chapuys, ob der Kaiser ihm aufgetragen habe, so zu ihm zu sprechen, oder ob er es von sich aus tue. Dadurch wurde Chapuys in die Defensive gedrängt. Er erklärte, Karl könne ihm keine Anweisungen zu Ereignissen geben, die erst vor einer Woche stattgefunden hätten, er handle deshalb gemäß den allgemeinen Befugnissen, die ihm der Kaiser zu dem Zweck übertragen habe, die Freundschaft zwischen ihm und Heinrich aufrechtzuerhalten. Nichts sei für diese Freundschaft von größerer Bedeutung als die Art und Weise, wie Königin Katharina behandelt werde. Darauf kam es zu einem langen Gespräch. Schließlich meinte Heinrich, Karl habe kein Recht, sich in interne Angelegenheiten Englands einzumischen. Falls der Kaiser versuche, gewaltsam gegen ihn vorzugehen, werde er ihn mit Hilfe seiner Verbündeten schlagen. Und was Katharina angehe, sei er ebensowenig ihr Ehemann wie Chapuys.

Am Ende der Unterhaltung entließ Heinrich Chapuys außerordentlich huldvoll. Allerdings hielt er Chapuys' Sekretär zurück, der bei der Unterhaltung dabeigewesen war, und sprach mit ihm unter vier Augen. Er trug dem Sekretär nochmals seinen Fall vor und erklärte, Chapuys Argumente seien falsch gewesen. Der Sekretär entgegnete jedoch, es stehe ihm nicht zu, über solche Angelegenheiten zu sprechen. Norfolk und Wiltshire luden Chapuys und seinen Sekretär ein, mit ihnen bei Hofe zu speisen, doch die beiden lehnten ab.[30]

Am nächsten Tag schrieb Chapuys an Karl. Er riet ihm, eine Armee nach England zu schicken, und erklärte, der Papst habe das Recht, die weltliche Macht gegen Heinrich und die englischen Lutheraner zu Hilfe zu rufen, um dem Scheidungsskandal ein Ende zu bereiten und zu verhindern, daß das Königreich lutherisch werde. Die Intervention werde Erfolg haben; sie werde nicht nur vom englischen Volk, sondern auch von den Mitgliedern der Oberschicht begrüßt werden, mit Ausnahme des Herzogs von Norfolk und zwei oder drei anderen Würdenträgern. Heinrich werde keine Feldherren und keine Reiter für seine Armee haben. Vor Franz brauche Karl keine Angst zu haben, da dieser Heinrich zuliebe gewiß keinen Krieg mit ihm beginnen werde. Zumindest müsse Karl aber umgehend die diplomatischen Beziehungen zu Heinrich abbrechen und die englischen Botschafter aus Spanien und den Niederlanden ausweisen.[31]

Katharina sprach Cranmer das Recht ab, ihren Fall zu verhandeln, und bat Chapuys um Rat. Er empfahl ihr, sich zu weigern, vor Gericht zu erscheinen, die Zuständigkeit des Gerichts aber nicht anzuzweifeln, denn dies könne dazu führen, daß sie nach dem Gesetz über das Appellationsverbot wegen Verstoßes gegen das Praemunire-Statut angeklagt werde. Am 6. Mai, vier Tage bevor Cranmers Gericht in Dunstable zusammentreten sollte, unternahm Chapuys einen zweiten riskanten Vermittlungsversuch zugunsten Katharinas. Er schrieb an Heinrich, er habe vom Kaiser den Auftrag erhalten, im Interesse Katharinas zu handeln, und habe sich deshalb zu ihrem Anwalt gemacht; in dieser Eigenschaft stelle er Cranmers Zuständigkeit in Frage, den Scheidungsprozeß zu führen. Am nächsten Tag wurde er vor den Kronrat geladen und sprach mit Wiltshire und anderen Ratsmitgliedern, darunter auch Cromwell, der, wie Chapuys schrieb, alles für den König erledigte. Man erklärte Chapuys, wenn ein Engländer den Brief geschrieben hätte, den Chapuys dem König geschickt habe, dann wäre er verhaftet und gemäß dem Gesetz über das Appellationsverbot angeklagt worden. Wenn Chapuys sowohl als Katharinas Anwalt als auch als Botschafter auftreten wolle, könne er seine diplomatische Immunität verlieren. Die Ratsmitglieder behandelten Chapuys jedoch außerordentlich höflich und sprachen eher besorgt als zornig mit ihm.[32]

Chapuys hielt sich soweit wie möglich vom Hof fern. Er glaubte, es würde Katharinas Anhänger entmutigen, wenn sie annehmen mußten, daß der Botschafter des Kaisers mit Heinrich auf gutem Fuß stand. Zweimal lud Heinrich Chapuys ein, mit ihm in einem seiner Parks zu jagen, wann immer er Lust habe, doch Chapuys lehnte beide Male ab.[33]

Cranmer bemühte sich nach Kräften, den Prozeß in Dunstable zu beschleunigen, denn Heinrich wollte, daß Anne am Pfingstsonntag, den 1. Juni, zur Königin gekrönt wurde. Zugleich war jedoch die korrekte Abwicklung des Verfahrens von außerordentlicher Wichtigkeit. An Bittagen und an Himmelfahrt beispielsweise konnte das Gericht nicht zusammentreten. Heinrich und Cranmer machten unter sich keinen Hehl daraus, daß Cranmer kein unvoreingenommener Richter war. Cranmer wußte, daß er in Dunstable lediglich seine Pflicht gegenüber dem König erfüllte. Während des Prozesses schrieb er regelmäßig an Heinrich und versicherte ihm, daß alles nach Plan gehe und er so bald wie möglich ein Urteil zu Heinrichs Gunsten fällen werde.[34]

Am 23. Mai erklärte Cranmer die Ehe von Heinrich und Katharina für nichtig und von Beginn an ungültig. König und Königin dürften nicht länger als Mann und Frau zusammenleben, und beiden stehe es frei, sich wieder zu verheiraten. Fünf Tage später verkündete er bei einer privaten Anhörung in seinem Palast in Lambeth, Heinrichs heimliche Eheschließung mit Anne vor vier Monaten sei rechtmäßig. Am Pfingstsonntag wurde Anne in einer glanzvollen Zeremonie in der Westminster-Abtei gekrönt. Noch viele Jahre später erinnerten sich die Bürger der Stadt an die feierliche Prozession, in der Anne durch die Straßen von London zog. Tausende von Zuschauern sahen ihr neugierig, insgeheim jedoch ablehnend zu. Heinrich nahm nicht an der Krönung teil, denn Könige waren nie anwesend, wenn ihre Gemahlinnen gekrönt wurden. Er beobachtete die Prozession aber von einem versteckten Fenster, an dem ihn niemand sehen konnte.[35]

Als die Nachricht von Cranmers Urteil Karl in Barcelona erreichte, drängte er den Papst, in der Scheidung zugunsten Katharinas zu urteilen, Heinrich zu exkommunizieren und ihm durch eine Bulle sein Königreich wegzunehmen. Klemens erklärte Karl, er werde dies erst tun, wenn er sicher sei, daß die Bullen auch durchgesetzt werden könnten. Würde Karl die Bullen durchsetzen, wenn er sie erließ? Am 31. Mai trat Karls Rat in Barcelona zusammen, um zu entscheiden, welche Maßnahmen ergriffen werden sollten. Militärische Schritte gegen Heinrich kamen nicht in Frage. Das wäre ein zu gewagtes Unterfangen gewesen, zumal Heinrich mit der Hilfe seiner Verbündeten rechnen konnte. Ein Krieg mit England konnte die Herrschaft des Kaisers gefährden, insbesondere in Deutschland, wo sich die lutherischen Fürsten auf Heinrichs Seite schlagen würden. Auch ein Handelsembargo gegen England lehnte der Rat ab, denn dies konnte leicht einen Krieg heraufbeschwören und würde den Interessen der kaiserlichen Untertanen in den Niederlanden schaden. Deshalb durfte der Papst kein Interdikt verhängen, das den Christen jede Beziehung zu England untersagte, denn das würde ein Handelsembargo bedeuten.

Karl mahnte Chapuys in einem Schreiben zur Zurückhaltung und befahl ihm, Heinrich auf keinen Fall den Krieg zu erklären. Außerdem gab er Ortiz in Rom Anweisung, den Papst unter Druck zu setzen, Heinrich zu exkommunizieren und abzusetzen, aber kein Interdikt gegen England zu verhängen.[36]

Moderne katholische Autoren, die aus der Perspektive Katharinas und Chapuys' schreiben, tendieren dazu, dem Papst Schwäche und Feigheit in jeder Phase des Scheidungsprozesses vorzuwerfen und ihn dafür verantwortlich zu machen, daß England ein protestantischer Staat wurde. Dabei übersehen sie, daß Karl V. eine noch größere Verantwortung zukommt. Nachdem er es Klemens zu Beginn des Scheidungsverfahrens unmöglich gemacht hatte, Heinrichs Wünschen nachzukommen, und ihn bei jeder Gelegenheit gegen Heinrich aufgestachelt hatte, weigerte er sich, als es hart auf hart ging, wirksame Maßnahmen zu ergreifen. Statt dessen drängte er den Papst weiter, undurchführbare Bullen zu erlassen und sich so zum Gespött zu machen.

16

Die Prinzessin-Witwe

Sobald Cranmer sein Urteil verkündet hatte, ordnete Heinrich an, daß Katharina fortan nicht mehr den Titel Königin tragen, sondern Prinzessin-Witwe von Wales genannt werden solle, wie es ihr als Witwe Arthurs, ihres einzigen rechtmäßigen Ehegatten, zukomme. Ihre Tochter Maria, die durch das Urteil für unehelich erklärt worden war, sollte nicht länger »Prinzessin Maria«, sondern »Lady Maria, des Königs Tochter« genannt werden. Als Lord Mountjoy und andere Beamte Katharina am 4. Juli in Ampthill aufsuchten, um ihr davon Mitteilung zu machen, weigerte sie sich empört, diesem Befehl des Königs zu gehorchen. Sie griff nach einer Feder, strich das Wort »Prinzessin-Witwe« aus dem Dokument, das Mountjoy ihr vorlegte, und erklärte, Cranmers Urteil sei rechtswidrig.[1] Diese Worte hätten für eine Verhaftung ausgereicht, wenn ein gewöhnlicher Untertan sie ausgesprochen hätte.

Maria weigerte sich ebenfalls, Cranmers Urteil anzuerkennen. Sie beharrte darauf, Heinrichs legitime Tochter zu sein, die aus einer gültigen Ehe hervorgegangen und berechtigt sei, den Titel einer Prinzessin zu tragen. Heinrich hatte Franz in Calais versprochen, Maria nach seiner Scheidung von Katharina nicht für unehelich erklären zu lassen. Doch obwohl er Chapuys gegenüber zugab, daß Maria nach kanonischem Recht legitim gezeugt war, weil ihre Eltern geglaubt hatten, rechtmäßig verheiratet zu sein, erklärte er, dies werde hinsichtlich der Thronfolge Schwierigkeiten verursachen; die Krone solle auf Annes Kinder übertragen werden. Außerdem sei Marias Ungehorsam ein Grund, sie von der Thronfolge auszuschließen, und überdies ziehe er die Gesetze seines Reiches dem kanonischen Recht vor.[2]

Wie immer glich Heinrich die Mißachtung der päpstlichen Autorität dadurch aus, daß er verschärft gegen Ketzer vorging. John Frith, der liebenswürdige junge Mann, der alle bezauberte, die ihn kannten, wurde seit seiner

Verhaftung durch die Agenten von Sir Thomas Morus im Frühjahr 1532 im Tower zu London gefangengehalten. Nachdem Morus von seinem Amt zurückgetreten war, wurden seine Haftbedingungen zwar gelockert, aber freigelassen wurde er nicht. Nach einem Jahr Haft wurde Frith von einem Prediger bei Hofe denunziert, und Heinrich befahl, ihn der Ketzerei anzuklagen. Heinrich brauchte einen radikalen Protestanten als Opfer, um den ausländischen Herrschern und seinen gläubigen katholischen Untertanen zu beweisen, daß er trotz der Abspaltung von der römischen Kirche kein Ketzer war. Obendrein sollte die Bestrafung Friths den Ketzern und Lutheranern als Warnung dienen, es nicht zu weit zu treiben. Frith leugnete die Realpräsenz bei der Eucharistie. Luther hatte Zwingli hart kritisiert, der die Realpräsenz ebenfalls leugnete. Im Fall Frith konnte Heinrich also sogar mit der Unterstützung der Lutheraner rechnen, dieser potentiellen Verbündeten.

Im Juni 1533 wurde Frith von Cranmer und anderen königlichen Beauftragten verhört. Sie befanden ihn der Ketzerei für schuldig, exkommunizierten ihn und überstellten ihn der weltlichen Gerichtsbarkeit, damit er auf dem Scheiterhaufen sterbe. Am 17. Juni schrieb Cranmer an Hawkins, Frith »erwarte täglich seinen Feuertod«.

Tyndale schickte Frith aus den Niederlanden einen Brief ins Gefängnis, in dem er ihm mitteilte, seine Frau sei bereit, für ihn den Märtyrertod zu sterben. »Sir, Eure Frau fügt sich in den Willen Gottes und würde nie zulassen, den Ruhm Gottes um ihretwillen geschmälert zu sehen.« Frith wurde am 4. Juli in Smithfield verbrannt. Andrew Huett, ein Schneider aus London, starb mit ihm. Er war nicht so belesen wie Frith, leugnete die Realpräsenz aber ebenso standhaft. Die beiden Ketzer wurden Seite an Seite verbrannt. Huett hatte den leichteren Tod, denn der Wind blies direkt in seine Richtung und fachte das Feuer an. Friths Feuer hingegen brannte langsam, weil der Wind in die entgegengesetzte Richtung blies; er mußte lange leiden.[3]

Heinrich begab sich gutgelaunt auf seine jährliche Rundreise. Am 6. August schrieb Sir John Russell aus Mr. Westons Haus in Sutton bei Guildford, er habe Heinrich nie fröhlicher gesehen.[4] Von Sutton aus begab sich Heinrich nach Windsor, wo er Chapuys und dessen Kollegen Sauch, der aus den Niederlanden gekommen war, am 17. August eine Audienz gewährte. Nach dem Tod Margaretes von Österreich im Jahr 1530 hatte Karl seine Schwester Maria, die Witwe König Ludwigs von Böhmen und Ungarn, zu Margaretes Nachfolgerin als Regentin der Niederlande ernannt. Maria von Ungarn hatte in aller Eile Sauch nach England geschickt. Zwischen Heinrich und den Kaufleuten des Staple in Calais war ein Streit über die Steuern entbrannt. Aus diesem Grund ließ Heinrich den Warenumschlagplatz für einige Monate schließen und verbot die Ausfuhr von englischer Wolle nach Calais. Dadurch konnte keine Wolle in die Niederlande gelangen.

Chapuys und Sauch beklagten sich bei Heinrich, daß dieses Ausfuhrverbot in den Niederlanden große Not verursacht habe, und wollten wissen, wann das Handelshaus wieder geöffnet werde. Heinrich zeigte sich über die Besorgnis der Gesandten erstaunt. Die Niederländer könnten doch sicherlich Wolle aus Spanien bekommen oder das feine Tuch verarbeiten, das sie aus Frankreich importieren könnten. Als Chapuys und Sauch erklärten, daß diese Alternativen die Niederländer nicht für den Verlust englischer Wolle entschädigen könnten, meinte Heinrich, wenn Karl und Maria von Ungarn so sehr von englischer Wolle abhängig seien, müßten sie ihm gegenüber einen anderen Ton anschlagen als bisher. Er könne ihnen nicht sagen, wann der Staple wieder geöffnet werde, da dies eine Angelegenheit zwischen ihm und seinen Untertanen sei, die Maria von Ungarn nichts angehe.[5] Kurz darauf wurde der Staple wieder geöffnet. Das Gespräch mit Chapuys und Sauch hatte Heinrich Mut gemacht. Wenn schon ein paar Wochen, in denen der Wollhandel mit den Niederlanden unterbrochen war, Maria von Ungarn derart beunruhigten, würden sie und Karl nicht auf einem päpstlichen Interdikt gegen England bestehen.

In dieser Zeit, als die Beziehung zwischen Karl und Heinrich ihren Tiefpunkt erreicht hatte, segelten sieben Kriegsschiffe der Hansestadt Lübeck unter dem Kommando von Kapitän Markus Meyer durch die Nordsee mit Kurs auf London. Lübeck war eine freie Reichsstadt. Ein paar Jahre zuvor hatte dort eine Revolution stattgefunden, die einem radikalen Regiment unter Führung von Jürgen Wullenweber zur Macht verhalf. Die Mitglieder des Rats der Stadt nahmen in Fragen der Religion eine strenge Haltung ein, obgleich ihre Gegner übertrieben, wenn sie sie Wiedertäufer nannten. Religiöse und politische Auseinandersetzungen sowie Handelsstreitigkeiten hatten zwischen den Seeleuten von Lübeck und den Kaufleuten aus den kaiserlichen Territorien in den Niederlanden zu einem Krieg ohne Kriegserklärung geführt.

Meyer segelte die Themse aufwärts und bat um Erlaubnis, seine Schiffe mit Proviant und neuer Ausrüstung zu versorgen. Heinrich gestattete Meyer, sich in London mit Proviant einzudecken, doch durfte er nicht dort bleiben, weil Lübeck gegen die Untertanen des Kaisers Krieg führte. Auf der Themse ankerten zwei kleine spanische Handelsschiffe. Meyers Männer enterten sie, plünderten sie aus und segelten mit ihrer Beute davon.

Chapuys protestierte bei Cromwell gegen diesen Angriff auf Untertanen des Kaisers in englischen Hoheitsgewässern und verlangte Entschädigung für die spanischen Kaufleute. Heinrich war zunächst wütend auf den Lübecker Kapitän; der Kapitän hatte ihn in seiner Ehre beleidigt, indem er seine Neutralität verletzt und ihn ausgerechnet zu einer Zeit erneut in einen Konflikt mit dem Kaiser gestürzt hatte, wo er Karl keinesfalls provozieren wollte. Heinrich erklärte den hanseatischen Kaufleuten des Stahlhofs in London, da Lübeck eine Hansestadt sei, werde er sie für Kapitän Meyers Raubzug verantwortlich machen und ihre Besitztümer in England im Wert von über 5 000 Dukaten konfiszieren, wenn sie die Lübecker Kriegsschiffe nicht mit ihren Schiffen verfolgten und den Kapitän zurückbrächten, damit er sich für seine Tat verantworten könne. Die Schiffe der Hansekaufleute holten die Lübecker Schiffe bei den Downs ein. Obwohl Meyer 2 200 bewaffnete Männer bei sich hatte, war er bereit, die Beute herauszugeben und nach England zurückzukehren, um die von Heinrich angedrohten Vergeltungsmaßnahmen gegen alle Kaufleute der Hanse zu verhindern. Meyer wurde in Dover Castle eingesperrt.

Dann jedoch kamen Heinrich Zweifel. Die Lübecker waren Rebellen und Karls Feinde, vielleicht konnte er sie gegen Karl benutzen. In diesem Fall war er bereit, ihre Sympathien für die Wiedertäufer zu übersehen. Heinrich lehnte Chapuys Forderung nach Entschädigung ab. Die spanischen Kaufleute, die Meyer beraubt hatte, waren ebenso Karls Untertanen wie die Lübecker. Warum sollte Heinrich Untertanen Karls entschädigen, die von anderen Untertanen Karls beraubt worden waren? Es war Aufgabe des Kaisers, sie zu entschädigen und seine Untertanen daran zu hindern, sich gegenseitig zu bekämpfen. Chapuys versuchte, Heinrichs Räten die komplizierte rechtliche Struktur des Reiches zu erklären: Der Kaiser sei der Schutzherr des Reiches, zu dem auch Lübeck gehöre, die Fürstentümer und freien Reichsstädte aber seien unabhängige Staaten, die rechtmäßig Krieg gegen die Niederlande führen könnten. Chapuys erklärte, Heinrich trage als neutraler Herrscher die Verantwortung, wenn seine Beamten zuließen, daß ein kriegführender Staat seinen Feind auf Heinrichs Gebiet angreife.[6]

Im Herbst 1533 ließ Heinrich Meyer von Dover Castle nach Westminster bringen. Nachdem Meyer sein Ehrenwort gegeben hatte, keinen Fluchtversuch zu unternehmen, durfte er sich am Hof frei bewegen. Heinrich gewährte Meyer eine Audienz und zeigte sich ihm äußerst gewogen. Er pries Meyers Fähigkeiten als Kapitän und erklärte seinen Höflingen, er habe eine hohe Meinung von ihm. Nachdem sich der Rat von Lübeck bei Heinrich dafür entschuldigt hatte, daß Meyer die englische Neutralität verletzt hatte, verhandelte Heinrich durch Meyer mit Lübeck über die Möglichkeit eines Bündnisses gegen den Kaiser. Heinrich zeigte seine Sympathie für Meyer in aller Öffentlichkeit. Am Sonntag, dem 7. Dezember, befand Meyer sich unter den Höflingen und Zuschauern, die wie immer darauf warteten, daß Heinrich auf dem Weg zur Messe vorbeikam und vielleicht ein paar Worte mit ihnen wechselte. Als Heinrich Meyer in der Menge erblickte, rief er ihn zu sich und schlug ihn sogleich zum Ritter. Ein paar Tage später schenkte er Sir Markus Meyer eine goldene Kette im Wert von 400 oder 500 Dukaten.[7]

Die Lübecker unterbreiteten Heinrich einen interessanten Vorschlag. Das

Königreich Dänemark stand am Rande eines Bürgerkriegs. Der Schwager des Kaisers, König Christian II., war durch die Erhebung Gustav Wasas aus seinen schwedischen Provinzen vertrieben worden. Er verlor auch Dänemark, als er von seinem Onkel Herzog Friedrich von Holstein gestürzt wurde, der sich selbst zum König von Dänemark machte und Christian in eine Festung sperren ließ. Im Jahr 1533 starb König Friedrich, und sein Sohn folgte ihm als Christian III. auf den Thron. Christian II. blieb weiterhin in Gefangenschaft. Unter Christian III. wurde Dänemark ein lutherischer Staat. Das hieß allerdings nicht, daß Christian dem »wiedertäuferischen« Lübeck deshalb freundlich gesinnt war oder daß sich dadurch die Handelsstreitigkeiten zwischen Dänen und den Bürgern Lübecks verringerten. Da Karl V. über die Absetzung und Inhaftierung seines Schwagers entrüstet war, stand Christian III. am Rand eines Krieges gegen Lübeck und gegen den Kaiser. Er war mit Gustav Wasa verbündet und hielt, sehr zum Unwillen Heinrichs, die traditionelle Freundschaft zwischen Dänemark und Schottland aufrecht.

Meyer und der Rat von Lübeck erklärten Heinrich, wenn er mit Lübeck ein Bündnis schließe und wenn Christian III. gestürzt werden sollte, könne sich daraus eine Situation entwickeln, in der Heinrich intervenieren und sich zum König von Dänemark machen könne. Eine solche Situation war natürlich noch rein hypothetisch. Dennoch schickte Heinrich Gesandte nach Lübeck, um mit Wullenweber zu verhandeln.[8]

Annes Kind kam am 7. September 1533 in Greenwich zur Welt. Zur großen Freude der Anhänger des Papstes und Katharinas war es ein Mädchen.[9] Angesichts dessen, was Heinrich und seine Anhänger bezüglich Katharinas Unvermögen geäußert hatten, einen männlichen Erben zu gebären, war Annes Versagen für Heinrich eine moralische Niederlage. Seinen Gegnern galt sie als Gottesurteil gegen ihn und Anne. Aber Heinrich war nicht der Mann, der sich durch einen Rückschlag entmutigen ließ oder der Welt seine Enttäuschung zeigte. Er tat jetzt erst recht alles, um seine Tochter Elisabeth zur rechtmäßigen Thronerbin zu machen.

Die Geburt Elisabeths war für Heinrich ein weiterer Grund, Katharina und Maria zum Gehorsam zu zwingen. Chapuys, Karl und das ganze päpstliche Europa waren darüber entsetzt, wie Heinrich die beiden behandelte, und moderne Historiker haben sich in gleicher Weise empört. Man kann von einem Mann wie Heinrich nicht erwarten, daß er sich um die Gefühle anderer kümmert, doch wäre es falsch, anzunehmen, er habe aus Sadismus gehandelt oder der gehässigen Anne gefallen wollen. Wie bei den meisten Entscheidungen hatte Heinrich auch diesmal ein politisches Ziel im Auge – er wollte den absoluten Gehorsam gegenüber seiner königlichen Autorität erzwingen. Er wollte Katharina großzügig mit Geld und Ländereien abfinden, wenn sie sich dem Urteil von Cranmers Gericht beugte und den Titel Prinzessin-Witwe annahm. Hätte sie sich dazu bereitgefunden, hätte sie nur getan, was viele andere Königinnen unter ähnlichen Umständen hatten tun müssen, nämlich in eine Scheidung eingewilligt, die ihr Ehemann, der König, aus Gründen der Staatsräson für notwendig erachtete. Die Weigerung Katharinas und Marias, Heinrichs Befehlen und den Gesetzen seines Reiches zu gehorchen, war ein Akt des Ungehorsams, der Rebellion, und nach dem Gesetz ein Vergehen, das nur wenige Herrscher toleriert hätten, auch wenn andere Könige nicht wie Heinrich das Urteil erzwungen und sich alle Kompromißlösungen verbaut hätten.

In Anbetracht von Katharinas trotziger Haltung ließ Heinrich sie von Ampthill nach Buckden in Huntingdonshire bringen. Als Katharina bat, Maria solle bei ihr wohnen dürfen, lehnte Heinrich diese Bitte mit der Begründung ab, die beiden Frauen würden sich nur gegenseitig in ihrem Ungehorsam bestärken. Er wollte Maria nicht einmal erlauben, ihre Mutter zu besuchen oder ihr zu schreiben, obwohl Maria anbot, ihre Briefe unversiegelt Heinrichs Beamten zur Zensur vorzulegen. Heinrich machte deutlich, daß Maria Katharina besuchen und bei ihr wohnen dürfe und noch weitere Vergünstigungen erhalten werde, wenn beide sich dem Urteil unterwarfen und akzeptierten, daß Katharinas Ehe mit Heinrich ungesetzlich, Maria ein Bastard, Anne Königin und Elisabeth die rechtmäßige Thronerbin war.[10]

Heinrich befahl Katharina, ihm das Taufkleid zu schicken, das Maria vor 17 Jahren bei ihrer Taufe getragen hatte, damit Elisabeth darin getauft werden konnte. Damit wollte er ihren Gehorsam auf die Probe stellen. Katharina schickte ihm das Taufkleid nicht.[11]

Als Elisabeth drei Monate alt war, sollte Maria Hofdame der Prinzessin werden. Daraufhin erklärte Maria, sie kenne keine andere Prinzessin in England außer sich selbst; Lady Pembrokes Tochter trage keinen derartigen Titel. Sie räumte jedoch ein, sie könne Lady Elisabeth »Schwester« nennen, wie sie den Herzog von Richmond »Bruder« nenne. Nachdem sie sich heimlich mit Chapuys beraten hatte, was zu tun sei, legte sie zunächst formell Protest ein und erklärte sich dann bereit, in Elisabeths Haushalt einzutreten. Chapuys riet ihr, den Befehlen des Königs Folge zu leisten, aber jeden Brief zurückzuweisen, in dem sie nicht mit »Prinzessin« angeredet werde.[12]

Im Januar 1534 begab sich Heinrich nach Hatfield, wo die kleine Prinzessin und Maria wohnten. Wie immer war er von seinem Kind entzückt. Maria dagegen wurde in ihrem Zimmer eingesperrt. Sie bat darum, mit ihrem Vater sprechen zu dürfen, denn sie hatte ihn immer gern gehabt und er hatte ihr früher viel Zuneigung entgegengebracht. Wegen ihres Ungehorsams schlug Heinrich ihr jedoch die Bitte ab. Am nächsten Morgen verließ er Hatfield. Maria sah vom Dach des Hauses aus zu, wie er im Hof sein Pferd bestieg. Als Heinrich zu ihr aufsah, fiel sie auf die Knie und legte die Hände zum

Gruß zusammen. Die Edelleute aus Heinrichs Eskorte, die Maria ebenfalls sahen, taten so, als bemerkten sie sie nicht. Heinrich aber machte eine Verbeugung und hob grüßend die Hand an den Hut, worauf die Edelleute es ihm gleichtaten. Dann ritt der König davon.[13]

Katharinas Kaplane, Hofdamen und Diener in Buckden waren ihrer Herrin treu ergeben. Als sie einen Eid ablegen sollten, Katharina stets mit Prinzessin-Witwe und nicht mit Königin anzureden, weigerten sie sich und erklärten, sie hätten geschworen, ihr als Königin zu dienen. Im Dezember 1533 schickte Heinrich Suffolk und andere Beamte mit dem Auftrag nach Buckden, Katharina nach Fotheringhay zu bringen. Katharina weigerte sich, Buckden zu verlassen, schloß sich in ihrem Zimmer ein und forderte Suffolk auf, die Tür aufzubrechen. Suffolk begnügte sich damit, ihren Kaplan Abel zu verhaften und in den Tower zu werfen. Katharinas früherer Kaplan Forest von den Franziskanern in Greenwich war bereits verhaftet worden. Katharina schrieb ihm, sie wolle ihm auf dem Weg des Martyriums für Jesus Christus lieber vorausgehen als folgen.[14]

Der Papst weigerte sich immer noch, im Scheidungsprozeß zu Katharinas Gunsten zu urteilen. Daran war zum Teil Franz I. schuld, der sich an die Versprechen hielt, die er Heinrich in Boulogne und Calais gegeben hatte. Er bat den Papst, kein Urteil zugunsten Katharinas zu fällen oder Heinrich zu exkommunizieren. Außerdem stimmte er mit Heinrich darin überein, daß die Verhandlung des Falles in Rom eine Beleidigung des Königs darstelle. Im Herbst 1533 vereinbarte Franz mit dem Papst ein Treffen, um mit ihm über eine Heirat zwischen seinem zweiten Sohn, dem Herzog von Orléans, und der Nichte des Papstes, Katharina von Medici, zu verhandeln. Franz versprach Heinrich, bei der Begegnung mit dem Papst seinen Einfluß zugunsten Heinrichs geltend zu machen. Doch das genügte Heinrich nicht. Er bat Franz, eine Begegnung mit dem Papst so lange abzulehnen, bis dieser seine feindselige Haltung ihm gegenüber aufgegeben habe, und sich zu weigern, seinen Sohn mit Katharina von Medici zu verheiraten. Das ging allerdings zu weit. Franz wollte das Treffen nicht absagen und die Verhandlungen über eine Heirat nicht abbrechen. Er übte jedoch weiterhin Druck auf den Papst aus, obwohl er ihm zugleich versicherte, daß er Heinrichs Mißachtung der päpstlichen Autorität und Cranmers Urteil in Dunstable mißbillige.

Franz' Bemühungen hatten Erfolg. Als zum sechsten Mal seit Beginn des Scheidungsprozesses die langen römischen Gerichtsferien vor der Tür standen, weigerte sich Klemens erneut, ein Urteil zu fällen, und vertagte die Verhandlung bis Anfang November.[15]

Franz erwies Heinrich einen weiteren Dienst, indem er auf Jakob V. mäßigend einwirkte. Im Jahr 1533 war Jakob der einzige Souverän, der Heinrich Schwierigkeiten machen konnte. Die Überfälle an der Grenze hatten sich im vorangegangenen Winter zu einem Krieg ohne Kriegserklärung ausgeweitet. Im November 1532 drangen 3 000 Schotten in Northumberland ein und brannten Dörfer nieder. Am 12. Dezember schlugen die Engländer zurück: Lord Dacre führte eine Armee von 2 000 Mann nach Schottland. Die Soldaten brannten Douglas und zwölf weitere Dörfer nieder und erbeuteten 2 000 Rinder und noch mehr Schafe. Sir Andrew Darcy schrieb an Cromwell, die Brüder Douglas hätten den Überfall geplant, den größten seit 200 Jahren. Jakob stellte eine große Truppe zusammen, um zurückzuschlagen. Franz bat ihn jedoch, England nicht anzugreifen, und schickte einen Gesandten nach Schottland, in der Hoffnung, zwischen Heinrich und Jakob vermitteln zu können. Franz war nahe daran, seinen alten schottischen Verbündeten zu verraten, um sein Bündnis mit Heinrich aufrechtzuerhalten. Er informierte Heinrich über Jakobs Kriegsvorbereitungen und riet ihm, eine große Armee ins Grenzgebiet zu schicken, um die Schotten von einem Angriff abzuhalten. Zugleich hoffte er, Heinrich werde seiner Armee nicht befehlen, mit den Feindseligkeiten gegen die Schotten zu beginnen.

In früheren Jahren hatte Heinrich sich stets geweigert, die Franzosen als Vermittler bei seinen Auseinandersetzungen mit den Schotten zu akzeptieren. Er hatte darauf beharrt, seine »Ehre« verlange von ihm, das Problem mit Waffengewalt zu lösen. Angesichts seiner gegenwärtigen Schwierigkeiten schlug er jedoch einen gemäßigteren Ton an. Er schickte Beauftragte nach Newcastle, um mit den Schotten und Franz' Vermittler zu verhandeln. Die Schotten hatten die Festung Cawmills oder Eddrington drei Kilometer nördlich von Berwick besetzt, die die Engländer im Grenzkrieg einige Jahre zuvor eingenommen hatten. Die Schotten behaupteten, es handle sich um schottisches Territorium, das an Jakob abgetreten werden müsse. Als die englischen Unterhändler dazu nicht bereit waren, wurden die Friedensverhandlungen abgebrochen. Heinrich und Jakob vereinbarten allerdings einen einjährigen Waffenstillstand, und die Schotten blieben im Besitz der Festung.[16]

Der Bruch mit Rom war vollzogen. Nach Cranmers Urteil in Dunstable und Annes Krönung gab es kein Zurück mehr. Heinrich zog die Möglichkeit einer Aussöhnung mit Rom nicht mehr in Erwägung, auch wenn sich Franz und Klemens insgeheim immer noch der Illusion hingaben, daß dies möglich sei. Im Mai 1533 setzte Heinrich das Gesetz in Kraft, das die Annaten abschaffte. Später wurde gesetzlich angeordnet, daß kein Ausländer ein englisches Bistum innehaben durfte. Damit verloren Campeggio und Ghinucci ihre Bistümer Salisbury und Worcester. Im Juni verfaßte Heinrich eine Beschwerde an ein allgemeines Konzil der Kirche für den Fall, daß der Papst ihn exkommunizierte. Das war ein Akt des Ungehorsams, denn die Päpste hatten stets erklärt, es sei Ketzerei zu behaupten, ein Konzil habe das Recht, Beschwerden gegen den Papst anzuhören. Am 8. August drohte Klemens, Heinrich durch eine Bulle zu exkommunizieren und abzusetzen und sämtliche Herrscher der Christenheit aufzufordern, die Bulle durchzusetzen. Er wollte die Bulle jedoch erst nach seiner Begegnung mit Franz erlassen, weil er hoffte, Franz werde mit Heinrich einen Kompromiß aushandeln.[17]

Franz' Unterredung mit dem Papst fand im November 1533 in Marseilles statt. Heinrich schickte Bonner nach Marseilles, um dem Papst seine Beschwerde an das Konzil zu überreichen. Angesichts der Tatsache, daß die Beschwerde eine Mißachtung der Autorität des Papstes darstellte, war Bonner um seine persönliche Sicherheit besorgt. Heinrich trug ihm jedoch auf, kein Blatt vor den Mund zu nehmen, wenn er mit dem Papst spreche, seine Pflicht gegenüber Heinrich zu erfüllen und auf Heinrichs Schutz zu vertrauen. Bonners Gespräch mit dem Papst verlief hitzig, doch kam er dabei nicht zu Schaden. Franz war erbost, daß Bonner den Papst beleidigt hatte, während dieser sein Gast war. Er klagte, daß er den Papst schon fast überredet habe, sich Heinrichs Wünschen hinsichtlich der Scheidung zu fügen, als Bonners Grobheit alles zunichte gemacht habe. Doch Franz hatte sich wahrscheinlich von Klemens' üblichen falschen Versprechungen täuschen lassen. Und Heinrich brauchte oder wollte nichts mehr vom Papst. Er befahl Wallop, seinem Botschafter in Frankreich, Franz mitzuteilen, er und seine Adligen und Untertanen würden »dem Papst einen solchen Schlag versetzen, wie er es noch nie erlebt hat«.[18]

Bei seinen Gesprächen mit dem französischen Botschafter in London, dem Bailli von Troyes, schlug Heinrich einen selbstsicheren und aggressiven Ton an, um zu zeigen, daß er vor niemandem Angst hatte, daß er auf die Freundschaft eines ausländischen Königs verzichten konnte und daß er bereit war, der ganzen Welt zu trotzen. Er erklärte dem Bailli, den Spaniern habe die erfolgreiche Proviantbeschaffung für die Garnison, die in Korun in Griechenland von den Türken belagert wurde, solchen Auftrieb gegeben, daß sie jetzt schon von einem Überfall auf England sprächen. Wenn sie das vorhätten, sollten sie nur kommen: Viele von ihnen würden nicht zurückkehren. Heinrich kritisierte Franz, weil er nicht mit dem Papst gebrochen und nicht erkannt habe, daß Heinrichs Freundschaft mehr wert sei als die des Papstes. Heinrich gab nicht Franz persönlich die Schuld daran, sondern seinen Ratgebern. Franz dürfe sich nicht von ihnen beherrschen lassen. Er selbst werde auch nicht von seinem Kronrat regiert, sondern regiere ihn; andernfalls wäre der Rat König, nicht er. Er frage die Ratsmitglieder zwar nach ihrer Meinung, doch die Entscheidung treffe er selbst, so wie es jeder König tun sollte.[19]

Wenn Franz ein so treuer Verbündeter Heinrichs sei, wie er behaupte, fügte Heinrich hinzu, solle er den Papst in Marseilles gefangennehmen und so lange in Frankreich festhalten, bis er gegenüber Heinrich zur Vernunft gekommen sei. Der Bailli erwiderte, Franz würde an so etwas nicht einmal denken.

Cromwell, der Heinrichs wichtigster Minister geworden war und Norfolk als einflußreichstes Mitglied des Kronrats abgelöst hatte, ließ sich regelmäßig aus ganz England berichten, wo sich vereinzelter Widerstand gegen Heinrichs Politik regte, wo Katharina unterstützt oder Anne gehaßt wurde und wo Heinrichs Bruch mit Rom und das Abgleiten in die Ketzerei auf empörte Mißbilligung stieß. Er erfuhr, was in den Refektorien der Klöster, auf Kirchhöfen nach der Messe und vor allem in Wirtshäusern gesprochen wurde. Die Berichte kamen nicht von bezahlten Agenten einer Geheimpolizei, sondern von treuen Untertanen des Königs, eifrigen Protestanten oder boshaften Nachbarn. Wie die meisten Formen staatlicher Verwaltung im 16. Jahrhundert wurde die Arbeit der Geheimpolizei nicht von Spezialisten, sondern von begeisterten Amateuren erledigt. Cromwells Informationen stammten fast ausschließlich von freiwilligen Informanten, die auch noch im 20. Jahrhundert autoritäre Regimes mit Informationen über politische Dissidenten versorgen.

Im Sommer und Herbst 1533 wurden die Heilige Jungfrau von Kent sowie Bocking und seine Mitstreiter einer nach dem anderen verhaftet. Sie wurden von Cranmer und Cromwells Beamten verhört und gestanden, daß die Nonne mit einigen prominenten Anhängern Katharinas Kontakt gehabt habe. Der Gräfin Salisbury, einer engen Freundin Katharinas, konnte nicht nachgewiesen werden, daß sie sich mit der Nonne getroffen hatte. Anders lag der Fall bei der Marquise Gertrude von Exeter, der klugen Tochter von Lord Mountjoy und Ehefrau von Henry Courtnay, Marquis von Exeter und Enkel Eduards IV. Sie war ebenfalls mit Katharina befreundet und hatte Chapuys hin und wieder mit brauchbaren Informationen versorgt. Sie hatte sich mit der Nonne von Kent getroffen, allerdings nur, um mit ihr über Familienangelegenheiten zu sprechen. Auch Sir Thomas Morus hatte mit der Nonne gesprochen. Er war jedoch äußerst vorsichtig gewesen und hatte ihr geraten, nicht über Dinge zu reden, die den König betrafen. Fisher war weniger diskret gewesen. Er hatte mit ihr über die Warnung des Engels gesprochen, Heinrich werde binnen eines Monats sterben, wenn er Anne heirate.

Im November 1533 wurden Elizabeth Barton, Bocking und vier weitere Priester und Mönche des Hochverrats angeklagt, weil sie erklärt und Elizabeth zu der Behauptung angestiftet hatten, der König werde binnen eines Monats sterben, wenn er Anne heirate. Als bei dem Prozeß rechtliche Probleme auftauchten, wurden sie durch einen Strafbeschluß des Parlaments zum Tode verurteilt. Sie wurden bei Paul's Cross auf einem Schaugerüst vorgeführt, während ein Priester ihre schlimmen Vergehen anprangerte. Heinrich wartete fünf Monate, ehe er sie hinrichten ließ. Er vergab der Marquise von Exeter, die ihm schrieb, sie habe das unwürdige, heimtückische und arglistige Weib, das sich Heilige Jungfrau von Kent nenne, zwar getroffen, sie bitte aber um

Heinrich VIII. Gemälde von Hans Holbein d.J.

National Gallery, London
Bildarchiv Preußischer Kulturbesitz, Berlin

Katharina von Aragon,
erste Gemahlin Heinrichs VIII.
Kupferstich von Bartolozzi

Bildarchiv Preußischer Kulturbesitz, Berlin

Anna Boleyn,
zweite Gemahlin Heinrichs VIII.

National Portrait Gallery, London
Bildarchiv Preußischer Kulturbesitz, Berlin

Sir Thomas Morus,
Kanzler Heinrichs VIII.
Kupferstich von Lerouge

*Galeries de Versailles
Bildarchiv Preußischer Kulturbesitz,
Berlin*

Thomas Wolsey,
Kardinal, Kanzler Heinrichs VIII.
Anonymes Porträtgemälde, um 1520

*King's College Cambridge
Bildarchiv Preußischer Kulturbesitz,
Berlin*

Franz I., König von Frankreich
Porträtgemälde von Jean Clouet, um 1535

Louvre, Paris
Bildarchiv Preußischer Kulturbesitz, Berlin

Karl V., Kaiser. Gemälde von Tizian, 1548

Alte Pinakothek, München (Foto: Braun)
Bildarchiv Preußischer Kulturbesitz, Berlin

Jane Seymour,
dritte Gemahlin Heinrichs VIII.
Gemälde von Hans Holbein d. J.

Kunsthistorisches Museum, Wien (Foto: E. Meyer) Westermann Bildarchiv, Braunschweig

Anne von Kleve,
vierte Gemahlin Heinrichs VIII.
Miniatur von Hans Holbein d. J.

VAM, London Westermann Bildarchiv, Braunschweig

Katharina Howard,
fünfte Gemahlin Heinrichs VIII.
Kupferstich von E. Rooker
nach einem Gemälde von Holbein

Bildarchiv Preußischer Kulturbesitz, Berlin

Katharina Parr,
sechste Gemahlin Heinrichs VIII.
Kupferstich von Edwards
nach einem Gemälde von Holbein

(Foto: Evans)
Bildarchiv Preußischer Kulturbesitz, Berlin

Prinz Eduard von Wales mit Meerkatze im Arm
Gemälde von Hans Holbein d. J., 1542/43

Kupferstichkabinett, Basel (Foto: H. Buresch)
Westermann Bildarchiv, Braunschweig

Gnade, weil sie eine Frau sei und Frauen wegen ihrer Schwäche und Fehlbarkeit leicht zu verführen seien.

Fisher, Morus und Katharinas Beichtvater Abel wurden wegen unterlassener Anzeige des von Elizabeth Barton begangenen Verrats angeklagt. Fisher erklärte, die Nonne habe ihm gesagt, sie habe mit dem König selbst über die Warnung des Engels gesprochen, er habe es deshalb nicht für nötig gehalten, diesen Akt des Hochverrats zu enthüllen, der dem König doch bereits bekannt gewesen sei. Doch Fishers Argument wurde nicht akzeptiert. Fisher wurde wegen unterlassener Anzeige des Verrats zu einer Haftstrafe auf unbestimmte Zeit verurteilt. In Wahrheit hatte er selbst Hochverrat begangen, was die Behörden jedoch nicht wußten: Er hatte Chapuys gebeten, den Kaiser zu überreden, eine Armee nach England zu entsenden und das Reich vor der Ketzerei zu bewahren.[21]

Die Anklage gegen Morus wurde fallengelassen, nachdem er Heinrich in einem Schreiben versichert hatte, er habe alle Zusammenkünfte mit »der bösen Frau von Canterbury« eingestanden. Morus äußerte in dem Brief die Hoffnung, nach dem Tod »Euer Gnaden im Himmel wiederzubegegnen und dort mit Euch glücklich zu sein«.[22] Die Erinnerung an die Zeit, als die beiden einander nahegestanden hatten, kann auf Heinrich keinen großen Eindruck gemacht haben. Obwohl er die Anklage gegen Morus fallenließ, sollte er ihn schon bald in eine ausweglose Lage bringen.

17

Der Eid

Im Dezember 1533 erließ der Kronrat eine Verordnung, wonach der Papst in England künftig nicht mehr Macht haben sollte als irgendein anderer ausländischer Bischof. Außerdem sollte er in Zukunft nicht mehr »Papst«, sondern »Bischof von Rom« genannt werden.[1] Damit wurde ein grundlegendes Prinzip abgeschafft, das in der englischen Kirche 900 Jahre lang Geltung gehabt hatte. Da alles gut vorbereitet war und der Bruch mit Rom sich bereits seit 1529 ganz allmählich vollzogen hatte, regte sich kaum offener Widerstand. Tunstall schrieb Heinrich einen Brief, in dem er ihn untertänigst bat, seine aufrichtige Meinung sagen zu dürfen. Er bedaure einen Schritt, der England von der übrigen christlichen Welt trenne, und wolle Heinrich daran erinnern, daß er zu Beginn seiner Regierungszeit in führender Rolle an einem Krieg zum Schutz des Papstes und der Kirche vor dem abtrünnigen französischen König Ludwig XII. teilgenommen habe.

Heinrich schickte Tunstall eine wohlwollend klingende Antwort. Er habe sich stets gefreut, Tunstalls aufrichtige Meinung zu hören, weil er wisse, daß Tunstall die vielen Wohltaten, die er durch ihn erfahren habe, zu sehr schätze, um Meinungen zu äußern, die den Interessen des Königs zuwiderliefen. Dann ging Heinrich ausführlich auf die theologischen Fragen ein. Ausgehend von alten patristischen Texten, erklärte er, der Bischof von Rom habe keine Befehlsgewalt über andere Bischöfe und schon gar nicht über weltliche Herrscher. England sondere sich nicht von der übrigen Christenheit ab, wenn es das Supremat des Papstes nicht anerkenne, denn große Teile der christlichen Welt hätten bereits mit Rom gebrochen. Erst jetzt erkenne er, daß er sich zu Beginn seiner Regierungszeit in seiner Jugend und Unerfahrenheit vom Bischof von Rom und dessen Helfern habe verleiten lassen, gegen König Ludwig Krieg zu führen.[2]

Daraufhin hörte Heinrich nichts mehr von Tunstall.

Die Entscheidung, daß der Papst in England keine Macht mehr haben sollte, wurde in den nächsten Monaten von den Konvokationen in Canterbury und York sowie von den Universitäten Oxford und Cambridge bestätigt, und das Parlament verlieh ihr Gesetzeskraft. Das Gesetz ging noch über die drei Jahre zuvor von den Konvokationen getroffene Entscheidung hinaus, den König als »alleinigen Beschützer und als oberstes Haupt der englischen Kirche« anzuerkennen, »soweit das Gesetz Gottes es zuläßt«. Nun wurde Heinrich zum »alleinigen Oberhaupt der Kirche von England« nach Christus erklärt.[3]

Die Entwicklung in England überzeugte den Papst endlich, daß durch einen weiteren Aufschub nichts zu gewinnen war. Am 23. März 1534, fast sieben Jahre nach Beginn des Scheidungsprozesses, fällte Klemens' Gericht in Rom ein Urteil zugunsten Katharinas. Der Papst erklärte ihre Ehe mit Heinrich für gültig und befahl dem König, die eheliche Gemeinschaft mit Katharina wieder aufzunehmen. Karls Anhänger betrachteten das Urteil als großen Sieg. Am Abend der Urteilsverkündung veranstalteten sie in Rom eine Kundgebung. Sie zogen durch die Straßen, ließen »das Kaiserreich und Spanien« hochleben und schossen Feuerwerkskörper und Kanonen ab. Ortiz schrieb an Karl, das Urteil zugunsten der Königin sei sein größter Sieg; auf dem Schlachtfeld habe er Menschen besiegt, diesmal aber die Mächte der Finsternis.[4] Heinrich ignorierte das Urteil. Am Gang der Dinge konnte es sowieso nichts mehr ändern. Katholische Autoren behaupten seit 450 Jahren, Heinrich hätte nicht gewagt, das Urteil zu mißachten, wenn es ein paar Jahre früher gefällt worden wäre; dann hätten Katharinas Ehe und das päpstliche Supremat gerettet werden können. Man darf jedoch nicht glauben, Heinrich habe immer nur zum Schein gedroht, in England die Kirchenspaltung herbeizuführen, wenn der Papst ihm die Scheidung verweigere. Diese Drohung hatte er 1528 zum ersten Mal ausgesprochen.

Heinrich wollte jedem seiner Untertanen bewußt machen, daß an Stelle des päpstlichen Supremats jetzt das königliche Supremat getreten war. Die Priester mußten alle Nennungen des Papstes aus den Gebetbüchern ihrer Kirchen entfernen. Wenn ein Priester das vergaß und bei ihm ein Buch gefunden wurde, in dem das Wort »Papst« nicht gestrichen und unleserlich gemacht worden war, bekam er Schwierigkeiten. Die Prediger sollten ihrer Gemeinde eintrichtern, daß der Bischof von Rom in England nichts mehr zu sagen habe und der König das alleinige Oberhaupt der Kirche sei. Die neue Lehre wurde von dem Dekan der Chapel Royal, Sampson, in einem Satz zusammengefaßt: »Das Wort Gottes lautet, dem König zu gehorchen und nicht dem Bischof von Rom.«[5]

In einer Zeit ohne Fernsehen, Radio und Zeitung, in der das Gesetz von jedem Bürger verlangte, daß er sonntags und feiertags in seiner Pfarrkirche die Messe besuchte, war die Kanzel das hauptsächliche Vehikel politischer Propaganda, das seine Wirkung nicht verfehlte. Denn zusätzlich zu den irdischen Strafen wie Tod auf dem Scheiterhaufen, Folter, Galgen, Kerker, Ohrenabschneiden, Auspeitschen und Stock, die einem Delinquenten drohten, konnte der Prediger als letztes Abschreckungsmittel das Höllenfeuer und die ewige Verdammnis beschwören. Die Obrigkeit war sich stets der Macht der Predigt bewußt und zugleich der Gefahr, die ein Gemeindepfarrer mit unorthodoxen Ansichten bedeutete, wenn er seine Stellung dazu nutzte, um von der Kanzel aus zum Aufruhr anzustacheln und ketzerische Lehren zu verbreiten. Eine weitere Gefahr bedeutete jeder, der versuchte, nach Ende der Messe im Kirchhof zu den Leuten zu sprechen, oder in einem an einer belebten Straße gelegenen Garten oder auf einem Jahrmarkt eine Kanzel errichtete und dort Aufruhr und Ketzerei predigte. Es war stets ein Vergehen gewesen, ohne Genehmigung des Bischofs in einer Diözese zu predigen, und die Friedensrichter hatten Order, Prediger ohne Lizenz zu verhaften.

Diese Kontrolle reichte jedoch nicht aus, um der neuen Situation nach der Abschaffung des päpstlichen Supremats Herr zu werden. Viele Geistliche, die Predigtlizenzen besaßen, waren dem Papst treu ergeben. Umgekehrt brachten viele Priester, die mit den »Lutheranern« sympathisierten, bisher aber nicht gewagt hatten, die bestehende Lehrmeinung zu kritisieren, nun offen ihren Haß auf den Bischof von Rom zum Ausdruck. Von einigen orthodoxen Priestern, die in früheren Jahren mit größter Leidenschaft Ketzer verfolgt hatten, wußte man, daß sie über den Bruch mit Rom nicht glücklich waren. Das gab ihren ehemaligen Opfern und allen Anhängern Luthers unter den Geistlichen die Möglichkeit, diese Priester als »Papisten« zu denunzieren. Da Heinrich aber mit Ausnahme des Supremats in jeder Hinsicht so rechtgläubig war wie eh und je, konnten die »Papisten« ihre Gegner weiterhin als Lutheraner und Ketzer denunzieren.

Heinrich konnte sich den Streit zwischen Papsttreuen und Lutheranhängern ebenso zunutze machen wie die Streitigkeiten zwischen Karl V. und Franz I. Er konnte sich darauf verlassen, daß die »Ketzer« den Behörden jeden Fall meldeten, wo ein Vikar in einer Predigt etwas gesagt hatte, das darauf schließen ließ, daß er die Kirchenspaltung mißbilligte, wo einer vergessen hatte, das Wort »Papst« in den Gebetbüchern seiner Kirche zu streichen, oder wo einer absichtlich oder aus Versehen »Papst« anstatt »Bischof von Rom« gesagt hatte. Ebenso konnte Heinrich sich darauf verlassen, daß die Sympathisanten der »Papisten« jeden Priester denunzierten, der Wallfahrten, Heiligenverehrung oder die Lehre vom Fegefeuer angriff oder ketzerische Lehren verbreitete, vor allem wenn dieser Priester erst kürzlich einen der ihren als Papisten denunziert hatte. Man mußte nur verhindern, daß Ketzer und Papisten zu weit gingen, und dafür sorgen, daß sie weit genug gingen. Der neue Kurs, den

Heinrich verfolgte, war der für alle verbindliche Maßstab. Es mußte auch unbedingt verhindert werden, daß die Kontroversen zwischen den beiden Lagern ausuferten und daß die Menschen im Königreich und im Ausland den Eindruck gewannen, England sei in sich zerrissen und stehe kurz vor einem Religionskrieg.

Ostern 1534 befahl Heinrich Cranmer, Gardiner, Stokesley und Longland, alle Predigtlizenzen einzuziehen, die sie in ihren Diözesen Canterbury, Winchester, London und Lincoln vergeben hatten, und allen Priestern das Predigen bis zum Erhalt einer neuen Lizenz zu verbieten. Im Mai erließ Heinrich in seinem eigenen Namen eine Verordnung, durch die das Verbot auf alle anderen Diözesen des Königreiches ausgedehnt wurde. Er wollte damit sicherstellen, »daß Unser Volk mit guter Nahrung versorgt wird und weder den verderblichen Einfluß des Bischofs von Rom zu schmecken bekommt noch durch Neuerungen in Zweifel gestürzt wird«.[6]

Cranmer prüfte in seiner Diözese Canterbury die Zuverlässigkeit der Priester, ehe er ihnen eine neue Predigtlizenz erteilte. Mit der Aufgabe, Bewerber für Predigtlizenzen auszufragen, betraute er Latimer, der erst zwei Jahre zuvor von Hubbardine, einem papsttreuen Priester aus Bristol, als Ketzer angegriffen worden war. Als jedoch bekannt wurde, daß Hubbardine den Papst »König und Herrscher der ganzen Welt« genannt und weiter gesagt hatte, wenn König und Bürgermeister sich in Bristol auf der Straße zeigten, würden die Passanten sie beschimpfen, entschied Cranmer, daß Latimer in der Fastenzeit 1534 am Hof predigen sollte, obwohl Sampson, der Vikar der Chapel Royal, dagegen protestierte, weil auch er Latimer für einen Ketzer hielt. Cranmer riet Latimer, darauf zu achten, was er in seiner Predigt sage, aber keine Gelegenheit auszulassen, die die Heilige Schrift ihm biete, um jedes gottlose Treiben zu verdammen. Außerdem riet er ihm, nicht länger als eine oder anderthalb Stunden zu predigen, für den Fall, daß der König und die Königin sich langweilten.[7]

Im Juni 1534 erließ Heinrich eine Verordnung, nach der es allen Predigern in den nächsten zwölf Monaten verboten war, die Lehre vom Fegefeuer, die Heiligenverehrung, Wallfahrten, die Wirkung von Wundern, die Rechtfertigung durch den Glauben und die Priesterehe zu kritisieren oder zu verteidigen.[8] Die Verordnung nützte den Reformern mehr als ihren Gegnern. Es hatte stets als Ketzerei gegolten, die bestehenden Lehren anzugreifen. Nun war es den papsttreuen Priestern zum ersten Mal untersagt, diese Lehren zu verteidigen und ihre Kritiker als Ketzer zu denunzieren. Cranmer würde es leichter haben, diese Fragen irgendwann in der Zukunft neu anzugehen, vorausgesetzt er konnte Heinrich überreden, sein Einverständnis zu geben. Heinrich war der Ansicht, je weniger über strittige Fragen gesprochen werde, desto besser. Eine religiöse Revolution in England sollte eine Revolution von oben sein. Sie sollte erst stattfinden, wenn Heinrich es wollte, und sie sollte seiner Kontrolle unterliegen.

Heinrich und seine Ratgeber kamen auf ein noch besseres Mittel als die Predigt, um den Gehorsam der Untertanen sicherzustellen: Alle Untertanen sollten persönlich auf den Bruch mit Rom verpflichtet werden. Damals glaubte man allgemein, daß jeder, der einen Eid brach, der ewigen Verdammnis anheimfiel. Also sollten alle Untertanen im Königreich schwören, daß sie glaubten, daß Heinrich und Anne rechtmäßig verheiratet und Prinzessin Elisabeth und alle anderen Kinder, die aus dieser Ehe hervorgingen, die rechtmäßigen Erben des Thrones seien. Jeder, der sich weigerte, den Eid abzulegen, wenn er dazu aufgefordert wurde, verstieß gegen das Praemunire-Statut und konnte zu einer Haftstrafe auf unbestimmte Zeit verurteilt werden. Die Räte des Königs sollten zunächst selbst den Eid ablegen und ihn dann ihren Beamten abnehmen. Die Sheriffs sollten den Friedensrichtern den Eid abnehmen, die Friedensrichter wiederum den Haushaltsvorständen in ihren Bezirken und die Haushaltsvorstände ihren Familien und Bediensteten. Jeder Mann und jede Frau über vierzehn Jahre sollte den Eid leisten.

Wir wissen nicht, wer die Idee hatte, Heinrichs Untertanen auf diese wirksame Weise zu zwingen, den König gegen den Papst zu unterstützen – ob es Heinrich selbst war oder Cromwell, Cranmer, Edward Fox oder irgendein Untergebener, dem weder von seinen Zeitgenossen noch von künftigen Historikern Anerkennung dafür zuteil wurde. Doch die Entscheidung, die Idee in die Tat umzusetzen, lag einzig und allein bei Heinrich.

Das Parlament verlieh der Maßnahme im März 1534 ordnungsgemäß Gesetzeskraft. Cranmer, Lordkanzler Audley, Norfolk und Suffolk wurden mit der Durchführung des Gesetzes betraut, und sie legten die Eidesformel fest. Wer den Eid ablegte, verpflichtete sich, nur dem König und »niemandem sonst in diesem Reich und keiner fremden Macht oder einem ausländischen Fürsten oder Herrscher« zu gehorchen und Heinrichs Ehe mit Anne anzuerkennen. Zudem mußte er schwören, sich an das neue Gesetz und alle anderen Gesetze zu halten, die seit 1529 vom Parlament verabschiedet worden waren, und bei ihrer Durchsetzung mitzuhelfen.[9]

Der Londoner Klerus sollte den Anfang machen. Am 13. April 1534 wurden die Geistlichen in den Lambeth-Palast gerufen, um dort den Eid abzulegen. Auch Fisher und Morus wurden an diesem Tag in den Palast geladen. Zusammen mit Dr. Wilson, dem Archidiakon von Oxford und Rektor von Michaelhouse in Cambridge, weigerten sie sich, den Eid abzulegen. Sie wurden in den Tower geworfen. Die übrigen Geistlichen legten den Eid ab. Nach einigen Monaten im Gefängnis erklärte sich auch Wilson dazu bereit. Der Eid wurde jedem Beamten, gleich welchen Ranges, und vielen anderen im ganzen Land abgenommen. Es ist unwahrscheinlich, daß tatsächlich jeder über vierzehn schwören mußte. 7 342 Personen hatten den Eid im Juli 1534 abgelegt, also nur ein kleiner Teil der in Frage kommenden Bevölkerung. Nur einige wenige Menschen verweigerten den Eid. Neben Fisher und Morus waren es einige Kartäuser und Franziskaner.[10]

Cranmer war ein sanfter Mensch und von Natur aus kompromißbereit. Er zielte auf einen Kompromiß, der, wie er hoffte, Morus und Fisher retten würde. Bei der Unterredung in Lambeth hatte Fisher erklärt, er habe gegen den maßgeblichen Teil der Sukzessionsakte nichts einzuwenden, nur gegen die Präambel, in der das päpstliche Supremat abgelehnt und Heinrichs Ehe mit Katharina für ungesetzlich erklärt wurde. Am 17. April fragte Cranmer in einem Brief an Cromwell an, ob es nicht möglich sei, daß der Bischof von Rochester und Morus den Eid nur auf den Hauptteil der Sukzessionsakte ablegten, da sie die Präambel der Akte ablehnten. Wenn Fisher und Morus den Eid ablegten, schrieb er weiter, werde das auf Katharina, Maria und die anderen, die den Eid ablehnten, starken Eindruck machen und den Kaiser und andere Bewunderer von Fisher und Morus zum Schweigen bringen. Der genaue Wortlaut der Eidesformel von Fisher und Morus könne geheimgehalten werden.[11]

Cranmers Vorschlag war nicht nur ein wohlgemeinter Versuch, Fisher und Morus vor einer lebenslangen Gefängnisstrafe zu bewahren, sondern auch ein genialer Plan, der es Heinrich ermöglichen konnte, die Anhänger des Papstes zu demoralisieren, indem man ihnen erklärte, Fisher und Morus hätten kapituliert. Doch dazu hätte man im Wortlaut der Eidesformel größere Veränderungen vornehmen müssen, als sie Cranmer in seinem Brief vorgeschlagen hatte. Fisher und Morus hätten einen ganz anderen Eid ablegen müssen; sie hätten lediglich geschworen, Prinzessin Elisabeth und alle anderen Nachkommen von Heinrich und Anne als rechtmäßige Erben der Krone anzuerkennen. Außerdem hatte Morus im Gegensatz zu Fisher nie gesagt, daß er nur die Präambel der Sukzessionsakte ablehnte, und es ist äußerst unwahrscheinlich, daß Fisher und Morus Cranmers Kompromiß angenommen hätten.

Der Versuch, die Menschen glauben zu machen, Fisher und Morus hätten nachgegeben, indem man sie einen geheimen Eid ablegen ließ, der im Grunde gar keine Kapitulation beinhaltete, war ein Schachzug, an dem Heinrich hätte Gefallen finden können. Tatsache ist, daß er den Plan ablehnte. Cromwell schrieb Cranmer, er habe dem König seinen Brief gezeigt; Heinrich glaube jedoch, wenn Fisher und Morus lediglich einen Eid auf die Thronfolge und nicht auf die Präambel ablegten, könne dies als Bestätigung der Autorität des Bischofs von Rom und als Mißbilligung der Heirat des Königs mit Königin Anne ausgelegt werden. Der König habe beschlossen, daß Fisher und Morus den Eid vollständig ablegen müßten.[12] Wie schon früher war Heinrichs Taktik auch diesmal einfacher und realistischer als der Weg, den ihm seine Ratgeber vorschlugen. Wenn er sich auf Cranmers Plan eingelassen und so getan hätte, als hätten Fisher und Morus den Eid geschworen, hätte er sie auf freien Fuß setzen müssen. Und wären sie erst einmal frei gewesen, hätte zumindest Fisher den genauen Wortlaut des Eides verraten, den er abgelegt hatte. Wenn die geheime Eidesformel bekannt geworden wäre, hätte man das als Kapitulation Heinrichs betrachtet und nicht als Unterwerfung von Fisher und Morus.

Heinrich hatte vermutlich noch einen anderen Grund für seine Entscheidung. Die Kapitulation von Fisher und Morus konnte ihm weniger nützen als ihre Gefangenschaft: Die Tatsache, daß er bereit war, so bedeutende Männer in den Tower zu werfen, konnte auf seine Gegner eine abschreckende Wirkung haben.

Heinrichs nächste Opfer waren Katharina und Maria. Katharina hatte ihn gebeten, ihrem Beichtvater, ihrem Kaplan, ihrem Arzt und einigen ihrer Hofdamen zu erlauben, zu ihr nach Buckden zu kommen. Heinrich antwortete, er werde ihr diesen Wunsch erfüllen, wenn sie sich füge, auf den Titel Königin verzichte und den Eid auf die Sukzessionsakte ablege. Wenn sie dies tue, werde man sie und Maria gut behandeln. Wenn sie sich jedoch weigere, sehe er sich gezwungen, nach den Gesetzen seines Reiches einen Prozeß gegen sie anzustrengen. Dann könne es für Maria gefährlich werden. Als Katharina nicht reagierte, schickte Heinrich Edward Lee, den Erzbischof von York, und Tunstall zu ihr, um sie nochmals vor die beiden Alternativen zu stellen. Für Tunstall, der Heinrich vor fünf Monaten so offen die Meinung gesagt hatte, war es die Möglichkeit, seine Loyalität zu beweisen. Katharina lehnte die Vorschläge empört ab. Sie fiel Lee und Tunstall ins Wort und beharrte darauf, Heinrichs rechtmäßige Gemahlin und Königin zu sein, wie der Papst es bestätigt habe. Sie erinnerte Tunstall, daß er sie früher beim Scheidungsprozeß unterstützt hatte. Tunstall erklärte, er habe inzwischen seine Meinung geändert, und riet ihr, dasselbe zu tun.[13]

Maria war ebenso widerspenstig wie ihre Mutter. Sie protestierte, weil man sie für unehelich erklärt und sie ihres Titels Prinzessin beraubt hatte, und weigerte sich, den Eid abzulegen.[14]

Chapuys tat nach wie vor alles, was in seiner Macht stand, um Katharina und Maria zu helfen. Im Juli 1534 zeigte er öffentlich, daß er auf Katharinas Seite stand. Dadurch sollte Heinrich in größte Verlegenheit gebracht werden. Chapuys machte sich mit großem Gefolge auf den Weg zu Katharina, die von Buckden nach Kimbolton in Northamptonshire hatte umziehen müssen. Er ritt mit spielenden Musikanten durch London, um so viel Aufmerksamkeit wie möglich auf sich zu ziehen, und sorgte dafür, daß jeder, der seinen Weg säumte, erfuhr, daß er Königin Katharina besuchen wollte. Acht Kilometer vor Kimbolton traf Chapuys auf einen Boten Katharinas, der ihm mitteilte, Heinrich habe ihr verboten, ihn zu empfangen; sie bitte ihn daher, umzukehren. Chapuys beugte sich ihrem Wunsch. Er hatte sein Ziel erreicht und dem Volk von England gezeigt, daß der Kaiser die rechtmäßige Königin unterstützte. Auf dem Rückweg nach London nahm er eine andere Route, damit noch mehr Leute von seiner Reise erfuhren. Chapuys wußte jedoch, daß Katharina von Karl keine wirksame Hilfe zu erwarten hatte.[15]

Der einzige ausländische König, der bereit war, etwas gegen Heinrich zu unternehmen, war sein Neffe Jakob V., dessen Reich von Heinrich verwüstet und beherrscht worden war, als Jakob noch ein Kind war. Nun, mit zweiundzwanzig, verfolgte Jakob eine entschieden anti-englische Politik. Er bereitete Heinrich Kopfzerbrechen, weil er über eine Heirat mit einer französischen Prinzessin verhandelte, dem Papst seine Bereitschaft zusicherte, ihn gegen den abtrünnigen König von England zu unterstützen, und bei Chapuys und der Opposition in England die Hoffnung weckte, eine schottische Invasion könne einen Aufstand gegen Heinrich auslösen. Nach Ablauf des einjährigen Waffenstillstands, der in Newcastle geschlossen worden war, schickte Jakob Gesandte zu Friedensverhandlungen nach London. Sie nahmen eine entschlossene Haltung ein und verlangten, Heinrich solle die Cawmills an Schottland abtreten.

Unter normalen Umständen hätte Heinrich einen solchen Vorschlag als Beleidigung seiner »Ehre« aufgefaßt. Doch 1534 wollte er keinen Krieg mit Schottland. Er stimmte einem Friedensvertrag zu, der im Mai in London unterzeichnet wurde und in dem er Jakob die Cawmills überließ. Der Frieden sollte so lange wahren, wie Heinrich und Jakob lebten. Wenn einer der beiden starb, sollte er noch ein Jahr seine Gültigkeit behalten, auch wenn der Papst gegen Heinrich oder Jakob Sanktionen verhängt hatte.[16]

Für Heinrich war es ein gutes Geschäft: Er hatte eine Festung abgetreten, die sich sowieso bereits in schottischer Hand befand, und als Gegenleistung von Jakob das Versprechen erhalten, daß dieser kein päpstliches Dekret unterstützen würde, das Heinrich seines Thrones verlustig erklärte. Es war allerdings das erste Mal seit seiner Thronbesteigung, daß Heinrich gezwungen war, einer ausländischen Macht ein Gebiet abzutreten, und das erste Mal seit vielen Jahren, daß die Schotten sich brüsten konnten, gegen England einen Krieg gewonnen zu haben. Für diesen Rückschlag mußte Heinrich einen Sündenbock finden. Als der Friedensvertrag mit den Schotten in London unterzeichnet wurde, waren der Graf von Westmorland und der Graf von Cumberland bereits unterwegs, um Lord Dacre, den Schutzherrn der Marken, wegen Hochverrats zu verhaften. Dacre war angeklagt, sich während des Krieges insgeheim mit den Schotten verbündet und ihren Marsch nach England stillschweigend geduldet zu haben. Den beiden Grafen war bekannt, daß Dacre bei seinen Pächtern und den Einwohnern von Cumberland außerordentlich beliebt war. Daher näherten sie sich seinem Haus in Naworth mit einer kleineren Eskorte, als sie sonst in dieses wilde Land mitgenommen hätten, um bei den Einwohnern keine Aufmerksamkeit zu erregen. Aus demselben Grund trennten sie sich vor dem Ort und näherten sich aus zwei verschiedenen Richtungen. Lady Dacre, die Tochter des Grafen von Shrewsbury, Heinrichs einflußreichem Ratgeber, leistete keinen Widerstand, als Cumberland und Westmorland das Haus durchsuchten. Sie händigte ihnen sämtliche Papiere Dacres aus und schickte Bittbriefe an Heinrich, in denen sie ihn um Gnade für ihren Mann anflehte, bis Cromwell ihr und Shrewsbury riet, der Gerechtigkeit ihren Lauf zu lassen, bis Dacre nach dem Gesetz der Prozeß gemacht worden sei.[17]

Dacre wurde beschuldigt, während des Gefechts im Dezember 1532 militärische Informationen an die Schotten weitergegeben und sie gedrängt zu haben, im Juli 1533 in England einzumarschieren. Bei den englischen Überfällen auf Schottland waren die Ländereien einiger Angehöriger der Familie Douglas durch ein Versehen der örtlichen englischen Befehlshaber verwüstet worden. Man warf Dacre nun vor, dies absichtlich angezettelt zu haben, weil er gewußt habe, daß Angus ein treuer Freund des Königs war. Heinrichs Beamte veranlaßten das Geschworenengericht in Carlisle, Dacre dem Gericht des Lord High Steward zu überstellen. Am 9. Juli 1534 saßen zwanzig seiner Kollegen unter den Peers in Westminster Hall über ihn zu Gericht. Doch die Beweise gegen ihn reichten nicht aus, und einige der Lords brachten ihm Sympathie entgegen. Die Peers befanden ihn einstimmig für »nicht schuldig«.

Es war das einzige Mal in Heinrichs Regierungszeit, daß ein Gericht einen prominenten Politiker freisprach, den die Regierung vor Gericht gebracht hatte. Autoren, die für Heinrich oder Cromwell Partei ergreifen, führen den Prozeß gegen Dacre oft als Beweis an, daß staatliche Prozesse nicht inszeniert und Richter und Geschworene nicht eingeschüchtert wurden, sondern in der Lage waren, einen Beklagten freizusprechen, wenn sie es für richtig hielten. Der Prozeß beweist zweifellos, daß Heinrich einflußreiche Untertanen nicht unbedingt zwingen konnte, etwas gegen ihren Willen zu tun, und daß es schwieriger war, die Peers dazu zu bringen, der Hinrichtung eines Mannes aus ihrer Mitte zuzustimmen, den sie für unschuldig hielten, als ein Londoner Geschworenengericht zu veranlassen, Priester und Intellektuelle zu verurteilen, die nach Auffassung des Gerichts den Papst gegen den König und die Gesetze Englands unterstützten. Er zeigt außerdem, daß Heinrich, obwohl er in Dacres Fall einen Fehler gemacht hatte, wußte, wann er den Rückzug antreten mußte. Es war ein Fehler gewesen, Dacre vor Gericht zu bringen. Doch als Heinrich erkannte, wieviel Sympathie die Peers Dacre entgegenbrachten, versuchte er nicht, sie einzuschüchtern, um Dacres Verurteilung zu erzwingen, sondern ließ es zu, daß sie ihn freisprachen. Daß Heinrich das Urteil, wenn auch zögernd, annahm, geht daraus hervor, daß unter den Peers, die Dacre einstimmig freisprachen, nicht nur Gegner seiner Regierung wie Exeter, Montagu und Darcy waren, sondern auch seine Berater Norfolk, Worcester und Königin Annes Vater, der Graf von Wiltshire. Letztere hätten einem Freispruch ohne Heinrichs Zustimmung nicht zugestimmt. Außerdem wissen wir, daß sich die Peers mit Cromwell berieten, ehe sie ihr Urteil fällten.[18]

Doch auch nach seinem Freispruch wurde Dacre nicht aus der Haft entlassen. Vierzehn Tage nach dem Prozeß wurde er vor den Kronrat gebracht und beschuldigt, in den Jahren 1532 und 1533 Briefe an den schottischen Schutzherrn der Marken geschickt zu haben, die er damals weder dem König noch dem Rat gezeigt habe und die bei seinem jüngsten Prozeß nicht erwähnt worden seien. Die Briefe enthielten völlig legitime Anmerkungen zu den Friedensverhandlungen. Rein theoretisch konnte man sie allerdings auch als unerlaubte Mitteilungen an den Feind betrachten. Man teilte Dacre mit, er müsse damit rechnen, aufgrund dieser verräterischen Briefe, die man ihm noch nicht zur Last gelegt habe, erneut wegen Hochverrats angeklagt zu werden. Heinrich werde ihm jedoch sämtliche Vergehen des Hochverrats verzeihen, die er in der Vergangenheit begangen habe, wenn er ihm Ländereien im Wert von 10 000 Pfund überlasse. Dacre nahm das Angebot an.[19] Heinrich machte oft solche einträgliche Geschäfte mit Leuten, denen er bereit war zu vergeben. Doch normalerweise tat er dies, ehe sie vor Gericht gestellt wurden.

In Irland übte Heinrich, abgesehen vom Osten der Insel, nur eine formale Herrschaft aus. Er konnte das Land nur durch ein oder zwei einflußreiche Familien regieren. Die größte dieser Familien waren die Fitzgeralds mit ihrem Oberhaupt, dem Grafen von Kildare. Gerald Fitzgerald, Graf von Kildare, war auf Befehl Wolseys bereits mehrmals verhaftet und in den Tower von London gebracht worden. Er hatte jedoch stets seinen Posten als Statthalter des Königs in Irland zurückbekommen, denn kein anderer konnte das Land wirklich regieren und die einheimischen Anführer daran hindern, eine Revolte anzuzetteln. Im Frühjahr 1534 hatte Heinrich Sorge, Agenten des Papstes könnten in Irland Unruhe stiften. Berichten zufolge sollten Kildare und seine Familie die Anführer der Revolte sein. Heinrich lud Kildare an den Hof. Kurz darauf ließ er ihn in den Tower werfen, wo er ein paar Monate später starb.

Im Juni 1534 zettelte Kildares Sohn, Lord Thomas Offaly, eine Rebellion an. Die Regierungstruppen konnten ihm nicht standhalten, und der Lord Deputy Sir William Skeffington und seine Räte suchten in Dublin Castle Zuflucht. John Allen, der Erzbischof von Dublin, wollte nach England fliehen, aber sein Schiff wurde vom Sturm zurückgetrieben. Daraufhin versteckte er sich in dem Dorf Arlane im Norden der Bucht von Clontarf. Dort wurde er von

Offaly und seinen Männern aufgespürt und von Soldaten ermordet. Es ist nicht bekannt, ob die Soldaten auf Offalys Befehl handelten oder nicht.

Offaly und seine Anhänger setzten sich mit dem Kaiser in Verbindung. Conor O'Brien, der König von Thomond, bot Karl an, 13 000 Mann bereitzustellen, wenn er eine Armee nach Irland schicke. Karl zögerte und schickte schließlich seinen Kaplan. Dieser landete im Juli 1534 in Donegal und traf sich mit den Anführern der Rebellen. Offaly, der nach dem Tod seines Vaters im Tower Graf von Kildare geworden war, hatte fast ganz Irland unter seiner Kontrolle, auch wenn der Bürgermeister und die Einwohner von Waterford für Heinrich die Stellung hielten und Skeffington Kildares Angriff auf Dublin abwehrte. Chapuys berichtete, Heinrich habe sich über die Nachrichten aus Irland ebenso geärgert, wie er sich über die Nachricht gefreut habe, daß die türkische Flotte unter ihrem Admiral Barbarossa, wie ihn die Christen nannten, Tunis eingenommen hatte.

Heinrich schickte Lord Leonard Grey mit einer Armee nach Irland, um den Aufstand niederzuschlagen. Daraufhin baten die irischen Rebellen den Kaiser um Hilfe. Karls Rat behandelte die Bitte auf seiner Sitzung am 31. Oktober in Madrid als einen von 21 Punkten auf der Tagesordnung. Die Räte versprachen sich einen Vorteil davon, wenn sie den Iren zur Unterstützung eine kleine Truppe schickten. Dies würde Heinrich sicherlich davon abhalten, Franz mit einer Armee zu Hilfe zu eilen, wenn es zwischen Frankreich und dem Kaiserreich zum Krieg kommen sollte. Eine so wichtige Entscheidung mußte allerdings dem Kaiser vorgelegt werden, sobald er Zeit hatte, sich damit zu befassen. Im Winter konnte man sowieso keine Hilfe schicken. Man mußte warten, bis das Wetter im Frühjahr wieder besser wurde.

Doch im Frühjahr hatte sich in Irland das Blatt gewendet. Im März eroberten die Regierungstruppen das von Kildare beherrschte Maynooth. Die Rebellen der Garnison, die die Stadt verteidigt hatte, wurden hingerichtet. Im Sommer 1535 wurde der Aufstand niedergeschlagen. Kildare ergab sich, nachdem ihm Lord Leonard Grey ohne Heinrichs Zustimmung sein persönliches Ehrenwort gegeben hatte, daß sein Leben geschont werde.[20]

In Deutschland ereigneten sich derweil furchterregende Dinge. Im Februar 1534 kam es in Münster zur Revolution. Die dortigen protestantischen Extremisten gründeten mit Hilfe holländischer Immigranten eine kommunistische Republik der Wiedertäufer. Die Wiedertäufer leugneten nicht nur die Realpräsenz, die Geltung der Kindertaufe und die Menschwerdung Christi, den sie als Gott und nicht als Menschen betrachteten, sondern sie traten auch für die Abschaffung des Privateigentums und für Gütergemeinschaft ein. Nicht weniger beunruhigt waren der hohe und niedere Adel und die reichen Kaufleute über die Ereignisse in Lübeck. Wullenwebers demokratische Republik in Lübeck schickte Agenten aus, um in Dänemark eine Revolution anzuzetteln. Die Agenten zogen die Handwerker in Kopenhagen und anderen Städten auf ihre Seite und hetzten die Bauern auf dem Land gegen die Grundbesitzer. Der abenteuerlustige Graf Johann von Oldenburg marschierte mit deutschen Soldaten und unterstützt von Lübeck in Dänemark ein, um den Revolutionären zu helfen. Er handelte im Namen von Karls Schwager, dem gefangenen ehemaligen König Christian II., der von seinen Anhängern jetzt »Bauernkönig« genannt wurde. Oldenburg, die dänischen Handwerker und Bauern und das »wiedertäuferische« Lübeck schlossen sich gegen den lutherischen König Christian III. von Dänemark zu einem seltsamen Bündnis zusammen. Auf seiten Christians III. standen die lutherischen Fürsten Deutschlands, der lutherische König Gustav Wasa von Schweden und der größte Teil des dänischen Adels.

Barnes, der 1526 in London als lutherischer Ketzer verurteilt worden war und sich nur durch Widerruf retten konnte, war inzwischen ein einflußreicher Prediger an Heinrichs Hof. Er verbreitete vorsichtig lutherische Lehren, indem er seiner Gemeinde erklärte, daß das von einem Priester gesegnete Weihwasser nicht anders sei als Wasser aus der Themse. Im Frühjahr 1534 besuchte Barnes die lutherischen Staaten Deutschlands, aber diesmal nicht, um sich der Verfolgung in England zu entziehen, sondern um als Heinrichs Gesandter den Lutheranern die Freundschaft des englischen Königs anzubieten und sie zu ermutigen, dem Kaiser in Deutschland Schwierigkeiten zu bereiten. Als im Sommer 1534 in Dänemark der Bürgerkrieg ausbrach, war Barnes gerade in Hamburg. Er drängte Heinrich und Cromwell in einem Brief, mit Christian III. und den dänischen, deutschen und schwedischen Lutheranern ein Bündnis zu schließen; wenn Heinrich und Christian III. sich verbünden würden, hätten England und ein ihm freundlich gesinntes lutherisches Dänemark sowohl die westliche als auch die östliche Hälfte der Nordsee unter ihrer Kontrolle.[21]

Für Heinrich war es jedoch vorteilhafter, sich mit Lübeck zu verbünden statt mit Christian III. Christian, zu dessen Verbündeten Gustav Wasa und die lutherischen Fürsten in Deutschland zählten, wäre nie völlig von Heinrich abhängig gewesen. Außerdem waren die Lutheraner über Heinrichs Scheidung empört, denn sie hatten fast alle Katharina unterstützt. Die Revolutionäre von Lübeck hingegen hatten keine Freunde und waren Heinrich viel mehr ausgeliefert, wenn er erst ihr einziger einflußreicher Verbündeter war. Barnes, der seine religiösen Ansichten in den letzten Jahren weniger laut geäußert hatte, in der Hoffnung, Heinrich allmählich zum Luthertum zu bekehren, mußte deshalb zu seiner Überraschung feststellen, daß Heinrich sich mit Männern verbünden wollte, die so radikal waren, daß die Lutheraner sie als Wiedertäufer bezeichneten.

Am 2. August 1534 unterzeichneten Heinrichs Abgesandte einen Vertrag mit Lübeck. Die Lübecker erklärten sich bereit, Heinrich gegen den Kaiser zu unterstützen, sich nicht mit dem Bischof von Rom auszusöhnen, ohne Heinrichs Zustimmung an keinem allgemeinen Konzil der Kirche teilzunehmen, sich für die Gültigkeit von Heinrichs Ehe mit Königin Anne auszusprechen, sich der Meinung anzuschließen, daß die Ehe eines Mannes mit der Witwe seines Bruders gegen göttliches Gebot verstoße, und darauf hinzuwirken, daß über den Thron Dänemarks in Übereinstimmung mit Heinrichs Wünschen verfügt wurde. Als Gegenleistung lieh Heinrich den Lübeckern 20 000 Gulden. Während die deutschen und dänischen Lutheraner erklärten, wenn die Wiedertäufer von Lübeck weiterhin ungehindert ihren revolutionären Weg verfolgten, werde es auf der Welt bald keinen Fürsten oder Adligen mehr geben, schickte Heinrich im November 1534 Christopher Morres, einen erfahrenen Kanonier und Waffenexperten, nach Lübeck, um die Wiedertäufer in waffentechnischer Hinsicht zu beraten. Als Heinrich einmal über seine Lords am Hof verärgert war, drohte er ihnen, sie zu verlassen und nach Lübeck zu gehen, wenn sie sich seinen Wünschen nicht beugten.[22]

Kapitän Sir Markus Meyer kommandierte die Lübecker Truppen in Dänemark und Scania, Halland und Blekinge, dem dänischen Gebiet jenseits des Sunds von Kopenhagen, das heute den südlichen Teil Schwedens bildet. Im Winter 1534/35 lieferten sich seine Truppen heftige Kämpfe mit der Armee, die Gustav Wasa Christian III. zur Unterstützung geschickt hatte. Im Januar wurde Meyer besiegt und gefangengenommen. Er wurde in die Festung von Varberg in Halland gebracht. Durch ein waghalsiges Unternehmen gelang es ihm, sich zu befreien, den Kommandanten der Festung zu töten und die Festung einzunehmen. Er bat Heinrich um Hilfe und bot an, Varberg in seinem Namen besetzt zu halten. Außerdem wollte er Heinrich die Städte Kopenhagen und Helsingör überlassen, die von den Lübeckern und den dänischen Revolutionären gehalten wurden.

Heinrich wollte sich in Dänemark nicht allzusehr engagieren. Trotzdem hielt er es für lohnenswert, Meyer ein wenig unter die Arme zu greifen. Er schickte Bonner und Richard Cavendish nach Varberg. Bonner hatte sich dadurch ausgezeichnet, daß er Klemens VII. in Marseille die Stirn bot. Unter Marias Herrschaft wurde er zum meistgehaßten papistischen Verfolger der Protestanten, zum »blutigen Bonner« aus Foxes *Book of Martyrs.* Allerdings war wohl keiner der Märtyrer, die er zum Tod auf dem Scheiterhaufen verurteilte, so radikal wie die Ketzer, denen 1535 in Varberg Trost und Hilfe zuteil wurde. Bonner erklärte Meyer, Heinrich wolle drei Schiffe mit 92 Soldaten und Munition für Meyers Kanonen nach Varberg schicken. Obendrein sollte Meyer als Geschenk eine prächtige Rüstung erhalten, die Heinrich für sich hatte anfertigen lassen. Über den Toren von Varberg sollte Heinrichs Wappen angebracht werden.

Die Schiffe fuhren nie ab. Noch ehe sie zum Auslaufen bereit waren, erreichte Heinrich die Nachricht von der Niederlage der Lübecker. Christian III. belagerte Kopenhagen und Varberg und war im Begriff, beide Städte einzunehmen. In Lübeck war eine Gegenrevolution ausgebrochen, Wullenweber war gestürzt worden. Heinrich erlaubte Bonner und Cavendish sofort, von Christian III. einen Geleitbrief anzunehmen, damit sie die feindlichen Linien passieren und Varberg verlassen konnten. Sie sollten mit dem dänischen König über die Freigabe der englischen Handelsschiffe verhandeln, die dieser beschlagnahmt hatte, als es so aussah, als wolle Heinrich Meyer Militärhilfe leisten. Im Herbst 1535 waren das Regime der Wiedertäufer in Münster und die demokratische Republik Lübeck gefallen. Dennoch hielt Meyer bis zum Sommer 1536 in der Festung Varberg aus.[23]

Im November 1534 erließ das englische Parlament ein Gesetz, worin der König zum Oberhaupt der Kirche von England erklärt wurde. In einem weiteren Gesetz wurde verfügt, daß es Hochverrat sei, einen der Titel des Königs nicht anzuerkennen und schriftlich oder mündlich zu erklären, der König sei ein Ketzer, Abtrünniger, Tyrann oder Usurpator.[24] Damit machte sich jeder des mit dem Tode bestraften Hochverrats schuldig, der bestritt, daß Heinrich Oberhaupt der Kirche war. Heinrichs Beamten konnten jetzt verschärft gegen die Gegner des königlichen Supremats vorgehen, die bereits im Gefängnis saßen, weil sie sich geweigert hatten, den Eid auf die Sukzessionsakte abzulegen. Wenn sie sich weigerten anzuerkennen, daß der König das Oberhaupt der Kirche sei, konnten sie hingerichtet werden.

Am 29. April 1535 wurden vier Kartäusermönche und zwei Priester wegen Hochverrats vor das Oberhofgericht in Westminster gebracht. Sie hatten bestritten, daß dem König der Titel Oberhaupt der Kirche von England zustehe. Die Angeklagten waren John Houghton, Robert Lawrence und Augustine Webster, die Priore der Kartausen von London, Beauvale in Nottinghamshire und Axholme in Lincolnshire, ferner Richard Reynolds, ein für seine Gelehrsamkeit bekannter Mönch aus Sion bei Brentford in Middlesex, und die beiden Priester John Haile und John Ferne, der noch sehr jung war. Reynolds verneinte die Frage, ob er den König als Oberhaupt der Kirche von England betrachte, und erklärte, sämtliche Gelehrten der letzten 1 500 Jahre seien mit ihm einer Meinung: »Die ganze übrige Christenheit stimmt mit mir überein, ja, ich wage sogar zu behaupten, auch die Menschen dieses Königreichs, obwohl ein kleiner Teil Eurer Meinung ist. Ich bin überzeugt, daß die meisten Menschen mit uns übereinstimmen, obwohl sie nach außen hin teils aus Furcht, teils aus Hoffnung behaupten, es mit Euch zu halten.« Als er gefragt wurde, wen genau er damit meine, antwortete er: »Alle aufrechten Menschen des Königreiches.« Die anderen Angeklagten bekannten sich zu derselben Haltung. Die Geschworenen befanden sie für schuldig und verurteilten sie zum Tod durch Erhängen, Schleifen und Vierteilen.[25]

Selbst Reynolds, dieser treue Anhänger des Papstes, gab Heinrich keine Schuld, als er sich auf seinen grausamen Tod vorbereitete. Er erklärte seinen Richtern: »Ich bin sicher, wenn der König die Wahrheit erfährt, wird er über gewisse Bischöfe, die ihm diesen Rat gegeben haben, entweder sehr erfreut oder ziemlich ungehalten sein.« Er wußte nicht, daß Cranmer, der von allen Bischöfen am meisten gehaßt wurde, am Tage nach dem Prozeß an Cromwell geschrieben und ihn gebeten hatte, sich bei Heinrich für Reynolds und Webster zu verwenden. Cranmer glaubte, wenn Reynolds und Webster zu ihm geschickt würden, könne er sie bekehren, und ihre Bekehrung wäre den Interessen des Königs dienlicher als ihre Hinrichtung. Doch Heinrich lehnte Cranmers Bitte ab. Er wollte Opfer.[26]

Der König begnadigte Ferne, weil er noch so jung war. Die Urteile gegen die übrigen Angeklagten wurden am 4. Mai vollstreckt. Zum ersten Mal wurden in England Priester und Mönche hingerichtet, ohne daß sie zuerst von ihren Orden verstoßen worden waren. Sie wurden in ihre Mönchskutten und Priestergewänder gesteckt und auf Schleifen vom Tower durch die Innenstadt von London und durch Holborn nach Tyburn, dem heutigen Marble Arch, gezerrt. Dort wurde das Urteil ganz vollstreckt. Vor den Augen ihrer Leidensgenossen wurden sie einer nach dem anderen aufgehängt, noch bei lebendigem Leib wieder abgeschnitten und kastriert. Man schnitt ihnen die Bäuche auf, riß ihnen die Gedärme heraus und verbrannte diese vor ihren Augen, solange sie noch lebten. Anschließend wurden sie geköpft.

Wie üblich sah eine große Menschenmenge den Hinrichtungen zu. Unter den Zuschauern befanden sich auch angesehene Höflinge des Königs. Neben Heinrichs Sohn, dem gerade sechzehnjährigen Herzog von Richmond, waren der Herzog von Norfolk, der Vater und der Bruder der Königin, der Graf von Wiltshire und Lord Rochford, Sir Henry Norris und andere königliche Kammerherrn nach Tyburn gekommen. Bei den Höflingen standen fünf maskierte Männer, die wie Grenzwächter gekleidet waren. Es ging das Gerücht um, der König sei unter ihnen. Das stimmte allerdings nicht.[27]

Das papsttreue Europa war über die Hinrichtung der Kartäusermönche zutiefst empört und befürchtete noch Schlimmeres. Alle glaubten, der fast siebzigjährige Bischof von Rochester, Katharinas vorderster Fürsprecher, werde der nächste Märtyrer sein. Aber zunächst fanden noch andere Hinrichtungen statt. Im Jahr 1533 – Heinrich war gerade dabei, den Bruch mit Rom endgültig zu vollziehen – hatte der König die Sakramentierer Frith und Huett auf dem Scheiterhaufen verbrennen lassen. Nun, da er die führenden Anhänger des Papstes hinrichten ließ, mußten auch Wiedertäufer auf dem Scheiterhaufen sterben. Erst kurz zuvor waren Wiedertäufer aus den Niederlanden nach England geflohen, um der grausamen Verfolgung in ihrer Heimat zu entgehen. In London hatten sie einige ihrer Landsleute bekehrt. Zur selben Zeit traf Heinrich Vorbereitungen, um Schiffe zu Meyers Unterstützung nach Varberg zu schicken. Doch während die Wiedertäufer in Lübeck unter Umständen brauchbare Verbündete sein konnten, waren die Flüchtlinge in London nur nützlich, wenn sie auf dem Scheiterhaufen starben. So konnten sie Heinrichs Untertanen davor warnen, selbst über die Religion nachzudenken, und der Welt beweisen, daß Heinrich immer noch ein frommer katholischer Herrscher war, der Verteidiger des Glaubens, der in seinem Reich keine Ketzer duldete.

Im Mai 1535 wurden dreiundzwanzig niederländische Wiedertäufer, darunter drei Frauen, in St. Paul's der Ketzerei angeklagt. Einige von ihnen waren erst vor kurzem aus den Niederlanden gekommen, andere lebten schon seit einiger Zeit in London. Heinrich berief zwei Würdenträger zu ihren Richtern: Stokesley, den Bischof von London, der schon immer leidenschaftlich Jagd auf Ketzer gemacht hatte, und Barnes, der vor neun Jahren selbst in St. Paul's als Ketzer verurteilt worden war. Barnes haßte Wiedertäufer genausostark wie jeder Katholik. Wenn er Heinrich schon nicht überreden konnte, die Lutheraner in Dänemark gegen die Wiedertäufer zu unterstützen, konnte er ihm immerhin helfen, die Wiedertäufer in England zu verbrennen.

Stokesley und Barnes befanden alle Angeklagten der Ketzerei schuldig. Neun von ihnen widerriefen. Sie wurden in die Niederlande zu Maria von Ungarn abgeschoben. Die anderen vierzehn widerriefen nicht. Sie wurden zum Tod auf dem Scheiterhaufen verurteilt. Ein Mann und eine Frau wurden am 4. Juni in Smithfield verbrannt. Die zwölf anderen wurden in verschiedene Städte Englands gebracht und dort verbrannt.[28]

Die Katholiken Europas billigten zwar die Hinrichtung von Wiedertäufern, ließen sich jedoch nicht von dem ihrer Ansicht nach scheinheiligen Versuch Heinrichs beeindrucken, seine Strenggläubigkeit zu beweisen. Ihre Sorge galt der päpstlichen Partei in England, insbesondere dem Bischof von Rochester, und sie waren mit dem Problem konfrontiert, mit dem alle Sympathisanten eines verfolgten Dissidenten im Ausland sich auseinandersetzen müssen: Würde lautstarker internationaler Protest Fishers Lage verbessern oder eher verschlechtern?

Papst Paul III., der nach dem Tod Klemens VII. im September 1534 zum Papst gewählt worden war, wollte alles tun, was in seiner Macht stand, um Fisher zu retten und der Welt zu zeigen, daß Fisher die volle moralische Unterstützung des heiligen Stuhls hinter sich hatte. Am 20. Mai ernannte der Papst im Konsistorium sieben neue Kardinäle. Fünf von ihnen waren italienische Beamte am päpstlichen Hof, darunter Ghinucci. Der sechste war Jean Du Bellay, Franz' ehemaliger Gesandter in England, der siebte war Fisher.

Sir Gregory di Casale, Heinrichs Agent in Italien, war entsetzt, als er erfuhr, was der Papst getan hatte. Er war überzeugt, daß Fishers Ernennung zum Kardinal Heinrich erzürnen werde. Ortiz dagegen freute sich, daß Fisher den Kardinalshut bekommen hatte. Er sah darin einen gelungenen Schlag gegen Heinrich. Allerdings schrieb er der Kaiserin, er fürchte, Gott werde Fisher, noch ehe dieser von seiner Ernennung erfahre, den wahren Kardinalshut aufsetzen, die Märtyrerkrone.[29]

Der Papst war erschüttert, als Casale ihm sagte, Heinrich werde über Fishers Ernennung außer sich sein und seine gutgemeinte Geste habe Fisher in Gefahr gebracht. Er bat Franz, seinen Einfluß bei Heinrich zugunsten Fishers geltend zu machen. Franz erklärte, er werde alles tun, was in seiner Macht stehe, um Fisher zu retten. Er war allerdings nicht allzu optimistisch und sagte dem päpstlichen Nuntius in Frankreich, Heinrich sei ein außerordentlich schwieriger Verbündeter. Manchmal sei er so hartnäckig und arrogant, daß es kaum zu ertragen sei. »Manchmal behandelt er mich beinahe wie einen seiner Untertanen. Er ist der seltsamste Mann der Welt, und ich fürchte, ich werde nichts bei ihm erreichen. Aber ich muß mich damit abfinden, denn jetzt ist nicht die Zeit, um Freunde zu verlieren.«[30]

Casales schlimmste Befürchtungen wurden wahr. Heinrich war außer sich, als er von Fishers Ernennung zum Kardinal hörte. Er betrachtete es als Herausforderung, die er erwidern mußte, und als Beleidigung, für die er sich rächen wollte. Da man Fisher den Kardinalshut verliehen habe, erklärte er, werde er Fisher köpfen lassen und den Kopf nach Rom schicken, damit man ihm den Hut aufsetzen könne.[31]

Drei weitere Kartäusermönche der Kartause von London, Humphrey Middlehurst, William Exmere und Sebastian Newdigate, wurden vor Gericht gestellt. Man übte starken Druck auf sie aus, damit sie Heinrich als Oberhaupt der Kirche anerkannten. Man band sie in ihrem Kerker in Newgate aufrecht stehend mit Ketten um den Hals an Pfähle und ließ sie halb verhungern. Margarete Clement, der Adoptivtochter von Thomas Morus, und anderen gläubigen Katholikinnen gelang es, sich in das Gefängnis zu schleichen und den Gefangenen Essen zu bringen.[32]

Heinrich ernannte siebzehn königliche Kommissare, die den Prozeß gegen Fisher und die drei Kartäusermönche führen sollten. Zu ihnen gehörten nicht nur Audley, Suffolk, Wiltshire und Cromwell, sondern auch der Marquis von Exeter, dessen Frau, wie Heinrich wußte, Katharina, Chapuys und Fisher sehr nahestand. Heinrich wollte damit Exeters Loyalität auf die Probe stellen. Am 11. Juni versammelten sich Richter und Geschworene in Westminster Hall, um Middlehurst, Exmere und Newdigate, die erklärt hatten, Heinrich sei nicht Oberhaupt der Kirche von England, wegen Hochverrats zu verurteilen. Sie wurden schuldig gesprochen und zum Tod durch Erhängen, Schleifen und

Vierteilen verurteilt. Am 17. Juni fand vor demselben Gericht der Prozeß gegen Fisher statt. Fisher gab zu, bestritten zu haben, daß Heinrich das Oberhaupt der Kirche von England sei. Gleichzeitig erklärte er, laut Gesetz begehe man nur dann Hochverrat, wenn man die Titel des Königs »in böser Absicht« leugne, doch er habe nicht in böser Absicht gehandelt. Sein Argument wurde zurückgewiesen. Fisher wurde schuldig gesprochen und zum Tod durch Erhängen, Schleifen und Vierteilen verurteilt. Heinrich wandelte das Urteil in Tod durch Enthaupten um. Die Kartäusermönche mußten am 19. Juni in Tyburn die volle Strafe erdulden, Fisher wurde drei Tage später auf dem Platz vor dem Tower enthauptet.[33]

Heinrich war ausgezeichneter Stimmung. Laut Chapuys ritt er am Tag nach Fishers Hinrichtung, am Vorabend des Johannistages, mit einer Reihe von Freunden 48 Kilometer; anschließend ging er mit einem Zweihänder noch 10 Kilometer zu Fuß in ein Dorf, in dem, wie er gehört hatte, ein Schauspiel veranstaltet werden sollte, das zeigte, wie der gute König Heinrich seinen ungehorsamen Geistlichen die Köpfe abschlägt. Er betrat ein Haus, von dem aus er dem Spiel zusah, und es gefiel ihm so gut, daß er sich den Zuschauern zeigte, die ihm daraufhin lautstark applaudierten. Chapuys Bericht wird von keiner anderen Quelle bestätigt.[34]

Der letzte, der leiden mußte, war Sir Thomas Morus. Gefragt, ob er den König als Oberhaupt der Kirche von England anerkenne, verweigerte er die Antwort und erklärte, Schweigen könne nicht als Hochverrat ausgelegt werden. Morus führte jedoch in seiner Zelle im Tower ein Gespräch mit dem zweiten Kronanwalt Sir Richard Rich. Rich zufolge soll Morus im Laufe der Unterhaltung erklärt haben, das Parlament habe nicht das Recht, den König zum Haupt der Kirche zu machen.* Dies konnte so ausgelegt werden, als habe er den Titel des Königs nicht anerkannt. Morus wurde in Westminster Hall vor die vom König bestellten Richter geführt, darunter Audley, Cromwell, Norfolk und weitere Mitglieder des Kronrats, und von einem Londoner Geschworenengericht des Hochverrats für schuldig erklärt, obwohl Richs Zeugnis das einzige Beweismittel gegen ihn war. Morus erklärte, Rich habe gelogen. Zwar ist wahrscheinlicher, daß Rich einen Meineid leistete, als daß Morus einen Fehler machte und Rich seine wahren Gedanken verriet. Aber die Geschworenen ließen sich von Morus' Kasuistik nicht beeindrucken. Als sie ihr Urteil gefällt hatten, bekannte Morus in seinem Schlußplädoyer, daß er nicht an das königliche Supremat und die Gültigkeit von Heinrichs Ehe mit Anne glaube. Er erklärte, daß die gesamte christliche Welt außerhalb Englands mit ihm einer Meinung sei.[35]

* Dieser Standpunkt wird aus dem Bericht, den Rich am Tag des Gesprächs an Cromwell schrieb, nicht deutlich. Professor Elton hat dies zum Thema einer interessanten Analyse gemacht.

Morus wurde zum Tod durch Erhängen, Schleifen und Vierteilen verurteilt, aber Heinrich wandelte die Strafe in Tod durch Enthaupten um. Am 6. Juli, dem Vorabend des Festes des heiligen Thomas von Canterbury, wurde Morus auf dem Platz vor dem Tower geköpft. Wie bei Hinrichtungen üblich, durfte er zu den Umstehenden sprechen, ehe er das Schafott bestieg. Man erklärte ihm jedoch, der König wünsche, daß er sich kurz fasse. Morus gehorchte und sprach nur wenig. Er ermahnte die Anwesenden, für den König zu beten; er selbst habe immer versucht, dem König ein treuer Diener zu sein, doch an erster Stelle habe Gott gestanden. Dann tat der Henker seine Pflicht, und Morus' Kopf wurde wie zuvor der von Fisher auf einem Pfahl auf der London Bridge aufgestellt.[36]

Die Hinrichtungen in England erschütterten die christliche Welt.[37] Die Fürsten, der Klerus und die Völker des katholischen Europa waren empört über die Hinrichtung der Priore, der Mönche und des berühmten Gelehrten Sir Thomas Morus, eines ehemaligen Lordkanzlers. Doch am meisten bewegte sie, daß Heinrich einen Kardinal hatte hinrichten lassen, um dem Papst zu trotzen. Franz teilte dem Nuntius und den übrigen Gesandten an seinem Hof mit, daß er das Vorgehen seines Verbündeten, des Königs von England, zutiefst mißbillige. Brion, der Admiral von Frankreich, erklärte dem Nuntius, Heinrichs Verhalten gegenüber Fisher sei »das Schändlichste, Niederträchtigste und Schlimmmste, was es je auf der Welt gegeben hat«.[38] Aber je heftiger die Kritik Heinrichs im Ausland wurde, desto mehr konnte er auf die patriotische Unterstützung seines Volkes bauen. Edward Hall, ein typischer Londoner, stand voll auf Heinrichs Seite und wandte sich gegen den Kardinal, der von dem italienischen Papst so sehr bedauert wurde. Als Hall über Fishers Tod schrieb, konnte er seine Freude kaum verbergen: »Man sagte, der Papst, für den er bei seinem Prozeß so beherzt und mit solchem Starrsinn eintrat, habe ihn zum Kardinal ernannt und den Kardinalshut bis nach Calais geschickt. Doch der Kopf, auf dem er sitzen sollte, prangte schon oben auf der London Bridge, ehe der Hut Bischof Fisher erreichen konnte.«[39]

18

Die Klöster

Im Herbst 1535 war Heinrich in einer kritischen Lage. Der Papst unterrichtete die anderen Könige der christlichen Welt von seiner Absicht, Heinrich durch eine Bulle abzusetzen, weil er den Kardinal von Rochester hatte hinrichten lassen, und bat sie um Unterstützung, das Urteil gegen Heinrich zu vollstrekken.[1] In England hatte ein regnerischer Sommer eine schlechte Ernte und eine Verknappung der Nahrungsmittel zur Folge. Heinrich stoppte den Export von Getreide nach Calais und ließ Getreide aus den Niederlanden importieren. Die Anhänger des Papstes erklärten, das Wetter sei Gottes Strafe für Heinrichs Politik. Ein fast achtzigjähriger Bauer, der am Samstag vor dem Fest des heiligen Thomas von Canterbury vom Markt in Worcester durch den Regen nach Hause stapfte, sagte zu einer Frau, die ihn begleitete, es habe kein schönes Wetter mehr gegeben seit »der König diese Sache begann«, und solange er regiere, werde sich das Wetter nicht bessern. Als der örtliche Friedensrichter von dem Gespräch erfuhr und den alten Mann verhörte, konnte dieser nicht erklären, was er mit »dieser Sache« gemeint hatte. Ein Vikar aus der Nachbarschaft in Worcestershire wurde deutlicher. Er sagte, die Männer, die in London Mönche und andere Menschen zum Tode verurteilt hätten, seien schlimmer als die Türken, Juden, Ketzer und Lollarden.[2]

Bei Cromwell gingen viele Berichte über solche aufrührerischen Reden ein. Ein Mönch der Abtei Glastonbury erklärte in einer Predigt, wer »die neuen Bücher« lese, sei »lüstern und bereit, Ehefrauen und Diener zu verschlingen«. Der Hilfsgeistliche von Harwich meinte, Heinrich sei am Hof von »Schurken und Flegeln« umgeben und Dr. Barnes sei ein »hinterhältiger Schurke und Ketzer«. In Coventry wurden die öffentlich ausgehängten Abschriften der Gesetze und königlichen Proklamationen einfach abgerissen. Der Hilfsgeistliche von Broughton in Oxfordshire sagte, der Papst sei die Sonne, der König der

Mond und das Volk die Sterne. Eine Frau aus Suffolk nannte die Königin eine »glotzäugige Hure«, und ein betrunkener Mann aus Blisworth in Northamptonshire platzte heraus, er würde gerne den Kopf des Königs wie einen Fußball auf dem Boden rollen sehen.[3]

Aber Heinrich regte sich darüber nicht auf. Am Tage vor Morus' Hinrichtung begab er sich mit Anne von Windsor aus auf eine Rundreise, die ihn weiter nach Westen führte als je zuvor. Er kam nach Tewkesbury, Gloucester und Bristol und gelangte über Wiltshire nach Winchester, wo er einen ganzen Monat lang in Hampshire auf die Jagd ging und Falknerei betrieb. Er schickte Beamte nach Calais, um die dortigen Befestigungen zu verstärken. Chapuys glaubte allerdings nicht, daß Heinrich sich vor den Franzosen fürchtete, da der König mehr denn je tanzte und mit den Damen plauderte.[4] Vor allem eine Dame erregte seine Aufmerksamkeit. Auf seiner Reise stieg Heinrich auch in Wolf Hall ab, dem Haus Sir John Seymours im Wald von Savernake in Wiltshire. Dort begegnete er Seymours Tochter Johanna. Er kannte sie bereits, denn sie war als Hofdame Katharinas und Annes am Hof gewesen. Laut Chapuys war sie von mittlerer Größe, nicht besonders schön und ziemlich blaß. In Aussehen und Charakter unterschied sie sich offenbar beträchtlich von Anne. Nach den Maßstäben des 16. Jahrhunderts war sie nicht mehr jung; sie war sechsundzwanzig und noch immer nicht verheiratet. Nach Heinrichs Besuch in Wolf Hall kehrte sie mit ihrem Bruder Edward an den Hof zurück.

Anne hatte sich in letzter Zeit unverantwortlich verhalten. Sie machte sich über den französischen Gesandten lustig und lachte ihm ins Gesicht, und sie beleidigte Norfolk in aller Öffentlichkeit. Sie war wieder schwanger, und Heinrich und seine Räte hofften auf einen Sohn. Auf der Rundreise war sie gut gelaunt und genoß die Wochen, die sie mit Heinrich auf der Falkenjagd in Hampshire verbrachte.[5]

In Winchester erhielt Heinrich Besuch von Lord Leonard Grey, der den rebellischen Grafen Kildare mit sich brachte. Es war Heinrich nicht recht, daß Grey Kildare versprochen hatte, sein Leben werde geschont. Er beschloß, nach demselben Prinzip vorzugehen, nach dem er und sein Vater Heinrich VII. damals bei Edmund de la Pole vorgegangen waren: Wenn er einen Rebellen in die Hände bekam, indem er ihm versprach, sein Leben zu schonen, würde er eine angemessene Zeit verstreichen lassen, ehe er ihn hinrichten ließ. Heinrich gewährte Kildare in Winchester Audienz und ließ ihn unter der Bedingung frei, daß er am Hof blieb. Kildare traute Heinrich nicht und rechnete mit dem Schlimmsten. Chapuys glaubte jedoch, da Heinrich Kildare Audienz gewährt hatte und dieser sich frei am Hof bewegen durfte, werde er ihn später nicht hinrichten lassen. Heinrich wartete, bis Lord Leonard Grey nach Irland zurückgekehrt war. Dann ließ er Kildare, nur zehn

Tage nach dessen Ankunft in Winchester, in den Tower werfen. Er ließ weitere sechzehn Monate verstreichen, dann gab er den Befehl für Kildares Hinrichtung.[6]

Heinrich tat so, als habe er mit der Unterdrückung von Kildares Aufstand Irland erneut erobert und sei berechtigt, sich über sämtliche Gesetze und Bräuche des Landes hinwegzusetzen und als Eroberer eigenmächtig zu herrschen. Nachdem er sich mit Cromwell beraten hatte, beschloß er freilich, sich des irischen Parlaments zu bedienen. Das Parlament verabschiedete gehorsam Statuten, durch die Heinrich in den Besitz der Ländereien seiner besiegten Feinde gelangte, und übernahm die Gesetze des englischen Parlaments bezüglich der Erbfolge und des königlichen Supremats auch für Irland. Außerdem wurden per Gesetz irische Bräuche abgeschafft und die englische Lebensweise eingeführt. Die Einwohner Irlands sollten Englisch sprechen und ihren Kindern die englische Sprache beibringen. Sie sollten auf der Straße anstelle des irischen Mantels englische Kleidung tragen. Außerdem sollten sie englische Mützen tragen und ihre Oberlippenbärte abrasieren, und die Haare sollten die Ohren bedecken.[7]

Wullenweber hielt sich in Dänemark auf, als Agenten Karls V. in Lübeck eine Gegenrevolution durchführten. Sofort reiste er mit 30 000 Gulden in der Tasche nach Deutschland, um Söldner anzuwerben, die ihm in Lübeck wieder zur Macht verhelfen sollten. Als er durch das Gebiet des Erzbischofs von Bremen kam, wurde er in einem Wirtshaus verhaftet, identifiziert und in einem Kerker in Rotenburg in Ketten gelegt. Unter Folter gestand er, von Heinrich Geld erhalten zu haben. Er habe Heinrich zum König von Dänemark machen wollen und Meyer befohlen, Heinrichs Wappen über den Toren von Varberg anzubringen. Außerdem gab er zu, mit dem »König von Münster« in Verbindung gestanden zu haben – dem Anführer der Wiedertäufer, Johann von Leiden, der in Münster eine Schreckensherrschaft ausgeübt hatte und sich nun als Gefangener in den Händen der siegreichen Katholiken befand. Die katholischen Propagandisten zeichneten das düstere Bild einer großen internationalen Verschwörung der Wiedertäufer unter Führung von Johann von Leiden, Wullenweber und Heinrich. Sie erklärten, die Wiedertäufer hätten Heinrich zu Fishers Hinrichtung geraten.

Heinrich tat für Wullenweber, was er konnte. Zwar teilte er Wullenwebers religiöse Ansichten nicht, doch glaubte er, es könne seinem Ansehen schaden, wenn er nicht in der Lage sei, seine Verbündeten zu schützen. Er protestierte mehrmals beim Erzbischof von Bremen gegen die Festnahme und schlechte Behandlung Wullenwebers und verlangte, ihn auf freien Fuß zu setzen und mit den 30 000 Gulden seines Weges ziehen zu lassen. Zudem drohte er mit Vergeltungsmaßnahmen gegen Bremer Kaufleute in England. Aber der Erzbischof blieb fest. Er schrieb Heinrich, Wullenweber sei ein Rebell gegen den Kaiser und ein Wiedertäufer. Wenn Heinrich in England gegen die Bremer Kaufleute vorgehe, würden englische Untertanen im Ausland dafür büßen. Wullenweber wurde 1537 enthauptet – ein gnadenvollerer Tod als der, den die meisten Wiedertäufer in Deutschland erdulden mußten.[8]

Heinrich und seine Räte hielten es für ratsam, der Propagandakampagne gegen die Hinrichtung von Fisher und Morus im Ausland entgegenzuwirken. Cromwell schrieb an Sir Gregory di Casale, Heinrich sei niemandem außer Gott Rechenschaft schuldig, daß er die beiden habe hinrichten lassen. Er sorgte allerdings dafür, daß Gardiner, Morison und andere Autoren Bücher in lateinischer Sprache abfaßten, in denen die Hinrichtung von Fisher und Morus gerechtfertigt wurde. Obwohl der Verrat, für den Fisher und Morus zum Tode verurteilt worden waren, lediglich darin bestand, daß sie Heinrich nicht als Oberhaupt der Kirche von England anerkannt hatten, behaupteten die Propagandisten nun, sie hätten einen Aufstand gegen Heinrich geplant.[9]

Die Verurteilung Heinrichs durch den Papst richtete sich vor allem an Heinrichs Verbündeten Franz I. Franz behauptete, ein treuer Sohn der Kirche zu sein und Fishers Hinrichtung zu mißbilligen. Würde er helfen, Heinrich von seinem Thron zu stürzen, wenn der Papst das Urteil veröffentlichte? Franz ließ zwar durchblicken, daß er dazu bereit sei, doch wies er auch darauf hin, daß Karl bisher nichts unternommen habe, um den Handel zwischen den Niederlanden und England zu stoppen. Im Gegenteil, Karl habe Heinrich erst vor kurzem Nahrungsmittel geschickt, um ihm aus seiner wirtschaftlichen Notlage herauszuhelfen. Franz erklärte, wenn der Papst Karl dazu bringen könne, einen Freundschaftsvertrag mit ihm zu schließen und sich an Maßnahmen gegen England zu beteiligen, werde er das Seinige tun. Dagegen sei es für den Papst und die Kirche nicht von Vorteil, wenn er, Franz, sein Bündnis mit Heinrich breche und zulasse, daß Karl ganz Europa beherrsche.[10]

Chapuys drängte Karl, sofort gegen Heinrich vorzugehen. Heinrich befahl seinen Beamten, in den königlichen Wäldern Mitteilungen auszuhängen, daß diejenigen, die in den Wäldern jagen durften, solange warten müßten, bis der Botschafter des Kaisers auf die Jagd gegangen sei. Chapuys, der Cromwells Einladung zur Jagd in Heinrichs Wäldern wiederholt abgelehnt hatte, glaubte, Heinrich wolle die Leute dadurch glauben machen, er stehe mit dem Kaiser und dessen Gesandten auf gutem Fuß und die Gegenseite habe von Karl keine Hilfe zu erwarten.[11]

Chapuys teilte die Meinung Katharinas und Marias, daß die Zeit für Heinrich arbeite. Alle drei befürchteten, die Propagandakampagne in England könne Wirkung zeigen. Überall hörte man antipapistische Predigten. Den Kartäusermönchen wurde erklärt, Heinrich habe nach der Hinrichtung ihrer halsstarrigen Priore und Brüder den restlichen Brüdern gnädigerweise verziehen, unter der Bedingung, daß alle, die nicht krank seien, drei- oder viermal in der Woche Predigten »kluger und gelehrter Männer« zuhörten – gemeint waren Propagandisten Heinrichs. Einwohner Londons, die im Verdacht der Papsttreue standen, mußten an Gottesdiensten am Paul's Cross teilnehmen, wo die Prediger Woche für Woche die Schlechtigkeit und Anmaßung der Bischöfe von Rom anprangerten und den König als Oberhaupt der Kirche von England unter Christus priesen.[12]

Die Repression weitete sich aus. Während Ortiz in Rom erklärte, Fishers Blut schreie zum Himmel und verlange nach Rache, und den Papst bat, für die frommen Menschen zu beten, die in England für den Glauben kämpften, befahl Heinrich, jeder, der ein Exemplar von Fishers Büchern besitze, müsse dies den Behörden innerhalb von vierzig Tagen aushändigen.[13]

Im Januar 1535 hatte Heinrich Cromwell zu seinem Generalvikar und Stellvertreter in kirchlichen Angelegenheiten ernannt. Dies gab Cromwell Vorrang vor allen Erzbischöfen und Bischöfen und uneingeschränkte Macht über die Kirche. Indem Heinrich einen Laien mit diesem Amt betraute, der noch dazu sein wichtigster Minister war, wollte er die Unterordnung der Kirche unter den König noch stärker hervorheben. Außerdem war es von Vorteil, den in geschäftlichen Dingen und im Umgang mit Menschen erfahrenen Cromwell zu ermächtigen, die nächste Maßnahme auf dem Weg der religiösen Erneuerung durchzuführen – die Abschaffung der Klöster. In dieser Hinsicht hatte Cromwell bereits zu Wolseys Zeiten Erfahrungen gesammelt. Er war für die Auflösung der 22 Klöster verantwortlich, mit deren Vermögen Wolsey seine Colleges in Oxford und Ipswich finanziert hatte. Damals hatten die Katholiken und das Volk allgemein geglaubt, es sei Cromwell gewesen, der Heinrich zur Auflösung der Klöster angestiftet habe. Pole behauptete sogar, Cromwell habe Heinrich zur Ablehnung des päpstlichen Supremats überredet, mit der Begründung, dann könne er das Vermögen der Klöster für sich behalten.[14] Das ist jedoch höchst unwahrscheinlich.

Wir wissen nicht, wer zuerst auf die Idee kam, die Klöster aufzulösen, doch der Schritt war naheliegend, denn er stand im Einklang mit den religiösen Grundsätzen der Lutheraner und kam den Vorurteilen des Volkes und Heinrichs Habgier entgegen. Die Mönche verbrachten die meiste Zeit damit, für die Seelen der Toten im Fegefeuer zu beten. Die Lutheraner aber glaubten weder an das Fegefeuer noch an die Wirksamkeit des Gebets für die Seelen der Toten. Außerdem legten die Mönche das Gelübde des Zölibats ab, das die Lutheraner verurteilten. Mönche galten vielfach als faule Drückeberger, die keiner anständigen Arbeit nachgingen, und Heuchler, die einen unmoralischen Lebenswandel führten, und oft hielt man sie für schlechte Grundherren. Die Auflösung der Klöster freilich konnte zu Arbeitslosigkeit und Unmut unter der Bevölkerung führen, wie sich 1525 unter Wolsey gezeigt hatte. Die Vorstellung, sich die Ländereien der Klöster anzueignen, hatte für

Heinrich eine unwiderstehliche Anziehungskraft. Damit wäre er in der Lage, verdienten Höflingen Ländereien als Belohnung zu schenken oder für ein geringes Entgelt zu überlassen. Den größten Teil könnte er jedoch an den ansässigen Landadel und an Spekulanten verkaufen. Außerdem machte er sich Hoffnung auf die wertvollen Gerätschaften in den Klosterkirchen, die goldenen und silbernen Teller und Becher in den Refektorien und die wertvollen Bleiplatten der Klosterdächer.

Cromwell sollte als Stellvertreter des Königs Inspektoren ausschicken, um sämtliche Klöster in England zu inspizieren. Man war davon überzeugt, daß die Inspektoren vielerorts auf Unmoral und Mißwirtschaft stoßen würden, was die Auflösung der betreffenden Klöster wünschenswert machte. Den Mönchen sollte erlaubt und nahegelegt werden, das Kloster zu verlassen. Jeder Mönch unter 24 Jahren sollte das Kloster mit der Begründung verlassen dürfen, daß er das Mönchsgelübde in einem Alter abgelegt habe, in dem er noch zu jung gewesen sei, es zu verstehen. Ältere Mönche sollten ebenfalls gehen dürfen, wenn sie den Stellvertreter des Königs darum baten. Mit dem angeblichen Ziel der Klosterreform und der Ausmerzung des Lasters sollten die Inspektoren Regeln ausarbeiten, um die Disziplin in den Klöstern zu stärken und die alten Ideale der Selbstverleugnung zu beleben, von denen sich die Gründer der Orden hatten leiten lassen. Cromwell und seine Mitarbeiter hofften, diese Regeln würden das Leben in den Klöstern so unerfreulich machen, daß viele Mönche um ihre Entlassung ersuchen würden. Nonnenklöster sollten auf dieselbe Weise inspiziert werden, obwohl es weitaus weniger Nonnenklöster als Mönchsklöster gab.

Als Inspektoren wählte Cromwell eine Reihe von Anwälten aus, von denen die meisten einem Orden angehörten und Erfahrung im Staatsdienst hatten – Layton, Legh, London, Tregonwell und John ap Rice.* Die Inspektoren begannen ihre Visitation im August 1535. Es bereitete ihnen keine große Mühe, das zu finden, was sie wollten. In Bradenstock in Wiltshire hatten sie freilich keinen Erfolg. John ap Rice berichtete Cromwell, auch nach umfangreichen Untersuchungen hätten sie dem Abt nichts Schändliches nachweisen können. Doch 60 Kilometer weiter südlich in Farley fand Layton heraus, daß der Prior acht Huren hatte. Auch die meisten Mönche verkehrten mit Huren, wenn auch nicht mit so vielen wie ihr Prior. Layton deckte ferner Fälle von Homosexualität unter den Brüdern auf. Farley gehörte zur reichen Priorei von Lewes, die in 14 Grafschaften Ländereien besaß. Die Mönche in Farley verrieten Layton, daß das Laster in Lewes noch viel schlimmer sei und der dortige Subprior die Hauptschuld daran trage. Layton reiste die Südküste entlang

* John ap Rhys, ein Waliser, wurde von seinen englischen Zeitgenossen meist »John Aprice« genannt. Später nannten ihn Historiker »Sir John Price«.

nach Osten und erreichte im Oktober Lewes. Er stieß nicht nur auf Homosexualität, sondern, »was viel schlimmer ist, auf Verrat«. Der Prior hatte in einer Predigt eine sarkastische Anspielung auf »die Autorität Gottes, des allmächtigen Vaters, die Autorität des Königs und die Autorität von Master Thomas Cromwell« gemacht.[15]

Auch in der Abtei Langdon in West Langdon bei Dover wurde Layton fündig. Er erschien unangemeldet und überraschte den Abt in einer im Gebüsch versteckten Hütte mit einer Frau im Bett. Als Layton an die Tür klopfte, öffnete der Abt nicht. Daraufhin schlug Layton mit einer Axt die Tür ein und entdeckte »die Hure oder seine Dame« zusammengekauert in einem Loch im Boden. Er zog sie heraus und schickte sie nach Dover, mit der Anweisung an den Bürgermeister, sie acht Tage lang in einen Käfig oder eine Zelle zu sperren. Den Abt nahm er mit nach Canterbury. Er übergab ihn dem Prior von Christchurch, dem mit siebzig Mönchen größten Kloster Englands, und befahl ihm, ihn dort gefangenzuhalten. Der Prior und die Mönche von Christchurch wollten ihre Verbindung mit Bocking vergessen machen und schickten Cromwell öfter Geschenke.[16]

Manchmal waren Informanten aus purer Bosheit oder Ablehnung der Klöster bereit, freiwillig Informationen zu liefern. An einem Freitag in der Fastenzeit erwischten sechs Männer den Prior der Kreuzbrüder in London um elf Uhr morgens mit einer Hure im Bett. Er zahlte ihnen dreißig Pfund, um die Sache zu vertuschen. Später versuchte er allerdings, das Geld zurückzubekommen, indem er angab, die Männer hätten ihn verleumdet und erpreßt. Aus diesem Grund denunzierte ihn einer der Erpresser bei Cromwell.[17]

Wenn die Inspektoren den Mönchen einer Priorei keine Ausschweifungen nachweisen konnten, monierten sie den schlechten Zustand des Klosters, wie in Durford in der Nähe von Chichester, das nach Laytons Meinung besser »Dirtford« geheißen hätte. Dem Abt von Shrewsbury warfen sie vor, daß er ein Loch im Dach der Kirche nicht hatte reparieren lassen, und der Prior von St. Swithuns in Winchester wurde wegen der Baufälligkeit der Klostergebäude kritisiert.[18]

Die Inspektoren dachten sich raffinierte Methoden aus, um den Mönchen das Leben schwerzumachen. So verboten sie dem Prior von Leeds in Kent das Jagen. Der Prior von Bath durfte mit keiner Frau sprechen, was ihm unmöglich machte, in einem Prozeß, in dem er vom König zum Richter bestellt worden war, die Klägerin zu befragen. Die Mönche von Cliffe und Osney durften ihre Abteien nicht verlassen. Sie konnten also nicht herumreisen, um von ihren Pächtern den Pachtzins einzuziehen oder ihre Besitzungen zu inspizieren. Die Abtei in Winchcombe hatte zwei Pforten. Die vordere führte in die Stadt, die hintere auf die Felder hinaus. Die Inspektoren ordneten an, daß die hintere Pforte ständig geschlossen zu halten sei, damit Unbefugte die Abtei nicht betreten konnten. Die Mönche mußten deshalb die Ernte von den Feldern hinter dem Kloster durch die Stadt tragen und durch das vordere Tor ins Kloster bringen – ein Umweg von fast einem Kilometer.[19]

Bei der Inspektion der Klöster im Norden mußte Layton feststellen, daß dort noch schlimmere Zustände herrschten als im Süden. Es gab noch mehr Huren und noch mehr Homosexualität. Doch nicht die Inspektoren, sondern der örtliche Friedensrichter Sir Francis Bigod deckte das schlimme Vergehen des Abts von Whitby auf. Dieser schickte Geschenke an einige Priester und Mönche, die in York Castle eingesperrt waren, weil sie das königliche Supremat nicht anerkannten. Der Abt konnte ihre Lage freilich nicht nennenswert verbessern, und nach ein paar Monaten im Gefängnis war einer der Priester bereit, den König als Oberhaupt der Kirche anzuerkennen. Er erklärte, er habe vor dem Mann in Rom – gemeint war der Papst – nicht mehr Respekt als vor seinen Mitgefangenen.[20]

Gelegentlich gaben die Inspektoren auch zu, daß sie in einem Kloster keinen Mangel feststellen konnten, und lobten es sogar. So berichteten sie, das Nonnenkloster in Catesby in Northamptonshire werde hervorragend geführt, und empfahlen, es nicht aufzulösen. Heinrich war darüber ungehalten und argwöhnte, die Inspektoren seien von den Nonnen bestochen worden, damit sie einen günstigen Bericht ablieferten.[21] Vermutlich hatte er recht.

Als Cromwell die Berichte der Inspektoren über den Zustand der Klöster erhalten hatte, wurde im Parlament ein Gesetz eingebracht, das vorsah, die kleineren Klöster aufzulösen. Lordkanzler Audley und der zum Sprecher des Unterhauses gewählte Rich erklärten den Lords und Abgeordneten, der König wolle alle Klöster erhalten, in denen die Mönche noch die alten, reinen Ideale klösterlichen Lebens befolgten, diejenigen Klöster aber auflösen, in denen das Laster gedeihe. Das Vermögen der verderbten Klöster solle dem König anvertraut werden, damit er es für Bildung und wohltätige Zwecke verwenden könne. Da in den größeren Klöstern eindeutig mehr Disziplin herrsche als in den kleineren, sollten alle Mönchs- und Nonnenklöster mit einem jährlichen Einkommen von weniger als 200 Pfund aufgelöst werden, abgesehen von einigen Ausnahmen, die mit Erlaubnis des Königs weiterbestehen dürften. Die Abgeordneten, die über die Berichte der Inspektoren von Hurerei und Unzucht empört waren, stimmten begeistert für das Gesetz. Latimer, der ebenfalls anwesend war, meinte später: »Als die Berichte über die Ausschweifungen zum ersten Mal im Parlament verlesen wurden, fanden alle die Laster so schwerwiegend und abscheulich, daß sie riefen: ›Nieder mit den Klöstern!‹«[22]

Sogleich begannen die Intrigen und Schiebereien. Die Priore der Klöster, die aufgelöst werden sollten, wandten sich an ihre einflußreichen Freunde, die Cromwell und anderen Höflingen Geschenke anboten, damit das betreffende Kloster nicht aufgelöst wurde. Umgekehrt behaupteten Adlige und Edelleute, Verbindungen zu einem bestimmten Kloster zu haben, entweder weil sie in der näheren Umgebung Ländereien besaßen oder weil ihre Vorfahren das Kloster gegründet hatten, und baten darum, es dem König für wenig Geld abkaufen oder pachten zu dürfen. Derlei Transaktionen brachten allerdings wenig Profit. Drei Viertel der Mönchs- und Nonnenklöster in England hatten ein jährliches Einkommen von weniger als 200 Pfund, und diesen Klöstern gehörte nur ein sehr kleiner Teil des klösterlichen Vermögens in England.[23] Heinrich hatte es auf die großen, reichen Klöster abgesehen, nicht auf die kleinen und armen. Er steuerte jedoch nicht geradewegs auf sein Ziel zu, sondern war bereit, noch ein paar Jahre auf den ersehnten Reichtum zu warten.

Durch sein wiederholtes Eingreifen zugunsten Katharinas und Marias hatte Chapuys Heinrich zumindest davon abgehalten, ihnen den Eid auf die Sukzessionsakte abzuverlangen oder sie wegen Hochverrats anzuklagen, wenn sie sich weigerten, ihn als Oberhaupt der Kirche anzuerkennen. Doch der stete Druck wirkte sich auf die Gesundheit von Mutter und Tochter aus. Heinrich hatte Katharinas Haushalt einer gründlichen Säuberung unterzogen. In Kimbolton war sie nur von Hofdamen, Edelleuten und Dienern umgeben, die sich eidlich verpflichtet hatten, Katharina als Prinzessin-Witwe anzureden. Da Katharina sich weigerte, mit jemandem zu sprechen, der sie nicht wie eine Königin behandelte, zog sie sich in ihr Zimmer zurück und mied jeden Kontakt.[24]

Noch immer war die Marquise von Exeter Chapuys' Spionin am Hof. Im November 1535 berichtete sie ihm, Heinrich sei wütend und wolle Katharina und Maria loswerden. Er habe gedroht, an Maria ein Exempel zu statuieren, um zu zeigen, was mit Leuten geschehe, die seine Gesetze mißachteten. Bei seiner Thronbesteigung habe man ihm prophezeit, am Anfang seiner Regierung werde er sanft sein wie ein Lamm, am Ende aber schlimmer als ein Löwe, und er gedenke diese Prophezeiung zu erfüllen.[25]

Die nervliche Belastung aufgrund ihrer erniedrigenden Stellung als Hofdame der kleinen Prinzessin Elisabeth – des »kleinen Bastards«, wie Chapuys und die Anhänger des Papstes sie nannten – und der Kummer, weil sie von ihrer Mutter getrennt war und ihr nicht einmal schreiben durfte, machten Maria ernstlich krank. Zudem fürchtete sie, Annes Tante, Lady Shelton, der Elisabeths Haushalt unterstand, könne sie auf Annes Geheiß umbringen. Als Katharina von Marias schlechtem Gesundheitszustand erfuhr, bat sie Chapuys in einem Brief, bei Heinrich vorzusprechen, damit er »seiner und meiner Tochter« erlaube, zu ihr zu kommen, und sie Maria selbst pflegen könne. Heinrich schlug ihr die Bitte ab und erklärte Chapuys, er sei sicher, daß Katharina und Maria ein Komplott gegen ihn schmieden würden, wenn sie zusammenkämen. Wenn Chapuys so sehr um Marias Gesundheit besorgt sei, könne er ihr ja seinen eigenen Arzt schicken. Chapuys lehnte diesen Vorschlag ab. Zwar war er Katharina und Maria ein aufrichtiger Freund, doch in erster Linie war er der Gesandte des Kaisers. Wenn Maria tatsächlich starb, war es aus Gründen der Propaganda besser, wenn sie von einem Arzt versorgt worden war, den der König und nicht er ausgesucht hatte.[26]

Heinrichs Verdacht, Katharina und Maria wollten sich mit Karl verbünden, bestand zu Recht. Wie verständlich diese Haltung auch sein mochte, im Fall Marias grenzte sie bereits an Verrat. Mit der ganzen leidenschaftlichen Entrüstung, zu der ein temperamentvolles neunzehnjähriges Mädchen fähig war, trat Maria mehrmals mit der Bitte an Chapuys heran, Karl zum Eingreifen zu bewegen; Karl solle England vor den Ketzern schützen. Damit war eindeutig eine bewaffnete Intervention gemeint. Katharina war mit ihren Äußerungen vorsichtiger. Doch trotz all ihrer Beteuerungen der Ergebenheit und des Gehorsams gegenüber ihrem Mann wollte auch sie, daß Karl endlich eingriff. Gewiß schrieb sie manchmal an Chapuys, sie wolle sich Heinrich nicht mit Gewalt widersetzen und einen Krieg verursachen. Aber waren diese Briefe nicht vielleicht gerade dazu bestimmt, von ihren Bewachern abgefangen, gelesen und an Heinrich und Cromwell weitergeleitet zu werden? Wir wissen, daß Chapuys Maria mindestens einmal heimlich den Entwurf eines Briefes hat zukommen lassen, mit der Bitte, ihn abzuschreiben und ihm zu schicken, damit die Zensoren ihn abfangen und lesen konnten. Wir wissen auch, wie raffiniert Katharina vorgegangen war, um Heinrich hinsichtlich Felipez' Reise nach Spanien 1527 zu überlisten.[27]

Im Frühjahr 1535 wollte Chapuys Maria die Flucht aus England in die Niederlande ermöglichen. Über Kontaktpersonen hatte er erfahren, daß sie fliehen wollte und bereit war, das Risiko auf sich zu nehmen. Er erklärte Karls Minister Granvelle, der Plan für die Flucht sei zwar »äußerst riskant, wäre aber ein großer Triumph und sehr verdienstvoll«. Chapuys hielt es für möglich, Maria bei Nacht heimlich aus Eltham herauszuschmuggeln, mit ihr zum Fluß zu reiten und sie mit einem Boot zu einem spanischen Schiff zu bringen, das vor der Küste bei Gravesend warten sollte. Karl widerstrebte es jedoch mehr als sonst, sich in englische Angelegenheiten einzumischen, da er in Nordafrika einen Feldzug plante, um Tunis von den Türken zu befreien. Am 10. Mai 1535 schrieb er Chapuys, Marias Flucht sei »ein außerordentlich schwieriges und gefährliches Unterfangen, das ohne vorherige Absicherung nicht durchgeführt werden kann; jedenfalls wäre es im Augenblick nicht ratsam«.[28]

Der Kaiser errang in Tunis einen glänzenden Sieg. Suleiman, der in Persien in einen Krieg mit dem Sofi verstrickt war, konnte Barbarossa keine Verstärkung schicken. Im Juli 1535 nahm Karl nach heftigen Kämpfen den Hafen von La Goletta ein, eine Woche später eroberte er Tunis im Sturm. Barbarossa entkam mit dem größeren Teil seiner Flotte und seiner Reichtümer zu seinem Hauptstützpunkt in Algier. Karl erbeutete 82 türkische Schiffe und machte 20 000 Gefangene. Einen Teil der Kosten des Feldzugs konnte er dadurch wieder hereinbringen, daß er die Gefangenen als Sklaven verkaufte. Die Nachricht von Karls Sieg erreichte London erst Anfang September. Chapuys schickte sofort einen Boten zu Heinrich, der sich in Seymours Haus Wolf Hall aufhielt.

Zum Zeichen seiner Freude schenkte Heinrich dem Boten, der ihm die Nachricht überbrachte, acht Dukaten. Cromwell schrieb in Heinrichs Namen an Chapuys und gratulierte dem Kaiser. Er erklärte, Heinrich freue sich über den Sieg, als ob es sein eigener sei. Chapuys fragte sich, wie hoch Heinrichs Belohnung für den Boten wohl ausgefallen wäre, wenn dieser ihm die Nachricht von Karls Niederlage in Tunis überbracht hätte. Seiner Einschätzung nach waren Heinrich und Cromwell über Karls Sieg ungefähr so erfreut »wie ein Hund, der aus dem Fenster geworfen wird«.[29]

Maria spielte Chapuys einen Brief zu, in dem sie schrieb, England sei dem Untergang geweiht, wenn der Kaiser nicht »sofort Befehl gebe, Abhilfe zu schaffen«. Karl solle im Dienste Gottes, für den Frieden der ganzen Christenheit, für die Ehre ihres Vaters und aus Mitleid für arme, geplagte Seelen handeln, auch wenn er derzeit noch mit seinem »so triumphalen wie notwendigen Unternehmen in Tunis« beschäftigt sei. Wenn er ihrer Mutter und Maria selbst helfe, werde er dem allmächtigen Gott einen willkommenen Dienst erweisen und ebensoviel Ehre und Ruhm erlangen, wie wenn er Tunis oder ganz Afrika erobere.[30]

Im September 1535 war England auf diplomatischer Ebene isoliert. Die lutherischen Fürsten blieben neutral, aber das gesamte katholische Europa schien sich gegen Heinrich zu vereinigen. Heinrich behielt die internationale Lage aufmerksam im Auge, während er in Wiltshire auf die Jagd ging, und er reagierte rasch auf die ihm drohende Gefahr. Er ernannte Gardiner zum ständigen Botschafter in Frankreich und befahl ihm, auf ein engeres Bündnis mit Franz gegen Karl hinzuarbeiten. Wenn nötig, sollte er Franz 200 000 Kronen anbieten, um die Kosten für die Aufstellung einer Armee zu decken. Gardiner sollte die Summe jedoch möglichst niedrig halten. Wenn Franz bereit war, nach Italien zu marschieren, wollte Heinrich ein Drittel der Kosten des Krieges übernehmen. Wenn Franz in die Niederlande einmarschierte, wollte Heinrich ihm innerhalb von zwei Jahren 300 000 Kronen zahlen. Bar wollte er ihm das Geld allerdings nicht auszahlen. Er bot lediglich an, die Beträge von den Summen abzuziehen, die Franz ihm gemäß den früheren Friedensverträgen noch an jährlichen Pensionen schuldete.[31]

Heinrich versuchte auch, die Beziehungen zu den lutherischen Fürsten in Deutschland wiederherzustellen, die infolge seiner Unterstützung Lübecks gelitten hatten. Er deutete die Möglichkeit an, nicht nur ein diplomatisches Bündnis zu schließen, sondern auch hinsichtlich der Religion zu einer Einigung zu gelangen. Obendrein weckte er in den Fürsten die Hoffnung, er werde England eines Tages zu einem lutherischen Staat machen. Sein alter Feind Luther zählte zu den wenigen im Ausland, die Fishers Hinrichtung begrüßt hatten. Luther wünschte sich, es gäbe noch mehr Könige von England, die Kardinäle umbringen ließen.[32]

Heinrich konnte sich schlecht direkt an Luther wenden. Deshalb schickte er Luthers engstem Mitarbeiter Melanchthon ein Geschenk und einen freundlichen Brief und schlug dem Herzog von Sachsen vor, Melanchthon solle mit englischen Theologen über die unterschiedlichen Lehren diskutieren. Der Herzog von Sachsen war einverstanden. Heinrich entsandte Edward Fox und Nicholas Heath, der in Hever Vikar der Boleyns gewesen und dann zum Archidiakon von Stafford ernannt worden war. Sowohl Fox als auch Heath hegten Sympathien für das Luthertum. In Wittenberg führten sie mit Melanchthon ausführliche Gespräche über die private Messe und andere Unterschiede zwischen der Kirche von England und der Augsburgischen Konfession der Lutheraner.[33]

Wie bereits 1533 konnte sich Heinrich auch diesmal darauf verlassen, daß Karl nichts gegen ihn unternehmen würde und Franz ihn zum Verbündeten haben wollte. Am 30. August erließ der Papst eine Bulle, durch die Heinrich exkommuniziert werden und seines Königreichs verlustig gehen sollte, wenn er nicht innerhalb von zwei Monaten bereute und sich wieder dem Heiligen Stuhl in Rom zuwandte. Die Bulle wurde allerdings nicht veröffentlicht, da sie erst ein Jahr später in Kraft treten sollte. Zwei Monate später starb Francesco Sforza, der Herzog von Mailand. Damit stellte sich erneut die Frage, was aus dem Herzogtum werden sollte, auf das Franz schon immer ein Auge geworfen hatte. Karl beauftragte Graf Cifuentes, seinen Botschafter in Rom, den Papst zu bitten, die Bulle gegen Heinrich erst dann zu veröffentlichen, wenn er wisse, was Franz zu tun gedenke, und wenn Karl, der nach Rom unterwegs sei, mit ihm darüber gesprochen habe. Karl zog die Möglichkeit in Betracht, Franz' jüngeren Sohn, den Herzog von Angoulême, zum Herzog von Mailand zu machen. Franz trachtete jedoch auch nach dem Gebiet seines Onkels, des Herzogs von Savoyen, zu dessen Herzogtum die Hafenstadt Nizza und Piemont gehörten. Der Herzog von Savoyen wiederum war Karls Verbündeter.[34]

Die Nachricht von Sforzas Tod war Heinrich willkommen. Kurz vor Weihnachten erhielt er weitere gute Neuigkeiten. Aus Kimbolton erfuhr er, daß Katharina im Sterben lag. Heinrich war überzeugt, daß Katharinas Tod die Möglichkeit einer Intervention Karls beseitigen und Sforzas Tod in Kürze zum Krieg zwischen Franz und Karl führen werde. Er würde die Gefahr einer

Intervention aus dem Ausland endgültig abwehren, indem er leere Drohungen ausstieß und zwischen Karl und Franz geschickt Feindschaft säte, ohne sich selbst auf einen Kompromiß einzulassen oder um die Gunst eines der beiden zu werben. Sie sollten sich untereinander streiten und *ihn* umwerben, während er der lachende Dritte war.

Chapuys hatte ebenfalls erfahren, daß Katharina krank war, und bat um Erlaubnis, sie besuchen zu dürfen. Heinrich war einverstanden, bestand jedoch darauf, daß Chapuys mit ihm sprach, ehe er nach Kimbolton aufbrach. Am 27. Dezember ritt Heinrich von Eltham nach Greenwich. Dort traf er Chapuys auf dem Turnierplatz, auf dem ein Turnier stattfand. Heinrich begrüßte den Botschafter herzlich, legte ihm den Arm um die Schulter und nahm ihn mit in seine Kammer. Er erzählte Chapuys, Franz habe ihm nach dem Tod des Herzogs von Mailand angeboten, in Karls Gebiet einzumarschieren, wenn er die Kosten des Feldzugs übernehme. Er habe Franz' Vorschlag jedoch abgelehnt, da er ein Engländer und kein Franzose oder Spanier sei und solche Tricks daher nicht nötig habe. Niemals werde er einen seiner Nachbarn zu seinem eigenen Vorteil gegen einen anderen aufhetzen. Natürlich kehrte Heinrich damit die Wahrheit in ihr Gegenteil um. Schließlich hatte er Franz vorgeschlagen, ihn finanziell zu unterstützen, wenn er mit Karl einen Krieg begann.

Anschließend teilte Heinrich Chapuys mit, Katharina liege im Sterben und nach ihrem Tod bestehe kein Grund mehr für Feindseligkeiten zwischen ihm und Karl. Chapuys erwiderte, Katharinas Tod käme einer Tragödie gleich. Er dankte Heinrich für die Erlaubnis, sie zu besuchen, und fragte an, ob Maria ihre Mutter ebenfalls sehen dürfe. Zunächst weigerte sich Heinrich, aber als Chapuys ihn drängte, erklärte er, er werde es sich überlegen. Er wußte, daß es sowieso zu spät sein würde, wenn er lange überlegte.[35]

Chapuys traf am 2. Januar bei Katharina in Kimbolton ein und blieb vier Tage. Katharina war beunruhigt, weil die Ketzerei in England zunahm und einige ihrer Hofdamen den Eid auf die neue Thronfolge abgelegt hatten. Chapuys versuchte sie zu trösten. Er erinnerte sie daran, daß auch der heilige Petrus Christus verleugnet und später doch zum Glauben zurückgefunden habe. Als er Katharina am 6. Januar verließ, schien es ihr besser zu gehen. Doch um zwei Uhr am Nachmittag des darauffolgenden Tages starb sie. Ihr spanischer Arzt glaubte, sie sei vergiftet worden; das Gift sei in dem walisischen Bier gewesen, das man ihr zu trinken gegeben habe. Ob Chapuys nun ebenfalls davon überzeugt war oder nur so tat, jedenfalls ist es ihm zu verdanken, daß diese Geschichte bald am spanischen Hof und in ganz Europa die Runde machte. Ohne den geringsten Beweis in Händen zu halten, waren die englischen Anhänger Katharinas davon überzeugt, daß Heinrichs italienischer Agent Sir Gregory di Casale das Gift besorgt und den Mord geplant habe.[36]

Heinrich ordnete an, Katharina in der Abtei von Peterborough angemessen zu bestatten. Die Beerdigung der »vortrefflichen und edlen Prinzessin, Lady Katharina, Tochter des edlen und mächtigen Herrschers Ferdinand, des verstorbenen Königs von Kastilien, und frühere Gemahlin des edlen und vortrefflichen Prinzen Arthur, Bruder unseres souveränen Herrschers König Heinrich VIII.« wurde in großem Stil vorbereitet. Der Leichnam wurde mit prunkvollem Zeremoniell nach Peterborough überführt. Unterwegs hielt der Trauerzug an der Abtei von Sawtry. Dort war Katharina zwei Tage aufgebahrt, umgeben von 408 Kerzen. An der Kirchenpforte von Peterborough nahmen drei Bischöfe und sechs Äbte ihren Leichnam in Empfang. Den Vorschlag des Kronrats, Katharina in St. Paul's in London zu bestatten, lehnte Heinrich ab. Als seine Räte ihn daran erinnerten, daß seine Schwester Maria nach ihrem Tod 1533 ebenfalls in St. Paul's bestattet worden sei, erwiderte er, dies sei ein anderer Fall, weil Maria Königin gewesen sei. Heinrich schickte den Edelleuten von Katharinas Haushalt Trauerkleidung, die sie beim Begräbnis tragen sollten. Er selbst war am Tag der Beerdigung ganz in Gelb gekleidet. Auch Chapuys war zur Beerdigung geladen, er lehnte die Einladung jedoch ab, da Katharina nicht wie eine Königin bestattet wurde.[37]

Nach Katharinas Tod wurde ihr Haushalt aufgelöst. Heinrich bot ihrem spanischen Arzt an, in seine Dienste zu treten. Der Arzt, der nach Spanien zurückkehren wollte, lehnte Heinrichs Angebot mit dem Hinweis ab, wenn er in Heinrichs Dienste trete, könnten boshafte Menschen behaupten, er habe Katharina auf Befehl Heinrichs vergiftet. Katharinas spanischer Beichtvater Athequa, der zum Bischof von Llandaff ernannt worden war, hatte nicht so viel Glück. Er wollte England heimlich als Matrose verkleidet auf einem flämischen Schiff mit Kurs auf Spanien verlassen. Doch sein Diener, der ihn begleitete, wurde belauscht, als er seinen Herrn mit »Mylord« anredete. Athequa wurde aufgehalten, identifiziert und in den Tower geworfen. Er sollte wegen Hochverrats angeklagt werden, weil er versucht hatte, das Land ohne Paß zu verlassen. Da die Anwälte jedoch erklärten, dieses Vergehen sei kein Hochverrat, wurde er lediglich im Tower gefangengehalten.[38]

Heinrich war nun überzeugt, daß er von Karl nichts mehr zu befürchten habe. Am Tag nach Katharinas Tod schrieb Cromwell an Gardiner in Lyon, Heinrich wünsche, daß er sich bei seinen Verhandlungen mit Franz hartnäkkiger zeige. Nun, da Katharina tot sei, habe Karl keinen Grund mehr, mit Heinrich zu streiten. Zwischen England und Frankreich war es wegen des Weinhandels mit Bordeaux zu Auseinandersetzungen gekommen. Heinrich war besorgt über die Zahl der englischen Schiffe, die im Winter auf der Fahrt nach Bordeaux gesunken waren, und hatte den Import von Wein aus der Gascogne während der Wintermonate verboten. Die Franzosen sahen darin eine Verletzung des Handelsvertrages. Als Vergeltungsmaßnahme hielten die

Behörden in Bordeaux die englischen Schiffe fest, die dort im Hafen vor Anker lagen. Heinrich bot an, das Importverbot bei der nächsten Sitzung des Parlaments aufzuheben, vorausgesetzt, die englischen Schiffe würden zuerst freigelassen. Daraufhin erklärte der Admiral von Frankreich Gardiner, es sei unklug von Heinrich, mit Franz über eine so lächerliche Angelegenheit zu streiten, nachdem Franz den Papst davon abgebracht habe, Heinrich zu exkommunizieren und abzusetzen.

Heinrich reagierte verärgert und arrogant. Er befahl Gardiner, dem Admiral zu sagen, der König von England sei mächtiger als alle seine Vorgänger und brauche sich daher vor keinem Admiral von Frankreich zu fürchten. Außerdem sei er nicht auf die Hilfe ausländischer Herrscher angewiesen, um sich vor dem Papst oder jemand anderem zu schützen. Wenn der Papst ihn durch eine Bulle exkommuniziere und absetze, gleiche er damit jenem Mann, der seinen Feind aus einigen Metern Entfernung anspuckt und dem der Wind die Spucke ins Gesicht zurückbläst.[39]

Mit den deutschen Lutheranern ließ Heinrich sich auf keinen Kompromiß ein. Er wollte nicht, daß Fox und Heath hinsichtlich der »drei Mißstände« in der Kirche Englands, die die Lutheraner anprangerten, irgendwelche Zugeständnisse machten. Gemeint waren damit zum einen private Messen, bei denen der Priester Brot und Wein weihte, ohne daß jemand anwesend war, und die nach der katholischen Glaubenslehre dem Seelenheil aller Menschen nützten, obwohl dabei niemand das Abendmahl empfing; gemeint war zweitens, daß bei der Messe lediglich das Brot und nicht der Wein an die Laien ausgeteilt wurde; der dritte »Mißstand« war das Eheverbot für Priester. Umgekehrt wollte Melanchthon nicht anerkennen, daß die Ehe eines Mannes mit der Witwe seines Bruders gegen das Gebot Gottes verstieß. Nach drei Monaten wurden die Gespräche ohne Ergebnis, aber in freundschaftlichem Einvernehmen abgebrochen. Man beschloß, die Verhandlungen zu einem späteren Zeitpunkt in England wiederaufzunehmen.[40]

Heinrich versuchte damals, seine Beziehungen zu Jakob V. zu verbessern. Er schickte Lord William Howard nach Schottland, um Jakob für den Sommer zu einer Begegnung in York einzuladen. Wie gewöhnlich bat Heinrich um einen Geleitbrief für seinen Gesandten. Jakobs Geleitbrief enthielt jedoch eine ungewöhnliche Klausel. Lord William Howard wurde nur unter der Bedingung freies Geleit zugesichert, daß er während seines Aufenthalts in Schottland keine »seltsamen Ansichten« über Religion unterstützte und die Autorität der »Heiligen Kirche in Rom« nicht anzweifelte. In einem Antwortschreiben, das er zweifellos nach Absprache mit Heinrich verfaßt hatte, erklärte Lord William, es sei eine Beleidigung des Königs, diese Bedingung in einen Geleitbrief aufzunehmen; in England herrschten keine »seltsamen Ansichten«, es sei denn, mit den »seltsamen Ansichten« sei die Bestrafung des Lasters gemeint. Obwohl er keine Anweisung habe, in Schottland religiöse Propaganda zu betreiben, werde er die Wahrheit sagen, wenn man ihn nach seinen religiösen Ansichten frage. Lord William weigerte sich, den Geleitbrief anzunehmen, und wollte ohne ihn nach Schottland reisen. Er wisse, daß Jakob nicht zulassen werde, daß dem Abgesandten eines Königs ein Leid geschehe, der ein so loyaler Freund und furchtbarer Gegner sei wie Heinrich.

Im April 1536 erreichte Howard unbeschadet Stirling und wurde von Jakob wohlwollend empfangen. Doch obwohl Jakob einer Begegnung mit Heinrich zunächst nicht abgeneigt schien, wurden die Verhandlungen darüber abgebrochen. Jakob weigerte sich, weiter südlich zu reisen als nach Newcastle, und Heinrich wollte nicht weiter nach Norden kommen als bis York, weil es zwischen York und Newcastle für die große Eskorte, die er mitnehmen wollte, keine Transportmöglichkeit, keinen Proviant und keine Unterkunft gab. Offenbar erwartete Heinrich, daß Jakob durch diese Gegend mit kleinerem Gefolge reiste.[41]

Im Februar 1536 fiel Franz plötzlich ohne Vorwarnung in Savoyen ein. Als Karl davon erfuhr, wurde ihm klar, daß ein Krieg mit Frankreich unausweichlich war. Am 29. Februar schrieb er von Neapel aus an Chapuys, obwohl er mißbillige, wie Heinrich Katharina und Maria behandelt habe, müsse Chapuys jetzt alles tun, um die Beziehungen zu ihm zu verbessern. Den Papst drängte Karl, die Bulle, durch die Heinrich seines Königreichs verlustig erklärt werden sollte, nicht zu veröffentlichen. Der Papst erklärte sich widerwillig dazu bereit, und Karl gab Heinrichs Gesandtem Pate zu verstehen, die Bulle sei nur dank seiner Bemühungen nicht veröffentlicht worden. Heinrich folgerte daraus, daß er weder den Kaiser noch jemand anderen versöhnlich stimmen mußte. Als Franz ihn bat, sich an den Kosten für den Feldzug gegen Karls Verbündeten, den Herzog von Savoyen, zu beteiligen, weigerte Heinrich sich und erklärte, sein Vertrag mit Franz verpflichte ihn nur dann zur Hilfe, wenn Karl in Frankreich einmarschiere.[42]

Franz hatte Karl überrumpelt. Seine Armeen drangen in das Gebiet des Herzogs von Savoyen ein, und Mitte April hatte er ganz Piemont besetzt. Um dieselbe Zeit traf Karl in Rom ein, wo er erfuhr, daß Franz mit den Türken ein Bündnis gegen ihn geschlossen hatte. Am 17. April hielt er vor dem Papst und den Kardinälen im Konsistorium eine Rede. Er warf Franz vor, sich mit Ungläubigen verbündet zu haben, und bot an, den Streit mit Franz im Zweikampf auszutragen. Die Alternative sei ein Kampf bis aufs Messer, um die Christenheit vor den Türken und ihrem Verbündeten zu schützen.[43] Da Franz die Herausforderung nicht annahm, wissen wir nicht, ob Karl sie tatsächlich ernst meinte oder ob er einen Ausweg gefunden hätte, um einen Zweikampf mit Franz zu vermeiden. Als Alternative blieb nur der erbarmungslose Krieg. Heinrich drohte keine Gefahr.

19

Der Sturz Anne Boleyns

Am 24. Januar 1536 nahm Heinrich an einem Turnier in Greenwich teil. Während des Kampfes wurden er und sein Pferd mit solcher Gewalt zu Boden geworfen, daß die Zuschauer um das Leben des Königs fürchteten. Chapuys kam es wie ein Wunder vor, daß Heinrich überlebte. Er sah darin einen Beweis, daß Gott Heinrich für eine noch schlimmere Strafe ausersehen hatte. Wie Franz mitgeteilt wurde, war Heinrich nach seinem Sturz zwei Stunden bewußtlos. Chapuys schrieb jedoch, der König sei unverletzt.[1] Die Theorie einiger moderner Autoren, der Schlag auf den Kopf, den Heinrich bei seinem Sturz erlitten hatte, habe sich auf seinen Geisteszustand ausgewirkt und sei für seine nachfolgenden tyrannischen Anwandlungen verantwortlich, ist völlig unhaltbar.

Sechs Tage später hatte Anne eine Fehlgeburt. Das Kind wäre ein Junge gewesen. Chapuys erfuhr von Lady Exeter und anderen Informanten am Hof, Anne habe Heinrich erklärt, der Schock über seinen Sturz beim Turnier und ihre Angst, seine Liebe zu verlieren, da er doch Johanna Seymour so viel Aufmerksamkeit schenke, hätten die Fehlgeburt verursacht. Laut Chapuys war Heinrich von ihren Worten gerührt. Er verließ Greenwich, wo er Johanna Seymour den Hof gemacht hatte, und kam am Fest des heiligen Matthias nach York Place, um den ganzen Tag mit Anne zu verbringen. Chapuys glaubte allerdings nicht an folgende Geschichte, die ihm die Marquise von Exeter aus dritter Hand erzählt hatte: Heinrich soll erklärt haben, er sei überzeugt, daß Anne ihn durch Zauberei zur Heirat getrieben habe und daß ihr Unvermögen, ihm einen Sohn zu gebären, der Beweis dafür sei, daß Gott ihre Ehe mißbillige. Zweifellos ging Ende Januar 1536 am Hof das Gerücht um, Heinrich wolle Anne sobald als möglich loswerden und Johanna Seymour heiraten.[2]

Am 23. Februar hatte Chapuys mit Cromwell eine geheime Zusammenkunft in einem noch im Rohbau befindlichen Haus, das in London für Cromwell gebaut wurde. Cromwell erklärte Chapuys, Heinrich wolle zum Kaiser wieder freundschaftliche Beziehungen herstellen. Die beiden Männer besprachen, wie das erreicht werden könne. Chapuys wollte wissen, ob Heinrich bereit sei, dem Papst wieder zu gehorchen, Maria für legitim zu erklären und ihr wieder seine Gunst zu schenken und mit Karl ein Bündnis gegen die Türken und gegen Franz zu schließen. Cromwell erwiderte, Heinrich sei sicherlich bereit, das Bündnis zu schließen und Maria wieder in seine Gunst aufzunehmen, doch werde es schwierig sein, ihn zu überreden, das päpstliche Supremat wieder anzuerkennen. Am 1. April trafen Chapuys und Cromwell erneut zusammen. Cromwell erklärte, Anne hasse ihn und wolle seinen Kopf, so wie sie schon den Kopf Wolseys gewollt habe. Lächelnd fügte er hinzu, Heinrich sei zwar ein tugendhafter Herrscher, er interessiere sich aber nach wie vor sehr für Frauen. Er fragte Chapuys, wie er reagieren würde, wenn Heinrich wieder heiraten sollte. Chapuys erwiderte, die Welt werde Anne niemals als Heinrichs Frau anerkennen, vielleicht aber eine andere Dame.[3]

Johanna weigerte sich wie zuvor Anne, Heinrichs Geliebte zu werden. Ende März berichtete Lady Exeter Chapuys, Heinrich habe einen Boten mit einem Brief und einem Beutel voller Goldmünzen von York Place zu Johanna nach Greenwich geschickt. Johanna sei niedergekniet, als sie den Brief empfangen habe, und habe ihn geküßt. Dies war das korrekte Verhalten, wenn man einen Brief vom König bekam. Sie weigerte sich jedoch, das Geldgeschenk anzunehmen. Sie bat den Boten, es Heinrich zurückzubringen und ihm auszurichten, sie sei eine Dame aus gutem Hause und wolle lieber tausend Tode sterben als ihre Ehre verlieren. Wenn Heinrich ihr Geld schenken wolle, solle er damit bis zu ihrer Verlobung warten und einen Ehevertrag zu ihren Gunsten schließen. Als Heinrich das hörte, verliebte er sich noch mehr in sie. Er pries ihre Tugend und erklärte, er werde den Beweis für die Aufrichtigkeit seiner Liebe zu ihr erbringen, indem er nur in Gegenwart eines Familienmitglieds zu ihr spreche. Lady Exeter erzählte Chapuys, Johanna habe Umgang mit einer Gruppe von Höflingen, die Heinrich sehr nahe stünden und Anne haßten. Die Höflinge hätten Johanna geraten, sich Heinrichs Wünschen nicht eher zu beugen, als bis er sie zur Königin gemacht habe, und Johanna sei damit vollkommen einverstanden. Sie hätten ihr auch erklärt, sie solle Heinrich wissen lassen, wie sehr seine Untertanen die Ehe mit Anne mißbilligten.[4]

Annes Chancen sanken. Wieder hatte sie Heinrich keinen männlichen Erben geschenkt, und wieder nutzten die Anhänger des Papstes ihr Unvermögen für ihre Propaganda aus. Anne wurde im ganzen Reich gehaßt. Heinrich konnte mit dem Beifall der Mehrheit seiner Untertanen rechnen, wenn er sie sich vom Hals schaffte. Sie war das Haupthindernis für eine Verbesserung der Beziehungen zum Kaiser. Selbst Cromwell, Heinrichs einflußreichster Minister, hatte sich von ihr abgewandt. Und Heinrich hatte sich in eine andere Frau verliebt und wollte sie heiraten. Wenn er Johanna heiratete, wären sogar die Papstanhänger gezwungen, die neue Ehe anzuerkennen, denn da Katharina tot war, hätte die Ehe Gültigkeit, ganz gleich, ob die Scheidung von Katharina rechtmäßig war oder nicht. Und wenn Johanna Heinrich einen Sohn oder auch nur eine Tochter schenkte, wären die Legitimität des Kindes und sein Recht auf die Thronfolge unanfechtbar. Den Lutheranern konnte es natürlich nicht recht sein, wenn Heinrich sich Annes entledigte, doch wäre es nicht das erste Mal, daß er die Lutheraner vor den Kopf stieß.

Am 3. März wurde Johannas Bruder Edward zum königlichen Kammerherrn ernannt. Am selben Tag befahl Cromwell seinen Beamten, eine Liste aller Ländereien aufzustellen, die Heinrich Annes Vater, dem Grafen von Wiltshire, und ihrem Bruder Lord Rochford seit dem 29. April 1522 übertragen hatte.[5] Es würde Cromwell nützen, die Liste gleich zur Hand zu haben, wenn Annes Vater und Bruder des Hochverrats überführt waren und ihr Besitz an den König fiel. Lord Rochford hatte freilich allen Gerüchten zum Trotz nie eine bedeutendere Rolle im diplomatischen und gesellschaftlichen Leben bei Hof gespielt. Er und die Königin nahmen nach wie vor Bittgesuche und Geschenke von Leuten entgegen, die Anspruch auf Ländereien der Klöster erhoben oder auf andere Zuwendungen und Vergünstigungen hofften.

Cromwells Verhandlungen mit Chapuys waren an einem Punkt angelangt, wo es angemessen schien, das Weitere Heinrich zu überlassen. Am 18. April, dem Dienstag nach Ostern, kam Chapuys nach Greenwich, um mit dem König zu sprechen. Bei seiner Ankunft wurde er von sämtlichen Lords des Kronrats, insbesondere von Rochford, freundlich empfangen. Er ärgerte sich allerdings, daß Rochford darauf bestand, mit ihm über das »Luthertum«, wie Chapuys es nannte, zu diskutieren. Chapuys weigerte sich. In den vergangenen drei Jahren hatte er es sorgsam vermieden, Anne zu begegnen, da der Kaiser sie nicht als englische Königin anerkannte. Doch nun erklärte ihm Cromwell, Heinrich werde es zu schätzen wissen, wenn Chapuys der Königin, die in wenigen Minuten mit ihnen zur Messe gehen werde, zur Begrüßung einen Kuß gebe, wie es unter Gleichgestellten üblich war. Heinrich werde allerdings nicht darauf bestehen, wenn Chapuys nicht wolle. Chapuys entgegnete, unter den gegebenen Umständen sei es wohl besser, es nicht zu tun. Als sie die Kapelle betraten, verbeugte er sich vor Anne, und sie erwiderte seine Verbeugung mit einem Knicks. Vermutlich war Heinrich damals bereits entschlossen, sich von Anne zu trennen. Er hoffte jedoch, Karls Botschafter zuerst noch zwingen zu können, sie als Königin anzuerkennen.

Nach der Messe zogen sich Heinrich, Cromwell und Chapuys in eine Fensternische zurück, um über die Bedingungen zu sprechen, die, wie Chapuys Cromwell erklärt hatte, für Karl als Grundlage eines neuen Bündnisses annehmbar wären. Heinrich schlug einen anderen Ton an als Cromwell. Er erklärte, es gehe Karl nichts an, ob er sich dem Papst wieder in Gehorsam zuwende oder nicht. Er habe nicht die Absicht, dies zu tun. Ferner habe Karl nicht das Recht, sich in sein Verhältnis zu Maria einzumischen; sie sei seine Tochter, und er könne sie behandeln, wie er wolle. Er behandle sie wahrlich gut und brauche die Ratschläge des Kaisers nicht. Denn »Gott hat uns in seiner großen Güte nicht nur zum rechtmäßigen König durch Erbfolge gemacht, sondern uns darüber hinaus auch in außerordentlich reichem Maße Weisheit, Klugheit und andere Gaben geschenkt«. Was Karls Bitte um finanzielle Unterstützung im Kampf gegen die Türken angehe, so sei es besser, die zerbrochene Freundschaft erst wieder zu kitten, ehe man den ehemaligen Freund um Geld bitte. Heinrich lehnte auch den Vorschlag ab, mit Karl ein Bündnis gegen Franz zu schließen. Franz habe Anspruch auf Mailand, und in diesem Krieg habe er mehr Recht auf seiner Seite als Karl. Wenn Karl sein Bündnis mit Heinrich erneuern wolle, müsse er sich zuerst dafür entschuldigen, daß er ihm in den vergangenen Jahren so viel Schaden hatte zufügen wollen.

Heinrichs Worte hatten Cromwell deutlich aus der Fassung gebracht. Der König hatte im letzten Moment sämtliche Verhandlungen zunichte gemacht, die der Minister seit Katharinas Tod geführt hatte.[6] Entweder hatte Heinrich seine Meinung geändert, oder Cromwell hatte bei seinen Vorbesprechungen mit Chapuys seine Befugnisse überschritten, oder – und das ist am wahrscheinlichsten – Heinrich hatte zugelassen, daß Cromwell Chapuys irreführte und falsche Hoffnungen weckte, um den Kaiser zu demütigen und deutlich zu machen, daß Karl es war, der etwas von ihm wollte. Doch Heinrich hatte die Situation richtig eingeschätzt. Karl würde nichts gegen ihn unternehmen und ihn im Gegenteil noch mehr umwerben, je öfter Heinrich ihn zurückwies.

Am 23. April, dem Tag des heiligen Georg, nahm Heinrich mit Richmond, Norfolk, Wiltshire und Northumberland an der Versammlung der Ritter des Hosenbandordens teil. Es sollte ein neuer Ritter gewählt werden. Rochford gehörte zu den Kandidaten, doch an seiner Stelle wurde Sir Nicholas Carey gewählt.[7] Einige Höflinge deuteten dies als Zurücksetzung Rochfords, die allerdings nicht viel zu bedeuten brauchte.

Heinrich erklärte, er werde in der ersten Maiwoche nach Dover reiten, um die neuen Befestigungsanlagen zu besichtigen, die dort gebaut wurden. Die Königin sollte ihn begleiten. Das Paar wollte Greenwich am Tag nach dem Turnier zum 1. Mai verlassen. Nach dem schweren Sturz vom Pferd nahm Heinrich nicht mehr an Turnieren teil, deshalb war Sir Henry Norris der Verteidiger und Rochford der Herausforderer.[8]

Während des Turniers wurde Heinrich von seinen Räten um eine dringende Unterredung gebeten. Zum Erstaunen aller verließ der König das Turnier und begab sich nach Westminster. Dort teilten ihm die Räte mit, die Königin habe mit einem jungen Lautenspieler namens Mark Smeaton, mit Norris, mit den beiden königlichen Kammerherrn Sir Francis Weston und William Brereton sowie mit ihrem eigenen Bruder Lord Rochford Ehebruch begangen. Smeaton wurde noch am gleichen Abend von Greenwich in den Tower gebracht, die anderen Beschuldigten wurden von Norfolk und den übrigen Räten in Greenwich verhaftet und verhört. Am nächsten Tag wurden alle in den Tower geworfen – zunächst Norris, Weston und Brereton, einige Stunden später Rochford und zuletzt Anne. Smeaton legte ein Geständnis ab, die anderen beteuerten ihre Unschuld. Zwei weitere Höflinge, Richard Page und der Dichter Thomas Wyatt, der Sohn von Sir Henry Wyatt aus Allington in Kent, wurden ebenfalls verhaftet. Beide hatten in ihrer Jugend zu Annes Bewunderern gezählt.

Die Königin wurde an einem sommerlichen Spätnachmittag von Norfolk und anderen Räten mit einer Barke aus Greenwich abgeholt. Eine gaffende Menge erwartete sie bei ihrer Ankunft in London. Alle waren überrascht, viele freuten sich. Als Anne den Tower von der Themse her betrat, kniete sie nieder und beteuerte erneut ihre Unschuld.[9] Sie fragte Sir William Kingston, den Kommandanten des Tower, ob er sie in den Kerker sperren werde. Er antwortete ihr, sie werde in den Raum gebracht, in dem sie die Nacht vor ihrer Krönung verbracht habe. Kingston schrieb an Cromwell, sie habe ihn dann gefragt: »Master Kingston, werde ich sterben, ohne daß mir Gerechtigkeit widerfährt?« Er habe geantwortet: »Selbst der ärmste Untertan des Königs hat Anspruch auf Gerechtigkeit.« Daraufhin habe sie gelacht.[10]

Angeblich hatte die Gräfin von Worcester den Rat als erste darüber informiert, was passiert war. Als sie eine der Hofdamen wegen deren koketten Benehmens tadelte, soll diese erwidert haben, ihr Benehmen sei nicht schlechter als das der Königin. Nachforschungen der Räte ergaben, daß Smeaton mit seinem Erfolg bei der Königin geprahlt hatte und ihre Hofdamen von Gesprächen zu berichten wußten, die sie heimlich belauscht hatten. Sie behaupteten, Anne habe abwechselnd mit Norris, Weston, Brereton und ihrem Bruder Ehebruch begangen. Die Männer wußten offenbar, daß sie ihre Gunst mit anderen teilen mußten. Gemeinsam hätten sie über den König gelacht, denn Anne habe ihnen erzählt, daß er ein schlechter Liebhaber und fast impotent sei. Sie hätten gemeinsam geplant, ihn zu ermorden. Anne hätte Norris nach dem Mord heiraten und für ihre Tochter Elisabeth als Regentin herrschen wollen. Ihre schändlichen und verräterischen Affären hätten einige

Zeit gedauert. Einem Gerücht zufolge, dem man weithin Glauben schenkte, war Norris der Vater von Prinzessin Elisabeth.[11]

Anne erklärte, Smeaton habe gelogen, er sei nur zweimal in ihrer Kammer gewesen. Das erste Mal habe sie ihn im Oktober 1535 in Winchester gebeten, ihr etwas auf der Laute vorzuspielen, das zweite Mal habe er sie zwei Tage vor ihrer Verhaftung in Greenwich aufgesucht. Er sei plötzlich in ihrem Empfangszimmer gestanden. Sie habe ihn gefragt, weshalb er so traurig sei, »und er antwortete, es sei nicht der Rede wert«. Sie habe zu ihm gesagt: »Ihr dürft nicht erwarten, daß ich zu Euch spreche wie zu einem Edelmann, denn Ihr seid von niederer Herkunft.« »Nein, das will ich auch gar nicht«, habe er geantwortet, »ein Blick von Euch genügt mir, und damit lebt wohl.« Hatte Anne tatsächlich mehr mit ihm gehabt, als sie zugab? Oder hatte er mit einem Sieg geprahlt, den er niemals errungen hatte, und sein Leben geopfert, um die hochmütige Königin zu vernichten, die ihn verschmäht hatte? Hatte er zusammen mit ihr und seinen Rivalen, die höher in ihrer Gunst standen, gemeinsam sterben wollen? Welche Motive er auch gehabt haben mochte, er legte, offenbar ohne Folter, ein umfassendes Geständnis ab.[12]

Am 12. Mai wurde Smeaton, Norris, Brereton und Weston von Norfolk, Suffolk und anderen Räten der Prozeß gemacht. Smeaton bekannte sich schuldig. Die anderen beteuerten ihre Unschuld, wurden von den Geschworenen jedoch für schuldig befunden. Alle wurden zum Tod durch Schleifen, Erhängen und Vierteilen verurteilt. Drei Tage später wurde Anne und Rochford im Tower vor dem Gericht des Lord High Stewart der Prozeß gemacht. Neben Norfolk, der den Vorsitz führte, saßen 26 andere Peers zu Gericht, darunter Suffolk, Exeter, Dacre – der zwei Jahre zuvor selbst vor den Schranken dieses Gerichts gestanden hatte – und der Graf von Northumberland, der Anne geliebt hatte und von ihr geliebt worden war, bevor Heinrich sie für sich auserkor. Annes Vater, der Graf von Wiltshire, und Cromwell gehörten dem Gericht nicht an.

Anne wurde beschuldigt, Norris »mit süßen Worten, Küssen, Berührungen und anderem« zum Ehebruch aufgefordert zu haben. Schließlich sei er am 12. Oktober 1533 und bei anderen Gelegenheiten ihren Verlockungen erlegen. Am 8. Dezember 1533 habe sie in Hampton Court mit Brereton Ehebruch begangen und ihn auch später noch getroffen. Am 20. Mai 1534 habe sie mit Weston Ehebruch begangen, am 26. April 1535 mit Smeaton in Westminster. Vor und nach dem 2. November 1535 habe sie ihren Bruder mit einem Zungenkuß verführt, worauf er unter Mißachtung der Gebote Gottes und sämtlicher irdischer Gesetze der Königin am 5. November 1535 sowie mehrmals davor und danach beigewohnt habe. Am 31. Oktober 1535 habe sie mit ihren Liebhabern geplant, den König zu ermorden. Anne und Rochford bestritten ihre Schuld. Alle Beweise wurden dem Gericht offen vorgetragen, nur Annes Behauptung, Heinrich sei impotent, wurde niedergeschrieben, und die Richter ordneten an, sie nicht zu verlesen. Als das Papier Rochford ausgehändigt wurde, las er das Geschriebene sehr zum Mißfallen der Richter laut vor.

Anne und Rochford wurden beide schuldig gesprochen. Rochford wurde zum Tod durch Erhängen, Schleifen und Vierteilen verurteilt, Anne sollte je nach Entscheidung des Königs lebendig verbrannt oder enthauptet werden. Das war die Strafe für eine Frau, die des Hochverrats überführt worden war.[13]

Gefaßt wartete Anne im Tower auf ihre Hinrichtung. Der Brief, den sie im Tower an Heinrich geschrieben haben soll, ist eine Fälschung. Er wurde während der Regierungszeit ihrer Tochter Elisabeth verfaßt.[14] Anne bat Heinrich nicht ein einziges Mal um Gnade; dazu kannte sie ihn zu gut. Sie bat lediglich darum, man möge ihr die Beichte abnehmen und die Absolution erteilen. Cranmer wurde zu ihr geschickt, um sich ihr letztes Sündenbekenntnis anzuhören.

Heinrich wandelte die Strafe in allen Fällen um, auch bei Smeaton, der von niederer Herkunft war. Am 17. Mai wurden die Verurteilten auf dem Platz vor dem Tower hingerichtet. Smeaton wurde gehängt, Norris, Brereton, Weston und Rochford wurden enthauptet.[15] Es wäre interessant zu wissen, weshalb Heinrich ihnen die Gnade eines nahezu schmerzlosen Todes gewährte, anstatt sie zu zwingen, die grausame Strafe, zu der sie verurteilt worden waren, über sich ergehen zu lassen. Vermutlich lag es daran, daß er sie persönlich kannte. Das scheint meist ausschlaggebend dafür gewesen zu sein, ob ein zum Tode verurteilter Verräter, der nicht dem Adelsstand angehörte, gehängt, geschleift und gevierteilt wurde oder nicht.

Anne sollte nach dem Willen Heinrichs nicht verbrannt, sondern enthauptet werden. Sie sollte nicht auf dem Platz vor dem Tower durch das Beil des Henkers sterben, sondern auf dem Rasenstück innerhalb der Mauern des Tower durch ein Schwert aus feinstem flämischem Stahl, das von einem Scharfrichter geführt wurde, den man eigens dafür aus St. Omer kommen ließ. So viel Rücksicht also hatte sie von dem Mann zu erwarten, der einst so leidenschaftlich in sie verliebt gewesen war.[16]

Ihre Hinrichtung wurde um 48 Stunden verschoben, damit sie vor ihrem Tod noch geschieden werden konnte. Heinrich wollte die Ehe, auf die die gesamte Bevölkerung unter Androhung des Praemunire einen Eid hatte ablegen müssen, für null und nichtig erklären lassen, damit die aus dieser Ehe hervorgegangene Tochter Elisabeth, die die Bevölkerung durch einen Eid als rechtmäßige Thronerbin anerkannt hatte, zum Bastard wurde. Damit sollte der Weg für Heinrichs bevorstehende Heirat mit Johanna Seymour geebnet werden. Denn wenn Johanna eine Tochter statt eines Sohnes gebar, wäre sonst in den Augen derer, die Heinrichs Scheidung mit Katharina unterstützt hatten, Elisabeth die rechtmäßige Erbin, während Katharinas Anhänger sie als unehelich betrachten würden. Die Erklärung der Nichtehelichkeit Elisabeths hatte den Nachteil, daß Jakob V. so lange der nächste Thronerbe war, bis Heinrich und Johanna ein Kind hatten. Dieses Hindernis sollte durch ein Gesetz aus dem Weg geräumt werden, das Heinrich ermächtigte, selbst einen Nachfolger zu benennen.

Am 18. Mai saß Cranmer im Lambeth-Palast zu Gericht, um über Heinrichs Scheidungsklage gegen Anne zu entscheiden. Alles verlief ordnungsgemäß. Anne wurde im Tower von dem Verfahren in Kenntnis gesetzt und gebeten, Anwälte zu benennen, die sie bei der Anhörung vertreten sollten. Es fiel Cranmer nicht leicht, eine Erklärung zu finden, weshalb er das Urteil, mit dem er drei Jahre zuvor Heinrichs Ehe mit Anne für gültig erklärt hatte, jetzt plötzlich aufhob. Es gab zwei mögliche Gründe, die Ehe für ungültig zu erklären: Zum einen hatten Anne und der Graf von Northumberland vor über zehn Jahren ein vorläufiges Eheabkommen geschlossen, zum anderen war Annes Schwester Mary Heinrichs Geliebte gewesen. Natürlich war es wünschenswerter, das Eheabkommen als Grund anzugeben. Northumberland wurde gefragt, ob er sich vertraglich an Anne gebunden habe. Northumberland hätte versucht sein können, die Antwort zu geben, die Heinrich hören wollte, hätte er nicht bereits 1533 geschworen, daß es keine Absprache gegeben habe. Wenn er jetzt zugab, damals einen Meineid geschworen zu haben, konnte man ihn irgendwann später beschuldigen, er habe mit Anne geplant, den König in eine illegale Ehe zu locken, und deshalb 1533 die Wahrheit verschwiegen. Am 13. Mai bestritt Northumberland deshalb in einem Schreiben an Cromwell, daß es ein Eheabkommen gegeben habe.

Cranmer beschloß, den Fall unter Ausschluß der Öffentlichkeit zu verhandeln und Heinrich die Scheidung zu gewähren, ohne den Grund für seine Entscheidung öffentlich bekanntzugeben. Offenbar war Heinrichs Beziehung zu Annes Schwester der Grund für die strenge Geheimhaltung. Vermutlich stellte Cranmer in seinem Urteil fest, daß der Dispens des Bischofs von Rom aus dem Jahr 1527, nach dem Heinrich die Schwester seiner ehemaligen Geliebten heiraten durfte, ungültig sei, obwohl er selbst den Dispens 1533 für gültig angesehen haben muß.[17]

Am darauffolgenden Tag wurde Anne enthauptet, nachdem sie auf dem Schafott eine kurze Rede gehalten hatte. »Gott möge den König erhalten, daß er lange über euch regiere, denn niemals hat es einen milderen und gnädigeren König gegeben. Auch mir war er stets ein guter, milder Fürst und Herr.« Sie gab weder ihre Schuld zu, noch leugnete sie sie.[18]

Ob sie tatsächlich schuldig war, ist unklar. Zweifellos gab es Beweise, daß sie und die anderen Angeklagten sich zumindest unschicklich verhalten hatten. Dreiundzwanzig Jahre später schrieb der schottische Protestant Aless an Annes Tochter Elisabeth wenige Monate nach ihrer Thronbesteigung, er sei am Morgen von Annes Hinrichtung im ersten Tageslicht mit Cranmer im Garten des Erzbischofs in Lambeth spazierengegangen. Bei dieser Gelegenheit habe ihm Cranmer gesagt, daß Anne unschuldig sei.[19] Wenn Aless die Wahrheit schreibt, kommt Cranmers Worten Gewicht zu, denn Cranmer hatte Anne nur wenige Stunden zuvor die letzte Beichte abgenommen.

Heinrich war offenbar von Annes Schuld überzeugt. Aber ihre Schuld war für ihn von so großem Vorteil, daß er den Fall wohl nicht mehr unvoreingenommen beurteilen konnte. Außerdem war dies eine der wenigen Gelegenheiten, bei denen Cromwell, Lady Exeter und andere Feinde Annes Heinrich bis zu einem gewissen Grad zum Handeln gezwungen haben. Am Tag, als Anne in den Tower gebracht wurde, schrieb Cranmer an Heinrich: »Nach der falschen Ansicht der Welt ist die Ehre Euer Gnaden zutiefst verletzt worden (ganz gleich, ob die Behauptungen, die allgemein aufgestellt werden, wahr sind oder nicht).«[20] Als das Gerücht von Annes Untreue am Hof in Umlauf war, war es für Heinrich schwer, es zu ignorieren, ohne seinen Ruf zu gefährden. Und es wäre töricht gewesen, die Berichte in den Wind zu schlagen, nach denen Anne, Norris und andere planten, ihn umzubringen. Sie konnten ebensogut wahr sein wie die Beschuldigungen gegen Buckingham und Wolsey hätten wahr sein können. Es war immer besser, vorsichtig zu sein, als hinterher etwas bereuen zu müssen. Waren ihre Köpfe erst einmal gefallen, konnten Königinnen genausowenig wie Herzöge und Kardinäle noch Schaden anrichten.

Nachdem erst einmal der Entschluß gefaßt worden war, Anne anzuklagen, war ein Schuldspruch unumgänglich. Während Heinrich zuversichtlich auf Nachrichten von Annes Prozeß, Scheidung und Tod wartete, tat er das, was er in Momenten der Anspannung häufig tat: Er ging auf Feste mit Wein, Musik und schönen Frauen. In den 18 Tagen zwischen Annes Verhaftung und ihrer Hinrichtung besuchte er fast jeden Abend ein Fest. Manchmal blieb er bis nach Mitternacht und kehrte dann auf seiner Barke mit spielenden Musikanten nach Whitehall zurück. Johanna Seymour begleitete ihn auf einige dieser Feste. Laut Chapuys hat Heinrich erklärt, seiner Ansicht nach habe Anne es mit über hundert Männern getrieben. »Noch nie hat ein betrogener Herrscher oder Ehemann seine Hörner so offen und vergnügt zur Schau getragen wie Heinrich«, schrieb Chapuys. Viele fanden seinen Frohsinn geradezu geschmacklos. Der Bischof von Carlisle gestand Chapuys, er sei schockiert gewesen, als Heinrich bei einem Fest im Hause des Bischofs einige Gedichte oder ein Schauspiel aus der Tasche gezogen habe, worin er Annes Vergehen und Bestrafung geschildert habe.[21]

Am Tag der Hinrichtung Annes gewährte Cranmer Heinrich einen Dispens, damit er Johanna heiraten konnte. Das war notwendig, weil sowohl Johanna wie Heinrich von Eduard III. abstammten und entfernte Verwandte waren. Heinrich blieb an diesem Tag in Whitehall, bis ihm ein Bote die Nachricht überbrachte, Anne sei enthauptet worden. Danach eilte er sogleich in farbenprächtiger Kleidung zu Johanna und verbrachte den Abend mit ihr. Am nächsten Tag kam Johanna heimlich auf einer Barke nach Whitehall, und sie und Heinrich schlossen einen vorläufigen Ehevertrag. Zehn Tage später, am 30. Mai, heirateten sie heimlich. Am gleichen Tag ernannte Heinrich Johannas Bruder Edward zum Viscount Beauchamp.[22]

Der Öffentlichkeit stellte er Johanna erst am 7. Juni als seine Königin vor, als sie gemeinsam mit großem Pomp in einer Barke von Greenwich nach Whitehall fuhren. Tags darauf begleitete Johanna ihn zur feierlichen Parlamentseröffnung. Audley als Lordkanzler hielt eine Lobrede auf Heinrich. Der König sei »weise und gerecht wie Salomon, an Gestalt, Kraft und Stärke ein Samson, in Aussehen und Schönheit ein Absalom«. Rich, der Sprecher des Unterhauses, verglich Heinrich mit der Sonne, deren Strahlen überall Unrat und Korruption ausmerzen.[23]

Am selben Tag, an dem Heinrich von Audley und Rich so reichlich mit Lob überhäuft wurde, ließ er seine Nichte in den Tower werfen. Er hatte Anfang Juni erfahren, daß Norfolks Bruder, Lord Thomas Howard, Lady Margaret Douglas, die Tochter von Heinrichs Schwester Margarete und Angus, heiraten wollte. Howard hatte es zwar nicht so weit getrieben wie Suffolk, der Heinrichs Schwester Maria heimlich geheiratet hatte, doch seit 1515 hatte sich im Königreich und an Heinrichs Hof einiges verändert.

Howard und Margaret wurden am 8. Juni verhaftet und in den Tower geworfen. Margaret erkrankte und wurde kurz darauf in die Abtei Sion gebracht, wo sie unter Arrest gestellt wurde. Im August schrieb sie an Cromwell und versicherte ihm, sie liebe Howard nicht mehr. Sie bat Cromwell, »nicht zu denken, daß ich auch nur noch das geringste Interesse an ihm habe«. Im Oktober 1537 wurde sie nach sechzehnmonatiger Haft aus dem Kloster entlassen. Zwei Tage später starb Lord Thomas Howard im Tower.[24]

Die Anhänger des Papstes hatten den Sturz Anne Boleyns mit Frohlocken zur Kenntnis genommen. Mit Vergnügen hörte Chapuys, daß die »englische Messalina« ihn für ihren Untergang verantwortlich gemacht hatte. Der Kaiser sah darin eindeutig eine Offenbarung Gottes. Der weniger gottesfürchtige Granvelle schrieb an Chapuys, Annes Sturz sei Musik in seinen Ohren und ein Grund zur Freude. Maria von Ungarn war von Annes Schuld zwar nicht überzeugt, meinte aber, selbst wenn sie unschuldig sei, könne einer so bösen Frau kein Unrecht zugefügt werden. Lord William Howard in Edinburgh war überrascht, daß sich auch der gesamte Hof Jakobs, insbesondere die papsttreuen Bischöfe, über die Nachricht von Annes Verhaftung freute. Er bat Cromwell in einem Schreiben, ihm »die Wahrheit« zu sagen – das heißt, ihm zu sagen, wie er sich verhalten solle.[25]

Für den päpstlichen Nuntius in Lyon war Annes Verhaftung ein Gottesurteil. Ihm wurde außerdem mitgeteilt, Cranmer und ein anderer ketzerischer Bischof, der unter Annes Schutz gestanden habe, seien ins Ausland geflohen, und Heinrich habe den Plan, die Klöster aufzulösen, fallenlassen. In Rom jubelte Ortiz über Annes Schicksal. In Venedig wurde gefeiert, weil Gott sich als gerechter Richter erwiesen hatte. Ein Diener des Vorstehers der Maison Dieu Hall, einer Pilgerherberge in Dover, hörte, daß sich am Tag vor Annes Hinrichtung die Wachskerzen um das Grab von Königin Katharina in der Abtei von Peterborough wie durch ein Wunder von selbst entzündet hätten. Die Lutheraner hingegen waren beunruhigt. Luther wurde zugetragen, daß Heinrichs neue Königin auf seiten der Papisten stehe und sich in England vieles zum Schlechten wenden werde. Melanchthon empfand Annes Sturz als große Tragödie. Die Vertreter des englischen Luthertums wie Barnes und Shaxton ließen sich allerdings nicht davon abhalten, sich zu gegebener Zeit um ihren Anteil an den eingezogenen Ländereien Annes und Norris' zu bemühen.[26]

Fünf Tage nach Annes Hinrichtung hatte Cromwell eine Unterredung mit Chapuys. Wenn man Maria dazu bringen könne, sich zu unterwerfen und Heinrich als Oberhaupt der Kirche anzuerkennen, erklärte Cromwell, werde man sie bei Hofe aufnehmen und ein Gesetz erlassen, wonach sie zur Thronerbin erklärt werde, falls Heinrichs Ehe mit Johanna Seymour kinderlos bleibe. Chapuys drängte Cromwell, eine Möglichkeit zu finden, wie Maria sich unterwerfen könne, ohne ihr Gewissen zu belasten. Am 26. Mai schrieb Maria von Hunsdon in Hertfordshire an Cromwell. Obwohl sie bemerkt habe, »daß niemand mit mir zu sprechen wagte, so lange dieses Weib lebte«, hoffe sie, daß es ihr nun möglich sei, die Gunst ihres Vaters wiederzuerlangen. Am 30. Mai schrieb sie erneut an Cromwell und dankte ihm für alles, was er für sie tue. Außerdem bat sie um Erlaubnis, Heinrich besuchen zu dürfen. Am 1. Juni wandte sie sich direkt an Heinrich. Sie bat ihn, »so demütig wie ein Kind es nur kann«, um seinen Segen und gestand all ihre Missetaten ein. »Ich flehe Euer Gnaden demütig an zu bedenken, daß ich nur ein Weib und Euer Kind bin, das seine Seele Gott anvertraut hat und über dessen Leib in dieser Welt nach Euerm Belieben verfügt werden kann.« Doch sie erhielt keine Antwort.

Am 7. Juni schrieb sie erneut an Cromwell. Sie erkundigte sich, ob Heinrich ihren Brief »in seiner königlichen Gnade und seinem väterlichen Erbarmen« angenommen und ihr verziehen habe. Diesmal erhielt sie von Cromwell Antwort: Ihr Vater, der König, habe ihr vergeben. Heinrichs Räte hielten die Angelegenheit damit für erledigt. Sir John Russell erklärte Sir Anthony

Browne, Heinrichs Oberstallmeister, und Sir Francis Bryan, ein Gesetz solle Maria für ehelich erklären und festlegen, daß sie nach den Söhnen oder Töchtern aus Heinrichs Ehe mit Johanna die nächste in der Thronfolge sein solle. Lady Hussey, die Frau von Lord Hussey, Marias Haushofmeister, verbreitete die gute Nachricht, die bei Hof bald Gesprächsthema Nummer eins war. Heinrich selbst schickte allerdings lediglich den Herzog von Norfolk, den Grafen von Sussex und Sampson, den Bischof von Chichester, zu Maria, um ihr mitzuteilen, daß sie den Eid auf die Suprematsakte ablegen und ihn als Oberhaupt der Kirche Englands anerkennen müsse.

Maria war seit einiger Zeit bei schlechter Gesundheit, und zusätzlich zu ihren anderen Sorgen litt sie unter Zahnschmerzen und einer schlimmen Grippe. Sie weigerte sich jedoch, den Eid abzulegen, obwohl die Lords ihr drohten und erklärten, wenn sie eine so ungehorsame Tochter sein wolle, würden sie ihr den Kopf so lange gegen die Wand schlagen, bis er weich sei wie ein Bratapfel. Maria schrieb Cromwell, sie werde seinem Rat folgen »in allen Dingen, die meine Pflicht gegenüber dem König betreffen, vorausgesetzt, daß Gott und mein Gewissen dadurch nicht beleidigt werden ... doch zwingt man mich zu mehr (gegen Euch, als meinen guten Freund, bin ich offen), so wird besagtes Gewissen mir nicht gestatten, darin einzuwilligen.« Noch am gleichen Tag schrieb sie an Heinrich, »so demütig, als es mir nur möglich ist«, und flehte ihn »demütig ausgestreckt zu Euren Füßen« um Gnade an. Cromwell antwortete ihr sogleich und erklärte, ihre Unterwerfung sei unangemessen und unannehmbar, da sie Gott, ihren leiblichen Vater und dessen Gesetze mit Verachtung behandelt habe.[27]

Heinrich wurde zornig, als Norfolk und seine Kollegen ihm mitteilten, Maria weigere sich, den Eid abzulegen. Er erklärte seinen Räten, er werde Maria in den Tower werfen lassen, und wenn sie sich weigere, den Eid abzulegen, werde sie des Hochverrats angeklagt und hingerichtet. Die Räte waren entsetzt und flehten ihn auf Knien an, dies nicht zu tun. Einem Brief zufolge, den protestantische Flüchtlinge im Ausland 1556 an Maria schrieben, kurz bevor sie den Befehl gab, Cranmer wegen Ketzerei zu verbrennen, hat Cranmer Heinrich schließlich dazu überreden können, Maria nicht hinrichten zu lassen. Ralph Morice, Cranmers Sekretär, bestätigte dies in einem Bericht an John Foxe. Laut Morice hat Heinrich, nachdem er sich bereit erklärt hatte, Marias Leben zu schonen, Cranmer darauf hingewiesen, daß er das später noch bereuen werde. Königin Johanna, die sich ebenfalls für Maria verwendet hatte, habe er erklärt, sie sei eine Närrin, weil Maria jedem ihrer künftigen Kinder feindlich gegenüberstehen werde.[28]

Heinrichs Zorn richtete sich jedoch nicht nur gegen Maria, sondern vor allem auch gegen die Mitglieder seines Rates und gegen die Höflinge, die das Gerücht verbreitet hatten, er habe Maria verziehen und beabsichtige, sie wieder in die Thronfolge aufzunehmen. Er wollte weder eine Gruppe am Hof dulden, die auf der Seite Marias stand, noch sich zu etwas zwingen lassen. Da er die Lutheraner durch Annes Hinrichtung bereits in Schrecken versetzt hatte, war es nun an der Zeit, auch die Katholiken einzuschüchtern. Er ließ Lady Hussey verhaften und in den Tower sperren und schloß den Marquis von Exeter und Sir William Fitzwilliam aus dem Kronrat aus. Cromwell erklärte Maria, er sei wegen ihr in ernste Schwierigkeiten geraten. Chapuys vertraute er an, er habe vier oder fünf Tage lang geglaubt, Heinrich werde auch ihn stürzen. Doch Heinrich betraute ihn und Audley mit der Aufgabe, die übrigen Missetäter zu vernehmen.

Cromwell und Audley verhörten Sir Anthony Browne und Sir Francis Bryan. Sie fragten sie, ob sie Lady Maria für ehelich erklären wollten, weil sie der Meinung seien, der König sei früher rechtmäßig mit der Prinzessin-Witwe verheiratet gewesen. Hatten sie mit Dr. Wolman, Dr. Bell oder Dr. Knight über Lady Marias Zukunft gesprochen? Hatten sich Sir Nicholas Carey oder Sir Thomas Cheyney zu diesem Thema geäußert? Hatten sie einen besonderen Grund, für Lady Maria einzutreten? Angenommen es hätte Gott gefallen, den König zu sich zu rufen (was Gott verhüten möge), ehe Lady Elisabeth zum Bastard erklärt wurde, so daß Lady Elisabeth also Prinzessin gewesen wäre, hätten sie dann Elisabeth unterstützt oder Maria? Alle Verdächtigen gaben die richtigen Antworten, und keiner wurde zu Lady Hussey in den Tower geworfen. Als Bryan im August mit Heinrich in der Nähe von Chertsey auf die Jagd ging, meinte Heinrich, er solle sich keine Sorgen machen, da »die schlimmen Gerüchte bald verflogen sind«.[29]

Chapuys war ernstlich besorgt, als Cromwell ihm von Heinrichs Drohungen gegen Maria berichtete. Es gelang ihm, Maria einen Brief zukommen zu lassen, in dem er ihr riet, sie solle sich nun, da man ihr mit Gewalt drohe, unterwerfen und den Eid auf die Suprematsakte ablegen. Sie könne mit Recht behaupten, unter Zwang gehandelt zu haben. Chapuys empfahl ihr, insgeheim Einspruch einzulegen, ehe sie den Eid ablege, und zu erklären, daß sie nicht gedenke, sich an den Eid zu binden. Er versprach ihr, den Papst um einen Dispens zu bitten, damit sie den Eid ablegen und später brechen könne. Maria willigte nur zögernd ein. Aber dank Cromwells Bemühungen verlangte Heinrich nicht, daß sie den Eid ablegte, sondern begnügte sich mit einer schriftlichen Erklärung, die Maria unterzeichnen mußte und die denselben Effekt hatte.

Am 13. Juni schrieb Maria an Cromwell, sie habe die letzten zwei oder drei Nächte vor Zahnschmerzen kaum schlafen können. Cromwell habe sie gedrängt, Heinrich einen noch unterwürfigeren Brief zu schreiben, aber sie wisse nicht, was sie noch schreiben solle. Sie wolle es Cromwell überlassen, einen angemessenen Brief aufzusetzen, und sie werde alles unterschreiben, was er verlange.

Cromwell verfaßte ein entsprechendes Schreiben und einen Begleitbrief, den Maria unterzeichnen sollte. Der Brief begann mit den Worten: »Ich werfe mich demütig Seiner erhabenen Majestät zu Füßen.« Maria habe erkannt, daß »ich Eure allergnädigste Majestät so sehr beleidigt habe, daß mein sorgenschweres Herz nicht wagt, Euch Vater zu nennen«. Heinrich habe keinen Grund, ihr ihre Missetaten zu vergeben, »einzig die Milde Eures reinen Wesens überwindet alles Böse, alle Missetaten und Sünden, und ist stets barmherzig und bereit, die reuevolle Bitte um Gnade anzunehmen... Ich habe mein Schicksal stets in Eure Hand gelegt und werde es auch in Zukunft tun, denn ich kenne Eure vorzügliche Gelehrsamkeit, Eure Tugend, Eure Weisheit und Euer Wissen... Ich flehe Euch an, gnädigster Herrscher und gütiger Vater, mit Eurem unglücklichen und traurigen Kind Mitleid und Erbarmen zu haben.« Am 15. Juni um elf Uhr nachts unterschrieb Maria den Brief. Sie war am Ende ihrer Kräfte.

Sie unterschrieb auch das Unterwerfungsschreiben, das Cromwell für sie aufgesetzt hatte. Darin erklärte sie, ihren Vater, den König, »durch Eigensinn und Ungehorsam beleidigt« zu haben. Sie erkannte ihn als »Oberhaupt der Kirche von England nächst Christus« an und lehnte »die angemaßte Autorität, Macht und Rechtsprechung des Bischofs von Rom, die dieser fälschlich beanspruchte«, entschieden ab. Außerdem gab sie zu, »daß die Ehe zwischen Seiner Majestät und meiner Mutter, der verstorbenen Prinzessin-Witwe, nach Gottes und der Menschen Gesetz unkeusch und wider das Gesetz war«.[30]

Heinrich hatte auf Marias vollständiger Unterwerfung bestanden, und nachdem er sie erreicht hatte, war er zufrieden. Er schickte Cromwell, Norfolk und andere Räte zu Maria, um ihr seinen Segen und eine liebevolle Botschaft zu überbringen. Die Räte behandelten Maria mit allergrößtem Respekt und baten sie auf Knien um Vergebung, daß sie sie bei ihrem letzten Besuch so schroff hatten behandeln müssen. Maria schrieb zwei weitere Briefe an Heinrich und dankte ihm demütig, daß er sich ihrer erbarmt habe. Ende Juni teilte Heinrich ihr einen Haushalt mit 42 Bediensteten zu, nachdem er Elisabeths Haushalt auf 32 Bedienstete reduziert hatte.[31]

Am 6. Juli statteten Heinrich und Johanna Maria in Hunsdon einen Besuch ab. Es war das erste Mal seit fast fünf Jahren, daß Heinrich wieder mit Maria sprach, und er und Johanna behandelten sie mit großer Zuneigung. Später berichtete Maria Chapuys, Heinrich habe ihr erklärt, er vermute, ihr früherer Ungehorsam sei dem Einfluß des Kaisers zuzuschreiben. Er habe sie wissen lassen, daß Karl machtlos sei, solange er lebe. Außerdem fragte er sie, ob sie jemals Briefe von Karl oder Chapuys erhalten habe. Sie log ihn kaltblütig an. Er fragte weiter, ob ihre Unterwerfung ernst gemeint oder nur gespielt gewesen sei, denn er hasse nichts mehr als Heuchler. Seine Räte hätten ihm manchmal nahegelegt, sich gegenüber ausländischen Gesandten zu verstellen, doch er habe sich stets geweigert. Er bat Maria, zu zeigen, daß sie seine Tochter sei, und jegliche Heuchelei zu meiden. Chapuys schrieb an Granvelle, Maria habe Heinrich eine passende Antwort gegeben und werde sich auch in Zukunft geschickt verstellen.[32] Vermutlich wußte Heinrich, daß sie die Unwahrheit sagte, und hatte ihr die Frage nur gestellt, weil Frage und Antwort notwendig waren, um dem Bild vom gütigen Herrscher und Vater und der gehorsamen Tochter und Untertanin zu genügen.

Ein paar Wochen später bat Cromwell Heinrich um Erlaubnis, Maria einen Ring schenken zu dürfen. Er ließ einen passenden Spruch eingravieren, in dem es hieß, Christus habe durch seine Demut und seinen Gehorsam gegenüber Gott, dem Vater, allen Kindern ein Beispiel gegeben. Heinrich gefiel die Inschrift so sehr, daß er Cromwell erklärte, er selbst werde Maria den Ring schicken.[33]

Im Juli holte Heinrich seinen aufgeschobenen Besuch in Dover nach. Er nahm Johanna mit auf die Reise, die er ursprünglich mit Anne hatte machen wollen.[34]

Lady Hussey wurde zu gegebener Zeit aus dem Tower entlassen. Entgegen anderslautenden Berichten aus dem Ausland mußte Wiltshire beim Prozeß seines Sohnes und seiner Tochter nicht anwesend sein. Er und seine Frau durften den Hof verlassen und sich nach Hever zurückziehen, nachdem er alle Ämter niedergelegt und Leuten Leibrenten gewährt hatte, die von Heinrich ausgesucht wurden. Wiltshires Schwiegertochter Lady Rochford durfte einen Teil des Vermögens ihres Mannes behalten und am Hof bleiben. Thomas Wyatt wurde freigelassen, nachdem sein Vater garantiert hatte, sein Sohn werde in Zukunft dem König in allen Dingen gehorsam sein und die schamlose Lebensart aufgeben, die die Ursache dafür gewesen sei, daß er sich das Mißfallen Gottes und seines Herrn, des Königs, zugezogen habe.[35] Cromwell gelangte durch die Prozesse zu noch größerem Reichtum und Einfluß. Innerhalb weniger Wochen war er zum Lord Cromwell von Oakham ernannt worden und hatte Wiltshires Amt als Lordsiegelbewahrer übernommen. Außerdem erhielt er Ländereien einiger der Verräter zugesprochen. Heinrich vergaß jedoch nicht, daß Cromwell Maria unterstützt hatte. Vier Jahre später sollte er sich daran erinnern.

20

Pole

Im Sommer 1536 war Heinrich mächtiger als je zuvor. Im Juli verabschiedete das Parlament ein Statut, wonach der König unter gewissen Umständen durch eine Proklamation ein Parlamentsgesetz aufheben konnte. Drei Jahre später folgte ein Statut, wonach er Proklamationen erlassen konnte, die dieselbe Gesetzeskraft hatten wie vom Parlament verabschiedete Gesetze. Weder vorher noch nachher hat ein König oder Premierminister in England so viel Macht besessen. Ein anderes Gesetz erlaubte ihm, einen Nachfolger zu benennen, bis er und Johanna Seymour eigene Nachkommen hatten. Man nahm allgemein an, Heinrich habe das Parlament zu diesem Gesetz veranlaßt, weil er seinen unehelichen Sohn, den Herzog von Richmond, zu seinem Nachfolger ernennen wollte. Doch Richmond starb am 22. Juli 1536 kurz nach seinem 17. Geburtstag. Es hieß, er sei an einem schleichenden Gift gestorben, das Anne Boleyn ihm vor ihrem Tod verabreicht habe.[1]

Richmonds Beerdigung gibt zweifellos Rätsel auf. Kurz vor seinem Tod hatte er die Tochter des Herzogs von Norfolk geheiratet. Jetzt trug Heinrich Norfolk auf, seinen Leichnam in einem mit Stroh bedeckten, nur von Männern begleiteten Karren nach Thetford zu bringen und ihn dort heimlich zu begraben. Zumindest hatte Norfolk Heinrich so verstanden. Nach der Beerdigung machte Heinrich Norfolk Vorwürfe, weil er Richmonds Leichnam nicht den angemessenen Respekt erwiesen habe.[2]

Heinrich wußte, daß er weder von Karl noch von Franz etwas zu befürchten hatte. Sie dachten nicht daran, den Papst zur Veröffentlichung der Bulle zu drängen, die ihn seines Thrones verlustig erklärte. Vielmehr umwarben und drängten sie Heinrich, sich im Krieg auf ihre Seite zu schlagen. Beide machten ihm Vorschläge hinsichtlich einer Heirat seiner Tochter Maria. Karl wollte sie mit Dom Luiz verheiraten, dem Bruder des Königs von Portugal,

Franz schlug seinen dritten Sohn, den Herzog von Angoulême, als Heiratskandidaten vor. Heinrich nahm diese Angebote weder an noch lehnte er sie ab. Er machte beiden Freiern Hoffnungen, ohne irgend etwas zu versprechen. Ein Problem war freilich, daß man weder von Dom Luiz von Portugal noch vom Herzog von Angoulême erwarten konnte, daß sie sich selbst erniedrigten, indem sie die uneheliche Tochter des Königs von England heirateten. Karl und Franz machten deutlich, daß ihre Bitte um Marias Hand davon abhing, daß Heinrich sie durch ein Gesetz für ehelich erklären ließ. Aber Heinrich weigerte sich, Maria für ehelich erklären zu lassen.[3] Er wollte noch abwarten. Wenn Karl und Franz derart an seiner Freundschaft gelegen war, waren sie möglicherweise auch bereit, Dom Luiz oder den Herzog von Angoulême mit einem Bastard zu verheiraten. Das hätte sein Ansehen in der Tat beträchtlich gestärkt.

Heinrich lud Chapuys und den Bailli von Troyes ein, vor seinem Kronrat zu erscheinen, um die Rechtmäßigkeit der Ansprüche darzulegen, für die Karl und Franz kämpften, und Gründe zu nennen, weshalb Heinrich sich der einen oder anderen Seite anschließen solle. Beide bemühten sich um seine Gunst. Ein paar Tage später gewährte er ihnen einzeln Audienz. Während der eine Botschafter beim König war, wartete der andere im Vorzimmer. Heinrich hörte sich ihre Argumente ausführlich an. Beide versuchten jeweils, den anderen Herrscher als Aggressor hinzustellen und ihm das Anrecht auf Mailand abzusprechen. Anschließend erklärte Heinrich, er habe nach reiflicher Überlegung beschlossen, neutral zu bleiben.[4]

Heinrichs Neutralität nützte Franz mehr als Karl. Heinrich entband Franz für die Dauer des Krieges von den jährlichen Pensionszahlungen. Im September ließ er Chapuys nach Ampthill kommen und erklärte ihm, seiner Ansicht nach sei das Recht in diesem Krieg mehr auf Franz' als auf Karls Seite, er denke deshalb daran, sich auf Franz' Seite zu stellen. Außerdem protestierte er bei Chapuys dagegen, daß die spanische Inquisition englische Kaufleute verfolgte, die ihn als Oberhaupt der Kirche von England anerkannten. Zugleich wies er Franz' Bitte um Hilfe allerdings strikt zurück. Nachdem er anfangs behauptet hatte, er sei vertraglich erst dann zur Hilfe verpflichtet, wenn Karl in Frankreich einmarschiere, verweigerte er ihm auch später jede Hilfe, als die Armeen Marias von Ungarn in die Picardie vordrangen, Montreuil einnahmen und Thérouanne belagerten.[5]

Es war nicht einfach für Heinrich, seine Neutralität zu wahren, während rund um Calais und zwischen den gegnerischen Flotten die Kämpfe weitergingen. Beide Seiten schickten gelegentlich Truppen in die Marken von Calais, um den Feind aus einer unerwarteten Stellung anzugreifen. Heinrich ließ die Garnison und die Verteidigungsanlagen von Calais verstärken. Er widmete den betreffenden Problemen und Entscheidungen wie üblich seine ganze Aufmerksamkeit, ob er sich nun in Whitehall oder Greenwich aufhielt oder in Surrey oder Bedfordshire jagte. Die Behörden von Falmouth konnten nicht verhindern, daß Karls Kriegsschiffe in den Hafen eindrangen und französische Schiffe in englischen Hoheitsgewässern angriffen. Heinrich entsandte eine Flotte, die zum Schutz englischer Handelsschiffe im Kanal patrouillieren sollten. Heinrichs Kapitäne nahmen den Admiral von Sluys gefangen, einen von Karls Flottenkommandanten, der englische Schiffe gekapert hatte, weil sie mit Frankreich Handel trieben. Admiral von Sluys wurde nach England gebracht und wegen Piraterie vor Gericht gestellt. Später ließ Heinrich ihn auf Bitten Chapuys wieder frei.[6]

Heinrich näherte sich damals den Lutheranern. In England und im Ausland hatte man damit gerechnet, er werde sich jetzt scharf vom Luthertum abgrenzen, aber er ließ zu, daß seine Bischöfe Glaubensartikel verfaßten, in denen implizit die Lehre der Augsburgischen Konfession anerkannt wurde, nach der es nur drei Sakramente gab. In den Zehn Glaubensartikeln vom Juli 1536 wurden Eucharistie, Taufe und Buße als Sakramente aufgeführt, die anderen vier Sakramente der Kirche – Ehe, Firmung, Priesterweihe und Krankensalbung – wurden ignoriert. Doch die Glaubensartikel waren ein Kompromiß. Ohrenbeichte, Götzenbilder, Heiligenverehrung und selbst das Fegefeuer wurden ausdrücklich gebilligt, und neben dem Glauben wurden auch die guten Werke als Rechtfertigung für notwendig erachtet.[7]

Die Artikel waren zwischen März und Juli 1536 von einem Komitee ausgearbeitet worden. Bei den Diskussionen innerhalb dieses Komitees waren die Bischöfe in zwei Lager gespalten. Cranmer wurde in seinen reformerischen Zielen von Latimer und Shaxton, zwei bekannten Reformern, unterstützt, die an Stelle der beiden Italiener Ghinucci und Campeggio zu Bischöfen von Worcester und Salisbury ernannt worden waren. Auch Edward Fox, der Bischof von Hereford, und Hilsey, der Bischof von Rochester, standen auf Cranmers Seite. Stokesley, Longland, Tunstall und Erzbischof Lee von York waren die eifrigsten Verfechter des orthodoxen katholischen Standpunkts. Ihr Parteigänger Gardiner, Bischof von Winchester und der fähigste Kopf unter ihnen, hielt sich als Botschafter in Frankreich auf. Die katholischen Bischöfe befanden sich zwar in der Mehrzahl, doch wurde dies durch die Autorität Cromwells aufgewogen, der Generalvikar des Königs war. Cromwell nahm an den Besprechungen teil und nutzte seinen Einfluß zugunsten der Reformer.[8]

Die Zehn Artikel waren als maßgebliche Erklärung zu religiösen Fragen gedacht, an die sich alle Untertanen Heinrichs zu halten hatten. Um jeden Widerstand im Keim zu ersticken, erließ Heinrich im Juli eine Verordnung, nach der bis Michaeli nur noch die Bischöfe in ihren Kathedralen predigen durften. Nach Ablauf dieser Frist von zwei Monaten sollte das Predigen wieder erlaubt werden, mit der Einschränkung, daß kein Prediger über den Sinn der Artikel diskutieren durfte, die er laut und ohne jeden Kommentar von der Kanzel verlesen mußte. Wer gegen diese Anordnung verstieß, sollte umgehend verhaftet werden.[9]

Außerdem erließ Heinrich eine Proklamation, nach der eine Reihe von Feiertagen abgeschafft wurde, darunter sämtliche Feiertage in der Erntezeit zwischen dem 1. Juli und Michaeli. Davon war auch das große Fest des heiligen Thomas von Canterbury am 7. Juli betroffen. Edelleute, Kaufleute und einige Bauern begrüßten die Abschaffung von Feiertagen, da ihre Bediensteten jetzt an diesen Tagen arbeiten mußten, statt in die Kirche zu gehen und zu feiern. Auf dem Land dagegen stieß Heinrichs Proklamation auf Widerstand. Cranmer beklagte sich, daß die Anordnung selbst an Heinrichs Hof nicht beachtet werde, und wies Heinrich darauf hin, daß die Höflinge seinen Untertanen ein schlechtes Beispiel gaben, wenn sie Feiertage begingen, die abgeschafft worden waren.[10]

Im Jahr 1536 war Heinrich endlich in der Lage, Maßnahmen zur Neugestaltung der Verwaltung von Wales zu treffen. Bisher war Wales vom Rat der Marken von Wales in Ludlow unter der tatkräftigen Führung Roland Lees, des Bischofs von Coventry und Lichfield, regiert worden. Lee und seine Kollegen hatten erst vor kurzem Erfolg damit gehabt, in Wales für mehr Recht und Ordnung zu sorgen. Sie hatten einen berüchtigten Verbrecher nach 16 Jahren vergeblicher Suche endlich dingfest gemacht und aufgehängt. Lee wollte allerdings auch noch einige walisische Edelleute hängen. Er war überzeugt, daß viele von ihnen mit den Räubern unter einer Decke steckten. Wenn nur ein einziger Edelmann aufgehängt wurde, hatte dies seiner Ansicht nach eine heilsamere Wirkung auf die Bevölkerung als die Hinrichtung von Verbrechern niedriger Herkunft. Lee mißtraute dem seit einiger Zeit in London vieldiskutierten Plan, den Landadel in Wales wie in England als Friedensrichter einzusetzen und an Stelle des Rates der Marken Recht sprechen zu lassen.[11]

Heinrich und der Kronrat in London beschlossen 1536, den Plan voranzutreiben. Der Rat der Marken von Wales sollte zwar bestehen bleiben, doch die meisten seiner Befugnisse sollten an die örtlichen Friedensrichter übergehen. Wales wurde in eine Reihe von Grafschaften aufgeteilt, die als Verwaltungseinheiten fast unverändert bis 1974 bestehen blieben. Die Grafschaft Monmouth wurde an England angegliedert. Man ergriff Maßnahmen zur Abschaffung der alten walisischen Bräuche, die Eduard I. nach der Eroberung im 13. Jahrhundert hatte bestehen lassen. Die alte Regelung, wonach die Söhne eines Mannes dessen Land zu gleichen Teilen erbten, wurde abgeschafft und durch das englische Verfahren ersetzt, wonach der älteste Sohn alles erbte. Der Gebrauch der walisischen Sprache bei offiziellen Anlässen wurde untersagt, und sämtliche Verfahren vor Gericht mußten auf Englisch geführt werden, obwohl viele Waliser kein Englisch konnten. Walisische Historiker haben oft auf die Ironie hingewiesen, daß ausgerechnet ein König aus dem Hause Tudor, der Urenkel des Walisers Owain ap Meredith ap Tewdwr, dem Land seiner Ahnen so übel mitspielte. Man kann allerdings kaum erwarten, daß ein König, der eben erst seine Gemahlin hatte enthaupten lassen, der seine Nichte eingesperrt hatte und der sogar erwogen hatte, seine eigene Tochter hinrichten zu lassen, für das Nationalgefühl der Landsleute seines Urgroßvaters Verständnis hatte.

Mit seinen Maßnahmen gegen Landstreicher tat Heinrich dem niederen Adel in England, auf den er sich in seiner Politik hauptsächlich stützte, einen großen Gefallen. Die Landstreicher wollten sich der reglementierten Gesellschaft, in der sie lebten, nicht anpassen. Viele von ihnen waren entlassene Diener und hatten dem Haushalt eines hohen Adligen angehört, der ohne Erben gestorben oder als Verräter hingerichtet worden war und seine Ländereien verloren hatte. Der Gedanke, zehn Stunden am Tag für einen Tageslohn von vier Pfennigen auf den Feldern zu arbeiten, behagte ihnen gar nicht, nachdem sie im Hause ihres Herrn ein vergleichsweise angenehmes Leben geführt hatten. Doch der Landadel, der auf ihre Arbeitskraft angewiesen war, wollte sie zur Arbeit zwingen.

Im Jahr 1530 erließ das Parlament ein Gesetz gegen Landstreicher. Personen, die zu alt oder zu krank waren, um zu arbeiten, konnten beim Friedensrichter um eine Lizenz zum Betteln nachsuchen. Jeder Landstreicher, der ohne Lizenz beim Betteln erwischt wurde, sollte streng bestraft werden. Wenn gesunde Männer oder Frauen, die kein Land besaßen, keinem anerkannten Beruf nachgingen und keine Händler waren, außerhalb der Gemeinde angetroffen wurden und keinen Grund für ihren Aufenthalt dort angeben konnten, sollte der örtliche Friedensrichter sie zum nächstgelegenen Marktflecken bringen lassen, wo sie nackt an einen Karren gebunden und »mit Peitschenhieben durch den ganzen Flecken getrieben« werden sollten, »bis ihr Körper von den Schlägen blutet«. Anschließend sollten sie in ihre Gemeinde zurückgeschickt werden. Weigerten sie sich, sollten sie erneut geschlagen werden. Wer ihnen Unterschlupf gewährte oder sonstwie half, sollte mit einer Geldstrafe belegt werden.[12] Es gelang jedoch nicht, die Landstreicherei mit Hilfe dieses Gesetzes auszurotten. Vielmehr erhöhte sich durch die Auflösung der kleineren Klöster die Zahl der Landstreicher noch. Anfang Juli 1536 berichtete Chapuys, ein Heer von Mönchen, Nonnen und Bediensteten der aufgelösten Klöster wandere ziellos durch das Land, heimatlos und ohne Geld und aufs Betteln angewiesen. Chapuys hatte gehört, daß es sich um 20 000 neue Landstreicher handelte. Diese Zahl ist sicher übertrieben. Die Mönche und Nonnen erhielten fast in jedem Fall geringe jährliche Renten. Eine Pension von 40 Schillingen im Jahr ließ sich allerdings nicht mit den vier Pfennig pro Tag für einen ungelernten Arbeiter vergleichen, und die Diener und Abhängigen der Klöster bekamen meist keine Pensionen. 1536 wurde ein Gesetz verabschiedet, das die Strafen für Landstreicher verschärfte. Wenn jemand ein zweites Mal bei der Landstreicherei erwischt wurde, sollte er nicht nur ausgepeitscht werden, sondern man sollte ihm dazu noch ein Stück vom Ohr abschneiden. Wurde er ein drittes Mal erwischt, sollte er aufgehängt werden. In den unteren Bevölkerungsschichten brachte man den Landstreichern offenbar Sympathie entgegen. Das Gesetz sah deshalb vor, daß jeder, der sich weigerte, ein umherziehendes Kind zu schlagen, wenn es von ihm verlangt wurde, zwei Tage in den Block geschlossen werden sollte.[13]

Hängen war lange Zeit die einzige Strafe für sämtliche Verbrechen gewesen – für Mord, Vergewaltigung, Unzucht, Brandstiftung, Fälschung und Falschmünzerei und für die häufigsten Straftaten Raub und Diebstahl – und sollte es auch die folgenden 300 Jahre noch bleiben. Heinrich setzte sich energisch für die Einhaltung der Gesetze gegen Diebe ein, was beim Landadel, bei den Kaufleuten und den meisten gesetzestreuen Bürgern auf Zustimmung stieß. Holinshed berichtete 25 Jahre nach Heinrichs Tod, während seiner Regierungszeit seien 72 000 Diebe und Landstreicher gehängt worden.[14] Historiker, die wissen, daß Chronisten des 16. Jahrhunderts bei Zahlen leicht zu Übertreibungen neigen, haben in der Regel unterstellt, daß 72 000 eine absurde Übertreibung sei, die in keinem Verhältnis zur Wirklichkeit stehe. Vermutlich ist die Zahl übertrieben, aber vielleicht ist sie von der Wahrheit gar nicht so weit entfernt. Es sind viele Briefe von Richtern und Beamten erhalten, in denen die Zahl der Missetäter angegeben ist, die nach den periodisch tagenden Geschworenengerichten hingerichtet wurden – einige von ihnen wegen Hochverrats oder Mordes, die Mehrheit jedoch wegen Diebstahls. Die Zahlen schwanken in der Regel zwischen sechs oder acht und zwölf oder vierzehn. Wenn nach einer Sitzung im Durchschnitt zehn Personen gehängt wurden, dann bedeutet das, daß in jeder Grafschaft im Jahr vierzig Leute gehängt wurden. Bei vierzig Grafschaften wären das 1 600 Leute im Jahr, abgesehen von Wales, wo andere Verhältnisse herrschten. Damit würde sich die Zahl der Gehängten in den 38 Jahren von Heinrichs Herrschaft auf 60 000 belaufen. Das sind mehr als zwei Prozent der 2,8 Millionen Einwohner Englands, prozentual so viel wie die sechs Millionen von Hitler vernichteten Juden, die zwei Prozent der Bevölkerung des besetzten Europa ausmachten. Die Zahl bleibt jedoch noch hinter den zehn Millionen Russen zurück, die unter Stalin hingerichtet worden sein sollen – über fünf Prozent der damaligen Bevölkerung der UdSSR.

Einen Mann konnte Heinrich allerdings nicht hängen, verbrennen, einsperren oder ermorden lassen. Das war sein Cousin Reginald Pole. Pole war der Sohn Margaret Plantagenets, der Tochter des Herzogs von Clarence, des Bruders Eduards IV., und Witwe von Sir Edward Pole. Reginald Pole wurde im Jahr 1500 geboren, wenige Monate nachdem Heinrich VII. den Grafen von Warwick, den Bruder seiner Mutter, hatte hinrichten lassen, weil er dem Thron zu nahe stand. Heinrich VIII. hatte der Familie jedoch seine Gunst erwiesen, indem er Margaret selbst zur Gräfin von Salisbury ernannte und ihrem ältesten Sohn Henry Pole den Titel Lord Montagu verlieh. Zudem übernahm Heinrich die Kosten für die Ausbildung von Margarets drittem Sohn Reginald. Als man an der Sorbonne über die Rechtmäßigkeit von Heinrichs Ehe mit Katharina diskutierte, studierte Reginald gerade in Paris, und er nutzte seine großen geistigen Fähigkeiten und sein theologisches Wissen, um an der Sorbonne für Heinrich einzutreten. Im Jahr darauf ging er nach Padua. Auch dort setzte er sich für Heinrich ein, als man 1531 an der Universität von Padua die Scheidung erörterte. Seither war er jedoch zu dem Schluß gelangt, daß Heinrich unrecht hatte und daß die Ehe mit Katharina gültig war. Er schrieb eine Abhandlung über das Thema und schickte sie Heinrich, veröffentlichte sie aber nicht.[15] Heinrich bedankte sich bei ihm und gab der Hoffnung Ausdruck, er werde seine Meinung wieder ändern. Pole blieb in Italien und widmete sich seinen Studien. Als Heinrich ihn drängte, nach England zurückzukehren und in seine Dienste zu treten, erfand er alle möglichen Ausreden.

Im Jahr 1535 verstärkte Heinrich den Druck auf Pole. Der bekannte Humanist Starkey, ein Freund Poles und Kaplan Heinrichs, schrieb an Pole in Venedig, Heinrich wünsche, daß er zur Gültigkeit seiner Ehe mit Katharina Stellung nehme. Starkey betonte, Heinrich wolle Poles ehrliche und aufrichtige Meinung hören; der König habe vor kurzem zu ihm gesagt, »es wäre ihm lieber, Ihr wärt dort begraben, als daß Ihr Euch in diesen wichtigen Fragen aus Macht- oder Profitgier ihm gegenüber verstellt«. In einer Reihe weiterer Briefe erklärte Starkey, Pole könne nicht die ganze Zeit studieren und dabei seine Pflichten gegenüber seinem Herrscher und Wohltäter vernachlässigen. Er betonte immer wieder, daß Heinrich Poles aufrichtige Meinung hören wolle, und versäumte nicht, Pole auf die Wohltaten hinzuweisen, die ihn erwarteten, wenn er seine großen Talente zugunsten Heinrichs einsetzte.

Die Hinrichtungen der Kartäusermönche, Fishers und Morus' veranlaßten Pole, Farbe zu bekennen und sich Heinrich zum unversöhnlichen Feind zu machen. Er wußte, daß er Heinrich für seine Ausbildung Dank schuldete, schließlich wurde er von Heinrichs Räten und Vertretern ständig daran erinnert. Er gelangte jedoch immer mehr zu der Überzeugung, daß er es Gott schuldig war, seinen Wohltäter als blutigen Tyrannen anzuprangern, der die

Verteidiger des Glaubens in England zu Märtyrern machte. Inzwischen schrieb außer Starkey auch Cromwell an Pole und forderte ihn auf, seine ehrliche Meinung bezüglich des königlichen Supremats über die Kirche von England mitzuteilen – es brauche ja keine lange Abhandlung zu sein.[16]

Am 27. Mai 1536 reagierte Pole endlich. Die Antwort fiel lang aus – ein ganzes Buch –, und Pole sprach seine Meinung darin offen aus. Er äußerte sich leidenschaftlich zur schmachvollen Hinrichtung Fishers und Morus'. Er schrieb von Morus' Tochter Margaret Roper, die sich durch die Absperrung der Wachen gedrängt hatte, um ihren Vater auf seinem Weg zur Hinrichtung ein letztes Mal in die Arme zu schließen, und von der Standhaftigkeit Reynolds' und der anderen Kartäusermönche, die den Märtyrertod starben. Er verglich Heinrich mit Nero und Domitian. 27 Jahre lang habe der König seine Untertanen ausgeplündert, und als Kaiser Karl seinen ruhmreichen Feldzug in Afrika begonnen habe, habe er, den man fälschlicherweise den Verteidiger des Glaubens nenne, alle wahren Verteidiger des Glaubens einer wilden Bestie gleich in Stücke gerissen. Pole schrieb, er habe den Kaiser gebeten, einzugreifen und Tausende von Christen vor Heinrich zu beschützen, der eine weitaus größere Gefahr darstelle als die Türken. Er warnte Heinrich, er werde bald mit einer Revolution seiner eigenen Untertanen zu tun haben und das gleiche Schicksal erleiden wie Richard III.[17]

Seinem Freund Prioli teilte Pole mit, er habe in Heinrichs Interesse offen seine Meinung ausgedrückt, doch fürchte er, der König werde das Buch gar nicht lesen, sondern es nach der Lektüre der ersten Sätze wegwerfen und ihm und seinen Freunden zürnen. Heinrich reagierte jedoch anders. Er schrieb Pole fast unmittelbar nach Erhalt des Buches einen persönlichen Brief: Er habe das Buch mit Interesse gelesen und fühle sich nicht im geringsten beleidigt. Allerdings sei Pole in gewissen Punkten offenbar anderer Meinung als er, und über einige Stellen wolle er gern persönlich mit Pole sprechen. Er lade ihn deshalb nach England ein.[18] Heinrich schrieb diesen Brief nur zwei oder drei Tage, nachdem er seinen Räten erklärt hatte, er werde Maria in den Tower werfen und hinrichten lassen, weil sie sich weigere, den Eid auf die Suprematsakte abzulegen. Hinter jeder seiner Drohungen und hinter jedem Friedensangebot verbarg sich stets kalte Berechnung.

Pole antwortete, er müsse Heinrichs Einladung nach England leider ablehnen, denn wenn er der Einladung Folge leiste, werde man ihn fragen, ob er Heinrich als Oberhaupt der Kirche von England anerkenne, und ihn als Verräter hinrichten, wenn er die Wahrheit bekenne. Heinrich habe sich wie Salomon von der Leidenschaft für eine Frau irreführen lassen. Aber nun habe Gott Heinrich von dieser Frau befreit, »und mit ihrem Kopf, so glaube ich, hat er Euch jede Gelegenheit zu Vergehen genommen, die Euch vom Licht Gottes trennten«. Er hoffe, Heinrich werde wieder zum Gehorsam gegenüber dem Papst zurückfinden, jetzt, da »Euch Gott in seiner Güte an Stelle der Frau, von der alle Unordnung herrührte, eine rechtschaffene Frau geschenkt hat, mit der Euer Gnaden, wie ich höre, jetzt verheiratet sind«. [19]

Pole erhielt nun eine Flut von Briefen von seinem Freund Starkey, von Tunstall – dem Bischof, den er wegen seines Einsatzes für Katharina und wegen seines Widerstandes gegen Heinrich am meisten bewunderte – sowie von seiner Mutter und seinem Bruder Lord Montagu. Alle erklärten, wie empört sie gewesen seien, als Heinrich ihnen das Buch gezeigt habe, und wie erstaunt sie seien, daß er so über Heinrich schreiben könne. Starkey schrieb, er liebe Heinrich mehr als sein Leben, und Lady Salisbury erklärte, das Buch habe ihr mehr Kummer bereitet als der Verlust ihres Mannes und ihrer Kinder. Pole erinnerte sie in seiner Antwort daran, daß sie ihm schon als Kind beigebracht habe, Gott zu dienen. Sie antwortete, er könne Gott nicht dienen, wenn er seinem Herrscher untreu sei. Montagu schrieb, Reginalds Buch habe ihm mehr Schmerz zugefügt, als wenn er seine Mutter, seine Frau und seine Kinder verloren hätte, »denn das wäre nur natürlich gewesen«. Reginald habe sich »einem so edlen König gegenüber ganz unnatürlich verhalten. [...] Denn immerhin hat er unsere Familie, die mit Füßen getreten wurde, mit großem Edelmut behandelt, was ein Beweis für seine Güte, Nachsicht und Barmherzigkeit ist.«[20] Montagu sollte bald am eigenen Leib erfahren, wie gütig, nachsichtig und barmherzig Heinrich war.

Im Herbst beschloß der Papst, Pole zum Kardinal zu ernennen, um die Lücke, die durch Fishers Tod entstanden war, zu schließen. Als Heinrich und Cromwell von ihren Agenten in Rom davon unterrichtet wurden, warnten Starkey, Tunstall und Angehörige seiner Familie Pole davor, nach Rom zu gehen und den Kardinalshut anzunehmen. Damit würde er sich Heinrich zum Feind machen und König, Land und Familie verraten. Pole ging dennoch nach Rom. Er traf Vorsichtsmaßnahmen für den Fall, daß ihn Heinrichs Agenten auf der Reise von Venedig nach Rom umbringen wollten. Am 22. Dezember 1536 wurde Pole zum Kardinal ernannt.[21]

21

Die Gnadenwallfahrt

Am 28. September 1536 ritten Beauftragte des Königs, die die Klöster in Northumberland auflösen sollten, von Corbridge nach Hexham, um die Abtei von Hexham für den König in Besitz zu nehmen und die Mönche zu vertreiben. Auf den Straßen der Stadt wimmelte es von Bewaffneten, und die Pforten des Klosters waren geschlossen und verbarrikadiert. Auf dem Dach der Abtei erschien ein Mönch in einer Rüstung. Er erklärte, in der Abtei befänden sich zwanzig bewaffnete Brüder und eine Kanone. Sie würden lieber sterben als die Abtei den Beauftragten des Königs zu überlassen. Der Abtei sei von »König Heinrich VIII., den Gott schütze«, ein Freibrief gewährt worden. Die Beauftragten ritten zurück nach Corbridge und erstatteten Cromwell Bericht. Heinrich befahl, die Abtei mit Waffengewalt einzunehmen. Wenn die Mönche Widerstand leisteten, sollten sie wie Verräter behandelt werden.[1]

Am 1. Oktober kamen zwei von Cromwells Beamten nach Louth in Lincolnshire, um dort Steuern einzutreiben. Die Einwohner widersetzten sich und nahmen die Beamten gefangen. Einen hängten sie auf, den anderen töteten sie, indem sie ihn in eine Kuhhaut einnähten und den Hunden zum Fraß vorwarfen. Innerhalb weniger Tage hatten sich die Unruhen bis nach Horncastle, Ancaster und ganz Lindsey ausgebreitet. 30 000 Aufständische marschierten nach Lincoln. Cromwell wurde davon in Kenntnis gesetzt, daß die Gesellen nicht bei ihren Meistern bleiben wollten und daß es in den Städten keinen mehr gab, der einen Harnisch tragen konnte.[2]

Es handelte sich um eine Gegenrevolution des Volkes, um den spontanen Widerstand einer sonst schweigenden Mehrheit gegen alle Neuerungen, die von der religiösen Fortschrittspartei eingeführt wurden, und gegen das neue Regime, das ihr aufgezwungen wurde. Professor Eltons Theorie, der Aufstand sei von Cromwells Gegnern am Hof angezettelt worden, ist wenig plausibel.[3]

Die Aufständischen wehrten sich in erster Linie gegen die Auflösung der Klöster. Sie lehnten Heinrichs nichtadlige Räte ab, die »Leibeigenenbrut«, die an die Stelle der Adligen getreten war, mit deren Hilfe der König sein Reich der Tradition nach zu regieren hatte. Vor allem aber haßten sie Cromwell. Sie protestierten gegen Cranmer und Latimer und die ketzerischen Bischöfe und verlangten ihre Auslieferung oder ihre Verbannnung aus dem Reich. Außerdem sollten die Bücher von Wycliffe, Tyndale und anderen Ketzern verbrannt werden. Die Aufständischen lehnten das Statute of Uses ab, wodurch das Recht des Erblassers beschnitten wurde, seinen Besitz nach Belieben zu verteilen; das Gesetz sollte verhindern, daß die Erbschaftssteuer umgangen wurde. Sie waren beunruhigt über das Gerücht, der Kronrat wolle das Gold, den Schmuck und das Kirchengerät der Pfarrkirchen beschlagnahmen und viele Kirchen im ganzen Land auflösen, damit es im Umkreis von acht Kilometern immer nur eine Kirche gebe. Zudem wurden sie von Berichten aufgeschreckt, daß jede Kindstaufe und jedes Stück Vieh mit einer Steuer belegt werden solle und man künftig jedes Mal, wenn man eine Gans aß, eine Abgabe zu entrichten habe.[4]

Die Aufständischen waren treue Untertanen des Königs und betrachteten die Adligen und Edelleute als ihre Führer. In jeder Stadt und jedem Dorf, wo sich die Bürger erhoben, suchten sie zuerst den Squire auf und baten ihn, ihr Führer zu sein und einen Eid abzulegen, »dem allmächtigen Gott, der katholischen Kirche, unserem Herrn, dem König, und dem Volk dieses Landes die Treue zu halten«.[5] Die Edelleute reagierten alle gleich. Wenn sie hörten, daß in den benachbarten Orten Aufstände ausgebrochen seien, warnten sie sogleich den Kronrat vor der drohenden Gefahr und boten dem König ihre Unterstützung gegen die Rebellen an. Wenn die Rebellen sie in ihren Häusern aufsuchten, erklärten sie sich bereit, sich ihnen anzuschließen und sie zu führen. Gleichzeitig teilten sie dem Rat schriftlich mit, sie hätten sich den Rebellen unter Zwang angeschlossen, weil diese sonst ihre Familien umgebracht und ihre Häuser angezündet hätten. Nachdem die Rebellen sich die örtlichen Gentlemen verpflichtet hatten, marschierten sie zu den Häusern der nächsten Adligen, die ebenso reagierten wie die Edelleute. Nach außen hin stimmten sie zu, Anführer der Rebellen des jeweiligen Bezirks zu sein, insgeheim bekundeten sie dem König ihre Loyalität.

Heinrich, der sich in Windsor aufhielt, ließ die Adligen und Edelleute seines Reiches wissen, daß eine Versammlung von Verrätern in Lincolnshire sich zum Ziel gesetzt habe, ihn zu vernichten, alle treuen Untertanen zu ermorden und zu berauben und ihre Frauen und Töchter zu vergewaltigen und zu schänden. Er befahl den Edelleuten im westlichen Mittelengland, eine Armee aus Pächtern und Dienern zusammenzustellen. Sie sollten Pferde, Spieße, Pfeil und Bogen und andere Waffen mitbringen, sich in Mansfield und Nottingham dem Grafen von Shrewsbury und dem Herzog von Suffolk anschließen und unter deren Kommando gegen die Rebellen von Lincolnshire vorrücken. Den Adligen und Edelleuten im Süden Englands befahl er, eine Reservearmee aufzustellen, die nach Ampthill kommen sollte, wo er selbst das Kommando übernehmen wollte. Wenn die Vorhut die Rebellion bis dahin noch nicht niedergeschlagen hatte, wollte er selbst die Reservearmee gegen die Rebellen führen. Der Tatsache, daß die Männer, die nach Ampthill kamen, dem König persönlich unterstellt sein würden, wurde große Bedeutung beigemessen. Doch Heinrich hatte vermutlich nie die Absicht, die Armee selbst zu führen. Wie üblich überließ er die Arbeit, bei der man sich die Finger schmutzig machen konnte, seinen Beamten.[6]

Lord Hussey, dessen Frau erst kurz zuvor aus dem Tower entlassen worden war, schloß sich den Rebellen an, als sie ihn in seinem Haus aufsuchten – gegen seinen Willen, wie er erklärte. Er und die Edelleute aus Lincolnshire baten Heinrich in einem Schreiben, den Rebellen Straferlaß zu gewähren, damit man sie zum Aufgeben überreden könne. Heinrich schickte den Herold von Lancaster zu den Rebellen, um ihnen mitzuteilen, das Gerücht, er wolle Kirchen schließen lassen und sich das Kirchengerät aneignen, sei falsch und es sei unvernünftig, keine Steuern zahlen zu wollen. Lediglich zehn Prozent der Rebellen seien steuerpflichtig, denn nur diejenigen müßten Steuern zahlen, deren Vermögen 20 Pfund übersteige. Da die Steuer 6 Pfennig pro Pfund betrage, müsse der, dessen Land 40 Pfund wert sei, nur 10 Schilling Steuern zahlen. Wie könne jemand wegen 10 Schilling eine Rebellion anzetteln?[7] Was aber die Forderungen hinsichtlich der nichtadligen Räte und ketzerischen Bischöfe betreffe, »so habe ich weder gelesen noch gehört, noch gewußt, daß die Räte und Prälaten eines Herrschers vom ungehobelten und ungebildeten gemeinen Volk ernannt werden sollten oder das Volk in der Lage sei, für einen König passende und fähige Räte auszuwählen. Wie überheblich seid Ihr, das gemeine Volk einer einzigen Grafschaft, die eine der barbarischsten und gröbsten des ganzen Reiches und die ungebildetste ist, daß Ihr Euren Herrscher dafür tadelt, wie er seine Räte und Prälaten auswählt, und Euch im Widerspruch zu den Gesetzen Gottes und der Menschen anmaßt, Eurem König Vorschriften zu machen.«[8]

Heinrich befahl den Rebellen, sich zu unterwerfen und hundert ihrer Führer mit Stricken um den Hals zu ihm zu schicken, damit sie ihn um Vergebung bitten könnten. Andernfalls werde er eine große Armee losschicken, um die Güter, Frauen und Kinder der Rebellen als abschreckendes Beispiel für alle liederlichen Untertanen verbrennen, schänden und töten zu lassen.[9]

Am 6. Oktober schrieb Lord Darcy von seinem Haus in Templehurst bei Leeds an Heinrich, in den Bezirken North Riding und West Riding sei es ruhig, aber in Dent, Sedbergh und Wensleydale sei es zu Aufständen gekommen.

Vier Tage später erhoben sich auch die Männer von Beverley. Robert Aske, ein Anwalt aus dem Bezirk East Riding in Yorkshire, reiste gerade durch Lincolnshire, als dort die Aufstände losbrachen. Als er zu Hause eintraf, überredete er die dortige Bevölkerung, die Rebellen von Lincolnshire zu unterstützen. Innerhalb von ein oder zwei Tagen hatten sich in Howdenshire, Mashamshire und ganz East Riding 40 000 Mann zusammengeschart. Der Haufen marschierte Richtung York. Aske rief seine Gefolgsleute auf, sich eidlich zur Teilnahme an »unserer Gnadenwallfahrt« zu verpflichten, zum »Wohle aller ... zur Bewahrung des Glaubens und der Kirche, zum Schutze des Königs und zur Reinhaltung des Adels vom Blut der Unfreien und schlechten Ratgeber, zur Wiederherstellung der Kirche Christi und zur Unterdrückung ketzerischer Lehren«. Die Rebellen trugen das Kreuz vor sich her und sangen:

Christ crucified
For thy wounds wide
Us commons guide
Which pilgrims be
Through God's grace
For to purchase
Old wealth and peace
For the spiritualty...[10]

(Gekreuzigter Christus, um Deiner offenen Wunden willen führe uns Gemeine, denn wir wollen Pilger sein und mit Gottes Gnade alten Reichtum und Frieden für den Geist kaufen ...)

Lord Darcy erklärte Heinrich, er habe nicht genügend Truppen, um den Rebellen Widerstand zu leisten; er werde sich nach Pontefract Castle zurückziehen müssen, aber versuchen, dort die Stellung zu halten. Heinrich schrieb zurück, er sei erstaunt, daß Darcy nicht wirksamer gegen die Rebellen vorgehen könne. Zugleich versicherte er ihm aber, er zweifle nicht an seiner Loyalität. Seinen Räten vertraute er an, er halte Darcy für einen Verräter.[11]

Shrewsbury und Suffolk erfuhren, daß die Rebellen von Lincolnshire bereit waren, sich zu unterwerfen. Laut Shrewsbury war dies den tapferen Bemühungen des Herolds von Lancaster zu verdanken. Suffolk riet Heinrich, den Rebellen eine Generalamnestie zu gewähren; nur dann seien sie bereit, ihre Waffen niederzulegen und nach Hause zu gehen, und er, Suffolk, könne seine Armee gegen die Rebellen in Yorkshire führen. Heinrich lehnte ab. Bis auf ein paar Rädelsführer wollte er zwar alle begnadigen, doch glaubte er es seiner »Ehre« schuldig zu sein, einige hinrichten zu lassen. Sonst würde man in England und im Ausland behaupten, er habe vor den Rebellen kapitulieren müssen. Suffolk wollte nur einen einzelnen Rädelsführer aufhängen lassen, aber Heinrich erklärte, das sei nicht genug. Er schickte Suffolk eine

Liste mit den Namen von neun Rebellen, die hingerichtet werden sollten. Suffolk hielt es für unklug, diesen Befehl auszuführen, bevor nicht alle Rebellen ihre Waffen niedergelegt hatten, und obwohl er die neun Männer gefangenhielt, ließ er sie vorerst noch nicht hinrichten.[12]

Heinrich war damit einverstanden und befahl Suffolk Zurückhaltung, bis alle Rebellen die Waffen gestreckt hätten. Im Fall neuer Unruhen sollte Suffolk »Männer, Frauen und Kinder verbrennen und umbringen lassen als Abschreckung für alle anderen, insbesondere die Stadt Louth, wo die Rebellion ihren Anfang genommen hat«.[13]

Während Suffolk den Männern aus Lincolnshire die Waffen abnahm, übernahmen die Grafen von Shrewsbury, Rutland und Huntingdon das Kommando über die Armee, die gegen die Rebellen in Yorkshire vorgehen sollte. Obwohl Heinrich Gardiner in Valence mitteilte, er habe in sechs Tagen eine Armee von 40 000 Mann aufgestellt, konnte er Shrewsbury und dessen Kollegen in Newark lediglich 7 000 Mann schicken. Obendrein war er in Geldschwierigkeiten; die Reiter seiner Armee murrten, weil sie nur acht Pfennig pro Tag bekamen. Heinrich befahl Cromwell, so rasch wie möglich in London und anderswo Geld aufzutreiben und vor allem die »fetten Priester« zur Kasse zu bitten. In Heinrichs Gesprächen und Briefen machte sich jetzt erneut der Haß auf Priester und Mönche bemerkbar.[14]

Shrewsbury konnte mit seinen 7 000 Mann gegen Askes 40 000 Rebellen nicht die Offensive ergreifen. Das einzige, was er im Moment tun konnte, war, die Rebellen an der Überquerung des Trent zu hindern. Er postierte an allen Furten Männer. Doch es war ein sehr trockener Herbst gewesen, und der Wasserstand des Flusses sank rasch. Wenn sich das Wetter nicht änderte, konnten die Rebellen den Trent bald an fast jeder Stelle durchwaten, und Shrewsbury wäre dann nicht mehr in der Lage, die Stellung zu halten.[15]

Am 16. Oktober marschierten Askes Männer in York ein. Am nächsten Tag kamen sie nach Doncaster, wo der Bürgermeister sich ihnen anschloß. Shrewsbury wurde berichtet, daß »Schafe am Morgen niemals schneller aus ihrem Pferch rannten« als die Bewohner von Doncaster, als sie sich den Rebellen anschlossen. Dann marschierten die Rebellen nach Pontefract, wo sich Lord Darcy und Erzbischof Lee zu ihnen gesellten. Auch Lord Latimer, Lord Scrope, Sir Robert Bowes, Sir Ralph Ellerker, Sir Robert Constable und fast alle Edelleute aus Yorkshire schlossen sich den Rebellen an.[16]

In der dritten Oktoberwoche hatte sich der Aufstand bis nach Lancashire, Furness, Westmorland und Cumberland ausgeweitet. In Sawley bei Clitheroe drang die Bevölkerung in die Abtei ein, vertrieb die Edelleute, die die Abtei erst kurz zuvor von Heinrich gepachtet hatten, und holte den Abt und die Mönche wieder zurück. Heinrich trug dem Grafen von Derby auf, aus den Edelleuten aus Lancashire und Cheshire sowie deren Pächtern und Dienern eine Armee zusammenzustellen. Mit dieser Armee sollte er nach Sawley ziehen, die Abtei wieder in Besitz nehmen und Abt und Mönche ohne Gerichtsverfahren aufhängen. Der Abt und einige der wichtigsten Mönche sollten in ihren Kutten an langen, vom Kirchturm hervorragenden Balken aufgehängt werden, die übrigen an geeigneten Plätzen in den umliegenden Dörfern. Derby erklärte Heinrich, angesichts des Widerstandes, der sich im ganzen Land rege, habe er nicht genügend Truppen, um diese Befehle auszuführen.[17]

Chapuys hatte in London und am Hof erfahren, daß Norfolk insgeheim mit den Rebellen sympathisiere und im geeigneten Moment als deren Führer in Erscheinung treten werde.[18] Norfolk war mit sechzig Jahren immer noch ein rüstiger Mann. Viele Jahre hatte er Heinrich treue Dienste geleistet – gegen Andrew Barton, in Flodden, in Irland, in der Grafschaft Boulonnais sowie als Ratgeber, Administrator und Diplomat. Es war jedoch bekannt, daß er sich über den Einfluß nichtadliger Räte wie Wolsey und Cromwell ärgerte und daß er die Lehren Luthers ablehnte. Aus diesem Grund stand er den Hauptforderungen der Rebellen wohlwollend gegenüber. Außerdem saß sein Bruder Thomas als Gefangener im Tower, weil er sich mit Lady Margaret Douglas verlobt hatte.

Heinrich ließ Norfolk nach Windsor kommen und sprach unter vier Augen mit ihm. Der genaue Inhalt des Gesprächs ist nicht bekannt, wir wissen nur, daß es um religiöse Themen kreiste.[19] Zweifellos erklärte Heinrich Norfolk, er vertraue auf seine Loyalität. Außerdem muß er ihm versichert haben, er werde nicht zulassen, daß die katholische Lehre der Kirche von England von den Ketzern umgestoßen werde. Heinrich ernannte Norfolk zum Kommandanten seiner Armeen in Newark. Er hätte keinen besseren finden können, um mit den Rebellen aus Yorkshire zu verhandeln oder gegen sie zu kämpfen. Keiner der Rebellen konnte Norfolk bezichtigen, ein Ketzer niederer Herkunft zu sein. Da Norfolk wußte, daß er in einigen Kreisen der Konspiration mit den Rebellen verdächtigt wurde, war er entschlossen, Heinrich seine Loyalität zu beweisen.

Zögernd erklärten Norfolk und Shrewsbury, Heinrich müsse den Rebellen aus Yorkshire Pardon gewähren und versprechen, über ihre Forderungen nachzudenken. Heinrich beharrte jedoch darauf, daß seine Ehre die Hinrichtung einiger Rebellen notwendig mache und daß sechs Männer, die er namentlich aufführte und zu denen auch Aske gehörte, zusammen mit vier weiteren Männern, die später auszuwählen seien, von der Amnestie ausgenommen sein sollten. Der König wunderte sich laut, wie Adlige sich der Führung eines vor dem Gesetz gemeinen Hausierers anvertrauen könnten. Darcy und die anderen Adligen und Edelleute aus Yorkshire sollten sich bemühen, seine Gunst zurückzugewinnen, indem sie ihm »diesen Schurken Aske« auslieferten. Doch die Adligen wollten Aske nicht im Stich lassen.

Nach einer Begegnung mit den Rebellenführern in Doncaster erklärte Norfolk, er sehe keine andere Möglichkeit, als sämtliche Rebellen aus dem Norden ohne Ausnahme zu begnadigen. Endlich war Heinrich einverstanden. Er gewährte allen Bewohnern der Gebiete nördlich von Doncaster für jede vor dem 7. Dezember 1536, dem Vorabend von Mariä Geburt, begangene aufrührerische Handlung Straffreiheit.[20]

Heinrich schrieb Aske, er habe erfahren, daß er seine Vergehen bereue. Er lud ihn nach London ein, um mit ihm über die Klagen der Bewohner von Yorkshire zu sprechen. Aske nahm die Einladung an, nachdem Heinrich ihm einen Geleitbrief ausgestellt hatte, der bis 5. Januar gültig war.[21]

Es war ein eisiger Winter. Als Heinrich und Johanna sich drei Tage vor Weihnachten von Whitehall nach Greenwich begaben, konnten sie nicht mit dem Schiff fahren, weil die Themse zugefroren war, sondern mußten über Land reisen. Als sie nach London hineinritten, bewies der herzliche Empfang, daß zumindest London loyal war.[22] Die Aufstände von 1536 zeigten, daß England politisch in zwei Lager gespalten war, in Nord und Süd, was in späteren Jahrhunderten noch öfter der Fall sein sollte. Im 16. Jahrhundert war der Süden wirtschaftlich weit fortgeschritten und verfolgte eine radikale Politik, während der Norden an alten Traditionen festhielt und konservativ dachte. Obwohl Chapuys seinem Herrn einige Jahre zuvor von vielen Anhängern des Papstes berichtet hatte, die in seine Botschaft kämen, um den Kaiser um Schutz vor der Ketzerei zu bitten, und obwohl Cromwell viele Berichte über staatsgefährdende Äußerungen von Papisten in Northamptonshire, Worcestershire und anderswo zugingen, wurden die Rebellen von Lincolnshire und Yorkshire in Wahrheit nur von einer einzigen Stadt im Süden Englands unterstützt: von Walsingham in Norfolk, dessen Schrein der heiligen Jungfrau neben Beckets Grab in Canterbury die berühmteste Pilgerstätte des Königreichs war. Außer Walsingham nennen die Quellen nur noch zwei oder drei Orte im Süden, in denen es zu Sympathiebezeigungen für die Rebellen kam.[23] Im Norden dagegen hielten lediglich Newcastle, Hull und ein paar abgelegene Regionen treu zu Heinrich, als sich die »Gnadenwallfahrt« von Trent und Mersey zu Tyne und Solway ausweitete.

Aske verbrachte Weihnachten als Heinrichs Gast in Greenwich. Heinrich behandelte ihn außerordentlich zuvorkommend, und Aske war geschmeichelt, vom Charme des Königs entzückt und ließ sich zum Narren halten. Heinrich erklärte ihm, er wolle im Sommer Yorkshire besuchen, da er diesen Teil seines Reiches noch nicht kenne. Königin Johanna werde ihn begleiten. Da sie noch nicht gekrönt sei, solle dies im Münster von York geschehen. Außerdem wolle er in York ein Parlament einberufen, das Gesetze erlassen werde, die den Forderungen Askes und seiner Anhänger zweifellos entsprechen würden. In der Zwischenzeit werde er den Herzog von Norfolk nach

York entsenden, um den Bewohnern nochmals seine Absichten zu verdeutlichen. Aske kehrte nach Pontefract zurück, um die guten Neuigkeiten zu verkünden.[24]

Wenige Tage später brach im Bezirk East Riding ein Aufstand aus. Anführer der Aufständischen war Sir Francis Bigod, was ein wenig überrascht, weil Bigod ein überzeugter Gegner des Papstes war und bis dahin bei der Gnadenwallfahrt keine Rolle gespielt hatte. Bigot versuchte Hull einzunehmen, wurde aber von den Einwohnern zurückgeschlagen. Aske, Darcy und Constable verurteilten den Aufstand sofort. Sie taten alles, um seine Ausweitung zu verhindern, denn sie fürchteten, dies könne die Rücknahme der Zugeständnisse zur Folge haben, die sie von Heinrich erhalten hatten. Sie schickten Boten in die Dörfer, um den Bewohnern mitzuteilen, daß Heinrich Aske versprochen habe, im Sommer nach Yorkshire zu kommen und in York ein Parlament einzuberufen. Außerdem bemühten sie sich nach Kräften, den Aufstand niederzuwerfen. Doch ein großer Teil der Bevölkerung hielt zu Bigod und glaubte sich von Aske und den Edelleuten verraten. In der Umgebung von York wurden in nahezu jedem Dorf an der Kirchentür Anschläge angebracht, auf denen die Edelleute denunziert wurden. Diese fürchteten allmählich, ihnen drohe ein Klassenkampf, ein Bauernaufstand.[25] Bigod und seine Anhänger erklärten, sie wollten »diesen Ketzer Lord Cromwell und seine ganze Sekte aus dem Weg räumen«, verkündeten aber gleichzeitig, »wir dienen unserem obersten Herrn, König Heinrich VIII., Gott schütze Seine Gnaden«.[26] Sie waren sich mit Aske, Darcy und Constable lediglich in einem Punkt einig, und das war ihre Loyalität gegenüber dem König, der bereits ihre Hinrichtung vorbereitete.

Dann brach in der Nähe von Cockermouth in Cumberland ein Aufstand aus, und bald marschierten 6 000 Mann in Richtung Carlisle. Die Grafen von Cumberland und Westmorland hatten nicht genügend Truppen, um den Aufstand niederzuschlagen. Doch in Westmorlands Abwesenheit gelang es Lady Westmorland, die Bevölkerung im Umkreis seines Wohnsitzes in Brancepeth zu beschwichtigen. Sir Thomas Tempest erzählte Norfolk, sie habe sich »mehr wie ein Ritter als wie eine Dame aufgeführt«.[27]

Aske und Darcy schrieben Heinrich, sie hätten Bigods Revolte niedergeschlagen. Gleichzeitig drängten sie ihn jedoch, Norfolk so bald als möglich nach York zu schicken, um die Einwohnerschaft zu beruhigen. Norfolk kam zwar, aber er erfüllte die Erwartungen Askes und Darcys nicht. Die Generalamnestie galt nur für aufrührerische Handlungen, die vor dem 7. Dezember begangen worden waren. Wer nach diesem Zeitpunkt rebellierte, konnte nach dem Gesetz als Verräter bestraft werden. Heinrich befahl Norfolk, mit der Armee unter dem erhobenen Banner des Königs gegen die Rebellen zu marschieren. Das bedeutete, daß Norfolk nach dem Kriegsrecht Rebellen ohne vorherige Verhandlung hängen konnte. Die königstreuen Untertanen im Norden wurden aufgefordert, als Zeichen ihrer Loyalität das rote Kreuz des heiligen Georg auf einem weißen Wams zu tragen.[28]

Norfolk wollte von Heinrich wissen, ob er zwanzig, vierzig, sechzig oder gar hundert Rebellen aufhängen solle. Zugleich warnte er Cromwell, daß es für Unruhe in der Bevölkerung sorgen würde, wenn in Durham und York mehr als zwanzig gehängt würden. Heinrich wollte sich nicht festlegen. Norfolk ordnete an, daß in York nur acht Rebellen aufgehängt werden sollten. Die Hinrichtungen verfehlten ihre einschüchternde Wirkung nicht. Es ging das Gerücht um, Norfolk wolle von Doncaster bis Berwick hängen und strekken. Die Leute beeilten sich, das rote Kreuz des heiligen Georg auf ihre Kleidung zu nähen. Selbst Kindern wurden provisorisch rote Kreuze an die weißen Kittel geheftet.[29]

Tynedale und Redesdale waren von der Gnadenwallfahrt verschont geblieben. Die Einwohner führten nach wie vor ein gesetzloses Leben, plünderten die benachbarten Bezirke von Northumberland und trugen die traditionellen Blutfehden unter sich aus. Nun kündigte Heinrich an, er selbst wolle das Amt des Schutzherrn der Marken übernehmen und Sir William Evers und Sir John Widdington zu seinen Stellvertretern ernennen. Beide galten als die berüchtigsten Räuber der Marken. Heinrich befahl ihnen, Freunde und Diener um sich zu scharen und sich der Armee gegen die Rebellen in Cumberland und Westmorland anzuschließen. Norfolk erklärte Heinrich, es könne verheerende Folgen haben, wenn die Grenzräuber auf Cumberland und Westmorland losgelassen würden, Gebiete, in denen das Gesetz normalerweise Geltung habe. Heinrich erwiderte, er sei überrascht, daß Norfolk Räuber für schlimmer halte als Verräter.

Sir Thomas Clifford, der uneheliche Sohn des Grafen von Cumberland, stellte eine Truppe von Grenzräubern zusammen und marschierte nach Kirkby Stephen in Westmorland, um zwei Rebellen gefangenzunehmen. Als die Räuber begannen, das Dorf zu plündern, griffen die Einwohner von Kirkby Stephen und den benachbarten Dörfern zu den Waffen und wehrten sich. Norfolk schrieb, Cliffords Männer treffe die alleinige Schuld am Geschehen; wenn sie nicht gewesen wären, hätte es in Kirkby Stephen keinen Ärger gegeben. Freilich ließ er sich nicht davon abhalten, seine Pflicht zu tun und Heinrich seine Loyalität zu beweisen, als der Aufstand erst einmal losgebrochen war. Er befahl seinen Truppen, die Häuser anzuzünden und kein Blutvergießen zu scheuen, denn er war überzeugt, daß »es im Reich wieder ruhiger wird, wenn dieses Schauspiel richtig aufgeführt wird«.[31]

Die 6 000 Rebellen in Cumberland ergaben sich ohne Widerstand, nachdem Norfolk ihnen erklärt hatte, nur so könnten sie bei Heinrich auf Gnade hoffen. Norfolk wählte 74 Rebellen aus und ließ sie in ihren Heimatorten an Ketten aufhängen. Die Leichname sollten an den Galgen hängen bleiben, bis sie verwesten.[32] Heinrich verlangte weitere Hinrichtungen. Er befahl, »in jeder Stadt, jedem Dorf und jedem Weiler, wo der Aufstand ausgebrochen ist, eine größere Zahl von Einwohnern hinzurichten, sie an Bäumen aufzuknüpfen und zu vierteilen«. Er bestand darauf, alle Mönche aus Sawley, Hexham, Newminster, Lanercost und St. Agatha's Abbey in Richmond in Yorkshire, »die sich auf irgendeine Weise schuldig gemacht haben«, »umgehend und ohne Förmlichkeiten« aufzuhängen.[33]

Norfolk versicherte Heinrich, wenn er das Leben all derer geschont hätte, die behaupteten, sie seien unter Lebensgefahr gezwungen worden, sich den Rebellen anzuschließen, wären weitaus weniger gehängt worden. Wenn sie vor ein Geschworenengericht gestellt und nicht nach dem Kriegsrecht verurteilt worden wären, wäre seiner Ansicht nach von fünfen nicht einer verurteilt worden. Norfolk konnte nicht alle an Ketten aufhängen, weil es in dem Bezirk nicht genügend Eisen gab. Daher ließ er einige an Ketten und andere an Stricken aufhängen. Das bedeutete, daß man die Leichen nur so lange hängen lassen konnte, bis die Stricke verrottet waren. Als Norfolk Durham erreichte, kamen ihm Zweifel, ob er dort nach dem Kriegsrecht vorgehen konnte, da Durham sich nicht am Aufstand beteiligt hatte. Es gelang ihm jedoch, ein Geschworenengericht dazu zu bringen, 21 Leute des Hochverrats für schuldig zu befinden, die er anschließend aufhängen ließ. Gelegentlich hatte er Mitleid mit den Bewohnern der Region, die er terrorisierte. Dies machte sich manchmal in seinen Briefen an Cromwell bemerkbar. In seinen Briefen an Heinrich war davon nichts zu spüren.[34]

In Lancashire ließen die Grafen von Sussex und Derby ebenfalls Rebellen aufhängen, jedoch in kleinerem Umfang. Sie hängten die Äbte von Sawley und Whalley und einige Mönche dort und in Furness. Den Rest verschonten sie. Bei einem ihrer Standgerichte rührte sie ein alter Mann, der zum Tode verurteilt worden war, weil er sich den Rebellen angeschlossen hatte. Er brach zusammen, als er das Urteil hörte, und bat um Gnade, da er in den Kriegen gegen die Schotten dreimal in des Königs Armee gedient habe. Die Grafen waren bereit, die Hinrichtung aufzuschieben, bis sie den König um Rat gefragt hatten. Heinrich schrieb zurück, ihre Absicht, Gnade walten zu lassen, mache ihnen alle Ehre, doch wenn der alte Mann tatsächlich in seiner Armee gedient und seinen Lohn dafür empfangen habe, sei sein Verrat besonders schändlich, er müsse daher hingerichtet werden.[35]

Im März kehrte Norfolk nach York zurück, um weitere Prozesse zu führen und noch mehr Hinrichtungen vorzunehmen. In York wurden die Fälle auf ordentliche Weise vor einem Geschworenengericht verhandelt. Norfolk wußte, daß den Rebellen in York große Sympathie entgegengebracht worden war. Um so mehr war er darauf bedacht, den Einwohnern die Möglichkeit zu geben, ihre Loyalität zum König zu beweisen, indem sie bei der Bestrafung ihrer ehemaligen Kameraden mitwirkten. Oft wählte er Freunde oder Verwandte der Angeklagten als Geschworene aus, und mit Freuden stellte er fest, wie bereitwillig diese die Angeklagten verurteilten und zeigten, daß sie ihren König mehr liebten als ihre Angehörigen.[36]

Einmal funktionierte dieses Verfahren allerdings nicht. William Levening, ein Arbeiter aus dem Dorf Acomb bei York, hatte an Bigods Aufstand teilgenommen. Er brachte die übliche Ausrede vor, unter Zwang gehandelt zu haben. Als ihm vor Norfolk in York der Prozeß gemacht wurde, berieten sich die Geschworenen von Samstagmorgen um acht bis Sonntagmittag. Anschließend fragte Norfolk sie, ob sie zu einem Urteil gelangt seien. Als die Geschworenen ihm erklärten, sie hätten sich bis jetzt noch nicht einigen können, befahl er, sie hungern, dursten und frieren zu lassen, bis sie eine Entscheidung getroffen hätten – ein Verfahren, das in solchen Fällen durchaus üblich war. Am Abend lautete das einstimmige Urteil: nicht schuldig.

Levening wurde auf freien Fuß gesetzt, doch schon am nächsten Tag ließ Norfolk ihn wieder verhaften und befragte ihn erneut wegen seiner Beteiligung an Bigods Aufstand. Von einem der Geschworenen wollte er wissen, weshalb sie Levening freigesprochen hätten. Der Geschworene erklärte, er und vier seiner Kollegen hätten Levening schuldig sprechen wollen, doch die anderen sieben Geschworenen seien der Meinung gewesen, er solle freigesprochen werden, weil er nicht schuldiger sei als viele andere, die man nicht angeklagt habe. Nach 36stündiger Beratung ohne Essen, Trinken und Wärme hätten er und die anderen vier schließlich dem Freispruch zugestimmt. Cromwell befahl Norfolk, ihm die Namen der Geschworenen mitzuteilen, die Levening freigesprochen hatten. Norfolk versprach es, obwohl er glaubte, die Bevölkerung würde in der Verhaftung der Geschworenen den Versuch sehen, Geschworene zu Urteilen zu zwingen, die nicht mit ihrem Gewissen zu vereinbaren waren.[37]

Im Norden Englands waren Leichen, die an Ketten vom Galgen hingen, allmählich ein vertrauter Anblick. In Cumberland und Westmorland wurden allerdings eines Nachts Leichen, die bereits zwei Monate am Galgen hingen, abgenommen und weggebracht. Als man den Grafen von Cumberland davon unterrichtete, ordnete er eine Untersuchung an. Er fand heraus, daß lediglich 74 Leichen weggebracht worden waren und daß dies das Werk von neun Frauen war, die sich als Ehefrauen einiger der Hingerichteten entpuppten. Sie hatten die Leichen auf Friedhöfe gebracht und die Pfarrer gebeten, sie zu begraben. Wenn die Pfarrer sich weigerten, nahmen die Frauen die Leichen wieder mit, kehrten bei Nacht zurück und begruben sie selbst. Heinrich glaubte, daß die Idee, die Leichen von den Galgen abzunehmen, nicht allein von Frauen stammen könne. Er war überzeugt, daß Lord Cumberland die

Drahtzieher hätte finden können, wenn er sich mehr Mühe gegeben hätte, und befahl, die Verantwortlichen ausfindig zu machen und zu bestrafen.[38]

Der König dankte Darcy und Aske in einem Schreiben für ihre Mitwirkung bei der Niederschlagung von Bigods Aufstand. Dennoch war er entschlossen, die beiden hinrichten zu lassen, weil sich gezeigt hatte, daß sie gefährliche Rebellen waren. Für ihre Vergehen vom Oktober 1536 konnte er sie nicht bestrafen, weil er ihnen dafür bereits vergeben hatte. Er mußte beweisen, daß sie nach dem 7. Dezember erneut Hochverrat begangen hatten. Er lud Aske, Darcy und Constable zu einer Lagebesprechung nach London ein. Kurz nach ihrer Ankunft wurden die drei wegen Hochverrats in den Tower geworfen. Als Aske erklärte, Heinrich habe ihm einen Geleitbrief ausgestellt, als er an Weihnachten nach Greenwich gekommen sei, erhielt er zur Antwort, daß dieser Geleitbrief am 5. Januar seine Gültigkeit verloren habe und für diesen Besuch kein neuer Geleitbrief ausgestellt worden sei.[39]

Cromwell leitete das Verhör und suchte nach Beweisen für verräterische Handlungen, die nach der Amnestie begangen worden waren. Er fand diese Beweise in beschlagnahmten Dokumenten und in den Aussagen vieler Gefangener, die befragt wurden. Als Bigods Revolte losbrach, hatten Aske, Darcy und Constable die Bevölkerung aufgefordert, sich ihm nicht anzuschließen, sondern zu Hause zu bleiben. Doch indem sie Leute drängten, in ihren Häusern zu bleiben, forderten sie sie indirekt auf, sich nicht den Truppen des Königs anzuschließen und sich nicht an der Niederwerfung des Aufstandes zu beteiligen. Das war Verrat. Außerdem hatten sie die Bevölkerung angehalten, sich nicht zu erheben, weil der König Aske versprochen habe, nach York zu kommen und dort ein Parlament einzuberufen, das die Mißstände beseitigen solle. Das bedeutete, daß die Bevölkerung zu Recht revoltiert hätte, wenn der König dieses Versprechen nicht gegeben hätte. Auch das war Verrat.[40]

Im Herbst hatten sich fast alle Adligen und Edelleute aus Yorkshire der Gnadenwallfahrt angeschlossen. Heinrich konnte nicht alle begnadigen. Er teilte sie mehr oder weniger willkürlich in zwei Gruppen ein – in diejenigen, die aufgrund königlicher Vergebung wieder in Amt und Würden eingesetzt werden sollten, und in diejenigen, die hingerichtet werden sollten, weil man ihnen unterstellte, nach der Generalamnestie erneut rebelliert zu haben. Erzbischof Lee, Lord Scrope, Lord Latimer, Sir Robert Bowes, Sir Ralph Ellerker und Sir Marmaduke Constable durften auch künftig Heinrichs loyale Diener sein. Darcy, Aske, Sir Robert Constable und Bigod hingegen sollten sterben, ebenso Sir John Bulmer und seine Geliebte Margaret Cheyney, die man zwar als Lady Bulmer kannte, die aber nicht rechtmäßig mit ihm verheiratet war. Heinrich hatte spezielle Order gegeben, Sir Thomas Percy, den Bruder des Grafen von Northumberland, zu verhaften, während der todkranke Northumberland seine letzten Tage in Freiheit in seinem Haus in London verbringen durfte.[41]

Den Rebellen aus Lincolnshire hatte man keine Amnestie gewährt, denn sie waren aufgrund von vagen Versprechungen, man werde Gnade walten lassen, nach Hause gegangen. Nun konnte man in Lincolnshire ungehindert Hinrichtungen vornehmen. 46 Rebellen wurden hingerichtet, und elf Rebellen aus Walsingham wurden in Norfolk gehängt, gestreckt und gevierteilt. Lord Hussey wurde nach London gebracht, wo ihm zusammen mit Lord Darcy vor dem Gericht des Lord High Stewart der Prozeß gemacht werden sollte. Der Marquis von Exeter sollte bei der Verhandlung den Vorsitz übernehmen; der Marquis selbst wurde nur achzehn Monate später enthauptet. Die Peers befanden Hussey und Darcy einstimmig für schuldig.

Den Gefangenen Aske, Constable, Bigod, Sir Thomas Percy, Sir John und Lady Bulmer und deren Sohn Ralph, den Äbten von Jervaulx und Fountains und dem Prior von Bridlington – drei der bedeutendsten Klöster in Yorkshire – und fünf anderen Rebellen wurde von eigens dafür bestimmten Kommissaren und einem Geschworenengericht der Prozeß gemacht. Audley hatte den Vorsitz, Cromwell und andere Mitglieder des Kronrats bildeten das Gericht. Diesmal wollte man mit den Geschworenen kein Risiko eingehen. Zu den zwölf Geschworenen gehörten Heinrichs Sekretär Hennege, der stellvertretende Kommandant des Tower, Knivet, und Sir Edmund Bedingfield, der in Kimbolton der Bewacher Katharinas von Aragon gewesen war. Sir John und Lady Bulmer bekannten sich schuldig. Vermutlich war das eine der Bedingungen, damit die Anklage gegen ihren Sohn fallengelassen wurde, obwohl dieser als Gefangener im Tower blieb. Noch ein anderer Gefangener bekannte sich schuldig, die anderen wurden von den Geschworenen schuldig gesprochen.[42]

Die Verurteilten wurden Mitte Juli hingerichtet. Darcy und Hussey wurden vor dem Tower geköpft, Sir Thomas Percy wurde in Tyburn aufgehängt und enthauptet. Bigod, Bulmer, die Äbte und der Prior wurden gehängt, gestreckt und gevierteilt. Aske wurde in York an Ketten aufgehängt, Constable widerfuhr dasselbe in Hull. Sein Körper war in so viele Ketten eingebunden, daß Norfolk glaubte, er werde hundert Jahre dort hängen. Lady Bulmer wurde in Smithfield verbrannt. Der Herold Charles Wriothesley, der zusah, wie sie auf Schleifen durch London zur Hinrichtungsstätte gezerrt wurde, schrieb: »Sie war ein zartes Geschöpf und von großer Schönheit.«[43]

Robert Johns, ein Mönch der Priorei Thame, hatte Mitleid mit ihr. »Welch ein Jammer, daß sie so leiden muß«, sagte er am Pfingstsonntag, fünf Tage vor ihrer Hinrichtung, beim Frühstück in der Votivkapelle. »Nicht, wenn sie an ihrem König Verrat begangen hat«, entgegnete Strebilhill, ein anderer Mönch. »Laßt uns darüber schweigen«, sagte Johns, »man kann dafür bestraft werden, die Wahrheit zu sagen.« Strebilhill machte den Behörden ordnungsgemäß von dem Gespräch Meldung.[44]

Im Sommer 1537 war Heinrich guter Dinge, denn die Königin erwartete wieder ein Kind. Gezeugt worden war es in Greenwich, als Aske Weihnachten dort verbrachte. Lord Lisle, der Statthalter von Calais, schickte Johanna zwei Dutzend Wachteln, ihre Lieblingsspeise, der auch Heinrich nicht abgeneigt war. Das Paar aß ein Dutzend zu Mittag, das andere Dutzend zum Abendessen. Heinrich dankte Lisle für die Wachteln, merkte aber an, er hätte zwanzig oder dreißig Dutzend schicken sollen. Außerdem hätten sie ruhig fetter sein dürfen, und sie hätten besser geschmeckt, wenn sie frischer gewesen wären. Am 24. Mai, einen Tag bevor Lady Bulmer verbrannt wurde, erging die entsprechende Anweisung an Calais. Die Wachteln sollten lebend nach Dover gebracht und erst dort getötet werden; dann seien sie für des Königs Tafel in Hampton Court gerade richtig.[45]

Während überall Hinrichtungen stattfanden, schrieb Heinrich am 12. Juni an Norfolk, er habe seine Meinung geändert und werde diesen Sommer nicht nach York kommen. Die Königin sei schwanger und könnte sich Sorgen machen, wenn er so weit von ihr fort sei. Außerdem erwarte er einen wichtigen Abgesandten des Kaisers, der mit ihm über mögliche Friedensverhandlungen mit Franz diskutieren solle. Solange der Krieg in Europa andauere, dürfe er sich nicht allzuweit von London entfernen, um jederzeit die notwendigen Schritte zur Wahrung seiner Neutralität tun zu können. Es sei besser, den Besuch in Yorkshire auf später zu verschieben. Er sei noch nie im Norden Englands gewesen, und wenn er mehr Zeit für Vorbereitungen habe, könne er nicht nur York, sondern auch Hull, Carlisle, Newcastle, Durham und Berwick besuchen.[46] Heinrich erwähnte mit keinem Wort sein Versprechen, in York ein Parlament einzuberufen, das die Forderungen der Gnadenwallfahrt erfüllen sollte. Das Parlament wurde nie einberufen. Die einzige Maßnahme, mit der Heinrich den Rebellen entgegenkam, war der Erlaß des Statute of Wills, das 1540 vom Parlament in London verabschiedet wurde. Es gestattete Erblassern, über einen Teil ihres Vermögens nach Belieben zu verfügen.

Das wichtigste Ergebnis der Gnadenwallfahrt war der Mythos von Thomas Cromwell als dem Erzbösewicht und führenden Kopf hinter der »Reformation« Heinrichs. Mehr als zwei Jahre bevor Pole seine *Apology* (Rechtfertigung) an Karl V. schrieb, hatten die Rebellen von Lincolnshire und Yorkshire Cromwell bereits für diese Rolle ausersehen. Spätestens Ende 1532 war Cromwell der einflußreichste von Heinrichs Räten. Chapuys hatte schon früh seine Fähigkeiten als Administrator und Diplomat erkannt. Im November 1533 schrieb er, Cromwell »beherrscht alles«.[47] Er meinte damit aber wahrscheinlich nur, daß Cromwell überall tätig war und seine Kollegen im Kronrat beherrschte;

er hielt ihn nicht für die eigentliche Macht hinter dem Thron. Weder Chapuys noch sonst jemand nannte Cromwell in einem Atemzug mit Heinrich, so wie man zu Wolseys Zeiten von »König und Kardinal« gesprochen hatte.

Als Cromwell Generalvikar des Königs wurde und, als Laie niederer Herkunft, den Vorrang gegenüber Erzbischöfen und die Macht über die Kirche erlangte, wurde sich das Volk seines Einflusses bewußt und murrte über ihn. Aber noch sah man in ihm nicht die Hauptursache des Übels. Nicht Cromwell, sondern Anne Boleyn– »die Lady«, »die Konkubine«, »das Weib«, »*la Ana*« – wurde für alles Unheil verantwortlich gemacht, an dem das Volk aus Angst oder Loyalität nicht dem König selbst die Schuld geben wollte.

Da Heinrich auch nach Annes Enthauptung nicht gewillt war, dem Papst erneut Gehorsam zu leisten, wie es die meisten erwartet hatten, mußte ein neuer Sündenbock gefunden werden. Es war nur natürlich, daß sich die Rebellen in Lincolnshire und im Norden, die sich in der Hauptsache über die Abschaffung der Klöster beklagten und die der Meinung waren, der Adel solle unter Führung des Königs das Reich regieren, für den Mann »unfreier Herkunft« entschieden. Schließlich hatte Cromwell die Inspizienten in die Klöster geschickt und Befehl gegeben, sie aufzulösen. Auch Pole, der im Gegensatz zu den meisten seiner Zeitgenossen dazu neigte, Heinrich persönlich die Schuld zu geben, folgte dem Beispiel der Rebellen, besonders wenn er sich beim Kaiser dafür entschuldigt, daß er sich seinem König und Wohltäter widersetzt habe. In dem Brief an Karl erinnert er sich, was Cromwell ihm bei ihren beiden einzigen Begegnungen gesagt hat; wahrscheinlich übertreibt er, denn die Gespräche lagen über zehn Jahre zurück, und Cromwell war damals noch nicht in Heinrichs Dienste getreten.[48]

Zwanzig Jahre nach Cromwells Tod schrieb John Foxe über dasselbe Thema vom entgegengesetzten Standpunkt. Er sah in Cromwell das großartige Werkzeug Gottes, das Heinrich veranlaßt habe, aus England einen protestantischen Staat zu machen.[49] Foxe wußte, daß Cromwell bereits am Ruder war, als Klöster und Schreine aufgelöst und die Bibel in der englischen Übersetzung zugelassen wurde. Von Cranmers Sekretär Ralph Morice und anderen Informanten hatte er erfahren, daß Cromwell bemüht gewesen war, die Protestanten in den schwierigen Zeiten nach Erlaß der Sechs Artikel zu beschützen. Er wußte auch, daß Cromwell nach seinem Sturz offiziell als Ketzer angeprangert worden war und die Katholiken nach seinem Tod zum Gegenschlag ausgeholt hatten.

Foxe übersah allerdings, daß Cromwell häufig eine entscheidende Rolle bei den Hinrichtungen der Sakramentierer gespielt hatte, jener Protestanten, die in den dreißiger Jahren des 16. Jahrhunderts bereits dieselbe Ansicht über die Eucharistie vertraten wie später Foxe, Elisabeth I. und die Kirche von England zu der Zeit, als Foxe in seinem *Book of Martyrs* eine Lobrede auf

Cromwell schrieb. Foxe erkannte nicht, daß Cromwell die Protestanten trotz aller Sympathie abwechselnd förderte und unterdrückte, wie Heinrich es von ihm verlangte, und daß er nie mehr war als ein gehorsamer, loyaler und tüchtiger Diener des Königs.

22

Die Herzogin von Mailand und Marie von Guise

Die Anhänger des Papstes in Europa hatten die Nachricht von den Aufständen in Lincolnshire und Yorkshire mit Genugtuung aufgenommmen. Doch erst im Mai 1537, als die Leichen der besiegten Rebellen bereits in Ketten an den Galgen in Nordengland baumelten, schickte Paul III. Kardinal Pole als päpstlichen Legaten zu Franz I. und Maria von Ungarn, um sie eindringlich um Hilfe zu bitten: England sollte sich wieder dem Heiligen Stuhl unterwerfen. Am 10. April zog Pole mit großem Pomp in Paris ein. Das Kreuz des Legaten wurde ihm vorausgetragen. Er ersuchte um Audienz bei Franz, der sich in Amiens aufhielt. Heinrich befahl Gardiner, gemäß den Vereinbarungen des Auslieferungsvertrages mit Franz Poles Verhaftung und Auslieferung an England wegen Verrats zu verlangen. Franz erklärte, er könne auf keinen Fall einen päpstlichen Legaten verhaften und ausliefern, der vom Papst in einer diplomatischen Mission geschickt worden sei. Heinrich antwortete, der Auslieferungsvertrag enthalte keine Klausel, die päpstliche Legaten von dieser Regelung ausnehme.

Franz war daran gelegen, Heinrich zufriedenzustellen, denn er wollte nicht, daß Heinrich sich im Krieg auf Karls Seite schlug. Er erklärte sich bereit, Pole nicht zu empfangen und ihn aufzufordern, Frankreich umgehend zu verlassen. Pole durfte die feindlichen Linien passieren und begab sich nach Cambrai in den Niederlanden. Er war entsetzt über das Ausmaß von Heinrichs Macht und darüber, daß der allerchristlichste König von Frankreich bereit war, einen päpstlichen Legaten aus seinem Reich zu vertreiben, nur um Heinrich zufriedenzustellen. Aber Heinrich war noch längst nicht zufrieden. Er beharrte darauf, daß in den Verträgen mit Franz festgelegt worden sei, daß Verräter ausgeliefert und nicht nur des Landes verwiesen werden müßten, und er tadelte Gardiner, weil es ihm nicht gelungen war, Poles Auslieferung durchzusetzen.[1]

Nun wollte Pole Maria von Ungarn in Brüssel aufsuchen. Aber Hutten, Heinrichs Gesandter am Hof in Brüssel, hatte Maria bereits um Poles Auslieferung gebeten. Maria wollte genausowenig wie Franz bei Heinrich Anstoß erregen und ihn auf keinen Fall dazu herausfordern, sich im Krieg auf Franz' Seite zu stellen. Als Pole in Cambrai eintraf, wurde ihm höflich mitgeteilt, er könne nicht nach Brüssel weiterreisen, sondern müsse sich nach Lüttich begeben und dort als Gast des Bischofs von Lüttich bleiben. Lüttich wurde als halbautonomes Gebiet vom Bischof verwaltet. Obwohl die Stadt eigentlich zu den Niederlanden gehörte, konnte Maria von Ungarn die nominelle Hoheit des Bischofs als Entschuldigung dafür anführen, daß Pole nicht ausgeliefert wurde.[2]

Ein englischer Krimineller namens Vaughan, der in England wegen Totschlags verurteilt worden war, trat an Hutten heran und machte ihm einen Vorschlag. Wenn man ihm Pardon und Geld gewähre, wolle er sich in Poles Haushalt einschmuggeln und ihn überreden, heimlich mit ihm nach England zu reisen und dort die Anhänger des Papstes zu besuchen. Sie würden in einer abgelegenen Bucht in Cornwall an Land gehen, und Vaughan wollte den Behörden im voraus einen Tip geben, damit sie Pole verhaften konnten, wenn er von Bord ging. Vaughan reiste nach Lüttich und sprach mit Pole. Dieser begrüßte ihn als Leidensgefährten, den man ebenfalls aus England verbannt hatte. Vaughans Briefe an Hutten wurden jedoch abgefangen, und er konnte gerade noch rechtzeitig aus Lüttich fliehen, um sich der Verhaftung durch die Beamten des Bischofs zu entziehen. Hutten, der Vaughan vierzig Schilling im voraus bezahlt hatte, unternahm nichts weiter. Cromwell hatte den englischen Agenten im Ausland mitgeteilt, daß Heinrich nicht daran interessiert sei, viel Geld für Poles Verhaftung auszugeben; dem Agenten, dem es glücke, Pole zu schnappen, werde er freilich alle angefallenen Kosten erstatten.[3]

Pole blieb zwei Monate in Lüttich, doch es gelang ihm nicht, mit England in Kontakt zu treten oder sonst irgend etwas zu erreichen. Im Juli rief der Papst ihn nach Italien zurück. Er sollte an dem allgemeinen Konzil der Kirche teilnehmen, das im Herbst in Mantua stattfinden sollte. Pole gehorchte nur zögernd. Da Franz ihm die Durchreise durch Frankreich verwehrte, mußte er durch Deutschland reisen, wo die Gefahr bestand, von Straßenräubern überfallen zu werden. Zudem war das Risiko groß, den deutschen Lutheranern in die Hände zu fallen oder von Heinrichs Agenten ermordet zu werden. Doch der Papst bat König Ferdinand von Böhmen, für Poles Sicherheit auf der Reise zu sorgen.[4]

Jakob V. war als einziger bereit, Heinrich die Stirn zu bieten. Er schloß mit Franz einen Vertrag, in dem er sich verpflichtete, Franz' Tochter Madeleine zu heiraten. Heinrich war wütend, daß Jakob ihn nicht über seine Heiratspläne informiert und das alte Bündnis mit Frankreich erneuert hatte. Jakob fuhr mit dem Schiff nach Frankreich und heiratete am Neujahrstag 1537 Madeleine in einer feierlichen Zeremonie in der Notre Dame in Paris. Da Madeleine eine schwache Konstitution hatte und die See im Winter stürmisch war, bat Jakob um einen Geleitbrief Heinrichs, um auf dem Landweg über England nach Schottland reisen zu können. Heinrich beriet sich mit Norfolk und lehnte dann ab. Er wollte nicht, daß Jakob kurz nach der Niederschlagung der Gnadenwallfahrt durch den Norden Englands reiste, da einige der Rebellen auf die Unterstützung Schottlands gehofft hatten.

Angesichts von Heinrichs ablehnender Haltung fürchtete Jakob sogar die Reise mit dem Schiff und wartete deshalb ein paar Wochen in Rouen. Ein Agent Heinrichs berichtete schadenfroh, Jakob habe viel zu große Angst vor Heinrich, um die Schiffsreise nach Schottland zu wagen. Jakob seinerseits beklagte sich, daß Heinrichs Weigerung, ihm einen Geleitbrief auszustellen, seine Rückkehr nach Schottland um vierzig Tage verzögert habe. Schließlich stach er, begleitet von vier schottischen und zehn französischen Kriegsschiffen, mit seiner Braut im Mai von Rouen aus in See. Zur gleichen Zeit, als sie an Whitby und Berwick vorbeikamen, wo die Bevölkerung an Land sie sehen konnte, ging im Norden das Gerücht um, Jakob sei bei einem kleinen Dorf in der Nähe von Scarborough an Land gegangen, um frisches Wasser an Bord zu nehmen. Bei dieser Gelegenheit hätten ihn einige Dorfbewohner auf Knien angefleht, sie vor Heinrich zu beschützen. Norfolk ging dem Gerücht nach und fand heraus, daß die Geschichte erfunden war, obwohl ein Mann zu Jakobs Schiff gerudert war, um mit ihm zu sprechen. Ein paar Wochen zuvor waren vier schottische Protestanten nach Appleby in Westmorland gekommen und hatten vor der Verfolgung in Schottland Schutz gesucht.[5]

Heinrichs Beamte im Grenzgebiet erwarteten, daß sich Jakob wegen des verweigerten Geleitbriefs rächen würde, indem er Heinrich den Krieg erklärte und in England einfiel.[6] Doch Jakob hatte es lediglich auf Heinrichs Anhänger in Schottland abgesehen. Er befahl, Angus' Schwester, Lady Janet Glamis, wegen Mordes an ihrem ersten Ehemann vor Gericht zu stellen. Sie wurde schuldig gesprochen und auf dem Castle Hill in Edinburgh verbrannt. Weitere Verwandte von Angus wurden im Sommer 1537 wegen anderer Vergehen hingerichtet.

Heinrich ließ sich dadurch nicht die Laune verderben. Die Rebellen waren geschlagen, die anderen Könige wagten nicht, ihm zu trotzen, und Königin Johanna war schwanger. Ende Mai wurden in den Kirchen Andachten abgehalten und auf den Straßen von London, York und Oxford und im ganzen Reich Freudenfeuer angezündet, zum Dank, »daß unsere allerwerteste Dame und Herrin, Königin Johanna, die Gemahlin unseres edlen und guten Herrschers, König Heinrichs VIII., empfangen hat und guter Hoffnung ist und daß sich das Kind an Trinitatis, wie von Gott gegeben, im Mutterleib regte«. Das Volk sollte beten, daß es ein Junge würde. Mitte Juli wurden die Kleider der Königin aufgeschnürt.[7]

Im gleichen Sommer brach in London die Pest aus. Heinrich war sorgfältig darauf bedacht, daß Johanna sich nicht ansteckte. Im Juli brachte er sie nach Guildford. Cromwell fragte an, ob er an den Hof kommen dürfe, obwohl einer seiner Diener erkrankt sei. Heinrich erklärte, dies sei kein Grund, dem Hof fernzubleiben. Erst als er merkte, daß Johanna ihn entsetzt ansah, änderte er seine Meinung und bat Cromwell, nicht zu kommen. Im September, als der Termin der Niederkunft näherrückte, zog Johanna mit einer kleinen Schar von Dienern nach Hampton Court, während Heinrich nach Esher ging, um die Gefahr einer Ansteckung Johannas durch ihn oder seine Diener so gering wie möglich zu halten.[8]

Heinrich hatte mit der eigenen Gesundheit Probleme. Seit 1528 plagte ihn gelegentlich ein schmerzhaftes Geschwür am Bein. Sein Sturz vom Pferd im Januar 1536 hatte das Geschwür vermutlich noch schlimmer gemacht, und im Frühjahr 1537 wurden die Schmerzen chronisch. Im April konnte er ein paar Tage nicht gehen. Er erholte sich zwar rasch, hatte aber im Mai 1538 einen noch schwereren Anfall, so daß er einige Tage in Lebensgefahr schwebte. Im September 1539 bekam er in Ampthill hohes Fieber, das vermutlich nichts mit dem Bein zu tun hatte. Seine Krankheit wurde oft als Syphilis diagnostiziert, die Anfang des 16. Jahrhunderts in Westeuropa weit verbreitet war. Da die Krankheit vor allem am französischen Hof anzutreffen war, könnte sich Heinrich bei Mary Boleyn angesteckt haben. Bewiesen ist das freilich nicht. Obwohl sein Beinleiden ähnliche Symptome wie die Syphilis aufwies, spricht vieles gegen diese Annahme. Sir Arthur MacNalty erklärte 1952, es habe sich nicht um Syphilis, sondern um eine Venenthrombose gehandelt; die Auflösung des Blutgerinnsels habe eine Lungenembolie verursacht.*[9]

Es sollten noch einige Jahre vergehen, bis Heinrich nicht mehr laufen und reiten konnte. Aber obwohl er immer noch auf die Jagd ging, hatten seine Kräfte nachgelassen. Er war nicht mehr in der Lage, einem Hirsch über fünfzig Kilometer zu folgen, sondern mußte warten, bis Jäger das Wild aufgescheucht hatten und es an ihm vorbeitrieben. Er beschäftigte sich nun mehr mit der Falknerei als mit der Jagd. Seit seinem Sturz nahm er auch nicht mehr an Turnieren teil. Obwohl er sich jetzt weniger bewegte als in seiner Jugend, aß und trank er so viel wie eh und je, und als er auf die Fünfzig zuging, nahm er rasch an Gewicht zu.

Nach der Niederlage der Rebellen im Norden war die Macht des nichtad-

* Sir Arthur MacNalty hält ebenso wie Froude die Geschichte von Heinrichs Affäre mit Mary Boleyn für erfunden. Die Beweise dafür scheinen mir allerdings zu überwiegen.

ligen Cromwell und der ketzerischen Bischöfe gefestigter als je zuvor. Im Juli 1537 einigten sich die Bischöfe auf eine neue Glaubensformel, die an die Stelle der Zehn Artikel von 1536 treten sollte. Sie wurde in einem Buch veröffentlicht, das offiziell *The Institution of a Christian Man* hieß, allgemein aber als »Buch der Bischöfe« bekannt wurde. Vor der Zusammenstellung des Buches hatten die Bischöfe, wie im Fall der Zehn Artikel, mehrere Monate fast täglich Diskussionen geführt, oftmals unter dem Vorsitz Cromwells. Heinrich nahm zwar nicht daran teil, spielte bei der Abfassung des Buches aber dennoch eine entscheidende Rolle. Er studierte die Entwürfe der Bischöfe, machte Verbesserungsvorschläge, diskutierte über die genaue theologische Bedeutung eines Wortes im Vergleich zu einem anderen und setzte sich schriftlich mit Latimer über das Fegefeuer auseinander. Da die im Buch vertretene Lehre jedoch zum Luthertum tendierte, sollte es das »Buch der Bischöfe« sein, denn Heinrich wollte die Verantwortung für den Inhalt auf die Bischöfe abwälzen. In dem Buch wurde erklärt, Ehe, Priesterweihe, Firmung und Krankensalbung seien als Sakramente den Sakramenten Taufe, Abendmahl und Buße untergeordnet. Zu der Zeit, als Heinrich seine *Verteidigung der sieben Sakramente* schrieb, hätte dies als lutherische Ketzerei gegolten.

In dem Buch wurden mehrmals das königliche Supremat über die Kirche und die Pflicht aller guten Untertanen zum Gehorsam gegenüber dem König betont. Im Kommentar zu den Zehn Geboten stand, das Gebot »Du sollst nicht falsch Zeugnis reden wider deinen Nächsten« bedeute, daß niemand ketzerische Lehren verbreiten solle. Bei der Befolgung des Gebotes »Ehre deinen Vater und deine Mutter« müßten alle treuen Untertanen bedenken, daß der König ihr wahrer Vater sei, den sie mehr lieben sollten als ihren leiblichen Vater. Vor allem aber bedeute das Gebot, daß sie den Behörden jeden zu melden hätten, den sie für einen Verräter hielten.

Im Vorwort des Buches erklärten die Bischöfe, daß sie sich »freuen und dem allmächtigen Gott von ganzem Herzen danken, daß es ihm gefallen hat, uns einen solchen König zu geben, damit er über uns regiere«. Sie baten Heinrich um Erlaubnis, das Buch veröffentlichen zu dürfen, »da wir anerkennen und eingestehen, daß wir ohne Vollmacht und Genehmigung Eurer Majestät nicht befugt sind, uns unter irgendeinem Vorwand oder zu irgendeinem Zwecke zu versammeln oder etwas zu veröffentlichen, über das wir uns einig sind und das wir zusammengetragen haben«. Sie versicherten ihm, »wenn Euer Gnaden der Meinung sind, ein Wort oder Satz sollte ausgewechselt, geändert oder näher erläutert werden, um die redliche Absicht Eurer Hoheit deutlich darzulegen ... werden wir uns fügen, wie es unsere Pflicht und Schuldigkeit gegenüber Gott und Eurer Hoheit verlangt«.[10]

Kaum war das »Buch der Bischöfe« veröffentlicht, wurde bereits eine neue Auflage vorbereitet. Heinrich nahm einige Änderungen vor und bat Cranmer, sich dazu zu äußern. Der König erwartete von seinen Bischöfen und Ratgebern, daß sie ihm in der Öffentlichkeit bedingungslos gehorchten und ihn privat offen und ehrlich berieten. Cranmer kritisierte Heinrichs Entwurf, ohne ein Blatt vor den Mund zu nehmen, und lehnte von Heinrichs 250 Änderungen 82 ab. An einigen Stellen hatte er inhaltliche Kritikpunkte, dann wieder gefiel ihm die Art des Ausdrucks nicht, und gelegentlich kritisierte er auch die Grammatik. Heinrich wollte an der Stelle des Buches, wo es hieß, das zehnte Gebot verlange, daß niemand des anderen Weib, Haus oder Land begehren solle, die Worte »ohne angemessene Entschädigung« hinzufügen. Doch nach Cranmers Ansicht »paßt dieser Zusatz nicht zu dem Verlangen nach dem Weibe eines anderen«. Zum zehnten Gebot, »Du sollst nicht töten«, stand im »Buch der Bischöfe«, daß niemand töten solle, ausgenommen Herrscher und diejenigen, die auf deren Befehl handelten, und daß Herrscher nur in Übereinstimmung mit dem Gesetz töten dürften. Heinrich wollte den Kommentar dahingehend abändern, daß nur »Regenten niederen Standes«, nicht die Fürsten selbst, ihren Gesetzen gehorchen müßten. Cranmer hielt diese Änderung jedoch für nicht wünschenswert.[11] Dies war eine der wenigen Gelegenheiten, wo Heinrich den Grundsatz aussprach – der von den Richtern seiner Gerichte nie offiziell anerkannt wurde –, daß der König über dem Gesetz des Reiches stehe und nur dem Gebot Gottes unterworfen sei.[12]

Im Herbst 1536 überredeten Cromwell und Cranmer Heinrich, die Erlaubnis zur Veröffentlichung einer englischen Bibelübersetzung zu geben und zu veranlassen, daß ab Michaeli 1537 in jeder Kirche eine englische Bibel vorhanden war.[13] Offiziell rückte man damit nicht von der Position ab, die man 1530 eingenommen hatte. Damals hatten Thomas Morus und die katholischen Bischöfe erklärt, es sei einzig und allein Sache des Königs, ob die Bibel ins Englische übersetzt werden solle und ob die Untertanen sie lesen sollten. Obwohl jeder, der damals Tyndales Neues Testament las, mit einer Strafe rechnen mußte, räumten Morus und die Bischöfe ein, daß Heinrich irgendwann beschließen könne, eine von Bischöfen und Gelehrten übersetzte Bibel zuzulassen. Doch die Veröffentlichung und Lektüre einer englischen Bibel zuzulassen, bedeutete einen großen Schritt hin zum Protestantismus und die Ablehnung des orthodoxen Katholizismus. Und es war ein Schritt, den Heinrich niemals wirklich wollte und dem er eher zögernd und entgegen seiner eigentlichen Meinung zustimmte.

Nach mehreren Versuchen, eine zufriedenstellende Übersetzung zustande zu bringen, wurde schließlich im August 1537 eine englische Bibel veröffentlicht und an die Kirchen des ganzen Königreichs verteilt. Bekannt wurde sie als »Matthäus-Bibel«, doch in Wahrheit handelte es sich um Tyndales Neues Testament ohne dessen Randbemerkungen und um das ebenfalls von Tyndale übersetzte, aber nicht veröffentlichte Alte Testament bis zum Buch der

Chronik. Den Text des Alten Testaments vom Buch der Chronik an hatte Tyndales Kollege, der Protestant John Rogers, übersetzt. Ein anderer bekannter protestantischer Ketzer namens Miles Coverdale, der selbst eine Bibelübersetzung angefertigt hatte, arbeitete bei der Herausgabe der »Matthäus-Bibel« eng mit Cromwell zusammen.

Wußte Heinrich, daß sein Generalvikar in seinem Namen dasselbe Buch an die Kirchen verteilte, das er ein paar Jahre zuvor so heftig angeprangert hatte und dessen Lektüre er unter Strafe gestellt hatte? Es ist oft vermutet worden, Cromwell und Cranmer hätten Heinrich in dieser Hinsicht getäuscht. Es ist allerdings unwahrscheinlich, daß sie tatsächlich gewagt haben, so weit zu gehen. Noch unwahrscheinlicher ist, daß Heinrich mit seinem Interesse für theologische Fragen nicht mit dem Text von Tyndales Neuem Testament vertraut war. Auch wenn niemand ihm etwas gesagt hätte, hätte er ihn sicher bei der Lektüre der Bibel erkannt. Zwar hätte er nie zugelassen, daß er durch die Veröffentlichung einer Bibelübersetzung mit Tyndales Namen auf der Titelseite bei seinen katholischen Untertanen bloßgestellt wurde. Er hatte aber wahrscheinlich nichts dagegen einzuwenden, Tyndales Buch als »Matthäus-Bibel« zu veröffentlichen, solange er offiziell nicht über die Verbindung zu Tyndale informiert war und leugnen konnte, etwas davon zu wissen.

Am 12. Oktober brachte Königin Johanna einen Sohn zur Welt. Sie wurde durch einen Kaiserschnitt entbunden, das Kind war gesund und blieb am Leben. Endlich hatte Heinrich einen Sohn und Erben und den Beweis, daß Gott ihm gnädig gesinnt war und seine Politik billigte. Zwölf Tage nach der Geburt starb Königin Johanna, vermutlich an Blutvergiftung. Ihr Leichnam war über zwei Wochen in ihrem Gemach in Hampton Court feierlich aufgebahrt, während die Bischöfe abwechselnd Messen lasen. Richard Gresham, der Bürgermeister von London, befahl, in der Stadt 1 200 Messen für ihre Seele zu singen. Am 12. November wurde der Leichnam in einer Prozession von Hampton Court nach Windsor überführt. Lady Maria, die Tochter des Königs, ritt in Begleitung der Räte, Bischöfe, Adligen und Höflinge als Haupttrauernde hinter dem Leichnam.[14] Heinrich selbst nahm, wie es der Brauch war, nicht an dem Begräbnis teil.

In England glaubte man allgemein, Heinrich sei über Johannas Tod zutiefst bekümmert. Hierfür gibt es allerdings keine Hinweise. Der Glaube, er habe Johanna Seymour mehr geliebt als ihre beiden Vorgängerinnen und sei über ihren Tod untröstlich gewesen, scheint lediglich auf der Tatsache zu beruhen, daß er sich weder von ihr scheiden noch sie enthaupten ließ. Schon kurz nach Johannas Tod und vierzehn Tage vor ihrem Begräbnis drängten ihn seine Räte, sich wieder zu verheiraten. Als Cromwell die englischen Gesandten im Ausland vom Tod der Königin in Kenntnis setzte, schrieb er, der König zeige wenig Neigung, sich wieder zu verheiraten, obwohl er sein

Schicksal mit Fassung trage. Einige seiner Räte hätten ihm zum Wohle des Reiches zu einer erneuten Eheschließung geraten, er habe aber »beschlossen, gleichgültig zu sein gegenüber der Sache selbst und der Wahl irgendeiner Person aus irgendeinem Land, die ihm unterbreitet werden sollte«. Am 3. November sprach Norfolk mit Heinrich: Er solle sich damit abfinden, daß es Gott gefallen habe, die Königin zu sich zu holen, sich mit dem Schatz trösten, den sie ihm und dem Reich hinterlassen habe – dem kleinen Prinzen –, und wieder heiraten. Am gleichen Tag schrieb Sir John Wallop, Heinrich sei so »fröhlich, wie ein Witwer nur sein kann«.[15]

Heinrich wurde jetzt wie seine Tochter Maria auf dem Heiratsmarkt gehandelt. Karl und Franz zögerten nicht mit ihren Angeboten. Karl offerierte ihm seine Nichte Christine. Christine war die Tochter seiner Schwester und des gefangenen Königs Christian II. von Dänemark und die Witwe von Francesco Sforza, des Herzogs von Mailand. Sie hatte sehr jung geheiratet und war schon früh Witwe geworden; sie war damals erst sechzehn. Sie lebte am Hof ihrer Tante Maria von Ungarn in den Niederlanden. Hutten schrieb an Cromwell, sie sei von angemessener Schönheit, sehr groß, von sanfter Sprechweise und angenehmem Wesen und angeblich sowohl Witwe als auch Jungfrau. Gewöhnlich spreche sie französisch, mit einem reizenden Lispeln, sie beherrsche aber auch Italienisch und Deutsch. Sie gehe gern auf die Jagd, spiele Karten und könne mit großer Klugheit über ernste Themen sprechen. Gewiß kam sie als Braut für Heinrich in Frage, obwohl natürlich hinsichtlich der Mitgift und anderer Vereinbarungen im Ehevertrag noch vieles ausgehandelt werden mußte. Heinrich wollte diese Vereinbarungen zum Bestandteil eines Vertrages machen, nach dem er die Herzogin von Mailand, seine Tochter Maria Luiz von Portugal und seine Tochter Elisabeth einen Sohn des Herzogs von Savoyen oder König Ferdinands von Böhmen heiraten sollte. Karl lehnte es ab, über die drei Heiraten zusammen zu verhandeln. Außerdem wollte Maria von Ungarn eine Garantie, daß Heinrich im Fall einer Heirat mit Christine nicht durch seine Gemahlin Anspruch auf den Thron von Dänemark erheben konnte.[16]

Die Alternative war die Heirat mit einer französischen Prinzessin, und hier eröffnete sich für Heinrich eine besonders reizvolle Aussicht. Madeleine, die Braut Jakobs V., war kurz nach ihrer Ankunft in Schottland gestorben, was angesichts ihrer schwachen Konstitution nicht überraschte. Aus diesem Grund bot Franz Jakob eine andere adlige Dame aus Frankreich an. Es handelte sich um Marie von Lothringen, die Tochter des Herzogs von Guise, die später als Marie von Guise und Mutter Maria Stuarts bekannt wurde. Sie war ebenfalls in jungen Jahren Witwe geworden, obwohl sie älter war als die Herzogin von Mailand. Mit neunzehn hatte sie den Herzog von Longueville geheiratet. In ihrer nur drei Jahre währenden Ehe gebar sie ihm zwei Söhne. Kaum war sie Witwe geworden, traf Franz bereits Vorkehrungen für eine Heirat mit dem schottischen König.

Heinrich wollte nun Franz überreden, die Verlobung zwischen Jakob und Marie zu lösen und ihm Marie als Braut anzubieten. Obwohl er die üblichen Lobreden auf ihre Schönheit und andere Tugenden vernommen hatte, hat er bei seiner Wahl wohl nur ein einziges Ziel vor Augen gehabt: Jakob zu demütigen, der Welt zu beweisen, daß Franz alles tat, was er wollte, und den Beziehungen zwischen Franz und Jakob zu schaden.

Im November 1537 schickte Franz einen neuen Gesandten nach London: Louis de Perreau, Sieur de Castillon. Er war ein paar Jahre älter als Heinrich und ein außergewöhnlich fähiger Diplomat. Er lernte bald, wie er mit Heinrich umgehen mußte, indem er sich dessen Taktik der entwaffnenden Offenheit, Jovialität und absichtlichen Irreführung zu eigen machte. Während er Franz erklärte, man dürfe Heinrich nicht trauen und müsse ihn als gefährlichen Gegner behandeln, baute er selbst eine freundschaftliche Beziehung zu Heinrich auf. Castillon kam zu einer Zeit nach England, als Franz' Position in den diplomatischen Verhandlungen mit Heinrich wieder gestärkt war: Am 16. November hatten Karl und Franz einen dreimonatigen Waffenstillstand vereinbart und waren in geheime Friedensverhandlungen eingetreten. Das waren schlechte Neuigkeiten für Heinrich, und er und seine Minister zeigten Castillon offen ihre Verärgerung.[17]

Gleich bei seinem ersten Gespräch mit Castillon brachte Heinrich die Rede auf eine Heirat mit Madame de Longueville. Castillon erwiderte, sie werde den König von Schottland heiraten. Heinrich wollte sich nicht damit abfinden und kehrte immer wieder zu diesem Thema zurück. Castillon schrieb an Franz, Heinrich sei »so verliebt in Madame de Longueville, daß er unentwegt darauf zu sprechen kommen muß«. Heinrich erklärte Castillon, er sei für Franz ein wertvollerer Verbündeter als »dieser armselige und schwachköpfige König von Schottland«. Er habe erfahren, daß Franz für Madame de Longueville eine Heirat mit Jakob V. arrangiert habe, ohne sie vorher zu fragen, und daß sie und ihre Familie den englischen König als Gemahl vorziehen würden. Castillon bestritt dies. Daraufhin schickte Heinrich Sir Peter Mewtas, einen seiner Kammerherrn, zu Madame de Longueville nach Châteaudun, um sie davon zu überzeugen, daß eine Heirat mit dem König von England eine bessere Partie war als eine Heirat mit dem König von Schottland.[18]

Franz indessen blieb fest. Er weigerte sich, das Versprechen, das er Jakob gegeben hatte, zu brechen. Ende Januar 1538 veranlaßte er den Herzog von Guise und Marie, mit Jakob eine formelle Vereinbarung zu treffen. Die Heirat fand im Mai statt. Obwohl Heinrich verärgert war, erklärte er Castillon: »Nun, sei's drum, ich bekomme von überall Angebote.« Das stimmte sicherlich, denn Karl hatte Don Diego Hurtado de Mendoza, einen seiner mächtigsten Adligen, zu Heinrich geschickt, um Chapuys Argumente zugunsten einer Heirat mit der Herzogin von Mailand zu bekräftigen. Heinrich veranstaltete für Don Diego und Chapuys ein großartiges Bankett in Hampton Court, was Castillon gebührend zur Kenntnis nahm. Nach Chapuys' Ansicht hatte Heinrich das Bankett nur veranstaltet, um die Franzosen neidisch zu machen.[19]

Franz bot Heinrich an, er könne jede französische Dame haben, die er wolle, nur nicht Madame de Longueville. Castillon versicherte ihm, es gebe noch andere schöne Damen in Frankreich. Der Herzog von Guise habe noch eine Tochter, Madame de Longuevilles jüngere Schwester Louise, die noch schöner sei als Marie. Obendrein habe Louise Madame de Longueville eines voraus: Sie sei noch Jungfrau. »Nehmt sie«, sagte Castillon zu Heinrich, »sie ist Jungfrau, und so habt Ihr den Vorteil, daß Ihr das Loch Eurem Maß anpassen könnt.« Heinrich lachte, klopfte Castillon auf die Schulter und ging zur Messe.[20]

Heinrich beauftragte seinen Hofmaler Hans Holbein den Jüngeren, Mademoiselle de Guise und die Herzogin von Mailand zu porträtieren. Zu Castillon sagte er, er wolle seine Braut sehen, ehe er sich zu einer Heirat entschließe. Dies sei nur vernünftig, da die Ehe eine dauerhafte Verbindung sei, die auf Liebe und Zuneigung zwischen den Partnern basiere. Heinrich schlug ein erneutes Treffen zwischen ihm und Franz an der Grenze zwischen Frankreich und den Marken von Calais vor. Bei dieser Gelegenheit könne Franz eine Anzahl schöner Damen mitbringen, und er könne sich diejenige aussuchen, die er heiraten wolle. Castillon und Franz waren über den Vorschlag entsetzt. Beide waren der Meinung, Heinrich solle es Franz überlassen, eine schöne und tugendhafte Braut für ihn auszusuchen; es wäre eine Beleidigung für die Damen, Heinrich vorgeführt zu werden, nur damit er die auswählen könne, die ihm am besten gefalle. Sodann wäre es eine unerträgliche Demütigung für die Damen, die er nicht wähle.[21]

Heinrich bot eine Lösung an: Die Damen sollten unter dem Vorwand nach Calais kommen, seiner Begegnung mit Franz beizuwohnen. Doch Castillon war damit nicht einverstanden. Er fragte Heinrich: »Möchtet Ihr nicht noch einen Schritt weitergehen, Sire, und eine nach der anderen ausprobieren, um anschließend die zu behalten, die Euch am angenehmsten erscheint?« Castillon berichtete, Heinrich sei rot geworden und habe gelacht.[22]

Die Suche nach Gebetbüchern, in denen das Wort »Papst« nicht gestrichen war, ging weiter. Zudem bekamen Cromwell und die örtlichen Friedensrichter nach wie vor Meldungen von Gesprächen in Kneipen, die als aufrührerisch ausgelegt werden konnten. Eine besondere Gefahrenquelle waren Gerüchte, die aus der Luft gegriffen waren. Die Behörden waren darüber deshalb so beunruhigt, weil sie glaubten, Gerüchte über die Absicht des Königs, Kirchen aufzulösen und neue Steuern zu erheben, seien die Ursache für die Aufstände in Lincolnshire und Yorkshire gewesen. Die Behörden gingen falschen Gerüchten nach, indem sie jeden, der es weitererzählte, fragten, wo er es gehört habe, bis sie jemanden fanden, der seine Informationsquelle nicht nennen konnte oder wollte. Diese Person wurde dann als Urheber des Gerüchts angesehen und bestraft.

Im Dezember 1537 ging in Kent, Sussex, Northamptonshire, Berkshire und Oxfordshire das Gerücht um, der König sei gestorben. Cranmer ging dem Gerücht in seiner Diözese nach und verfolgte es bis zu einer Hausfrau aus Canterbury. Diese hatte es von einem Fischhändler, der zu ihr ins Haus kam, um Fisch zu verkaufen. Der Fischhändler wurde verhört. Er behauptete, ein Mann, der wie ein Kaufmann gekleidet gewesen sei, habe es ihm erzählt. Er habe ihn auf dem Weg von Dover nach Canterbury bei Barham Down getroffen. Das Gerücht war von einigen Mönchen in Lewes, einem Bauern aus Kingsthorpe bei Northampton, einem Stellmacher aus Lutterworth, einem Goldschmied aus Oxford, einem Reisenden aus Dorchester in Oxfordshire, einer Frau aus Higham bei Tonbridge, dem Vikar von Bradfield, einem Almosenempfänger aus Donnington bei Newbury und mehreren anderen Leuten in Berkshire verbreitet worden.[23]

Die Behörden beschlossen, einen Walker aus Wallingford als Verleumder zu bestrafen, weil er nicht sagen konnte, woher er die Geschichte hatte. Er mußte an einem Freitag, der gleichzeitig Markttag war, eine Stunde lang in Wallingford mit festgenageltem Ohr am Pranger stehen. Anschließend wurde sein Ohr abgeschnitten, und er wurde mit entblößtem Oberkörper an einen Karren gebunden und mit Schlägen durch die Stadt getrieben. Tags darauf wurde er nach Reading gebracht, wo samstags Markttag war, und dort wiederum für eine Stunde mit dem anderen Ohr an den Pranger genagelt. Anschließend schnitt man ihm auch dieses Ohr ab. Wieder wurde er an einen Wagen gebunden und durch Reading geprügelt. Andere Männer und Frauen wurden an den Pranger gestellt, ohne daß man ihnen die Ohren abschnitt, eine Frau wurde begnadigt, weil sie schwanger war.[24]

Heinrich wurde persönlich über den Stand der Nachforschungen unterrichtet und hinsichtlich der Strafen zu Rate gezogen. Er gab Befehl, den Koch Wilkinson aus Newbury und den Almosenempfänger aus Donnington streng zu bestrafen. Sein Sekretär Wriothesley schrieb an die Beamten in Berkshire und erklärte, Hynd und der Almosenempfänger sollten die schlimmste Strafe erdulden und ihre Ohren verlieren. Cromwells Agent Vachell glaubte, es habe eine Verwechslung gegeben und Sergeant Chalcott aus Colley habe auf Befehl den Falschen bestraft.[25]

Innerhalb weniger Wochen kursierte ein neues Gerücht. Ein Schmied aus einem Dorf bei Lewes, der einen Teil seiner Zeit als Steuereintreiber tätig war, suchte mit einem anderen Schmied Master Apsley auf, einen Edelmann aus Pulborough, um von ihm den Fünfzehnten zu kassieren. Sie trafen Apsley in seinen Wäldern an. Als sie ihn zu seinem Haus begleiteten, um das Geld in Empfang zu nehmen, sagte Apsley, dies sei die letzte Steuer, die er in diesem Jahr zahlen müsse. Der Schmied widersprach: Bald müsse er »Hornsteuer« bezahlen – eine Steuer, die der König auf jedes Stück Vieh erhoben habe. Apsley schrieb an den Grafen von Southampton in Guildford, damit er ihm dies bestätige. Southampton wußte, daß es eine solche Steuer nicht gab und ein ähnliches Gerücht den Aufstand in Lincolnshire ausgelöst hatte. Er befragte den Schmied und stellte in der Gegend von Lewes weitere Nachforschungen an. Er machte einen Mann ausfindig, der die Geschichte weitererzählt hatte, sich aber nicht mehr erinnern konnte, wo er sie das erste Mal gehört hatte. Southampton erklärte ihm, man werde ihn foltern, um die Wahrheit zu erfahren. Schließlich gelangte Southampton aber zu der Einsicht, daß der Mann unschuldig und der Schmied für das Gerücht verantwortlich sei. Er informierte Cromwell, damit der Schmied angemessen bestraft werden konnte.[26]

Zu abschätzigen Äußerungen über Cromwell und die ketzerischen Bischöfe in der Bevölkerung kamen inzwischen hin und wieder auch solche über den König selbst. Ein Mann aus Walden in Essex sagte, er wünschte, der König fiele vom Pferd und breche sich das Genick. Ein anderer Mann aus dem Wald von Dean erklärte, kein König vor Heinrich habe von seinen Untertanen auch nur halb so viel Steuern verlangt; Heinrich wolle immer nur »Geld, Geld«. Ein Bänkelsänger sang die Geschichte »eines Königs«, der eines Tages auf einem Ausritt einer Frau begegnet und sie sogleich verführt. Als er beteuerte, er habe damit nicht Heinrich gemeint, erklärte man ihm, er habe kein Recht, solche Geschichten über Könige zu erfinden.[27]

Heinrich ging jedes Jahr im August oder September in Ampthill auf die Jagd. Im Februar 1536 hielten es die Wildhüter für erforderlich, den dortigen Wildbestand aus den 2 067 Stück Rotwild und 6 352 Stück Damwild in den anderen königlichen Wäldern aufzustocken.[28] Es wurden Vorkehrungen getroffen, das Wild aus Beskwood Park in Nottinghamshire nach Ampthill zu schaffen. Die Einwohner von Lowdham bei Nottingham wurden aufgefordert, beim Transport zu helfen. Alle außer dem Bauern Sanderson folgten dem Aufruf der beiden Dorfpolizisten. Die Polizisten wußten, daß Sanderson ein Paar gute Räder an seinem Karren hatte, die man an einen Karren für den Transport des Wildes montieren konnte. Sie gingen zu seinem Haus, um die Räder zu holen. Sanderson war wütend auf die Polizisten, doch sie erklärten, sie befolgten lediglich die Anordnungen des Kronrats. »Rache dem König und diesem falschen Rat«, rief Sanderson, »und auch solchem Diebesgesindel wie Ihr es seid, das mir mein Hab und Gut stiehlt!« Die Polizisten nahmen die Räder trotzdem mit.

Sie dachten nicht mehr an den Zwischenfall, bis sie zwei Jahre später, im März 1538, im Wirtshaus von Lowdham erfuhren, daß jemand sie beim Gerichtstag in Leicester verklagt habe, weil sie ihm die Räder von seinem Karren gestohlen hätten. Sie vermuteten, daß Sanderson dahintersteckte, der zwei Jahre zuvor gedroht hatte, sich am König zu rächen. Master Gabriel Barwick und andere Edelleute saßen ebenfalls im Wirtshaus und hörten mit, was die Polizisten sagten. Nun waren sowohl Sanderson als auch die Polizisten in Schwierigkeiten: Sanderson, weil er die verräterischen Worte gesprochen hatte, die Polizisten, weil sie ihn nicht den Behörden gemeldet hatten. Sir Nicholas Strelley, der Sheriff von Nottinghamshire und Derbyshire, gab sich offensichtlich mit der Erklärung der Polizisten zufrieden, sie hätten die Ruchlosigkeit von Sandersons Worten nicht erkannt. Sanderson aber wurde wegen Hochverrats in Nottingham vor Gericht gestellt.[29]

Dies war nicht der einzige Fall, wo ein Mann für etwas, das er vor langer Zeit gesagt hatte, verurteilt wurde, weil sich Nachbarn, die mit ihm Streit hatten, vielleicht an unbesonnene Worte aus der Vergangenheit erinnerten. Erst im Januar 1538 fanden die Behörden heraus, daß ein Mann im Dorf Over in Cambridgeshire im Juli 1536 gesagt hatte: »War nicht der Herr Kardinal ein großer Mann und regierte das Reich, wie es ihm beliebte? Was ist aus ihm geworden? Ist er nicht tot? Und Sir Thomas Morus, Lordkanzler von England, hat er nicht ebenso das ganze Reich regiert? Was ist aus ihm geworden? Ist er nicht auch tot? Und jetzt herrscht der Lordsiegelbewahrer [Cromwell] über alles, aber eines Tages werden wir erleben, daß er ebensotief fällt wie die anderen.« Der Dorfpolizist drohte dem Mann, daß man ihn für diese Worte hängen könne. Im September 1539 geriet ein Kanonier der Flotte in Portsmouth in Schwierigkeiten wegen einer törichten Bemerkung, die er drei Jahre zuvor im Hafen von La Coruña in Spanien gemacht hatte. Er hatte gesagt, wenn sich des Königs Blut und sein Blut nebeneinander in einer Untertasse befänden, könne niemand sagen, welches Blut zu wem gehöre.[30]

Nicht jeder, der murrte und auf den König und seine Räte schimpfte, wurde den Behörden gemeldet; nicht jeder, der gemeldet wurde, wurde verhaftet; und nicht jeder, der verhaftet wurde, wurde hingerichtet oder für lange Zeit eingesperrt.[31] Aber jeder, der törichte Bemerkungen machte, ging ein Risiko ein. Das war allgemein bekannt. Der Pfarrer von Colmere in Hampshire sagte: »Ich hoffe, daß ich den Tag noch erlebe, an dem alles auf den Kopf gestellt wird. In seinem eigenen Haus darf ein Mann sagen, was er will.« Bald mußte er erfahren, daß die zweite Feststellung von der Wahrheit weit entfernt war. Menschen, die denunziert wurden, waren manchmal Monate, ja sogar Jahre ohne Prozeß im Gefängnis eingesperrt, wo sie sich über »schlechte, widerliche Gerüche«, Kälte und Hunger beschwerten. Einer von Heinrichs Beamten berichtete Cromwell im Juni 1537, die Mönche der Kartause von London seien nach zwei Jahren Gefängnis in Newgate »beinahe durch die Hand Gottes umgekommen«. Der Beamte fügte hinzu, angesichts ihres Widerstandes gegen den König bedaure er das nicht.[32]

Manchmal wurden Leute aus reiner Bosheit beschuldigt. Der Herold von Lancaster wurde im Juli 1538 verhaftet und des Hochverrats angeklagt, obwohl es nach Aussage des Grafen von Shrewsbury hauptsächlich ihm zu verdanken war, daß der Aufstand in Lincolnshire niedergeschlagen werden konnte. Als der Herold am 20. Oktober zu Aske und den Anführern der Rebellen nach Pontefract geschickt wurde, soll er vor Aske niedergekniet sein, um ihn zum Verrat zu ermuntern, und ihm versprochen haben, der König werde seine Forderung erfüllen und Cromwell an die Rebellen ausliefern. Zudem soll er in seinen Berichten an Norfolk und den Rat die Zahl der Rebellen übertrieben haben, in der Hoffnung, den König und seine Räte dadurch veranlassen zu können, Askes Forderungen zu erfüllen. Der Herold wies die Vorwürfe zurück und erklärte, sein Kollege Clarencieux habe ihn belastet, weil er und Clarencieux nach dem Begräbnis von Königin Johanna in Hampton Court eine Auseinandersetzung gehabt hätten, in deren Verlauf Clarencieux die Treppe hinuntergefallen sei. Dennoch wurde er des Hochverrats schuldig gesprochen und in York gehängt, gestreckt und gevierteilt. Alle übrigen Herolde begaben sich nach York, um der Hinrichtung beizuwohnen. Sein Kopf wurde am Galgen über York Castle angebracht, wo die letzten zwölf Monate Askes Gebeine gehangen hatten.[33]

Im Juli 1538 sah sich Heinrich neuen, unerwarteten Schwierigkeiten gegenüber. Zweiundzwanzig Männer, die bei den Schuhmachern in Wisbech in Cambridgeshire beschäftigt waren, gründeten eine Gewerkschaft. Sie waren mit dem Lohn von 15 Pfennig für jedes Dutzend Paar Schuhe unzufrieden und schworen, für weniger als 18 Pfennig für das Dutzend nicht mehr zu arbeiten. Nachdem sich Norfolk mit Cromwell beraten hatte, ließ er die Männer verhaften und bestrafen.[34]

23

Die Schreine

Die Gnadenwallfahrt hatte gezeigt, wie groß der Widerstand gegen die Auflösung der Klöster war. Sie veranlaßte Heinrich, mit mehr Vorsicht auf sein Ziel hinzuarbeiten, sich das Pachtgeld, das Gold und Silber und die bleiernen Dachplatten der reicheren Klöster anzueignen. Er beteuerte immer wieder, er wolle nicht alle Klöster auflösen, sondern nur sicherstellen, daß sie ordentlich geführt würden, und diejenigen schließen, in denen das Laster die Oberhand habe. Zum Beweis seiner Aufrichtigkeit gründete er ein neues Mönchskloster und zwei neue Nonnenklöster. Am 9. Juli 1537 unterzeichnete er die Stiftungsurkunde für ein Nonnenkloster in Stixwold in Lincolnshire und übertrug ihm Ländereien mit einem jährlichen Einkommen von 152 Pfund. Das Kloster sollte als Modell für ein ordentlich geführtes und tugendsames religiöses Haus dienen. Wer das Gerücht verbreitete, Heinrich wolle sich der größeren Klöster bemächtigen, wurde verhaftet. Der König gab jedoch zu verstehen, daß er bereit sei, ein Kloster zu übernehmen, wenn sich der Prior und die Brüder dort nicht imstande sähen, für Ordnung zu sorgen, und dem König freiwillig das Kloster überlassen wollten.[1]

In etwas mehr als dreieinhalb Jahren, zwischen Sommer 1537 und Ende 1540, wurden die restlichen 300 Mönchs- und Nonnenklöster in England, Wales und Irland aufgelöst. In den meisten Fällen brachte man die Mönche und Nonnen dazu, dem König die Klöster freiwillig zu überlassen. Man erreichte dies dadurch, daß man dem Abt oder Prior eine hohe jährliche Pension versprach, wenn er seine Mönche überredete, das Kloster zu räumen und dessen Besitzungen Heinrich zu überlassen. Auch den Mönchen wurden Pensionen gewährt. Diese waren jedoch um vieles niedriger als die ihrer Vorgesetzten. Über die Höhe der Pensionen wurde bei jedem Kloster einzeln verhandelt, doch im allgemeinen hielt man sich an folgende Regelung: Der

Prior erhielt eine jährliche Pension von 100 Pfund, der Subprior bekam 12 Pfund im Jahr, der Kellermeister und zwei oder drei der wichtigsten Mönche bekamen 8 Pfund, die übrigen Mönche erhielten 6 Pfund, 13 Schilling und 4 Pfennig (10 Mark) oder 5 Pfund, und der Gärtner und einige, freilich nicht alle Bediensteten des Klosters bekamen 40 Schilling. Ein paar der wichtigsten Äbte und Priore wurden noch zusätzlich zu Bischöfen ernannt. Heinrich schuf sechs neue Bistümer – Westminster, Peterborough, Oxford, Gloucester, Bristol und Chester. Im Gegensatz zu den Mönchen glaubten die Äbte und Priore, ein gutes Geschäft gemacht zu haben. Das Gerücht, Heinrich wolle alle Klöster beschlagnahmen, hatte sie fürchten lassen, keine Entschädigung dafür zu bekommen; und erst vor kurzem waren mehrere Äbte gehängt, gestreckt und gevierteilt worden.

Die Äbte, Priore und Mönche erhielten ihre Pensionen auf Lebenszeit. Ein junger Mönch, der kaum zwanzig war, als sein Kloster aufgelöst wurde, bekam die Pension siebzig Jahre lang. Zuletzt erhielt er sein Geld 1608 aus der Schatzkammer König Jakobs I.[2]

Richard Thornden, Cranmers Weihbischof von Dover, war Heinrichs wichtigster Agent, wenn es um die freiwillige Übergabe der Klöster ging. Seine Gegner, die sein Treiben mit Mißmut und Zynismus beobachteten, nannten ihn respektlos »Dick von Dover«. Er reiste durch ganz England und Wales, inspizierte ein Kloster nach dem anderen und wies die Priore auf die Vorteile hin, die sich ihnen boten, wenn sie ihre Klöster Heinrich vermachten. Im Herbst 1538 bekam der König auf diese Weise mehr als ein Kloster pro Tag. Lediglich eine Handvoll Geistliche leisteten Widerstand. Der Abt von Reading weigerte sich rundheraus, die Abtei zu übergeben. Das sprach nicht zu seinen Gunsten, als er des Hochverrats angeklagt wurde.

Das musterhafte Nonnenkloster von Stixwold, das Heinrich im Juli 1537 gegründet hatte, hielt sich nur etwas mehr als zwei Jahre; an Michaeli 1539 wurde es Heinrich übertragen. Die Priorin, die ihren Dienst nur so kurze Zeit versehen hatte, war mit ihrer Aufgabe noch viel weniger fertiggeworden als die meisten Äbtissinnen und Priorinnen und erhielt eine jährliche Pension von nur 15 Pfund.[3]

Während die größeren Klöster eines nach dem anderen kapitulierten, begannen die Behörden eine leidenschaftliche Kampagne gegen die Schreine mit ihren Götzenbildern und Reliquien. Wieder erklärte Heinrich, er könne sich nicht auf den Standpunkt der Protestanten stellen, daß alle Bilder Götzen seien. Er wolle nur die Bilder abschaffen, die als Objekt abergläubischer Verehrung mißbraucht würden. Mit der Schließung der Schreine und der Inbesitznahme der wertvollen Kirchengeräte, die fromme Beter gestiftet hatten, führten die »ketzerischen Bischöfe« und ihre protestantischen Anhänger einen wirksamen Schlag gegen Wallfahrten, Heiligenverehrung und abergläubische

Verehrung von Reliquien, und Heinrich konnte das beschlagnahmte Gold und Silber und den Schmuck für sich behalten.

Die Entdeckung, daß einige der berühmtesten Reliquien Fälschungen waren, nützte der Kampagne gegen die Heiligtümer. So hatten Einheimische und ausländische Besucher viele Jahre ehrfurchtsvoll das Kruzifix der Abtei Boxley bei Maidstone bestaunt. Wenn bußfertige Sünder den Mönchen Geld gaben, um sich durch »gute Taten« Absolution zu holen, rollte die Christusfigur am Kreuz mit den Augen, bewegte die Lippen und nickte mit dem Kopf, um zu zeigen, daß dem Sünder vergeben war. Als Cromwells Kommissare Boxley inspizierten, entdeckten sie, daß der nickende Christus am Kreuz von den Mönchen durch versteckte Hebel bewegt wurde. Das heilige Blut in der Abtei Hailes in Gloucestershire, das sich immer dann verflüssigte, wenn zahlende Büßer es anbeteten und der Abtei Geld stifteten, stammte von einer Ente und wurde von den Mönchen regelmäßig nachgefüllt.

Heinrichs Beamte zeigten den verärgerten Einwohnern von Boxley die versteckten Hebel und demonstrierten ihre Funktionsweise. Anschließend wurde das Kruzifix nach Maidstone gebracht und den Leuten dort am Markttag vorgeführt. Dann bekamen es Heinrich und seine Höflinge in Whitehall zu sehen, und zuletzt wurde es einer großen Menschenmenge am Paul's Cross gezeigt, bevor man es dort öffentlich verbrannte.[4] In gleicher Weise wurden einige der heiligsten Reliquien des Königreichs beschlagnahmt, nach London gebracht und verbrannt, darunter der Dolch aus Caversham in Berkshire, mit dem Heinrich VI. getötet wurde, der Zeh der heiligen Cäcilie aus der Kathedrale in Coventry und das Ohr des Zenturio, das der heilige Petrus abgeschlagen hatte, als er Christus im Garten von Gethsemane verteidigte, und das lange in Marlow ausgestellt war. Heinrich befahl, auch die Gebeine des heiligen Richard aus der Kathedrale von Chichester zu entfernen und zu verbrennen, weil sie Gegenstand abergläubischer Verehrung seien. Der Schrein Unserer Lieben Frau von Walsingham wurde geschlossen, das Bildnis der Jungfrau Maria wurde nach London gebracht und verbrannt.[5]

Die Abschaffung der Reliquien stieß vielerorts auf Widerstand. Der Vikar von Ticehurst in Sussex ließ sich bei der Predigt in seiner Kirche zu der unvorsichtigen Bemerkung hinreißen, jeder, der auf eine Münze mit dem Bild des Königs spucke, werde wegen Majestätsbeleidigung bestraft, während neuerdings hochgestellte Würdenträger Heiligenbilder beleidigten, was ebenso verwerflich sei, wie wenn man auf Gott spucke. In Chesterfield und anderswo fielen ähnliche Bemerkungen. Der Vikar von Highley in Shropshire stellte die Statue der Jungfrau Maria ohne Erlaubnis wieder in seiner Kirche auf, weil die Bevölkerung glaubte, daß einst eine Frau durch Berührung der Statue ihr Augenlicht wiedererlangt habe. Noch im Januar 1540, fast zwei Jahre, nachdem das Bildnis der heiligen Jungfrau aus Walsingham entfernt und verbrannt worden war, erklärte eine alte Frau aus dem nahegelegenen Ort Wells-next-the-Sea, es vollbringe in London immer noch Wunder, wie früher in Walsingham. Am Markttag wurde sie in Walsingham in den Block geschlossen. An ihrem Kopf klebte ein Zettel mit der Aufschrift: »Eine Erfinderin von Lügengeschichten«. Die Frau wurde in einem Karren durch die Stadt gefahren, und die Kinder wurden aufgefordert, mit Schneebällen nach ihr zu werfen.[6]

In St. Asaph in Nordwales rief die Beseitigung des Bildnisses von Davelgarthen, eines Heiligen des Ortes, Bestürzung hervor. Die Einwohner glaubten, die hölzerne Statue könne in die Hölle niederfahren und die Seelen der Verdammten retten. Am 5. April 1538 beobachtete einer von Cromwells Beamten, wie an einem Tag 600 Menschen mit Schafen, Ochsen, Pferden und Geld zu dem Schrein kamen. Man sagte ihm, das sei jeden Tag so. Der Pfarrer und die Gemeindeglieder boten ihm 40 Pfund, wenn er ihnen die Statue daließ. Doch er nahm sie nach London mit, damit sie dort verbrannt werden konnte.[7]

Ein alter Spruch aus Wales besagte, daß Davelgarthen eines Tages einen Wald niederbrennen werde. Pater Forest, der Beichtvater Katharinas von Aragon, hatte sich 1532 öffentlich gegen Heinrichs Scheidung von Katharina ausgesprochen und war nach dem Bruch mit Rom unter verschärften Bedingungen in Haft gehalten worden. Nur widerwillig erklärte sich der alte Mann bereit, den Eid auf das Supremat abzulegen. Im April 1538 entschied man jedoch, ihn als Ketzer vor Gericht zu stellen. Die Idee stammte vermutlich von Cromwell, der sich zunächst mit Cranmer und Latimer beriet, um den Fall anschließend bis in alle Einzelheiten mit dem König zu erörtern.

Forest war der einzige orthodoxe Katholik und Anhänger des Papstes, der im 16. Jahrhundert von den Protestanten in England der Ketzerei beschuldigt wurde. Alle anderen wurden unter Heinrich VIII. und Elisabeth I. als Verräter behandelt. Forest mußte sich vor Cranmer und anderen Kommissaren wegen Ketzerei verantworten, weil er erklärt hatte, die Heilige Katholische Kirche des Glaubensbekenntnisses sei die Kirche von Rom. Fisher und »andere fromme Männer« seien erst vor kurzem wie der heilige Thomas von Canterbury für die Rechte der Kirche gestorben, und ihre Seelen seien nun im Himmel. Der Pater glaubte sowohl dem König als auch dem Papst Gehorsam schuldig zu sein.

Da er sich weigerte zu widerrufen, wurde er am 22. Mai in Smithfield verbrannt. Ehe der Scheiterhaufen angezündet wurde, hielt Latimer die übliche Predigt. Forest entgegnete, vor sieben Jahren hätte er nicht so zu predigen gewagt. Dann wurde der Pater nicht wie üblich an den Pfahl gebunden, sondern mit Ketten unter den Achselhöhlen an einen Galgen über dem Feuer gehängt. Offenbar sollte er wie ein Verräter gehängt und wie ein Ketzer verbrannt werden. Als der Reisighaufen angezündet wurde, versuchte Forest sich am Galgen hochzuziehen, um den Flammen zu entgehen und den feindseligen Zuschauern zu zeigen, daß Gott nicht wolle, daß er für eine gerechte Sache den Märtyrertod sterbe. Einer der Umstehenden, der über einigen Galgenhumor verfügte, verfiel darauf, das hölzerne Bildnis von Davelgarthen als Scheit in Forests Scheiterhaufen zu werfen, als Spott über die Verheißung, Davelgarthen werde eines Tages einen Wald (englisch »forest«) verbrennen. Jemand hatte sogar ein passendes Gedicht geschrieben, das am Galgen angebracht wurde.

Der Schrein des heiligen Thomas von Canterbury in der Kathedrale von Canterbury, der am reichsten ausgestattete aller Schreine, wurde fast bis zum Schluß aufgespart. Im September 1538 wurde er geschlossen, Beckets Gebeine wurden entfernt, und all die Schätze und kostbaren Kirchengeräte, die Pilger aus ganz England und Europa dem Schrein in den letzten 300 Jahren gestiftet hatten, wurden nach London gebracht und Heinrich übergeben. Papsttreue Autoren erklärten, man habe 26 Karren gebraucht, um die Schätze nach London zu schaffen. Das war allerdings übertrieben, in Wirklichkeit waren es 20 Karren.[9]

Die Empörung der Papsttreuen im Ausland über Heinrich erreichte mit der Schließung von Beckets Schrein einen Höhepunkt. Sie brachten eine Geschichte in Umlauf, die mit an Sicherheit grenzender Wahrscheinlichkeit nicht der Wahrheit entsprach. Danach soll Becket von Heinrichs Oberhofgericht formell wegen Hochverrats an seinem König, Heinrich II., angeklagt worden sein. Da er nicht vor Gericht erschienen sei, sei der Prozeß in seiner Abwesenheit geführt worden, und er sei schuldig gesprochen und verurteilt worden. Die Anhänger des Papstes behaupteten außerdem, die Gebeine des Heiligen seien verbrannt worden, was sie als abscheulichen Frevel betrachteten. Heinrichs Propagandisten widersprachen. Sie erklärten, man habe die Gebeine lediglich aus der Kathedrale entfernt und begraben.[10]

Heinrichs führende Höflinge bereicherten sich oftmals an Ländereien von Klöstern und konfiszierten Wertsachen der Kirche. Der Herzog von Suffolk beispielsweise konnte die Ländereien von dreizehn Klöstern an sich bringen.[11] Im 17. Jahrhundert erzählte man sich die verschiedensten Geschichten, wie die Vorfahren reicher Edelleute an die Ländereien der Klöster gekommen waren. Fuller berichtete 1655, wie Master John Chapernoun aus Devon die Ländereien der Priorei von St. German's in Cornwall bekommen hatte. Er war zusammen mit anderen Höflingen niedergekniet, als der König vorbeiging, und bekam zu seinem Erstaunen wegen eines Mißverständnisses von seiten einiger Beamten Land zugewiesen, um das er nicht gebeten hatte. Fuller beschrieb außerdem, wie Sir Miles Partridge eines Abends beim Würfelspiel von Heinrich die Jesus-Glocken aus einem der Türme der St. Pauls-

Kathedrale gewann.[12] Die meisten dieser Geschichten sind vermutlich nicht wahr, doch eben diese Geschichten waren es, die die Männer und Frauen in den dreißiger Jahren des 16. Jahrhunderts an ihre Kinder und Enkel weitergaben.

Einer der Nachteile des Daseins als Höfling war, daß Heinrich am Besitz des Höflings Gefallen finden und einen »Tausch« vorschlagen konnte, in dem der Höfling seinen Besitz dem König gegen andere Ländereien überlassen mußte. Vor allem die Bischöfe wurden oft um einen solchen Tausch gebeten: Dabei konnte Heinrich sich nicht nur bereichern, sondern auch Macht und Ansehen der Bischöfe schwächen, indem er sie zwang, einem ungleichen Tausch zum Nachteil des Bistums zuzustimmen. Theoretisch war der Tausch ein Geschäft auf freiwilliger Basis. Heinrich schlug einem Bischof ein Tauschgeschäft vor, und diesem stand es frei, anzunehmen oder abzulehnen. Lehnte er jedoch ab oder zögerte er mit seinem Einverständnis, gab man ihm sofort zu verstehen, daß er beim König Mißfallen erregt habe. Als Roland Lee aufgefordert wurde, einem Tauschgeschäft zuzustimmen, bei dem er dem König das Haus des Bischofs von Coventry und Lichfield auf dem Strand in London überlassen sollte, gab er zu verstehen, es wäre ein großer Nachteil für ihn, in London oder Westminster keine Bleibe zu haben, wenn er an Parlamentssitzungen teilnehmen oder bei Hofe erscheinen müsse. Doch nachdem er von Cromwell eine entsprechende Botschaft erhalten hatte, erklärte er sich bereit, dem König in allen Dingen zu dienen und dem Tauschgeschäft zuzustimmen.[13]

Auch Cranmer wurde unter Druck gesetzt, damit er Tauschgeschäften mit Heinrich zustimmte, die für das Bistum Canterbury von großem Nachteil waren. Zwischen 1536 und 1542 übertrug er Heinrich in einer Reihe solcher Transaktionen viele seiner Ländereien, darunter sieben der elf Paläste des Erzbischofs.[14] Als Cranmers Sekretär Ralph Morice dem späteren Erzbischof von Canterbury, Matthew Parker, um das Jahr 1565 schrieb, war er bemüht, Cranmer von dem Vorwurf reinzuwaschen, er habe den Besitz des Bistums zum Nachteil zukünftiger Erzbischöfe weggegeben. Morice schrieb, er bete, daß Parker und die Bischöfe »in dieser freundlichen und ruhigen Zeit das bewahren mögen, was Cranmer in einer Welt voller Gefahren erhielt und an seine Nachfolger weitergab... Denn was seine Tauschgeschäfte betrifft, sollte man bedenken, mit wem er es zu tun hatte, nämlich mit einem Fürsten, dessen Appetit nicht zu zügeln war und der keinen Widerspruch duldete.«[15]

Morice berichtete Parker von einem Gespräch zwischen Heinrich und Cranmer, bei dem er selbst zugegen war. Heinrich bat Cranmer, einem Tausch zuzustimmen, bei dem er dem König den Palast des Erzbischofs in Knole in Sevenoaks überlassen sollte. Cranmer, der Knole besonders mochte, erklärte Heinrich, Knole sei viel zu klein, um das ganze königliche Gefolge unterzubringen; vielleicht bevorzuge Heinrich ja seinen größeren Palast in dem wenige Kilometer entfernten Otford, in den sein Vorgänger Erzbischof Warham 30 000 Pfund zur Verschönerung investiert habe. Heinrich zog jedoch Knole vor; Knole liege höher als Otford und habe deshalb ein gesünderes Klima – im 16. Jahrhundert glaubte man, daß es gesünder sei, in höheren Lagen zu wohnen; seine Gesundheit habe bei jedem Aufenthalt in Otford gelitten. Doch da Cranmer gesagt hatte, Otford sei zu klein, wollte Heinrich jetzt beide Schlösser, damit seine Dienerschaft in dem großen und ungesunden Otford wohnen konnte, während er selbst in Knole abstieg. Cranmer war also gezwungen, im November 1537 sowohl Otford als auch Knole an Heinrich abzutreten.[16]

Marie von Guise heiratete Jakob V. und segelte nach Schottland. Auf der Reise begleiteten sie eine Anzahl adliger französischer Damen, allen voran Madame de Montreuil. Jakob fragte bei Heinrich an, ob er den Damen auf der Rückreise nach Frankreich freies Geleit durch England gewähren werde. Da Heinrich über Jakobs Heirat mit Marie verstimmt war, machten die Damen sich keine allzu großen Hoffnungen auf den Erfolg ihrer Bitte. Doch Heinrich war nicht nur bereit, ihnen einen Geleitbrief auszustellen, er wollte die Damen sogar persönlich treffen. Als sie nach London kamen, war er auf einer Rundreise durch Sussex in Petworth angelangt. Da er von dort nach Dover wollte, gab er Befehl, die Damen in London gastlich aufzunehmen und sie dann nach Dover zu ihm zu schicken. Heinrichs Höflinge und der Bürgermeister von London luden die Damen zu Banketten ein und zeigten ihnen Whitehall und Hampton Court. Heinrich ließ auf seiner Reise Lewes, Eridge, Bedgebury und Birling aus und erreichte Dover zwei Tage früher als geplant, um die französischen Damen ja nicht zu verpassen. Er veranstaltete für sie ein prächtiges Bankett in Dover Castle und schenkte Madame de Montreuil und ihrer Tochter Diamanten. Die anderen Damen bekamen Rosenkränze.[17]

Obwohl Don Diego Hurtado de Mendoza sechs Monate in England blieb, kam es zu keiner endgültigen Vereinbarung hinsichtlich einer Heirat Heinrichs mit der Herzogin von Mailand. Cromwell war für diese Heirat und für ein Bündnis mit dem Kaiser. Norfolk hingegen gab einer Heirat mit einer französischen Prinzessin und einer Allianz mit Frankreich den Vorzug. Cromwell benahm sich gegenüber Castillon derart feindselig, daß dieser sich an den König wandte und erklärte, angesichts von Cromwells Haltung frage er sich, ob die Verhandlungen überhaupt weitergeführt werden sollten. Heinrich riet ihm, Cromwells Worten nicht allzuviel Bedeutung beizumessen. Cromwell sei zwar ein ausgezeichneter Administrator, aber von den Belangen des Königs verstehe er nichts. Heinrich fügte hinzu, dasselbe gelte auch für drei oder vier weitere Mitglieder seines Rates. Castillon hatte zu Heinrich ein außerordentlich gutes Verhältnis. Bei anderer Gelegenheit vertraute Heinrich ihm an, daß Bryan meist betrunken sei.[18]

Das letzte Gespräch zwischen Don Diego und Heinrich fand am 17. August in Arundel statt. Don Diego schob jedoch seine Abreise aus England hinaus und war in der ersten Septemberwoche noch in Dover, als Heinrich dort mit den Damen aus Frankreich zusammentraf. Er bat Heinrich zum Abschied um eine letzte Audienz, aber Heinrich ließ ihm ausrichten, er sei im Augenblick zu beschäftigt. Diego mußte feststellen, daß der König für die französischen Damen genug Zeit hatte. Er konnte sich jedoch damit trösten, daß ihm Heinrich in Arundel als Abschiedsgeschenk 400 Pfund überreicht hatte.[19]

Die internationale Lage hatte eine für Heinrich unbefriedigende Wendung genommen. Als Karl und Franz im November 1537 den ersten Waffenstillstand schlossen, war Heinrich überzeugt, daß dieser nicht von langer Dauer sein würde. Als jedoch deutlich wurde, daß beide Frieden schließen wollten, bot sich Heinrich als Vermittler an. Zu Heinrichs großem Verdruß lehnten Karl und Franz sein Angebot ab und baten den Papst, die Rolle des Vermittlers zu übernehmen. Im Juni 1538 trafen sie sich mit dem Papst in Nizza. Dort vereinbarten sie einen auf zehn Jahre befristeten Waffenstillstand, der allerdings die meisten Probleme ungelöst ließ. Im Juli folgte eine Begegnung zwischen Franz und Karl in Aigues-Mortes, wo die beiden Herrscher ihre Freundschaft betont zur Schau stellten.[20] Heinrich glaubte – oder zumindest tat er so –, daß Karl und Franz sich in Kürze erneut um Mailand streiten würden. Als Castillon ihm erzählte, daß Franz und Karl jetzt gute Freunde seien, machte Heinrich die dunkle Prophezeiung: »Das wird nicht lange gutgehen. Ich habe einmal drei Wochen mit dem Kaiser verbracht.«[21]

Weder Franz noch Karl waren jetzt noch darauf aus, mit Heinrich ein Ehebündnis zu schließen, wie sie es noch im Jahr zuvor geplant hatten. Karl und Maria von Ungarn wollten sich nicht auf die Heirat mit der Herzogin von Mailand festlegen. Im Dezember 1538 bat Heinrich Maria von Ungarn dringend um eine endgültige Antwort. In seinem Alter, meinte er, dürfe er nicht zu lange mit einer erneuten Heirat warten. Doch Maria wollte sich nicht festlegen. Karl erklärte, da die Herzogin von Mailand mit Katharina von Aragon verwandt sei, müsse der Papst erst einen Dispens erteilen, bevor sie Heinrich heiraten könne. Mit einem solchen Dispens konnte Heinrich sich schwerlich abfinden. Im Winter hatte Karl Verhandlungen über eine Heirat der Herzogin von Mailand mit dem jungen Herzog von Kleve aufgenommen, und Heinrich verhandelte über eine Heirat zwischen ihm und einer Schwester des Herzogs.[22]

Obwohl der Herzog von Kleve selbst kein Lutheraner war, war er aufgrund der Streitigkeiten mit Karl V. über sein Anrecht auf das Herzogtum Geldern an der Grenze zu den Niederlanden zu einem engen Verbündeten der deutschen lutherischen Fürsten geworden. Wenn Heinrich eine seiner Schwestern heiratete, schloß er damit nicht nur ein Bündnis mit Kleve, sondern auch mit den deutschen Lutheranern, was wiederum bis zu einem gewissen Grad der Gefahr entgegenwirken würde, daß Karl und Franz sich gegen ihn verbündeten. Doch obwohl Heinrich zu einem Bündnis mit den Lutheranern in Deutschland bereit war, hatte er nicht die Absicht, sich in England weiter in Richtung Luthertum zu bewegen. Im Gegenteil, je mehr Gefahr ihm von den Anhängern des Papstes im Ausland drohte, desto entschlossener war er, die Unterstützung der orthodoxen Katholiken zu gewinnen, die immer noch die große Mehrheit seiner Untertanen ausmachten. Er wollte sie davon überzeugen, daß er immer noch ein guter Katholik war und Ketzer, insbesondere Sakramentierer, mit derselben Leidenschaft verfolgte wie jeder andere Herrscher, auch wenn er das Supremat des ausländischen Papstes ablehnte.

Im Sommer 1538 bemühte sich Cranmer erneut um eine bessere Verständigung mit den deutschen Lutheranern. Im Mai traf eine Delegation lutherischer Theologen aus Deutschland in London ein. Sie diskutierten mit Cranmer und den englischen Bischöfen über die Möglichkeit einer gemeinsamen Glaubensformel. Trotz des Widerstandes einiger orthodoxer englischer Bischöfe einigten sie sich auf bestimmte Artikel. Darin erklärten sie lediglich, daß sie an die Realpräsenz glaubten; die Differenzen hinsichtlich der Transsubstantiation blieben unerwähnt. Was die Rechtfertigung durch den Glauben betraf, einigte man sich auf einen Kompromiß. Die Unstimmigkeiten hinsichtlich der »drei Mißstände« – private Messe, Austeilung von Brot, aber nicht Wein an die Gemeinde bei der Kommunion und Priesterzölibat – wurden nicht beseitigt. Heinrich, der die theologischen Diskussionen zwischen seinen Bischöfen und den deutschen Lutheranern aufmerksam verfolgte, sagte schließlich, er werde sich selbst um diese drei Punkte kümmern. Anstatt mit den Bischöfen darüber zu diskutieren, sollten die deutschen Abgesandten ihm darüber schriftlich Mitteilung machen. Tunstall sollte ihm bei seiner Argumentation behilflich sein – für die Lutheraner und ihre Anhänger in England kein gutes Zeichen.

Am 5. August schickten die Deutschen Heinrich eine vollständige Liste ihrer Einwände gegen die drei Mißstände. Heinrich, der auf einer Rundreise durch Sussex war, fand neben dem Jagen noch genügend Zeit, um an einer Antwort zu arbeiten. Noch vor Ende August schickte er ihnen ein zweiseitiges Dokument in lateinischer Sprache, in dem er begründete, weshalb er an den drei Mißständen festhielt, und dazu die entsprechenden Stellen aus der Bibel und patristischen Texten zitierte. Heinrich war ganz offensichtlich nicht bereit, in dieser Hinsicht einen Kompromiß zu schließen. Da die Deutschen sich weigerten, Glaubensartikeln zuzustimmen, in denen die Differenzen bezüglich der Mißstände ignoriert wurden, traten sie Ende August die Heimreise an, ohne daß eine gemeinsame Erklärung verfaßt worden wäre.[23]

Der Streit zwischen den protestantischen Reformern und den orthodoxen Katholiken erreichte in Calais seinen Höhepunkt. Statthalter von Calais war der sechzigjährige Arthur Plantagenet, der uneheliche Sohn Eduards IV., den Heinrich VIII. zum Viscount Lisle ernannt hatte. Er und seine resolute Gemahlin Honor waren gläubige Katholiken und wie ihre Kaplane und Anhänger in Calais begierig, Ketzer zu bestrafen. Doch die Marken von Calais gehörten zu Cranmers Diözese Canterbury. Cranmer ernannte John Butler zum bischöflichen Kommissar in Calais. Butler war den Reformern wohlgesonnen. Die Verfolgung von Ketzern widerstrebte ihm. Viel mehr lag ihm daran, Sympathisanten der Papsttreuen in Calais zu denunzieren, die das königliche Supremat in Frage stellten. Lisle protestierte bei Cranmer, weil Butler die Sakramentierer duldete. Cromwell drängte Lisle, strenger gegen Anhänger des Papstes vorzugehen.

Cromwell und Lisle schrieben einander höfliche Briefe, doch Lisle argwöhnte, daß Cromwell bei Hofe gegen ihn intrigierte. Aus diesem Grund wollte er unbedingt nach England reisen, um den König aufzusuchen und seine Gunst zu gewinnen. Cromwell schrieb, Heinrich wünsche, daß er in Calais auf seinem Posten bleibe. Als Heinrich aber im Sommer 1536 nach Dover reiste, erhielt Lisle die Erlaubnis, von Calais herüberzukommen und mit Heinrich zu sprechen.[24]

Lady Lisle hatte drei Töchter aus ihrer früheren Ehe mit Sir John Basset, einem Edelmann aus Devon. Im Herbst 1537 waren zwei von ihnen, Anne und Katharine Basset, alt genug, um an den Hof zu kommen. Dort wurden sie der Obhut von Sir Peter und Lady Mewtas anvertraut. Heinrich wurde auf Anne Basset aufmerksam. Als Mewtas ihm versicherte, daß ihre jüngste Schwester Mary noch schöner sei als sie, erwiderte Heinrich, er sei sicher, daß Anne die hübscheste sei.[25]

Lisle hatte in London einen Agenten namens John Husee, der seine Interessen bei Hof vertreten und seinen Anteil an den Ländereien der Klöster und am Vermögen verurteilter Verräter sicherstellen sollte. Lisle bot Cromwell Bestechungsgelder an, in der Hoffnung, eine Jahresrente von 400 Pfund zu bekommen. Doch Cromwell erklärte ihm, der König wolle ihm nur eine Pension von 200 Pfund im Jahr gewähren. Als Heinrich im September 1538 in Dover weilte, die Verteidigungsanlagen inspizierte und Madame de Montreuil und die französischen Damen unterhielt, durften Lisle und Lady Lisle erneut von Calais herüberkommen. Heinrich behandelte sie äußerst zuvorkommend, und sie kehrten beruhigt nach Calais zurück.[26]

Im November 1538 reiste Lady Lisle nach London, um zu sehen, ob sie mehr ausrichten konnte als Husee und die vollständige Jahresrente von 400

Pfund bekommen würde. Heinrich war sehr liebenswürdig zu ihr. Eines Abends erhielt sie eine unerwartete Einladung zu einem Fest in Hampton Court. Heinrich ließ sie mit seiner Barke abholen und behandelte sie wie einen Ehrengast. Sie schrieb ihrem Mann nach Calais, es sei das schönste Bankett gewesen, das sie je besucht habe. Nach dem Bankett verbrachte sie die Nacht in einem prächtigen Zimmer im Palast, das ihr Heinrich zur Verfügung gestellt hatte. Als sie aber mit Cromwell über das Geschäftliche sprach, blieb er dabei, daß Heinrich Lisle nicht mehr als 200 Pfund im Jahr zahlen wolle.[27]

Da sich Lisle und Lady Lisle bei Hof Geltung verschaffen wollten und Lisles Briefe und Husees Bemühungen erfolglos blieben, baten sie Anne Basset, Heinrich anzusprechen. Heinrich behandelte Anne sehr freundlich. Er schenkte ihr ein Pferd, und als sie krank wurde, befahl er Lady Mewtas, sie zu Mewtas' Landhaus in Guildford zu bringen, weil der Garten dort größer sei als der von Mewtas' Haus in London.[28]

Die Plünderung von Beckets Schrein im September 1538 bildete den Höhepunkt der »Reformation« Heinrichs. Kurz darauf änderte Heinrich seinen Kurs. Was zunächst nur aussah wie eine erneute Verwarnung der Extremisten, entpuppte sich bald als deutliche Hinwendung zur Orthodoxie, die bis in die letzten Monate der Regierung Heinrichs anhielt. Durch die Förderung der Reformation hatte Heinrich die Scheidung von Katharina von Aragon durchgesetzt, die vollständige Macht über die Kirche erlangt, sich mehr absolute Autorität über seine Untertanen verschafft als jeder seiner Vorgänger oder als zeitgenössische Monarchen und sich den Besitz der Klöster angeeignet und die Schreine der Kirchen geplündert. Als Protestant hatte er nichts mehr zu gewinnen, aber er konnte das Wohlwollen vieler seiner Untertanen erringen, wenn er als frommer Katholik auftrat.

Am 1. Oktober befahl Cromwell in seiner Eigenschaft als Generalvikar Cranmer und den Bischöfen, Wiedertäufer aufzuspüren, diejenigen, die sich weigerten zu widerrufen, der weltlichen Gerichtsbarkeit zu überstellen und sämtliche Bücher zu verbrennen, in denen die Lehren dieser abscheulichen Sekte erläutert würden. Wir wissen nicht, welche der verschiedenen Sekten der Wiedertäufer Heinrich und Cromwell im Auge hatten, doch vermutlich handelte es sich um die Anhänger von Peter Tasch, dem hessischen Schüler Melchior Hofmanns. Im Sommer 1538 schrieb Tasch, die Mitglieder seiner Sekte bekehrten trotz der ihnen drohenden Verfolgung in England heimlich Menschen zu ihrem Glauben. Die abenteuerlicheren Lehren der Wiedertäufer kümmerten Cranmer und die Bischöfe nicht. Sie verurteilten die Wiedertäufer als Ketzer, weil sie die Realpräsenz bei der Eucharistie leugneten. Diese Art von Ketzerei war es, die Heinrich ausgerottet sehen wollte. Am 29. November wurden ein Mann und eine Frau aus den Niederlanden, beides »Wiedertäufer«, in Smithfield verbrannt, weil sie Sakramentierer waren. Tags darauf wurde der Ehemann der Frau, ebenfalls ein Niederländer, den Charles Wriothesley als »netten jungen Mann von ungefähr 22 Jahren« beschrieb, aus demselben Grund in Colchester verbrannt.[29]

John Nicolson, der den Namen Lambert angenommen hatte, war ein englischer Sakramentierer. In den vergangenen zehn Jahren war er mehrmals in Schwierigkeiten geraten, weil man ihn als Ketzer verdächtigte. Im Herbst 1538 erklärte er dem protestantischen Reformer John Taylor, er glaube nicht an die Realpräsenz. Taylor überredete Lambert, seine Ansichten über die Realpräsenz schriftlich niederzulegen und das Dokument an Barnes zu schicken. Barnes, der die Sakramentierer als Lutheraner haßte, leitete das Dokument an Cranmer weiter. Lambert wurde der Ketzerei beschuldigt und aufgefordert, vor Cranmer zu erscheinen. Offenbar erklärte Lambert, er wolle sich an den König wenden. Das brachte Heinrich auf die Idee, einen Schauprozeß zu veranstalten, bei dem der König als Oberhaupt der Kirche von England persönlich über einen bekannten Sakramentierer zu Gericht saß und ihn als Ketzer verurteilte.[30]

Der Prozeß fand am 16. November in Whitehall statt. Heinrich betrat, ganz in Weiß gekleidet und in Begleitung seiner Soldaten, den Saal und nahm auf dem Thron Platz. Cranmer, die Bischöfe und die Anwälte saßen zu seiner Rechten, Cromwell und die weltlichen Peers zu seiner Linken. Lambert war von vornherein benachteiligt. Er mußte während der gesamten Verhandlung, die ohne Unterbrechung von Mittag bis fünf Uhr nachmittags dauerte, stehen, während alle anderen saßen. Man hatte ihn aufgefordert, Heinrich eine schriftliche Erklärung vorzulegen und die Gründe anzugeben, weshalb er die Lehre von der Realpräsenz ablehne. Lambert hatte zehn Gründe aufgeführt. Es wurde jeweils ein anderer Sprecher – ein Bischof oder erfahrener Geistlicher – ausgewählt, um auf jede seiner zehn Begründungen zu antworten, während er sich allein fünf Stunden ohne Pause verteidigen mußte. Laut John Foxe, der den Prozeß fünf Jahre später in seinem *Book of Martyrs* detailliert schilderte, wurde Lambert auch durch Heinrichs »Blick, seine grausame Miene und seine streng hochgezogenen Brauen« eingeschüchtert. Die Verhandlung wurde in lateinischer Sprache geführt.

Wenn Foxe' Darstellung zutrifft – wahrscheinlich hat er einen zeitgenössischen Bericht über den Prozeß zu Hilfe genommen –, hat Heinrich Lambert mit allen Mitteln schikaniert. Wenn er sich an den Gefangenen wandte, stand er auf und stützte sich auf ein Kissen aus weißem Stoff. Er machte bissige Bemerkungen darüber, daß sich Lambert ein Pseudonym zugelegt habe, wenn sein richtiger Name doch Nicolson sei – »Da Ihr zwei Namen tragt, würde ich Euch nicht trauen, selbst wenn Ihr mein Bruder wärt« –, und er ignorierte Lamberts Erklärung, er sei gezwungen gewesen, einen falschen

Namen anzunehmen, weil er von den Bischöfen verfolgt worden sei. Als Lambert dem König dankte, daß er die Güte gehabt habe, sich selbst des Falles anzunehmen, und seine Gelehrsamkeit und Frömmigkeit pries, unterbrach ihn Heinrich und meinte, er sei nicht gekommen, um sich Schmeicheleien anzuhören; Lambert solle sagen, ob er das geweihte Brot und den Wein für den Leib Christi halte oder nicht – bei diesen Worten nahm Heinrich seinen Hut ab. »Ich möchte mit dem heiligen Augustinus antworten«, sagte Lambert, »daß das Brot in gewisser Weise der Leib Christi ist.« »Beantwortet meine Frage nicht mit den Worten des heiligen Augustinus oder eines anderen Heiligen, sondern sagt mir klar und deutlich, ob Ihr es für den Leib Christi haltet oder nicht.« Lambert verneinte. »Gebt wohl acht«, sagte Heinrich, »denn nun seid Ihr durch Christi eigenes Wort verurteilt, das da lautet: ›Dies ist mein Leib.‹« Heinrich konnte theologische Fragen in der Regel besser begründen als in diesem Fall. Doch hier wollte er die Anwesenden nicht mit spitzfindigen Argumenten beeindrucken, sondern mit seinem Haß auf Ketzer.

Dann befahl der König Cranmer, auf Lamberts zweiten Punkt zu antworten. Gardiner, der aus Frankreich zurückgekehrt war, bezog zum dritten Punkt Stellung, nach ihm waren Tunstall, Stokesley und die anderen Bischöfe an der Reihe. Als es dämmerte und Diener Kerzen hereinbrachten, um den Saal zu erhellen, war Lambert erschöpft und so eingeschüchtert, daß er kein Wort mehr sagte. Er wirkte nun so erbärmlich, wie Heinrich es sich erhofft hatte. Am Schluß der Anhörung erklärte Heinrich, er könne kein Förderer von Ketzern sein, daher müsse Lambert sterben. Er befahl Cromwell, das Urteil zu verkünden, wonach Lambert als Ketzer exkommuniziert und der weltlichen Gerichtsbarkeit zur Bestrafung übergeben werden sollte. Im Jahr 1563 schrieb Foxe melancholisch, daß die vier Männer, die beim Prozeß und der Verurteilung Lamberts die Hauptrolle gespielt hatten – John Taylor, Barnes, Cranmer und Cromwell –, später alle selbst als Ketzer sterben mußten.[31]

Lambert wurde am 22. November in Smithfield verbrannt. Die Hinrichtung erfolgte auf außergewöhnlich grausame Weise, ohne daß der Grund dafür klar ist: An einen Spieß gebunden, wurde Lambert über die Flammen gehoben, ins Feuer hinabgesenkt und wieder hochgehoben, um sein Leiden zu verlängern.[32]

John Foxe billigte es keineswegs, daß Könige kritisiert wurden, und er wollte Königin Elisabeths Vater nicht in ein schlechtes Licht rücken. Doch im Zusammenhang mit Lamberts Prozeß und Hinrichtung konnte er nicht schweigen, auch wenn er versuchte, Gardiner die Schuld zuzuschieben. »Um wieviel lobenswerter wäre es für Euch gewesen, o König Heinrich (wenn es gestattet ist, mit Euch zu sprechen, wo immer Ihr jetzt sein mögt), wenn Ihr diesem armen Schäflein geholfen hättet, das in solcher Bedrängnis und Gefahr war und Euch um Hilfe anflehte gegen so viele Geier und Leoparden.

... Denn was hat dieser arme Mann Lambert Euch getan, der Euch doch nicht einmal Böses wollte, geschweige denn sich Euch widersetzen konnte ... Doch, o König Heinrich, ich weiß, daß Ihr nicht Eurem eigenen Gewissen gefolgt seid, sondern den schändlichen Ratschlägen des Bischofs von Winchester.« Damit war Foxe freilich zu weit gegangen; aus der zweiten Auflage seines Werkes 1570 wurde diese Passage gestrichen.[33]

Die meisten Untertanen Heinrichs dachten 1538 anders. Cromwell schrieb an Wyatt, der sich am Hof des Kaisers in Toledo aufhielt, Heinrich habe über »einen nichtswürdigen ketzerischen Sakramentierer« zu Gericht gesessen, und es sei wunderbar gewesen anzusehen, »wie würdevoll und mit welchem Ernst und welch unvergleichlicher Majestät Seine Hoheit das Amt eines Oberhaupts der Kirche von England ausübte, wie gütig Seine Gnaden versuchte, den armen Mann zu bekehren, und welch überzeugende und handfeste Gründe Seine Hoheit gegen ihn vorbrachte«. Wären ausländische Herrscher anwesend gewesen, sie hätten darin übereingestimmt, daß Heinrich »der Spiegel und das Licht aller Könige und Fürsten der Christenheit ist«.[34]

Am Abend des Prozesses schrieb Husee an Lord Lisle, Heinrich habe Lambert klar widerlegt: »Seine Gnaden allein war in der Lage, sie zu widerlegen, und wären auch tausend andere derselben Meinung gewesen. Es war keine geringe Freude für das einfache Volk Seiner Gnaden und für all die anderen, mit anzusehen und zu hören, wie Seine Gnaden in dieser Angelegenheit verfuhr, da damit ein Präzedenzfall geschaffen ist, der gültig ist, solange die Welt besteht, denn ich glaube, in Zukunft wird niemand mehr die Kühnheit besitzen, so etwas zu versuchen.«[35]

Sir Thomas Elyot, der frühere Botschafter Heinrichs bei Karl V., hatte die vergangenen zwei Jahre damit zugebracht, ein lateinisch-englisches Wörterbuch zusammenzustellen und seine frühere Freundschaft mit Sir Thomas Morus zu verleugnen. Wenige Wochen nach Lamberts Prozeß veröffentlichte er das Wörterbuch und widmete es Heinrich. Im Vorwort schrieb er von »göttlichem Einfluß oder einem Funken Göttlichkeit, der jüngst all denen erschien, die Zeuge waren, wie Euer Gnaden auf dem Thron Eures königlichen Amtes als Oberhaupt der Kirche von England walteten, um über die schändlichen Vergehen des verabscheuungswürdigsten Ketzers John Nicolson, genannt Lambert, zu urteilen«. Elyot pries Heinrichs »bewundernswerte Geduld, mit der Ihr die dummen und weitschweifigen Einwände des besagten Lambert ertragen, und die allerchristlichste Güte, mit der Ihr einen solch halsstarrigen Ketzer freundlich und überzeugend zum Widerruf ermahnt habt«. Die Anwesenden hätten vor Freude geweint, als sie Heinrich hörten.[36]

Am Tag von Lamberts Prozeß erließ Heinrich eine Proklamation, die die Lutheraner erschütterte und Melanchthon zum Widerspruch herausforderte; der König hatte selbst an dem Text mitgearbeitet und an der ersten Fassung mit eigener Hand Korrekturen vorgenommen. Niemand durfte ohne Genehmigung des Kronrats oder eines Vertreters des Königs ein Buch in englischer Sprache importieren oder verkaufen. Alle Untertanen waren angehalten, den Behörden jeden Wiedertäufer oder Sakramentierer zu melden, der ihnen begegnete. Niemand durfte über die Eucharistie diskutieren, Gelehrte und Theologen ausgenommen. Eine Reihe von Bräuchen, die von Lutheranern und Protestanten abgelehnt wurden, darunter das Weihwasser, das Zu-Kreuze-Kriechen am Karfreitag und die Kerzen an Lichtmeß, sollten so lange beibehalten werden, bis der König anders entschied. Verheiratete Priester sollten ihre Pfründen verlieren, und jeder Priester, der in Zukunft heiratete, sollte lebenslänglich eingesperrt werden. Die Proklamation verurteilte Becket als Rebellen gegen seinen Herrscher. Becket sei nach Frankreich und zum Bischof von Rom geflohen und getötet worden, als seine Anhänger ihn aus den Händen derer befreien wollten, die ihm geraten hätten, seine Sturheit aufzugeben. Sein Bildnis sollte im ganzen Reich vernichtet werden, seine beiden Feiertage wurden abgeschafft, und alle Hinweise auf ihn in Büchern sollten gestrichen werden.[37]

Auch die Anhänger des Papstes kamen nicht ungeschoren davon. Im August 1538 verhafteten die Behörden einen bretonischen Priester, der vormals der Kaplan Kardinal Poles gewesen war. Wenig später verhafteten sie Poles Bruder, Sir Geoffrey Pole. Man brachte ihn zum Sprechen, und er enthüllte Dinge, die er in privaten Gesprächen mit seinem Bruder Lord Montagu gehört hatte. Im Oktober wurden alle heimlichen Sympathisanten des Papstes am Hof verhaftet, die Chapuys mehr als fünf Jahre lang interne Informationen geliefert hatten – Lord Montagu, seine Mutter, die Gräfin von Salisbury, der Marquis und die Marquise von Exeter, Sir Edward Nevill, Lord Delawarr und einige der Priester und Diener der Genannten. Exeter war ein enger Vertrauter Heinrichs. Er durfte als einziger unaufgefordert Heinrichs Kammer betreten, denn er war »ein naher Verwandter des Königs und als Kind mit Seiner Gnaden in einer Kammer aufgewachsen«.[38] Lord Delawarr, Lady Salisbury und Lady Exeter wurden ohne Prozeß in den Tower geworfen. Die anderen wurden zehn Tage nach Lamberts Hinrichtung wegen Hochverrats vor Gericht gestellt. Man warf ihnen vor, mit »einem gewissen Junker Reginald Pole aus London« in Verbindung gestanden zu haben, einem Anhänger des Bischofs von Rom, der ein Feind des Königs sei.

Aufgrund des Geständnisses und der Beweise von Sir Geoffrey Pole wurden sie des Verrats überführt. Sir Geoffrey hatte zu Lord Montagu gesagt: »Bruder, ich billige das Tun meines Bruders Reginald Pole, Kardinal in Rom.« Der Marquis von Exeter hatte am 26. Juli 1536 in London erklärt: »Ich billige das Tun Kardinal Poles.« Am 20. September hatte er gesagt: »Der König wird von Schurken beherrscht.« Lord Montagu hatte am 24. März 1537 in London erklärt: »Ich billige, was mein Bruder, der Kardinal, tut, und ich wünschte, wir wären beide jenseits des Ozeans.« Außerdem hatte er gesagt, er habe geträumt, der König sei tot. Vier Tage später hatte er folgendes über den König geäußert: »Er wird eines Tages ganz plötzlich sterben. Sein Bein wird ihn umbringen, und dann werden wir eine vergnügte Zeit haben.« Am 1. April 1537 hatte Montagu erklärt, daß er den König schon als Kind gehaßt habe und daß »Kardinal Wolsey ein aufrechter Mann gewesen wäre, wenn er einen aufrechten Herrn gehabt hätte«. Sir Edward Neville hatte am 4. August 1538 in Cowdrey in Sussex gesagt: »Der König ist eine Bestie und noch schlimmer als eine Bestie.« Ferner: »Ich vertraue darauf, daß die Schurken eines Tages zum Schweigen gebracht werden und die Lords wieder regieren und daß alles sich zum Guten wendet.« Die Gefangenen wurden aufgrund dieser Beweise schuldig gesprochen und zum Tod durch Erhängen, Strecken und Vierteilen verurteilt.[39]

Sir Geoffrey Pole, der sich im Tower das Leben nehmen wollte, weil er seinen Bruder und seine Freunde verraten hatte, wurde begnadigt und auf freien Fuß gesetzt. Lord Delawarr wurde ebenfalls begnadigt und freigelassen, nachdem er dem König sein Haus in Halnaker bei Chichester überlassen hatte. Lady Exeter wurde nach einem Jahr aus dem Gefängnis entlassen. Lady Salisbury blieb im Tower. Exeter, Montagu und Sir Edward Neville wurden auf dem Platz vor dem Tower enthauptet. Die anderen drei mußten in Tyburn die volle Strafe erdulden.[40]

Sir Nicholas Carew, Heinrichs Oberstallmeister, war einer der Kommissare, die Exeter und Montagu im Tower verhörten. Am 29. November, drei Tage vor ihrem Prozeß, sagte Carew in seinem Haus in Beddington in Surrey zu einem Freund, der Marquis sei seiner Meinung nach unschuldig. Die Bemerkung wurde weitergegeben, und zwei Monate später wurde Carew selbst wegen Hochverrats in den Tower gesperrt. Man warf ihm vor, an den verräterischen Plänen Exeters und Montagus mitgewirkt zu haben. Er wurde ausführlich über seine fünf Jahre zurückliegende Korrespondenz mit der verstorbenen Prinzessin-Witwe und Lady Maria, des Königs Tochter, befragt, zog Maria jedoch nicht mit in die Sache hinein. Carew wurde schuldig gesprochen und vor dem Tower enthauptet.[41]

Maria war außerordentlich vorsichtig und fügte sich Heinrichs Wünschen. Chapuys hatte gehofft, sie könne ihren Einfluß zugunsten einer Allianz mit dem Kaiser geltend machen, wenn sie sich Heinrich unterwarf und an den Hof zurückkehrte. Doch sie machte dazu keinerlei Anstalten und brach statt dessen ihre geheimen Beziehungen zu Chapuys ab.[42] Im Jahr 1539 dachte Heinrich daran, sie mit Herzog Philipp von Bayern zu verheiraten. Obwohl Maria nicht glücklich über die Aussicht war, einen Protestanten zu heiraten, war sie zu der Ehe bereit. Wriothesley schrieb an Cromwell, Maria habe ihm gesagt, obwohl sie »Seine Königliche Hoheit nicht beleidigen wolle, bliebe sie lieber ein Leben lang Jungfrau, als daß sie diese Religion annehme. Doch da sie wisse, daß sie nach dem Gesetz Gottes und der Natur dem König in dieser Sache und in allen anderen Dingen zum Gehorsam verpflichtet sei ... gebe sie sich ganz und gar und ohne Einschränkung in die Hände Seiner Majestät, ihres gütigsten und barmherzigsten Vaters und gnädigsten Herrschers.«[43]

24

Der Sturz Cromwells

Am 17. Dezember 1538 erließ der Papst eine Bulle. Darin erklärte er, obwohl er Heinrich am 30. August 1535 in einer Bulle exkommuniziert und abgesetzt habe, habe er die Vollstreckung der Bulle ausgesetzt, in der Hoffnung, Heinrich werde bereuen. Da Heinrich keinerlei Reue zeige, vielmehr eine neue Greueltat begangen habe, schreite er hiermit zur Veröffentlichung der Bulle. Heinrich habe die Gebeine des heiligen Thomas von Canterbury ausgraben und verbrennen und die Asche in alle Winde verstreuen lassen, nachdem er dem Heiligen in Abwesenheit den Prozeß gemacht und ihn zum Verräter erklärt habe. Weiter habe er den Schrein des heiligen Thomas geplündert und Hirsche in die Abtei des heiligen Augustinus in Canterbury bringen lassen. Der Papst rief alle Könige der Christenheit auf, bei der Vollstreckung des Urteils zu helfen. Da es schwierig war, die Bulle in England selbst zu veröffentlichen, sollte sie in den England nächstgelegenen Ländern veröffentlicht werden – in Dieppe und Boulogne in Frankreich, in St. Andrews und Coldstream in Schottland und in Tuam und Ardfert in Irland.[1]

Der Papst schickte Pole zum Kaiser nach Spanien. Pole sollte Karl bitten, mit den Türken Waffenstillstand zu schließen und seine Armeen gegen Heinrich zu entsenden, der schlimmer sei als die Türken. Karl sollte wenigstens ein Handelsembargo gegen England verhängen. Pole hatte von der Hinrichtung seines Bruders und der Verhaftung seiner Mutter erfahren und war entsetzt, daß der »Pharao von England«[2], nachdem er erst die Priester, dann das Volk und den Adel tyrannisiert hatte, nun auch die Heiligen beleidigte, die mit dem göttlichen Herrscher im Himmel 300 Jahre lang regiert hatten. Er verließ Rom am 2. Januar, überquerte den schneebedeckten Apennin, reiste inkognito durch Südfrankreich, für den Fall, daß Heinrichs Agenten ein Attentat auf ihn planten, und traf Mitte Februar in Toledo ein.[3]

Heinrich befahl Wyatt, seinem Botschafter in Toledo, Karl zu bitten, Pole als Verräter und Rebellen auszuliefern. Karl erklärte, er würde nicht einmal dann Hand an einen päpstlichen Legaten legen, wenn dieser gegen ihn selbst rebellierte; der Papst habe Pole in diplomatischer Mission zu ihm geschickt, er werde ihm deshalb Audienz gewähren. Das war jedoch die einzige Unterstützung, die Pole vom Kaiser erhielt. Karl erklärte ihm, er bedaure außerordentlich, daß der Papst die Bulle gegen Heinrich veröffentlicht habe, ohne ihn zu Rate zu ziehen. Zu Poles großer Bestürzung weigerte er sich, gegen Heinrich vorzugehen, obwohl er inzwischen mit Franz Frieden geschlossen hatte. Karl erklärte, er dürfe die Venezianer nicht hintergehen, indem er mit den Türken Frieden schließe; zudem würden die deutschen Lutheraner Heinrich unterstützen, und in Deutschland käme es zum Bürgerkrieg, wenn er einen Krieg gegen Heinrich beginne. Er lehnte es ab, den Handel zwischen den Niederlanden und England zu verbieten, und erklärte, er wolle erst die Lutheraner in Deutschland unterwerfen, ehe er Heinrich angreife. Der Kaiser riet Pole, Franz aufzusuchen und ihn zu bitten, etwas gegen Heinrich zu unternehmen.[4]

Pole reiste nach Carpentras. Unterwegs entging er in Gerona nur knapp einem Attentat, das wahrscheinlich von Wyatt inszeniert worden war. Karls abweisende Haltung hatte Pole derart entmutigt, daß er Franz nicht selbst am Hof in Nogent-sur-Seine aufsuchte, sondern seinen Stellvertreter, den Abt von Turin, schickte. Dadurch blieb Franz die Peinlichkeit erspart, Heinrichs Bitte um Auslieferung Poles ablehnen zu müssen. Franz erklärte dem Abt von Turin, er werde jede Aktion gegen England unterstützen, wenn Karl sich ebenfalls daran beteilige.[5]

Als Heinrich erfuhr, daß der Papst in das Gebiet des Herzogs von Urbino einfallen wollte, schickte er einen Gesandten zu dem Herzog, um ihn zum Widerstand gegen den Bischof von Rom und seine »falschen Propheten und Wölfe im Schafspelz«, »unsere und Gottes Feinde« und »Widersacher der Fürsten« zu ermutigen.[6] Er konnte vom Herzog von Urbino freilich keine Hilfe erwarten, wenn Karl und Franz versuchten, die Bulle des Papstes durchzu setzen. Diese Möglichkeit schien jetzt durchaus gegeben. Zur Abwehr der verhängnisvollen Folgen mußte Heinrich sich auf die Loyalität und den Patriotismus seines Volkes verlassen. Der König unternahm energische Schritte, um sein Königreich zu verteidigen. Er befahl, seine Schiffe auf der Themse in Bereitschaft zu halten. Doch das Segeltuch war knapp. Also bat er Franz um Erlaubnis, Segeltuch aus Frankreich zu importieren. Castillon, der den Eindruck hatte, daß Heinrich seit Veröffentlichung der päpstlichen Bulle umgänglicher war als je zuvor, sah nun für Franz die Gelegenheit gekommen, einen gefährlichen Gegner loszuwerden; Franz sollte sich mit Karl verbünden, um das Interdikt gegen England durchzusetzen. Der Botschafter setzte die heiteren Gespräche mit Heinrich fort und drängte Franz zugleich, dem König die Erlaubnis für den Export von Segeltuch zu verweigern. Unterdessen hatte Heinrich erfahren, daß ihn ein Mönch in Paris in einer Predigt wegen der Entweihung des Grabes des heiligen Thomas von Canterbury kritisiert hatte. Er bat Franz, den Mönch zu bestrafen. Franz glaubte an Solidarität unter Königen. Er tadelte den Mönch aufs schärfste und zwang ihn, seine Predigt zu widerrufen. Die Ausfuhrerlaubnis für Segeltuch verweigerte er jedoch.[7]

Heinrich kaufte in Deutschland eine Ladung Schießpulver, die von Antwerpen aus verschifft werden sollte. Karl verbot sämtlichen Schiffen, den Hafen von Antwerpen zu verlassen, und erklärte, er brauche die Matrosen für einen Feldzug gegen die Türken. Heinrich rächte sich, indem er in Lowestoft Schiffe beschlagnahmen ließ, die in Newcastle mit Getreide für die Niederlande beladen worden waren. Sowohl Karl als auch Franz zogen daraufhin ihre Botschafter von Heinrichs Hof ab. Franz entsandte einen jungen Diplomaten namens Charles de Marillac, der gerade erst von einer Mission in Konstantinopel zurückgekehrt war, um Castillons Stelle als Botschafter in England einzunehmen. Karl schickte keinen neuen Botschafter, um Chapuys zu ersetzen.[8]

In Spanien, Frankreich und den Niederlanden rechnete man damit, daß sich der Papst, der Kaiser und der König von Frankreich gegen Heinrich verbünden und in sein ketzerisches Reich einfallen würden. Englische Kaufleute in Spanien erschraken, als sie die Spanier in Galizien und Sevilla sagen hörten, die Engländer seien Ketzer und Lutheraner und schlimmer als die Türken und sie müßten wie Juden und Ungläubige behandelt werden, wenn England erobert würde.

Lisle klagte, daß man die Engländer jenseits der französischen Grenze für Ketzer halte, und er gab den Sakramentierern von Calais die Schuld daran. Der Priester einer Kirche in der Picardie hatte sich geweigert, mit dem Gottesdienst zu beginnen, weil ein Engländer unter den Kirchgängern war. Daraufhin hatten die Leute den Engländer kurzerhand bei den Ohren gepackt und hinausgeworfen. Die geistliche Obrigkeit in Marquise hatte es abgelehnt, ein englisches Kind zu beerdigen, und den Leichnam ohne große Umstände wie ein totes Kalb nach Calais bringen lassen. Wyatt wünschte sich, die Leute in Toledo würden manchmal auch von Heinrichs strengen Maßnahmen gegen die Sakramentierer und Wiedertäufer sprechen und nicht nur von Beckets Gebeinen.[9]

Heinrich ordnete an, überall im Reich Musterungen vorzunehmen. Alle Männer über siebzehn sollten zum Dienst in der Armee einberufen werden, mit Ausnahme der Matrosen, die für die Flotte gebraucht wurden, und der Bürger von London, die ihre Stadt verteidigen sollten. Heinrich teilte das

Reich in elf Verteidigungszonen* ein, deren Kommando er einflußreichen Adligen übertrug. Die Verteidigungsanlagen in Calais, Guisnes, Berwick, Carlisle und Tilbury wurden verstärkt, in Sandown, Deal und Walmer »in den Downs«, in Sandgate bei Folkestone, in Camber in Sussex, in Hurst und Calshot bei Southampton, in Portland und auf der Insel Wight wurden neue Festungen gebaut. Entlang der Themse wurden Bollwerke errichtet.[10]

Propagandaschriften wurden veröffentlicht, um den Patriotismus der Bevölkerung zu wecken. Richard Morison schrieb ein Traktat mit dem Titel *Eine Schmähschrift gegen das große und abscheuliche Laster des Verrats, worin die geheimen Praktiken und verräterischen Machenschaften derer aufgedeckt werden, die dafür büßen mußten*. In einer anderen Publikation, der *Zusammenfassenden Erklärung zum Glauben, seinen Gebräuchen und deren Befolgung in England,* wurde betont, daß Heinrich ein frommer und gläubiger Katholik sei. Er habe lediglich die Bräuche abgeschafft, die es Juden, Türken und Sarazenen gestatteten, die Engländer des Götzendienstes zu bezichtigen. Thomas Becket sei ein Verräter. Hätte Heinrich die von ihm verurteilten Verräter am Leben lassen sollen? »Thomas Morus, der Narr, Fisher aus Rochester, der ruhmreiche Heuchler ... die Kartäuser und die halsstarrigen Mönche und andere Wölfe im Schafspelz«, die Nonne von Kent, deren Füße von päpstlichen Legaten geküßt wurden, die Führer des Aufstandes in Yorkshire, die nach ihrer Begnadigung rückfällig wurden, den Marquis von Exeter, Lord Montagu und ihre Komplizen, die den König und seine Nachkommen vernichten und sich der Krone bemächtigen wollten – »hatten sie den Tod nicht verdient?«11

Anfang April 1539 berichteten Heinrichs Spione, daß 8 000 deutsche Söldner in Friesland stationiert worden seien, zehn Kriegsschiffe mit 5 000 Soldaten an Bord vor der Insel Texel ankerten und die Schotten am 15. Mai Berwick angreifen würden. Was hatten die Söldner und Kriegsschiffe zu bedeuten? Heinrich schrieb an die Adligen und Edelleute seines Reiches, daß »der abscheuliche Abgott, Feind alles Wahren und Usurpator der Fürstenthrone, der Bischof von Rom« vorhabe, raubend und plündernd in England einzufallen und den reinen Glauben des Landes zu korrumpieren. Jeder Edelmann solle daher vierzig Mann aufbieten, vor allem Bogenschützen und Kanoniere, die bei der Flotte Dienst tun und innerhalb einer Stunde einsatzbereit sein sollten. Die Landstreitkräfte sollten abmarschieren, wenn die Leuchtfeuer angezündet würden, das Zeichen, daß die feindlichen Truppen

* 1. Die Themse und die Küste von Essex; 2. Suffolk; 3. Norfolk; 4. Kent; 5. Sussex; 6. Hampshire; 7. Somerset, Dorset, Devon und Cornwall; 8. Lincolnshire; 9. Yorkshire, Westmorland, Northumberland, Cumberland, Durham, Derbyshire, Lancashire und Cheshire; 10. Südwales; 11. Nordwales.

gelandet seien.[12] Heinrich verbrachte Ostern in Whitehall und ließ bekanntgeben, daß er am Karfreitag auf den Knien vom Eingang der königlichen Kapelle bis zum Kreuz gekrochen sei und daß »seine Gnaden in höchsteigener Person auf den Knien« dem Priester bei der Messe ministriert habe.[13]

Am Ostermontag, dem 7. April, segelten 54 kaiserliche Kriegsschiffe von Flushing ab. Am Mittwoch, dem 9. April, gingen sie bei Margate vor Anker, wo sich ihnen 14 weitere Schiffe anschlossen. Auf Hayling Island und in Ashford in Kent ging das Gerücht um, die Armeen des Kaisers seien gelandet, und die Verteidigungskräfte wurden alarmiert. Am 22. Mai segelten die 68 Schiffe von Margate aus durch den Ärmelkanal. Im Hafen von Flushing ankerten weitere 56 Schiffe. Doch bald wurde bekannt, die 68 Schiffe auf dem Kanal seien nach Andalusien unterwegs, um sich der Flotte des Kaisers anzuschließen, die im Mittelmeer gegen die Türken kämpfte, und die 56 Schiffe in Flushing hätten die Aufgabe, die 8 000 Söldner aus Friesland ins Baltikum zu bringen.[14]

Als am 8. Mai in London eine große Musterung stattfand, war die eigentliche Gefahr bereits vorüber. An diesem Tag marschierten 16 500 Mann in Harnisch von Mile End und Stepney zum St. James's Park, dann querfeldein nach Holborn und in die Innenstadt nach Newgate. Sie marschierten von neun Uhr morgens bis fünf Uhr nachmittags. Heinrich stand von zwölf bis fünf Uhr nachmittags am Tor von Whitehall und sah seine Truppen vorüberziehen.[15] Die Marschierenden folgten dem Ruf zu den Waffen mit Begeisterung, denn sie wußten, »daß die boshafte und giftige Schlange Paul, Bischof von Rom, durch den Erzverräter Reginald Pole, der ein Feind des göttlichen Wortes und seines eignen Landes ist, viele bedeutende Fürsten und Mächtige der Christenheit angestachelt und aufgehetzt hat, England mit einem tödlichen Krieg zu überziehen und das ganze englische Volk mit Feuer und Schwert auszurotten und völlig zu vernichten.«[16] In Harwich arbeiteten Männer, Frauen und Kinder an den Verteidigungsanlagen, obwohl einer der Männer erklärte, es werde bald wieder einen Papst geben, aber keinen König mehr. Einige Männer weigerten sich, in der Armee zu dienen. Sie wurden verhaftet.[17]

Das Parlament war am 28. April zusammengetreten. Ein Gesetz wurde erlassen, durch das die Gräfin von Salisbury zur Verräterin erklärt wurde.[18] Seit der Verhaftung und Hinrichtung ihres Sohnes Lord Montagu und seiner Gefährten war die alte Frau im Tower eingesperrt gewesen. Southampton und andere Beamte Heinrichs hatten vergeblich versucht, Beweise ihrer Schuld zu finden. Im Sommer 1539 genügte es jedoch schon, daß sie die Mutter von Kardinal Pole war. War eine bekannte Persönlichkeit des Hochverrats überführt, erließ das Parlament normalerweise ein Gesetz, in dem es das Urteil des Gerichts bestätigte. Im Fall der Gräfin Salisbury wurde das Gesetz ohne vorherige Gerichtsverhandlung erlassen. Dies geschah nicht zum ersten

Mal. Bereits im 14. und 15. Jahrhundert hatte man zu diesem Mittel gegriffen, und in jüngerer Zeit hatte man auf diese Weise Verräter verurteilt, die ins Ausland geflohen waren. Für die Generation, die 1539 lebte, war allerdings neu, daß ein solcher Strafbeschluß auch dann einen Prozeß ersetzte, wenn man gegen die Beklagten auf herkömmliche Art hätte vorgehen können.

Zuerst sollte das Parlament nach Heinrichs Willen allerdings gegen die Protestanten tätig werden. Am 16. Mai verkündete der Herzog von Norfolk im Oberhaus, der König erwarte, daß das Parlament ein Gesetz verabschiede, durch das sechs Glaubensartikel festgelegt würden. Der erste Artikel besagte, daß der Leib Christi im geweihten Brot und Wein durch Transsubstantiation real präsent sei. In den anderen fünf Artikeln waren die Beibehaltung der privaten Messe, die Erteilung der Kommunion in nur einer Form an die Gemeinde, der Wert der Beichte, die Gültigkeit des Keuschheitsgelübdes von Mönchen und Nonnen sowie das Eheverbot für Priester festgelegt. Wer den ersten Artikel ablehnte, sollte gleich beim ersten Mal verbrannt werden, auch wenn er bei seinem Prozeß widerrief. So etwas war noch nie dagewesen. Wer die anderen fünf Artikel ablehnte, sollte gehängt werden. Verheiratete Priester mußten sich von ihren Frauen trennen, ehe das Gesetz verabschiedet wurde. Priester, die das versäumten oder die heirateten, nachdem das Gesetz in Kraft war, sollten ebenfalls gehängt werden. Wer versuchte, das Königreich zu verlassen, um sich seiner Bestrafung zu entziehen, sollte wie ein Verräter gehängt, gestreckt und gevierteilt werden.[19]

Norfolks Erklärung rief bei den Lutheranern in England und im Ausland Bestürzung hervor. Cranmer tat einen unerhörten Schritt und bat Heinrich um Erlaubnis, im Oberhaus gegen die Artikel Einspruch erheben zu dürfen. Heinrich entsprach seiner Bitte. Am 19., 20. und 21. Mai kam es im Oberhaus zu einer heftigen Debatte über die Sechs Artikel. Die orthodoxen Bischöfe unter Führung Gardiners sprachen sich für die Artikel aus, Cranmer und seine Anhänger stimmten dagegen. Heinrich nahm an allen drei Tagen an der Diskussion im Oberhaus teil. Er setzte sich nachdrücklich für die Sechs Artikel ein. Nach Cranmers Ansicht gab Heinrichs Eingreifen den Ausschlag. Zehn Jahre später schrieb er, die Sechs Artikel wären vom Parlament niemals verabschiedet worden, wenn der König nicht persönlich an der Diskussion im Oberhaus teilgenommen hätte.[20]

Die weltlichen Peers frohlockten. Einer von ihnen schrieb: »Noch nie hat sich ein Herrscher als so weiser und gelehrter Katholik erwiesen wie der König in diesem Parlament.« Die Sechs Artikel seien schließlich gebilligt worden, denn »obwohl die Herren von Canterbury, Ely, Worcester, Rochester und St. David's* lange gegenteiliger Meinung waren, widerlegte Seine Hoheit

* Cranmer, Goodrich, Shaxton, Latimer, Hilsey und Barlow.

sie schließlich alle mit Gottes Wort«. Der Verfasser dieser Zeilen fügte hinzu, Erzbischof Lee, Tunstall, Gardiner, Stokesley und andere Bischöfe hätten sich »als ehrbare und gelehrte Männer erwiesen. Wir, die weltlichen Mitglieder des Oberhauses, waren alle einer Meinung.«[21]

Am Abend des letzten Tages der Debatte veranstaltete Heinrich in Whitehall ein großes Bankett. Husee schrieb an Lady Lisle, die meisten vornehmen Damen des Hofes seien dagewesen und ihre Töchter Mistress Anne und Mistress Katherine hätten ebenfalls an dem Bankett teilgenommen und seien über Nacht im Palast geblieben.[22]

Heinrich hatte den protestantischen Bischöfen erlaubt, bei der Debatte gegen die Sechs Artikel zu stimmen, doch jetzt erwartete er ihre Einwilligung. Cranmer war von den Maßnahmen gegen verheiratete Priester persönlich betroffen. Er hatte sieben Jahre lang heimlich mit einer Deutschen zusammengelebt, die er 1532 in Nürnberg geheiratet hatte. Er fügte sich jedoch und stimmte bei den drei Lesungen im Oberhaus für das Gesetz. Mit Ausnahme von Latimer und Shaxton folgten alle Bischöfe seinem Beispiel. Latimer und Shaxton bedienten sich der einzigen Form des Protests, die ihnen zur Verfügung stand: Sie blieben der Sitzung fern, als das Gesetz am 7. Juni in erster Lesung behandelt wurde. Doch offensichtlich wurden sie unter Druck gesetzt, dem Gesetz zuzustimmen, denn am 9. Juni erschien Latimer zur Sitzung und stimmte in der zweiten Lesung für das Gesetz. Shaxton hielt noch etwas länger durch. Am nächsten Tag erschien jedoch auch er im Oberhaus und stimmte in der dritten Lesung für das Gesetz.[23]

Im Unterhaus sprach sich Thomas Broke, einer der beiden Abgeordneten für Calais, gegen die Gesetzesvorlage aus. Lisle war empört über dieses neue Anzeichen von Ketzerei in Calais. Er riet Gardiner, der sich gemeinsam mit Norfolk am nachdrücklichsten darum bemühte, das Gesetz durchs Parlament zu bringen, Broke zu verhaften. Gardiner hatte Skrupel, einen Abgeordneten zu verhaften, nur weil dieser im Unterhaus seine Meinung gesagt hatte. Heinrich hatte keine Skrupel, und Broke wurde in den Tower geworfen.[24]

Das Gesetz trat am 12. Juli in Kraft. Es machte großen Eindruck. Der französische Botschafter Marillac, die Lutheraner in Deutschland und Heinrichs Untertanen in London und im ganzen Königreich betrachteten es als Niederlage für die Reformer in England. Wie nach der Hinrichtung Anne Boleyns kursierten auch diesmal Gerüchte über die Verhaftung oder Flucht Cranmers und der ketzerischen Bischöfe. Anfang Juli hieß es, Latimer sei in Gravesend bei dem Versuch gefaßt worden, das Königreich verkleidet und ohne Paß zu verlassen, und man habe ihn in den Tower gebracht. In Wirklichkeit baten Latimer und Shaxton Heinrich bei einer Audienz um Erlaubnis, ihre Bistümer Worcester und Salisbury abgeben zu dürfen. Heinrich entsprach ihrer Bitte. Latimer wurde im Londoner Wohnsitz Sampsons, des Bischofs von Chichester, unter Hausarrest gestellt, Shaxton wurde der Aufsicht des Bischofs von Bath und Wells unterstellt.[25]

Francis Hall, ein Soldat der Garnison von Calais, war erstaunt, daß Latimer und Shaxton ihre Bistümer zurückgegeben hatten. »Sie sind nicht die Klügsten, wie mir scheint«, schrieb er an Lady Lisle, »denn heutzutage geben nur wenige solche Ämter auf, nur weil sie an ihrer Meinung festhalten.«[26]

Das Gesetz über die Sechs Artikel – die »Geißel mit den sechs Riemen«, wie die Protestanten es nannten – betraf unmittelbar alle verheirateten Priester und solche, die sich Mätressen hielten. Viele trennten sich von den Frauen, mit denen sie viele Jahre mehr oder weniger offen zusammengelebt hatten. Cranmer selbst schickte seine Frau nach Deutschland zurück.[27] Ende Juli führte er bei dem Prozeß gegen Priester aus Croydon den Vorsitz. Der Priester wurde beschuldigt, mit der Frau, mit der er drei Jahre zusammengelebt hatte, Unzucht getrieben zu haben. Die beiden hatten sich getrennt, ehe das Gesetz in Kraft trat, doch die Frau gestand, daß sie auch nach dem 12. Juli, dem maßgeblichen Datum, Geschlechtsverkehr gehabt hätten. Zu ihrem Glück hatten sie nicht geheiratet, so daß ihnen nach dem neuen Gesetz nicht die Todesstrafe drohte, sondern lediglich eine Gefängnisstrafe wegen Unzucht.[28] Die Protestanten waren empört, daß es nach dem Gesetz ein schlimmeres Vergehen war, wenn Priester heirateten, als wenn sie unerlaubten Geschlechtsverkehr hatten. Für die Katholiken hingegen war es schon immer ein schlimmeres Verbrechen gewesen, durch die Heirat in schamloser Weise gegen das Gebot der Kirche zu verstoßen als nur die Sünde der Unzucht oder auch des Ehebruchs zu begehen.

Heinrich hatte seine besonderen Gründe, die Priesterehe abzulehnen. Im April 1541 sagte er zu Marillac, er lehne die Priesterehe noch mehr ab als das päpstliche Supremat, denn wenn Priester heiraten dürften, würden die Pfründen erblich und die Priester würden immer mehr an Einfluß gewinnen und die königliche Machtstellung bedrohen.[29]

Die Mönche und Nonnen, die ihre Klöster verlassen hatten, mußten nun feststellen, daß sie in zweierlei Hinsicht die Verlierer waren. Viele von ihnen hatten sich überreden lassen, die Klöster an Heinrich zu übergeben, weil sie glaubten, dann heiraten zu können. Doch nach den Sechs Artikeln durften Mönche und Nonnen, die das Gelübde des Zölibats abgelegt hatten, weder heiraten noch das Gelübde brechen, auch wenn sie ihre Klöster verlassen und ihr Ordensgewand abgelegt hatten.[30]

Nun, da das Land gegen die Bedrohung einer Invasion aus dem Ausland gewappnet und durch die Verkündung der Sechs Artikel von Heinrichs Rechtgläubigkeit beeindruckt war, war für Heinrich der passende Moment gekommen, seine früheren Versprechen zu brechen und im Parlament ein Gesetz einzubringen, das vorsah, auch die letzten noch bestehenden Klöster, die sich einer freiwilligen Übergabe widersetzt hatten, aufzulösen. Im Sommer 1539 wurde das Gesetz ohne Widerstand und fast unbeachtet verabschiedet.[31]

Die Lisles waren mit den Sechs Artikeln sehr zufrieden und bedienten sich ihrer in Calais zu ihrem Vorteil. Cranmers Kommissar Butler, der Abgeordnete Broke und einige Pfarrer und Soldaten der Garnison wurden verhaftet, nach London gebracht und in den Tower und andere Gefängnisse gesperrt. Cranmer konnte nichts mehr für sie tun. Bei ihrem Prozeß wegen Ketzerei in London führte er den Vorsitz. Die Männer wurden beschuldigt, die Realpräsenz zu leugnen. Da sie die Vergehen begangen hatten, ehe das Gesetz über die Sechs Artikel in Kraft trat, konnten sie ihr Leben retten, indem sie widerriefen und Reisigbündel trugen.[32] Der Sieg war an Lisle gegangen. Heinrich ärgerte sich jedoch, daß in einer wichtigen Garnisonsstadt an der Grenze seines Reiches so viel Streit herrschte und daß Lisle dem Kronrat ständig schriftlich darüber berichtete, statt sich selbst darum zu kümmern. Als Lisles Beamter Ferding Heinrich Anfang Juli aufsuchte, während in London gerade der Prozeß gegen die Ketzer aus Calais stattfand, war Heinrich abweisend: »Ich habe mit Euch in Calais mehr Ärger als mit meinem ganzen Reich. Darum schert Euch nach Hause.«[33]

Die Protestanten im Ausland waren verzweifelt. Bucer schrieb aus Straßburg an Philipp von Hessen, in England »regiert die Grausamkeit in Person des Bischofs von Winchester«. Gardiner habe Heinrich überredet, abzuwarten, bis das Parlament im November wieder zusammentrete, und dann alle in England inhaftierten Protestanten hinrichten zu lassen. Niemand könne aus dem Königreich fliehen, die Häfen würden scharf bewacht, damit keiner ohne Paß das Land verlasse.[34] Zumindest das letzte stimmte. Tunstalls Kaplan Dr. Hillyard wollte das Land illegal verlassen, allerdings nicht um den Sechs Artikeln zu entgehen, sondern um in Italien zu Pole zu stoßen. Er beschloß, auf dem Landweg zu fliehen. Ausgestattet mit der Erlaubnis, in der Diözese Durham zu predigen, reiste er von London über Ware, Huntingdon, Lincolnshire und Bridlington zu Tunstalls Palast in Bishop Auckland. Anschließend predigte er in ganz Durham und Northumberland. In Cornhill-on-Tweed ging er zum Flußufer und zog ein Ruderboot ins Wasser, als dessen Besitzer gerade wegschauten. Er ruderte über den Tweed zum Nonnenkloster Coldstream und bat in Schottland um Asyl. Das brachte die Priorin von Coldstream in eine peinliche Lage. Sie war seit einiger Zeit eine englische Spionin und hatte Heinrichs Beamten in Northumberland schon oft Informationen über schottische Verteidigungsanlagen und Truppenbewegungen geliefert. Sie konnte Hillyard nicht an die Engländer jenseits des Tweed ausliefern, ohne den schottischen Behörden zu gestehen, daß sie eine englische Agentin war. Deshalb gab sie ihm Geld und schickte ihn zu Kardinal Beaton nach Edinburgh, während sie heimlich Sir William Evers in Berwick informierte.

Die Behörden in England fahndeten nach Hillyards Komplizen. Sie verfolgten seine Spur vom Tweed zurück nach London und befragten Leute, denen er auf seiner Reise begegnet war. Doch keiner belastete sich. Heinrich bat Jakob, Hillyard gemäß dem Vertrag über die Auslieferung von Grenzräubern und Rebellen als Verräter auszuliefern. Jakob erklärte, der Vertrag gelte nicht für Priester.[35]

Im Sommer 1539 war Heinrich guter Dinge. Er gab viele Feste auf seiner Barke auf der Themse, zu denen er seine Musikanten aufspielen ließ. Am 17. Juni sah er sich ein Historienspiel auf der Themse an, in dessen Verlauf sich zwei Schiffe ein Scheingefecht lieferten. Eines stellte das Schiff des Königs dar, das andere das des Bischofs von Rom. Natürlich trug am Ende das Schiff des Königs den Sieg davon. Laut Marillac wurden in fast jedem Ort in England Historienspiele aufgeführt, die sich gegen den Papst richteten.[36]

Heinrich hatte guten Grund, fröhlich zu sein. Im Mai gab Karl die in den Niederlanden beschlagnahmten englischen Schiffe frei, und Heinrich konnte das Schießpulver, das er in Deutschland gekauft hatte, nach England bringen lassen. Als Franz erfuhr, daß Karl die Handelssperre zwischen den Niederlanden und England aufgehoben hatte, machte er seine frühere Entscheidung rückgängig und erteilte die Ausfuhrgenehmigung für Segeltuch nach England.[37]

Obwohl die Gefahr eines Überfalls aus dem Ausland gebannt war, versuchte Heinrich, zwischen Franz und Karl Zwietracht zu säen. Diesmal ging er raffinierter vor als sonst. Am 23. Juli vertraute er Marillac in Guildford an, er stehe vor einem moralischen Dilemma. Er habe von seinen Spionen Informationen erhalten, die für Franz außerordentlich nützlich seien, und betrachte es als seine brüderliche Pflicht, sie an ihn weiterzugeben. Doch wenn er dies tue, werde das zwischen Franz und dem Kaiser böses Blut schaffen, und er wolle sich nicht vorwerfen lassen, Streit zwischen zwei befreundeten Herrschern zu stiften. Was er nach Marillacs Ansicht tun solle. Marillac schrieb an Franz. Dieser trug ihm auf, Heinrich möglichst dazu zu bringen, die Informationen schriftlich niederzulegen. Wenn Heinrich sich weigere, solle Marillac den König bitten, sie ihm mündlich mitzuteilen. Heinrich lehnte es ab, Marillac die Informationen schriftlich zu geben, er teilte sie ihm aber mündlich mit. Er erzählte ihm, daß einer von Karls wichtigsten Beamten in Mailand bereit sei, die Stadt an Franz zu übergeben. Franz könne Mailand in einer geheimen Transaktion ohne Krieg an sich bringen. Franz dankte Heinrich für die Information, erklärte jedoch, aufgrund seiner ausgezeichneten Beziehungen zum Kaiser sei es unmöglich, das Angebot des Verräters anzunehmen.[38]

Marillac war über die Stimmung in England beunruhigt. Die Flotte, die im April vor Margate vor Anker gelegen und die Angst vor einem Überfall verursacht hatte, hatte die Häfen des Kaisers verlassen. Doch die Engländer, die sich zu den Musterungen einfanden, waren vom traditionellen Haß auf die Franzosen beseelt. Heinrich versicherte Marillac, er werde nicht zulassen, daß die franzosenfeindliche Haltung außer Kontrolle gerate. Als Marillac ihn im August in Grafton aufsuchte, sagte der König, er sei mit dem zufrieden, was er habe, und wolle auf seiner Insel bleiben. Er werde sich nur verteidigen, nicht aber in die benachbarten Reiche einfallen. Er gönne den anderen Königen ihren Reichtum, vorausgesetzt, sie ließen ihm das wenige, was er habe. Denn das sei immer noch genug, um ihn vor Störenfrieden zu schützen.[39]

Im September kamen die Abgesandten des Herzogs von Kleve nach London und unterzeichneten einen Vertrag über ein Ehebündnis zwischen Heinrich und Anna, der Schwester des Herzogs. Problematisch erschien zunächst, daß Anna angeblich schon dem Marquis von Pont-à-Mousson, dem Sohn des Herzogs von Lothringen, versprochen war. Doch der Herzog von Kleve versicherte Heinrich, daß es keinen Vertrag gebe. Die Vertreter Heinrichs erklärten daraufhin, der König wolle Anna von Kleve heiraten, weil er es als seine Pflicht ansehe, dem Reich weitere männliche Erben zu schenken. Heinrich hatte allerdings noch andere Gründe. Cromwell hatte ihm gesagt, Berichten zufolge sei Anna von Kleve an Schönheit »sowohl des Gesichts wie der Gestalt allen anderen Damen überlegen«. Sie überstrahle die Herzogin von Mailand »wie die goldene Sonne den silbernen Mond«. Hans Holbein der Jüngere wurde nach Kleve geschickt, um Anna für Heinrich zu porträtieren.[40]

Der Ehevertrag mit Kleve ließ die Hoffnung der deutschen Lutheraner auf eine Besserung der Situation in England wieder aufleben. Zudem fanden sie heraus, daß das Gesetz über die Sechs Artikel trotz der anfänglichen Aufregung nicht angewandt wurde und daß Cromwell seine Stellung insgeheim dazu benutzte, die Lutheraner zu schützen und das Gesetz zu unterlaufen. Im Oktober wurden die Äbte von Glastonbury, Reading und Colchester in den Tower geworfen und des Hochverrats angeklagt. Sie wurden beschuldigt, goldenes und silbernes Kirchengerät und Geschirr versteckt oder verkauft zu haben, um zu verhindern, daß es an Heinrich fiel, wenn ihre Abteien aufgelöst wurden. Angeblich hatten sie ihren Mönchen im Vertrauen gesagt, der Papst sei das Oberhaupt der Kirche und Fisher, Morus und die Kartäuser seien Märtyrer.[41]

Für Cromwell gab es keinen Zweifel am Ausgang der Prozesse. Noch vor Prozeßbeginn notierte er, daß der Abt von Reading »gemeinsam mit seinen Komplizen in Reading abgeurteilt und hingerichtet« und »der Abt von Glaston in Glaston vor Gericht gestellt und auch dort hingerichtet« werden sollte. Eine andere Notiz bezieht sich auf mögliche Zeugen, die für die Anklage aussagen konnten.[42]

Die Prozesse verliefen genau so, wie Heinrich und Cromwell es geplant hatten. Die drei Äbte wurden von den Geschworenen für schuldig befunden. Der Abt von Glastonbury wurde vom Gefängnis in Wells nach Glastonbury gebracht, auf Schleifen durch die Stadt gezerrt und auf dem Tor Hill gehängt, gestreckt und gevierteilt. Die Äbte von Reading und Colchester wurden ebenfalls gehängt, gestreckt und gevierteilt. Heinrichs Anhänger verfaßten die üblichen Schmähschriften gegen die Verräter. Die Tatsache, daß der Abt von Reading Cook (Koch) hieß, gab ihnen Gelegenheit zu Scherzen: Der Koch habe geglaubt, er könne dem Bischof von Rom das Essen zubereiten, doch der König habe ihm für seine Mühe ein Frühstück serviert.[43]

Anna von Kleve reiste mit einem Gefolge von 263 Personen und 228 Pferden von Düsseldorf nach Calais,[44] wo sie Mitte Dezember 1539 eintraf. Ein stürmischer Wind blies aus Westnordwest über den Kanal, sie mußte deshalb zwei Wochen in Calais bleiben. Am 27. Dezember landete sie in Dover. Auf jeder Etappe ihrer Reise hatte man Vorbereitungen für ihren Empfang getroffen. Als Höhepunkt war die Begegnung mit dem König in Shooters Hill bei Blackheath am 3. Januar vorgesehen. Aber Heinrich hatte so viel über ihre Schönheit gehört, daß er es nicht erwarten konnte, sie endlich zu sehen; am Neujahrstag eilte er verkleidet und nur mit einer kleinen Eskorte nach Rochester. Der König gab sich Anna zu erkennen und aß mit ihr und ihren Damen zu Mittag. Er war jedoch außerordentlich enttäuscht, denn Anna war alles andere als eine Schönheit. Es fehlte ihr an guten Umgangsformen, und sie war für den Hof eines großen Königs nicht passend gekleidet. Die Hofdamen, die sie aus Düsseldorf mitgebracht hatte, waren noch weniger attraktiv und noch schlechter gekleidet als Anna.

Als Heinrich am nächsten Tag nach Greenwich zurückkehrte, erklärte er Cromwell, er könne Anna nicht ausstehen. Am 3. Januar begab er sich mit seinen Höflingen, den Adligen und Edelleuten, den Würdenträgern der Stadt und in Begleitung von 5 000 oder 6 000 Reitern nach Shooters Hill, um Anna zu begrüßen. In der Öffentlichkeit erwies er ihr den angemessenen Respekt. Doch schon am nächsten Tag beriet er mit seinen Räten, wie er eine Heirat mit ihr verhindern konnte. Heinrich sagte, trotz diesbezüglicher ausgiebiger Nachforschungen während der Verhandlungen zum Ehevertrag sei Anna seines Wissens dem Marquis von Pont-à-Mousson versprochen. Er habe einer Heirat nur aufgrund der falschen Berichte über ihre Schönheit zugestimmt. Cranmer und Tunstall stellten erneut Nachforschungen hinsichtlich eines Vorvertrages mit dem Marquis an und kamen zu dem Schluß, daß einer Heirat mit Anna rechtlich nichts im Wege stand. Heinrich fragte bei Cromwell an, ob es nicht eine Möglichkeit gebe, sich der Heirat mit Anna zu entziehen. Als Cromwell erklärte, er fürchte, es gebe keine, fragte Heinrich: »Muß ich denn wirklich gegen meinen Willen meinen Nacken unter das Joch beugen?«

Wie üblich wollte Heinrich über Nacht über sein Problem nachdenken. Am nächsten Morgen, dem 5. Januar, verkündete er, er werde Anna am darauffolgenden Tag heiraten. Die Trauung fand am Dreikönigstag in Anwesenheit zahlreicher Räte, Adliger und Abgesandter aus Kleve in Heinrichs Kapelle in Greenwich statt. Laut Heinrich wurde die Ehe nie vollzogen. Obwohl er jede oder jede zweite Nacht bei Anna schlief, sagte er später, er habe sie als ebenso gute Jungfrau verlassen, wie er sie vorgefunden habe. Er habe ihren Leib und ihre Brüste befühlt und sei sicher, daß sie überhaupt keine Jungfrau mehr gewesen sei.[45]

Obwohl Heinrich zuletzt einsah, daß er sich mit der Heirat abfinden mußte, ist es bezeichnend für sein schrankenloses Selbstbewußtsein und seine völlige Gleichgültigkeit gegenüber Anstand und internationalen Gepflogenheiten, ganz zu schweigen von Annas persönlichen Gefühlen, daß er zeitweise erwog, sich einer Heirat mit Anna zu widersetzen, obwohl wochenlang diplomatische Verhandlungen geführt worden waren, politische Bündnisse von dieser Heirat abhingen und Anna mit großem Pomp in Calais, Dover und Blackheath empfangen worden war. Alle anderen Könige der Christenheit beugten sich der Notwendigkeit, für ein zweckmäßiges diplomatisches Bündnis gegebenenfalls eine häßliche Prinzessin heiraten zu müssen. Könige heirateten nicht zum Vergnügen, konnten sich aber immer mit Mätressen trösten. Heinrich jedoch hat seit seiner Heirat mit Anne Boleyn mit größter Wahrscheinlichkeit keine Mätresse mehr gehabt. Aus seinen Äußerungen gegenüber Castillon während der Heiratsverhandlungen 1538 geht hervor, daß er hoffte, eine passende Braut zu finden, die er sowohl aus Liebe als auch wegen des politischen Nutzens heiraten konnte. Hatten ihn das neue Amt als Oberhaupt der Kirche von England und der wiederholt erklärte Beschluß, das Laster in den Klöstern auszumerzen und hurende Priester und ehebrecherische Königinnen zu bestrafen, zu der Einsicht gebracht, er müsse ein Beispiel geben, indem er in seinem eigenen Sexualleben eine neue, unkonventionelle sittliche Strenge praktizierte? Oder drückt sich darin lediglich ein Charakterzug aus, der so vielen Menschen auffiel, die ihn kannten – seine absolute Entschlossenheit, jederzeit seinen Willen durchzusetzen und nur eine Frau zu heiraten, die er auch begehrte? Einiges spricht für die letzte Annahme. Chapuys und Castillon waren beide unabhängig voneinander zu demselben Schluß gelangt: Je mehr Heinrich sich bedroht fühlte, desto versöhnlicher gab er sich, und je mehr man ihn zu beschwichtigen suchte, desto trotziger wurde er. Im Jahr 1540 wagte niemand, sich ihm zu widersetzen, und er sah nicht ein, weshalb er etwas tun sollte, das er nicht wollte. Es kümmerte ihn nicht, ob er den Herzog von Kleve zutiefst verletzte, wenn er Anna im letzten Moment sitzenließ, denn der Herzog war kein besonders mächtiger Souverän. Es spielte auch keine Rolle, ob dadurch der ganze Plan für ein

Bündnis mit den deutschen Lutheranern hinfällig wurde, für den sich Cromwell damals stark machte. Nach den Ereignissen der Jahre 1533, 1535 und 1539 war es offensichtlich, daß der Kaiser niemals wagen würde, in Heinrichs Reich einzufallen oder den Handel zwischen England und den Niederlanden zu verbieten. Und Franz hatte sich bisher noch immer von Heinrich manipulieren lassen. Die Unterstützung der Lutheraner konnte sich Heinrich dadurch sichern, daß er einige adlige Anhänger des Papstes enthaupten und ein paar Äbte hängen, strecken und vierteilen ließ. Die Zustimmung der Mehrheit seiner Untertanen konnte er stets dadurch gewinnen, daß er Ketzer verbrennen ließ. Er wollte bei seinem Volk durch die Trennung von Anna von Kleve nicht wieder solchen Anstoß erregen wie mit der Scheidung von Katharina von Aragon, der Auflösung der Klöster und der Plünderung der Schreine, obwohl er jeden Widerstand gegen diese Maßnahmen im Keim erstickt hatte. Die große Mehrheit seiner Untertanen war ihm immer noch treu ergeben, besonders als eine Invasion sie bedroht hatte, und sie nannten ihn »unseren Herrscher, unseren Statthalter, unseren Beschützer und unser Haupt nächst Christus«.[46]

Die vereinzelten Glaubensflüchtlinge im Ausland waren ein Ärgernis. Als Wriothesley im Februar 1539 als Botschafter am Hofe Marias von Ungarn war, versuchte er den englischen Papisten Henry Phillips zu fassen, der an der Universität von Löwen studierte. Es gelang ihm, Phillips in die englische Botschaft in Brüssel zu locken. Doch ehe er Phillips nach England bringen konnte, gelang diesem eines Nachts die Flucht. Wriothesley bat die Behörden in den Niederlanden, ihm zu helfen, Phillips wieder einzufangen. Er behauptete, Phillips sei ein Dieb, der seinem eigenen Vater Geld gestohlen habe. Die papsttreuen Studenten von Löwen glaubten ihm jedoch nicht und versteckten Phillips. Wriothesley hielt es für klüger, keinen englischen Studenten mehr im Ausland studieren zu lassen.[47]

Ein englischer Edelmann namens Robert Branceter war 1527 in den Dienst des Kaisers getreten. Er hatte unter Karl in Nordafrika gedient und war in diplomatischer Mission nach Persien geschickt worden. Die englischen Behörden wurden davon unterrichtet, daß Branceter mit englischen Kaufleuten in Spanien gesprochen und sie gedrängt habe, dem Papst auch weiterhin treu zu sein und Heinrich nicht als Oberhaupt der Kirche von England anzuerkennen. Im Jahr 1539 erklärte das Parlament Branceter durch ein Gesetz zum Verräter. Wyatt versuchte nicht, Karl zur Auslieferung Branceters zu bewegen, sondern wartete auf eine andere Gelegenheit. Im Dezember 1539 reiste Karl von Spanien über Frankreich in die Niederlande. In Frankreich traf er mit Franz zusammen, um die gegenseitige Freundschaft zu bekräftigen. Wyatt begleitete Karls Hofstaat, Branceter gehörte als Edelmann zu Karls Gefolge. Wyatt meldete den französischen Behörden, daß sich ein englischer

Verräter namens Branceter in Frankreich aufhalte, ohne dabei zu erwähnen, daß dieser zum kaiserlichen Gefolge gehörte. Er erhielt einen Auslieferungsbefehl, drang in Paris in Branceters Unterkunft ein, überwältigte ihn und nahm ihn gefangen. Als die französischen Behörden jedoch feststellten, daß Branceter im Dienst des Kaisers stand, setzten sie ihn wieder auf freien Fuß. Karl protestierte aufs heftigste bei Wyatt, und Franz hatte eine ebenso heftige Unterredung mit Bonner, Heinrichs Botschafter in Frankreich.

Bonner war grob wie immer, und Franz verlangte von Heinrich, daß er ihn zurückrufe. Heinrich entschuldigte sich für Bonners Benehmen, rief ihn nach England zurück und schickte Norfolk nach Frankreich, um Franz' Zorn zu beschwichtigen. Norfolk galt bei den Franzosen als Fürsprecher Frankreichs in Heinrichs Kronrat. Bonner wurde von Heinrich zum Bischof von London befördert, um die Lücke zu schließen, die durch Stokesleys Tod entstanden war.[48]

Während seines Aufenthalts in Frankreich deutete Norfolk gegenüber Franz' Ministern an, daß Cromwells Macht ins Wanken geraten sei. Im April berichtete Marillac, an Heinrichs Hof finde hinter den Kulissen ein erbitterter Machtkampf statt.[49] Obwohl es kaum zuverlässige Beweise für diesen Machtkampf gibt, besteht kein Zweifel, daß Marillac und andere zeitgenössische Kommentatoren mit ihrer Ansicht recht hatten, daß Norfolk, der Räte von niedriger Geburt haßte und das neue Wissen verabscheute, und Gardiner ein Komplott zum Sturz Cromwells angezettelt hatten. Gardiner war der fähigste unter den orthodoxen katholischen Bischöfen. Als er im September 1538 nach dreijähriger Dienstzeit als Botschafter in Frankreich nach England zurückgerufen wurde, nutzte er seinen Einfluß gegen die Reformation und gegen Cromwell. Zwar machten die Protestanten Gardiner zu Unrecht für ihre Verfolgung unter Heinrich verantwortlich, und die Anhänger des Papstes gaben Cromwell zu Unrecht die Schuld an Heinrichs »Reformation«. Aber Gardiners Einfluß spielte im Religionsstreit am Hof immerhin eine entscheidende Rolle.

Nach Heinrichs Tod schrieb Gardiner voll Zuneigung und Respekt von ihm als »edlem Herrscher« und gab zu verstehen, daß er und Heinrich ausgezeichnet miteinander auskamen.[50] Das stimmt höchstwahrscheinlich auch: Gardiner besaß alle Vorzüge, die Heinrich an einem Mitglied des Kronrats schätzte. Er war ein erfahrener Theologe, ein fähiger Anwalt, ein eindrucksvoller Redner bei theologischen Streitgesprächen und ein außerordentlich erfolgreicher Diplomat. Seine Ansichten als Anwalt und sein unabhängiges Denken führten manchmal zu gefährlichen Meinungsverschiedenheiten mit Heinrich. Gardiner hielt sich jedoch stets an die Regel, die für Heinrich unabdingbar war: Der König erwartete von seinen Räten unter vier Augen aufrichtigen Rat und sogar offene Kritik, in der Öffentlichkeit dagegen absoluten

Gehorsam. Gardiner glaubte fest an Autorität und Disziplin, Staat und Kirche, Armee und Universität. Sogar die neue Aussprache des Griechischen, für die sich Erasmus eingesetzt hatte, hielt Gardiner für staatsgefährdend, weil dadurch Studenten die Korrektheit der Aussprache einiger ihrer Lehrer in Frage stellten. Als Kanzler der Universität Cambridge ordnete er 1542 an, jeden Studenten, der sich der neuen griechischen Aussprache bediente, zu bestrafen.[51]

Es spricht einiges dafür, daß Heinrich Gardiner ebenso mochte wie Wolsey, Morus und Cranmer. Dagegen besteht kein Grund zu der Annahme, daß er Cromwell jemals gemocht hat, obwohl er ihn für einen loyalen und nützlichen Diener und einen tüchtigen Administrator hielt. Cromwell war vor allem dann nützlich, wenn Dinge erledigt werden mußten, die Heinrich nicht interessierten, wie zum Beispiel die Neuordnung des Regierungsapparates und die Regelung der Aufgaben von Kronrat und Privy Council. 1537 kursierten am Hof Gerüchte, nach denen Heinrich dreimal in der Woche einen heftigen Streit mit Cromwell hatte und diesem manchmal einen Schlag auf den Kopf versetzte oder ihn am Genick packte und wie einen Hund schüttelte. Dabei dürfte es sich nicht einmal um Übertreibungen, sondern um Produkte reiner Phantasie und bloßen Wunschdenkens handeln. Allerdings machte Heinrich 1538 Castillon gegenüber abfällige Bemerkungen über Cromwell, wie er sie den Quellen zufolge über Wolsey, Morus, Cranmer oder Gardiner nicht machte.[52]

Im Frühjahr 1540 verliebte sich Heinrich in Katharina Howard, die zwanzigjährige Tochter von Norfolks Bruder Lord Edmund Howard. Katharina war eine der Hofdamen Annas von Kleve. Sie hatte einige Jahre im Haus ihrer Großmutter, der alten Herzogin von Norfolk, gelebt. Heinrich wußte nicht, daß sie unter dem Dach der alten Herzogin einen unsittlichen Lebenswandel geführt hatte und sich auch nicht von den Schlägen beeindrucken ließ, die sie manchmal deswegen bekam. Ebensowenig war ihm bekannt, daß sie einem jungen Edelmann des Haushalts namens Francis Derham heimlich die Ehe versprochen und mit ihm Unzucht getrieben hatte und daß sie die Geliebte ihres Cousins Thomas Culpepper, eines von Heinrichs Kammerherrn, und eines jungen Musikers namens Henry Mannox war, der ebenfalls dem Haushalt der Herzogin angehörte.[53]

Während des langen heißen Sommers von 1540, in dem die Tümpel austrockneten und das Vieh verdurstete, setzte Heinrich oft von Whitehall aus mit seiner Barke über den Fluß, um Katharina Howard in Southwark zu besuchen. Bei mehreren Gelegenheiten begegnete er ihr dort bei Festen in Gardiners Haus.[55] Die Tradition will, daß Norfolk und Gardiner sie Heinrich vorstellten, in der Hoffnung, sie werde seine Geliebte und könne ihn überreden, Gardiners prokatholische Politik zu unterstützen und Cromwell zu vernichten. Nichts deutet allerdings darauf hin, daß Katharina Howard etwas mit Cromwells Sturz oder mit Heinrichs politischem Kurswechsel 1540 zu tun hatte. Es ist unwahrscheinlich, daß dieses schwache und alberne Mädchen in der Lage gewesen wäre, eine raffinierte politische Intrige zu spinnen; und wenn Norfolk oder Gardiner offen versucht hätten, über sie Einfluß auf Heinrichs Politik zu nehmen, hätte Heinrich ablehnend reagiert und wahrscheinlich genau das Gegenteil von dem getan, was sie wollten.

Heinrich fand die zierliche, ausgelassene Katharina Howard wesentlich anziehender als seine neue Königin. Ende April übertrug er ihr Ländereien hingerichteter Verbrecher, die an ihn gefallen waren.[56] Wie bereits 1536 deckten sich auch diesmal seine Zuneigung zu einer jungen Frau und der Wunsch, sie zu heiraten, mit seinen politischen Plänen. Wenn Heinrich seine Untertanen und die Herrscher im Ausland davon überzeugen wollte, daß er ein gläubiger Katholik war, konnte er nichts Besseres tun, als Cromwell hinrichten zu lassen, der ihn glauben gemacht hatte, Anna von Kleve sei eine Schönheit. Cromwell hatte ihn nicht nur angelogen, sondern ihn obendrein zum Narren gemacht. So nahm der Plan, Cromwell und Anna von Kleve loszuwerden, Katharina Howard zu heiraten und sich Norfolk und Gardiner zuzuwenden, in Heinrichs Kopf allmählich Gestalt an. Aber Heinrich handelte niemals übereilt.

In Calais gab es neuen Ärger. Lisle und seine Anhänger machten nach wie vor Jagd auf Ketzer. Sie hatten herausgefunden, daß der Abgeordnete Broke, der seine Rede gegen die Sechs Artikel im Unterhaus widerrufen hatte, in der Fastenzeit Fleisch gegessen hatte. Lisle teilte Heinrich mit, er wolle Broke und drei andere aus den Marken verbannen. Heinrich antwortete, er halte es für besser, zwei zu hängen, als vier zu verbannen. Wenn Broke in der Fastenzeit tatsächlich ohne Genehmigung Fleisch gegessen habe, sei das nicht ein Beweis dafür, daß er wieder wie damals, als er die Sechs Artikel kritisiert habe, in die Ketzerei verfallen sei? Heinrich drängte die Behörden in Calais, einen Grund zu finden, um Broke als Verräter oder Ketzer hinrichten zu lassen.[57]

Hohe Würdenträger Heinrichs benützten die sonntäglichen Predigten bei Paul's Cross in der Fastenzeit oft zu propagandistischen Zwecken. Am ersten Fastensonntag des Jahres 1540 griff Gardiner in einer Predigt das Aufkommen von Neuerungen und die Zunahme der Ketzerei an. Zwei Wochen später kritisierte Barnes in seiner Predigt Gardiners Worte. Daraufhin beschwerte sich Gardiner bei Heinrich. Dieser befahl Barnes und Gardiner, ihren Streit in seiner Gegenwart auszutragen. Nachdem er sie angehört hatte, befahl er Barnes, zu widerrufen und Gardiner in einer weiteren Predigt in London um Verzeihung zu bitten. Zwei andere Protestanten, Thomas Garrett, der Pfarrer von Honey Lane in London, und William Jerome, der Vikar von Stepney, die beide zu Zeiten Wolseys und Morus' als Ketzer Schwierigkeiten bekommen hatten, hielten in London ebenfalls Predigten, die Gardiner mißfielen. Auch sie wurden aufgefordert, öffentlich zu widerrufen.[58] Am 31. März teilte Wallop Lisle in Calais die guten Neuigkeiten mit. Barnes, Garrett und Jerome hätten »ihre liederlichen Ansichten zurückgenommen; und um ehrlich zu sein, Seine Hoheit ist von solcher Tugend, daß ich glaube, die ganze Christenheit wird in Kürze sagen, der König von England sei als einziger vollkommen im Glauben, Gott schütze ihn.«[59]

Ein paar Tage später befahl Heinrich, Barnes, Garrett und Jerome zu verhaften und in den Tower zu werfen, da ihr öffentlicher Widerruf unzulänglich gewesen sei. Diesmal ging es nicht nur um eine Kampagne gegen Sakramentierer. Barnes hatte sich in den vergangenen neun Jahren bei Heinrich sehr beliebt gemacht; er war vom Standpunkt des Lutheraners gegen die Sakramentierer vorgegangen. Barnes' Verhaftung war ein Angriff auf das Luthertum und galt allgemein als Schlag gegen Cromwell. Am 10. April schrieb Marillac, Cromwells Macht sei im Wanken; Cromwell und Cranmer wüßten nicht, wie ihnen geschehe.[60]

Doch der Machtkampf war noch nicht entschieden. Die Behörden fanden heraus, daß Gregory Botolph, der frühere Kaplan Lord Lisles, der sich dann Kardinal Pole in Rom angeschlossen hatte, nach Gravelines gekommen war und heimlich mit Philpot, einem Priester in Calais, korrespondierte. Philpot wurde in den Tower geworfen.[61] Heinrich befahl Philpot, Botolph zu schreiben und ihn zu bitten, nach Calais zurückzukehren. Die Behörden seien bereit, ihm die Reise nach Rom zu vergeben und ihn zum Vikar von Arderne in den Marken von Calais zu ernennen. »Ihr werdet Brot und Wein, Käse und Eier vorfinden, doch sonst wird sich niemand um Euch kümmern«, schrieb Philpot.[62] Da Botolph Heinrich nicht in die Falle ging, bat der englische Gesandte in Gent Pate die niederländischen Behörden, Botolph auszuliefern. Pate gab an, Botolph habe Kirchengerät gestohlen. Er glaubte, die Behörden würden dies besonders empörend finden. Aber die Niederländer lehnten Botolphs Auslieferung ab.[63]

Am 17. April schrieb Heinrich an seinen »getreuen und innigst geliebten Cousin und Ratgeber« Lord Lisle und befahl ihm, seine Amtsgewalt in Calais dem Grafen von Sussex zu übertragen und an den Hof zu kommen. Tags darauf ernannte Heinrich Cromwell zum Grafen von Essex – der bisherige Graf hatte sich kurz davor bei einem Sturz vom Pferd das Genick gebrochen – und machte ihn zum Großsiegelbewahrer von England.[64]

Lord Lisle traf Mitte Mai in London ein. Ein paar Tage später wurde er abends um zehn verhaftet und in den Tower gebracht. Man beschuldigte ihn des Hochverrats, weil er mit seinem ehemaligen Kaplan Botolph geplant habe, Calais an den Bischof von Rom und den Verräter Reginald Pole auszuliefern. Mehrere von Lisles Dienern wurden mit ihm zusammen verhaftet. Die Behörden hatten herausgefunden, daß Lisle Botolph einmal einen Paß ausgestellt hatte, damit dieser von Calais ins Ausland reisen konnte, und daß er ein Empfehlungsschreiben für ihn aufgesetzt hatte. Zweifellos würden bald noch weitere Beweise ans Tageslicht kommen.[65]

Lisles Freund Sampson, der Dekan der Chapel Royal, wurde am 31. Mai in den Tower gebracht. Am nächsten Tag schrieb Marillac an Montmorency, den Konnetabel von Frankreich, er habe Cromwell sagen hören, es gebe noch fünf weitere Bischöfe, die das gleiche Schicksal verdienten wie Sampson, doch wolle er noch keine Namen nennen. »Die Ereignisse sind an einem Punkt angelangt«, schrieb Marillac, »wo entweder die Partei von besagtem Cromwell oder die des Bischofs von Winchester und seiner Anhänger fallen muß; und obwohl beide bei ihrem Herrn, dem König, großes Ansehen genießen und in seiner Gunst stehen, scheinen sich die Dinge zu Cromwells Gunsten zu entwickeln, weil der wichtigste Freund des Bischofs von Winchester, besagter Dekan der Chapel Royal, gefallen ist.«[66]

Nach Sampsons Verhaftung war unklar, was mit Latimer geschehen sollte, der elf Monate in Sampsons Haus in London gefangengehalten worden war. Das Problem wurde dem König vorgetragen. Heinrich sah darin keine Schwierigkeit. Da Sampsons Haushalt vermutlich nicht sofort aufgelöst werde, erklärte er, könne Latimer weiterhin in Sampsons Haus gefangengehalten werden, während Sampson im Tower saß.[67]

Auch in Irland gab es Probleme. Der dortige Statthalter Lord Leonard Grey schickte Heinrich zwar erfreuliche Berichte von erfolgreichen Feldzügen gegen die Geraldines und O'Conor, den wichtigsten der Rebellen. Die Vorstöße in O'Conors Gebiet endeten allerdings stets damit, daß Grey nach Dublin zurückkehrte und O'Conor auf freiem Fuß und ungeschlagen blieb. Die Mitglieder von Greys Rat intrigierten gegen den Statthalter. Der Erzbischof von Dublin und andere Räte verbreiteten Gerüchte über seine Unfähigkeit und deuteten sogar an, er stehe mit Pole in geheimem Kontakt. Sie behaupteten, er habe Kanonen und Munition nach Galway und Limerick bringen lassen, damit sie bereitstünden, wenn Pole und die Spanier an der Westküste landeten.[68]

Heinrich rief Grey an den Hof, um mit ihm über die militärischen Probleme zu sprechen. Grey sollte dann gestärkt für einen neuen Schlag gegen O'Conor nach Irland zurückkehren. Bei seiner Ankunft in London Anfang Juni wurde er wegen Hochverrats verhaftet und in den Tower geworfen.[69]

Am 7. Juni schickte Sampson Cromwell aus dem Tower einen Bericht über seine Gespräche mit Tunstall, Stokesley und Gardiner. Offensichtlich hatte Cromwell gehofft, Sampson werde Tunstall belasten. Trotzdem wurde Cromwell am 10. Juni in einer Sitzung des Kronrats von Norfolk wegen Hochverrats verhaftet und in den Tower gebracht.[70] Cromwell wurde wie vor ihm Lady Salisbury ohne Prozeß aufgrund eines parlamentarischen Strafbeschlusses verurteilt. Obwohl die anderen königlichen Räte stets Heinrichs »frömmstem und erhabenstem Ziel« gefolgt seien, so der Beschluß, habe Thomas Cromwell, Graf von Essex, »ein Mann von so geringem und niedrigem Stande wie nur wenige in diesem Königreich«, die Beförderungen und Geschenke, die Heinrich ihm gewährt habe, mit Undank belohnt. Deshalb werde er hiermit zum »verächtlichsten Verräter und Betrüger an Eurer königlichen Person und der Krone dieses Reiches« erklärt, »den es während Eurer vortrefflichen Regierungszeit jemals gegeben hat«. Cromwell sei außerdem ein »abscheulicher Ketzer«, der Ketzer beschützt und sie in ihren Irrlehren bestärkt habe, darunter auch Sakramentierer. Er habe Bestechungsgelder angenommen; er habe Lady Maria, die Tochter des Königs, heiraten wollen; er habe seit dem 31. März 1539 mehrmals erklärt, er sei sich des Königs »sicher« und werde bald so viel Macht haben, daß er den König zu jedem politischen Kurs zwingen könne, der ihm genehm sei. Cromwell sollte gehängt, gestreckt und gevierteilt oder verbrannt werden, ganz nach Ermessen des Königs.[71]

Cromwell durfte so lange im Tower am Leben bleiben, bis er das für Heinrichs Scheidung von Anna von Kleve nötige Material zusammengetragen hatte. Anschließend erhielt die Konvokation von Heinrich die Erlaubnis, die Gültigkeit der Ehe des Königs mit Anna zu prüfen. Heinrich legte eine von eigener Hand geschriebene Erklärung vor, nach der er der Heirat mit Anna von Kleve in erster Linie im Vertrauen darauf zugestimmt hatte, »dadurch einen sicheren Freund zu gewinnen, weil ich damals sowohl dem Kaiser und Frankreich als auch dem Bischof von Rom mißtraute; und weil ich so viel über ihre außergewöhnliche Schönheit und Tugend gehört hatte«. Aber als er sie das erste Mal in Rochester gesehen habe, »da gefiel sie mir überhaupt nicht, das versichere ich Euch, und sie war so ganz anders, als man sie mir geschildert hatte, daß es mir lieber gewesen wäre, sie wäre nie nach England gekommen«. Heinrich behauptete, er habe Anna nicht aus freien Stücken geheiratet und die Ehe sei ungültig, weil das Einverständnis zwischen den Partnern fehle.

Zum Beweis seiner Behauptung nannte er außer Lord Southampton und Sir Anthony Browne auch Lord Essex als Zeugen, »weil ich keinen Zweifel habe, daß er seine Seele nicht der Verdammnis preisgeben, sondern die Wahrheit sagen wird, nun, da er weiß, daß er durch Parlamentsbeschluß zum Tode verurteilt ist«.[72] Weiter behauptete Heinrich, er sei nicht in der Lage gewesen, die Ehe mit Anna zu vollziehen. Dies wurde von seinem Arzt Dr. Butts bestätigt, der erklärte, Heinrich habe in den Monaten seiner Ehe mit Anna nächtliche Samenergüsse gehabt, was beweise, daß er während dieser Zeit nicht mit einer Frau geschlafen habe. Angesichts der Beweiskraft dieser Aussage entschied die Konvokation, daß die Ehe ungültig sei und es Heinrich und Anna freistehe, sich wieder zu verheiraten.[73]

Die Scheidung verursachte weniger Probleme, als Heinrich und seine Räte erwartet hatten. Anna willigte in die Scheidung ein und war bereit, in England zu bleiben, Heinrichs Abfindung anzunehmen und ihrem Bruder, dem Herzog von Kleve, zu schreiben, daß sie mit dieser Lösung einverstanden sei.[74] Heinrich schenkte ihr zwei Wohnsitze, einen in Richmond und einen in Bletchingley in Surrey, und manchmal besuchte er sie in Richmond. Außerdem schenkte er ihr Ländereien, die er zuvor Cromwell gegeben hatte und die an Heinrich zurückgefallen waren, als Cromwells Besitz durch Parlamentsbeschluß eingezogen wurde.

Heinrich wandelte Cromwells Strafe in Tod durch Enthaupten um. Am 28. Juli wurde Cromwell auf dem Platz vor dem Tower hingerichtet. Lord Hungerford wurde mit ihm hingerichtet. Er war durch Parlamentsbeschluß zum Tod verurteilt worden, weil er mit seiner Tochter Unzucht getrieben und sie vergewaltigt hatte, weil sein Kaplan mit den Teilnehmern der Gnadenwallfahrt sympathisiert hatte und weil er Zauberer gebeten hatte, ihm zu weissagen, wann der König sterben werde.[75] Zwei Tage später demonstrierte Heinrich auf eindrucksvolle Weise seine Entschlossenheit, Papisten wie Ketzern den Garaus zu machen. Er befahl, die drei Ketzer Barnes, Garrett und Jerome am selben Tag in Smithfield zu verbrennen, an dem die drei Papisten Abel, Powell und Featherstone dort als Verräter gehängt, gestreckt und gevierteilt wurden, weil sie das königliche Supremat leugneten. Abel war der Beichtvater Katharinas von Aragon gewesen. Man hatte ihn 1533 verhaftet, als Katharinas Haushalt nach Cranmers Urteil von Dunstable aufgelöst wurde. Abel hatte mehr als sechs Jahre im Gefängnis zugebracht. Powell und Featherstone hatten fast ebensolange im Gefängnis gesessen, weil sie sich weigerten, den Eid auf die Erbfolge der Nachkommenschaft von Heinrich und Anne Boleyn abzulegen. Jetzt wurden sie wie Barnes, Garrett und Jerome durch Parlamentsbeschluß ohne Gerichtsverhandlung zum Tode verurteilt.

Die drei Ketzer und die drei Papisten wurden auf drei Schleifen durch die Straßen von London gezogen, jeweils ein Ketzer und ein Papist auf einem Gitter. Barnes und Powell waren zusammen auf ein Gitter gebunden. Als man sie durch die spottende Menge zog, stritten sie heftig miteinander. Jeder behauptete von sich, ein Märtyrer für den Glauben zu sein, und erklärte, der andere werde zu Recht bestraft.[76]

Barnes hielt am Brandpfahl noch eine Rede. Er erklärte, er wisse nicht, weshalb er hingerichtet werden solle, da man ihn nie irgendeines Vergehens beschuldigt oder ihm gesagt habe, warum er sterben müsse. Da er verbrannt werden solle, nehme er an, daß er wegen Ketzerei bestraft werde. Er fragte den für die Hinrichtung zuständigen Sheriff, ob dieser wisse, warum er sterben müsse. Aber der Sheriff wußte es nicht. Barnes sagte, daß er stets Wiedertäufer verfolgt habe, und bat die Umstehenden, für den König zu beten, wie er selbst im Gefängnis gebetet habe. Sie sollten Gott bitten, daß Heinrich noch lange über sie regieren möge. »Es hat geheißen, ich wiegle die Menschen auf und predige Ungehorsam gegenüber dem König; doch hier an dieser Stelle sage ich euch, daß ihr alle durch Gottes Gebot verpflichtet seid, eurem Herrscher in aller Demut und von ganzem Herzen zu gehorchen, ja, daß ihr ihm nicht einen Augenblick lang ungehorsam sein dürft.«[77]

John Foxe schrieb in seinem *Book of Martyrs*, Heinrichs Rat sei im Sommer 1540 in ein protestantisches und ein »papistisches« Lager gespalten gewesen. Zu den Protestanten gehörten Cranmer, Suffolk, Edward Seymour (der spätere Herzog von Somerset), Dudley (später Herzog von Northumberland), Russell, Paget, Sadler und Audley. Die »Papisten« waren Gardiner, Tunstall, Norfolk, Southampton, Anthony Browne, Paulet, Baker, Rich und Wingfield. Foxe schrieb, die Protestanten hätten Abel, Powell und Featherstone hinrichten lassen wollen, die Papisten Barnes, Garrett und Jerome. Schließlich habe man sich darauf geeinigt, alle sechs hinzurichten. Dr. Scarisbrick der aus irgendeinem Grund annimmt, man habe Barnes beschuldigt, ein Wiedertäufer zu sein, schreibt, daß »Heinrich nichts mit seinem Tod zu tun hatte und wahrscheinlich nicht einmal genau wußte, wie es dazu kam.«[78]

Weder Barnes selbst, der 1540 auf dem Scheiterhaufen starb, noch Foxe 23 Jahre später, noch Scarisbrick im Jahr 1968 gaben dem Mann die Schuld, der zweifellos für die Entscheidung verantwortlich war – und es als einziger nur sein konnte –, die drei Ketzer zu verbrennen und die drei Papisten zu hangen, zu strecken und zu vierteilen. Deutlich kommt hier eine Politik zum Ausdruck, der schon 1533 der Sakramentierer Frith zum Opfer gefallen war, als der endgültige Bruch mit Rom vollzogen wurde, sodann 1535 die vierzehn Wiedertäufer, die innerhalb eines Monats nach den Hinrichtungen von Fisher, Morus und den Kartäusermönchen verbrannt wurden, und 1538 Lambert, der zehn Tage vor der Verurteilung Exeters, Montagus und der führenden Anhänger der Papisten auf dem Scheiterhaufen starb. Norfolk, Gardiner und die anderen orthodoxen Katholiken hätten niemals gewagt, jemanden ohne Heinrichs Erlaubnis hinrichten zu lassen – sie wagten ja kaum, eine unwichtige Entscheidung zu treffen, ohne dem König die Sache vorzutragen –, erst recht nicht einen bedeutenden Theologen wie Barnes, der die vergangenen neun Jahre sowohl bei Hof als auch im Ausland als Prediger und Diplomat tätig gewesen war.

Für Heinrich war Barnes das ideale Opfer. Nach Cromwell war er der meistgehaßte Ketzer in der Umgebung des Königs, den man für die ketzerischen Neuerungen in der Kirche von England verantwortlich machte. Anders als ihr König interessierten sich Heinrichs fromme Untertanen nicht für theologische Spitzfindigkeiten. Sie wußten nur, daß Barnes ein »abscheulicher Ketzer«[79] war, wie es in dem Parlamentsbeschluß hieß, und schon einmal vor vielen Jahren als Ketzer verurteilt worden war.

Während Cromwell im Tower auf seine Hinrichtung wartete, saßen die Bischöfe und gelehrten Theologen kraft der Vollmacht, die er zwei Monate zuvor als Generalvikar erteilt hatte, zusammen, um über die Beschaffenheit der Sakramente und Fragen hinsichtlich der Bischofs- und Priesterweihe zu sprechen. Sie wurden angewiesen, ihre Entscheidung unter Berücksichtigung der Heiligen Schrift und der patristischen Texte zu treffen. Als Cranmer sich zu diesen schwierigen theologischen Fragen äußerte, fügte er hinzu, er sei bereit, seine Meinung zu ändern und eine andere Entscheidung zu treffen, wenn Heinrich es von ihm verlange: »Das ist im Augenblick meine Meinung und mein Urteil, das ich nicht unbesonnen äußere, sondern ganz dem Urteil Eurer Majestät überlasse.«[80] Die Bischöfe und Höflinge änderten ihre religiösen Ansichten, wie es ihnen opportun erschien, billigten eine Heirat und erklärten sie hernach wieder für ungültig, machten sich bei Heinrichs Ministern lieb Kind, um sie später als Verräter zu diffamieren, und ließen ihre engsten Freunde und Verwandte hinrichten, bis sie selbst in den Tower geworfen und zum Richtplatz geführt wurden. Und wenn sie dann auf dem Schafott oder Scheiterhaufen auf den Tod warteten, galten ihre letzten Worte dem König, den sie über alle Maßen priesen.

Heinrich fand in diesem unerbittlich heißen Sommer noch Zeit, sich um die Angelegenheiten des Hosenbandordens zu kümmern, was ihm immer große Freude bereitete. Die Namen der Ritter dieses vornehmsten Ordens waren in prächtigen Büchern niedergeschrieben. Allerdings war eine beträchtliche Anzahl von ihnen bereits wegen Hochverrats hingerichtet worden. Die Beamten waren unsicher, ob sie ihre Namen aus der Liste streichen sollten. Zwar hatten die Verräter das mehr als verdient, aber die vielen Streichungen würden die Bücher entstellen. Die Angelegenheit wurde dem König vorgetragen. Er ordnete an, die Namen nicht zu streichen, aber neben jeden Namen die Worte *Vah, proditor* (Ha, ein Verräter!) zu setzen.[81]

25

Katharina Howard

Am 28. Juli, dem Tag von Cromwells Hinrichtung, heiratete Heinrich Katharina Howard in aller Heimlichkeit in Oatlands. Am 8. August wurde sie öffentlich als Königin vorgestellt, als sie in Hampton Court unter einem Baldachin speiste. Marillac bemerkte wie andere, die sie sahen, daß sie sehr klein war. Seiner Ansicht nach war sie eher anmutig als schön. Heinrich war leidenschaftlich in sie verliebt und behandelte sie mit größter Achtung und Fürsorge. Aber viele mochten sie nicht. Marillac schrieb, ihr Motto sei »Kein anderer Wille als der ihre«. Während sie zu Anna von Kleve sehr freundlich war, bekam sie bald Streit mit Lady Maria. Sie beschwerte sich, daß Maria sie nicht mit demselben Respekt behandle, mit dem sie Johanna Seymour und Anna von Kleve behandelt habe, als diese Königinnen waren, und sie rächte sich, indem sie Maria zwang, zwei ihrer liebsten Hofdamen zu entlassen.[1]

Katharina war nicht besonders feinfühlig. Sie machte zwei ihrer ehemaligen Liebhaber, Derham und Mannox, zu Mitgliedern ihres Haushalts. Außerdem sah sie ihren anderen Liebhaber Culpepper sehr häufig, da er ein Kammerherr Heinrichs war.

Überall lag die Erwartung in der Luft, daß nun, da Cromwell tot war, große Veränderungen stattfinden würden. Sogar im protestantischen London, berichtete Hall, »trauerten viele, aber mehr noch freuten sich«, als Cromwell in den Tower geworfen wurde. Die ehemaligen Mönche waren besonders froh. »Sie veranstalteten an diesem Abend ein Festessen und triumphierten, und viele wünschten, sie hätten diesen Tag schon sieben Jahre früher erlebt.«[2] Auch Norfolks 23 Jahre alter Sohn, der Graf von Surrey, freute sich, als Cromwell hingerichtet wurde. »Nun ist dieser abscheuliche Grobian tot, der so gierig war nach dem Blut anderer«, sagte er zu seinem Cousin Sir Edmund

Knyvett. »Man hat ihn mit seinen eigenen Waffen geschlagen.« Er fügte hinzu: »Wenn es nach diesen Emporkömmlingen ginge, bliebe kein Adliger am Leben.«[3]

Die Protestanten dagegen waren niedergeschlagen. Der Kaufmann Richard Hilles, ein Anhänger Zwinglis, der aufschlußreiche Briefe über England schreiben konnte, nachdem er erst einmal sicher aus dem Land war, um die Frankfurter Messe zu besuchen, schrieb an Bullinger in Zürich, man könne nun »vom Osten Englands nach Westen und von Norden nach Süden reisen, ohne einem einzigen Prediger zu begegnen, der lauteren Herzens und mit dem wahren Glauben nach der Herrlichkeit unseres Gottes sucht«. Heinrich habe sie alle ausgerottet.[4]

Barnes' Feuertod erschütterte die deutschen Lutheraner. Sie veröffentlichten seine Rede auf dem Scheiterhaufen. Luther schrieb im Vorwort, Barnes sei Heinrich treu ergeben gewesen und habe ihn stets »meinen König« genannt. Doch »der Junker Heintze will Gott sein und thun was im gelüstet«. Für Luther zeigte Heinrichs Versäumnis, einen Grund für Barnes' Hinrichtung zu nennen, daß sich der König deswegen schämte und daß Barnes' Tod ein Geschenk für Heinrichs neue Braut war, so wie Herodes der Tochter des Herodias das Haupt Johannes' des Täufers zum Geschenk gemacht hatte. Luther schrieb, daß Barnes ihm in einem Gespräch unter vier Augen erklärt habe, Heinrich habe Morus und Fisher in ähnlicher Weise geopfert, um Anne Boleyn zu gefallen.[5] Ein solches Geständnis hätten weder Barnes noch ein anderer englischer Lutheraner öffentlich abgelegt.

Nach Hilles' Ansicht war es den meisten Leuten in England gleichgültig, weshalb Barnes und seine Leidensgefährten hingerichtet wurden, »weil es für uns nichts Ungewöhnliches mehr ist, zu sehen, wie Menschen erschlagen, gehängt, gevierteilt oder geköpft werden; die einen wegen leichtfertiger Äußerungen, die als Angriff gegen den König verstanden oder gedeutet werden; die anderen wegen des päpstlichen Supremats; der eine für dies, der andere für jenes«. Obwohl ein Anhänger Zwinglis, war Hilles durchaus geneigt, der Behauptung der Papisten Glauben zu schenken, ihr Fürsprecher Abel, der zusammen mit Barnes starb, sei »lange in einem stinkenden Gefängnis gefangengehalten und vom Ungeziefer beinahe aufgefressen« worden.[6]

Heinrich war gut gelaunt und in seine neue Gemahlin verliebt. Er fürchtete niemanden und war bereit, sich gleichzeitig mit Karl und Franz anzulegen. Zur Zufriedenheit seiner Untertanen hatte er im Sommer 1540 das Parlament gebeten, ein Ausländergesetz zu verabschieden, das an ein seit Jahren nicht mehr angewandtes Statut Richards III. anknüpfte. Dadurch wurden Ausländern verschiedene Lasten auferlegt: Sie durften in England kein eigenes Land besitzen oder mehr als zwei Diener einstellen. Ein neues Gesetz über Zuwendungen des Parlamentes an die Krone besteuerte Ausländer mit einem

Schilling pro Pfund, während Engländer einen halben Schilling pro Pfund zahlen mußten. Karl und Franz protestierten, daß diese Gesetze ihre Verträge mit Heinrich verletzten, nach denen die Untertanen der Vertragspartner nicht diskriminiert werden dürften. Heinrich wies den Vorwurf zurück und erklärte, das Gesetz Richards III. sei bereits in Kraft gewesen, als die Verträge geschlossen wurden, die Verträge würden daher durch das Gesetz modifiziert. Außerdem weigerte er sich, Ausländern, deren Ländereien eingezogen wurden, Abfindungen zu zahlen: Sie hätten von dem Gesetz wissen müssen, als sie das Land erwarben.

Karl hatte bereits seit über einem Jahr keinen Botschafter mehr in England. Im August 1540 schickte er Chapuys nach London, obwohl dieser krank war und in einer Sänfte getragen werden mußte. Chapuys kam in Gesprächen mit dem Kronrat und mit Heinrich immer wieder auf die ausländerfeindliche Gesetzgebung zu sprechen, und auch Marillac protestierte heftig. Da Heinrich nicht nachgab, rächte sich Maria von Ungarn, indem sie englischen Kaufleuten in Antwerpen Beschränkungen auferlegte und den Export einer von Heinrich bestellten Ladung Rüstungen aus den Niederlanden verbot. Daraufhin verweigerte Heinrich die Ausfuhrgenehmigung für das Holz, das die städtischen Behörden von Dünkirchen jedes Jahr aus Rye erhielten. Heinrich und seine Anwälte versuchten mit sophistischen Gründen zu beweisen, daß das von Maria von Ungarn verhängte Ausfuhrverbot für Rüstungen einen Vertragsbruch darstellte, während Heinrichs Ausfuhrverbot für Holz nicht gegen den Vertrag verstieß. Zugleich deutete Heinrich jedoch an, daß er einer höflichen Bitte Chapuys' entsprechen und das Exportverbot für Holz nach Dünkirchen aufheben werde, wenn Maria von Ungarn das Ausfuhrverbot für Rüstungen zurücknehme. Maria von Ungarn gab sich damit nicht zufrieden, und der Streit ging weiter.[7]

Zwischen Heinrich und Franz kam es zu einer weitaus ernsteren Konfrontation. An der Grenze zwischen Frankreich und den Marken von Calais, entlang dem Fluß zwischen Ardres und Balinghem, lag Weideland, das die Franzosen »Le Cauchoire« und die Engländer »Cowslade« nannten. Das Landstück gehörte zu dem Gebiet, das König Johann von Frankreich gemäß dem Vertrag von Brétigny an Eduard III. abgetreten hatte. Doch die hohen Bäume, die 1360 die Grenze markiert hatten, waren schon seit langem gefällt. Nur noch wenige der älteren Einwohner konnten sich an sie erinnern. Schon während der Regierungszeit Heinrichs VII. war es wegen der Weide zu Spannungen gekommen, weil die Franzosen darauf Häuser errichtet und die Engländer sie vertrieben, die Häuser niedergerissen und das Baumaterial mitgenommen hatten.

Im Juli 1540 schickte die französische Garnison in Ardres Arbeiter los, um vom französischen Ufer aus eine Brücke über den Fluß zum englischen Ufer zu bauen. Lord Maltravers, der Lisle als Statthalter von Calais gefolgt war, war beunruhigt. Seiner Meinung nach wurde die Brücke nur gebaut, damit die Franzosen im Kriegsfall in englisches Territorium einmarschieren konnten. Heinrich befahl Maltravers, die Brücke zu zerstören. Am 7. September wurden Arbeiter losgeschickt, um sie einzureißen. Am 29. September bauten die Franzosen sie wieder auf. Daraufhin schickte Maltravers 200 Arbeiter mit einer Eskorte von 300 Soldaten und berittenen Bogenschützen los, um die Brücke erneut einzureißen. Die Franzosen bauten sie jedoch abermals auf. Als Maltravers zum Flußufer ritt, um die neue Brücke in Augenschein zu nehmen, stürzten aus einem Haus am französischen Ufer hundert Arkebusiere.* Einer von ihnen schoß auf Maltravers, und dieser zog sich zurück. Er bereitete sich gerade darauf vor, die Brücke ein drittes Mal zu zerstören, als er zu seiner großen Enttäuschung von Heinrich den Befehl erhielt, nichts weiter zu unternehmen. Heinrich hatte mit Marillac vereinbart, mit Franz auf diplomatischer Ebene zu verhandeln. Der Streit zog sich über ein Jahr hin. Unterdessen prüften englische und französische Anwälte die Dokumente zum Grenzverlauf.[8]

Heinrich befahl, die Befestigungsanlagen von Calais und Guisnes gründlich zu überholen und zu verstärken. Außerdem belegte er die Garnison mit zusätzlichen 2 000 Soldaten. Die Franzosen nahmen irrtümlich an, er habe nicht 2 000, sondern 20 000 Mann nach Calais geschickt.[9]

Auch in einer anderen Angelegenheit bekam Heinrich Streit mit Franz. Er hatte erfahren, daß ein schwachsinniger Schneider in Orléans als Nachkomme Eduards IV. und Thronerbe aus dem Hause York auftrat. Der Schneider nannte sich »Blanche Rose« (Weiße Rose). Heinrichs Agenten fanden heraus, daß es sich um einen Engländer namens Richard Hosier handelte, der England 1531 verlassen hatte. Heinrich verlangte seine Auslieferung als Verräter. Die französischen Behörden erklärten, Hosier sei als Sohn eines englischen Vaters und einer französischen Mutter in Orléans geboren worden und kein englischer Untertan. Daher brauche er nach dem Vertrag nicht ausgeliefert zu werden. Heinrich bestand auf seiner Auslieferung und erklärte, es sei ein feindseliger Akt von Franz, wenn er der Behauptung dieses Schneiders aus niedrigem Stande, er sei ein Franzose, eher Glauben schenke als dem Wort eines Königs, dem zufolge der Schneider Engländer war. Erst als die Franzosen mit Nachdruck deutlich machten, daß »Blanche Rose« nicht ausgeliefert werde, erklärte Heinrich, es sei unter seiner Würde, sich mit den Aktivitäten eines Schneiders zu beschäftigen, er werde die Sache daher auf sich beruhen lassen.[10]

* Arkebusiere sind mit der neuen Hakenbüchse bewaffnete Infanteristen; sie spielen in der Kriegführung des 16. Jahrhunderts eine bedeutende Rolle.

Vor Franz oder Karl fürchtete Heinrich sich nicht, wohl aber vor der Pest, die im Herbst 1540 über London hereinbrach. Jede Woche fielen ihr 300 Menschen zum Opfer. Am Ende seiner jährlichen Rundreise kehrte Heinrich nicht nach Greenwich oder Hampton Court zurück, sondern verbrachte den Winter in Windsor. Er gab Befehl, daß niemand aus London an den Hof kommen dürfe. Als auch in Windsor die ersten Pestfälle bekannt wurden, befahl er, jeden, der sich angesteckt hatte, aus der Stadt zu treiben. Die Kranken und Sterbenden wurden aus ihren Betten gezerrt und auf die Felder außerhalb der Stadt gebracht. Dort mußten sie sterben, wenn sie nicht anderswo unterkommen konnten.[11] Dies war freilich keine Neuerung Heinrichs, sondern die übliche Praxis, wenn die Pest grassierte.

Heinrich erkrankte zwar nicht an der Pest, aber dafür machte ihm sein Bein zu schaffen. Auch sein allgemeiner gesundheitlicher Zustand verschlechterte sich. Er war sehr dick geworden. Durch seine Rüstung im Tower wissen wir, daß sein Taillenumfang 137 Zentimeter betrug. Dennoch aß und trank er weiterhin enorme Mengen. Als Marillac ihn im Dezember 1540 besuchte, war Heinrich gut gelaunt und beschäftigte sich die meiste Zeit mit der Falknerei, da die Jagdsaison bereits vorüber war. Er erzählte Marillac, sein Tagesablauf habe sich geändert. Er stehe jetzt zwischen fünf und sechs Uhr morgens auf, gehe um sieben zur Messe und reite anschließend bis zum Essen um zehn drei Stunden aus. Er fühle sich in Woking viel besser als früher, wo er den Winter in seinen Schlössern außerhalb Londons verbracht habe. Doch seine gute Laune war zu Ende, als sein offenes Bein sich wie vor drei Jahren schloß und heftiges Fieber verursachte. Im Februar 1541 glaubte man ein paar Tage lang, er würde sterben. Aber er erholte sich wieder.[12]

Mit dem kranken Bein und dem enormen Leibesumfang konnte Heinrich zwar keinen Sport mehr treiben, er verbrachte aber dennoch die meiste Zeit im Freien, wie er es sein Leben lang getan hatte. Im kalten Winter 1540/41, als die Straßen im Norden mehrere Tage lang durch Schnee blockiert waren, ging er auf die Falkenjagd. Warm eingepackt gegen die Kälte, setzte er sich auf sein Pferd und beobachtete, wie sein Falke die Beute jagte. Lord William Howard berichtete Franz I. im Februar 1541, Heinrich bestehe selbst bei strengster Kälte darauf, hinauszugehen, während es die meisten seiner Diener vorzögen, drinnen zu bleiben.[13]

Heinrichs Körpergröße und das ihm angeborene würdevolle Auftreten verbargen bis zu einem gewissen Maße seine Fettleibigkeit. Seine Manieren, vor allem im Umgang mit Frauen, waren in der Regel tadellos, und er konnte auf diejenigen, die ihn sahen und mit ihm sprachen, einen außerordentlich vorteilhaften Eindruck machen. Als sich die verwitwete Gräfin von Northumberland bei ihm beklagte, daß sie von dem Vermögen ihres verstorbenen

Mannes nicht genügend bekomme, schrieb Swyfoe an ihren Bruder, den Grafen von Shrewsbury, Heinrich habe ihr freundlich zugehört, »sich, auf seinen Stab gestützt, zu ihr hinuntergebeugt und gesagt: ›Madam, wie könnt Ihr eine Rente von den Gütern Eures Gatten verlangen, da doch Euer Vater Eurem Gatten bei der Heirat keine Mitgift gegeben hat? Oder was glaubt Ihr, daß ich hierbei tun soll?‹« Sie habe geantwortet: »Was Eurer Majestät beliebt.« »Madam«, habe der König gesagt, »ich bin höchst erstaunt, daß Mylord, Euer Vater, ein Mann von so großer Weisheit, zu seiner Zeit keine Vorsorge getroffen hat. Trotzdem, Madam, befinden Wir für gut, die Sache Unserem Rat zu unterbreiten.« Heinrich wandte sich an Tunstall und Sir Anthony Browne und übergab Tunstall die Bittschrift der Gräfin. Die Gräfin bat ihn, gütig und gnädig gegen sie zu sein, und er erwiderte: »Wir werden es sein.«[14]

Doch Marillac schrieb, er habe aus zuverlässiger Quelle erfahren, daß Heinrichs Bein und sein unmäßiges Essen und Trinken ihn reizbar gemacht hätten, so daß er nach dem Essen oft ganz anderer Meinung sei als am Morgen. Laut Marillac verfluchte er dann seine Untertanen und drohte ihnen mit Steuern, die sie so arm machen würden, daß sie nicht wagen würden, gegen ihn zu rebellieren. Außerdem warf er seinen Räten Untreue vor und behauptete, sie hätten ihn dazu gebracht, sich Cromwells zu entledigen, des treuesten Dieners, den er je gehabt habe. Marillacs »zuverlässige« Informanten waren jedoch oft recht unzuverlässig. Marillac war nicht so intelligent und erfahren wie sein Vorgänger Castillon. Seit er 1539 auf dem Höhepunkt der Invasionsgefahr das erste Mal nach England gekommmen war und Franz mehrmals berichtet hatte, Heinrich habe eine Flotte von 90 Kriegsschiffen gefechtsbereit im Hafen von Portsmouth liegen – in Wirklichkeit waren es nur 56 Schiffe –, hatte er seiner Regierung immer wieder falsche Informationen geliefert. Das Gerücht, Heinrich habe erklärt, er wolle sein Volk so arm machen, daß es sich ihm nicht mehr widersetzen könne, war bereits seit Jahren in Umlauf. Und die Behauptung, er mache seine Räte für Cromwells Sturz verantwortlich, ist der Geschichte, die man sich 1530 erzählte, verdächtig ähnlich: Damals soll Heinrich seinen Räten vorgeworfen haben, sie hätten den Sturz Wolseys zugelassen.[15]

Nach der Hinrichtung von Cromwell und Barnes und dessen Leidensgenossen wurden vorerst keine Todesstrafen mehr vollstreckt. Lisle und Lord Leonard Grey, von Cromwell noch vor seinem Sturz in den Tower geworfen, blieben auch nach der Gefangennahme und Hinrichtung Cromwells dort eingesperrt, desgleichen die alte Gräfin Salisbury. Alle Gefangenen waren durch parlamentarischen Strafbeschluß zum Tode verurteilt worden, sie wurden jedoch weder hingerichtet noch begnadigt. Edward Courtenay, der Sohn des hingerichteten Marquis von Exeter, war mit zwölf Jahren zusammen mit seinem Vater in den Tower gekommen, wo er seither ohne Anklage gefangengehalten wurde. Da Lisle und Grey, die Statthalter von Calais und Irland, zu Beratungen nach England zurückgerufen und dann prompt verhaftet worden waren, waren Heinrichs Botschafter im Ausland nicht wie sonst scharf darauf, nach Hause zurückbeordert zu werden. Im Ausland waren sie sicherer, obwohl sie sich dort nicht an dem Gerangel am Hof um klösterliche Ländereien und den eingezogenen Besitz von Verrätern beteiligen konnten.

Heinrichs Gesandter in den Niederlanden war Richard Pate, der Archidiakon von Lincoln, dessen Onkel Longland war, der Bischof von Lincoln und Heinrichs Beichtvater. Pate hatte sich bei seinen diplomatischen Verhandlungen die größte Mühe gegeben und alles getan, um die Auslieferung englischer Dissidenten auf kaiserlichem Boden zu erreichen. Er hatte Heinrich und seinen Räten stets die richtigen Briefe geschrieben. Cromwell hatte er am 27. April 1540 versichert, »daß Ihr keinen treueren Diener habt als mich … und auf dieser Welt keinen aufrichtigeren Fürbitter«. Am 27. Juni dagegen schrieb er an Heinrich, daß Cromwell, nachdem Heinrich »ihn aus dem Misthaufen zu großen Ehren erhoben« habe, den Undank eines »Verräters schlimmer als Luzifer« gezeigt habe. Heinrichs Agenten fanden jedoch heraus, daß der Papist Dr. Hillyard, der über den Tweed nach Schottland geflohen war, einen Brief an Pates Kaplan geschrieben hatte. Der Rat schrieb an Pate und versicherte ihm, der König habe trotz Hillyards Brief vollstes Vertrauen in seine Loyalität. Trotzdem wurde er im Dezember 1540 nach England zurückbeordert.[16]

Pate, der sich am Hof des Kaisers in Namur aufhielt, sagte seinen Dienern, er werde am nächsten Morgen in aller Frühe nach England aufbrechen. Dem Stallknecht befahl er, dafür zu sorgen, daß sein Pferd für die Reise gut beschlagen sei, seinem Pagen trug er auf, ihm eine Kassette ans Bett zu bringen, in der er einen Brief aufbewahre, den er sich ansehen wolle. Als der Page wie gewohnt um fünf Uhr morgens kam, um ihn zu wecken und das Feuer anzuzünden, war die Kammer leer: Pate hatte sich zusammen mit seinem Sekretär und einem Diener abgesetzt. Er hatte die Kassette geöffnet, Geld und Papiere herausgenommen und war mitten in der Nacht auf seinem frisch beschlagenen Pferd davongeritten. Pate überquerte die Maas mit einem Boot, das schon seit langem Tag und Nacht hinter dem Haus für ihn bereitlag, und begab sich in das Gebiet des Bischofs von Lüttich, der Auslieferungsersuchen stets ablehnte. Dann reiste er unbehelligt über Deutschland nach Rom, und ein paar Monate später wurde er vom Papst zum Bischof von Worcester ernannt. An den Einkünften seines Bistums konnte er sich freilich erst nach seiner Rückkehr nach England unter Königin Maria erfreuen.[17]

Wyatt, der einige Monate zuvor von seinem Posten als Botschafter beim Kaiser abberufen worden war, wurde im Januar 1541 wegen Hochverrats in den Tower geworfen. Er wurde beschuldigt, während seiner Zeit als Botschafter an Karls Hof mit englischen Verrätern im Ausland in geheimem Kontakt gestanden zu haben. Sir John Wallop, seinem Gesandten in Paris, schrieb Heinrich, er rufe ihn nach England zurück, weil er ihn für einen höheren Posten ausersehen habe. Zur gleichen Zeit traf er Vorkehrungen, Wallop auf der Heimreise in Sittingbourne zu verhaften und heimlich zum Verhör in ein Haus in Southwark zu bringen. Ehe Wallop Paris verließ, erfuhr er jedoch, daß er in Sittingbourne verhaftet werden sollte. Heinrich ließ den Plan daraufhin fallen und versicherte ihm, er habe vollstes Vertrauen zu ihm. Wallop kehrte nach England zurück, und Heinrich erlaubte ihm, nach London zu kommen. Er ließ ihn vom Rat vernehmen, ohne ihn zu verhaften. Auch nach der Vernehmung sah er von einer Verhaftung ab und ernannte ihn statt dessen zum Statthalter von Guisnes. Wyatt wurde ebenfalls begnadigt, die Anklage gegen ihn wurde fallengelassen.[18]

Aber es sollten noch weitere Hinrichtungen folgen. Sir John Neville und andere Edelleute und Priester in Yorkshire wurden beschuldigt, einen neuen Aufstand zu planen und mit den Schotten in Verbindung zu stehen. Neville und zwei seiner Komplizen wurden im Juni 1541 gehängt, gestreckt und gevierteilt. Dann gab Heinrich plötzlich den Befehl, die Gräfin von Salisbury hinzurichten. Die alte Gräfin, die seit ihrer Verurteilung vor zwei Jahren nichts mehr von Heinrich gehört hatte, schien bestürzt, als man ihr sagte, sie müsse sterben. Man hatte sie nie eines bestimmten Vergehens bezichtigt. Alles, was man gegen sie in der Hand hatte, war, daß sie ihren Dienern verboten hatte, die englische Übersetzung der Bibel zu lesen, und daß sie einmal dabei beobachtet worden war, wie sie einen Brief verbrannte.[19]

Am 27. Mai wurde sie auf die Wiese vor dem Tower geführt und von einem jungen, unerfahrenen Henker enthauptet. Als es ihm nicht gelang, ihren Kopf mit einem Hieb abzuschlagen, geriet er in Panik und schlug mehrmals auf Kopf, Hals und Körper ein. Kardinal Pole schrieb auf die Nachricht vom Tod seiner Mutter, er wäre betrübt gewesen, wenn sie eines natürlichen Todes gestorben wäre, doch nun sei er stolz, der Sohn einer Märtyrerin zu sein. Die Schuld von Herodes, Nero und Kaiphas werde noch von der Schuld dieses Mannes übertroffen, der eine unschuldige Frau getötet habe, die mit ihm verwandt gewesen sei und außerdem alt und schwach und für ihre Tugend bekannt – eine Frau, die er einst als Mutter verehrt habe.[20]

Am 25. Juni fand der Prozeß gegen Lord Leonard Grey vor dem Oberhofgericht des Königs statt. Grey bestritt seine Schuld und erklärte, er habe zwar Geschütze und Munition nach Galway und Limerick geschickt und auch alles andere getan, dessen man ihn bezichtige, aber mit ausdrücklicher Genehmigung seines Rates in Irland. Er besitze Dokumente, die das beweisen könnten. Diese seien ihm jedoch bei seiner Verhaftung abgenommen worden, deshalb könne er sie dem Gericht nicht vorlegen. Später bekannte er sich schuldig und wurde zum Tod durch Erhängen, Strecken und Vierteilen verurteilt. Der Sekretär des Kronrats, William Paget, schrieb an Minister Wriothesley, die Lords des Kronrats hätten Heinrich am nächsten Tag aufgesucht und ihn gebeten, Lord Leonard zu begnadigen. Doch der König »wollte nichts davon hören, sondern wich ihnen aus und erklärte, er habe Cox zum geistlichen Beistand für Lord Leonard bestimmt«. Heinrich verschob die Hinrichtung, damit Cox Grey die Beichte abnehmen konnte, und wandelte das Urteil in Tod durch das Beil um. Am 28. Juni wurde Lord Leonard vor dem Tower enthauptet.[21]

Einen Tag davor war Lord Dacre von Hurstmonceux in Sussex, der oft »Lord Dacre des Südens« genannt wurde, um ihn von Lord Dacre von Gilsland in Cumberland zu unterscheiden, zum Tode verurteilt worden, jedoch nicht wegen Hochverrats, sondern wegen Mordes. Lord Dacre war ein junger Draufgänger von vierundzwanzig. Am Abend des 30. April 1541 brachen er und dreizehn andere junge Männer aus London, Kent und Sussex, darunter Edelleute und Freisassen, von Hurstmonceux zum Park eines benachbarten Edelmannes aus Hellingly auf, um dort zu wildern. Die Männer teilten sich in zwei Gruppen und drangen von verschiedenen Seiten in den Park ein. Lord Dacre und die sieben Männer seiner Gruppe stießen unterwegs auf drei Wildhüter. Es kam zum Handgemenge, und einer der Wildhüter wurde so schwer verletzt, daß er zwei Tage später starb. Lord Dacre und seine sieben Gefährten wurden wegen Mordes angeklagt.*

Den sieben Männern der Gruppe Lord Dacres wurde vor dem Oberhofgericht des Königs in Westminster der Prozeß gemacht. Die Geschworenen sprachen sie schuldig, und sie wurden zum Tod durch den Strang verurteilt. Lord Dacre wurde vor das Gericht des Lord High Stewart gestellt, dem Audley und andere Peers angehörten. Er bestritt seine Schuld und wollte den Wildhüter nicht absichtlich getötet haben. Die Richter berieten mit Mitgliedern des Kronrats in der Sternkammer, und danach bekannte sich Dacre schuldig. Er wurde zum Tod durch den Strang verurteilt, das einzige Urteil, das das Gericht verhängen konnte. Paget merkte, daß Dacre geglaubt hatte, das Todesurteil werde umgewandelt, wenn er sich schuldig bekannte. Dacres Jugend und sein ruhiges, würdiges und reuevolles Verhalten während des Prozesses brachten ihm von seiten der Zuschauer und der Öffentlichkeit viel Sympathie ein. Zudem gab es in der christlichen Welt nur wenige Länder, wo ein Adliger gehängt wurde, wenn er einen Wildhüter getötet hatte.

Kaum war der Prozeß vorüber, da eilten die Lords des Kronrats, die am

* Die 400 Jahre lang akzeptierte Behauptung, Lord Dacre habe nicht zu der Gruppe gehört, die den Wildhütern begegnete, ist falsch. Aus dem Prozeßbericht geht hervor, daß die sechs Mitglieder der anderen Gruppe nicht wegen Mordes angeklagt wurden.

Tag davor Heinrich vergeblich gebeten hatten, Lord Leonard Grey zu begnadigen, erneut zum König, um ihn um Gnade für Lord Dacre anzuflehen. Paget berichtete Wriothesley, ihre Bitte sei »umsonst« gewesen. Heinrich befahl, daß Dacre und drei seiner Begleiter sterben sollten, die anderen vier begnadigte er. Das Urteil wurde am 28. Juni in Tyburn vollstreckt. Dacre stand um elf Uhr vormittags bereits unter dem Galgen, als die Hinrichtung plötzlich aus irgendeinem Grund verschoben wurde – vielleicht, weil bei Heinrich erneut ein Gnadengesuch eingegangen war. Die Zuschauer glaubten, Dacre sei begnadigt worden, und brachen in Freudengeschrei aus. Aber drei Stunden später wurde er doch gehängt.[22]

Da man Dacre eines schweren Verbrechens überführt hatte, fiel sein Besitz an die Krone. Doch sein Großvater hatte in seinem Testament auch diesen Fall im voraus bedacht. Er hatte die Erbfolge so geregelt, daß das Land, laut Heinrichs Beamten, nicht eingezogen werden konnte. Heinrich wollte sich nicht damit abfinden. Wriothesley schrieb, »Seine Majestät meint, das Testament des Großvaters sei nicht so perfekt«, daß es ihn daran hindern könne, sich des Besitzes zu bemächtigen.[23] Rich wurde beauftragt, sich näher mit der Angelegenheit zu befassen.

Im Juni 1541 fanden noch weitere Hinrichtungen statt. Zwei Bogenschützen von Heinrichs Wache wurden gehängt, weil sie in der Nähe des Hofes einen Kaufmann ausgeraubt hatten. Ein Arbeiter in Guisnes, der Waliser Morris ap Powell, versuchte, unter den Arbeitern, die an den Befestigungsanlagen arbeiteten, einen Streik anzuzetteln. Heinrich befahl Wallop, ihn »als abschreckendes Beispiel für die anderen« zu bestrafen. Wallop ließ ihn aufhängen und schrieb Heinrich, die Arbeiter würden ihre Arbeit jetzt »ruhiger« verrichten.[24]

Sir Edmund Knyvett hatte mehr Glück. Er war beim Tennis auf dem Tennisplatz in Hampton Court mit seinem Gegner in Streit geraten. Die Männer hatten ihre Schwerter gezogen, und Knyvett hatte den anderen Spieler verwundet. Am Hof Franz I. waren Duelle zwischen Höflingen an der Tagesordnung. Heinrich dagegen wollte das Duell in England nicht zulassen. Das Parlament hatte ein Gesetz verabschiedet, nach dem jeder, der in der Nähe des Hofes Blut vergoß, seine rechte Hand verlieren sollte. Knyvett kam vor das Oberhofgericht und wurde zu dieser Strafe verurteilt. Als das Urteil vollstreckt werden sollte, der Meisterkoch des Königs schon das Messer in der Hand hatte, »der Küchengehilfe den Holzhammer bereithielt, das Eisen im Feuer lag, um die Wunde auszubrennen, und des Königs bester Chirurg mit Tüchern bereitstand«, schickte Heinrich Sir Richard Long, um die Vollstrekkung des Urteils bis nach dem Essen aufzuschieben. Nach dem Essen begnadigte er Sir Edmund Knyvett. Er ließ allerdings öffentlich verkünden, daß das Urteil in solchen Fällen künftig vollstreckt werden solle.[25]

In den gesetzlosen Teilen des Reiches besserte sich die Lage etwas. In Wales herrschte seit dem Gesetz von 1536 mehr Ordnung. Auch in Tynedale und Redesdale bemühte man sich um Recht und Ordnung, wenn auch nicht immer mit Erfolg. In Irland war die Lage immer noch unbefriedigend. Die meisten Landesteile waren noch nicht unterworfen. Besonders O'Neill in Ulster machte Ärger. Außerdem hieß es immer wieder, Jakob V. wolle in Irland einfallen oder zumindest den Rebellen in Ulster Verstärkung schicken. Päpstliche Gesandte und weniger bedeutende Agenten reisten mit Jakobs Hilfe von Rom über Schottland nach Irland, irische Priester und Mönche reisten auf dem umgekehrten Weg nach Rom. Zwei von ihnen hatten das Pech, daß ihr Schiff auf der Fahrt von Schottland nach Frankreich unterwegs in einen Sturm geriet und den Hafen von Newcastle anlaufen mußte. Sie wurden erkannt, verhaftet und schließlich von Beamten Heinrichs hingerichtet.[26]

Heinrich machte sich Sorgen wegen Gerald Fitzgerald, den er und seine Agenten nur den »jungen Gerald« nannten, während der Papst ihn als elften Graf von Kildare anerkannte. Er war zwölf, als Heinrich seinen Vater 1537 hinrichten ließ, und floh nach Frankreich. Als Heinrich Franz um seine Auslieferung bat, suchte Fitzgerald beim Bischof von Lüttich Zuflucht. Wallop versuchte 1541 als Gesandter in Frankreich, einen Bretonen im Haushalt des jungen Fitzgerald zu bestechen, damit er ihn entführe und nach Irland bringe. Aber der Bretone erklärte Wallops Agenten, »nächst Gott liebe er den Jungen vor allen anderen« und er würde ihn auch nicht für 20 000 Pfund verraten.[27]

Heinrich beschloß, den neuen Titel »König von Irland« anzunehmen. Seit 370 Jahren trugen die Könige von England den Titel »Lord von Irland«. Doch nun hatten Altertumsforscher Dokumente vorgelegt, die bewiesen, daß die Könige Britanniens bereits vor der Ankunft der Römer auf der Insel das Recht hatten, sich König von Irland zu nennen. Am 19. Juni 1541 rief das irische Parlament Heinrich einstimmig zum König von Irland aus, und am 7. Juli verkündeten die Herolde in Greenwich seinen neuen Titel. Aber Heinrich war nicht zufrieden. Seiner Ansicht nach schadete es seinem Ansehen und seinem Erbanspruch auf Irland, wenn er einen Titel annahm, den ihm das irische Parlament angeboten hatte. Er bestand darauf, den Titel zu ändern, um klarzustellen, daß es sich nicht um einen vom irischen Parlament verliehenen Titel handelte. Schließlich wurde der Titel unter dem Großsiegel in der Form verkündet, wie Heinrich es wünschte: »Heinrich VIII., von Gottes Gnaden König von England, Frankreich und Irland, Verteidiger des Glaubens, und auf Erden Oberhaupt der Kirche von England und Irland nächst Christus.«[28]

Mit der Hinrichtung Lord Leonard Greys hatte das Gezänk im Rat des irischen Statthalters jedoch nicht aufgehört. Nun wurde Greys Nachfolger, Sir Anthony St. Leger, denunziert. Heinrich erfuhr, daß St. Leger eines Tages beim Essen gesagt habe, sein Vater Heinrich VII. habe erst nach seiner Heirat mit der Tochter König Eduards einen Anspruch auf die Krone gehabt. St. Leger erklärte, man habe ihn falsch zitiert. Er habe gesagt, der Anspruch Heinrichs VII. auf die Krone sei erst durch die Heirat mit Elisabeth von York vollkommen gewesen; zuvor hätten ihn einige seiner Ratgeber gedrängt, den Thron als Sieger zu beanspruchen. »Doch nun, dem Herrn sei Dank, vereinigt unser Herr, der König, alle Titel in sich.« Heinrich gab sich mit dieser Erklärung zufrieden.[29]

Heinrich hatte guten Grund, mit St. Leger zufrieden zu sein: Dieser erwies sich als der erfolgreichste Statthalter, den der König je nach Dublin geschickt hatte. Im Oktober 1541 fiel er in O'Neills Gebiet ein und verwüstete es in 22 Tagen. Im Monat darauf folgte ein weiterer Überfall, und an Weihnachten hatte sich O'Neill schließlich unterworfen und zum Zeichen seines guten Willens seinen Sohn als Geisel ausgeliefert. Heinrich konnte nach anfänglichem Zögern davon überzeugt werden, daß es angesichts der Kosten für die Versorgung einer großen Armee in Irland zur gewaltsamen Unterdrückung der Iren klüger wäre, O'Neill und andere Rebellen nicht zu bestrafen, wie sie es verdient hätten, sondern sie dadurch zu gewinnen, daß man ihnen den Besitz ihrer ererbten Ländereien zusicherte und ihnen die englische Peerswürde* verlieh, unter der Bedingung, daß sie ihr »schändliches und wildes Leben« aufgaben. Heinrich bot ihnen an, sie zu Grafen zu machen, wenn sie bereit waren, an seinen Hof zu kommen, denn Grafen wurden vom König persönlich ernannt. Wenn sie Irland nicht verlassen wollten, wollte er sie zu Viscounts oder Baronen machen und ihnen die Urkunden zuschicken. O'Neill kam nach England, und Heinrich ernannte ihn zum Grafen von Tyrone, nachdem O'Neill sich bereit erklärt hatte, seinen irischen Namen abzulegen und den Namen anzunehmen, den Heinrich ihm gab, englische Kleidung zu tragen, englisch zu sprechen und Ackerbau zu betreiben.[30]

Die irischen Anführer waren mit dieser Regelung zufrieden. Als O'Neill und drei Begleiter nach Hampton Court kamen, knieten sie vor Heinrich nieder und verharrten so lange in dieser Stellung, wie Heinrich und sein Dolmetscher mit ihnen sprachen.[31]

In London und Salisbury wurden weiter Ketzer verbrannt. Im Januar 1541 beauftragte Heinrich Bonner, den Bischof von London, und den Londoner Bürgermeister Sir Richard Gresham, gemäß dem Statut der Sechs Artikel erneut gegen Sakramentierer vorzugehen. Bonner handelte sich den Ruf eines grausamen Protestantenjägers ein, der ihm noch heute, nach vier Jahrhunderten, anhaftet. Zusammen mit dem Bürgermeister und anderen Beamten

* Die Adligen wurden trotz der »englischen« Peerswürde im Unterschied zu ihren gälischen Adelstiteln von den Engländern später »irische Peers« genannt.

der Stadt saß er in der Guildhall zu Gericht. Verurteilt wurden Ketzer, die die Sechs Artikel leugneten und sich damit eines Kapitalverbrechens schuldig machten, außerdem Bürger verschiedener Londoner Gemeinden, die sich weigerten, an Lichtmeß eine Kerze anzuzünden, oder andere kirchliche Zeremonien mißachteten. Auch Richard Mekins, ein fünfzehnjähriger Junge, wurde Bonner vorgeführt. Er hatte die Realpräsenz geleugnet und Barnes gepriesen, ohne zu wissen, daß Barnes Sakramentierer wie ihn hatte verbrennen lassen. Im Gefängnis litt er unter Hunger und Einsamkeit, denn seine Eltern hatten Angst, ihm etwas zu essen zu schicken oder ihn zu besuchen. John Foxe zufolge mußte Bonner bei Mekins' Prozeß in der Guildhall die Geschworenen dreimal hinausschicken, ehe sie bereit waren, ihn schuldig zu sprechen. Auf dem Scheiterhaufen erklärte Mekins, Bonner sei immer freundlich zu ihm gewesen. Er widerrief seine Ketzerei, doch nach dem Statut der Sechs Artikel konnte er sein Leben nicht mehr retten, und er wurde verbrannt.[32]

Ein anderer junger Mann namens John Collins lebte südlich der Themse in Southwark. Southwark war Teil von Gardiners Diözese Winchester, zu der Surrey und das Südufer der Themse gehörten und die bis zur Mitte der London Bridge reichte. Collins lehnte die Anbetung eines gekreuzigten Christus, der in einer Kapelle im Hafen von London hing, als Götzendienst ab. Die Kapelle wurde von spanischen Seeleuten besucht, die dort für ihre sichere Ankunft in London dankten. Collins hatte einen Pfeil in den Fuß des Gekreuzigten geschossen und das Kruzifix aufgefordert, ihn zu bestrafen, wenn es dazu imstand sei. Viele hielten Collins für verrückt. Doch erst kurz zuvor war ein Gesetz verabschiedet worden, nach dem Geisteskrankheit kein Hinderungsgrund mehr war, jemanden der Ketzerei oder des Hochverrats anzuklagen. Collins wurde auf dem Scheiterhaufen verbrannt.[33]

Die englische Bibel, die unter Cromwell veröffentlicht worden war, blieb legal, und die Anordnung, sie in den Kirchen auszulegen, galt immer noch. Aber nach Cromwells Sturz und der Durchsetzung der Sechs Artikel durch Bonner zögerten viele, die Bibel zu lesen, und viele Pfarrer entfernten sie aus ihren Kirchen. Im Mai 1541 jedoch, als man sich in England und im Ausland schon mit Heinrichs antiprotestantischem Kurs abgefunden hatte, erließ der König eine Proklamation, in der er die Priester tadelte, die gegen das Gesetz keine englischen Bibeln in ihren Kirchen hatten. Heinrich erklärte, er habe die englische Bibel veröffentlichen lassen, damit die Menschen »dadurch lernen, die Gebote Gottes zu achten, ihrem Fürsten und den Beamten der Regierung zu gehorchen, Barmherzigkeit zu üben und ihrer Berufung entsprechend ein ehrliches und aufrichtiges christliches Leben ohne Murren und Mißgunst zu führen«. Seine Untertanen sollten die Bibel »demütig, fromm, ehrfurchtsvoll und gehorsam« lesen, nicht »mit lauter und schriller Stimme«, und sie sollten sich auch nicht »erdreisten, über die darin enthaltenen Rätsel zu diskutieren und zu streiten oder sie zu erläutern«.[34]

Sechs Wochen später schickte der Rat ein Schreiben an alle Friedensrichter. Er forderte sie darin auf, gerechte Urteile zu sprechen und den Gesetzen gegen Landstreicher verstärkt Geltung zu verschaffen, und hob die Notwendigkeit hervor, Feinde Gottes, Verräter und heimliche Papisten, »das giftigste und boshafteste Ungeziefer« im Staat, aufzustöbern. Den Friedensrichtern wurde erklärt, Heinrich hoffe, daß diese »sanfte Ermahnung« sie veranlassen werde, ihre Pflicht zu tun. Wenn das nicht der Fall sei, werde »der nächste Rat so scharf ausfallen, daß er eine Bestrafung derjenigen zur Folge hat, die sich in dieser Hinsicht strafbar gemacht haben«.[35]

Am 30. Juni 1541 begab sich Heinrich auf die Reise nach Yorkshire, die er schon vier Jahre zuvor hatte unternehmen wollen. Im Gegensatz zu seinen Vorgängern und anderen Herrschern seiner Zeit reiste Heinrich sehr wenig. Die englischen Könige des Mittelalters reisten ständig durch ihr Reich. Heinrich VII. war in York und Exeter gewesen. Franz I. pendelte zwischen Amiens, Paris, Lyon und seinen Schlössern an der Loire. Karl V. reiste von Burgos und Valladolid nach Madrid, Toledo und Granada, von Brüssel nach Gent und Brügge und von Regensburg nach Wien, Mantua und Palermo. Heinrich VIII. hatte nach 33 Jahren als König erst 18 der 40 Grafschaften Englands bereist. Er hatte dreimal den Kanal überquert und Calais besucht, in Wales und Irland war er nie gewesen. Seit seinem Besuch in Nottingham im Jahr 1511 war er nie nördlicher als Grafton oder westlicher als Bristol gekommen.

Das Reisen war im England des 16. Jahrhunderts mit Strapazen verbunden. Die Straßen waren holpriger als in Frankreich, Spanien oder den Niederlanden. Seit die Römer sie gebaut hatten, waren sie immer schlechter geworden. Sie waren in einem schlimmeren Zustand als vor tausend Jahren, und nach den im 17. Jahrhundert eingeleiteten baulichen Verbesserungen waren sie nie mehr so schlecht. Aber nicht die Mühen des Reisens schreckten Heinrich, der als junger Mann auf der Jagd Hirsche 50 Kilometer weit verfolgte. Wenn er sich nie weiter als 200 Kilometer von London entfernte, hatte er dafür einen anderen Grund: Er wollte das politische Geschehen zu Hause und im Ausland im Auge behalten. Obwohl ihm überallhin Kuriere nachgeschickt wurden, fühlte er sich vom Geschehen abgeschnitten, wenn er sich von London entfernte. Bei politischen Entscheidungen spielte er stets eine aktivere Rolle als Franz I., und es widerstrebte ihm mehr als Karl V., einen Regenten zu ernennen, der ihn in seiner Abwesenheit vertrat.

Im Sommer 1541, als kein Krieg in Europa zu führen war und in England alle Verräter hingerichtet waren – nur Lord Lisle saß noch im Tower und sah einem ungewissen Schicksal entgegen –, fühlte sich Heinrich endlich sicher genug, um nach Yorkshire zu reisen. Er traf Vorkehrungen, um während des Aufenthalts in dem Gebiet, in dem 1536 ein Aufstand getobt hatte, gut beschützt zu sein: 5 000 Edelleute, Diener und Soldaten begleiteten ihn.[36] Königin Katharina, seine Tochter Maria und die meisten seiner Räte und Sekretäre kamen ebenfalls mit, obwohl auch einige mit Audley und Cranmer in London blieben. Heinrich wollte von Schloß zu Schloß reisen und bei prominenten Höflingen und lokalen Adligen absteigen. Pro Tag wollte er nicht mehr als 15 oder 20 Kilometer zurücklegen, und an jedem Halt wollte er zwei oder drei Tage Pause machen, um zu jagen und die lokalen Adligen kennenzulernen.

Trotz des langsamen Tempos wollte Heinrich in drei Wochen in Lincoln sein. Doch heftige Regenfälle hielten ihn auf. Er reiste von Greenwich über Enfield, St. Albans und Dunstable nach Ampthill und blieb dort vierzehn Tage, weil von Überschwemmungen weiter nördlich berichtet wurde. Von Ampthill aus begab er sich nach Grafton, Northampton und zu der aufgelösten Abtei in Pipewell. In Northampton erreichte ihn ein Bote Jakobs V., der meldete, daß Jakob ihn in York treffen wolle. Heinrich erklärte sich einverstanden. Anschließend reiste er von Pipewell zu dem reizenden kleinen Schloß des Bischofs von Lincoln in Liddington in Rutlandshire.[37]

In Liddington beging die Königin die erste Indiskretion auf dieser Reise in den Norden. Als sie aus dem Fenster ihrer Kammer blickte, sah sie ihren ehemaligen Geliebten Thomas Culpepper im Garten spazierengehen. Sie schrieb ihm einen Brief: »Master Culpepper, ich empfehle mich Euch herzlich... Ich wünsche mir nichts so sehr, als Euch zu sehen und mit Euch zu sprechen... Es wird mir weh ums Herz, wenn ich daran denke, daß ich nicht immer in Eurer Gesellschaft sein kann... Besucht mich, wenn Lady Rochford hier ist, denn dann kann ich Euch am besten zu Gefallen sein... Auf lebenslang die Eure, Katharina.«[38] Es war töricht von Katharina, diesen Brief zu schreiben, und es war dumm von Culpepper, ihn nicht zu verbrennen.

Heinrich reiste weiter nach Collyweston, zum Schloß des Herzogs von Suffolk in Gainsthorpe bei Bourne und von Gainsthorpe nach Sleaford. Am 9. August erreichte er Lincoln. Auf der Anhöhe von Temple Brewer wurde er vom Bürgermeister, den Würdenträgern der Stadt, dem Klerus und den Edelleuten aus Lincolnshire begrüßt. Nach dem Essen begaben sich Heinrich und Katharina in ein Zelt und tauschten ihre Reitkleider aus grünem und karmesinrotem Samt gegen Roben aus Goldbrokat und Silber. Dann zogen sie mit großem Pomp in die Stadt ein. Allen voran schritten die Edelleute von Heinrichs Wache, ihnen folgte Lord Hastings mit dem Reichsschwert. Hinter Lord Hastings ritt Heinrich auf einem großen Pferd aus Flandern. Sir Anthony Browne, der Oberstallmeister, ging neben dem König und führte das Pferd am Zügel. Hinter dem König ritt der Graf von Rutland, gefolgt von der Königin und ihren Hofdamen auf kleineren englischen Pferden, Maria und den übrigen Lords und Ladies. Der Zug begab sich in die Kathedrale, wo Longland die Messe zelebrierte, anschließend suchte man die Unterkünfte auf. In Lincoln war Katharina noch unverfrorener. Sie traf sich nachts mit Culpepper in Lady Rochfords Kammer, während Heinrich nach dem gewohnt üppigen Mahl fest schlief.[39]

Heinrich blieb drei Tage in Lincoln. Dann reiste er weiter nach Gainsborough, wo er bei Sir William Parr wohnte. In Gainsborough soll der König auch Parrs Schwester Katharina Parr begegnet sein. Es liegt allerdings kein zeitgenössischer Bericht vor, daß Katharina Parr tatsächlich von Snape Hall in Yorkshire, wo sie mit ihrem Mann Lord Latimer wohnte, nach Gainsborough kam. Von Gainsborough reiste Heinrich weiter nach Scrooby in Nottinghamshire, und am 18. August erreichte er Yorkshire auf der Straße nach Hatfield. An der Grenze zur Grafschaft wurde er vom Erzbischof von York sowie den Adligen, dem Klerus und den Edelleuten aus Yorkshire begrüßt, die mit ihren Pächtern und Dienern erschienen waren – alles in allem etwa 5 000 Menschen. Sie knieten vor ihm nieder und überreichten ihm eine Petition, in der sie ihn um Milde baten: »Wir, Eure demütigen Untertanen, die Einwohner dieser Grafschaft von Euer Gnaden, York … bekennen, daß wir arme Kreaturen aus Mangel an Gnade und richtiger und reiner Kenntnis der Wahrheit des göttlichen Wortes … Eure Majestät aufs schlimmste, schändlichste und schamloseste beleidigt haben … durch die abscheulichsten, widerlichsten und verabscheuungswürdigsten Vergehen des empörenden Ungehorsams und der verräterischen Rebellion.« Sie dankten dem König, weil er ihnen die Rebellion verziehen habe, und versicherten ihm, sie würden stets für ihn, für Königin Katharina und für Prinz Eduard beten.[40]

Heinrich nahm die Huldigung wohlwollend entgegen und lud alle Edelleute zu einer großen Jagd in Hatfield Close ein. Auf Marillac, der Heinrich begleitete, machte die Jagd einen merkwürdigen Eindruck: Zweihundert Hirsche wurden von Jägern in ein Gehege getrieben und anschließend von Edelleuten und Dienern von Booten aus mit Pfeilen getötet. Zur selben Zeit erlegten andere Jäger auf dem See Schwäne, Hechte und Karpfen. Tags darauf wurden ein paar Kilometer weiter im Park Hunderte von Hirschen auf ähnliche Weise erlegt. Die toten Tiere und Fische verteilte Heinrich unter den Angehörigen des Landadels, die sich daran gütlich taten und den König priesen.[41]

In Pontefract erhielt Heinrich einen Brief von Jakob, in dem dieser die Einladung nach York bestätigte. Heinrich wartete einen Monat, bevor er nach York aufbrach. Unterdessen wurden Vorbereitungen für seinen feierlichen Einzug in die Stadt und den Besuch des schottischen Königs getroffen. Heinrich wohnte im Palast des Erzbischofs von York in Cawood, wo Wolsey verhaftet worden war, und im Haus des Grafen von Northumberland in Wressel bei Howden. Anschließend begab er sich nach Leconfield im Bezirk East Riding, ein paar Kilometer von Beverly entfernt. Dort hatte die Gnadenwallfahrt ihren Anfang genommen. In Hull dankte Heinrich dem Bürgermeister und den Einwohnern für ihre Loyalität während des Aufstandes. Am 18. September zog er in York ebenso prunkvoll wie zuvor in Lincoln ein. Sowohl in Pontefract als auch in York traf sich Katharina mit Culpepper in Lady Rochfords Kammer, nachdem Heinrich zu Bett gegangen war.[42]

1 200 bis 1 500 Arbeiter waren Tag und Nacht damit beschäftigt, das Haus herzurichten, in dem Jakob V. wohnen sollte. Aber Jakob kam nicht. Als Franz von Marillac erfuhr, daß Jakob in York erwartet werde, sprach er darüber mit Kardinal Beaton, der bei ihm in Mâcon weilte. Beaton versicherte Franz, daß Jakob nicht mit Heinrich zusammentreffen werde, ohne vorher mit ihm gesprochen zu haben. Jakob wurde von den Bischöfen seines Rates überredet, nicht nach York zu gehen. Heinrich hörte nichts von Jakob. Dafür erhielt er von Lord Wharton in Carlisle die Nachricht, daß die Schotten die Grenze überquert hätten, 25 Kilometer auf englisches Gebiet vorgedrungen seien und das Haus von John à Musgrave niedergebrannt und sieben der Fenwicks getötet hätten. Heinrich schickte Jakob ein wütendes Protestschreiben.[43]

Der König blieb neun Tage in York, dann trat er die Heimreise an. Er begab sich erneut nach Hull, wo er einen Plan für neue Festungsanlagen entwarf, die zum Schutz des Hafens gebaut werden sollten. Er beauftragte Cranmer, Schreine und Bildnisse in Kathedralen oder anderswo, die noch immer Gegenstand des Götzendienstes seien, zu beseitigen und für die Durchsetzung des gerichtlichen Verbots zu sorgen, in Kirchen anderswo als vor dem Gefäß mit der Eucharistie Kerzen aufzustellen. Man nimmt meist an, daß diese Anordnung, die einen weiteren Schritt hin zum Protestantismus bedeutete, auf Cranmer zurückgeht. Das ist durchaus möglich. Heinrich hatte Cranmer freilich über drei Monate nicht mehr gesehen, als er sie erließ. Offenbar mußte Cranmer keinen Druck ausüben, um Heinrich in Yorkshire dazu zu bringen, die erst kurz zuvor zutage getretenen prokatholischen Tendenzen seiner Religionspolitik wieder auszugleichen.[44]

Am 5. Oktober überquerte Heinrich den Humber in Richtung Lincolnshire. Er stieg in der aufgelösten Abtei in Thornton ab, ehe er weiter nach Süden reiste, um noch vor Einbruch des Winters zu Hause zu sein. Diesmal brauchte er nur 17 Tage, um zurück nach Windsor zu kommen. Am 29. Oktober erreichte er Hampton Court.[45] Wie üblich war er während seiner Reise über das Geschehen im Königreich auf dem laufenden gehalten worden. Am 10. Oktober hörte er in Kettleby, daß einige Männer gefaßt worden seien, die versucht hätten, Wertgegenstände aus seinem Schloß in Windsor zu stehlen. Man hatte sie in die Gefängnisse von Marshalsea, King's Bench und Newgate gebracht. Heinrich war darüber ungehalten und befahl seinen Räten in London, die Diebe aus ihren bisherigen Gefängnissen zu holen und sie in den Tower zu werfen. Wenn man sie in die üblichen Gefängnisse sperre, könne dies den Eindruck erwecken, daß es keinen Unterschied mache, ob man den König beraube oder einen Untertanen von niedrigem Stand.[46]

Kurz vor Heinrichs Rückkehr war John Lassels, der einige Monate zuvor als protestantischer Ketzer in Schwierigkeiten geraten war, bei Cranmer vorstellig geworden. Seine Schwester Mary hatte ihm erzählt, Katharina Howard habe während ihrer Zeit im Haushalt der alten Herzogin von Norfolk in Horsham mit Derham, Culpepper und Mannox Unzucht getrieben. Cranmer und die anderen Räte wagten kaum, Heinrich davon zu erzählen. An Allerseelen, vier Tage nach Heinrichs Rückkehr, steckte Cranmer Heinrich nach der Messe einen Zettel zu, um ihn auf diesem Wege über die Verfehlungen der Königin vor ihrer Heirat zu informieren.

Zweifellos war Heinrich erschüttert und verletzt. Die Berichte über seine unkontrollierbaren Zornausbrüche und seine hysterischen Anfälle stammen freilich nur von dem unzuverlässigen Marillac. In Wirklichkeit verhielt er sich vollkommen rational, wenn auch unversöhnlich und grausam, was typisch für ihn war. Er ordnete umgehend weitere Nachforschungen an. In den folgenden drei Tagen wurden Mannox, Mary Lassels und andere Damen und Diener aus dem Haushalt der Herzogin von Norfolk verhört. Solange die Nachforschungen andauerten, verbarg Heinrich seine Gefühle. Marillac, der ihn mit den Damen in Hampton Court zusammen sah, hatte ihn niemals fröhlicher und glücklicher erlebt. Spätestens am 5. November aber war Heinrich von Katharinas Schuld überzeugt. An diesem Morgen besprach er sich mit seinem Rat. Nach dem Essen verließ er Hampton Court und fuhr mit dem Schiff nach Whitehall. Wie üblich wollte er nicht dabeisein, wenn die unangenehme Arbeit getan wurde.

Sobald Heinrich das Schloß verlassen hatte, stellte Cranmer die Königin zur Rede. Er zeigte Anteilnahme, die wohl nicht gänzlich geheuchelt war, und brachte sie dazu, ein Geständnis abzulegen. Am 10. November war auch Chapuys im Bild. Marillac hingegen tappte auch noch einen Tag später im dunkeln und hatte für die Aufregung am Hof nur falsche Erklärungen parat. Am 12. November informierte der Kronrat die englischen Botschafter im Ausland, daß die Königin vor ihrer Ehe ein unkeusches Leben geführt habe; angesichts der Tatsache, daß sie Derham nach ihrer Heirat in ihre Dienste genommen habe, bestehe Grund zu der Annahme, daß sie sich als Königin des Ehebruchs schuldig gemacht habe.[47]

Als Marillac schließlich die Wahrheit herausfand, schickte er Franz und Montmorency sensationelle Berichte, in denen Heinrich mit gezücktem

Schwert durch den Palast rennt, um Katharina zu töten, und sich über die schrecklichen Torturen ausläßt, die sie erleiden sollte. Diese Geschichten brauchen hier nicht weiter zu interessieren, da Marillac unzuverlässig ist und auch die Informationen, die er wenige Tage zuvor weitergegeben hatte, falsch sind. Aber es gibt keinen Grund, an der Richtigkeit der Darstellung zu zweifeln, die der Rat den Botschaftern im Ausland am 12. November übermittelte. Danach weigerte sich Heinrich, an Katharinas Schuld zu glauben, ehe sie nicht eindeutig bewiesen war. »Das Herz Seiner Majestät war so von Kummer beschwert, daß es lange dauerte, ehe der König seinem Schmerz Ausdruck verlieh und uns schließlich mit vielen Tränen, was bei seinem Mut sonderbar war, sein Herz ausschüttete.« Auch vierzehn Tage später hatte Heinrich seine Fassung noch nicht wiedergewonnen. Am 26. November schrieb Dudley an den Grafen von Rutland, dem König bereite »diese große Sache nicht wenig Kummer«.[48]

Katharina wurde als Gefangene in das frühere Nonnenkloster Syon gebracht. Derham und Culpepper wurde am 1. Dezember in der Guildhall in London wegen Hochverrats der Prozeß gemacht, weil sie mit der Königin Ehebruch begangen hatten. In der Anklageschrift hieß es, »daß Katharina, Königin von England, vormals Katharina Howard aus Lambeth in Surrey, ein abscheuliches, niedriges, fleischliches, wollüstiges und lasterhaftes Leben geführt hat, wie eine gemeine Hure mit verschiedenen Personen«, unter ihnen Derham. Am 20. und 24. Mai 1540 und bei anderen Gelegenheiten habe sie »den König durch Worte und Gesten dazu gebracht, sie zu lieben, und sie hat sich (während er glaubte, sie sei rein und keusch und frei von anderem ehelichem Joch) anmaßend mit ihm in der Ehe verbunden«. Mit Culpepper habe sie sich am 29. August in Pontefract unerlaubt getroffen, »um besagten Culpepper zum Geschlechtsverkehr aufzufordern. Und sie gab ihm zu verstehen, daß sie ihn mehr als den König und alle anderen liebe. Auf ähnliche Weise hat der besagte Culpepper die Königin angestiftet.«[49]

Derham und Culpepper bestritten ihre Schuld. Derham erklärte, er sei Katharinas rechtmäßiger Ehemann, weil sie ihm versprochen gewesen sei. Später bekannten sich beide schuldig und wurden zum Tod durch Erhängen, Strekken und Vierteilen verurteilt. Culpeppers Urteil wandelte Heinrich in Tod durch Enthaupten um, Derham sollte die volle Strafe erleiden, obwohl seine Schuld nicht so schwer war wie Culpeppers. Nicht nur, daß es zwischen Derham und Katharina einen Vorvertrag gegeben hatte, auch die Beweise, daß er mit ihr nach ihrer Heirat Ehebruch begangen hatte, waren in seinem Fall weniger stichhaltig als bei Culpepper. Am 6. Dezember schrieben Cranmer, Wriothesley und andere Räte an Sir Anthony Browne und Sadler, die beide beim König waren, daß »Derham demütig darum bitte, die Härte des Urteils zu mildern, weswegen wir Euch ersuchen, den Willen Seiner Gnaden in Erfahrung zu bringen«. Sadler antwortete, Heinrich wolle Derhams Hinrichtung aufschieben, damit er nochmals verhört und überredet werden könne, Katharinas andere Liebhaber zu nennen. Doch »was die Milderung von Derhams Strafe betrifft, ist Seine Majestät der Meinung, daß er diese Gnade nicht verdient hat, und hat daher entschieden, daß er die volle Strafe erdulden soll«.[50]

Am 22. Dezember wurden sieben Frauen und vier Männer in Westminster angeklagt, weil sie verräterische Machenschaften nicht angezeigt hatten. Zu ihnen gehörten Norfolks Bruder Lord William Howard und seine Frau und Norfolks Schwester Lady Bridgewater. Die anderen waren Damen und Edelleute aus dem Haushalt der Herzogin von Norfolk. Ihr Vergehen bestand darin, daß sie, obwohl sie wußten, daß Katharina, Königin von England, mit Derham und anderen lasterhaften, sexuellen Umgang gehabt hatte, daß der König sie heiraten wollte und daß die Königin nach ihrer Heirat Derham in ihre Dienste genommen hatte, diese Informationen in verräterischer Weise für sich behalten hatten. Zehn der elf Angeklagten gestanden, der elfte wurde von den Geschworenen schuldig gesprochen. Sie wurden zu lebenslanger Haft verurteilt, ihr Besitz wurde eingezogen.[51]

Der Fall der Herzogin von Norfolk war problematischer. Als sie hörte, daß man Derham verhaftet hatte, öffnete sie seine Truhe und vernichtete einige Dokumente. Norfolk kam gerade noch rechtzeitig, bevor sie alles verbrennen konnte, und nahm die restlichen Papiere an sich. Er verhaftete sie und meldete den Vorfall Heinrich. Da die Briefe, die Norfolk an sich genommen hatte, Derham nicht belasteten, befanden die Richter, das Beweismaterial reiche nicht aus, um die Herzogin der unterlassenen Anzeige des Verrats zu überführen. Heinrich war anderer Ansicht. Browne und Sadler schrieben dem Rat, der König sei überzeugt, daß die Richter bei genauer Betrachtung des Falles feststellen würden, daß die Tatsache, daß die Herzogin Dokumente vernichtet habe, für sich schon beweise, daß die Dokumente belastendes Material enthalten hatten. Er glaube nicht, daß die Richter »mehr Grund haben, Derham als Verräter zu verurteilen und anzunehmen, daß sein Wiedereintritt in den Dienst der Königin den verwerflichen Versuch darstelle, sein früheres schändliches Leben aufzunehmen, als im Fall der Herzogin anzunehmen, daß das Aufbrechen der Truhe in der Absicht geschah, verräterische Briefe zu verstecken«.[52]

Angesichts der Zweifel der Richter wurde die Herzogin nicht vor Gericht gestellt. Als das Parlament im Januar 1542 zusammentrat, verurteilte es die Herzogin durch Parlamentsbeschluß wegen unterlassener Anzeige des Verrats zu lebenslanger Haft. Die Königin und Lady Rochford wurden ebenfalls durch Parlamentsbeschluß des Hochverrats für schuldig befunden und sollten nach Belieben des Königs verbrannt werden oder eine andere Strafe erleiden. Audley gab in Heinrichs Namen die Zustimmung zu dem Beschluß, um dem König die schmerzliche Aufgabe zu ersparen, es selbst tun zu müssen. Katharina und Lady Rochford wurden am 13. Februar vor dem Tower enthauptet. Vor ihrem Tod hielten beide noch eine kurze Rede. Sie erklärten, man habe sie zu Recht bestraft, und baten die Umstehenden, dem König in allen Dingen zu gehorchen.[53]

Heinrich beschloß, die Herzogin von Norfolk und die anderen, die der unterlassenen Anzeige des Verrats überführt worden waren, zu begnadigen; sie sollten es jedoch nicht gleich erfahren.[54] Innerhalb von neun Monaten wurden alle auf freien Fuß gesetzt.

Der Protestant John Lassels und Cranmer hatten Katharina Howard entlarvt, und Norfolks Bruder, Schwester und Stiefmutter waren zu lebenslanger Haft verurteilt worden. Doch Heinrich dachte nicht daran, auch Norfolk zu vernichten, und obwohl sich der Sturz Katharina Howards auf Heinrichs Religionspolitik auswirkte, war die Wirkung doch das genaue Gegenteil dessen, was die Protestanten erwartet hatten. Norfolk schrieb Heinrich, er verdamme seine »ungnädige Schwiegermutter [Stiefmutter], meinen unglücklichen Bruder und seine Frau mitsamt meiner liederlichen Schwester aus Bridgewater«, und erinnerte daran, daß er die Herzogin ertappt und angezeigt habe. Er blieb ein paar Wochen auf seinen Gütern in Norfolk und kehrte dann an den Hof zurück. Marillac deutete das als Zeichen dafür, daß Heinrich einen Krieg beginnen wollte, denn Norfolk war sein bester General.[55]

Während die Hinrichtung Anne Boleyns nicht zu der allseits erwarteten Rückkehr zum Katholizismus geführt hatte, sondern zur Hinwendung zum Luthertum, war es diesmal umgekehrt. Einen Monat nach der Hinrichtung Katharina Howards erließ Heinrich eine Proklamation gegen protestantische Bücher. Alle englischen Bibelübersetzungen außer der »Großen Bibel« von 1539, also auch die »Matthäus-Bibel«, sowie sämtliche Werke von Tyndale, Coverdale, Frith, Wycliffe, Luther und Calvin und andere protestantische Schriften wurden verboten. Jeder, der ein Buch dieser Art besaß, mußte es innerhalb von vierzig Tagen seinem Meister, dem Sheriff oder einem Beamten des Bischofs übergeben, damit es öffentlich verbrannt werden konnte. Im Mai 1542 erließ Bonner weitere Verfügungen, die das Predigen einschränkten und es jedem untersagten, ketzerische Lehren unter dem Vorwand, sie widerlegen zu wollen, zu verbreiten, es sei denn, er war vom König oder seinem Bischof ausdrücklich dazu ermächtigt.[56]

Nach ein paar Wochen vergaß Heinrich seinen Kummer. Er tröstete sich wie üblich mit Banketten, rauschenden Festen und der Gesellschaft von Damen. Die Damen wurden aufgefordert, über Nacht zu bleiben, und Heinrich ging selbst von Kammer zu Kammer, um sich davon zu überzeugen, daß alles für sie hergerichtet war. Am 29. Januar, ein paar Tage bevor der Strafbeschluß gegen Katharina im Parlament eingebracht wurde, veranstaltete Heinrich in Whitehall ein großes Festessen. Er saß mit 26 Frauen und einigen Edelleuten an einer Tafel. An einem anderen Tisch saßen weitere 35 Frauen und Edelleute. Die Höflinge, die sahen, wie ausgelassen Heinrich war und wieviel Aufmerksamkeit er den Frauen schenkte, fragten sich, ob er schon wieder heiraten wollte. Vielleicht die Schwester Lord Cobhams? Chapuys hielt sie für ein hübsches junges Geschöpf, lebenslustig genug, um wie die anderen vor Gericht zu enden. Oder die Nichte Sir Anthony Brownes? Oder Anne Basset? Hatte Heinrich nicht ihretwegen ihren Stiefvater Lord Lisle, der zwanzig Monate im Tower gesessen hatte, freigelassen und begnadigt? Lisle war alt, krank und ein gebrochener Mann. Er starb nur wenige Tage nach seiner Entlassung. Lady Lisle war während seiner Gefangenschaft verrückt geworden.[57]

Eine Londonerin machte ihrem Herzen laut Luft. »Was für ein Mann ist der König«, seufzte sie, »wie viele Frauen will er denn noch?« Sie wurde verhaftet und verhört. Doch Heinrich befahl, man solle es bei einer Warnung belassen.[58]

26

Solway Moss

Im Sommer 1541 reiste Rincón, Franz' Gesandter in Konstantinopel, der von Geburt Spanier und somit Karls Untertan war, nach einem Besuch an Franz' Hof zurück nach Konstantinopel. Bei Cremona wurde er von Karls Soldaten angehalten, seine Papiere wurden beschlagnahmt. Dann hörte man nichts mehr von ihm. Franz behauptete, er sei auf Anordnung Karls ermordet worden. Karl bestritt dies und erklärte, die Dokumente, die man Rincón abgenommen habe, würden beweisen, daß Franz sich mit den Türken, den Feinden der Christenheit, gegen ihn verschworen habe.

Franz gab zu verstehen, daß er die Ermordung Rincóns zum *casus belli* machen werde. Zwar schob er die Feindseligkeiten und die Kriegserklärung nahezu ein Jahr lang hinaus, doch begannen sowohl er als auch Karl sofort, Heinrich zu umwerben. Franz schlug eine Heirat seines Sohnes, des Herzogs von Orléans, mit Maria vor. Da Norfolk Marillac im Vertrauen erzählt hatte, daß Heinrich Maria zur Thronfolgerin ernennen wolle, wenn sich die männliche Linie über Prinz Eduard nicht fortsetze, bot Franz an, sie für seinen Sohn zu nehmen, ohne daß das Parlament sie für legitim erklärt habe. Außerdem schlug er vor, Heinrich solle an Stelle der üblichen Mitgift die Könige Frankreichs von der Verpflichtung entbinden, die Pensionen zu zahlen, die sie den Königen von England nach den alten Verträgen schuldeten. Heinrich wies den Vorschlag entrüstet zurück. Daraufhin mäßigte Franz seine Ansprüche und bot an, Maria ohne Mitgift zu nehmen, wenn er von dem bis dahin noch geschuldeten Teil der Pensionen befreit werde. Heinrich lehnte auch das ab, weil sich Franz' Schulden mittlerweile auf zwei Millionen Kronen beliefen und keine Frau der Christenheit jemals auch nur eine Mitgift von einer Million Kronen wert gewesen war.[1]

Heinrich hoffte, Karl werde ein besseres Angebot machen. Am 18. November 1541 – zwei Wochen nach der Entlarvung Katharina Howards und Marillacs lebhafter Schilderung, wie Heinrich in blinder Wut mit gezücktem Schwert durch den Palast rannte – beauftragte der König den Grafen von Southampton, Chapuys mitzuteilen, daß Franz kein zufriedenstellendes Angebot hinsichtlich eines Ehebündnisses mit Maria unterbreitet habe. Der Graf sollte andeuten, daß Karl vielleicht einen annehmbareren Vorschlag machen wolle. Chapuys sprach mit einigen Räten Heinrichs und stellte fest, daß Heinrich sich wie gewohnt nicht zu rasch festlegen wollte. Karl bot dem König dann zwar keinen Ehevertrag an, schlug aber immerhin im Mai 1542 ein Verteidigungs- und Angriffsbündnis gegen Frankreich vor.[2]

Den ganzen Sommer hindurch beobachteten Chapuys und Marillac einander mißtrauisch. Chapuys war zu krank, um regelmäßig zwischen seinem Haus in London und dem Hof hin und her zu reisen oder sich heimlich mit Heinrichs Ministern zu treffen, so wie er einst Cromwell in einem noch im Bau befindlichen Haus in der Stadt getroffen hatte. Im Sommer wurde er mit einem Schiff nach Hampton Court gebracht und blieb mehrere Wochen dort. Man hatte ihm eine Zimmersuite zugewiesen, und er verhandelte mit Gardiner, Tunstall und anderen Räten. Marillac erfuhr davon und folgerte daraus, daß wichtige Verhandlungen im Gang sein mußten. Er wußte nicht, daß einer seiner Sekretäre ein Spion Chapuys' war und daß es Chapuys gelungen war, den Code zu entschlüsseln, den Marillac für seine Nachrichten an Franz und Montmorency verwendete.[3]

Heinrich hatte die Genugtuung, daß Karl ihn umwarb und Chapuys ihm gegenüber einen anderen Ton anschlug als zu Zeiten Katharina von Aragons. Chapuys erklärte Gardiner, er wisse, daß Heinrich weder auf Karls noch Franz' Freundschaft angewiesen sei. Doch ein Herrscher, der von Gott so mit Reichtümern und Weisheit gesegnet sei wie Heinrich, solle diese Gaben für die Befriedung der Christenheit nutzen und damit Ruhm in dieser Welt und Gottes Lohn in der nächsten gewinnen. Wenn Heinrich sich mit dem Kaiser verbünde, für den er ein Vater sei, werde man ihn Vater der Christenheit nennen. Wenn Karl und Heinrich gegen Frankreich in den Krieg zögen, könne Heinrich Boulogne, Ardres, Montreuil und Thérouanne für sich gewinnen, während Karl dafür sorgen werde, daß der Herzog von Savoyen seine Gebiete zurückbekomme.[4]

Das Angebot reizte Heinrich, obwohl ein Militärbündnis mit Karl problematisch war: Die finanzielle Frage mußte geklärt werden, und die religiösen Differenzen waren ein Hindernis. Wenn der Vertrag die übliche Klausel enthielt, daß er nur vorbehaltlich der Vereinbarungen der vertragschließenden Parteien mit anderen Fürsten und Potentaten gelten sollte, schloß dann das Wort »Potentat« den Bischof von Rom mit ein, und brachten Karls Vereinbarungen mit dem Papst Verpflichtungen mit sich, die Heinrich schadeten? Und sollte Heinrich im Vertrag neben seinen anderen Titeln auch den eines Oberhaupts der Kirche von England führen, obwohl Karl ihn nicht als solches anerkannte und mit dem Papst Schwierigkeiten bekam, wenn er es tat?

Im Juni schloß Franz mit Gustav Wasa von Schweden und Heinrichs ehemaligem Schwager, dem Herzog von Kleve, ein Militärbündnis gegen Karl. Franz forderte Heinrich auf, dem Bündnis beizutreten, doch Heinrich lehnte ab und sprach gegenüber Marillac verächtlich von »dem erbärmlichen König von Schweden«, der wie Jakob V. zu arm sei, um Franz in einem Krieg wirksam zu unterstützen.[5] Bei den Verhandlungen mit Karl machte Heinrich so viel Schwierigkeiten, wie er nur konnte. Er machte Karl Vorwürfe, weil dieser nicht zugelassen habe, daß Heinrich Frankreich eroberte, als Franz nach der Schlacht von Pavia gefangen war. Chapuys räumte ein, daß Karl die Lage damals falsch beurteilt habe, und gab Heinrich in allem recht. Er sei überzeugt, schrieb er an Granvelle, daß es für den Kaiser außerordentlich wichtig sei, Heinrich im bevorstehenden Krieg auf seiner Seite zu haben. Am 29. Juni beklagte er sich, daß es trotz monatelanger Verhandlungen keinerlei Fortschritt gegeben habe. Noch am selben Tag konnte er Heinrich zu einem geheimen Vertrag überreden. Heinrich und Karl kamen darin überein, bis Oktober keinen Vertrag mit einer anderen Macht zu schließen. In der Zwischenzeit wollte Heinrich Thirlby, den Bischof von Westminster, nach Spanien schicken, um mit Karl persönlich die Bedingungen für ein Bündnis auszuhandeln. Doch Chapuys war das noch nicht genug. In einem Schreiben drängte er Maria von Ungarn, die Ausfuhrbeschränkungen für Waren aus den Niederlanden, die sie englischen Kaufleuten auferlegt hatte, einseitig aufzuheben und nicht zu warten, bis Heinrich den flämischen Kaufleuten in London die Erleichterungen gewährte, die sie im Gegenzug verlangte. Maria erklärte ihm, sie habe dies bereits getan.[6]

Die beiden Herrscher hatten sich in dem Abkommen zu absoluter Geheimhaltung verpflichtet. Als Marillac Heinrich fragte, ob er mit Karl über ein Bündnis verhandle, leugnete Heinrich. Marillac wollte wissen, warum Chapuys dann so viel Zeit in Hampton Court verbringe. Heinrich erklärte, man verhandle lediglich über die Handelsbeschränkungen, die englischen und flämischen Kaufleuten in den Niederlanden und in England auferlegt worden seien.[7]

Am 12. Juli 1542 erklärte Franz Karl den Krieg und schickte seine Armeen los, um in die Niederlande einzufallen und Perpignan anzugreifen. Fast zur selben Zeit setzten die Schotten die Überfälle an der Grenze fort. Heinrich sah in dem Kriegsausbruch in Europa und in der Aussicht auf ein Militärbündnis mit dem Kaiser in erster Linie die Möglichkeit, Schottland zu beherrschen, den französischen Einfluß dort zu unterbinden und Jakob V. zur Aufgabe seiner englandfeindlichen Politik zu zwingen. Er ließ in allen Grafschaften in Nordengland Musterungen vornehmen und machte seine militärischen Vorbereitungen allgemein bekannt. Jakob äußerte den Wunsch nach einer friedlichen Lösung und schickte Gesandte zu Verhandlungen nach London. Heinrich befahl den Schutzherren der Marken an der schottischen Grenze, einen kurzen Vergeltungsschlag gegen Schottland zu führen, danach aber nichts weiter zu unternehmen, solange er mit den schottischen Gesandten in Windsor verhandle. Am nächsten Tag änderte er seine Meinung und schickte dem Grafen von Rutland im Norden neue Befehle: Er sei bereit, den »letzten Vergeltungsschlag« gegen die Schotten zu vergessen, wenn der Stand zwischen beiden Parteien mehr oder weniger ausgeglichen sei.[8]

Unterdessen waren die Armeen des französischen Königs und des Herzogs von Kleve in Luxemburg und in den Niederlanden eingefallen. Maria von Ungarn bat Heinrich um sofortige Hilfe. Doch Heinrich wollte warten, bis Karl dem Bündnisvertrag zugestimmmt hatte, obwohl Chapuys ihn daran erinnerte, daß, »während die Römer noch überlegen, Sagunt fällt«. Chapuys drängte zum Handeln: Als Heinrich seine Hilfe gegen die Türken versagt habe, habe er sich damit entschuldigt, daß Ungarn zu weit weg sei; aber welche Ausrede habe er jetzt dafür, daß er die Niederlande nicht unterstütze? Zuerst meinte Heinrich, er habe erfahren, daß sich die Franzosen bereits aus den Niederlanden zurückgezogen hätten. Dann warf er Karl vor, die Verteidigung seiner Gebiete zu vernachlässigen und zuzulassen, daß die Franzosen dort eindrangen.[9]

Heinrich steuerte auf seinen dritten Krieg mit Frankreich zu. Im Sommer 1542 kaperten und plünderten die Besatzungen französischer Kriegs- und Kaperschiffe auf dem Kanal englische Fischerboote. In England eskalierte der Haß auf die Franzosen. In der Bevölkerung wurde der französische König »der Türke« genannt. Wenn Engländer einem Franzosen begegneten, der allein war, griffen sie ihn an. In Dover wurden fünfzehn französische Seeleute aus Dieppe eingesperrt und verprügelt. In Frankreich verspottete und provozierte man Heinrich in Liedern:

> *Weh! que sait-il faire,*
> *Le Roi d'Angleterre?*[10]

(O weh, was kann der König von England tun?)

Doch Heinrich legte sich noch nicht fest. Während Karl in Spanien mit Thirlby um die Bündnisbedingungen feilschte, bot Heinrich Franz ein Bündnis gegen Karl an, nachdem er bis zum Oktober gewartet hatte, um die Bedingungen seiner Vereinbarung mit Chapuys zu erfüllen. Er erklärte Marillac, wenn Franz ihm Ardres, Tournehem und Montreuil als Pfand für die Zahlung der Pensionen und Schulden überlasse, werde er mit ihm ein Bündnis gegen Karl schließen. Wenn die beiden Könige sich zusammenschließen würden und dazu noch einige der deutschen Fürsten kämen, könnten sie für die Christenheit Großes erreichen.[11]

Mitte August rief Jakob V. seine Gesandten aus Windsor zurück, und Heinrich befahl den Gentlemen im Norden und ihren Pächtern und Dienern, sich bereit zu halten, damit sie dem Aufruf zum Marsch gegen die Schotten innerhalb einer Stunde folgen könnten. Sir Robert Bowes und Angus wollten sich mit einem Überfall auf Teviotdale für die schottischen Angriffe rächen. Am 24. August überquerten sie die Grenze zwischen Kelso und Jedburgh und brannten mehrere Gehöfte und Weiler nieder. Auf dem Rückweg wurden sie von 2 000 Schotten angegriffen. Bowes und einige Edelleute wurden gefangengenommen, Angus und Sir George Douglas konnten nach England entkommen. Heinrich war in seinem Stolz getroffen und in seiner Verhandlungsposition geschwächt. Doch er war entschlossen, die alte Situation wiederherzustellen. Er befahl seiner Armee, sich unter Norfolks Kommando in Newcastle zu sammeln und in Schottland einzufallen. Am 29. September sollte die Armee von Newcastle losmarschieren. Die Schotten boten jedoch an, die Verhandlungen wiederaufzunehmen, und Heinrich stimmte einem Treffen Norfolks, Southamptons und Tunstalls mit schottischen Gesandten in York am 18. September zu. Der Zeitpunkt für den Abmarsch der Armee aus Newcastle wurde um eine Woche auf den 6. Oktober verschoben. Heinrich befahl, die Verhandlungen in York abzubrechen, wenn die Schotten bis zum 29. September seine Bedingungen nicht akzeptiert hätten.[12]

Der König verlangte von den Schotten, Bowes und seine Mitgefangenen ohne Lösegeld freizulassen. Er war allerdings bereit, ein angemessenes Lösegeld zu zahlen, falls die Schotten darauf bestanden. Außerdem sollten die Schotten einem neuen Vertrag über die Auslieferung von Verrätern zustimmen, der auch für Geistliche gelten sollte. Jakob sollte zu einem Staatsbesuch an Heinrichs Hof kommen, und die Schotten sollten adlige Geiseln stellen, bis die Bedingungen des Vertrags erfüllt waren. Die Schotten gingen auf alle Forderungen ein. Jakob weigerte sich allerdings, weiter südlich als York zu reisen, um sich mit Heinrich zu treffen. Die Engländer erklärten, Jakob sei 1541 nicht nach York gekommen und Heinrich wolle sich nicht noch einmal dorthin begeben. Schließlich erklärte sich Jakob bereit, bis nach Huntingdon zu reisen; da seine Gemahlin schwanger sei, könne er Heinrich allerdings nicht vor dem 15. Januar treffen. Heinrich bestand darauf, den Ort des Treffens selbst zu bestimmen, und erklärte, die Begegnung könne nicht bis Januar aufgeschoben werden. An diesem Punkt wurden die Verhandlungen abgebrochen, und beide Seiten bereiteten sich auf einen Krieg vor.[13]

Norfolk war noch nicht zum Abmarsch bereit, weil die Schiffe mit Proviant und Bier aus London noch nicht in Newcastle eingetroffen waren. Seit der Meuterei in Fuentarrabia im Jahr 1512 legten die englischen Generäle größten

Wert darauf, einen angemessenen Vorrat an Bier für die Soldaten dabeizuhaben. Aus diesem Grund verschob Norfolk den Termin für die Bereitstellung der Armee in Newcastle vom 1. auf den 7. Oktober und schließlich auf den 11. Oktober. Er versprach Heinrich, die größte Invasion Schottlands seit hundert Jahren zu unternehmen. Als die Schiffe aus London am 7. Oktober in Newcastle eintrafen, mußte er zu seiner Sorge feststellen, daß das Bier nur für sechs Tage ausreichte, selbst wenn es auf zwei Becher pro Mann und Tag rationiert wurde. Das konnte Ärger verursachen.[14]

Am 22. Oktober führte Norfolk seine Armee bei Berwick über die Grenze und ließ Eccles, Kelso und zwanzig weitere Dörfer niederbrennen. Mit dem Bier hatte er sich allerdings verkalkuliert. Es wurde bereits nach vier Tagen knapp, deshalb trat er den Rückzug nach England an. Er schrieb Heinrich einen reumütigen Brief. Der König nahm Norfolks Entschuldigung an, obgleich er bedauerte, daß eine so mächtige Armee so wenig erreicht habe. Die Schotten nahmen den Sieg für sich in Anspruch. Beaton schrieb an den Papst, 40 000 Engländer seien nur fünf Kilometer auf schottisches Gebiet vorgedrungen und hätten, als sie hörten, daß Jakob seine Armee gegen sie führe, den Rückzug angetreten. Jakob führte persönlich das Kommando über seine Armee und bereitete den Einmarsch in die westlichen Marken vor.[15]

Am 24. November überquerten 18 000 Schotten die Grenze bei Gretna und brannten einige Häuser am Ufer des Esk nieder. Im Sumpfgebiet Solway Moss, weniger als ein Kilometer jenseits der Grenze, wurden sie von 3 000 englischen Soldaten angegriffen und flohen Hals über Kopf. In der Schlacht fielen nur 7 Engländer und 20 Schotten. Mehrere Schotten ertranken auf der Flucht. Die Engländer machten 1 200 Gefangene, darunter 2 Grafen, 5 Lords und 500 Gutsherren und Edelleute. Außerdem fielen ihnen 3 000 Pferde, 30 Standarten, 20 Kanonen, 120 Gewehre und 4 Wagenladungen Lanzen in die Hände. John Knox und nachfolgende protestantische Autoren Schottlands schrieben die Niederlage der Unfähigkeit von Jakobs Günstling Oliver Sinclair zu, dem Jakob das Kommando über die Armee übertragen hatte. Die Katholiken machten Lord Maxwell, einen anderen schottischen Befehlshaber, für die Niederlage verantwortlich. Sie hielten ihn für einen Sympathisanten der Protestanten und einen Verräter, der die Niederlage absichtlich herbeigeführt habe. Für die Schotten war die Schlacht eine Katastrophe, für Heinrich war sie die Rettung in genau dem Moment, als alles schiefzugehen drohte.[16]

Jakob, der in zehn Kilometer Entfernung von einem Hügel in Schottland aus die Niederlage seiner Armee mit angesehen hatte, erlebte zwei Wochen später eine weitere herbe Enttäuschung: Seine Gemahlin gebar ihm eine Tochter, keinen Sohn. Am 14. Dezember starb er, und die Thronfolge ging auf das erst sechs Tage alte Kind über, auf Maria Stuart.

Heinrich machte das Beste aus seinem Glück und taktierte zumindest anfangs mit viel Geschick. Er befahl, die zwanzig prominenten Kriegsgefangenen nach London zu bringen und ihnen unterwegs jede Unterhaltung zu verbieten. Als sie am Nachmittag des 19. Dezember in London eintrafen, wurden sie sogleich in den Tower gebracht. Nach knapp 36 Stunden Haft wurden sie am 21. Dezember um acht Uhr morgens vor den Kronrat geführt und auf Ehrenwort freigelassen. Sie wurden der Obhut verschiedener Adliger und Edelleute von angemessenem Rang unterstellt und in deren Häusern in London untergebracht. Am Johannistag wurden sie an den Hof Heinrichs nach Hampton Court gebracht. Dort wohnten sie drei Tage den auf das Weihnachtsfest folgenden Feierlichkeiten bei. Heinrich behandelte die Schotten außerordentlich höflich und forderte sie auf, auf dem Weg zur Messe unmittelbar vor ihm zu gehen. Am 31. Dezember veranstaltete der Bürgermeister in der Stadt ein Bankett für sie, am Neujahrstag traten sie die Rückreise nach Schottland an.[17]

In Hampton Court erklärten Heinrich und seine Räte den Schotten, Heinrich sei zwar der rechtmäßige Oberherr Schottlands, weil die schottischen Könige den Königen von England in den Jahren 1097, 1189 und 1291 Treue geschworen hätten, aber er habe seinen Anspruch gegenüber seinem Lieblingsneffen Jakob V. nicht geltend gemacht und werde es auch gegenüber Jakobs Kind nicht tun. Er wolle lediglich die Freundschaft zwischen England und Schottland auch für die Zukunft sicherstellen, was im Interesse jedes Schotten sei. Für die Feindseligkeiten zwischen den beiden Königreichen sei einzig und allein Beaton verantwortlich, der Kardinal von St. Andrews. Beaton habe seine Pflichten gegenüber König und Vaterland mißachtet und auf Anordnung seines wahren Herrn, des Bischofs von Rom, gehandelt und für den französischen König Partei ergriffen, weil er die Reformation der Kirche, die Heinrich in England durchgeführt habe, ablehne. Friede und Freundschaft zwischen den beiden Reichen könnten durch die Heirat der »Tochter Schottlands« mit Heinrichs Sohn Prinz Eduard garantiert werden, sobald beide das heiratsfähige Alter erreicht hätten.[18]

Ehe die zwanzig schottischen Lords und Gutsherren nach Schottland zurückkehrten, unterzeichneten sie eine Erklärung, nach der Heinrich die Vormundschaft über Maria Stuart übernehmen und Maria Prinz Eduard heiraten sollte. Zehn von ihnen, darunter die Grafen Glencairn und Cassillis, unterzeichneten ein zweites Abkommen, ohne ihren zehn Mitgefangenen etwas davon zu sagen. In diesem geheimen Abkommen versprachen sie, im Falle von Marias Tod Heinrich als König von Schottland anzuerkennen und ihm als seine Untertanen zu dienen.[19]

Jakob V. hatte testamentarisch einen Regentschaftsrat eingesetzt. Doch James Hamilton, Graf von Arran, der nächste Thronerbe nach »dem Kind«, behauptete, Beaton habe das Testament gefälscht. Die anderen Lords kamen überein, Arran zum Vormund der Königin und Regentin von Schottland zu ernennen. Arran ließ Beaton verhaften und in der Burg Blackness am Firth of Forth einsperren. Er lieferte zwei papsttreue Flüchtlinge aus England aus, die nach der Gnadenwallfahrt nach Schottland geflohen waren und ein paar Tage nach der Schlacht von Solway Moss Heinrichs Herold auf dem Rückweg von Edinburgh nach Berwick ermordet hatten. Außerdem ließ er, ohne Bedingungen zu stellen, Sir Robert Bowes und die anderen englischen Kriegsgefangenen frei. Er verzieh Angus und Sir George Douglas ihren Verrat. Angus und sein Bruder kehrten mit unguten Gefühlen nach Schottland zurück, nachdem ihnen Heinrich versichert hatte, er sei stark genug, sie zu schützen und zu fördern, »solange sie offen und ehrlich zu ihm seien«.[20]

Die Schotten hatten guten Grund, freundschaftliche Beziehungen zu Heinrich herzustellen. Er hatte bewiesen, daß er sie im Krieg besiegen konnte – auch wenn sie gelegentlich eine Schlacht gewannen – daß er ihnen mehr schaden konnte, als der König von Frankreich ihnen nutzen konnte, und daß er reich genug war, um den Lords und einflußreichen Gutsherren angemessene Bestechungsgelder und Renten zahlen zu können. Ein weiterer Faktor war die Religionsfrage. Die große Mehrheit der Schotten waren Katholiken. In Kyle in Ayrshire und im Hafenviertel von Dundee gab es allerdings auch protestantische Religionsgemeinschaften, die mit den lutherischen Hansestädten regen Handel trieben. Die schottischen Protestanten, deren Märtyrer unter Jakob V. und Kardinal Beaton auf dem Scheiterhaufen gestorben waren, hatten gehört, der König von England sei ein exkommunizierter Ketzer, und viele von ihnen betrachteten ihn daher als Erlöser, dessen Armeen sie von der Unterdrückung befreien würden. Diejenigen, die nach England geflohen waren, um der Verfolgung zu entgehen, hatten die Wahrheit über Heinrich erfahren müssen. George Wishart, einer der bekanntesten protestantischen Prediger Schottlands, bekam Schwierigkeiten, als er im Mai 1538 in Bristol predigte. Der »hartnäckige Schotte« wurde als Ketzer denunziert, vor Cranmer und andere Kommissare geschleppt und gezwungen, das Reisigbündel zu tragen.[21] Heinrich wußte seit seinem Bündnis mit Wullenweber und Meyer freilich, daß Ketzer, die im Inland für Unruhe sorgten, im Ausland sehr wohl nützlich sein konnten.

Heinrichs Kommandant in Berwick war Sir John Dudley, der Sohn Edmund Dudleys, den der König nach seiner Thronbesteigung hatte hinrichten lassen. Nach Lord Lisles Tod im März 1542 machte Heinrich Dudley zum Viscount Lisle. Obwohl Heinrich Dudleys Vater hatte hinrichten lassen, wurde Dudley einer der besten Räte und Generäle des Königs und saß mit ihm am Spieltisch. Heinrich hatte Dudley die Ländereien seines Vaters zurückgegeben, und der neue Viscount Lisle dachte außer an seine Pflichten gegenüber dem König auch an die eigene Karriere. Erst nach Heinrichs Tod wagte er einmal, in einem Brief das Schicksal »meines armen Vaters« zu erwähnen, der »den Tod erlitt, weil er den Anordnungen seines Herrn folgte«. Zu Heinrichs Lebzeiten bestätigte er die Richtigkeit von Machiavellis Behauptung, daß »die Menschen schneller den Tod ihres Vaters als den Verlust ihres Erbes vergessen«. Einmal sagte er zu Arran, Heinrich sei »der größte Herrscher und Vater der Weisheit auf der ganzen Welt«.[22]

Dudley, nach John Foxe einer der Protestanten in Heinrichs Rat, meinte, Heinrich solle die schottischen Barbaren aus religiösen wie nationalen Gründen zivilisieren. Er drängte Heinrich, den Süden Schottlands bis zu den Flüssen Forth und Clyde zu annektieren. Es wäre »eine Gott wohlgefällige Tat, wenn man bedenkt, wie brutal und bestialisch das Volk jetzt regiert wird ... O, welch gute Tat würden Eure Hoheit damit vollbringen, diesen Menschen die Gebote Gottes zu verkünden!«[23]

Die verfolgten englischen Sakramentierer beurteilten die Lage allerdings anders. Butler schrieb an Bullinger, Heinrich drohe den Schotten mit »einem furchtbaren Krieg ... und blutrünstigen Soldaten«, wenn sie nicht bereit seien, die papistischen Bräuche abzuschaffen, »an denen dieser Proteus in seinem eigenen Königreich mit tyrannischer Grausamkeit hartnäckig festhält«. Hilles glaubte, Heinrich habe sich bei seinem Überfall auf Schottland »mehr auf Streitwagen, Pferde und viele Soldaten verlassen als auf Gott«.[24]

Heinrich schickte seinen außerordentlich tüchtigen Minister Sir Ralph Sadler als Gesandten nach Edinburgh. Sadler sollte dafür sorgen, daß Arran einen englandfreundlichen Kurs verfolgte und Angus und Sir George Douglas sich nach Heinrichs Wünschen richteten. Der König trug Sadler und Angus auf, Arran zu überreden, Maria Stuart und den gefangenen Beaton nach England zu schicken und Heinrichs Beamten das Schloß von Dunbar und Angus' Palast Tantallon in North Berwick an der Ostküste sowie die Burg Dumbarton an der Mündung des Clyde zu überlassen. Die Burg war strategisch günstig gelegen: Von ihr konnte man mit Geschützen praktisch jede fremde Flotte daran hindern, in die Flußmündung einzufahren und eine Armee an Land zu setzen. Arran zögerte jedoch, Heinrichs Wunsch nachzukommen. Sir George Douglas erklärte Lisle, man werde ihn für einen englischen Agenten halten, wenn er Beaton an Heinrich ausliefere. Er wolle jedoch dafür sorgen, daß Arran den Kardinal in Blackness in sicherem Gewahrsam halte. Douglas hatte nach seiner Rückkehr nach Schottland erkannt, daß die Argumente zugunsten einer Freundschaft mit England – das nationale Interesse, die Gier nach Heinrichs Gold und der protestantische Eifer – durch die gefühlsmäßige Reaktion des schottischen Nationalismus und des Hasses auf die Engländer mehr als aufgewogen wurden. Er erklärte Sadler, er und Angus würden Heinrichs wegen gehaßt und man nenne sie »die englischen Lords«. Jeder Versuch, »dieses Reich zum Gehorsam gegenüber England zu zwingen ... ist im Augenblick unmöglich«, denn »noch der kleinste Junge wird mit Steinen auf die Engländer werfen, die Frauen werden mit ihren Spinnrocken herauskommen, und das einfache Volk wird lieber sterben als sich beugen, und viele Adlige und der Klerus sind ganz und gar dagegen.«[25]

Auch Arran bekam den Unwillen des Volkes zu spüren. Man sagte ihm nach, er sei »ein Ketzer und guter Engländer« und habe Schottland an Heinrich verkauft. Das schottische Parlament hatte ein Gesetz verabschiedet, wonach es zum ersten Mal erlaubt war, eine englische Übersetzung der Bibel zu lesen, und Arran hatte Heinrich gebeten, Exemplare der »Großen Bibel« nach Schottland zu schicken. Heinrich schickte Arran zwar die Bibeln, riet ihm aber, den Schotten die Lektüre der in England verbotenen Übersetzungen von Tyndale und Coverdale und anderer protestantischer Bücher zu verbieten. Zugleich drängte er ihn, nicht zuzulassen, daß das gemeine Volk über die Bedeutung einzelner Passagen der Heiligen Schrift diskutierte.[26]

Am 11. Februar 1543 wurde der Vertrag zwischen Karl und Heinrich von Gardiner, Wriothesley und Chapuys in Whitehall unterzeichnet. Die letzte noch offene Frage, ob Heinrich im Vertrag als Oberhaupt der Kirche von England bezeichnet werden sollte, wurde durch einen Kompromiß gelöst: Der Titel sollte in Heinrichs Abschrift des Vertrages enthalten sein, in Karls Abschrift dagegen fehlen.[27] Nach dem Vertrag sollten Karl und Heinrich von Franz verlangen, daß er die Beziehungen zu den Türken, »den unversöhnlichen Feinden des christlichen Namens und Glaubens«, abbrach, für sämtliche Schäden aufkam, die die Türken auf Karls Boden angerichtet hatten, und Heinrich die noch ausstehenden Pensionen zahlte. Wenn Franz diese Forderungen nicht innerhalb von zehn Tagen annahm, wollten Karl und Heinrich ihm den Krieg erklären, wobei Heinrich das Königreich Frankreich, die Normandie, Aquitanien und Guyenne »forderte« und Karl Burgund, Abbéville, Amiens, Corbie, Bray, Peronne und St. Quentin. Die beiden kamen überein, innerhalb der nächsten zwei Jahre in Frankreich einzufallen und keinen Separatfrieden zu schließen, wenn Franz sich nicht bereit erklärte, Ponthieu, Boulogne, Montreuil, Thérouanne und Ardres Heinrich zu überlassen und Burgund an Karl abzutreten. Heinrich und Karl vereinbarten außerdem einen Austausch von Rebellen und Flüchtlingen. Angesichts der Tatsache, daß in beiden Reichen ketzerische Bücher gedruckt und in das jeweils andere Reich geschmuggelt wurden, wollte Karl den Druck englischer Bücher in seinen Territorien verbieten und Heinrich den Druck deutscher Bücher in England.[28]

Frühling und Sommer 1543 waren naß und kalt, und es waren düstere Zeiten für die Protestanten in England. Die Konvokation von Canterbury stimmte einer Subvention von sechs Schilling pro Pfund für den Krieg zu, was noch nie dagewesen war, und diskutierte die neue Ausgabe des »Buchs der Bischöfe«, das von Bischöfen und erfahrenen Theologen verfaßt worden war. Das Buch war orthodoxer und katholischer als die Glaubensformeln von 1536 und 1537. Es wurde im Mai 1543 unter dem Titel *A Necessary doctrine and erudition for any Christian man, set forth by the King's Majesty of England* (Ein unentbehrliches Lehrbuch für jeden Christenmenschen, herausgegeben von Seiner Majestät, dem König von England) veröffentlicht und als »Buch des Königs« bekannt. Heinrich, der offiziell nichts mit dem »Buch der Bischöfe« zu tun gehabt hatte, war erfreut, daß dieses stärker katholische Buch nach ihm benannt wurde. In dem Buch war festgelegt, daß es sieben Sakramente von gleicher Wichtigkeit gebe. Nur das Altarsakrament wurde über die anderen gestellt aufgrund der Realpräsenz Christi in der Eucharistie, die durch die Transsubstantiation bewirkt werde, wie es ausdrücklich hieß. Die Lehre, daß der Gemeinde sowohl Wein wie Brot gereicht werden sollten, wurde als »schädlich« und »teuflisch« verdammt. Heinrich schickte ein Exemplar des Buches an Karl V. , um ihm zu zeigen, wie katholisch die Lehre war, die er seinem Volk verkündete.[29]

Vom protestantischen Standpunkt aus war das Verbot der Bibellektüre der größte Rückschritt. Im Vorwort zum »Buch des Königs« erklärte Heinrich, indem er seinen Untertanen erlaubt habe, die Bibel auf Englisch zu lesen, sei es ihm gelungen, »Heuchelei und Aberglaube« auszumerzen; doch nun »entdecken Wir in den Herzen einiger Menschen die Neigung zu einem falschen Verständnis der Heiligen Schrift, zu Mutmaßungen, Arroganz, sexueller Freizügigkeit und Streitereien«. Gott »hat die einen dazu ausersehen, andere zu unterweisen, die anderen, sich unterweisen zu lassen«. Während die Lehrer die Bibel lesen müßten, sollten diejenigen, »die dazu bestimmt sind, unterwiesen zu werden«, sie nur lesen, »insoweit es dem Herrscher und der Politik des Reiches angemessen erscheint, dies zu tolerieren oder abzulehnen«. Daher sollten sie nicht die Bibel, sondern das »Buch des Königs« lesen, das »die vollständige und hinreichende Lehre enthält«. Sie sollten »Gott um Demut bitten« und sich »bereitwillig den Anordnungen unterwerfen, die Wir und unsere Gesetze vorschreiben«. Nur so könne man » Mutmaßungen und Arroganz widerstehen, Bosheit und Streitereien ausmerzen und sexuelle Freizügigkeit mildern«. Im April verabschiedete das Parlament ein Gesetz, nach dem Freisassen, Arbeiter und Frauen, die nicht den Rang einer Dame hatten, nicht einmal privat die Bibel lesen durften.[30]

Im März befaßte der Rat sich mit dem Fall einiger portugiesischer Einwanderer, die verdächtigt wurden, Juden zu sein. Des weiteren wurden acht Drukker eingesperrt, die verbotene Bücher gedruckt hatten. In London kam es zu einer Kampagne gegen alle, die während der Fastenzeit Fleisch, Käse und Eier aßen. Sheriffs und ihre Beamten drangen zur Essenszeit unangemeldet in die Häuser ein, um zu kontrollieren, was die Menschen aßen.[31]

Die Katholiken versuchten auch, Cranmer loszuwerden. Im Kapitel der Kathedrale von Canterbury war unter den sieben katholischen und fünf protestantischen Kanonikern ein heftiger Streit entbrannt, und einige der katholischen Kanoniker warfen Cranmer vor, in seiner Diözese ketzerische Predigten und Bräuche zu fördern. Aufgewiegelt wurden sie von Dr. London, dem ehemaligen Inspizienten der Klöster, und vermutlich unterstützte auch Gardiner sie. Sie stellten eine lange Liste mit Fällen zusammen, in denen Cranmer über Ketzerei hinweggesehen hatte, und legten das Dokument Heinrich vor, der es las, als er mit seiner Barke an Cranmers Palast Lambeth vorbeifuhr. Cranmer wußte, daß der König vorbeikommen würde, und war auf die Brükke getreten, um ihn zu begrüßen. Heinrich lud ihn ein, auf das Schiff zu kommen, und zeigte ihm das Dokument. Nach Morice sagte er zu ihm: »Oh, mein Kaplan, ich habe Neuigkeiten für Euch. Ich weiß jetzt, wer der größte Ketzer in Kent ist.« Cranmer bat ihn, eine unparteiische Kommission damit zu beauftragen, die Richtigkeit der Vorwürfe zu überprüfen. Doch Heinrich betraute Cranmer selbst mit der Aufgabe, zu untersuchen, weshalb die katholischen Kanoniker diese Anschuldigungen gegen ihn vorgebracht hatten.

Erzbischof Parker zufolge fragte Heinrich Cranmer während dieses Gesprächs, ob sein Schlafzimmer einer Überprüfung aufgrund der Sechs Artikel standhalten könne. Er machte damit deutlich, daß er von Cranmers Frau wußte. Cranmer versicherte Heinrich, er habe seine Frau nach Inkrafttreten der Sechs Artikel nach Deutschland zurückgeschickt, und bat auf Knien um Vergebung. Heinrich gewährte sie ihm. Wenn man Parkers Bericht glauben darf – vermutlich erhielt er seine Informationen von Morice –, ist dies ein weiteres Beispiel für Heinrichs zynische Einstellung gegenüber der Priesterehe.*

Cranmer verbrachte mehrere Monate mit der Überprüfung der Beweise, die die katholischen Kanoniker Heinrich vorgelegt hatten, und er entlastete die Protestanten, die der Ketzerei beschuldigt worden waren. Für die katholischen Kanoniker und für Gardiner war dies ein eindeutiges Signal dafür, daß Heinrich vorerst nicht zulassen würde, daß sie Cranmer stürzten, wie sie Cromwell gestürzt hatten.[32]

Franklin, Sampsons Nachfolger als Dekan der Chapel Royal, wußte, daß einer der Kanoniker in Windsor, Simon Heynes, Protestant war. Franklin suchte nach Beweisen, um Heynes der Ketzerei beschuldigen zu können. Er stellte Nachforschungen an und fand heraus, daß John Marbeck, der Or-

* Weder Morice noch Foxe erwähnen in ihrem Bericht über dieses Gespräch Cranmers Ehe. An einer anderen Stelle behauptet Foxe, Heinrich habe Cranmer erlaubt, seine Frau »widergesetzlich und trotz der Geltung der Sechs Artikel« zu behalten. Wahrscheinlich ist sie jedoch 1539 nach Deutschland gegangen und 1543 zurückgekommen. Siehe dazu mein Buch *Thomas Cranmer*, S. 148.

ganist der Chapel Royal, und drei Einwohner der Stadt Windsor – Testwood, Filmer und Pearson – Sakramentierer waren. Bei der Durchsuchung von Marbecks Unterkunft entdeckten die Beamten, daß er gerade mit der Herstellung einer Konkordanz der englischen und lateinischen Bibel beschäftigt war und aus Büchern von Calvin und anderen protestantischen Autoren verschiedene ketzerische Passagen abgeschrieben hatte. Marbeck wurde mehrmals von Gardiner vernommen, der ihm erklärte, er bewundere ihn als Musiker und würde ihn gerne retten. Von Gardiner aufgefordert, die Namen der anderen Ketzer preiszugeben, weigerte er sich jedoch. Heynes konnten die Behörden nicht unter Anklage stellen.[33]

Zur Überraschung aller heiratete Heinrich im Juli Katharina Parr. Nach der Hinrichtung von Katharina Howard glaubten seine Räte, er werde nie wieder heiraten, obwohl von Zeit zu Zeit das Gerücht umging, er wolle Anna von Kleve an den Hof zurückholen. Im Sommer 1543 war Heinrich zweiundfünfzig und Katharina Parr einunddreißig. Sie war die Schwester von William Parr, den Heinrich erst vor kurzem zum Peer ernannt hatte. In jungen Jahren hatte sie den betagten Lord Brough geheiratet, und nach dessen Tod wurde sie die Gemahlin Lord Latimers, der zu den Adligen aus Yorkshire gehörte, die die Gnadenwallfahrt unterstützt hatten, aber begnadigt worden war. Er starb nur wenige Monate vor Katharinas Heirat mit Heinrich.

Über Heinrichs Werbung um Katharina ist nichts bekannt. Bei seinen anderen Frauen wissen wir zumindest, wann er ihnen begegnete und wie er ihnen den Hof machte. Doch es gibt keinen Bericht darüber, wann er Katharina Parr traf und wann er sich zur Heirat entschloß. Wir wissen nur, daß er im Februar 1543 einen Schneider dafür bezahlte, Katharina italienische Kleider zu nähen, und daß Cranmer am 10. Juli eine Heiratsgenehmigung erteilte, in der es hieß, der König »geruhe« Lady Latimer zu heiraten und die Hochzeit könne ohne Aufgebot in jeder Kirche oder Kapelle stattfinden. Chapuys war erstaunt, daß Heinrich Katharina heiratete, denn sie war nicht schön – sie war sogar noch weniger anziehend als Anna von Kleve –, und sie hatte keinem ihrer beiden ersten Ehemänner Kinder geschenkt.[34]

Katharina hatte sich in Johanna Seymours Bruder Thomas Seymour verliebt, der nach Heinrichs Tod schließlich ihr vierter Ehemann wurde. Als sie ihn heiratete, erklärte sie ihm, sie habe ihn schon 1543 heiraten wollen, habe sich jedoch »einer höheren Macht beugen« müssen. Als Heinrich um sie anhielt, soll sie geantwortet haben, »es sei besser, seine Geliebte zu sein als seine Gemahlin«; aber wir können sicher sein, daß diese kluge und verantwortungsbewußte Frau nie so etwas zu Heinrich gesagt hat; solange der König lebte, sagte sie das wahrscheinlich nicht einmal vertraulich zu jemandem. Acht Tage nach der Hochzeit schrieb sie an ihren Bruder Lord Parr, es habe Gott gefallen, daß der König sie zu seiner Gemahlin nehme, was die größte

Freude und Labsal sei, die ihr habe widerfahren können. Heinrich und Katharina wurden am Donnerstag, dem 12. Juli 1543, in einer Kapelle in Hampton Court, genannt »The Queens Privy Chamber«, von Gardiner getraut. Katharina versprach, Heinrich zum Ehemann zu nehmen und zu ihm zu stehen »in guten und in schlechten Zeiten, in Reichtum und in Armut, in Krankheit und Gesundheit« und »im Bett und bei Tisch heiter und gehorsam zu sein, bis daß der Tod uns scheidet«.[35]

Eine Woche nach der Hochzeit wurden Marbeck, Pearson, Testwood und Filmer von ihrem Gefängnis Marshalsea in Southwark nach Windsor gebracht und wegen Ketzerei vor Gericht gestellt. Testwood war so krank, daß er an Krücken gehen mußte. Ein fünfter Mann namens Bennet blieb in Marshalsea und wurde nicht vor Gericht gestellt, weil er die Pest hatte. Das rettete ihm das Leben. Den anderen wurde am 26. Juli in Gegenwart von Capon, dem Bischof von Salisbury, dem Dekan der Chapel Royal und anderen Richtern der Prozeß gemacht. Die Geschworenen waren Pächter der Chapel Royal. Die Angeklagten protestierten, daß die Pächter nicht unparteiisch seien, und baten darum, von einer Jury gerichtet zu werden, die sich aus Männern der Stadt Windsor zusammensetze. Ihr Protest wurde zurückgewiesen.

Als Hauptbelastungszeuge gegen Testwood trat ein Priester auf, der erklärte, immer wenn Testwood die Messe zelebriert habe, habe er die Augen niedergeschlagen, um die Hostie nicht ansehen zu müssen, statt sie bewundernd anzublicken. Testwood wollte wissen, warum der Priester sich in einem solch feierlichen Moment in der Kirche umgesehen und ihn beobachtet habe. Aber der Generalstaatsanwalt, der die Anklage vertrat, erklärte, der Priester »könne keiner sinnvolleren Beschäftigung nachgehen, als auf Ketzer zu achten, die das heilige Sakrament in solcher Weise mißachteten«. Daß Marbeck eine Konkordanz der Bibel verfaßt hatte, war kein Kapitalverbrechen. Ihm wurde jedoch vorgeworfen, die Realpräsenz zu leugnen, von der die Sechs Artikel sprachen: Marbeck hatte sich dazu schriftlich geäußert, und das Dokument war in seiner Unterkunft gefunden worden. Er behauptete, dies sei ein Auszug aus einem Buch Calvins, den er noch vor Inkrafttreten der Sechs Artikel abgeschrieben habe. Zunächst konnten sich die Geschworenen nicht einigen, doch schließlich sprachen sie ihn schuldig. Die anderen drei Angeklagten wurden ebenfalls überführt. Alle vier wurden zum Tod auf dem Scheiterhaufen verurteilt. Marbeck wurde jedoch begnadigt. Gardiner erklärte ihm, er habe sich bei Heinrich für ihn verwendet, weil er seine Musik bewundere, und Heinrich habe einer Begnadigung zugestimmt.[36]

Testwood, Filmer und Pearson wurden am 28. Juli im Park unterhalb des Schlosses verbrannt. Ehe die Reisighaufen angezündet wurden, tranken sie mit einem Becher Ale auf den Tag, an dem sie sich im Himmel wiedersehen würden. Hilles, der sich noch erinnerte, wie Cromwell und Barnes und seine

Leidensgefährten am Tag von Heinrichs Hochzeit mit Katharina Howard hingerichtet worden waren, schrieb, Heinrich habe die drei »frommen Männer« in Windsor verbrennen lassen, weil er Katharina Parr geheiratet habe und gewohnt sei, »seine Hochzeiten immer mit derlei gottlosen Taten zu feiern«.[37]

Heinrich stellte jedoch bald das Gleichgewicht wieder her. Bennet war nur wegen der Pest vom Schicksal seiner drei Kollegen verschont geblieben. Als er sich erholt hatte, wurde sein Fall weiter untersucht. Man kam zu dem Schluß, daß Dr. London und andere Katholiken ihn zu Unrecht beschuldigt hätten. Bennets Freunde in Heinrichs Haushalt wurden entlastet. Dr. London, der sie denunziert hatte und an dem Komplott der katholischen Kanoniker von Canterbury gegen Cranmer beteiligt gewesen war, wurde des Meineids überführt. Er und zwei seiner Kollegen mußten sich verkehrt herum aufs Pferd setzen und durch die Straßen von Windsor reiten. An ihrer Stirn war ein Zettel angebracht, auf dem stand, daß sie einen Meineid geschworen hatten. Dann wurden sie an den Pranger gestellt, anschließend warf man sie ins Fleet-Gefängnis, wo London ein paar Monate später starb.[38]

Die Katholiken in Canterbury denunzierten nun Richard Turner, den Vikar von Chartham, weil er gegen kirchliche Zeremonien predige. Cranmer, der den Fall untersuchte, konnte ihm nicht nachweisen, daß er sich der Ketzerei schuldig gemacht hatte. Turners Gemeinde in Chartham war über seinen Freispruch sehr froh und beschloß, ihm bei seiner Heimkehr einen großen Empfang zu bereiten. Turner fürchtete, dies könne von den Behörden als aufrührerische Versammlung angesehen werden, und nahm einen anderen Weg nach Hause. Er machte einen Umweg von 30 Kilometern durch die Wälder, um jedes Aufsehen zu vermeiden. Die Katholiken berichteten jedoch nur von der Versammlung, ohne zu erwähnen, daß Turner nicht daran teilgenommen hatte. Als Heinrich davon erfuhr, glaubte er an eine gefährliche Mißachtung seiner Autorität und befahl, Turner als Aufrührer mit Peitschenhieben aus der Grafschaft zu jagen.

Morice, der Turner für das Bistum Chartham vorgeschlagen hatte, bat Cranmer, sich bei Heinrich für Turner zu verwenden. Aber Cranmer, der Turners Freilassung bewirkt hatte, hatte Angst, sich noch mehr zu kompromittieren, und verweigerte seine Hilfe. Er wollte Morice nicht einmal erlauben, sich mit den Zeugen in Chartham in Verbindung zu setzen, die hätten beweisen können, daß Turner nicht an der Versammlung teilgenommen hatte. Daher handelte Morice ohne Cranmer. Er schrieb an Anthony Denny, einen Kammerherrn Heinrichs, und an Dr. Butts. Butts war zugegen, wenn Heinrich sich von seinem Barbier Haare und Bart stutzen ließ. Als Heinrich wieder beim Barbier war, nutzte Butts die Gelegenheit, ihm Turners Fall vorzutragen und Heinrich über die wahren Tatsachen aufzuklären. Daraufhin hob Heinrich den Befehl auf, Turner auszupeitschen, und lobte ihn als treuen Untertanen.[39]

27

Der Krieg um Boulogne

Der Krieg in Europa entwickelte sich für Karl und Heinrich günstig. Karl marschierte gegen den Herzog von Kleve, und im August 1543 nahm er Düren ein und ließ die Bewohner niedermetzeln. Daraufhin kapitulierte der Herzog von Kleve und akzeptierte die außerordentlich günstigen Friedensbedingungen, die Karl ihm anbot. Karl konnte sich nun ungehindert gegen Franz wenden. Heinrich entsandte 5 600 englische Soldaten unter Wallops Kommando, um Karl bei der Belagerung von Landrecies zu unterstützen. Außerdem schickte er 20 000 Kronen nach Antwerpen, damit Karl seine Söldner bezahlen konnte. Wallop berichtete Heinrich aus Landrecies von Karls neuer Waffe: Brandgeschossen, die aus 21 Kanonen auf die Stadt abgefeuert wurden. Die Geschosse entzündeten sich in der Luft, und wenn sie in der Stadt niedergingen, prallten sie noch mehrmals vom Boden ab und setzten dabei die umliegenden Häuser in Brand. Karl lobte Wallop und seine Männer für ihre Tapferkeit. Es gelang ihm jedoch nicht, Landrecies einzunehmen, und als Franz eine Armee losschickte, um die Stadt zu befreien, hob er die Belagerung auf.[1]

In Schottland hatte sich die Situation nicht zu Heinrichs Gunsten entwickelt. Die Schotten waren nicht bereit, Maria Stuart an den englischen Hof zu schicken, solange sie noch ein Kind war. Arran machte sich in zunehmendem Maße die Ressentiments der Schotten gegen England zu eigen und war immer weniger zu Zugeständnissen bereit. Angus und sein Bruder erreichten gar nichts. Lisle versicherte Heinrich, wann immer Angus seinen Namen nenne, ob im Rat der Schotten oder anderswo, »nimmt er seinen Hut ab und sagt: ›Seine Majestät der König, mein Herr, Gott schütze Seine Gnaden‹«. Heinrich trug Sadler auf, Angus und Sir George Douglas klarzumachen, daß zwischen Worten und Taten ein Unterschied bestehe.[2]

Heinrich erwartete von Angus und Sir George Douglas, daß sie ihm gehorchten, als wären sie seine Untertanen. Sadler sollte Sir George an seine letzte Unterhaltung mit Heinrich im Gartenhaus in Windsor Park erinnern, wo Heinrich mit Pfeil und Bogen übte. Außerdem sollte Sir George daran denken, wie Heinrich einmal mit ihm und Angus zum Foliejon Park bei Windsor geritten war. Auf dem Weg hatten sie ihm in der Menge am Wegesrand einen Mann gezeigt, der der größte Dieb Schottlands war. Auf ihre Bitte hin hatte Heinrich den Mann verhaften lassen. Zeigte das nicht, daß sie Heinrichs Untertanen waren? Hätte er die Bitte Jakobs V. um ihre Auslieferung zurückgewiesen, wenn sie nicht seine Untertanen gewesen wären?[3]

Anstatt Beaton nach Berwick zu schicken, wie Heinrich es verlangte, ließ Arran ihn von Blackness auf sein eigenes Schloß bei St. Andrews bringen. Heinrich war deswegen beunruhigt[4], und tatsächlich war Beaton schon kurz darauf wieder in Freiheit und schloß sich dem Grafen von Argyll und anderen Lords an. Ein Trost für Heinrich war immerhin, daß Matthew Stewart, Graf von Lennox, den Franz I. nach Schottland geschickt hatte, um gegen Arrans englischfreundliche Politik vorzugehen, ihn wissen ließ, er werde die Lager wechseln und Heinrich dienen, wenn er Heinrichs Nichte Lady Margaret Douglas heiraten dürfe. Heinrich war einverstanden. Lennox heiratete Margaret und schwor, Heinrichs Untertan zu sein und ihm in Schottland zu dienen.

Da Heinrich weiter auf einem Heiratsbündnis zwischen England und Schottland bestand, gab Arran schließlich nach. Er schickte Glencairn, Sir George Douglas und andere Gesandte nach England, wo sie am 1. Juli 1543 mit Heinrichs Räten in Greenwich einen Vertrag unterzeichneten. Mit zehn Jahren sollte Maria Stuart an Heinrichs Hof kommen. Nach ihrer Hochzeit mit Prinz Eduard sollte Schottland weiterhin »Königreich von Schottland« heißen und nach seinen eigenen Gesetzen regiert werden. Englische und schottische Flüchtlinge sollten ausgeliefert werden, wenn sie in dem Land, in dem sie Zuflucht gesucht hatten, nicht als Untertanen anerkannt waren.[5]

Arran versprach Heinrich, daß der Vertrag ratifiziert werde, wenn das schottische Parlament im September zusammentrete. Doch das schottische Volk revoltierte gegen den Vertrag. Zur selben Zeit traf die Neuigkeit ein, daß englische Kriegsschiffe schottische Handelsschiffe gekapert hätten, die Exportgüter für Frankreich an Bord hatten. In Edinburgh kam es zu heftigen Protestaktionen gegen die Engländer. Sadler wurde gewarnt, er werde Edinburgh nicht lebend verlassen, wenn die Schiffe nicht zurückgegeben würden.[6] Heinrich hatte noch nicht vergessen, daß sein Herold neun Monate zuvor in Dunbar ermordet worden war. Er ließ die Stadt deshalb streng verwarnen: Wenn Sadler ein Leid geschehe, müsse sie mit »der Rache Unseres Schwertes« rechnen, »das sich gegen diese Stadt und ihre Bevölkerung richtet und gegen all diejenigen ... die danach in Unsere Hände fallen ... um Euch bis in die dritte und vierte Generation auszurotten«. Heinrich erklärte, er habe die schottischen Schiffe abfangen lassen, weil sie mit seinem Feind Frankreich Handel trieben, und er versprach, sie als Zeichen des guten Willens zurückzugeben. Wenn die Schotten jedoch den Vertrag von Greenwich brächen, würde er sie sowohl als Feinde Englands wie als Feinde Schottlands behandeln.[7]

Ein Diener Sadlers in Edinburgh hörte einen Schotten auf der Straße so gehässig über Heinrich sprechen, »daß kein richtiger Engländer dies ertragen kann, sondern sich mit Leib und Seele zur Rache herausgefordert sieht«. Er zog einen Dolch und bedrohte den Mann. Bei der darauffolgenden Rauferei zog er den kürzeren und floh mit einer Wunde an der Hand in Sadlers Haus. Sadler schrieb nach England: »Kein Mensch hatte je mit einem derart groben, wankelmütigen und brutalen Volk zu tun wie diesem.« Heinrichs Räte versprachen ihm: »Wenn auch nur Euer Finger durch sie Schaden erleiden sollte, wird ganz Edinburgh dies auf ewig bedauern.« Heinrich befahl Sadler, sich auf Angus' Schloß Tantallon in Sicherheit zu bringen.[8]

Am 14. September befahl Heinrich Suffolk, der im Hauptquartier der englischen Armee in Darlington weilte, eine Armee von 8 000 Mann nach Edinburgh zu führen, um Beaton und Arran gefangenzunehmen und die Stadt niederzubrennen. Suffolk erwiderte, dies sei unmöglich. Arran und Beaton seien in St. Andrews, nicht in Edinburgh, und die Vorbereitungen für den Feldzug könnten nicht vor Winter abgeschlossen werden. Im Winter aber seien die Straßen zu naß für die Wagen, und die Geschütze und 3 000 Faß Bier könne man unmöglich auf Pferden transportieren. Daraufhin stellte Heinrich Arran ein Ultimatum. Wenn ihm die Bewohner von Edinburgh »einen aufrichtigen und demütigen Brief« schrieben, wolle er die schottischen Schiffe zurückgeben und »sich den Schotten gnädig zeigen«. Andernfalls werde er sie »mit Feuer und Schwert« vernichten. Arran reagierte trotzig auf Heinrichs »ungehörigen« Brief und befahl Angus, Sadler als Ausländer einer Nation, mit der Schottland im Krieg lag, nicht länger in Tantallon zu beherbergen. Sadler wurde sicher nach Berwick geleitet, und beide Seiten bereiteten sich auf einen gnadenlosen Krieg vor.[9]

Am 13. Januar 1544 trafen sich Angus, Glencairn und Cassillis mit Abgesandten Arrans in Greenside Chapel bei Edinburgh und erklärten sich im Namen von Angus und Sir George Douglas bereit, auf der Seite Arrans und Beatons gegen Heinrich zu kämpfen. Als die Nachricht in Hampton Court eintraf, erklärte Heinrich, der Angus und seinem Bruder eben erst Geld geschickt hatte, mit Gottes Hilfe werde er sie vor den Augen aller Welt bestrafen. Suffolks Argumente gegen einen Angriff auf Edinburgh vor dem Frühjahr leuchteten ihm jedoch ein. Er befahl Suffolk, Vorbereitungen zu treffen, um im März mit einer großen Armee in Schottland einzufallen. Im Winter sollten inzwischen kleinere Überfälle im Grenzgebiet durchgeführt werden. Suffolk sollte dafür sorgen, daß durch die Überfälle besonders die Ländereien der Anhänger Douglas' und Angus' geschädigt wurden. Angus schrieb jedoch heimlich an Heinrich und teilte ihm mit, daß sein Bündnis mit Arran nur geheuchelt sei und daß er ihn im geeigneten Moment verraten werde. Heinrich zweifelte an Angus' Worten, tat aber so, als glaube er ihm. Er antwortete Angus, er werde Douglas' Ländereien verwüsten, um Arran glauben zu machen, Angus und Sir George seien auf seiner Seite.[10]

Suffolk schrieb Heinrich, es sei unmöglich, bis März eine Invasion vorzubereiten; man müsse sie auf Mai verschieben. Heinrich stimmte nur widerwillig zu. Im Winter wurden Teviotdale und Liddisdale schwer verwüstet. Immer wenn der Mond schien, griffen die Engländer an und »hielten die Schotten wach«. Allein im Oktober 1543 fanden zwölf Überfälle statt, im November zehn, im Dezember drei, im Januar vier, im Februar neun und im März fünfzehn. Die Engländer brannten 124 Dörfer und Weiler nieder und nahmen 3 285 Ochsen, 332 Pferde und 4 710 Schafe und Ziegen mit nach England. Sie töteten 35 Schotten und nahmen 408 gefangen. Heinrich befahl, immer wenn eine schottische Stadt oder ein Dorf niedergebrannt wurde, an der Kirchentür oder an einem anderen auffälligen Platz einen Zettel zu hinterlassen mit der Aufschrift: »Bedankt Euch dafür bei Eurem Kardinal.« Großen Schaden richteten bei diesen Überfällen die schottischen Grenzräuber an, die Armstrongs und Grahams, die vor der schottischen Justiz nach England geflohen waren und sich freiwillig zu Heinrichs Truppen gemeldet hatten. Die Häuser der Schotten waren primitiv; sie bestanden aus Stroh und Lehm und konnten fast ebensoschnell wieder aufgebaut werden, wie sie niedergebrannt worden waren. Im Juli 1544 brannten die Engländer ein Dorf und 200 einzelne Häuser nieder, die sie im vorangegangenen Winter schon einmal eingeäschert hatten, die inzwischen aber wieder aufgebaut worden waren.[11]

Der entscheidende Schlag gegen die Schotten sollte jedoch der Angriff auf Edinburgh sein. Heinrichs ehemaliger Schwager Edward Seymour, Graf von Hertford, sollte eine Armee von 16 000 Mann auf dem Seeweg nach Leith führen, um so Versorgungsprobleme zu vermeiden. Vorräte für vier Tage, darunter das äußerst wichtige Bier, würden ausreichen, um in Leith an Land zu gehen und Edinburgh niederzubrennen. Zur gleichen Zeit sollte eine kleinere Truppe, die nur aus Reitern bestand, die Grenze überqueren und sich Edinburgh so weit wie möglich nähern. Selbst wenn sich diese Truppe der Armee, die auf dem Seeweg befördert wurde, nicht anschließen konnte, konnte sie unterwegs eine Menge Schaden anrichten. Heinrichs Räte erklärten Hertford, es sei der Wunsch Seiner Majestät, entlang dem Nord- und Südufer des Forth »...alles mit Feuer und Schwert zu vernichten, und wo Widerstand geleistet wird, Männer, Frauen und Kinder ohne Ausnahme mit Feuer und Schwert auszurotten«. Hertford sollte Edinburgh mitsamt dem Holyrood-Palast

»gnadenlos« niederbrennen, »selbst wenn sie verhandeln wollten, denn Ihr wißt, wie hinterhältig sie alle sind«. Er sollte auch nicht vergessen, »die Stadt des Kardinals, St. Andrews, so zu verwüsten, daß kein Stein auf dem anderen bleibt, und keine lebende Kreatur zu verschonen, vor allem nicht solche, die dem Kardinal in Freundschaft oder durch Blutsbande verbunden sind«. Heinrich gab diesen Plan jedoch auf, als Hertford ihm erklärte, St. Andrews sei mehr als dreißig Kilometer von Leith entfernt.[12]

Am 26. April wurde die Invasionsarmee in Tynemouth auf 114 Schiffe verladen, und am 4. Mai ging sie drei Kilometer von Leith entfernt an Land. Nach mehreren Gefechten marschierte die Armee am 7. Mai in Edinburgh ein und zog zwei Tage lang plündernd und brandschatzend durch die Stadt. Hertford erklärte dem Bürgermeister, er sei nicht gekommen, um zu verhandeln, sondern um Rache zu nehmen. Nachdem er befohlen hatte, daß alle Männer, Frauen und Kinder auf das freie Feld vor der Stadt gehen sollten, da er sie sonst mit dem Schwert vernichten würde, ließ er die Stadt in Brand stecken. Fast alle Häuser wurden niedergebrannt, darunter der Holyrood-Palast. Nur die Burg konnte nicht eingenommen werden. Von dort wurde während der Plünderung auf die Engländer geschossen. Hertford ließ auch Leith niederbrennen, und die über Land ziehenden Truppen brannten Craigmillar, Preston, Grange, Tranent, Haddington, Dunbar, einen Teil von Musselburgh sowie die Burg Seton und die Abtei Newbottle nieder.[13] Während Edinburgh brannte, hörten Hertford, Lisle und Sadler mit Genugtuung, wie »die Frauen und erbärmlichen Kreaturen der Stadt« Beaton für ihr Unglück verantwortlich machten und riefen: »Verflucht sei der Kardinal!« Hertford und seine Gefährten schrieben Heinrich, sie würden »dieses Reich verwüsten und Eure Feinde schikanieren«, damit die Falschheit der Schotten »gerächt und bestraft werde, der ganzen Welt zum warnenden Beispiel«.[14]

Heinrich und Karl waren übereingekommen, am 6. Juni in Frankreich einzumarschieren. Im Januar verkündete Heinrich zum Entsetzen seiner Räte, er werde persönlich das Kommando über seine Armee übernehmen. Zweifellos glaubten die Räte, seine Anwesenheit werde die militärischen Operationen behindern. Es würde Zeit kosten, außerhalb der Reichweite der feindlichen Geschütze eine angemessene, luxuriöse Unterkunft herzurichten und dafür zu sorgen, daß der König überall, wo er Rast machte, seinen Wein bekam. Karl, der seine Armee gleichfalls selbst befehligte, bat Heinrich inständig, nicht sein wertvolles Leben aufs Spiel zu setzen. Doch Heinrich antwortete, wenn Karl gehe, gehe er auch. Chapuys war überzeugt, daß Heinrich dazu gar nicht imstande war, da ihn im März wieder sein Bein geplagt hatte. Am 18. Mai schrieb Chapuys an Karl, Heinrich habe, abgesehen von seinem Alter und seinem Gewicht, »die schlimmsten Beine der Welt«; es sei erstaunlich, daß er nicht die ganze Zeit im Bett verbringe, da er kaum stehen und nicht die kleinste Anstrengung machen könne, ohne dabei sein Leben zu gefährden.[15]

Auch hinsichtlich der Vorgehensweise waren Karl und Heinrich unterschiedlicher Meinung. Nach Karls Plan sollte der Kaiser über die Champagne nach Frankreich vordringen und Heinrich von Calais aus einfallen; beider Armeen sollten in Paris zusammentreffen. Heinrich hingegen war in den Krieg eingetreten, um Boulogne, Montreuil und andere Städte und Festungen im Umkreis von Calais einzunehmen, und er hatte beschlossen, daß seine Armeen Boulogne und Montreuil belagern und einnehmen sollten, statt nach Paris vorzurücken.[16]

Der englische König wollte seine Truppen für diesen Krieg zum ersten Mal durch ausländische Söldner verstärken. Karl empfahl ihm Hauptmann Landenberg, einen deutschen Söldnerführer, den er früher selbst schon angeheuert hatte. Heinrich schickte seine Agenten Fane und Chamberlain zu Landenberg, um mit ihm zu verhandeln. Man kam überein, daß er mit 1 000 Reitern und 4 000 Fußsoldaten am 24. Mai in Aachen sein sollte. Heinrich erklärte sich bereit, ihm 8 333 Pfund, 6 Schilling und 8 Pfennig im Monat zu zahlen. Hier scheint es ein Mißverständnis gegeben zu haben, vielleicht, weil Heinrich sich im Umgang mit Söldnern nicht auskannte. Heinrich glaubte, er müsse Landenberg erst bezahlen, wenn er und seine Männer sich Heinrichs Armee angeschlossen hatten. Als Landenberg erklärte, daß er, wie es üblich sei, von dem Tag an bezahlt werden müsse, an dem seine Männer in Aachen eintrafen, und daß er Anspruch auf einen Monatslohn im voraus habe, protestierte Heinrich. In der Zeit, in der Landenbergs Männer ohne Sold in Aachen warteten, drangen sie plündernd in das Gebiet des Bischofs von Lüttich ein. Der Bischof beschwerte sich bei Maria von Ungarn und bei Karl, der Heinrich erklärte, Landenberg sei berechtigt, mit Rechnung vom 24. Mai einen Monatslohn im voraus zu verlangen. Karl bestand darauf, daß Heinrich Landenberg bezahlte und dem Bischof von Lüttich den Schaden ersetzte, den Landenbergs Männer angerichtet hatten. Aber Heinrich weigerte sich. Karl warnte Heinrich, wenn er nicht zahle, würde Landenberg seine Dienste womöglich Franz anbieten. Als Heinrich sich immer noch weigerte, nahm Karl Landenbergs Männer schließlich in seine Dienste, um zu verhindern, daß sie zu Franz überliefen. Die Beziehungen des Kaisers zu Heinrich wurden dadurch weiter belastet.[17]

Heinrichs Truppen belagerten unter dem Kommando von Norfolk, Suffolk und Russell erfolgreich Boulogne. In Montreuil hatten sie weniger Glück. Sie hatten nicht genügend Truppen, um die Stadt zu umstellen, und konnten sie nur von einer Seite angreifen. Die Belagerung wurde außerdem vom Wetter beeinträchtigt. Norfolk berichtete am »fünften scheußlichen Juliabend« aus Montreuil, seine Männer würden Wasser trinken und hätten seit zehn Tagen kein Bier mehr gehabt, »was die Engländer sonst nicht ohne Murren hinnehmen«. Der gefährliche Mißstand wurde rasch behoben: Suffolk schickte Norfolk 400 oder 500 Faß Bier aus seinem Lager bei Wimereux.[18]

Mittlerweile unterbreitete Franz Heinrich Friedensangebote und versicherte ihn seiner ungebrochenen Zuneigung. Heinrich erklärte Franz, wie im Vertrag mit Karl festgelegt, daß er ohne Karl nicht mit ihm verhandeln werde, und er erzählte Karl von Franz' Annäherungsversuch.[19] Dann traf er Vorbereitungen, das Kommando seiner Armee zu übernehmen. Er ernannte Königin Katharina zur Regentin während seiner Abwesenheit und ließ Cranmer, Audley und Wriothesley als ihre Berater in Hampton Court zurück.[20] Die letzte Nacht in England verbrachte er in Cranmers Palast in Ford bei Herne, am Abend des 14. Juli überquerte er den Kanal in Richtung Calais.

Suffolk und Heinrichs andere Befehlshaber hofften immer noch, Heinrich werde in Calais bleiben und die Operationen in Boulogne oder Montreuil nicht selbst leiten. Doch jede Aussicht, ihn dazu zu überreden, wurde durch den Ausbruch der Pest in Calais zunichte gemacht. Heinrich beschloß, nach Boulogne aufzubrechen. Zwölf Jahre zuvor hatte er die dreißig Kilometer von Calais nach Boulogne an einem Tag zurückgelegt. Diesmal wurde in Marquise, das die Engländer eingenommen hatten, ein Nachtquartier vorbereitet, von dem aus der König am nächsten Tag nach Boulogne weiterreiten konnte. Am 25. Juli verließ er Calais in voller Rüstung und auf einem großen Schlachtroß. Hertford, der nach seinem Triumph in Schottland nach Calais gekommen war, trug Heinrichs Helm und Speer. Sie erreichten Marquise bei heftigem Gewitter; der Sommer war in der Gegend um Calais genauso regnerisch und stürmisch wie bei Heinrichs erstem Feldzug im Jahr 1513.[21]

Fünf Tage vor Heinrichs Ankunft nahm Suffolk die Unterstadt von Boulogne ein und machte sich daran, auch die befestigte Oberstadt zu erobern. Im Norden der Stadt, an einem Ort in Meeresnähe mit frischer Luft und frischem Wasser und außerhalb der Reichweite der französischen Geschütze, hatte er für Heinrich eine Unterkunft errichten lassen. Heinrich blieb sieben Wochen dort, leitete die Operationen und ließ sich über das Geschehen in England auf dem laufenden halten. Königin Katharina erwies sich als außerordentlich fähige Regentin, und sie und ihre Räte führten die Regierungsgeschäfte mit großer Tatkraft. Der Briefwechsel zwischen Hampton Court und Boulogne zeigt allerdings ganz deutlich, daß es nach wie vor Heinrich war, der England regierte. Jede wichtige zur Entscheidung anstehende Sache wurde ihm vorgelegt. Sollten die Zigeuner, die in Huntingdonshire verhaftet wurden, wie Landstreicher ausgepeitscht oder als unerwünschte Personen aus dem Königreich verbannt werden? Sollte ein alter Franzose, der schon seit vielen Jahren in Cornwall lebte, gemäß der Proklamation, nach der alle Bürger einer mit England verfeindeten Nation England verlassen mußten, des Landes verwiesen werden? Sollte der Lehrling eines Goldschmieds, der seinen Meister bestohlen hatte, aufgehängt werden, oder sollte man ihn aufgrund seiner Jugend begnadigen, da er solche Angst vor dem Tod habe, daß dies auf andere ebenso abschreckend wirke, wie wenn das Urteil vollstreckt worden wäre? Nur Heinrich in Boulogne konnte das entscheiden.[22]

Franz machte Heinrich auch weiterhin Friedensangebote. Nachdem Heinrich sich zunächst geweigert hatte, Franz' Gesandte in seinem Lager in der Unterstadt von Boulogne zu empfangen, erklärte er sich jetzt dazu bereit. Er erklärte dem Gesandten, selbst wenn Franz ihm die Hälfte seines Reiches anbieten würde, könne er keinen Vertrauensbruch begehen und hinter Karls Rücken über einen Separatfrieden verhandeln.[23] Daraufhin fragte ihn der Gesandte, ob er an Friedensgesprächen teilnehmen würde, wenn Karl hinzugezogen würde. Heinrich erklärte sich um des Friedens der Christenheit willen dazu bereit. Heinrich und Karl waren hinsichtlich der Durchführung des Feldzugs immer noch unterschiedlicher Meinung. Karl rückte weit in die Champagne vor und drängte Heinrich, nach Paris zu marschieren. Heinrich wollte zuerst seine Flanke durch die Einnahme von Montreuil sichern. Doch Norfolk konnte Montreuil nicht einnehmen, obwohl seine Männer so dicht vor der Stadtmauer standen, daß sie mit den Franzosen in der Stadt Beleidigungen austauschen konnten. Als Chapuys, der mit Heinrich nach Calais gekommen war, sich beim König beschwerte, daß er sich so lange mit der Belagerung Montreuils aufhalte, erklärte Heinrich, Maria von Ungarn sei schuld daran: Sie habe die Lieferung von Vorräten an seine Armee verzögert.[24]

Heinrich war ausgezeichneter Stimmung und voller Tatendrang und Zuversicht. Als er hörte, daß der Dauphin mit einer großen Armee anrücke, um Boulogne zu befreien, meinte er, er werde dem Dauphin zeigen, was er seinem Paten schulde. Am 2. September schrieb Hertford an Katharina, Heinrich sei bei besserer Gesundheit als vor sieben Jahren. Heinrich selbst diktierte am 8. September einen Brief an Katharina. Er entschuldigte sich, daß er nicht selbst schreiben könne, weil er zu sehr mit der Leitung der militärischen Operationen beschäftigt sei. Er lobte die Tapferkeit der französischen Soldaten bei der Verteidigung von Boulogne: Sie hätten »Hand in Hand gekämpft, viel beherzter, als es die Burgunder oder Flamen getan hätten«, denn die Flamen und Burgunder in seiner Armee »tun nicht gut, wo Gefahr ist«.[25]

Heinrichs Truppen nahmen die Burg Hardelot zwischen Boulogne und Montreuil ein, und Heinrich wählte sie als Ort für die Friedensgespräche aus. Kardinal Du Bellay traf dort mit Norfolk und Russell zusammen; als Vertreter Karls kam Granvelles Sohn Antoine de Perrenot de Granvelle dazu, der Bischof von Arras. Heinrich bot an, Franz von seiner Verpflichtung zu entbinden, die Pensionen und Schulden zu bezahlen, wenn er ihm Boulogne,

Montreuil und Ponthieu überließ. Er hielt dies für ein faires Angebot, da er die Städte sowieso bald erobern würde. Franz wollte ihm lediglich Ardres überlassen. Karl verlangte, Franz solle sein Bündnis mit den Türken lösen, für alle Schäden aufkommen, die die Türken in Ungarn und anderen habsburgischen Gebieten angerichtet hatten, und sämtliche Gebiete abtreten, die er in den letzten Kriegen erworben hatte, darunter Savoyen und Mailand. Heinrich erklärte Karl, man müsse bereit sein, den Franzosen günstigere Bedingungen einzuräumen.[26] Karl ging nicht darauf ein. Er, der zwanzig Jahre lang immer wieder von Heinrich getäuscht worden war, wollte Heinrich diesmal mit gleicher Münze zurückzahlen.

Karl war bis Château-Thierry vorgerückt, das nur achzig Kilometer von Paris entfernt lag. Als die Vorräte knapp wurden, zog er sich nach Norden zurück. Unterwegs führte er mit Franz' Abgesandten geheime Friedensgespräche, und am 18. September verkündete er, er habe in Crépy-en-Laonnais Frieden geschlossen. In Wirklichkeit war der Vertrag wohl schon ein paar Tage früher zustande gekommen. Franz verzichtete auf Savoyen und Mailand und löste sein Bündnis mit den Türken, Karl gab seinen Anspruch auf Burgund auf. Franz' Sohn, der Herzog von Orléans, sollte Karls Tochter heiraten. Heinrich wurde nicht erwähnt. Er sollte sehen, wie er selbst zurechtkam.[27]

Karl schickte den Bischof von Arras zu Heinrich nach Boulogne, um ihm mitzuteilen, daß er einen Separatfrieden geschlossen habe. Hinterher gaben Heinrich und der Bischof widersprüchliche Erklärungen über ihr Gespräch ab. Der Bischof behauptete, Heinrich habe Karls Separatfrieden zugestimmt. Heinrich bestritt dies. Doch offensichtlich nahm er die Neuigkeit gelassen auf, zumindest protestierte er nicht dagegen. Später erklärte er, Karl habe den Vertrag gebrochen, weil er einen Separatfrieden geschlossen habe. Darauf erwiderte Karl, Heinrich habe den Vertrag selbst gebrochen, weil er sich in Boulogne und Montreuil aufgehalten habe, statt nach Paris vorzurücken.[28]

Vielleicht reagierte Heinrich auf die Erklärung des Bischofs von Arras deshalb mit mehr Gleichmut als seine Räte,[29] weil er gerade Boulogne eingenommen hatte. Im Jahr 1513 hatten ihm seine Bogenschützen die ersten Siege eingetragen. Diesmal, 1544, war Boulogne von seiner Artillerie eingenommen worden. Sie feuerte 100 000 Schuß auf die Stadt, und nach sechswöchigem Bombardement zwang sie die entmutigte Garnison zur Kapitulation. Der Übergabevertrag wurde am 13. September von Suffolk und französischen Unterhändlern in Heinrichs Lager unterzeichnet. Am nächsten Tag zog Heinrich in Boulogne ein. Laut Vereinbarung durfte die französische Garnison abziehen. Heinrich ritt auf der Straße nach Montreuil einen Kilometer hinaus, um ihrem Abmarsch zuzusehen. Er blieb zwei Wochen in Boulogne, inspizierte seine Armee vor den Toren Montreuils und schlug in seiner Unterkunft eine

Anzahl Offiziere zum Ritter, die sich während der Belagerung besonders ausgezeichnet hatten. Am 30. September fuhr er nach England zurück.[30]

Heinrich hatte Boulogne gerade noch rechtzeitig eingenommen. Der Friedensvertrag mit Karl hatte die Situation zu Franz' Gunsten verändert. Der Dauphin führte 36 000 Mann, die gegen Karl gekämpft hatten, nach Montreuil. Karl bot sich als Vermittler an, um für Heinrich die bestmöglichen Bedingungen durchzusetzen. Das war freilich nur ein Vorwand, denn der Kaiser verfolgte eine äußerst englandfeindliche Politik. Er verhinderte, daß Heinrich weiterhin aus St. Omer Nachschub an Proviant erhielt. Er verweigerte deutschen Söldnern die Erlaubnis, sein Gebiet zu durchqueren, um sich Heinrichs Truppen in Calais anzuschließen, und er verbot die Ausfuhr von Schießpulver von Antwerpen nach England. Zugleich gestatteten seine Beamten französischen Kriegsschiffen, den Hafen von Dünkirchen anzulaufen, um neuen Proviant an Bord zu nehmen. Laut Berichten, die Heinrich erhielt, hatte sich ein Teil der Söldner aus Karls Armee sogar den Truppen des Dauphin angeschlossen, die nach Calais vorrückten. Karl bestritt dies.[31]

Auf der Heimreise erreichten Heinrich in Otford schlechte Nachrichten aus Calais. Da der Dauphin unaufhörlich vorrückte, hatte Norfolk die Belagerung Montreuils aufgehoben und den Großteil der Armee aus Boulogne abgezogen. Er ließ lediglich zum Schein eine Garnison dort, obwohl Heinrich diese Entscheidung nicht genehmigt hatte. Die Pest breitete sich sowohl in Calais wie innerhalb der Garnison in Boulogne aus, und immer mehr Deserteure flohen von Calais nach Dover. Heinrich befahl Norfolk, nach Boulogne zurückzukehren, und wies die Behörden in Dover an, die Deserteure nach Calais zurückzuschicken. Ein paar von ihnen wurden aufgehängt. Da der Winter vor der Tür stand, trat der Dauphin den Rückzug an, ohne Boulogne erreicht zu haben.[32]

Den Winter über bereitete Heinrich sich auf einen Defensivkrieg im kommenden Sommer vor. Allerdings machte ihm Karls feindseliges Verhalten zu schaffen. Als flämische Schiffe, die im Hafen von London angelegt hatten, um eine für Frankreich bestimmte Ladung Heringe an Bord zu nehmen, auslaufen wollten, hinderte Heinrich sie daran. Karl rächte sich sofort, indem er alle englischen Schiffe im Hafen von Antwerpen beschlagnahmte und den Handel der englischen Kaufleute dort einschränkte. Ehe der Streit beigelegt werden konnte, erfuhr Karl von seinem Sohn Prinz Philipp, der sein Regent in Spanien war, daß die Besatzung eines englischen Kaperschiffes ein spanisches Schiff geplündert hatte, das gerade aus Ostindien zurückgekehrt war, und daß andere spanische Schiffe in Falmouth festgehalten wurden. Karl befahl seinem Sohn, alle englischen Schiffe in spanischen Häfen zu beschlagnahmen. Heinrich erklärte, die spanischen Schiffe hätten Falmouth bei Sturm angelaufen, er habe sie keineswegs aufhalten wollen. Vielmehr habe er den

Seeleuten Hilfe angeboten und ihnen Gelegenheit gegeben, ihre beschädigten Schiffe zu reparieren.

Das Blatt hatte sich gewendet. Nun befand sich Heinrich mit Franz im Krieg, und Karl war der neutrale Dritte, der die einander hart bedrängenden Kontrahenten erpressen konnte. Er lehnte jegliche Verhandlungen ab, bis Heinrich die für Frankreich bestimmten flämischen Schiffe auf der Themse freigab. Obwohl Heinrich Karls Forderung nachkam, hielt Karl die englischen Schiffe in Antwerpen und in den spanischen Häfen weiterhin fest. Er verlangte Entschädigung für die Heringe, die durch die Beschlagnahmung der Schiffe verdorben waren, und für die Ware aus Ostindien, die der spanische Kaufmann verloren hatte. Heinrich gab nach und ging auf sämtliche Forderungen ein.[33]

Am 3. Januar 1545 verkündete Franz, er werde im nächsten Sommer in England einfallen. So könne er Heinrich am besten zwingen, Boulogne an ihn abzutreten, und vielleicht werde es ihm mit Gottes Hilfe gelingen, das englische Volk von Heinrichs Tyrannei zu befreien.[34] Heinrich mußte außerdem damit rechnen, daß die Schotten die Grenze überquerten, um sich dafür zu rächen, daß die Engländer Edinburgh und andere Städte in Schottland niedergebrannt hatten. Er beschloß, ihnen zuvorzukommen und erneut in Schottland einzufallen. Außerdem wollte er Angus und Sir George Douglas für ihren Verrat bestrafen. Er setzte für die Ergreifung von Angus eine Belohnung von 2 000 Kronen aus; wer Sir George fing, sollte 1 000 Kronen bekommen. Sir George schrieb Heinrich daraufhin, er habe nicht anders handeln können wegen des »schrecklichen Krieges, dem Frauen und kleine Kinder zum Opfer fallen«.[35]

Am 25. Februar fiel Sir William Evers, der Schutzherr der Ostmarken, mit seinen Männern in Teviotdale ein. Er marschierte in Richtung Jedburgh und brannte Melrose nieder. Zwei Tage später wurde er auf dem Rückweg nach England von einer schottischen Streitmacht unter Führung von Arran und Angus bei Ancrum Moor angegriffen. Evers wurde getötet, die Engländer wurden vernichtend geschlagen. Viele Soldaten fielen oder wurden gefangengenommen, und alle guten Pferde Northumberlands gingen verloren. Für Heinrich war es die schwerste Niederlage seiner Herrschaftszeit, und dementsprechend wurde sie von den Propagandisten in Edinburgh, Paris und Rom ausgeschlachtet.[36]

Doch obwohl Heinrich in Schottland eine Niederlage erlitt, in Boulogne hart bedrängt wurde, im Sommer mit einer französischen Invasion rechnen mußte und vom Kaiser bei jeder Gelegenheit behindert wurde, konnte er sich immer noch auf die Loyalität und den Patriotismus der großen Mehrheit seines Volkes verlassen. Er erlegte ihnen Steuern auf, die höher waren als alle bisherigen Steuern, und forderte sie auf, die Steuern zu zahlen und mit vereinten Kräften das Land zu verteidigen. Die meisten seiner Untertanen steuerten willig zu dem freiwilligen Darlehen bei, sogar die Einwohner der Gemeinden Tandridge und Reigate in Surrey, wo der Boden unfruchtbar und die Bevölkerung arm war. Richard Rede dagegen, ein Ratsherr aus London, weigerte sich zu zahlen. Er wurde zwangsweise in die Armee eingezogen, um gegen die Schotten zu kämpfen. Der Rat ordnete an, daß er wie ein gewöhnlicher Soldat in die Schlacht gehen sollte, damit »er weiß, welche Qualen andere arme Soldaten im Ausland im Dienste des Königs erdulden müssen, und damit er das Ausmaß seiner Torheit und seines starren Ungehorsams kennenlernt«. Rede sollte »mit der strengen militärischen Disziplin der Kriege im Norden« behandelt werden.[37]

Heinrich erklärte, der französische König versuche zwar mit allen Mitteln, Boulogne zurückzuerobern, aber er werde, so Gott will, feststellen, daß er es »mit einem Herrscher und einer Nation zu tun hat, die nichts von der Tapferkeit ihrer Vorfahren eingebüßt haben«. Es wurde Befehl gegeben, auf den Hügeln im ganzen Land jeweils drei Leuchtfeuer zu plazieren. Sobald sich eine größere Anzahl Kriegsschiffe der Küste näherte, sollte das erste Feuer angezündet werden. Das zweite sollte angezündet werden, wenn die feindlichen Truppen noch sechs Kilometer von der Küste entfernt waren, das dritte, wenn der Feind landete. Im April, als der Zeitpunkt der erwarteten Invasion näher rückte, rief Heinrich alle Adligen und Edelleute auf, bis spätestens zur zweiten Maiwoche mit einer bestimmten Anzahl von Männern gerüstet zu sein, da die alten Feinde des Königs, die Schotten und Franzosen, in ihrer unersättlichen und tödlichen Bosheit beabsichtigten, dem Königreich sowohl zu Wasser als auch zu Land zuzusetzen.[38]

Die französischen Kriegsschiffe waren bereits ausgelaufen. Sie kontrollierten den Kanal und die Irische See und verhinderten jegliche Verbindung zwischen Dover und Calais. 2 000 französische Soldaten unter dem Kommando von Sieur de Lorges trafen in Schottland ein. Gerüchten zufolge war der »junge Gerald« mit einer französischen Armee auf dem Weg nach Irland. Anfang Juli hieß es, 40 000 französische Soldaten seien bereit, in England einzufallen. Norfolk, Suffolk und Russell standen mit einer Armee von 90 000 Mann bereit, um an jedem Punkt zwischen Lincolnshire und Cornwall eine Invasion abzuwehren; Hertford wartete unterdessen in Darlington darauf, daß irgendwo in der Nähe von Newcastle eine französische Truppe landete, um mit einer schottischen Armee zusammenzutreffen, die auf dem Landweg die Grenze überquerte.[39]

In vielen Teilen der englischen Bevölkerung war der unterschwellige Haß auf Priester so stark wie eh und je. In Dorset und Somerset ging das Gerücht um, Heinrich habe angeordnet, die Häuser der Priester zu durchsuchen, um feindliche Spione unter den Priestern zu entlarven. Der erfundene Befehl wurde in fast jeder Stadt und jedem Dorf befolgt, bis Russell dem Treiben ein Ende setzte.[40]

Zur gleichen Zeit, da das Land sich zusammenschloß, um »die Feinde abzuwehren, die Gerüchte über einen baldigen Angriff ausstreuten«, beschloß Heinrich, trotz aller damit verbundenen Schwierigkeiten erneut ausländische Söldner anzuheuern. Karl verweigerte einigen deutschen Arkebusieren, die für Heinrich äußerst nützlich gewesen wären, und einigen italienischen Söldnern die Durchreise durch die Niederlande. Heinrich ließ den Kaiser wissen, er kümmere sich »keinen Deut um den französischen König oder ihn«. Als 1 300 spanische Söldner in England eintrafen, schickte Heinrich sie nach Newcastle, damit sie sich dort seiner Armee anschlossen. Sie wurden in Privathäusern in Newcastle untergebracht. Das Essen, das ihre Wirtinnen ihnen vorsetzten, wiesen sie zurück. Sie kauften selbst auf dem Markt ein und bestanden darauf, sich ihr Essen in den Küchen ihrer Wirtinnen auf spanische Art zuzubereiten. Die Wirtinnen protestierten bei den Behörden und verlangten Ersatz für den von den Spaniern angerichteten Schaden.[41]

Heinrich wandte sich auch an die Lutheraner in Deutschland und bat sie als gottesfürchtige Männer, die das Ziel hatten, die Autorität des Bischofs von Rom aufzuheben, bei der Suche nach Söldnern in Deutschland zu helfen.[42] Philipp von Hessen empfahl ihm Hauptmann von Reiffenberck. Dieser erklärte sich bereit, in Koblenz 1 000 Reiter und 8 000 Fußsoldaten für Heinrichs Truppen in Boulogne anzuwerben; er wollte dafür 25 897 Florin für jeden halben Monat. Die Hauptschwierigkeit war nach Reiffenberck, von Karl die Erlaubnis zu bekommen, durch sein Gebiet zu reisen. Heinrich überredete Karl, unter der Bedingung zuzustimmen, daß die Söldner durch Luxemburg reisten und sich in der Nähe der Südgrenze der Niederlande hielten, bis sie das von Engländern besetzte Gebiet bei Boulogne erreichten. Sie sollten nicht von diesem Weg abweichen und unter keinen Umständen das Gebiet von Brabant betreten.

Obwohl Heinrichs Agenten Fane und Chamberlain Reiffenberck mit Nachdruck darauf hingewiesen hatten, versammelte dieser seine Männer nicht in Koblenz, sondern in Aachen, von wo aus sie Boulogne nur über Brabant erreichen konnten. Karl verweigerte ihnen die Durchreise. Sie wurden bei Visé angehalten und daran gehindert, die Maas zu überqueren. Als Fane und Chamberlain, die die Söldner begleiteten, Reiffenberck erklärten, er hätte den vereinbarten Weg nehmen und nicht nach Aachen gehen sollen, erwiderte dieser, kein Herrscher könne einem Söldnerführer vorschreiben, welchen Weg er zu nehmen habe; die Wahl des Weges hänge von dessen Einschätzung der Transportprobleme ab. Zwischen Reiffenberck, Fane und Chamberlain kam es zu Auseinandersetzungen hinsichtlich der Vertragsbedingungen. Chamberlain und Fane erklärten, Heinrich habe die Söldner nur für drei Monate angeheuert. Reiffenberck dagegen behauptete, es sei vereinbart, daß sie für vier Monate bezahlt würden – für drei Monate Dienst im Feld und einen Monat Reisezeit. Außerdem erklärte er, es sei üblich, daß man für jeweils zwölf Reiter einen Pagen als Burschen einstelle; Heinrich müsse den Lohn für die Pagen zahlen, obwohl dies im Vertrag nicht ausdrücklich festgelegt worden sei.

Da Chamberlain und Fane nicht zahlen wollten, nahm Reiffenberck sie als Geiseln. Er wollte sie erst freilassen, wenn er sein Geld bekam. Sie erklärten entrüstet, Heinrich lasse sich nicht zum Bezahlen zwingen, indem man seine Kommissare bedrohe. Schließlich zahlten sie unter Protest und wurden freigelassen. Heinrichs Sekretär Paget schrieb an Reiffenberck und verlangte die Rückgabe des Geldes. Andernfalls sei Reiffenberck ein toter Mann: Heinrich werde ihn überallhin verfolgen, selbst wenn er dafür 50 000 Kronen zahlen müsse. Doch Heinrich bekam das Geld nicht zurück. Er bat Karl, Reiffenberck zu bestrafen. Karl weigerte sich, und Heinrich mußte sich mit einer halbherzigen Entschuldigung Philipp von Hessens zufriedengeben. Dieser schrieb, er bedaure, daß der Hauptmann, den er empfohlen habe, Heinrich Ärger bereitet habe, er könne aber leider nichts dafür.[43]

Karl versuchte, zwischen Franz und Heinrich zu vermitteln, aber alle Verhandlungen scheiterten am Hindernis Boulogne. Heinrich war entschlossen, Boulogne zu halten, und Franz wollte es unbedingt zurückhaben. Karl erklärte Heinrich, Boulogne sei keinen Krieg wert, aber auf der anderen Seite drängte er Franz, nachzugeben. Heinrich werde sowieso bald sterben, und es sei einfacher für Franz, Boulogne von einem englischen Regenten zurückzugewinnen, solange Prinz Eduard noch ein Kind sei. Aber die Argumente des Kaisers konnten weder Heinrich noch Franz umstimmen.[44]

Im Juli 1545 begab sich Heinrich nach Portsmouth, wo Lordadmiral Lisle mit achzig Kriegsschiffen auf die französische Invasion wartete. Heinrich blieb in Portsmouth, während Lisles Schiffe auf dem Kanal gegen die Franzosen kämpften. Bei Brest wurden sie zurückgeschlagen, doch vor Alderney besiegten sie die Franzosen. Karls neuer Botschafter van der Delft, der den kränkelnden Chapuys abgelöst hatte, kam nach Portsmouth, um Heinrich zu überreden, Frieden zu schließen. Am Samstag, dem 18. Juli, lud Heinrich van der Delft zum Essen an Bord seines größten Schiffes ein, der *Great Harry*. Im Verlauf des Gespräches wies er den Vorschlag des Gesandten, Boulogne aufzugeben, entrüstet zurück.

Tags darauf, am Sonntag, dem 19. Juli, tafelte Heinrich erneut an Bord eines Schiffes, diesmal seines zweitgrößten, der *Mary Rose*. Während des Essens traf die Nachricht ein, daß die französische Flotte Kurs auf Portsmouth genommen und bereits in den Solent eingefahren sei. Heinrich ging sofort von Bord der *Mary Rose*, und die ganze Flotte segelte, angeführt von der

Great Harry, dem Feind entgegen. Beide Seiten feuerten mehrere Kanonen ab, dann drehten die Franzosen nach Osten ab und fuhren an der Küste von Sussex entlang. Am Nachmittag, als der Feind schon verschwunden war, kenterte die *Mary Rose* plötzlich und sank rasch. Fast die ganze 500 Mann starke Besatzung ertrank, darunter der Vizeadmiral der Flotte, Sir George Carew. Nicht einmal dreißig Mann überlebten.[45]

Heinrich wollte das Schiff unbedingt heben lassen, um die Geschütze wieder verwenden zu können. Er heuerte dafür italienische Unternehmer an und stellte ihnen Hulks, Prahme und Taue zur Verfügung, die sie »für die Bergung der *Mary Rose* mit Gottes Hilfe« benötigten. Ein erster Versuch am 3. August schlug fehl. Auch ein zweiter Versuch am 6. August mißglückte. Am 9. August meldeten die Italiener schließlich, daß ihre Bemühungen vergeblich gewesen seien und daß sie bei ihren Versuchen den Großmast abgebrochen hätten. Sie wollten versuchen, die *Mary Rose* in sechs Tagen in seichtes Wasser zu ziehen. Es ist allerdings nicht bekannt, ob dieser Versuch tatsächlich unternommen wurde. Die *Mary Rose* wurde erst 1982 gehoben.[46]

Die Franzosen gingen am Abend des 21. Juli vor der Insel Wight vor Anker. Vier Tage später gingen sie in Seaford an Land und brannten die Stadt und das Haus von Sir John Gage in Firle nieder. Auf den dafür bestimmten Hügeln im Süden Englands wurden alle drei Leuchtfeuer angezündet, und die Truppen aus Kent und Sussex sammelten sich in Uckfield. Bei ihrem Eintreffen erfuhren sie, daß die Truppen von Seaford bereits einen Gegenangriff gestartet und die Franzosen sich auf die Schiffe geflüchtet hätten. Die Franzosen zogen sich auch von der Insel Wight zurück. Sämtliche Kriegsschiffe kehrten am 28. Juli nach Frankreich zurück.[47]

Am 1. August begab sich Heinrich von Portsmouth nach Petworth, weil unter der Besatzung der Flotte die Pest ausgebrochen war. Als er in der sommerlichen Hitze über Portsdown Hill ritt, sah er unten im Hafen seine Kriegsschiffe liegen. Er beanstandete die Liegeplätze der Schiffe und gab Befehl, bessere Plätze für sie auszusuchen. Von Petworth reiste er nach Guildford, wo er mit van der Delft auf die Jagd ging und Scepperus empfing, den der Kaiser geschickt hatte, um ihn doch noch zur Herausgabe Boulognes zu überreden. Heinrich sagte Scepperus, er habe vor dem französischen König so wenig Angst, daß er, im Vertrauen auf Gott und die Tapferkeit seiner Untertanen, frei von Sorgen demselben Zeitvertreib nachgehe wie sonst. Dem französischen König sei es den ganzen Sommer über nicht gelungen, in England einzufallen, obwohl das Wetter für eine Invasion so günstig gewesen sei, daß die Leute es »den Franzosengott« genannt hätten. Heinrich hatte allen Grund, guter Dinge zu sein. Die Franzosen hatten in der Grafschaft Boulonnais und zur See Niederlagen erlitten, und Lisle hatte Tréport und die umliegenden Dörfer niedergebrannt.[48]

Im Sommer und Herbst 1545 ging Heinrich in Guildford auf die Jagd und widmete sich in Windsor der Falknerei. Außerdem machte er Pläne, um den Wildbestand seiner Ländereien für die Zukunft zu sichern. In der Nähe von Whitehall wollte er einen neuen Park anlegen, wo er »zu seinem eigenen Vergnügen und Zeitvertreib« Hasen, Rebhühner, Fasane und Reiher halten konnte. Aus diesem Grund sollte in dem Gebiet zwischen Whitehall und St. Giles-in-the-Fields im Süden und Islington, Our Lady of the Oak, Highgate und Hornsey Park im Norden niemand jagen oder Falkenjagd betreiben dürfen.[49] Die Sorge für das Wild des Königs war wie die Bereitstellung des richtigen Weins eine wichtige Aufgabe der königlichen Beamten, im Krieg nicht weniger als im Frieden.

28

Anne Askew

Die Pest breitete sich unter den Angehörigen der Flotte aus. Von den Besatzungen der Schiffe, die Tréport überfallen hatten, waren 8 488 Mann gesund und 3 512 krank. Fast die gesamte Garnison der Insel Wight war erkrankt. Die Pest wütete in Calais, während sie in Boulogne ihren Höhepunkt bereits überschritten hatte. Die beiden schlechten Ernten der Jahre 1543 und 1544 hatten in ganz England und den meisten Teilen Europas zu Lebensmittelverknappung geführt. In London gab es kaum noch Brot. Der Preis für einen Viertelzentner Weizen war dort auf 27 oder 28 Schilling gestiegen. Heinrich überließ dem Bürgermeister zur Versorgung der notleidenden Stadtbevölkerung 250 Tonnen Weizen, die er für die Armee gekauft hatte. Er schickte seine Agenten aus, um in Antwerpen Getreide und in Bremen Weizen, Roggen und Speck zu kaufen. Die Behörden in Antwerpen und Bremen aber verboten die Ausfuhr von Nahrungsmitteln, weil es nicht genügend davon gab. Weizen, Roggen und Speck sowie Butter und Käse konnte Heinrich schließlich aus Amsterdam bekommen. Die Taue, die er für die Flotte brauchte, erhielt er allerdings erst in Danzig.[1]

Der Krieg kostete Heinrich mehr Geld als jemals zuvor, da zu allem anderen noch die Kosten für die angeheuerten Söldner hinzukamen. Der Hilfsfonds, in den seine Untertanen einzahlen mußten, brachte ihm fast 71 000 Pfund ein. Als das Geld erschöpft war, mußte er nach neuen Möglichkeiten der Geldbeschaffung suchen. Eine Methode gefiel den Protestanten besonders: Heinrich schaffte die Stiftungen von Seelenmessen ab – dort wurde für die Seelen der Stifter im Fegefeuer gebetet, die zu diesem Zweck Geld hinterlassen hatten – und verwendete die Gelder für den Krieg. Er löste eine große Zahl von Colleges, Krankenhäusern und Anstalten für Geisteskranke auf und ließ die Insassen mittellos, wie sie waren, auf die Straße setzen.

Dort wurden sie von den Ordnungskräften aufgegriffen, die alle Landstreicher und Schauspieler aufspürten und zwangsweise in die Armee einzogen. Durch die Schließung der Krankenhäuser wurde die medizinische Versorgung der ärmeren Bevölkerungsschichten auf ein Minimum reduziert, und daran änderte sich in den nächsten 250 Jahren nichts.[2] Ein Großteil des Erlöses aus der Schließung der Colleges und Krankenhäuser wurde für militärische Zwekke ausgegeben. Einige Höflinge und Regierungsbeamte konnten sich jedoch einen Anteil am Gewinn sichern.

Heinrich, der einst dem Kaiser und vielen kleinen Fürsten in Europa Geld geliehen hatte, mußte sich jetzt selbst von den Fuggern und den Bankiers in Antwerpen Geld leihen. Der Schuldzins betrug dreizehneinhalb Prozent. Der König kaufte in Antwerpen Juwelen und andere Wertsachen, jedoch nicht für sich selbst, sondern um sie mit Profit weiterzuverkaufen und damit den Krieg finanzieren zu können. Aber Maria von Ungarn hinderte seine Agenten daran, die Wertsachen aus Antwerpen auszuführen, weil das den Preis für Gold und Schmuck in den Niederlanden in die Höhe getrieben hätte.[3]

Im Mai 1544 wertete Heinrich das englische Pfund ab und ließ neue Münzen mit niedrigerem Gold- und Silbergehalt prägen. Zu den neuen Münzen gehörten der Sovereign im Wert von 20 Schilling und der halbe Sovereign im Wert von 10 Schilling. Im Herbst 1545 hatten sich die Preise fast verdoppelt. In einem Königreich, in dem die Preise Jahrhunderte hindurch stabil gewesen waren, wurde nun die Inflation zu einem ständigen Problem.[4]

Elend und Entbehrungen sorgten in ganz England für Unzufriedenheit, und der gegen Franzosen und Schotten gerichtete Patriotismus begann nachzulassen. In Boulogne und Calais desertierten Soldaten aus der Armee, und viele Arbeiter, die man für den Bau von Befestigungen auf der Insel Wight angeheuert hatte, verließen ihre Arbeit und flohen von der Insel. Im Juni 1545 berichtete Chapuys, jeder einigermaßen vernünftige Mensch in England sei gegen den Krieg.[5] Auf die Mitglieder von Heinrichs Rat traf das sicher zu. Viele von ihnen waren der Ansicht, es sei unvernünftig von Heinrich, den Krieg um Boulogne fortzusetzen, obgleich der dortige Kommandant, der junge, verwegene Graf von Surrey, ebenso wie Heinrich entschlossen war, die Stadt zu halten.

Norfolk, der für den Frieden war, war über die Haltung seines Sohnes verärgert. Sein Diener Hussey schrieb am 6. November 1545 an Surrey, was Boulogne betreffe, »sagt jedes Ratsmitglied: ›Weg damit‹; nur der König und Eure Lordschaft sagen: ›Wir wollen die Stadt halten«.‹ Norfolk sei besorgt, denn nachdem es bereits so ausgesehen habe, als hätten die Räte Heinrich nach sechs Tagen endlich zur Aufgabe Boulognes bewegen können, habe Surrey dem König geschrieben und ihn gedrängt, die Stadt zu halten. Damit habe er in sechs Stunden all das zunichte gemacht, was die Räte in sechs

Tagen erreicht hätten. Hussey schrieb weiter, Norfolk »ließe Euch und seine anderen Kinder eher verbrennen, als daß er seine Zustimmung zum Untergang dieses Reiches geben würde«. Abschließend äußerte er die Hoffnung, daß Surrey den Brief verbrennen werde, den Norfolk zur Sicherheit durch seinen eigenen Diener schicke. »Briefe, die ein Freund dem anderen schrieb, sind schon oft Agenten des Königs in die Hände gefallen, und wenn Ihr ein Geheimnis mitteilen wollt, so laßt den Brief durch einen zuverlässigen Boten überbringen.« Surrey verbrannte den Brief nicht. Vielleicht hat er ihn nie erhalten. Heute liegt er im Archiv und trägt den von fremder Hand hinzugefügten Vermerk: »Zu Händen Seiner Majestät, des Königs«.[6]

Die Armee im Norden war den ganzen Sommer hindurch nicht aktiv geworden und hatte vergebens darauf gewartet, daß die Franzosen bei Newcastle an Land gingen und die Schotten die Grenze überquerten. Im September 1545 ging Hertford in die Offensive und rückte mit einer Truppe, die zum Teil aus spanischen Söldnern bestand, zum Angriff auf Schottland vor. Diesmal sollten nicht nur wie sonst die Wohnungen der Bevölkerung und die Ernte vernichtet werden, sondern Kelso sollte eingenommen und gehalten werden. Obwohl es für Ende September schon recht kalt war und die Flüsse Hochwasser führten, erreichte Hertford sein Ziel. In 16 Tagen brannte er 287 Orte nieder, darunter 7 Klöster und 5 Marktflecken.[7]

Heinrich versuchte es in Schottland mit einer neuen Taktik. Er nahm mit Donald, dem Herrn der Inseln und Graf von Ross, Verbindung auf. Donald und seine »wilden Schotten« aus Argyllshire hegten keine Sympathie für die schottische Regierung und die Bewohner des schottischen Tieflands. Donald selbst war in einem Gefängnis Jakobs IV. zur Welt gekommen und hatte den größten Teil seines Lebens dort verbracht. Einen seiner Verwandten hatte man in Edinburgh im Bett ermordet, und viele Angehörige seines Volkes waren zu verschiedenen Zeiten von den Tiefländern umgebracht worden. Im Herbst 1544 überfiel er im Auftrag Heinrichs die Grafschaft Inverness. Er versprach, bis Weihnachten in Inverness zu bleiben. Doch obwohl er den Bewohnern beträchtliches Leid zufügte, schadete er Arran und der Regierung nicht und erwies Heinrich keinen guten Dienst.[8]

Im Jahr darauf versuchte Heinrich, ihn besser für seine Zwecke einzusetzen. Donalds Bruder, der Bischof der Inseln, besuchte Heinrich im September 1545 in Oatlands und vereinbarte mit ihm, daß Donald mit 8 000 Mann an einem Feldzug unter dem Kommando von Lennox im Westen Schottlands teilnehmen sollte. Aber auch dieser Plan führte zu nichts. Zwar konnte Heinrich mit einiger Mühe eine Armee aus 2 400 Iren zusammenstellen – die »Wilden«, wie Scepperus sie nannte–, die im November 1545 schließlich unter Lennox' Kommando von Dublin abfuhren, um Dumbarton einzunehmen. Dort sollten Donalds wilde Schotten zu ihnen stoßen. Aber es gelang Lennox nicht, Dumbarton einzunehmen, und er fuhr nach England zurück. Heinrich ließ daraufhin den Plan fallen, Donald für seine Ziele einzusetzen.[9]

Im Mai 1545 eröffnete sich Heinrich in Schottland eine andere Möglichkeit mit Aussicht auf Erfolg. Der Graf von Cassillis bot Sadler an, zu bewerkstelligen, daß Beaton, Arran und andere prominente Mitglieder der schottischen Regierung ermordet würden. Der Plan wurde Heinrich vorgetragen. Am 30. Mai schrieben Heinrichs Räte in Greenwich an Hertford in Darlington, Heinrich habe Cassillis' Brief an Sadler gelesen, in dem Cassillis anbiete, den Kardinal und die anderen ermorden zu lassen. Der König halte es jedoch »nicht für angemessen, daß der Plan auf Anordnung Seiner Majestät in Gang gesetzt wird; er möchte damit nicht selbst zu tun haben, dennoch schätzt er das Angebot«. Sadler solle Cassillis daher schreiben, »daß er an Cassillis' Stelle ... alles zur Durchführung des Planes tun würde, in der Überzeugung, damit Seiner Majestät einen Dienst und Schottland einen besonderen Nutzen zu erweisen«.[10]

Sadler schrieb einen entsprechenden Brief an Cassillis, erhielt jedoch keine Antwort. Den nächsten Schritt tat statt dessen Alexander Crichton, der Gutsherr von Brunstane. Crichton war eine Zeitlang englischer Agent gewesen. Sadler erklärte Heinrich, »abgesehen davon, daß Schotten nicht aufrichtig sind«, sei Brunstane zuverlässig. Im Juli schrieb Brunstane zwei Briefe, einen an Heinrich und einen an Sadler. Er schickte beide an Sadler, der bei Hertford in Darlington war. Am 12. Juli teilten Hertford, Tunstall und Sadler Paget mit, da Brunstanes Briefe sich mit der Beseitigung des Kardinals befaßten und »Seine Majestät nichts damit zu tun haben will«, habe Sadler selbst ein Antwortschreiben verfaßt. Sadler schrieb an Brunstane, Heinrich wolle nichts mit dem Mordkomplott zu tun haben, aber es wäre »ein Dienst an Gott, ihn aus dem Weg zu räumen«.[11]

Als Hertford im September Kelso einnahm, nahm er einige Franzosen aus der Truppe gefangen, die Franz unter dem Kommando von Sieur de Lorges nach Schottland geschickt hatte. Einige boten an, in Heinrichs Armee zu dienen. Am 9. September teilte der Kronrat Hertford mit, wenn die Franzosen in Heinrichs Dienste treten wollten, sollten sie zuerst »den Feinden erheblichen Schaden oder Verdruß zufügen ... etwa den Kardinal, Lorges, den Gouverneur [Arran] oder einige andere bedeutende Männer fangen oder umbringen«. Dann werde Heinrich sie nicht nur in seinen Dienst nehmen, sondern auch reichlich belohnen.[12]

Der Kaiser wollte zwischen Franz und Heinrich vermitteln und forderte sie auf, Abgesandte zu Friedensgesprächen in die Niederlande zu schicken. Den deutschen Lutheranern war ebenfalls an Vermittlungsversuchen gelegen. Sie wußten, daß Karl Vorbereitungen traf, um im nächsten Sommer gegen sie Krieg zu führen, und sie hofften, daß Heinrich und Franz nicht nur Frieden schließen, sondern auch miteinander und mit den Lutheranern in Deutschland ein Bündnis gegen Karl eingehen würden. Karl war es deshalb besonders wichtig, daß er und nicht die Lutheraner den Frieden zwischen Heinrich und Franz vermittelte. Die Situation war ganz nach Heinrichs Geschmack. Wenn es zwischen Karl und den deutschen Lutheranern zum Wettstreit kam, wer der erfolgreichere Vermittler war, und wenn Heinrich deutlich machte, daß er im Hinblick auf seine Forderungen keinen Kompromiß schließen würde, hatten Karl und die Lutheraner einen gewichtigen Grund, auf Franz Druck auszuüben, damit er nachgab und Heinrichs Bedingungen akzeptierte. Heinrich entsandte also eine Delegation hoher Würdenträger unter Leitung von Gardiner nach Utrecht, um dort mit den Vertretern von Franz und Karl in einer Kirche zu verhandeln. Zur selben Zeit schickte er seinen Sekretär Paget los. Paget sollte mit französischen und lutherischen Gesandten in einem Zelt an der Grenze zwischen Guisnes und Ardres zusammentreffen. Paget war von niedrigerem Rang als Gardiner. Doch als van der Delft Heinrich im August 1545 in Guildford besuchte, stellte er fest, daß Paget der einflußreichste Mann am Hof war.

Heinrich machte wiederholt deutlich, daß er in zwei Punkten nicht nachgeben werde: Erstens wollte er nicht auf Boulogne verzichten, zweitens lehnte er es ab, Schottland in einen Friedensvertrag mit Frankreich einzubeziehen. Franz war umgekehrt entschlossen, Boulogne zurückzugewinnen, und er wollte die Schotten nicht auf Gedeih und Verderb Heinrich ausliefern. Als die Verhandlungen nicht von der Stelle kamen, verdoppelten Karl und die deutschen Lutheraner ihre Anstrengungen, um jeweils als erste einen annehmbaren Kompromiß zu finden. Die deutschen Lutheraner waren beunruhigt, als sie hörten, daß Heinrich Gardiner zu Friedensverhandlungen an den Hof des Kaisers geschickt hatte. Gardiner wiederum hielt es für nicht wünschenswert, daß die deutschen Lutheraner als Vermittler zwischen zwei Königen agierten.[13]

Gardiner war erstaunt, daß Paget ihn nicht über den Fortgang der Gespräche in Guisnes unterrichtete. Er konnte nicht ahnen, daß Heinrich Paget ausdrücklich befohlen hatte, Gardiner im ungewissen zu lassen. Am 29. November schrieb Heinrich an Paget, er solle Gardiner nichts über den Inhalt der letzten Vorschläge der Lutheraner mitteilen, solange er von ihm nicht die Anweisung dazu erhalte.[14]

Ebenso wie Heinrich die beiden Vermittler gegeneinander ausspielte, ermutigte und unterdrückte er auch weiterhin wechselseitig Katholiken und Protestanten. Nicht lange nach der Verbrennung der Protestanten im Sommer 1543 hatte er im Januar 1544 Gardiners Cousin und Sekretär Germain Gardiner als Papisten hinrichten lassen. Laut John Foxe hatte Heinrich zuerst daran gedacht, Gardiner selbst in den Tower zu werfen, dann aber seine

Meinung geändert und ihn in seinem Amt belassen. Vier Monate später, nach der Zerstörung von Edinburgh und kurz bevor Heinrich das Kommando über die Armee in Bouloge übernahm, beauftragte er Cranmer, dafür zu sorgen, daß die Gebete, die bei den vielen Prozessionen in Städten und Dörfern vom Priester gesprochen wurden, in englischer Sprache und nicht wie bisher auf lateinisch gesprochen wurden. Cranmers englische Litanei enthielt einen neuen Vers: »Allmächtiger Gott, erlöse uns von allem Aufruhr und geheimen Verrat, von der Tyrannei des Bischofs von Rom und seinen abscheulichen Greueltaten, von falscher Lehre und Ketzerei, von Hartherzigkeit und Mißachtung Deines Wortes und Deiner Gebote.« Ein spezielles Gebet galt »unserem geliebten Herrn, Seiner Majestät, dem König«, der »weder Kosten noch Mühen scheut, ja sogar allzeit bereit ist, sich selbst in Gefahr zu begeben, um der zärtlichen Zuneigung und väterlichen Hingabe willen, die er für sein Reich und seine Untertanen empfindet«. Im Sommer 1545 durfte Cranmer eine englische Fibel veröffentlichen.[15] Diese Maßnahmen wurden mit Recht als weiterer Schritt zu einer religiösen Erneuerung und als Rückschlag für Gardiner und die orthodoxe Partei gewertet.

Das aufsehenerregendste Ereignis während des Religionsstreits am Hof war wohl die bekannte Episode, als die katholische Partei Heinrich aufforderte, Cranmer in den Tower zu werfen, und Heinrich Cranmer rettete. Morice erzählte den Hergang des Ereignisses in einem Dokument, das er um das Jahr 1565 für Erzbischof Parker verfaßte. Parker schickte das Dokument höchstwahrscheinlich an Foxe, der seinerseits mit Morice sprach, und Foxe nahm die Geschichte in sein *Book of Martyrs* auf. Shakespeare, der zweifellos Foxe gelesen hatte, verarbeitete die Geschichte in seinem Drama *Henry VIII*. Morice' Originalmanuskript ist erhalten geblieben und stellt eine zuverlässige Quelle dar, denn Morice hat das Geschehen zum Teil selbst miterlebt, zum Teil von Cranmer selbst erfahren.*

Laut Morice waren einige von Heinrichs Räten zum König gegangen, hatten Cranmer der Ketzerei beschuldigt und Heinrich gedrängt, Cranmer in den Tower zu werfen. Heinrich erklärte sich bereit, Cranmer in der Ratsversamm-

* Es ist unmöglich festzulegen, wann genau der Vorfall sich ereignete. Sowohl für das Frühjahr 1543 wie für den Herbst 1545 sprechen plausible Argumente. Gardiner behauptete in seinem Buch *English Church in the Sixteenth Century*, der Vorfall habe sich 1543 ereignet, änderte dann aber seine Meinung und plädierte in *Lollardy and the Reformation* für den 22. November 1545. Dieses Datum wurde von den meisten anderen Autoren übernommen. Ich habe in meinem Buch *Thomas Cranmer* die These vertreten, daß der 26. April 1543 wahrscheinlicher sei, doch inzwischen neige ich auch zu dem späteren Datum. In beiden Fällen muß man freilich zumindest ein Detail, das Morice erwähnt, als Irrtum zurückweisen. Wenn sich der Vorfall im November 1545 zugetragen hat, kann Gardiner, der sich damals in den Niederlanden aufhielt, nicht direkt darin verwickelt gewesen sein; freilich behauptet Morice das im Gegensatz zu Foxe und Shakespeare auch nicht.

lung am nächsten Tag verhaften zu lassen. Doch noch am selben Abend bestellte er Cranmer zu sich nach Whitehall und sprach mit ihm auf der Galerie. Er sagte ihm, er solle am nächsten Tag in den Tower gebracht werden, und bat ihn um eine Stellungnahme zu den Vorwürfen. Cranmer erwiderte, er sei bereit, in den Tower zu gehen; das werde ihm Gelegenheit geben, seine Unschuld bezüglich der Anschuldigung der Ketzerei zu beweisen, vorausgesetzt, er könne mit einem fairen Prozeß vor einem unparteiischen Richter rechnen. Laut Morice soll Heinrich geantwortet haben: »Bei Gott! Welch rührende Arglosigkeit legt Ihr an den Tag, daß Ihr Euch freiwillig der Gefangennahme stellt, damit all Eure Feinde daraus einen Vorteil wider Euch ziehen. Glaubt Ihr denn nicht, daß dann, wenn sie Euch erst im Gefängnis haben, drei oder vier Schurken schnell besorgt sind, die gegen Euch Zeugnis ablegen und Euch verdammen, die aber jetzt, da Ihr in Freiheit seid, nicht wagen würden, ihren Mund gegen Euch aufzutun oder überhaupt vor Eurem Angesicht zu erscheinen? Das dürft Ihr nicht tun, mein Lord. Ich schätze Euch zuviel, als daß ich Euren Feinden erlauben könnte, Euch zu stürzen.« Heinrich gab Cranmer seinen Ring und bat ihn, ihn vorzuzeigen, wenn er am nächsten Tag verhaftet werde, da dies bedeute, daß die Ratsmitglieder den Fall dem König selbst übertragen müßten.

Als Cranmer tags darauf an der Ratsversammlung teilnehmen wollte, durfte er das Ratszimmer nicht betreten und mußte eine Dreiviertelstunde bei den Dienern und Bittstellern im Vorzimmer warten. Morice sah ihn dort sitzen und ging zu Dr. Butts, der Heinrich über die unwürdige Behandlung Cranmers informierte. Obwohl Heinrich wütend war, griff er zu diesem Zeitpunkt noch nicht ein. Als Cranmer schließlich vor den Rat gerufen wurde, setzte man ihn davon in Kenntnis, daß er wegen Ketzerei in den Tower gebracht werden solle. Danach zeigte er den Ring. Russell meinte daraufhin, er habe seinen Kollegen schon immer gesagt, der König werde nicht zulassen, daß man Cranmer in den Tower werfe, solange er nicht davon überzeugt sei, daß Cranmer des Hochverrats schuldig sei. Dann gingen alle zu Heinrich. Dieser tadelte sie aufs schärfste, daß sie versucht hätten, Cranmer in den Tower zu werfen. Norfolk protestierte jedoch und erklärte, sie hätten es nur getan, um ihm Gelegenheit zu geben, seine Unschuld zu beweisen. Heinrich befahl ihnen, Cranmer die Hand zur Versöhnung zu reichen, und Cranmer wies er, den Rat zum Essen einzuladen.[16]

Obwohl Morice und Foxe diese Geschichte erzählen, um Heinrichs Zuneigung zu Cranmer aufzuzeigen – Foxe schrieb, Heinrich habe den Fall »wohlwollend und gnädig« behandelt –, ist sie in Wahrheit ein perfektes Beispiel für die Kaltblütigkeit, mit der Heinrich im Kronrat und am Hof ein Gleichgewicht der Kräfte bewahrte und absichtlich Mißtrauen und Furcht unter den Katholiken und Protestanten säte. Wenn Morice' Bericht über das

Gespräch stimmt, das Heinrich und Cranmer am Abend zuvor auf der Galerie in Whitehall führten, beweist dies, daß Heinrich ganz genau wußte, daß viele Menschen, die er hatte hinrichten lassen, aufgrund von Meineiden verurteilt worden waren. Umgekehrt hätten die Ratsmitglieder nicht versucht, Cranmer in den Tower zu bringen, wenn sie nicht überzeugt gewesen wären, daß Heinrich es billigen würde. Heinrich hatte ihnen absichtlich etwas vorgemacht, damit er sie demütigen konnte, nachdem sie zuerst Cranmer gedemütigt hatten. Er bestrafte die Räte nicht, die eine falsche Anschuldigung gegen seinen Erzbischof vorgebracht hatten, aber er bestand darauf, daß Cranmer die Männer zum Essen einlud, die ihn hatten verbrennen lassen wollen, und anschließend an den Ratstisch zurückkehrte und mit ihnen als Kollegen weiter zusammenarbeitete, wie er es zehn Jahre getan hatte, bevor sie ihn als Ketzer denunzierten.

An Heiligabend begab sich Heinrich zur letzten Sitzung des Parlaments ins Oberhaus. Wriothesley, der nach Audleys Tod im Jahr 1544 zum Lordkanzler ernannt worden war, begrüßte Heinrich mit den üblichen schmeichlerischen Worten. In seiner Antwort erklärte Heinrich: »Für die geringen Gaben, die Gott mir verliehen, statte ich seiner Güte meinen untertänigsten Dank ab.« Er dankte den Peers und Parlamentsmitgliedern, daß sie ihm unaufgefordert alle Stiftungen für Seelenmessen und Spitäler überlassen hätten. Mit der Einnahme Boulognes habe er eine Gefahr beseitigt und wertvolles Kapital hinzugewonnen. »Kein Fürst der Welt liebt seine Untertanen mehr als ich Euch, noch lieben und gehorchen andre Untertanen oder Bürger ihren Herrn mehr, als ich dies von Euch erfahre.«

In einer Hinsicht hatte er allerdings etwas an ihnen auszusetzen: Sie hielten sich nicht an die Ermahnung von Paulus im dreizehnten Kapitel seines ersten Briefes an die Korinther, Liebe walten zu lassen. »Blickt um Euch, ob Ihr Liebe kennt, da einer den anderen Ketzer und Wiedertäufer schilt und dieser ihn wieder Papist, Heuchler, Pharisäer ... Einige lassen sich nicht vom hartnäckigen alten Irrtum abbringen, andere hängen zu sehr am neuen Buchstaben.« Heinrich forderte sie auf, sich zu bessern, »ansonsten werde ich, den Gott zu seinem Vikar und höchsten Minister dieses Landes ernannt hat, die Zwietracht beseitigen und die Greuel ausrotten, wie es meine Pflicht vorschreibt«. Er erinnerte sie daran, daß er ihnen nur deshalb gestattet habe, die Bibel auf Englisch zu lesen, damit sie das Wort Gottes in ihrer Muttersprache besäßen und es an ihre Kinder weitergeben könnten, »nicht um zu disputieren und die Schrift dazu zu benutzen, die Priester anzupöbeln und zu reizen, wie es viele leichtfertige Menschen tun. Es bekümmert mich tief, wenn ich höre, daß in allen Kneipen und Schenkstuben um Gottes Wort, das kostbare Juwel, geschwatzt und gerauft wird und daß es zu Witzen verschandelt und zu Spottversen mißbraucht wird, ganz gegen seinen eigentlichen Sinn.«[17]

William Petre, der als Minister Heinrichs fungierte, während Paget in Guisnes weilte, schrieb an Paget, Heinrich habe vor dem Parlament »so weise, so königlich, oder vielmehr väterlich« gesprochen, »was Euch, der Ihr an seine täglichen Gespräche gewöhnt seid, vielleicht nicht wundert ... für uns aber, die wir ihn noch nicht oft gehört haben, eine solche Freude und ein solch wunderbarer Trost war, daß ich diesen Tag für einen der glücklichsten meines Lebens halte«. Paget dankte Petre, daß er ihm »die frömmste, weiseste und königlichste Rede« geschickt habe, die Heinrich je gehalten hatte, und erklärte, er hätte ein Jahr lang täglich Fisch gegessen, den er verabscheue, wenn er das Privileg gehabt hätte, die Rede zu hören.[18]

Die Friedensgespräche in Guisnes und Utrecht wurden abgebrochen, und der Krieg ging unvermindert weiter. Um Boulogne kam es zu Land und zu Wasser immer wieder zu Zusammenstößen. Am 7. Januar 1546 lieferten sich 4 000 französische Soldaten aus Montreuil und 2 000 englische Soldaten aus Boulogne bei St. Etienne eine Schlacht. Am Sieg der Franzosen besteht kein Zweifel: Die Engländer verloren 205 Mann, darunter Edward Poynings, Surreys stellvertretenden Befehlshaber, und elf weitere Kommandanten. Die Franzosen schlachteten den Sieg für Propagandazwecke aus, doch konnte Heinrich das nicht von seinem Entschluß abbringen, den Krieg fortzuführen. Paget schrieb an Surrey: »Als weiser Herrscher weiß Seine Majestät, daß man beim Glücksspiel manchmal auch verliert.«[19]

Wie immer interessierte sich Heinrich für jede Einzelheit der militärischen Operationen. So erteilte er Anweisungen hinsichtlich der Tiefe des neuen Hafens, der in Ambleteuse gebaut werden sollte. Auch die Erziehung seines achtjährigen Sohnes Prinz Eduard lag ihm am Herzen. Von Zeit zu Zeit besuchte er ihn in Hertford, wo der Prinz mit seinem eigenen Haushalt untergebracht war. Der Junge war intelligent. Sein Lehrer Dr. Cox beschrieb ihn Cranmer als »einen Racker, der solch einen Vater verdient hat«. Sein eigener Gesundheitszustand bereitete Heinrich weiterhin Kummer. Im März bekam er Fieber, so daß er sich nicht seinen üblichen Unternehmungen an der frischen Luft widmen konnte. Es ging ihm jedoch gut genug, um mit Lisle und anderen Höflingen Karten zu spielen. Noch vor Ende des Monats sprach er davon, im nächsten Sommer eine Reise bis an das äußerste Ende seines Reiches zu unternehmen. Damit meinte er wahrscheinlich Wales; er hatte bereits 1542 vorgehabt, Wales zu besuchen. Doch als Scepperus und van der Delft ihn am 21. März in Greenwich besuchten, sahen sie ihm an, daß er kränker war, als er zugeben wollte.[20]

Im April schlug d'Annebaut, der Admiral von Frankreich, vor, er und sein englischer Kollege Lord Lisle sollten erneut Friedensverhandlungen aufnehmen. Heinrich war einverstanden. Die beiden Admiräle trafen sich am 24. April in Calais, ohne daß Vermittler eingeschaltet wurden. Heinrich hatte die Genugtuung, daß das Friedensangebot erneut von Franz ausgegangen war und die Verhandlungen auf englischem Boden in Calais stattfanden. Doch am Ostersonntag, einen Tag nach Beginn der Friedensgespräche, wurde Sir Ralph Ellerker bei einem Scharmützel bei Boulogne getötet.[21] Der Krieg entwickelte sich nicht mehr so, wie Heinrich es wollte, und die Kosten des Krieges und der Widerstand seines Rates veranlaßten ihn schließlich, seinen Standpunkt zu ändern und Kompromißbereitschaft zu signalisieren.

Bei den Gesprächen zwischen d'Annebaut und Lisle wurde lang und hart verhandelt. Nach einem Monat hatten sie endlich in allen wesentlichen Punkten Einigkeit erzielt. Franz sollte Heinrich gemäß dem Vertrag von 1525 alle noch ausstehenden sowie die laufenden jährlichen Pensionen zahlen. Wenn bis Michaeli 1554 zwei Millionen Kronen gezahlt waren, wollte Heinrich Boulogne an Franz zurückgeben. Wenn das Geld bis dahin nicht gezahlt war, sollte Franz seinen Anspruch auf Boulogne verlieren. Die Schotten wurden in einem komplizierten Zusatz in den Friedensvertrag mit einbezogen, um die Tatsache zu verschleiern, daß Heinrich in diesem Punkt nachgegeben hatte. Der Friede sollte unter der Bedingung auch für sie gelten, daß ihre Vertreter mit Heinrich ihren eigenen Friedensvertrag aushandelten. In der Zwischenzeit wollte Heinrich keinen Krieg gegen Schottland führen, wenn es keinen neuen Anlaß dazu gab. Weder Franzosen noch Engländer sollten in Boulogne neue Befestigungen bauen. Bestehende Verteidigungsanlagen konnten jedoch fertiggestellt und instandgesetzt werden. Eine weitere Klausel sah die gegenseitige Auslieferung von Untertanen vor, die sich der Majestätsbeleidigung schuldig gemacht hatten.[22]

Bereits am 24. Mai ging in London das Gerücht um, in Calais sei der Friedensvertrag unterzeichnet worden. Aber die Nachricht war verfrüht. Lisle und d'Annebaut einigten sich fünf Tage später auf einen Vertragsentwurf; Heinrich hatte jedoch Einwände gegen eine relativ unwichtige Klausel, wonach die Franzosen, die Boulogne nach der Einnahme durch die Engländer verlassen hatten, zurückkehren konnten, wenn sie ihm den Treueid leisteten. Am 3. Juni fürchtete Paget, die Gespräche könnten an diesem Punkt scheitern und der Krieg werde weitergehen. Doch nach einer heftigen Debatte zwischen Lisle und d'Annebaut gaben die Franzosen tags darauf schließlich nach, und die beanstandete Klausel wurde gestrichen. Am Montag, dem 7. Juni, wurde der Friedensvertrag in Camp (heute Campagne-les-Guisnes) an der Grenze, anderthalb Kilometer südlich des Güldenen Feldes, unterzeichnet. Sechs Tage später, am Pfingstsonntag, wurde der Friede in London verkündet.[23]

In Schottland hingegen sollte es keinen Frieden geben. Am 29. Mai drangen 16 protestantische schottische Edelleute unter Führung von Norman Leslie, dem Herrn von Rothes, in Beatons Burg St. Andrews ein, töteten Beaton und verteidigten die Burg gegen Arran und die Regierung. Leslie und seine Gefährten hatten sich darüber empört, daß Beaton drei Monate zuvor den protestantischen Prediger George Wishart vor seiner Burg wegen Ketzerei hatte verbrennen lassen. Heinrichs Minister konnten ihre Freude über die Nachricht nicht verbergen:[24] Die Ermordung des Kardinals hatte Heinrich nichts gekostet, protestantische Idealisten hatten vor Brunstane und Cassillis zugeschlagen; vielleicht konnte Heinrich die Situation ausnutzen.

Heinrich hatte sich nie gescheut, eine protestantenfreundliche Politik im Ausland mit einer protestantenfeindlichen Politik im Inland zu verknüpfen. Im Sommer 1546 führte er die heftigste Attacke gegen Protestanten seit 1540. Gardiner und Norfolk waren zweifellos für diesen neuen Schlag gegen die Ketzer, doch die führende Rolle dabei spielte Wriothesley, der Lordkanzler. Eine Reihe prominenter Ketzer wurden vor den Kronrat zitiert. Dr. Crome, ein bekannter Theologe, der schon immer als Sympathisant der Protestanten gegolten hatte und 1541 in ernste Schwierigkeiten geraten war, hatte erneut gewagt, eine Predigt zu halten, die mehr oder weniger auf das Leugnen der Realpräsenz hinauslief. Der Kronrat forderte ihn auf, bei Paul's Cross zu widerrufen. Sein öffentlicher Widerruf war unzureichend, der Rat griff den Fall deshalb erneut auf. Da die Ratsmitglieder wußten, daß Heinrich Crome mochte, legten sie ihm den Fall vor. Heinrich begnügte sich damit, Crome aufzufordern, noch einmal auf der Kanzel von Paul's Cross zu widerrufen, und diesmal war seine Unterwerfung vollständig. Latimer wurde ebenfalls verdächtigt, aber auch er kam mit einer Verwarnung davon. Lord Thomas Howard wurde vom Kronrat getadelt, weil er in den Räumen der Königin über die Heilige Schrift diskutiert habe. Ein Page wurde wegen desselben Vergehens in die Pförtnerloge gesperrt. John Taylor wurde vor dem Kronrat wegen einer Predigt verhört, die er in Bury St. Edmunds gehalten hatte. Er wurde ebenso wie der Hilfsgeistliche von Tenterden wieder freigelassen, nachdem man ihn davor gewarnt hatte, sein Vergehen zu wiederholen.[25]

Sechs Fälle, die der Rat als schwerwiegender ansah, wurden zur Verhandlung nach London überwiesen. Unter den Angeklagten befanden sich Shaxton, der ehemalige Bischof von Salisbury, John Lassels, der als erster die Verfehlungen von Katharina Howard aufgedeckt hatte, und Anne Askew, die Tochter Sir William Askews aus Lincolnshire, eine mutige, kaltblütige und intelligente adlige junge Dame von 25 Jahren. Anne Askew hatte Master Kyme geheiratet, einen Edelmann aus Lincolnshire; Kyme hatte die protestantischen Lehren, für die seine Frau eintrat, abgelehnt und sie aus dem Haus geworfen. Daraufhin ging sie nach London und verteilte verbotene protestantische Bücher. Sie hatte Kontakt zu den wichtigsten Damen bei Hof – einige behaupteten, sie habe sogar mit der Königin in Verbindung gestanden. Im März

1545 wurde sie verhaftet und von Bonner verhört. Er war von ihrer Intelligenz und ihren guten Manieren beeindruckt, und er und andere Beamte machten es ihr leicht, zu widerrufen.[26]

Anne Askew setzte jedoch ihre ketzerische Aktivität fort und wurde schließlich vor den Kronrat zitiert. Ihr Ehemann wurde für eine Gegenüberstellung nach London geholt. Sie weigerte sich, ihn als ihren Mann anzuerkennen oder den Namen ihres Mannes, Kyme, für sich zu benutzen. Sie wurde in den Tower gebracht, ihr Mann wurde aufgefordert, nach Lincolnshire zurückzukehren. Im Tower wurde sie von Wriothesley und Rich nach den Namen ihrer Kontaktpersonen am Hof gefragt. Da sie die Namen nicht nennen wollte, befahl der Lordkanzler Kingston, den Kommandanten des Tower, sie auf die Folterbank zu binden. Kingston hatte schon oft gefoltert, und er folterte auch Anne Askew. Als er sie von der Folterbank wieder losgebunden hatte, war er von ihrer stummen Tapferkeit derart beeindruckt, daß er sich weigerte, Wriothesleys Befehl, sie erneut zu foltern, auszuführen, obwohl Wriothesley ihm erklärte, wenn er sich weigere, mache er sich des Ungehorsams gegenüber dem König schuldig. Schließlich mußten Wriothesley und Rich Anne Askew selbst foltern. Erst jetzt wurde Kingston klar, daß die beiden seinen Ungehorsam dem König melden würden, und er kam ihnen zuvor, indem er zum König eilte, ihm alles erzählte und ihn um Gnade anflehte. Heinrich verzieh ihm seinen Ungehorsam. Laut Foxe schien dem König »die extreme Behandlung« von Anne Askew durch Wriothesley und Rich »nicht allzusehr zu gefallen«. Wenn es ihm tatsächlich mißfallen hätte, hätte er es natürlich verhindern können.[27]

Später berichtete Anne selbst über das Verhör: »Dann spannten sie mich auf die Folter, weil ich nicht gestand, daß irgendwelche Edelleute oder Damen meiner Überzeugung seien, und sie ließen mich eine lange Zeit darauf; und da ich still lag und nicht schrie, gaben sich Mylord der Kanzler und Master Rich große Mühe, mich mit ihren eigenen Händen zu martern, bis ich fast tot war. Dann ließ der Leutnant mich von der Folter befreien. Ich fiel in Ohnmacht, und sie brachten mich wieder zur Besinnung. Danach saß ich zwei lange Stunden auf dem nackten Boden und sprach mit dem Lordkanzler. Er versuchte mit vielen schmeichelhaften Worten, mich zur Aufgabe meiner Überzeugung zu bewegen. Aber Gott der Herr (dem ich für seine unendliche Güte danke) gewährte mir die Gnade, auszuhalten, und ich hoffe, daß ich bis zum Ende aushalten werde. Dann wurde ich in ein Haus gebracht und auf ein Bett gelegt, mit müden und schmerzenden Gliedern wie der geduldige Hiob.«[28]

Nach der Folter konnte Anne weder stehen noch gehen, und sie mußte auf einem Stuhl zum Prozeß in der Guildhall getragen werden. Die Verhandlung fand am 18. Juni in Gegenwart Bonners, Norfolks und anderer Richter statt. Zusammen mit Anne wurde Shaxton, Lassels und drei anderen der Prozeß gemacht. Alle bekannten, die Realpräsenz geleugnet zu haben, und wurden zum Tod auf dem Scheiterhaufen verurteilt. Shaxton und ein anderer waren bereit zu widerrufen, und Heinrich befahl, Shaxton solle am Scheiterhaufen die Predigt halten, bevor die anderen verbrannt würden. Anne Askew, Lassels und die beiden anderen wurden am 16. Juli in Smithfield verbrannt. Anne, die immer noch nicht stehen konnte, wurde auf ihrem Stuhl am Brandpfahl festgebunden.[29]

Die Kampagne gegen die Protestanten brachte auch Königin Katharina in Gefahr. John Foxe zufolge spielte Heinrich mit ihr dasselbe Spiel wie mit Cranmer. Er machte seine katholischen Räte glauben, er wolle Katharina in den Tower werfen lassen und sie als Ketzerin vor Gericht stellen, um die Intrigen der Räte gegen sie aufzudecken.

Laut Foxe war Katharina Parr eine vorbildliche Ehefrau, die Heinrich hingebungsvoll pflegte, als ihm sein Bein immer mehr Schmerzen bereitete. Aber sie war auch Protestantin, las eifrig in der Bibel und führte oft theologische Streitgespräche mit Heinrich. Als Heinrich einmal schlecht gelaunt war, weil ihn sein Bein schmerzte, verlor er die Beherrschung und rief: »Welch schöne Sache, wenn die Frauen so gelehrt werden; und welch ein Trost ist es für mich auf meine alten Tage, von meiner Frau belehrt zu werden.« Gardiner ergriff die Gelegenheit beim Schopf und drängte Heinrich gemeinsam mit Wriothesley, Katharina in den Tower werfen zu lassen. Heinrich tat so, als sei er einverstanden, und unterzeichnete einen Haftbefehl wegen Ketzerei. Sein Arzt Dr. Wendy erfuhr von dem Haftbefehl und informierte Katharina. Sie befahl ihren Hofdamen, die verbotenen protestantischen Bücher verschwinden zu lassen, und suchte Heinrich auf. Als er ihr vorschlug, wie üblich mit ihm über theologische Fragen zu diskutieren, lehnte sie ab. Sie sagte, sie wisse, »mit welch großer Unvollkommenheit und Schwäche die Schöpfung uns Frauen bedacht hat, damit wir uns den Männern als unseren Herren unterwerfen. ... Da Gott zwischen Männern und Frauen einen natürlichen Unterschied gesetzt hat und Eure Majestät die wunderbare Gabe der Weisheit besitzt und ich dumme, arme Frau Euch in jeder Hinsicht derart unterlegen bin, wie kommt es da, daß Eure Majestät solch schwierige Fragen der Religion meinem Urteil anvertrauen wollen?« Sie erklärte, sie habe diese Diskussionen nur mit ihm geführt, um Gelegenheit zu haben, seinen gelehrten Argumenten zuzuhören. »Und das ist wirklich so, mein Herz?« fragte Heinrich, der mit diesen Worten sehr zufrieden war.

Am nächsten Tag, als Heinrich, Katharina und ihre Hofdamen im Garten von Hampton Court spazierten, traf Wriothesley mit einer Eskorte von vierzig Männern der königlichen Garde ein, um die Königin zu verhaften und in den Tower zu bringen. Heinrich sprach leise mit ihm. Das meiste, was sie sagten, konnten Foxe' Informanten nicht verstehen. Sie hörten nur, daß Heinrich Wriothesley »Lump, Bestie, Dummkopf« nannte. Daraufhin entfernten sich Wriothesley und die Männer der Garde in aller Eile. Katharina war gerettet.[30]

29

Die letzte Säuberungsaktion

Im August 1546 übertraf sich Heinrich selbst bei seinem Spiel, abwechselnd oder sogar gleichzeitig Katholik und Protestant zu sein. Innerhalb von drei Wochen verhandelte er mit einem Gesandten des Papstes in Whitehall über die Möglichkeit, sich wieder dem päpstlichen Supremat zu unterwerfen, und gab seine Absicht bekannt, Sakramentierer zu werden – beides Dinge, für die ein Untertan Heinrichs gehängt, gestreckt und gevierteilt und verbrannt worden wäre.

Als der Papst hörte, daß Franz und Heinrich Frieden geschlossen hatten, bat er Franz, Heinrich dazu zu überreden, einen inoffiziellen und geheimen Abgesandten zu empfangen, der mit ihm über eine mögliche Rückkehr zum Gehorsam gegenüber dem Heiligen Stuhl sprechen sollte. Der Papst wollte Guron Bertano zu Heinrich schicken. Bertano war als italienischer Agent für Heinrich tätig gewesen, als dieser sich von Katharina von Aragon scheiden lassen wollte, und hatte 1530 Heinrichs Hof einen Besuch abgestattet. Heinrich war bereit, Bertano zu empfangen. Am 30. Juli traf der Gesandte in London ein. Er wohnte im Haus von Odet de Selve, dem neuen französischen Botschafter. Am 2. August traf er mit Paget zusammen, tags darauf sprach er mit Heinrich. Heinrich erklärte Bertano, er sei bereit, seinen Fall dem Konzil zu übertragen, das in Trient tagte, wenn das Konzil an einen Ort in Frankreich verlegt werde.

Bertano schickte einen Bericht über sein Gespräch nach Rom und wartete in London auf Antwort. Zu seiner Enttäuschung war auch nach fast zwei Monaten noch keine Antwort eingetroffen. Am 30. September kamen Wriothesley und St. John in Selves Haus und forderten Bertano auf, England umgehend zu verlassen. Heinrich habe erkannt, daß der Papst ihn zum Narren halten wolle; da Bertanos Anwesenheit in England allmählich bekannt werde, müsse er sofort gehen, ohne noch einmal an den Hof zu kommen. Wriothesley und St. John fügten hinzu, Heinrich werde das Supremat über die Kirche von England niemals abgeben. Er handle in Übereinstimmung mit dem Wort Gottes und werde von seinem Volk unterstützt. Heinrich hatte sicher nie vor, sich wieder der Kirche von Rom zu unterwerfen. Er hätte dadurch nichts gewonnen, und es hätte unweigerlich so ausgesehen, als würde er klein beigeben. Der König wußte allerdings, daß es nichts schaden konnte, wenn er mit Bertano sprach, um zu erfahren, was der Papst ihm anzubieten hatte. Je mehr Alternativen er hatte – wenigstens in den Augen anderer –, desto stärker war seine Verhandlungsposition. Wäre aus Rom rechtzeitig eine Antwort eingetroffen, hätte er eine andere Ausrede für den Abbruch der Verhandlungen finden müssen.[1]

Am 20. August traf d'Annebaut mit der *Great Zachary* aus Dieppe in Begleitung von vierzehn Galeeren im Londoner Hafen ein. Er erwiderte den Besuch, den Sir Thomas Cheyney im Juli Franz in Fontainebleau abgestattet hatte. Nach einem dreitägigen Aufenthalt in Greenwich und London begab der Admiral sich am 23. August nach Hampton Court. Dort wurde er von Prinz Eduard begrüßt, der ihn in Heinrichs Audienzzimmer geleitete. D'Annebaut verbrachte vier Tage bei Heinrich in Hampton Court, »mit Banketten und Jagden und prunkvollen Maskenspielen, die jeden Abend im Beisein der Königin und ihrer Damen stattfanden. Es wurde in zwei neuen Bankettsälen getanzt, die reich geschmückt waren und in denen verzierte Schränke mit Goldgeschirr standen. Überall funkelten kostbare Edelsteine und Perlen.«[2]

Am ersten Abend mußten d'Annebaut und Cranmer Heinrich, der nicht mehr allein gehen oder stehen konnte, nach dem Bankett von der Tafel aufhelfen. Nach dem zu urteilen, was Cranmer Morice einige Jahre später erzählte, machte Heinrich, gestützt auf den Admiral und den Erzbischof, Vorschläge »bezüglich der Schaffung einer wahren Religion«, die weit über das hinausgingen, was Cranmer oder sonst jemand Heinrich zugetraut hätte. Cranmer erzählte Morice, Heinrich und Franz hätten sich darauf geeinigt, innerhalb eines halben Jahres »die Messe in eine heilige Kommunion umzuwandeln« (wie wir sie heute kennen); Franz sollte das päpstliche Supremat ablehnen, und dann wollten er und Heinrich Karl ein Ultimatum stellen: Entweder er folgte ihrem Beispiel, »oder sie würden jegliche Verbindung mit ihm abbrechen«. Heinrich befahl Cranmer, diese Gedanken für Franz schriftlich niederzulegen. Der König starb allerdings, ehe es dazu kam.[3]

Cranmers Geschichte wird zumindest teilweise bestätigt durch die Korrespondenz von Wotton, Heinrichs Botschafter an Franz' Hof. Es ist allerdings recht unwahrscheinlich, daß Heinrich ernsthaft beabsichtigte, die Messe abzuschaffen und eine Abendmahlsfeier einzuführen, wie sie das erste *Common Book of Prayer* von 1549 festlegte, in dem zumindest andeutungsweise die

Realpräsenz abgelehnt wird. Auch die Andeutung, er wolle bei den Wiedertäufern in Lübeck leben, war wohl schwerlich ernst gemeint. Vielleicht war er auch ein wenig betrunken und dachte laut über einen politischen Kurs nach, den er eines Tages einschlagen könnte. Immerhin hat Heinrich am 23. August genausoviel gesagt wie Anne Askew und ihre Leidensgenossen, mit dem Unterschied, daß diese am 16. Juli deswegen verbrannt worden waren.

Während Heinrich und d'Annebaut in Hampton Court eine neue Ära des Friedens und der Freundschaft zwischen England und Frankreich einleiteten, trafen aus Boulogne Nachrichten ein, die beinahe einen neuen Krieg heraufbeschworen hätten. Lord Grey teilte Heinrich mit, daß die Franzosen auf dem Hügel von Le Portet jenseits des Hafens von Boulogne Befestigungen errichteten. Die Franzosen hatten mit den Arbeiten bereits begonnen, bevor Heinrich Boulogne einnahm, doch seit mehr als einem Jahr war dort nichts mehr geschehen. Daher erklärten die Engländer, die Franzosen hätten den Friedensvertrag gebrochen, nach dem keine neuen Befestigungen gebaut werden durften. Lord Grey bat den französischen Kommandeur Du Bies um Erlaubnis, die bisherige Arbeit inspizieren zu dürfen, aber Du Bies verweigerte ihm dies. Heinrich protestierte aufs schärfste bei d'Annebaut und erklärte, er werde diese Verletzung des Friedensvertrages nicht hinnehmen. D'Annebaut sagte, er wisse nichts von alledem, aber Selve werde an Franz weiterleiten, was Heinrich gesagt habe.

Am 4. September brach Heinrich von Hampton Court zu seiner jährlichen Rundreise auf. Am folgenden Tag traf in Woking ein Kurier mit einem zweiten Brief von Lord Grey ein. Lord Grey bat Heinrich um Befehle, was er tun solle; in den vergangenen Tagen habe sich die Zahl der französischen Soldaten, die auf dem Hügel von Le Portet arbeiteten, von 80 bis 100 auf 4 000 bis 5 000 erhöht. Heinrich diktierte Paget einen Brief, der nach London gebracht, von Wriothesley, Gardiner und St. John unterzeichnet und im Namen des Kronrats an Grey weitergeleitet wurde. Heinrich trug Grey auf, Du Bies aufzufordern, die Arbeiten an den Befestigungsanlagen einzustellen, bis er von Franz weitere Befehle erhalte. Wenn Du Bies die Arbeit dennoch fortsetzte, sollte Grey Truppen nach Le Portet entsenden und, wenn er genügend Männer dafür hatte, die Festungsanlagen zerstören lassen. Aber Grey handelte offenbar auf eigene Initiative, ohne Heinrichs Anordnungen abzuwarten. Er schickte 500 Fußsoldaten mit einer berittenen Eskorte bei Ebbe nach Le Portet. Der Trupp stellte fest, daß die Festungsanlagen dreieinhalb bis vier Meter tief, zweihundert Meter lang und vier Meter breit waren und nicht von französischen Soldaten bewacht wurden. Er zerstörte sie und kehrte noch vor Einsetzen der Flut nach Boulogne zurück.

Wie Greys Sohn dem Historiker Holinshed erzählte, waren die Ratsmitglieder beunruhigt, als sie davon hörten, denn sie fürchteten einen neuen Krieg. Einer der Räte erklärte, Grey müsse mit dem Tod bestraft werden, weil er ohne Erlaubnis gehandelt habe. Heinrich sagte, eher müßten ein Dutzend Köpfe solcher Ratsmitglieder rollen. Er schickte Hertford nach Boulogne, um die Garnison mit zusätzlich 7 000 Soldaten und 500 Mann starken Genietruppen zu belegen. In London wurden Wetten abgeschlossen, ob es innerhalb von acht Monaten wieder Krieg mit Frankreich geben würde oder nicht. Franz erklärte zwar, er habe laut Vertrag das Recht, Le Portet zu befestigen, weil mit der Arbeit bereits über ein Jahr vorher begonnen worden sei, er war aber zum Abbruch der Arbeiten bereit. Statt dessen schlug er vor, sämtliche Befestigungsanlagen zu zerstören, mit deren Bau zwar vor der Unterzeichnung des Vertrages begonnen worden sei, die aber noch nicht fertiggestellt seien. Heinrich war einverstanden.[5]

Heinrich reiste trotz seines Beinleidens nach Guildford, Chobham und Windsor, ließ sich aber über die Ereignisse in Schottland und Boulogne auf dem laufenden halten. Arran war überzeugt, daß Heinrich hinter der Ermordung Beatons steckte und daß Leslie und seine Kumpane die Burg von St. Andrews im Auftrag Heinrichs hielten. Ende August zog er mit einer Armee nach St. Andrews und belagerte die Burg. Es gibt keine Beweise dafür, daß Heinrich von dem Plan, Beaton zu töten und die Burg einzunehmen, wußte. Doch die Protestanten in der Burg, die später »Kastilier« genannt wurden, schickten den jungen William Kirkcaldy aus Grange, einen von Beatons Mördern, zu Heinrichs Hof, um den König um Hilfe zu bitten. Diese Gelegenheit durfte sich Heinrich nicht entgehen lassen. Aufgrund des komplizierten Zusatzes in seinem Friedensvertrag mit Franz über die Einbeziehung der Schotten in den Vertrag konnte er behaupten, er halte sich an den Vertrag, solange er von einer offenen Konfrontation absehe. In der kleinen Burg St. Andrews, »mit dem Schiff kaum vier Stunden von England entfernt«, wie Arran dem Papst mitteilte, hatte Heinrich einen Brückenkopf, der trotz seiner knapp 73 Meter Länge und 55 Meter Breite von großer strategischer Bedeutung war. In Rom, an Franz' Hof in Beaune und in Karls Lager bei Donauwörth wußte man das genau. Heinrich war bereit, den Protestanten in der Burg zu helfen. Diese hatten bei der Einnahme der Burg entdeckt, daß Arrans Sohn bei dem Kardinal wohnte, und ihn seither als Geisel festgehalten. Heinrich verlangte, sie sollten ihn nach England ausliefern, und Kirkcaldy erklärte sich dazu bereit.[6]

Am 18. September ordnete Heinrich in Chobham an, sein Kapitän William Tyrrel solle mit einer Flotte von sechs Schiffen mit Proviant und Munition für die Besetzer der Burg von Southampton nach St. Andrews fahren. Sobald Tyrrel den Firth of Forth erreichte, sollte er an Land gehen und als Täuschungsmanöver einige kleine Dörfer niederbrennen, damit Arran seine Armee von St. Andrews abzog. Anschließend sollte er in St. Andrews landen, die Vorräte in die Burg bringen und mit Arrans Sohn nach England zurückkehren.[7]

Die Ausrüstung der Flotte für St. Andrews dauerte länger als erwartet. Am 3. Oktober schrieb Heinrich voller Ungeduld aus Windsor an seinen Kronrat in London und gab Befehl, Tyrrels Abreise zu beschleunigen, da der Winter vor der Tür stehe. Eine Woche später befanden sich die Schiffe auf dem Weg nach Norden, und Selve, der sich in Windsor aufhielt, wollte von Heinrich wissen, wohin sie fuhren. Heinrich erklärte, sie seien nach Schottland unterwegs, um gegen schottische Piraten vorzugehen. Selve hatte übertriebene Berichte erhalten, in denen von 14, 20, 25 und sogar 40 Schiffen die Rede war, die von Harwich und Yarmouth mit Kurs nach Norden in See gestochen seien, er vermutete aber richtig, daß sie Proviant für St. Andrews an Bord hatten.[8]

Als Tyrrel vor der Küste von St. Andrews vor Anker ging, konnte er die Vorräte nicht von Bord schaffen, weil Arran die Schiffe von der Küste aus mit Kanonen beschießen ließ. Norman, John Leslie und Henry Balnaves kletterten in einem verwegenen Unternehmen die Felsen des Burgbergs hinunter und ruderten bei feindlichem Geschützfeuer über das eiskalte Wasser zu den englischen Schiffen hinaus. Tyrrels Schiffe brachten sie nach London, damit sie mit Heinrich sprechen konnten. Arrans Sohn brachten sie nicht mit. Heinrich traf Vorbereitungen für eine Invasion Schottlands im nächsten Sommer. Er verhandelte mit Söldnerführern, um 12 000 deutsche Landsknechte, 2 000 Reiter aus Kleve und 1 500 Albaner für den Feldzug anzuheuern. Arran bat Franz um Hilfe.[9]

Am 19. Dezember trat der schottische Rat in Anwesenheit von Arran und Marie von Guise in St. Andrews zusammen. Da die Belagerung der Burg sich hinzog und viel Geld verschlang und der König von England eine Invasion vorbereitete, um die Burg von den Besetzern zu übernehmen – für die Besetzer die einzige Rettung –, entschied der Rat, sich lieber mit den Besetzern zu einigen als zuzulassen, daß der Sohn ihres Regenten in die Hände der Engländer fiel. Die Räte stimmten einem Waffenstillstand zu, und die Protestanten blieben im Besitz der Burg. Heinrich behielt seinen Brückenkopf für die Invasion im nächsten Jahr.[10]

Berichte machten die Runde, daß Heinrich schwer krank sei. Am 19. September, als Heinrich in Chobham weilte, versicherte Wriothesley Selve in London, daß die Geschichten über seine Krankheit übertrieben seien; der König habe lediglich eine Erkältung gehabt. Zwei Tage später hörte van der Delft, daß der König schwer krank gewesen sei, sich aber wieder auf dem Weg der Besserung befinde, obwohl die Ärzte bereits um sein Leben gebangt hätten.[11]

Ende Oktober ging in Italien das Gerücht um, Heinrich sei so krank, daß er nicht mehr lange zu leben habe. Ludovico dall'Armi, Heinrichs Agent in Venedig, wollte dem Gerücht nachgehen, aber ohne Erfolg, denn die venezianische Regierung hatte ihn aus Venedig verbannt. Der Doge und der Senat glaubten, Heinrich habe Ludovico beauftragt, die Ermordung Kardinal Poles vorzubereiten. Ob dies nun stimmte oder nicht, Ludovico hatte tatsächlich in Venedig einen persönlichen Feind getötet. Er wäre dafür verurteilt und hingerichtet worden, wenn Heinrich sich nicht beim Dogen für ihn verwendet hätte. Die Venezianer, die nie die Vorteile vergaßen, die ihnen aus den guten Handelsbeziehungen mit Heinrich erwuchsen, hatten Ludovico lediglich verbannt. Er kehrte jedoch nach Venedig zurück und ermordete noch einen Mann. Der Doge wandte sich an Heinrich und drohte, Ludovico wegen Mordes vor Gericht zu stellen, wenn er Venedig nicht umgehend verlasse.[12]

Am 10. November kehrte Heinrich von Windsor nach Whitehall zurück, allerdings nur, um ein Bad zu seiner Gesundheit zu nehmen. Binnen 24 Stunden war er bereits wieder nach Oatlands aufgebrochen. Am 17. November ersuchten die schottischen Gesandten um eine Audienz bei Heinrich, um mit ihm über ihren separaten Friedensvertrag zu verhandeln. Man teilte ihnen jedoch mit, er könne sie nicht empfangen, weil er unpäßlich sei. Selve hielt das für eine Ausrede. Er glaubte, Heinrich wolle die Begegnung nur aufschieben, bis er Nachricht aus St. Andrews erhalten habe. Am 21. November erklärte sich Heinrich schließlich bereit, die Schotten zu empfangen. Die Begegnung verlief stürmisch. Die Gesandten protestierten gegen die Intervention der englischen Flotte in St. Andrews. Heinrich wies den Protest zurück, warf den Schotten aggressives Handeln vor und drohte, er werde nicht mit ihnen Frieden schließen.[13]

Van der Delft sprach am 5. Dezember mit Heinrich in Oatlands. Heinrich erzählte ihm, er habe neulich dreißig Stunden lang Fieber gehabt, doch nun gehe es ihm wieder gut. Van der Delft fand jedoch, daß er immer noch sehr krank aussah. Am Mittwoch, dem 8. Dezember, bat Selve um eine Audienz. Man erklärte ihm, Heinrich könne ihn nicht vor Sonntag oder Montag empfangen, weil er so stark erkältet sei, daß er nicht sprechen könne. Selve erfuhr jedoch, daß Heinrich trotz der eisigen Kälte jeden Tag auf die Jagd ging.[14]

Heinrich, der mit 55 kurz vor seinem Tod stand und weder gehen noch stehen konnte, dessen Bein schmerzte und der immer wieder Erkältungen und Fieber bekam, ließ sich auch jetzt noch auf ein Pferd heben und beobachtete stundenlang bei klirrender Kälte, wie seine Jäger das Wild zusammentrieben und mit ihren Pfeilen erlegten. Außerdem konnte er noch einen großen Schlag gegen die Protestanten landen. Am 26. September leitete Bonner gemäß Heinrichs Befehl die öffentliche Verbrennung ketzerischer Bücher bei Paul's Cross.[15] Dies bildete den Höhepunkt eines Jahres unausgesetzter Protestantenverfolgung. Aber die Lage sollte sich bald ändern.

Gardiner schätzte die Situation falsch ein. Er erklärte Paget, zwar mache er sich Sorgen um die Zukunft, wenn die jüngere Generation ans Ruder gelange, aber er habe keine Angst, daß zu Lebzeiten Heinrichs je wieder subversive Elemente an die Macht kämen. Er war sich seiner Stellung sehr sicher. Als der Rat ihn aufforderte, einem Tausch von Ländereien mit Heinrich zuzustimmen, erklärte er, er werde das erst tun, wenn er mit Heinrich selbst darüber gesprochen habe. Daraufhin schrieb ihm der Rat erneut, und am 2. Dezember schrieb Gardiner Heinrich und bat ihn zerknirscht um Vergebung, weil er ihn beleidigt habe.

Heinrich antwortete Gardiner zwei Tage später. Er schrieb, er sei stets bereit, Gardiner Audienz zu gewähren, um mit ihm über den Landtausch oder andere Dinge zu sprechen. Freilich »müssen Wir einstweilen annehmen, daß, wenn Ihr die Erinnerung an Unsere Wohltaten Euch gegenüber tatsächlich aufrichtig in Eurem Herzen bewahrt hättet, wie Ihr nun selbst sagt, Ihr Euch in solch einer Angelegenheit nicht so pedantisch verhalten hättet«. Heinrich fügte hinzu, selbst wenn er Gardiner keinen Tausch vorgeschlagen, sondern ihn aufgefordert hätte, ihm einige seiner Ländereien freiwillig zu überlassen, »wäre es Eure Pflicht gewesen, Euch in dieser Sache anders zu verhalten, als Ihr es getan habt«.[17]

Am 12. Dezember kam Norfolk von seinen Gütern in Norfolk an den Hof. Als er in Whitehall eintraf, wurde ihm mitgeteilt, daß sein Sohn, der Graf von Surrey, am Morgen dieses Tages wegen Hochverrats in den Tower gebracht worden sei und daß er selbst wegen desselben Vergehens ebenfalls dorthin kommen solle.[18] Norfolk war so überrascht wie alle andern. Es war ein wohlgehütetes Geheimnis gewesen; es hatte vorher kein Gerede gegeben wie beim Sturz Wolseys oder Cromwells.

Die Akte über den Grafen von Surrey reichte schon einige Jahre zurück. Der gutaussehende, tapfere, großspurige und vielbewunderte junge Adlige, Soldat und Poet schrieb reizende Liebesgedichte an die Damen des Hofes. Aber er hatte auch eine weniger feinfühlige Seite. Er hatte sich in London Zimmer gemietet, wo er seinen Lastern ungehinderter frönen konnte als bei Hof oder im Haushalt seines Vaters. Im Jahr 1543 aßen er und ein paar seiner Kameraden in der Fastenzeit Fleisch, und nachts schossen sie mit Steinschleudern die Fensterscheiben angesehener Londoner Kaufleute kaputt.

Surreys Wirtin war stolz darauf, den gutaussehenden jungen Grafen als Logiergast zu haben. Als der Fleischer ihr eine Kalbshaxe bringen ließ, schickte sie ihre Magd zu ihm, um sich zu beschweren. Sie bestand darauf, daß er ihr nur die besten Fleischstücke gab, weil »Adlige des Reiches davon essen sollen, und außerdem ein Prinz«. Ein Schneider, der gerade im Fleischerladen war, fragte: »Welcher Prinz?« Die Magd antwortete: »Der Graf von Surrey.« Der Schneider erklärte, der Graf sei »kein Prinz, aber ein Mann von Ehre, der sich noch viel Ehre erwerben wird«. Die Magd nickte: »Ja, und wenn dem König ein Unglück widerfährt, wird er wahrscheinlich König.« »Das stimmt nicht«, sagte der Schneider. »Es wird aber behauptet«, entgegnete die Magd.

Der Kronrat untersuchte den Fall. Die Magd und ihre Herrin erzählten den Ratsmitgliedern, Surrey habe gesagt, wenn der König sterbe, werde sein Vater, der Herzog von Norfolk, wahrscheinlich König. Außerdem bewahre Surrey in seinem Zimmer ein Wappen auf, auf dessen erstem Feld das Kreuz und die Vögel vom Schild Eduard des Bekenners abgebildet seien, von dem er abstamme. Der Kronrat ließ Surrey für acht Tage ins Fleet-Gefängnis sperren, weil er in der Fastenzeit Fleisch gegessen und Fenster zerbrochen hatte. Weiter wurde nichts unternommen; die Aussagen des Schneiders, der Magd und der Wirtin wurden jedoch zur späteren Verwendung zu den Akten gelegt. Als Surrey sich in Landrecies und Boulogne durch seine Tapferkeit auszeichnete, sprach freilich niemand mehr davon.[19]

Im Dezember 1546 wurde Surrey verhaftet und einige Tage in Wriothesleys Haus festgehalten, dann führte man ihn durch die Straßen von London zum Tower. Er bestritt, etwas Falsches getan zu haben, und beteuerte in einem Brief an Heinrich seine Unschuld. Doch Franz und Maria von Ungarn wurden offiziell von den englischen Gesandten davon unterrichtet, daß Surrey und Norfolk bereits gestanden hätten: Sie hätten geplant, nach Heinrichs Tod Norfolk zum Vormund von Prinz Eduard zu bestimmen und dann Eduard zu ermorden und Norfolk zum König zu machen. Als Wotton Franz von dem »abscheulichen Vorhaben« Norfolks und Surreys erzählte, meinte Franz, wenn ihre Schuld eindeutig bewiesen sei, solle man sie hinrichten. Wotton erwiderte, Surrey habe es selbst zugegeben.[20]

Die Zeugen meldeten sich pflichtschuldigst. Sir Edmund Knyvett sagte aus, als er Surrey einmal vorgeworfen habe, Rachegefühle gegen ihn zu hegen, habe Surrey geantwortet: »Nein, nein, Vetter Knyvett, so niedrig zürne ich nicht; mein Haß will höher hinaus.« Die Aussagen des Schneiders, der Wirtin und der Magd aus dem Jahr 1543 wurden ebenfalls gegen den Grafen verwendet. Ein Zeuge sagte, Surrey habe seine Schwester, die Herzogin von Richmond und Witwe von Heinrichs unehelichem Sohn, gedrängt, »die Metze des Königs zu werden«. Er habe ihr geraten, wenn der König sie zu sich bestelle, solle sie zunächst zögern, damit er erneut nach ihr schicke, »und so wäre es mit der Zeit möglich, daß Seine Majestät eine solche Zuneigung zu ihr entwickelte, daß sie ihn in gleicher Weise beherrschen könnte wie Madame d'Étampes den französischen König«. Andere Zeugen hatten beobachtet, wie Norfolk vor über vier Jahren, als Marillac Franz' Botschafter in

London gewesen war, nachts Marillacs Haus aufgesucht hatte. Außerdem war das Wappen Eduard des Bekenners auf einem Geviert des Wappens abgebildet, das Norfolks Haus in Norfolk schmückte.[21]

Norfolk beteuerte in einem Brief an Heinrich seine Unschuld, bat ihn um Gnade und erklärte, soviel er wisse, habe er niemanden beleidigt, »es sei denn, man zürnt mir, weil ich scharf gegen diejenigen vorgegangen bin, die als Sakramentarier angeklagt waren«. In der Religion werde er stets Heinrichs Gesetzen gehorchen, denn er wisse, daß Heinrich »ein tugendhafter und weiser Herrscher« sei. Dies sei der einzige Grund, weshalb die Leute ihm Böses wollten. Norfolk schrieb auch an den Kronrat und erinnerte an seine treuen Dienste; bei den Verrätern Buckingham, dem Kardinal und Cromwell sei er verhaßt gewesen. »Wer brachte den Verrat Lord Darcys, Sir Robert Constables, Sir John Bulmers, Askes und vieler anderer ans Licht, wenn nicht ich? Wer verriet Seiner Majestät die Worte meiner Schwiegermutter, für die sie wegen unterlassener Anzeige zum Tode und zur Ehrlosigkeit verurteilt wurde, wenn nicht ich?«[22]

Heinrich hatte verkündet, daß er Weihnachten in Greenwich verbringen wolle. Statt dessen schickte er jetzt nur Königin Katharina nach Greenwich, um dort Weihnachten zu feiern, während er selbst nach Whitehall ging, um den Prozeß gegen Norfolk zu leiten. An manchen Tagen war er zu krank, um aufzustehen, und blieb im Bett. Wenn es ihm dann wieder besser ging, stand er auf und kleidete sich an. Aber ganz gleich, ob er nun auf war oder im Bett lag, er selbst bewerkstelligte den Sturz Norfolks und Surreys.[23] Seine Motive sind nicht schwer zu erraten. Er selbst konnte mit dem heillos zerstrittenen Kronrat fertig werden und die verfeindeten Parteien zu seinem eigenen Nutzen gegeneinander ausspielen, doch sein kleiner Sohn und dessen Vormund konnten es nicht. Der König hatte entschieden, daß die protestantische Partei nach seinem Tod die Macht innehaben sollte, und er wollte sich ihrer Gegner noch vor seinem Tod entledigen.

Am 30. Dezember machte Heinrich sein Testament. Er bereute seine Sünden und vertraute seine Seele Gott an. Obwohl er selbst gern auf einem normalen christlichen Friedhof begraben worden wäre, erforderte der hohe Rang, zu dem er berufen worden war, daß er im Chor seines Colleges in Windsor beigesetzt wurde. Er ordnete an, die Grabmäler Heinrichs VI. und Eduards IV. zu schmücken und unter den Armen, die für seine Seele beteten, 1 000 Mark zu verteilen. Die Krone vermachte er – von einem Gesetz dazu ermächtigt – Prinz Eduard und dessen Nachkommen. Starb der Prinz ohne Nachkommen, ging sie an die Nachkommen Königin Katharinas, an seine Tochter Maria und deren Nachkommen, unter der Bedingung, daß sie nicht ohne die schriftliche Zustimmung der Mehrheit der dann noch lebenden Mitglieder des Regentschaftsrats heiratete, den er für seinen Sohn einsetzen wollte. Sonst fiel die Krone unter derselben Bedingung an seine Tochter Elisabeth und deren Nachkommen oder an die Töchter seiner Schwester und deren nächste Angehörige. Heinrich ernannte einen Regentschaftsrat, der aus 16 Mitgliedern bestand, darunter Cranmer, Wriothesley, Hertford, Lisle, St. John, Russell, Tunstall, Paget und Denny. Gardiner gehörte nicht dazu und erhielt auch keine finanziellen Zuwendungen wie die anderen Minister.[24]

Heinrich kündigte an, er wolle seinen Sohn, Prinz Eduard, zum Prinzen von Wales machen. Es wurden Vorbereitungen getroffen, um das Ereignis mit einem großen Turnier zu feiern. Obwohl Heinrichs Räte alles taten, um den Ernst seiner Krankheit herunterzuspielen, wußten Selve und van der Delft, daß der König sehr krank war. Als Selve am Neujahrstag um eine Audienz bei Heinrich ersuchte, um mit ihm über die Lage in Schottland zu sprechen, erklärte Paget, das sei unmöglich, weil Heinrich von Schmerzen im Bein geplagt werde. Statt dessen verwies er ihn an Hertford. Heinrich war auch am 8. Januar noch zu krank, um van der Delft zu empfangen. Inzwischen spekulierten die Gesandten in den Briefen an ihre Herrscher über Heinrichs Krankheit und darüber, wer zum Regenten für den neuen König bestimmt war. Sie nahmen richtig an, daß Hertford dazu ausersehen war und dieser eine protestantenfreundliche Politik verfolgen würde. Auch im Volk war man allgemein der Ansicht, daß die Protestanten an die Macht kommen würden. Heinrich erholte sich freilich wieder. Am 17. Januar ging es ihm so gut, daß er Selve, van der Delft und andere Gesandte in Whitehall empfangen konnte. Selve hatte den Eindruck, daß es Heinrich wieder verhältnismäßig gut ging.[25]

Die Ratsmitglieder begaben sich jeden Tag in den Tower, um Norfolk und Surrey zu vernehmen. Am 12. Januar unterschrieb Norfolk schließlich ein Geständnis. Er gab zu, sich des Hochverrats schuldig gemacht zu haben, weil er seit dem Tod seines Vaters 1524 das Wappen Eduards des Bekenners im ersten Feld seines Wappens getragen hatte, und der Unterlassung der Anzeige des Verrats schuldig zu sein, weil er nicht offenbart habe, daß sein Sohn Surrey dasselbe getan hatte. Er bat den König um Gnade, obgleich er zugab, sie nicht verdient zu haben.[26]

Das Wappen Eduards des Bekenners war letztlich der einzige Anklagepunkt gegen Norfolk und seinen Sohn. Surreys Prozeß fand in der Guildhall in Anwesenheit Wriothesleys, des Bürgermeisters, Hertfords und anderer Mitglieder des Kronrats statt. Surrey bestritt seine Schuld bis zuletzt, doch die Geschworenen sprachen ihn schuldig. Heinrich wandelte das Urteil in Tod durch Enthaupten um, und am 19. Januar wurde er vor dem Tower hingerichtet. Norfolk wurde ohne Prozeß durch Parlamentsbeschluß verurteilt. In dem Beschluß hieß es, er habe zugegeben, ein Verräter zu sein. Er wurde zum Tod durch Hängen, Strecken und Vierteilen verurteilt.[27]

Gerüchten zufolge sollte Norfolk begnadigt werden, doch Heinrich hatte seinen Tod beschlossen. Der Strafbeschluß wurde am 18. Januar im Parlament eingebracht und am 24. Januar von beiden Häusern verabschiedet. Wriothesley verkündete im Oberhaus, der König sei noch zu schwach, um persönlich im Parlament seine Zustimmung zu dem Beschluß zu geben, daher werde diese Aufgabe von Vertretern übernommen – wie im Fall von Katharina Howard –, denn Heinrich wünsche, daß der Beschluß so bald wie möglich rechtskräftig werde. Alle müssen geahnt haben, warum die Sache so eilte: Wenn der König starb, würde das Parlament automatisch aufgelöst, und der Beschluß wäre damit hinfällig.

Am Nachmittag des 27. Januar gaben Wriothesley, St. John, Russell und Hertford im Oberhaus im Namen des Königs die Zustimmung zum Strafbeschluß.[28] Am Abend desselben Tages stellten Heinrichs Ärzte fest, daß der König nur noch wenige Stunden zu leben hatte. Sie zögerten, es ihm zu sagen, aus Furcht vor einem Gesetz, das nach der Hinrichtung Lord Hungerfords erlassen worden war und nach dem es Hochverrat war, den Zeitpunkt des Todes des Königs vorauszusagen. Sir Anthony Denny sagte es ihm trotzdem. Heinrich meinte, zwar habe er Unrecht getan, aber »es steht in der Gnade Christi, mir alle meine Sünden zu vergeben, und wären sie auch größer, als sie sind«. Laut John Foxe fragte Denny Heinrich, ob er mit einem gelehrten Mann zu sprechen wünsche. Da Heinrich jedoch im Gegensatz zu Foxe an Beichte und Letzte Ölung glaubte, ist es wahrscheinlicher, daß Denny ihn bat, den Namen des Priesters zu nennen, der ihm die letzte Beichte abnehmen sollte. Heinrich verlangte nach Cranmer. Aber als Denny ihn fragte, ob man Cranmer aus Croydon kommen lassen solle, meinte Heinrich, wie so oft, wenn er eine wichtige Entscheidung treffen mußte, er wolle erst schlafen und sich danach entscheiden. Er schlief ein paar Stunden, und kurz vor Mitternacht ließ er nach Cranmer schicken.

Es war bitter kalt, in ganz Westeuropa waren die Flüsse zugefroren, und Cranmer kam auf den vereisten Straßen nur langsam voran. Als er bei Hofe eintraf, war Heinrich schon nicht mehr bei vollem Bewußtsein. Cranmer drängte ihn, wenn er nicht sprechen könne, solle er ihm mit den Augen oder der Hand ein Zeichen geben, daß er auf die Gnade Christi vertraue. Heinrich ergriff Cranmers Hand und drückte sie so fest er konnte. Er starb am 28. Januar 1547 um zwei Uhr früh.[29]

Die Räte waren über seinen Tod erschüttert und tief betrübt wie die Mitglieder des Politbüros beim Tode Stalins. Heinrichs Tod wurde mehrere Tage lang geheimgehalten. Am 29. Januar, mehr als 24 Stunden nach Heinrichs Tod, bat Selve um eine Audienz. Man sagte ihm, der König könne ihn nicht empfangen, weil er unpäßlich sei. Die venezianischen Gesandten erhielten dieselbe Antwort, als sie am 30. Januar um eine Audienz nachsuchten, um gegen die Umtriebe Ludovico dall'Armis zu protestieren. Erst am 31. Januar riefen die Herolde den Prinzen zum neuen König Eduard VI. aus.[30]

Das strenge Regime wurde sofort gelockert. Hertford und die Protestanten des Kronrats, denen Heinrich vor seinem Tod die Macht übertragen hatte, ließen ihren Gegner Norfolk nicht hinrichten, obwohl sie lediglich den Strafbeschluß hätten vollziehen lassen müssen. Norfolk wurde während der Regierungszeit Eduards VI. im Tower gefangengehalten und erst sechs Jahre später, nach Marias Thronbesteigung, mit fast achtzig wieder auf freien Fuß gesetzt, um in Marias Auftrag einen protestantischen Aufstand niederzuschlagen. Hertford schaffte den von Heinrich bestellten Regentschaftsrat ab, wurde Herzog von Somerset und Lordprotektor und verfolgte einen protestantischen Kurs. Die Protestanten mußten sich, wie Foxe 1563 schrieb, »nach den gefahrvollen Stürmen während der Regierungszeit König Heinrichs ... erst an die ruhigen und friedlichen Tage unter König Eduard VI. gewöhnen«. Cranmer wagte kaum, seine Chance zu nutzen. Als Morice ihm erklärte, die Reformation könne nun, da Heinrich tot sei, rascher vorangetrieben werden, erwiderte Cranmer, es sei notwendiger denn je, behutsam vorzugehen, weil man unter Eduard VI. mit dem Widerstand der Katholiken rechnen müsse. Freilich: »Wer wollte es wagen, sich dem zu widersetzen, was der Vater des Königs zur Abschaffung von Mißbräuchen bestimmt hat?« Cranmer war über Heinrichs Tod derart erschüttert, daß er sich einen Bart wachsen ließ und sagte: »Er ist immer zu gut für uns gewesen.«[31]

Heinrich hatte seiner Tochter Maria 1536 erklärt, solange er lebe, werde der Kaiser ihr nicht helfen können. Kurz nach Heinrichs Tod begann Karl im Namen Marias die Regierung Eduards VI. in einer Weise einzuschüchtern, wie er es zu Lebzeiten Heinrichs niemals gewagt hätte. Er drohte den Engländern mit Krieg, wenn sie versuchten, Maria dafür zu bestrafen, daß sie die katholische Messe in ihrer alten Form feierte, die 1549 verboten worden war. Auch Maria selbst bot den Räten trotzig die Stirn und erklärte ihnen, ihre Gesetze seien zu milde, um sie oder ihre Kaplane zu erschrecken.[32]

Ein halbes Jahr nach Heinrichs Tod wurde die Burg von St. Andrews der französischen Flotte übergeben, und im Jahr 1550 gab die protestantische Regierung Englands Boulogne an den französischen König zurück. Als Maria den Thron bestieg, ließ sie mit einer Leidenschaft Sakramentierer verbrennen, die Heinrich gefallen hätte. Sie setzte jedoch auch den römischen Papst wieder in seine alten Rechte ein und heiratete einen ausländischen Fürsten, der England in einen erfolglosen Krieg hineinzog. Kaum elf Jahre nach Heinrichs Tod gingen Guisnes, Calais und das gesamte ehemals englische Gebiet für immer in französischen Besitz über. Im Jahr 1559 beklagte John Aylmer den Triumph der Franzosen und erinnerte sich wehmütig daran, »wie König Heinrich VIII. sie strafte. In seiner Jugend eroberte er Thérouanne und Tournai und im Alter Boulogne, Blackness [Blanc Nez], Newhaven [Ambleteuse], den Old Man und das ganze Land«, und er züchtigte »die nutzlosen Schotten«. Ulpian Fulwell pries Heinrich 1575 in Versform und in Prosa als »Zierde der Welt, kostbaren Schatz Englands« und »zärtlichen Vater seiner treuen und liebenden Untertanen«. Nach Fulwells Ansicht war Heinrichs Erfolg im Krieg »ein eindeutiger Beweis dafür, daß Gott auf seiner Seite stand«.[33]

Die protestantischen Leser der Bibel, in denen Heinrich mit Recht eine gefährliche Bedrohung für die absolute Monarchie sah, hatten sich schon vor seinem Tod, wenn nicht offen, so doch insgeheim, gegen ihn gewendet. Sie und nicht die Anhänger des Papstes waren die wirkliche Gefahr für seine Herrschaft. Im Jahr 1558 schrieb Anthony Gilby in Genf: »Folglich gab es zur Zeit dieses tyrannischen und wollüstigen Ungeheuers keine Reformation, sondern eine Deformation.« Gilby und John Knox, die bei den Protestanten in der Burg von St. Andrews gewesen waren, erinnerten die Leser in den Randglossen ihrer Genfer Bibel daran, daß »Jehu auf Befehl Gottes zwei Könige erschlug«. Fünfzig Jahre später schrieb ein unentwegter Verfechter der protestantischen Sache, Sir Walter Raleigh: »Was König Heinrich VIII. angeht: Wenn alle Bilder und Berichte von grausamen Fürsten auf der Welt verlorengingen, so könnten sie doch nach dem Vorbild dieses Königs wieder gemalt und geschrieben werden.«[34]

102 Jahre und 2 Tage, nachdem Heinrich VIII. in Whitehall gestorben war, wurde Karl I. dort von protestantischen Extremisten enthauptet, weil er ihnen zu tyrannisch und nicht protestantisch genug war. Allerdings war er sicher mehr Protestant als Heinrich VIII. und weit weniger tyrannisch.

In neuerer Zeit ist es zu den verschiedensten Einschätzungen der Person Heinrichs gekommen. Für H. A. L. Fisher war er der Verfechter der anglikanischen *via media* zwischen römischem Katholizismus und Presbyterianertum, für Sir Arthur Bryant »der geborene Führer«, der im Gegensatz zu »despotischen Herrschern« wie Karl I. glaubte, sein Volk mitziehen zu müssen, und für Thomas Gray der »majestätische Herrscher, der sich von den Fesseln Roms befreite«; für Sir Charles Oman dagegen war Heinrich ein »selbstsüchtiger« Herrscher von »brutaler Grausamkeit«, für Charles Dickens ein »unausstehlicher Grobian, eine Schande für das Menschengeschlecht und ein blutiger, schmutziger Fleck auf der Geschichte Englands« und für Geoffrey Baskerville ein *»faux bonhomme«*.[35]

Fulwell war wohl der letzte, der mit vorbehaltloser Begeisterung über Heinrich VIII. schrieb. Spätere Fürsprecher haben den König eher verteidigt als bewundert und seine strenge Diktatur damit entschuldigt, daß sie Aufruhr und Bürgerkrieg und damit weit schlimmere Verbrechen und Opfer verhindert habe. Dieses Argument wurde über die Jahrhunderte immer wieder vorgebracht; zum erstenmal taucht es in William Thomas' einen Monat nach

Heinrichs Tod verfaßtem Dialog *The Pilgrim* auf. Als im Februar 1547 ein Italiener zu Thomas sagte, Heinrich sei »der größte Tyrann, der jemals in England gelebt hat«, erwiderte Thomas, Heinrich habe sich wie ein guter Arzt des Aderlasses bedient: Denn »es war besser, das Blut von ein paar Menschen zu vergießen, die das Verderben eines ganzen Reiches waren, als das ganze Land zugrunde gehen zu lassen«.[36]

Lord Herbert veröffentlichte sein Buch über Heinrich in dem Jahr, in dem Karl I. hingerichtet wurde. Damals hatte sich die öffentliche Meinung entschieden gegen Heinrich gewendet. Herbert glaubte jedoch, daß Heinrich »mit all seinen Verbrechen einer der ruhmreichsten Herrscher dieser Zeit« sei. Er bedauerte, daß Heinrich »der Verleumdung ausgesetzt war, da seine Ankläger weder die Staatsräson noch die Notwendigkeit als Entschuldigung für seine Taten gelten lassen wollen«. Es seien »unzufriedene Geistliche (weil er die Autorität des Papstes leugnete und die Klöster auflöste) oder verletzte Frauen (wegen verschiedener Beleidigungen ihres Geschlechts), die ihn als erste kritisierten und ihn niederschrien«.[37]

Im 19. Jahrhundert vertrat Froude denselben Standpunkt. »Seine persönliche Schuld war groß ... aber selbst noch größere Mängel wären nur Narben auf dem Gesicht eines Herrschers, der in schwierigen Zeiten in vortrefflicher Weise die Ehre des englischen Namens bewahrte und das Reich sicher durch die härteste Krise seiner Geschichte lenkte.«[38] Pollard, der glaubte, daß »seine Herrschaft den Rosenkriegen entsprang«, behauptete, »jeder Tropfen Blut, der unter Heinrich VIII. vergossen wurde, hätte unter einem schwächeren König zu einem Strom werden können«. Dieses Argument kann dazu benutzt werden und wurde dazu benutzt, die Politik jedes erfolgreichen Tyrannen zu rechtfertigen, der weder durch eine Revolution noch durch eine feindliche Armee gestürzt wurde.

Pollard versuchte seinen Lesern 1902 verständlich zu machen, daß im 16. Jahrhundert auch ein Diktator von seinem Volk verehrt werden konnte und daß man von den Opfern, die er hinrichten ließ, erwartete, daß sie ihn bei ihrem Prozeß und auf dem Schafott priesen und sich selbst verleumdeten. Heute wissen wir nur zu gut, daß es so etwas gibt.

Pollard nannte Heinrich VIII. »Machiavellis Fürst in Aktion«.[39] Wir wissen nicht, ob Heinrich den *Fürst* gelesen hat. Pole schrieb, Cromwell habe das Buch bewundert und Lord Morley habe Heinrich Machiavellis *Geschichte der Stadt Florenz* geschickt und ihm auch die Lektüre des *Fürst* empfohlen. Heinrich brauchte dieses Buch allerdings nicht zu lesen, um zu wissen, daß er seine Minister für unpopuläre Maßnahmen einspannen und notfalls hinterher dafür bestrafen konnte, daß sie seine Anordnungen befolgt hatten. Nicht einmal Machiavelli kam auf die Idee, daß der Fürst die Menschen einer Gehirnwäsche unterziehen und ihnen Woche für Woche von den Predigern auf der Kanzel einbleuen lassen konnte, daß der Herrscher »gleich nach Christus« komme.[40]

Abgesehen von Terror und Propaganda gewann Heinrich die Unterstützung der Mehrheit seiner Untertanen dadurch, daß er an ihre niedersten Instinkte appellierte – ihren Haß auf Schotten und Franzosen, auf Idealisten, Märtyrer und »Wohltäter« und ihre Bereitschaft, ihre Nachbarn bei den Behörden zu denunzieren. Er baute auf die Hilfe des Landadels, der nach Ländereien und Geld gierte, und auf den Ehrgeiz und das Selbstbewußtsein der Adligen und Höflinge, die stets davon überzeugt waren, daß sie die Überlebenden und Nutznießer, nicht die Opfer der nächsten Aktion gegen Papisten und Ketzer sein würden.

Den bedeutenden Historikern, die im Laufe von vier Jahrhunderten über Heinrich geschrieben haben, macht ein Handikap zu schaffen: Keiner von ihnen hat ihn persönlich kennengelernt. Doch Morus, Roper, Wolsey, Cavendish, Cranmer, Morice, Chapuys und Castillon haben Heinrich gekannt, und sie sind sich in der Beurteilung seines Charakters einig: ein Löwe, der sich seiner Stärke bewußt ist und nicht beherrscht werden kann; ein Herrscher von königlicher Tapferkeit, den man nicht von seinem Willen und seinem Appetit abbringen kann, der nicht zu zügeln ist und der keine Widerrede duldet,[41] der auf Entgegenkommen und Zeichen von Schwäche damit reagiert, daß er seine Überlegenheit ausnutzt und noch mehr verlangt, der aber umgänglich wird und sogar zurückweicht, wenn er auf Entschlossenheit und Widerstand stößt. In den 38 Jahren seiner Herrschaft, die er mit siebzehn begann und die mit 55 endete, nahm er die Dienste anderer in Anspruch und hörte auf ihren Rat, aber er traf alle Entscheidungen selbst, ob bei der Jagd, beim Bogenschießen im Park von Hampton Court, im Lager von Boulogne oder im Krankenbett in Whitehall. Heinrich war eine stattliche Erscheinung, ein jovialer *bon vivant*, mit seinem Lebenshunger, seiner Liebe zur Musik und den schönen Frauen und mit grausamen Schweinsäuglein.

Anhang

Zeittafel

1491	28. Juni	Geburt Heinrichs.
1501	November	Heirat Arthurs, des Prinzen von Wales, mit Katharina von Aragon.
1502	April	Tod Arthurs.
1503		Heinrich wird Prinz von Wales; Verlobung mit Katharina von Aragon.
1509	21. April	Tod Heinrichs VII.; Thronbesteigung Heinrichs VIII.
Juni		Heirat und Krönung von Heinrich und Katharina von Aragon.
1510	August	Hinrichtung von Dudley und Empson.
1511	1. Januar	Heinrich und Katharina von Aragon wird ein Sohn geboren (stirbt am 22. Februar).
	Juli-September	Heinrich besucht Nottingham.
	August	Andrew Barton wird bei einem Seegefecht mit der englischen Flotte getötet.
	November	Bündnis zwischen England, Spanien und Kaiser Maximilian gegen Frankreich.
1512		Wolsey wird Heinrichs wichtigster Minister.
	April-Oktober	Verhängnisvolle englische Expedition nach Fuentarrabia.
1513	Juli	Heinrich fällt in Frankreich ein.
	August	Schlacht bei Guinegatte; Einnahme von Thérouanne.
	September	Sieg über die Schotten bei Flodden. Einnahme von Tournai.

1513	Oktober	Heinrich besucht Margarete von Österreich in Lille und kehrt anschließend nach England zurück.
1514		Friedensvertrag zwischen England und Frankreich; Heinrichs Schwester Maria heiratet Ludwig XII.
	Dezember	Richard Hunne wird erhängt im Lollardenturm aufgefunden.
1515	1. Januar	Tod Ludwigs XII.; Franz I. wird König von Frankreich.
	Februar	Suffolk heiratet heimlich Heinrichs Schwester Maria.
1515-16		Heinrich finanziert militärische Operationen Kaiser Maximilians und der Schweiz gegen Frankreich in Norditalien.
1516	Februar	Geburt Marias, der Tochter Heinrichs und Katharinas von Aragon (der späteren Königin Maria).
1517		Aufruhr am »blutigen 1. Mai« in London.
1517-18		Heinrich verläßt London wegen des Schweißfiebers.
1518	Oktober	Vertrag von London zwischen England, Frankreich, Spanien und dem Kaiser.
1519		Tod Kaiser Maximilians; Karl V. wird Kaiser des Heiligen Römischen Reiches; Sieg über Franz I. und Heinrich. Geburt von Heinrich Fitzroy, dem unehelichen Sohn Heinrichs und der Elizabeth Blount (wird 1525 Herzog von Richmond).
1520	Mai	Begegnung zwischen Heinrich und Karl V. in Dover und Canterbury.
	Juni	Begegnung zwischen Heinrich und Franz I. auf dem »Güldenen Feld«.
	Juli	Begegnung zwischen Heinrich und Karl V. in Gravelines.
1521	Mai	Hinrichtung Buckinghams.
	August	Vertrag von Brügge; geheimes Bündnis zwischen Heinrich und Karl V. gegen Frankreich.
	Oktober	Heinrichs Buch gegen Luther wird dem Papst vorgelegt, der Heinrich den Titel »Verteidiger des Glaubens« verleiht.
1522	Juni-Juli	Karl V. besucht England; England erklärt Frankreich den Krieg.

1523		Invasion englischer Truppen in Nordfrankreich.
1524		Geheime Friedensverhandlungen zwischen England und Frankreich.
1525	Februar	Franz I. wird von Truppen Karls V. in Pavia gefangengenommen.
	August	Vertrag von The Moor zw. England und Frankreich.
1526		Vertrag von Madrid zwischen Karl V. und Franz I., der aus der Gefangenschaft entlassen wird. Heinrich unterstützt die Heilige Liga des Papstes und der italienischen Staaten gegen Karl V. Angus und die englandfreundliche Partei ergreifen in Schottland die Macht.
1527	Mai	Heinrich leitet das Scheidungsverfahren gegen Katharina von Aragon ein.
1528	Januar	England und Frankreich erklären Karl V. den Krieg.
	August	Angus wird aus Schottland verbannt, wo die englandfreundliche Partei die Macht verliert.
1529	Juni-Juli	Scheidungsprozeß in Blackfriars.
	Oktober	Wolsey wird aller seiner Ämter enthoben; Sir Thomas Morus wird Lordkanzler.
1530	November	Verhaftung und Tod Wolseys.
1531	Januar	Die Konvokation anerkennt Heinrich als Oberhaupt der Kirche von England, »soweit das Gesetz Gottes es zuläßt«.
	Juli	Heinrich trennt sich von Katharina von Aragon und lebt offen mit Anne Boleyn zusammen.
1532	Mai	»Unterwerfung des Klerus«; Morus tritt von seinem Amt als Lordkanzler zurück.
	Okt.-Nov.	Begegnung zwischen Heinrich und Franz I. in Boulogne und Calais.
1533	Januar	Heinrich heiratet heimlich Anne Boleyn.
	Mai	Cranmer erklärt Heinrichs Ehe mit Katharina von Aragon für ungültig.
	Juni	Anne Boleyn wird zur Königin gekrönt.
	Aug.-Dez.	Heinrich verhandelt mit Gesandten aus Lübeck.
	September	Geburt Elisabeths, der Tochter Heinrichs und Anne Boleyns (die spätere Elisabeth I.).

1533	November	Anklage der »Heiligen Jungfrau von Kent« (wird im April 1534 hingerichtet).
1533-35		Widerstand Katharina von Aragons und Marias und deren Gefangenschaft.
1534	April	Eid auf die Thronfolge; Verhaftung von Morus und Fisher.
	November	Suprematsakte und Hochverratsakte.
1535	Januar	Thomas Cromwell wird Generalvikar des Königs.
	Mai-Juli	Hinrichtungen der Kartäusermönche sowie von Fisher und Morus.
	Aug.-Dez.	Visitation der Klöster.
1536	Januar	Tod Katharina von Aragons.
	Februar	Auflösung der kleineren Klöster.
	Mai	Hinrichtung Anne Boleyns; Heinrich heiratet Johanna Seymour.
	Juni	Maria unterwirft sich.
	Oktober	Ausbruch von Aufständen in Lincolnshire und Yorkshire; Gnadenwallfahrt.
1537	Januar-Juli	Unterdrückung der Gnadenwallfahrt und Hinrichtung der Rebellen.
	Oktober	Geburt des Prinzen Eduard; Tod Johanna Seymours.
1537-39		Übergabe und Auflösung der großen Klöster.
1538		Verhandlungen über eine Heirat Heinrichs mit der Herzogin von Mailand oder Marie von Guise. Kampagne gegen Reliquien; Zerstörung von Beckets Grab in Canterbury.
	November	Prozeß und Hinrichtung John Lamberts.
	Dezember	Hinrichtung des Marquis von Exeter und anderer. Papst exkommuniziert Heinrich.
1539	April	Heinrich trifft Vorkehrungen gegen drohende Invasion.
	Mai-Juli	Parlament verabschiedet das Gesetz über die Sechs Artikel.
1540	Januar	Heinrich heiratet Anna von Kleve.
	Juli	Hinrichtung von Cromwell und Barnes. Heinrich läßt sich von Anna von Kleve scheiden und heiratet Katharina Howard.
1541	Juli-Oktober	Heinrich besucht York.
	November	Verhaftung und Entlarvung Katharina Howards (wird im Februar 1542 hingerichtet).

1542	November	Sieg der Engländer über die Schotten bei Solway Moss.
1543	Februar	Bündnis zwischen Heinrich und Karl V. gegen Frankreich.
	Juli	Heiratsvertrag zwischen England und Schottland. Heinrich heiratet Katharina Parr. Protestantische Ketzer werden in Windsor verbrannt.
	September	Schotten erklären Heiratsvertrag mit England für nichtig.
1543-45		Krieg gegen Schottland; Verwüstung schottischer Grenzdörfer durch englische Truppen.
1544	Mai	Englische Truppen brennen Edinburgh nieder.
	Juli	Heinrich fällt in Frankreich ein.
	September	Heinrich nimmt Boulogne ein. Karl V. schließt Separatfrieden mit Frankreich in Crépy.
1545	Juli	Drohende Invasion der Franzosen. Heinrich in Portsmouth. Untergang der *Mary Rose.*
1546	Juni	Friede von Camp zwischen England und Frankreich.
	Juli	Anne Askew und andere Protestanten werden verbrannt.
	Dezember	Verhaftung des Herzogs von Norfolk und des Grafen von Surrey (Surrey wird im Januar 1547 hingerichtet).
1547	28. Januar	Tod Heinrichs.

Anmerkungen

Verwendete Abkürzungen

EHR	*English Historical Review*
EpRegScot	*Epistolae Jacobi Quarti, Jacobi Quninti, et Mariae, Regum Scotorum*
HamP	*Hamilton Papers*
LP	*Letters and Papers of the Reign of King Henry VIII*
NarrRef	*Narratives of the days of the Reformation*
PetMartEp	*Opus Epistolarum Petri Martyris Anglerii Mediolanensis*
PoliEp	*Epistolarum Reginaldi Poli S.R.E. Cardinalis*
SpCal	*Spanish Calendar*
StP	*State Papers ... King Henry the Eighth*
VenCal	*Venetian Calendar*

Die Zahlenangaben beziehen sich bei *HamP*, *Lisle Letters*, *LP*, *SpCal* und *VenCal* auf die Nummern der Dokumente, in allen anderen Fällen auf die Seite. Ausnahmen sind jeweils gekennzeichnet. Verweise auf *LP*, Bd.1, beziehen sich auf die zweite Auflage. Ausnahmen sind gekennzeichnet.

1 – England zur Zeit Heinrich Tudors

1 Ellis, III(I), 360.
2 Elton, *Studies in Tudor and Stuart Politics and Government*, I, 104.
3 *SpCal*, I, 205.
4 Machiavelli, *Der Fürst*, 9.
5 *CalPatRolls 1485-94*, 423; *Letters and Papers of Richard III and Henry VII*, I, 388; II, 57 Anm., 374; Austis, *Register of the Order of the Garter*, I, 236.
6 Pollard, *Reign of Henry VIII*, I, 147.
7 Skelton, *Works*, I, 135.
8 Allen, *Opus Epistolarum Erasmi*, I, 6, 239-41.
9 *SpCal*, I, 205.
10 Muller, *Letters of Stephen Gardiner*, 280.

2 – Der Prinz von Wales

1 *SpCal,* I, 203.
2 Pollard, *Henry VIII,* 25; Scarisbrick, *Henry VIII,* 5. Das Datum wird manchmal fälschlicherweise als 18. Februar 1504 angegeben.
3 *SpCal,* I, 360.
4 Ibd., I, 339; Ellis, I(I), 46.
5 Pollard, *Reign of Henry VII,* I, 240-50.
6 *SpCal,* I, 210, 239, 511; *VenCal,* I, 942.
7 *SpCal,* I, 210.
8 Ibd., I, 364, 370; Burnet, *History of the Reformation,* IV, 15-16.
9 Collier, *Ecclesiastical History,* IX, 66.
10 *Letters and Papers of Richard III and Henry VII,* II, 88.
11 *Correspondencia de Fuensalida,* 449.
12 *SpCal,* I, 204, 216.
13 Camden, *Remaines concerning Britain,* 271.
14 Bacon, *Life of Henry VII,* 190; Harrison, »The Petition of Edmund Dudley« (*English Historical Review,* LXXXVII, 82-99); *LPAdd,* I, 92.
15 *Correspondencia de Fuensalida,* 449; *LP,* XIII(II), 804.
16 *VenCal,* I, 939, 941, 945; Chrimes, *Henry VII,* 313-14.
17 *The Will of Henry VII,* 1-47; *LP,* I, 1; Chrimes, 314.

3 – Der junge König

1 *LP,* I, 11(1) und (10); Hall, 505-6; Chrimes, 309-16.
2 Rogers, *Correspondence of Sir Thomas More,* 14-15; Allen, I, 450.
3 Hall, 506-7; Fisher, *English Works,* 268-88.
4 *LP,* I, 6; *SpCal,* II, 3-5, 10-11.
5 *Letters of Henry VIII,* 8-10.
6 *SpCal,* II, 17.
7 Zur Krönung siehe Hall, 507 -12.
8 Ibd., 512.
9 *LP,* I, 559; Harrison, Zitat (*EHR,* LXXXVII, 82-99); Hall, 515.
10 Hall, 513.
11 *LP,* III, 942.
12 *LP,* IV, 1939.
13 *Giustiniani's Dispatches,* II, 312.
14 Muller, 32-33.
15 *LP,* II, 3765.
16 Allen, II, 504, III, 192.
17 *LP,* I, 158(31), (32), (55), 89, 190(15), (36).
18 *SpCal,* II, 43; Hall, 516-19; *LP,* I, 698; *SpCalSupp,* 36-44.
19 *SpCal,* II, 43; *SpCalSupp,* 36-44.
20 *SpCal,* I, 551, 603-4; II, 13, 50; *SpCalSupp,* XIII-XVIII, XXII-XXIII, 13-29, 33-34, 36-44, 102-5.

4 – Guinegatte und Flodden

1 *VenCal,* II, 2.
2 Burnet, IV, 7.
3 Green, *Letters of Royal Ladies,* I, 159.

4 *LP*, I, 354, 564, 681.
5 *StP*, VI, 173.
6 *LP*, VII, 1178; *Aeneas Silvius in Europam* (in Hume Brown, *Early Travellers in Scotland*, 25-26).
7 *SpCal*, I, 210.
8 Zu Andrew Barton siehe Hall, 525; *EpRegScot*, I, 111-12, 120-1; *LP*, I, 855; »Ballad of Andrew Barton« (Child, *Ballads*, III, 334-50).
9 *SpCal*, II, 67.
10 *LP*, I, 1100, 1206, 1287, 1347; Rymer, *Foedora*, XIII, 343-4.
11 *SpCal*, II, 44.
12 Cavendish, 12.
13 Rymer, XIII, 342-3; *SpCal*, II, 58.
14 *VenCal*, II, 178.
15 *Letters of Henry VIII*, 16.
16 *LP*, I, 1326.
17 Zur Meuterei in Fuentarrabia siehe *LP*, I, 730, 1239, 1286, 1292, 1320, 1326-7, 1422; *SpCal*, II, 65, 68, 70, 72; Polydore Vergil, XXVII, 13.
18 Rymer, XIII, 342-3; *LP*, I, 1661, 1834; *VenCal*, II, 211, 219, 225, 229, 237, 239, 241, 250, 252-3.
19 *LP*, I, 1735, 1769.
20 *SpCal*, II, 91, 95-97, 101, 104-7, 110-11, 114-15, 119, 122, 125-7, 130.
21 *VenCal*, II, 229, 248, 253-4.
22 Brixius, *Antimorus* passim; *LP*, I, 1046.
23 Allen, IV, 525-6.
24 Du Bellay, *Mémoires*, I, 47; *PetMartEp*, 286.
25 Zu Heinrichs Feldzug in Frankreich siehe *LP*, I, 2391-2; Hall, 537-45, 548-55, 564-7.
26 *LP*, I, 2391.
27 *Lettres de Louis XII*, IV, 190-1.
28 *LP*, I, 2122; Hall, 545-8; *Letters of Henry VIII*, 7-19.
29 Zur Schlacht von Guinegatte und den Operationen bei Thérouanne siehe *LP*, I, 2186, 2188, 2195, 2391; Le Glay, *Négociations diplomatiques entre la France et l'Autriche*, I, 531-47; *PetMartEp*, 288; Hall, 549-51; *Archaeologia*, XXVI, 475-8; *Lettres de Louis XII*, IV, 189-97.
30 Zu Heinrichs Besuch in Lille und den Operationen bei Tournai siehe *LP*, I, 2391
31 *LP*, II, 1664.
32 Pitscottie, 262-4, 266.
33 Zu Flodden siehe *StP*, IV, 1; *LP*, I, 2246; Hall, 555-64; R. L. Mackie, *King James IV of Scotland*, 259-76; J. D. Mackie, in *Scottish Historical Review*, XXXVIII, 135; Mackenzie, *The Secret of Flodden*, 75-93; J. D. Mackie, in *Scottish History Society*, (dritte Serie) XLIII, 38-85.
34 *LP*, I, 2391.
35 Ellis, I(I), 88.
36 *LP*, I, 2391; *Archaeologia*, XXVII, 258-60; *VenCal*, II, 316.

5 – Suffolk und Maria

1 *LP*, I, 2318, 2338, 2385, 2391.
2 *Chronicle of Calais*, 71-74.
3 *LP*, I, 2391.
4 *LP*, I, 2377, 2446; *SpCal*, II, 138.
5 *Chronicle of Calais*, 73.
6 *LP*, I, 2391; Theiner, 511-13; Rymer, XIII, 385.
7 *PetMartEp*, 294; Allen, I, 550; *LP*, I, 2634; *VenCal*, II, 382, 386.
8 *LP*, I, 2592.

9 *SpCal,* II, 141.
10 *Chron. of Calais,* 71-76; *Lettres de Louis XII,* IV, 274-6, 308-11.
11 *LP,* II, 3343.
12 *Lettres de Louis XII,* IV, 338.
13 *LP,* I, 2867-8, 3035; *Lettres de Louis XII,* IV, 303-8, 318-20, 328, 335-41; *PetMartEp,* 539.
14 *Lettres de Louis XII,* IV, 328.
15 Ibd., IV, 328, 335.
16 *SpCal,* II, 178.
17 Rymer, XIII, 407-8, 409-12, 432-5; Halliwell, *Letters of Kings of England,* I, 225-8; *LP,* I, 3136, 3226(17).
18 *LP,* I, 3171.
19 Ibd., I, 3153, 3247.
20 *PetMartEp,* 297-8.
21 *LP,* II, XVIII-XXXII; Green, *Letters of Royal Ladies,* I, 187-8, 2004-6.
22 »Das Buch der Zahlungen des Königs« (*LP,* II, 1465).
23 Ibd., XXVII.
24 Ibd., I, 3376, 3387.
25 Ibd., 3472, 3478-9; *SpCal,* II, 192; *PetMartEp,* 299; Scarisbrick, 55-56.
26 *VenCal,* II, 600.
27 Ibd..
28 *LP,* II, 140, 146, 175.
29 Ibd., 15; Ellis, I(I), 121.
30 *LP,* II, 106, 133-5; Green, *Letters of Royal and Illustrious Ladies,* I, 190-2.
31 *LP,* II, 113, 203.
32 Ibd., 138, 180, 197, 199, 226; XXIII-XXIV; Green, *Letters,* I, 199-200.
33 *LP,* II, 222.
34 Ibd., 224; XXVII-XXIX.
35 Ibd., II, XXIV-XXV; Green, I, 199-200.
36 *LP,* II, 237, 343, 367; XXXI.
37 Ibd., 227, XXXII; Green, *Letters,* 204-6.
38 *LP,* II, 399.
39 Ibd., 1652.

6 – Wolsey

1 Ellis, II(I), 108, 227; Rymer, XIII, 414; *Lettres de Louis XII,* IV, 342-3; *LP,* I, 3197, 3204.
2 Fiddes, *Collections,* 251-3; *LP,* I, 3140, 3300.
3 Allen, II, 69-70; *LP,* II, 666, 1300, 2500; *VenCal,* II, 635, 671, 788, 801, 875, 878.
4 *Giustiniani's Dispatches,* II, 216.
5 Ibd., 268-9.
6 Elton, *The Tudor Revolution in Government,* 320.
7 *LP,* II, 4060, 4458; Cavendish, 13; Lord Herbert, 269.
8 *Giustiniani,* I, 283; II, 314.
9 Ibd., II, 55.
10 Ibd., 312.
11 Ibd., I, 83-87; II, 312.
12 Ibd., I, 74-81, 83-87, 90-92.
13 Ellis, II(I), 253; *LP,* II, 267.
14 *LP,* I, 3468; II, 66, 788, 795, 826, 832, 850, 871-2, 885; *EpRegScot,* I, 233; Ellis, I(I), 127, 130; Green, *Lives of the Princesses,* IV, 224-5.
15 Green, *Letters,* I, 218-19.

16 *Giustiniani,* I, 179-82.
17 *LP,* II, 1652.
18 Ibd., 1024-7, 1030, 1044, 1171, 1350, 1493, 1598, 1671-2, 1710, 1720, 1734, 1757, 1759, 1779, 1797, 1830; Green, *Princesses,* IV, 234-6; *Giustiniani,* I, 157, 161-71, 219-20; Lodge, I, 8, 13.
19 *VenCal,* III, 232.
20 *LP,* II, 838, 1265, 1377, 2201, 1605, 2626.
21 Ibd., 2909.
22 *Giustiniani,* II, 17, 132.
23 Ibd., I, 101; *VenCal,* II, 594.
24 *Giustiniani,* I, 133-6.
25 Ibd., 138-9; *LP,* II, XLIX-L; *VenCal,* II, 662.
26 *LP,* II, LXX-XXII.
27 Zu Maximilians italienischem Feldzug und zur englischen Politik siehe *Stp,* VI, 36, 39, 46-50; *Correspondance de Maximilian et de Marguerite d'Autriche,* II, 304-5; *NegacDip,* II, 101-8; *Giustiniani,* I, 153-5, 221-3; *LP,* II, 1065, 1095, 1146, 1193, 1328, 1483, 1489, 1542, 1559-60, 1564, 1593, 1609, 1613-14, 1617-18, 1634, 1696, 1718, 1729, 1753-4, 1792, 1799, 1813, 1816, 1865, 1877-9, 1885, LXIX-LXXX; *VenCal,* II, 692.
28 *LP,* II, 1793.
29 *Giustiniani,* I, 214-19, 265-70; II, 37-42.
30 *LP,* II, 1721, 1965, 2253, 2255, 2611; LXXII.
31 Ibd., 1902, 1923, 1931, 2218; Ellis, I(I), 134-8.
32 *NegocDip,* II, 109-11; *LP,* II, 1896, 1902, 1923, 1937, 1942-3, 1965, 1967, 2010, 2014-15, 2017, 2023, 2045-6, 2055, 2070, 2076, 2082, 2090, 2095, 2100, 2104, 2113, 2151-4, 2156-7, 2176-8, 2185, 2201, 2218, 2224, 2228, 2286, 2291, 2319, 2328, 2330, 2405, 2501, 2632, 2648, 2678, 2713, 2791; LXXIX-LXXX, XCV-XCVII.
33 *Giustiniani,* I, 181; *LP,* II, 1546
34 *LP,* II, 2632.
35 *NegocDip,* II, 101-8; *LP,* II, 1928, 1943; Scarisbrick, 62-63.
36 *LP,* II, 2387; Rymer, XIII, 556.
37 *Giustiniani,* II, 29-31.
38 *LP,* II, CXX-CXXV.
39 Ibd., 827
40 Ellis, III(I), 201-8; LP, II, 1478, 1516, 1973, 2418, 2767, 2846, 3690; *VenCal,* II, 921.
41 *LP,* II, 1478-9, 1517, 1541, 1665, 1783, 2081, 2136.

7 – Der blutige 1. Mai

1 *LP,* I, 2929; *VenCal,* II, 445.
2 Theiner, 511-12; *LP,* II, 1282.
3 *LP,* II, 3815-16.
4 *VenCal,* II, 400, 868.
5 *Giustiniani,* II, 12-16, 63-66, 166-77; *LP,* II, 1446.
6 *Giustiniani,* II, 113-25; *LP,* II, 3352, 3781, 3828, 3973; *VenCal,* II, 954, 1023, 1026, 1045; Creighton, *History of the Papacy,* V, 279-86.
7 Foxe, IV, 179.
8 *VenCal,* IV, 430, 434.
9 Zum Fall Hunne siehe Foxe, IV, 183-205; *Keilwey's Reports,* 180-5; Hall, 573-80; *LP,* II, 1313-14.
10 Zum 1. Mai siehe Hall, 586-91; *Giustiniani,* II, 68-72, 77; *LP,* II, 3259; *VenCal,* II, 910.
11 *LPAdd,* I, 185, 188.
12 *Giustiniani,* II, 96-99, 101-3; *LP,* II, 3446; *VenCal,* II, 918-19.
13 Hall, 592; *Giustiniani,* II, 113-14; *LP,* IV, 4510; *VenCal,* II, 944.

14 *Giustiniani,* II, 126-7, 141-50, 166-73; *LP,* II, 3603, 3747, 3807, 3985, 4058, 4060-1, 4276, 4308, 4326.
15 *LP,* II, 3951.
16 Ibd., 4045, 4124-5.
17 Ibd., 147, 165, 325, 812, 824-5, 890, 918, 964, 1055, 1255, 1259, 1509-10, 1894, 2236, 3886, 3907, 3979.
18 *Giustiniani,* II, 213; *LP,* II, 3723, 3764, 3872, 4303, 4439.
19 *LP,* II, 4040, 4073, 4084, 4139, 4179, 4271, 4289; *VenCal,* II, 1023, 1026, 1045.
20 *Giustiniani,* II, 202-3, 218-22; *LP,* II, 4333, 4362, 4468, 4473, 4479-80; *VenCal,* II, 1062, 1066; Rymer, XIII, 624-53.
21 Rymer, ibd.; *SpCal,* II, 264; *LP,* II, 4470
22 Margarete, Königin von Navarra, *Der Heptameron,* 4. Erzählung; siehe auch 14. Erzählung.
23 *Giustiniani,* II, 224-32; *LP,* II, 4479; 1441-1518; *VenCal,* II, 1088, 1095.
24 *StP,* I, 1-2; *Giustiniani,* II, 189-90, 235-7, 240; *LP,* II, 4398.

8 – Der Sturz Buckinghams

1 Hall, 703.
2 *LP,* II, 1902, 1923, 1931; III, App. C. zum Vorwort.
3 Ibd., III, I-XVIII, Nr. 87-88, 100, 164, 192, 215, 222, 236, 239-41, 274, 277, 283, 296-7, 299-300, 304, 307-8, 310, 318, 323, 326; *NegocDip,* 265-8; *Giustiniani,* II, 263-4; Spalatin, Historischer Nachlaß, 108-10; Bucholtz, *Ferdinand I.,* III, 673.
4 *StP,* I, 3.
5 Ibd., 8; *LP,* III, 339, 351, 353-4, 409, 416, 419; Ellis, I(I), 154-8.
6 Zu den vorausgehenden Verhandlungen siehe *LP,* III, 111, 415-16, 609, 622-5, 632, 642-3, 645, 666, 673, 677, 681, 692, 698-700, 702-4, 738, 746, 764, 778, 797, 806-8, 821, 830-3, 835, 841-2; Rymer, XIII, 691, 695; *StP,* VI, 54; Ellis, I(I), 168-74; *Giustiniani,* II, 263.
7 *LP,* III, 514.
8 Ibd., 803-4.
9 *VenCal,* III, 50, 53-56, 58; Hall, 603-4.
10 Zum Güldenen Feld siehe *LP,* III, 700, 702, 869-70, 878; *VenCal,* III, 50, 67-69, 80-85, 88-94; Hall, 605-20; Fleuranges, *Memoires,* 318-31.
11 *LP,* III, 803-4, 908, 914, 1127; *VenCal,* III, 106; Hall, 620-2; Rymer, XIII, 721; Teulet, I, 17-23.
12 *LP,* III, 950, 957, 964, 1008, 1013.
13 Rogers, 212-39; Allen, III, 579-83.
14 *LP,* III, 1165, 1313.
15 *StP,* II, 40-41, 47-48, 61-62, 72-75.
16 Ibd., 65-72.
17 *LP,* III, 1212, 1295.
18 Ibd., 1893; Polydore Vergil, XXVII, 50-52.
19 Ibd., 1.
20 Ibd., S. CXIX.
21 Zu Buckingham ibd., 1284-8, 1290-3; *VenCal,* III, 213, 219; *SpCal,* II, 336; Hall, 622-4; Brewers Vorwort zu *LP,* III, S. CVIII-CXXXVII; Wriothesley, I, 13; *Greyfriar's Chron.,* 30.
22 *LP,* III, 1293.
23 Hess, *Erasmus von Rotterdam,* II, 607.
24 *LP,* III, 1123, 1210, 1216; *StP,* VI, 67.
25 Fisher, *Opera,* 1375-92; Roscoe, *Leo X.,* II, 420-1; *VenCal,* II, 210, 213.
26 Ellis, II(I), 286; Roper, 67; Brewers Vorwort zu *LP,* III, S. CCCCXIX-CCCCXXV; Anmerkungen zu Morus, *Works,* V, 720-1.

27 Heinrich VIII., *Assertio Septem Sacramentorum,* insbesondere 193, 202, 216, 222, 312, 364, 384, 388, 414, 452, 462.

28 Ibd., 156-79; Rymer, XIII, 760; Ellis, III(I), 254-68.

9 – Der große Plan

1 *LP,* III, 1150, 1162, 1213-14, 1340, 1362, 1371, 1395, 1418, 1422, 1432.

2 *Papiers d'Etat de Granvelle,* I, 128-241; *LP,* III, 1395, 1479, 1536.

3 *LP,* III, 1508; *SpCal,* II, 355.

4 *StP,* I, 25, 79; *LP,* III, 1448, 1455, 1479, 1536.

5 *StP,* I, 50.

6 *NegocDip,* II, 529-86; Granvelle, I, 125-241; *LP,* III, 1549, 1560, 1615, 1625, 1694-6, 1705, 1724, 1729, 1732, 1736, 1742, 1748, 1753, 1769-70, 1802-3, 1816-17.

7 *StP,* I, 68, 71.

8 *NegocDip,* II, 490.

9 *StP,* I, 47, 51-52, 54-68; *LP,* III, 1544, 1629.

10 *StP,* I, 74-75.

11 Ibd., 84-92.

12 *LP,* III, 1765, 1802.

13 Ellis, III(I), 274-8.

14 *LP,* III, 1869, 1879, 1895, 1932, 1945, 1952, 1960; *SpCal,* II, 366, 375.

15 *SpCal,* II, 378.

16 *StP,* I, 23; *LP,* III, 1448.

17 *SpCal Further Supp.,* 42-46.

18 *LP,* III, 2292.

19 Zum Besuch Karls V. in England siehe Rymer, XIII, 767-8; *LP,* III, 2288-9, 2306, 2309; *SpCal,* II, 420, 437, 441; *VenCal,* III, 462-3, 465-7, 470, 484, 486, 493, 495; Hall, 634-42.

20 *LP,* III, 2322, 2333, 2360; *SpCal,* II, 442.

21 Zu Surreys Feldzug siehe *LP,* III, 2530, 2540-1, 2549, 2551, 2560, 2568, 2579, 2581, 2592, 2614; *StP,* I, 112; Hall, 646-8.

22 *VenCal,* III, 467, 470, 474, 480, 486, 495, 502, 513, 515, 520, 537, 550, 555, 595, 608, 637, 650, 683, 700-1.

23 Rymer, XIII, 772-3; *LP,* III, 2439, 2531, 2538, 2564-5, 2571-4; *StP,* I, 107-9; VI, 106-7.

24 *NegocDip,* II, 589-92; Rogers, 286-8; Bradford, 80-82; *StP,* I, 133-4; VI, 131-41, 151f, 174-5; *LP,* III, 3030, 3225, 3308, 3326.

25 *StP,* VI, 153-4f.

26 *LP,* III, 3315, 3317-19, 3371; *StP,* I, 131-2; *SpCal Further Supp.,* 274-6.

27 *StP,* I, 135-40.

28 *LP,* III, 3348, 3516; Rogers, 299-301; Hall, 667-72.

29 *StP,* I, 142; IV, 27-44; *LP,* III, 3360; Ellis, I(I), 232-5.

30 Luther, *Antwortt deutsch Mart. Luthers auff König Heinrichs von Engelland buch,* A I, A II, D III, F III.

31 *LP,* IV, 40, 301.

32 Burnet, VI, 11-16; *LP,* III, 3547, 3592, 3629, 3647; *SpCal,* II, 611; Brewers Vorwort zu *LP,* III, S. CCCLXXXIV.

33 *LP,* IV, 441, 510.

34 *Captivité de François I,* 53-57; *StP,* I, 151, 153-6; VI, 305-11, 364-5; *LP,* IV, 752, 1093, 1160, 1729; *SpCal Further Supp.,* 367-75.

35 *LP,* IV, 1083, 1190, 1247-8; *SpCal,* III(I), 20, 28, 31-33; Lanz, I, 157-9.

36 *Greyfriar's Chron.,* 32; Ellis, III(I), 377; Hall, 692-3.

37 *StP,* VI, 412-36; Lanz, I, 157.

38 *StP*, VI, 444-5; *LP*, IV, 1378-9, 1390-1, 1409; *SpCal Further Supp.*, 443-7.

10 – Die heilige Liga

1 *LP*, II, S. LXX.
2 Green, *Lives of Princesses*, IV, 349, 387-8, 522-3; *StP*, IV, 84-110, 115-25, 136-8, 150-65, 167-72, 185-223, 321-32, 347-57, 360-6; *LP*, IV, 516, 528, 530, 562, 573, 599, 668, 673-4, 704, 713, 728, 745, 768, 1111, 2487, 2575, 2592.
3 Foxe, V, 415.
4 *LP*, IV, 995.
5 Foxe, IV, 619-22; V, 415-18.
6 Luther, *Briefe*, III, 24-26, 58; *LP*, IV, 1614.
7 Henry VIII, *Assertio Septem Sacramentorum*, App.; *LP*, IV, 2446.
8 *LP*, III, 1978.
9 Ellis, III(I), 359-81; *LP*, IV, 1260, 1295, 131, 1318-19, 1321; App. 34, 36, 39.
10 Ellis, III(II), 3-7; *LP*, IV, 1324, 1343.
11 *LP*, IV, 1397, 1459, 1470-1.
12 Ibd., 1431.
13 Ibd., X, 450.
14 Ibd., XII(II), 952.
15 Harpsfield, *Life and Death of Sir Thomas More*, 41.
16 *LP*, IV, 2036, 2039, 2148.
17 Ibd., 2228, 2266; Ellis, II(I), 341-3; *StP*, VI, 532.
18 *StP*, I, 181; VI, 549-50.
19 Ibd., I, 201-2; VI, 527-31; *LP*, IV, 3095.
20 Rymer, XIV, 187; *StP*, I, 165-8, 177; *LP*, IV, 2228, 2233, 2236, 2266, 2451; *VenCal*, III, 1393.
21 *StP*, I, 181-3; *LP*, IV, 2559.
22 *LP*, IV, 2573, 2604, 3065-6; App. 81, 94-95.
23 Ibd., 3072, 3114, 3200-1, 3253, 3436.
24 Ibd., 3080.

11 – Des Königs große Sache

1 Cavendish, 29-35.
2 Sanders, *The Anglican Schism*, 25.
3 Crapelet, *Lettres de Henri VIII à Anne Boleyn*, 102-5 (Brief I).
4 Ibd., 104-7 (Brief II).
5 Ibd., 110-13 (Brief IV).
6 Ibd., 124-5 (Brief X).
7 Harpsfield, *Life of More*, 40-43; Harpsfield, *The Pretended Divorce of Catherine of Aragon*, 175, 288-9; Sanders, 13-16; Cavendish, 82-83.
8 3. Buch Mose, XX, 21; 5. Buch Mose, XXV, 5; siehe auch 3. Buch Mose, XVIII, 16.
9 Scarisbrick, 196.
10 Roper, 20-21.
11 *LP*, IV, 5791.
12 Ibd., 3140.
13 *StP*, I, 189.
14 *SpCal*, III(II), 113.
15 *StP*, I, 194-5.
16 *SpCal*, III(II), 273; *StP*, VII, 360; Pocock, *Records of the Reformation*, II, 495.

17 Scarisbrick, 183-97; Elton, *Studies in Tudor and Stuart Politics and Government,* I, 104.
18 *SpCal,* III(II), 69.
19 *StP,* I, 196-204.
20 Ibd., 209, 212, 216.
21 Ibd., 215-16, 220-1; *LP,* IV, 3278, 3312.
22 *LP,* IV, 3304.
23 Ibd., 3444(2).
24 *StP,* I, 267-77.
25 Burnet, VI, 22; *StP,* VII, 1-2.
26 *StP,* VII, 3.
27 Burnet, IV, 37-39; *StP,* VII, 35-37; *LP,* IV, 3913.
28 Pocock, I, 75-77, 86-88.
29 Ibd., 133.
30 Ehses, *Römische Dokumente,* 31.
31 *LP,* 3412, 3430, 4112; Granvelle, I, 310-46; Le Grand, *Histoire du Divorce de Henri VIII,* III, 27-48.
32 *LP,* IV, 4008, 4147, 4153, 4376, 4426; App. 147, 153-4, 158, 164, 166, 169, 179.

12 – Der Prozeß in Blackfriars

1 *LP,* IV, 3625, 3664, 3761, 4141, 4145, 4173, 4188, 4236, 4243, 4287, 4296, 4299-4301, 4414.
2 Ibd., IV, 4310, 4331.
3 Crapelet, 108-11, 128-31 (Briefe III und XII); Le Grand, III, 137-8; *StP,* I, 299, 302-4, 307, 311-12; *LP,* IV, 4404, 4408-9, 4428-9, 4510.
4 Crapelet, 130-5 (Brief XIII); *LP,* IV, 4408; *StP,* I, 312-16.
5 Fiddes, *Collections,* 174-6.
6 *StP,* I, 316-17.
7 Lord Herbert, 174.
8 *StP,* I, 314f, 317-18; *LP,* IV, 4529.
9 Crapelet, 150.
10 *StP,* VII, 29-35.
11 Crapelet, 146, 148.
12 *StP,* I, 327; IV, 505-6, 509-12f, 517-40, 535-9f, 547-9f; *LP,* IV, 4622, 4716-19, 4812, 4874, 4926, 4940, 4951, 4963.
13 *StP,* I, 325; *LP,* IV, 4675.
14 Crapelet, 116, 118 (Brief VI).
15 Porcacchi, *Lett. di XIII Huom. Illus.,* 39-40; Theiner, 567; Laemmer, *Mon. Vit.,* 30; *LP,* IV, 4736, 4881.
16 Hall, 754-5.
17 *LP,* IV, 5702.
18 Pocock, II, 590-602.
19 *LP,* IV, 5613.
20 Hall, 757; Cavendish, 80-85; Theiner, 584; *LP,* IV, 5694-5, 5702; *VenCal,* IV, 482.
21 *LP,* IV, 5774; Theiner, 585.
22 B.L., Vit.B XI, 175.
23 *StP,* I, 194.
24 *StP,* VII, 182-4; Le Grand, III, 337-8.
25 Burnet, IV, 122-4; Ehses, 31.
26 *StP,* VII, 193.
27 Cavendish, 89-91.
28 *SpCal,* IV(I), 83; Hall, 758-9; *LP,* IV, 5803.

13 – Der Sturz Wolseys

1 *LP,* IV, 5821, 5831; *StP,* I, 340-3, 347.
2 *Narratives of the Reformation,* 240-2; Foxe, VIII, 6-8; Ridley, *Thomas Cranmer,* 25-28.
3 Theiner, 564.
4 *LP,* IV, 5911; Rymer, XIV, 326-44.
5 *StP,* I, 344.
6 Cavendish, 92-97.
7 Ibd., 97; Hall, 760; *LP,* IV, 6035.
8 Cavendish, 98-104.
9 Le Grand, III, 369.
10 *LP,* IV, 6016.
11 Ibd., IV, 6035.
12 Hall, 764; Lord Herbert, 266-74.
13 Cavendish, 120-4, 129-35.
14 *LP,* IV, 6377, 6510, 6523, 6579, 6663, 6666, 6679.
15 *A Supplication of the Beggars,* 7; Foxe, IV, 661.
16 Foxe, IV, 657; Laemmer, *Mon.Vit.,* 31-32; *LP,* IV, 5416.
17 *LP,* XVI, 101.
18 Harpsfield, *Life of More,* 23-24.
19 Ibd., 12-20; Harpsfield, *Life of More,* 26-33; *StP,* I, 124; Ridley, *The Statesman and the Fanatic,* 143-7.
20 Allen, IV, 13-22; Roper, 48-49; Harpsfield, *Life of More,* 65-66.
21 Roper, 20-21.
22 Rogers, 493-6.
23 Hall, 765; Elton, *Studies in Tudor and Stuart Politics,* II, 107-36; Strype, *Cranmer,* II, 695; Wilkins, III, 739.
24 Hall, 771; Wilkins, III, 727-37, 740-2.
25 *LP,* IV, 6627, 6705; V, 75, 176, 555; *SpCal,* IV, 68, 772; Duke of Manchester, *Court and Society,* I, 165-7; Lord Herbert, 302; Pocock, II, 9.
26 Lamb, *Cambridge Documents,* 19-27; Burnet, IV, 130-3; Cooper, *Annals of Cambridge,* I, 342-3; Fiddes, *Collections,* 183; Wilkins, IV, 726-7; *StP,* I, 377-9; Wood, *Annals of Oxford,* II, 43-44.
27 *LP,* IV, 6321, 6454, 6459, 6550; V, 3; Rymer, XIV, 392-7; Le Grand, III, 458-71, 507-9.
28 Rymer, XIV, 393-401; Theiner, 592; Pocock, I, 438-40; *LP,* IV, 6279, 6548, 6613, 6628-9, 6632, 6640-1; V, 3.
29 Rymer, XIV, 405-7; Lord Herbert, 303-11.
30 Foxe, VIII, 9; *LP,* IV, 6111; Theiner, 591-2; *StP,* VII, 261-6.
31 Cavendish, 144-52; *StP,* I, 366; *LP,* IV, 6447; *SpCal,* IV, 366.
32 Bradford, *Correspondence of Charles V,* 319-80; *SpCal,* IV, 354, 366, 373, 411.
33 Cavendish, 152-81; zu den zitierten Passagen siehe 173, 178-9.
34 Ibd., 183-6.

14 – Monate des Schwankens

1 Bradford, 334-5; *LP,* V, 112; *SpCal,* IV, 641.
2 Wilkins, III, 725; *LP,* V, 70, 105; *SpCal,* V(I), 619, 635.
3 Wilkins, III, 762-5; *LP,* V, App. 9.
4 Pocock, II, 104-8.
5 *LP,* V, 105; *SpCal,* IV, 635.
6 Merriman, *Life and Letters of Thomas Cromwell,* I, 56.
7 *Poli Ep.,* I, 113-40; *LP,* XIV(I), 200.

8 Foxe, IV, 619, 689-94, 698; Morus, *Works,* IX, 117-19; *LP,* V, App. 29-30; Ridley, *The Statesman and the Fanatic,* 254-8.
9 Morus, *Works,* VIII, 14-17, 29.
10 *LP,* IV, 6752; V, App. 7; Pocock, II, 184-9.
11 Tyndale, *Works,* I, 174-5, 177-9.
12 Strype, *Mem.,* I(I), 172; Morus, *Works,* VIII, 29-32.
13 Tyndale, *The Practice of Prelates* (*Works,* II, 319-34).
14 Demaus, *Tyndale,* 295-9; *StP,* VII, 302-4; *LP,* V, 65, 153.
15 Merriman, I, 335-9.
16 Ibid; Foxe, V, 5-7, 9.
17 *LP,* V, 354.
18 Ibid, V, 148, 171; *SpCal,* IV, 664; Schulte Herbrüggen, *Sir Thomas More: Neue Briefe,* 97.
19 *LP,* V, 120; *SpCal,* IV, 646.
20 *Stat. of Realm,* 22 Hen. VIII, Kapitel 9.
21 *LP,* V, 216, 266, 941; *SpCal,* IV, 934.
22 *StP,* VII, 297-9; *LP,* V, 287.
23 *LP,* V, 274; *StP,* VII, 339-46.
24 Morus, *Works,* VIII, 23-26; Foxe, IV, 643-56, 704-5.
25 Vives, *Opera,* VII, 134-6.
26 Crapelet, 138, 140 (Brief XVI).
27 *StP,* VII, 305-16.
28 *LP,* V, 340, 361, 696; *SpCal,* IV, 765, 775, 880.
29 *LP,* V, 696, 762; *SpCal,* IV, 880, 897.
30 Pocock, II, 166-8.
31 Wilkins, III, 754-5.
32 *LP,* V, 832, 879; *StP,* VII, 360-3; *SpCal,* IV, 907, 922.
33 *LP,* V, 1013; *SpCal,* IV, 951.
34 Rymer, XIV, 433-4.
35 Scarisbrick, 502-6.

15 – Der Bruch mit Rom

1 *LP,* V, 1097; *SpCal,* IV, 960; Pocock, II, 280.
2 *LP,* V, 1200; *SpCal,* IV, 979, 984.
3 *LP,* V, 1191, 1202, 1209; VI, 733.
4 Ibd., III, 1681 (15. Oktober 1521).
5 Zu Elizabeth Barton siehe Wright, *Letters relating to the Suppression of Monasteries,* 14-34; Cranmer, *Works,* II, 272-4; Rogers, 465-6, 480-8; Hall, 806-14; *LP,* VI, 1149, 1336, 1382, 1445, 1460, 1464-5, 1468; *SpCal,* IV, 1153-4.
6 *LP,* V, 1258, 1277; *SpCal,* IV, 987.
7 *StP,* I, 387-8; IV, 159-65, 586-96, 611-16; *LP,* V, 1429, 1800 (25. August 1532).
8 Le Grand, III, 553-7.
9 Ibd., 555-6.
10 *LP,* V, 1274, 1370.
11 Ibd., 1231.
12 Ibd., 1377; Strype, *Cranmer,* II, 681-2.
13 *Bishop Cranmer's Recantacyons,* 4; *Spanish Chronicle of Henry VIII,* 19.
14 Parker, *De Antiquitate Britannicae Ecclesiae,* 392-3.
15 Zur Begegnung in Boulogne und Calais siehe Camusat, I, 105-11; *LP,* V, 1316, 1337, 1354, 1377, 1429, 1484-5; *SpCal,* IV, 995, 998, 1003, 1008; Hall, 789-94; Hamy, *Entrevue de François I. avec Henry VIII,* 59-107.

16 Camusat, I, 109-11, 172-3.
17 Hall, 794; *LP,* V, 1531, 1579; *SpCal,* IV, 1024, 1030.
18 *StP,* VII, 386-91; *LP,* V, 1551, 1609, 1620; VII, 1608; Foxe, VIII, 55; Harpsfield, *The Pretended Divorce of Catherine of Aragon,* 290.
19 *LP,* V, 1532, 1536, 1567; *SpCal,* IV, 1025; Lanz, II, 22; Pocock, II, 378-84.
20 Cranmer, *Works,* II, 246; Hall, 794.
21 *LP,* VI, 160; *StP,* VII, 417-18.
22 *LP,* VI, 89, 142, 160, 180, 296; *SpCal,* IV, 1043, 1057; *StP,* VII, 425.
23 *LP,* VI, 235; *SpCal,* IV, 1056.
24 *LP,* XII(II), 953.
25 Cranmer, *Works,* II, 538, 559-62; Foxe, VIII, 53-56, 65-66; Ridley, *Thomas Cranmer,* 55-58, sowie die dort zitierten Werke.
26 Wilkins, III, 756-7.
27 Cranmer, *Works,* II, 237-9.
28 *StP,* I, 392-3.
29 *LP,* VI, 391; *SpCal,* IV, 1062.
30 *LP,* VI, 351; *SpCal,* IV, 1061.
31 *LP,* VI, 324; *SpCal,* IV, 1058.
32 *LP,* VI, 465; *SpCal,* IV, 1072.
33 *LP,* VI, 918, 1125; *SpCal,* IV, 1107, 1127.
34 *StP,* I, 394-7; Cranmer, *Works,* II, 241-3; Pocock, II, 473-5.
35 Burnet, IV, 189-91; Rymer, XIV, 470-1; *LP,* VI, 561-3, 585, 601; *Tudor Tracts,* 9-19; Camusat, II, 17-18; Wriothesley, I, 18-22; Hall, 798-805; Cranmer, *Works,* II, 245-6.
36 Lanz, II, 66; Granvelle, II, 30, 33; *LP,* VI, 517, 541, 568-9; *SpCal,* IV, 1064, 1076.

16 – Die Prinzessin-Witwe

1 Pocock, II, 497-501; *StP,* I, 397-404.
2 *LP,* VII, 232; *SpCal,* V(I), 19.
3 Foxe, V, 1-18; Tyndale, *Works,* I, S. LX; Cranmer, *Works,* II, 246; Wriothesley, I, 22.
4 *LP,* VI, 948.
5 *LP,* VI, 1018; *SpCal,* IV, 1117.
6 *LP,* VI, 1018; *SpCal,* IV, 1117, 1127.
7 *LP,* VI, 1201, 1510; *SpCal,* IV, 1158.
8 *LP,* VII, 873.
9 Ibd., VI, 1112.
10 *LP,* VI, 391, 1186; VII, 696.
11 *LP,* VI, 918
12 Ibd., 1528, 1538.
13 Ibd., VII, 83; *SpCal,* V(I), 4.
14 *StP,* I, 415-22; *LP,* VI, 1543, 1558, 1571; *SpCal,* IV, 1164-5.
15 *StP,* VII, 427-37, 462-5; Camusat, II, 11-12, 79-80; Le Grand, III, 571-88; Granvelle, II, 33; *LP,* VI, 255, 424, 996.
16 *StP,* IV, 625-30, 644-6, 648-51, 661-2; Camusat, II, 125-7; Rymer, XIV, 480-2; *LP,* V, 1638; VI, 19, 409, 744; *SpCal,* IV, 1041.
17 *Stat. of Realm,* 23 Hen. VIII, Kapitel 20, 25 Hen. VIII, Kapitel 27; Rymer, XIV, 476-9; *LP,* VI, 953, 1046, 1104.
18 Burnet, VI, 56-67; Le Grand, III, 571-88; *StP,* VII, 526.
19 Camusat, II, 20.
20 *LP,* VI, 1572.
21 *Stat. of Realm,* 25 Hen. VIII, Kapitel 12; Cranmer, *Works,* II, 271-4; Wright, 14-19; Hall, 806-14;

LP, VI, 697, 1249, 1336, 1436, 1460, 1464-5, 1467-8; VII, 70, 72; *SpCal,* IV, 1184; Rogers, 470, 480-8.

22 Rogers, 490.

17 – Der Eid

1 *StP,* I, 411-15.
2 *LP,* V, 820.
3 *Stat. of Realm,* 26 Hen. VIII, Kapitel 1.
4 Pocock, II, 532-3; Le Grand, III, 631-5; *LP,* VII, 367-70; *SpCal,* V(I), 27-30.
5 Strype, *Mem.,* I(II), 175.
6 Cranmer, *Works,* II, 283-4; *LP,* VII, 750.
7 Cranmer, *Works,* II, 296-7, 308-9; *LP,* VI, 572; VII, 32.
8 Cranmer, *Works,* II, 460-2; *LP,* VII, 871; *SpCal,* V(I), 68.
9 *Stat. of Realm,* 25 Hen. VIII, Kapitel 22; *H.L.Jo.,* 30. März 1534; Pocock, II, 536.
10 Rogers, 501-7; *LP,* VII, 1025; Rymer, XIV, 487-90.
11 Cranmer, *Works,* II, 285-6.
12 Merriman, I, 381.
13 *LP,* VII, 695-6; *StP,* I, 419-22.
14 Heylin, II, 70.
15 *LP,* VII, 1013; *SpCal,* V(I), 75.
16 *LP,* VII, 490, 530, 1031; *SpCal,* V(I), 44-45; Rymer, XIV, 529, 539.
17 *LP,* VII, 676, 679, 727, 897.
18 Ibd., 962; XIII(II), 803.
19 Ibd., VII, 1270.
20 Ibd., 957, 1141, 1336, 1368; *SpCal,* V(I), 70, 87, 109; Lanz, II, 99; *StP,* II, 201-2.
21 *LP,* VII, 970 (siehe *LP,* VIII, S. XX-XXIf.).
22 Waitz, *Lübeck unter Jürgen Wullenwever,* II, 319-23, 389-90; *LP,* VIII, 913; S. XIX-XXIII; XIII(II), 702(2).
23 *LP,* VIII, 72, 1178; IX, 113, 153, 187, 246, 286, 309, 356, 483, 752, 776, 861, 992, 1110; X, 343, 686; Waitz, II, 114-17; III, 470-1; Wegener, III, 232-40; IV, 10-12, 42-45.
24 *Stat. of Realm,* 26 Hen. VIII, Kapitel 1, 13.
25 *LP,* VIII, 661.
26 Ibd.; Cranmer, *Works,* II, 303.
27 *LP,* VIII, 666, 683; *SpCal,* V(I), 156; Wriothesley, I, 27-28; Chauncy, *Historia Aliquot Martyrum Anglorum,* 102-3.
28 *LP,* VIII, 771, 826, 846; *SpCal,* V(I), 170; Wriothesley, I, 28.
29 *LP,* VIII, 742, 747, 786; *SpCal,* V(I), 169.
30 *StP,* VII, 604-5; *LP,* VIII, 779, 813, 837.
31 *LP,* VIII, 876; *SpCal,* V(I), 174.
32 Chauncy, 107; *LP,* VIII, 846.
33 *Archaeologia,* XXV, 94-99; *LP,* VIII, 856, 858-9, 867, 948; *SpCal,* V, 178; Wriothesley, I, 28-29.
34 *LP,* VIII, 949; *SpCal,* V(I), 179.
35 *LP,* VIII, 974, 996; *SpCal,* V(I), 180; Roper, 86-97; Harpsfield, *Life of More,* 183-97, 258-64; Derrett, »The Trial of Sir Thomas More« (*E.H.R.,* LXXIX, 449-77); Elton, *Policy and Police,* 409-16.
36 *SpCal,* V(I), 180; Harpsfield, *Life of More,* 201-4, 266; Roper, 100-3.
37 *LP,* VIII, 726, 904, 909, 1012, 1060, 1075, 1104-5, 1141; *SpCal,* V(I), 176, 183, 185-6; *Mori Lucubrationes,* 511.
38 *LP,* VIII, 985.
39 Hall, 817.

18 – Die Klöster

1 *LP,* VIII, 1095, 1115-17; *SpCal,* V(I), 187; *Ferdinand I,* IX, 15-16; Camusat, II, 26-27.
2 *LP,* IX, 74.
3 Ibd., VIII, 196, 737; IX, 46, 883, 1059; X, 318.
4 Ibd., VIII, 1018; *SpCal,* V(I), 181.
5 *LP,* VIII, 48; *SpCal,* V(I), 122, 127.
6 *LP,* IX, 434, 525; *SpCal,* V(I), 205.
7 *StP,* II, 309-11, 341-2.
8 *LP,* IX, 153, 181; X, 53, 285, 343, 490; Bucholtz, IX, 352-4.
9 *LP,* VIII, 1118; StP, VII, 633-6.
10 *LP,* IX, 758, 868, 904, 947; X, 35.
11 Ibd., IX, 17.
12 Ibd., 58, 524, 989.
13 Ibd., 249; *Society of Antiquaries Proclamations,* I, 78.
14 *PoliEp,* I, 118-26; *LP,* XIV(I), 200.
15 P.R.O., S.P. I/98, 26-27; *LP,* IX, 42, 139, 632.
16 Wright, 75-77; Ellis, III(II), 288-9.
17 Wright, 59-60.
18 *LP,* X, 165, 511.
19 Ibd., IX, 375, 713, 790, 1170.
20 Ibd., X, 49, 364; Wright, 97-98.
21 Wright, 129-30, 136-7.
22 Latimer, *Works,* I, 123 (zweite Predigt in Gegenwart Eduards VI., 15. März 1548/9).
23 *LP,* X, 531, 749; Hughes, *History of Reformation,* I, App. I.
24 *LP,* VI, 1571; VII, 83, 530, 726; *SpCal,* IV, 1165; V(I), 4, 60; Mattingly, *Katharina von Aragon,* 406.
25 *LP,* IX, 862.
26 Ibd., VII, 871; VIII, 189, 200, 429; *SpCal,* V(I), 68, 134, 142.
27 *StP,* I, 215; *LP,* VI, 1126, 1453; VIII, 876; IX, 596; *SpCal,* V(I), 174; Mattingly, 267-8, 291.
28 *LP,* VIII, 200, 501-2, 697; siehe auch *LP,* X, 307.
29 Ibd., IX, 326, 356-7; *SpCal,* V(I), 203-4.
30 *LP,* IX, 596.
31 Ibd., 443.
32 Luther, *Briefe,* IV, 655.
33 *Corp.Ref.,* II, 947-8; III, 10-12; Strype, *Mem.,* I(I), 357-8.
34 Wilkins, III, 792-7; *LP,* IX, 207, 718, 904; *SpCal,* V(I), 220.
35 *LP,* IX, 1036; *SpCal,* V(I), 246.
36 *LP,* X, 59, 200, 230.
37 *Archaeologia,* XVI, 23; *StP,* I, 452; *LP,* X, 28, 59-60, 65, 106, 141, 230, 284.
38 *LP,* X, 410, 429.
39 Ibd., 25, 54, 235.
40 Burnet, VI, 150-64; Wegener, IV, 14; Luther, *Briefe,* IV, 662-3; *Corp.Ref.,* III, 12, 35-36; Strype, *Mem.,* I(II), 234-43; *LP,* X, 665.
41 *LP,* X, 287; *StP,* V, 39, 44, 50.
42 Lanz, II, 212-13; *LP,* X, 333, 666, 670, 760.
43 *LP,* X, 678.

19 – Der Sturz Anne Boleyns

1 *LP,* X, 200, 294.
2 Ibd., IX, 776; X, 199, 282.
3 Ibd., X, 351.
4 Ibd., 601.
5 Ibd., 409.
6 Ibd., 699-700; *StP,* VII, 683.
7 Austis, I, 398-401; *LP,* X, 752.
8 *Lisle Letters,* 686; Wriothesley, I, 36.
9 *LP,* X, 782; Wriothesley, ibd.; *Lisle Letters,* 694.
10 Ellis, I(II), 56.
11 *LP,* X, 909; *Lisle Letters,* 703a.
12 Ellis, I(II), 54-55.
13 Wriothesley, I, App., 189-226; *LP,* X, 908; Wilkins, III, 803.
14 *LP,* X, 808.
15 Wriothesley, 39-40.
16 *LP,* X, 902; Hall, 819; Gachard, *Anal.Hist.,* I-IV, 18.
17 Wilkins, III, 803; *LP,* X, 909; XI, 41; Wriothesley, I, 40-41; Burnet, VI, 167. Zu den Gründen für Heinrichs Scheidung von Anne siehe Friedmann, *Anne Boleyn,* II, 351-5; Ridley, *Thomas Cranmer,* 106-9.
18 Wriothesley, I, 41-42; Gachard, op. cit. I-IV, 17f; *LP,* X, 908, 1107; *Lisle Letters,* 698; Excerpta Hist., 261-5; Crapelet, 167-214.
19 *Cal.For.Pap.Eliz.,* I, 1303, 528.
20 Cranmer, *Works,* II, 323-4.
21 *LP,* X, 908-9.
22 Ibd., 915; *Lisle Letters,* 706, 848a.
23 Wriothesley, I, 44-51; *H.L.Jo.,* 12. Juni, 18. Juli 1536.
24 *LP,* XI, 48, 285, 294; *Lisle Letters,* 902; Wriothesley, I, 54.
25 *LP,* X, 888-9, 909, 965; *StP,* V, 47.
26 *LP,* X, 838, 922, 970, 1043; *Corp.Ref.,* III, 89-90; Ellis, I(II), 69.
27 Hearne, *Sylloge,* 124-8, 137-49; *StP,* I, 445-9; *LP,* X, 1134, 1150, 1187; XI, 7, 9-10, 230.
28 *Narr.Ref.,* 259; Foxe, VIII, 43; *A Supplicacyon to the Quenes Maiestie,* 4; *LP,* X, 908.
29 *LP,* XI, 250; P.R.O., S.P., 1/105, f, 261.
30 Hearne, *Sylloge,* 126; *StP,* I, 457-9.
31 *LP,* X, 1187.
32 Ibd., XI, 40, 219.
33 Ibd., 148.
34 *Lisle Letters,* 748a.
35 *LP,* X, 1131; XI, 17.

20 – Pole

1 Wriothesley, I, 53-54.
2 *LP,* XI, 233, 236.
3 Ribier, I, 38-39.
4 *LP,* XI, 7.
5 Ibd., 479.
6 Ibd., XII(I), 277, 866.
7 Zu den Zehn Artikeln siehe Burnet, VI, 272-90.
8 Aless, *Of the acutorite of the word of god agaynst the Bishop of london,* Antwort V.

9 Wilkins, III, 807-8.
10 Ibd., 832-4; Cranmer, *Works,* II, 347.
11 *LP,* XII(I), 472; X, 130, 203; *StP,* I, 454-5.
12 *Stat. of Realm,* 22 Hen. VIII, Kapitel 12.
13 *LP,* XI, 423; *Stat. of Realm,* 27 Hen. VIII, Kapitel 25.
14 Holinshed, I, 314.
15 Cranmer, *Works,* II, 229-31.
16 Strype, *Mem.,* I(II), 279-82; *PoliEp,* I, 434-7; *LP,* VIII, 217-20, 801; IX, 988; *SpCal,* V(I), 244.
17 *LP,* X, 974-5; Burnet, VI, 172-6; Pole, *De Unitate Ecclesiastica,* passim.
18 *PoliEp,* I, 437-40, 455-7.
19 Strype, *Mem.,* I(II), 295-306 (zitierte Passagen siehe S. 304).
20 Burnet, VI, 177; *LP,* XI, 73-74, 92-93, 401, 451; Strype, *Mem.,* I(II), 282-95, 306; *PoliEp,* I, 464, 466-7.
21 *LP,* XII(I), 105, 125.

21 – Die Gnadenwallfahrt

1 *LP,* XI, 504.
2 Ibd., 531, 533-4, 552-3, 567, 585, 714, 854, 970.
3 Elton, *Studies in Tudor and Stuart Politics and Government,* III, 183-215.
4 *StP,* I, 463-6, 482f; Strype, *Mem.,* I(II), 266-8; *LP,* XI, 585, 705, 828, 848, 853, 860, 892, 902, 1246; XII(I), 70.
5 *LP,* XI, 552, 568.
6 Ibd., 537, 557, 562, 579, 587, 860, 874, 885, 906-7.
7 Ibd., 569.
8 *StP,* I, 463.
9 *LP,* XI, 569.
10 Ibd., 563-4, 692, 708, 786(3).
11 Ibd., 611, 687, 749.
12 Ibd., 672, 674, 715, 717, 764.
13 Ibd., 780.
14 Ibd., 656, 754, 758, 768-9, 775, 831; *StP,* I, 472.
15 *StP,* I, 493-5; *LP,* XI, 1087.
16 *LP,* XI, 760, 774.
17 Ibd., 856-7, 894, 947, 1251.
18 Ibd., 576, 1143.
19 Ibd., XII(I), 416.
20 *StP,* I, 498-505, 519-21; Dodds, *Pilgrimage of Grace,* 268-9; *LP,* XI, 955, 1042, 1045, 1063, 1174-5, 1228, 1237, 1271.
21 *StP,* I, 523-4.
22 Wriothesley, I, 59-60; Hall, 823; *Lisle Letters,* 813.
23 *Lisle Letters,* III, 566-8; *LP,* XI, 1231; XII(I), 298, 424, 456, 1300.
24 *LP,* XII(I), 43-44.
25 *StP,* I, 526-7; *LP,* XII(I), 67-68, 102-4, 112, 114, 135-8, 141-8, 154-64, 168-71, 177-8, 184.
26 *LP,* XII(I), 163.
27 Ibd., 185, 310, 345.
28 Ibd., 136, 234; *StP,* I, 537-40.
29 *LP,* XII(I), 259, 292, 338, 410, 416, 609.
30 Ibd., 225, 291, 329, 332.
31 Ibd., 419, 439.
32 Ibd., 448, 468-9, 478, 498; *StP,* I, 537.

33 *StP,* I, 538-40.
34 *LP,* XII(I), 498, 609, 615, 918.
35 Ibd., 632, 666; *StP,* I, 641.
36 *LP,* XII(I), 1172.
37 Ibd., 730-1, 777.
38 Ibd., 1214, 1246, 1257, 1307.
39 *StP,* I, 529; *LP,* XII(I), 208, 846.
40 *LP,* XII(I), 847.
41 Ibd., 225, 393.
42 Ibd., 1207, 1227; Wriothesley, I, 63.
43 *StP,* I, 557-9; Wriothesley, I, 64.
44 *LP,* XII(I), 357.
45 *Lisle Letters,* 879, 881, 956.
46 *StP,* I, 551-5.
47 *LP,* VI, 1445; *SpCal,* IV, 1153.
48 *PoliEp,* I, 130-40; *LP,* XIV(I), 200.
49 Foxe, V, 362-8, 378-403.

22 – Die Herzogin von Mailand und Marie von Guise

1 *StP,* V, 72-3; *PoliEp,* II, 33-41; Burnet, VI, 185; *LP,* XII(I), 433-5, 779, 817, 865, 931, 939, 996, 1032.
2 *PoliEp,* II, 41-57; *StP,* VII, 680-3, 688-701; *LP,* XII(I), 1061, 1306; XII(II), 26.
3 *StP,* 696-703; *PoliEp,* II, 64-68; *LP,* XII(I), 1235.
4 *PoliEp,* II, 68-71, 73-77, 79-80, 82-84, 88-89; *StP,* VII, 707; *LP,* XII(II), 174.
5 *StP,* I, 549; V, 78-81; *LP,* XII(I), 445, 703, 1256.
6 *LP,* XII(I), 839, 843, 892.
7 Ibd., 1325; *Lisle Letters,* 887.
8 *LP,* XII(II), 242.
9 *Lisle Letters,* 943; Kaulek, *Correspondance de Castillon et de Marillac,* 50; *LP,* XIII(I), 1006; XIV(II), 149, 153; MacNalty, *Henry VIII, a difficult patient,* 102-3, 159-65, 198-9.
10 Lloyd, *Formularies of Faith,* 24, 26-27, 128-9, 152-4, 168.
11 Cranmer, *Works,* II, 83-114, insbesondere S. 105.
12 siehe zum Beispiel *StP,* I, 393; II, 53.
13 Burnet, IV, 308-13; VI, 214.
14 *StP,* I, 574; *LP,* XII(II), 1060.
15 Merriman, II, 97; *Lisle Letters,* 902; *LP,* XIII(II), 1030.
16 *StP,* VIII, 5-6, 7f., 14-20, 29-31; Nott, *Howard and Wyatt,* II, 469-70; Lanz, II, 682; *LP,* XIII(I), 207, 301, 338, 380, 402, 419; *SpCal,* V(II), 182, 212-14, 217.
17 Ribier, I, 62-64; Kaulek, 9; *LP,* XII(II), 1148.
18 Kaulek, 9-15; *StP,* VIII, 10.
19 Kaulek, 17-19, 23-24; Teulet, 131-4; *LP,* XIII(I), 323, 338; *SpCal,* V(II), 185, 213.
20 Kaulek, 48, 51-53.
21 Nott, II, 485-9; kaulek, 57, 64, 68, 70, 73, 75-76, 83; *LP,* XIII(II), 73, 262; *StP,* VIII, 17-20.
22 Kaulek, 80-81.
23 *LP,* XII(II), 1185, 1205, 1208, 1220, 1252, 1256, 1282; XIII(I), 7, 57-58, 76; Cranmer, *Works,* II, 361.
24 *LP,* XII(II), 1256, 1298.
25 Ibd., XIII(I), 7.
26 Ibd., 392, 440, 475.
27 Ibd., XII(II), 672, App. 43; XIV(I), 56.

28 Ibd., XIV(II), 119(III).
29 Ibd., XIII(I), 595, 788.
30 Ibd., 95; XIV(II), 165.
31 Siehe Elton, *Policy and Police,* 383-400.
32 *LP,* XII(I), 877; XIII(I), 1141; Wright, 162; Ellis, I(II), 76.
33 *StP,* I, 560; Ellis, III(III), 62; *LP,* XI, 674; XIII(I), 1311, 1313.
34 *LP,* XIII(I), 1454; XIII(II), 57, 91.

23 – Die Schreine

1 Ellis, III(III), 159-62; *LP,* XIII(I), 573, 893.
2 Fuller, *Church History,* II, 300.
3 *LP,* XIV(II), 235.
4 Ellis, III(III), 168-9; VI, 194-5; *LP,* XIII(I), 347; Latimer, *Works,* 406; *Lisle P.,* 1108.
5 Wright, 212, 222; *LP,* XIV(I), 69; Wilkins, III, 840.
6 *LP,* XIII(I), 1199, 1345; XIII(II), 1243; XV, 86.
7 Wright, 190-1; *LP,* XIII(I), 863.
8 Zu Forests Fall siehe Ellis, III(II), 249-70; Bourchier, *Historia Ecclesiastica de Martyrio,* 28-69; Cranmer, *Works,* II, 365-6; *LP,* XIII(I), 877, 1043; Hall, 825-6; Foxe, V, 179-80; Wriothesley, I, 78-80; *Greyfriars Chronicle,* 42.
9 *LP,* XIII(II), 1280, 534f, 34b; XIV(I), 1073.
10 Wilkins, III, 835; *LP,* XIII(II), 133, 684; Burnet, IV, 318; Collier, IX, 162-74.
11 *LP,* XIII(II), 1269.
12 Fuller, II, 283-4.
13 *LP,* XII(I), 806-7, 820.
14 *Stat. of Realm,* 27 Hen. VIII, Kapitel 34; 37 Hen. VIII, Kapitel 16; *LP,* XIII(I), 1519(68); XV, 613(52); XVII, 443(15); Cranmer, *Works,* II, 348.
15 *Narratives of the Reformation,* 264, 266.
16 Ibd., 266; Collier, IX, 295; *LP,* XIII(I), 1319.
17 *StP,* I, 580-3, *LP,* XIII(II), 2, 205, 209, 280, 288, 349.
18 Kaulek, 49, *LP,* XIII(II), 280.
19 *LP,* XIII(II), 232, 349; *SpCal,* VI(I), 7, 12.
20 Kaulek, 13-15, 17-19, 24-25, 61-63, 65-66, 68-69, 72-74; Leonard, II, 407-11; *LP,* XIII(I), 1396; *SpCal Further Supp.,* 457.
21 Kaulek, 79.
22 *LP,* XIII(II), 484; XIV(I), 7, 299; *StP,* VIII, 111, 120; *SpCal,* VI(I), 40; Merriman, II, 187.
23 Burnet, IV, 352-91; Cranmer, *Works,* II, 371, 377-80, 472-84; Seckendorff, III, 180.
24 *Lisle Letters,* 683-4, 739-42a, 744-48a.
25 Ibd., 899.
26 Ibd., 1215, 1220.
27 Ibd., 1268-70, 1272.
28 Ibd., 1513, 1558.
29 Wilkins, III, 836-7; *Corp. Ref.,* III, 583; Wriothesley, I, 80.
30 Foxe, V, 181-228; *LP,* XIII(II), 849, 851.
31 Foxe, V, 229-34.
32 Ibd., 236; Wriothesley, I, 88-89; *Greyfriars Chronicle,* 42; Hall, 826-7.
33 Foxe, V, 235; vergleiche die Ausgaben von 1563, S. 533, und 1570, S. 1284.
34 Merriman, II, 162.
35 *Lisle Letters,* 1273.
36 Elyot, *Dictionary,* Vorwort, A II.
37 Strype, *Cranmer,* App. Nr. VIII.

38 *LP,* IV, 1939; XIII(II), 267, 695, 702, 743-4, 754, 765-6, 797, 802-4, 818-22, 827, 838, 855, 873, 987; Ellis, I(II), 96-98; II(II), 110-16; Ribier, I, 247-8.
39 *LP,* XIII(II), 979, 986.
40 Wriothesley, I, 91-92; *LP,* XIII(II), 1056, 1089; XIV(I), 191(3); XIV(II), 481.
41 *LP,* XIV(I), 57, 189-90, 290; Lanz, II, 304-5.
42 *LP,* XIII(I), 1033; *SpCal,* V(II), 224.
43 Hearne, 149.

24 – Der Sturz Cromwells

1 Burnet, IV, 318.
2 *PoliEp,* III, Ep., S. 2.
3 Ibd., I, 94-113; II, CCCLXXIV-CCLXXX, 142-3, 233; *LP,* XIII(II), 1110, 1148; XIV(I), 13-14, 36, 98, 126; *SpCal,* VI(I), 34.
4 Nott, II, 511-14, 523, 598; *PoliEp,* II, CCXCII, 232-6; *LP,* XIV(I), 441, 547-9, 603; *SpCal,* VI(I), 45-46.
5 Ribier, I, 401-2; *LP,* XIV(I), 441, 560-1, 594, 602-3; *PoliEp,* II, 150-2.
6 Nott, II, 504-7; Ribier, I, 357-9; *StP,* VIII, 130.
7 Ribier, I, 363-4, 386-91; *LP,* XIV(I), 143, 353-4; *StP,* VIII, 178.
8 *LP,* XIV(I), 287, 319, 336, 338, 536, 541; *StP,* VIII, 152-69.
9 *StP,* VIII, 168-9; *Lisle Letters,* 1464; Nott, II, 342; *LP,* XIII(II), 323, 429; XIV(I), 158.
10 *LP,* XIV(I), 398, 652-4, 692, 695-6, 712, 714, 722, 726, 733, 769; Kaulek, 87-91; Ribier, I, 437-9.
11 Collier, IX, 162-74.
12 Halliwell, *Letters,* I, 359-60; *StP,* V, 153, 156; *LP,* XIV(I), 601, 691.
13 *Lisle Letters,* 1415.
14 *LP,* XIV(I), 633, 728, 734, 767, 823, 855, 902, 948.
15 *Archaeologia,* XXXII. 30-37; *Lisle Letters,* 1406; Wriothesley, I, 95-97; Hall, 828-30; Kaulek, 98.
16 *Archaeologia,* XXXII, 31.
17 *LP,* XIV(I), 682, 863, 968, 1071.
18 *Stat. of Realm,* 31 Hen. VIII, Kapitel 15.
19 *H.L.Jo.,* 5., 16. Mai 1539; *Stat. of Realm,* 31 Hen. VIII, Kapitel 14.
20 *H.L.Jo.,* 19., 20., 21. Mai 1539; Cranmer, *Works,* II, 168; Foxe, V, 264-5; *Lisle Letters,* 1421-3.
21 Burnet, VI, 233.
22 *Lisle Letters,* 1425.
23 *H.L.Jo.,* 7., 9., 10. Juni 1539; Burnet, VI, 233.
24 *Lisle Letters,* 1451, 1459; Foxe, V, 502-5.
25 Kaulek, 101-4, 106-9; Ribier, I, 465; *Corp. Ref.,* III, 742; *Lisle Letters,* 1475-6, 1478; Wriothesley, I, 101, 103; *LP,* XIV(I), 1901-2, 1157, 1207-8, 1217.
26 *Lisle Letters,* 1476.
27 Parker, *De Antiquitate Britannicae Ecclesiae,* 390; Ridley, *Thomas Cranmer,* 148.
28 Cranmer, *Works,* II, 394-5; *LP,* XIV(I), 1333.
29 *LP,* XVI, 733; *SpCal,* VI(I), 156.
30 *Original Letters,* I, 36.
31 *Stat. of Realm,* 31 Hen. VIII, Kapitel 13.
32 Foxe, V, 506-13; Cranmer, *Works,* II, 390; *Lisle P.,* 1492.
33 *Lisle Letters,* 1481.
34 *Corp. Ref.,* III, 775-81.
35 *LP,* XIV(II), 684, 748-9; XV, 31-32, 125, 131, 198; *Sadler P.,* I, 3; *StP,* V, 173.
36 Wriothesley, I, 99-100; Kaulek, 105, 114; Ribier, I, 465.
37 *LP,* XIV(I), 1012, 1137, 1173, 1208; Kaulek, 105, 108; Ribier, I, 465.

38 Kaulek, 117-22.
39 Ibd., 112-16, 125-6.
40 Teschenmacher, *Annales Cliviae,* App., 144-9; *LP,* XIV(II), 500, 574.
41 *LP,* XIV(II), 399, 427, 459, 532-3.
42 Ibd., 399; B.L., Cotton, M.S., Titus, B, I, 441.
43 Wright, 259-62; *LP,* XIV(II), 613.
44 Zur Reise und zum Empfang Annas von Kleve siehe *Chron. of Calais,* 167-71; *StP,* VIII, 208-13; Wriothesley, I, 109-11; Hall, 832-7; Merriman, II, 268-76; Kaulek, 149-51; *LP,* XIV(II), 634.
45 Merriman, II, 268-76.
46 B.L., Cotton M.S., Tit. B., I, 109f; *LP,* XIV(I), 869.
47 Ibd., 247-9, 257, 264.
48 Nott, II, 360, 365; *StP,* VIII, 219, 240, 245; Kaulek, 153, 156; *LP,* XV, 121, 154-5; Ribier, I, 495.
49 Ribier, I, 513.
50 Muller, 286-7, 365.
51 Strype, *Mem.,* I(II), 479.
52 *StP,* II, 551; *LP,* XIII(I), 471; Kaulek, 49.
53 Nicolas, *Privy Council Proceedings,* VII, 352-6; *Hist. MSS. Com., Bath MSS.,* II, 8-9.
54 Wriothesley, I, 123.
55 *Orig. Letters,* I, 201-2.
56 *LP,* XV, 613(12).
57 *Lisle Letters,* VI, 65; Nr. 1666.
58 Foxe, V, 420-1, 428-32; Wriothesley, I, 114; Muller, 173-4; Kaulek, 168-9: Ellis, III(II), 258.
59 *Lisle Letters,* 1663.
60 Ribier, I, 513.
61 *Lisle Letters,* VI, 53-104.
62 Ibd., Nr. 1674-5; VI, 111.
63 *StP,* VIII, 343.
64 *Lisle Letters,* 1673; *LP,* XV, 541.
65 Kaulek, 184-5; *Lisle Letters,* VI, 117-34
66 Kaulek, 187-8.
67 *StP,* I, 627.
68 Ibd., III, 12-15, 25-27, 36-43, 135-6, 208-9, 213-16.
69 Ibd., 194-5, 216-17.
70 Strype, *Mem.,* I(II), 381-3; Kaulek, 190.
71 Burnet, IV, 415-23.
72 Ibd., 430.
73 Ibd., 431-9; *LP,* XV, 822, 850.
74 *StP,* I, 637-41, 643-6; Burnet, IV, 440-2.
75 Foxe, V, 402-3, 438; Wriothesley, I, 120; Hall, 838-40.
76 Foxe, V, 434-8.
77 Ibd., 434-6.
78 Ibd., 439; Scarisbrick, 383.
79 *Stat. of Realm,* 32 Hen. VIII, Kapitel 58.
80 Burnet, IV, 443-96; VI, 241-2, 246-8; siehe vor allem IV, 494.
81 Austis, I, 417.

25 – Katharina Howard

1 Wriothesley, I, 121-2; Kaulek, 218; *LP,* XVI, 314; *SpCal,* V(I), 143.
2 Hall, 838.
3 *LP,* XXI(II), 555(1).
4 *Orig. Letters,* I, 204.
5 Luther, *Bekentnis des Glaubens die Robertus Barns en Lundon inn Engelland gethan hat,* passim; *LP,* XVI, 106.
6 *Orig. Letters,* I, 211.
7 *Stat. of Realm,* 32 Hen. VIII, Kapitel 16; *StP,* I, 647-50; VIII, 365, 429, 588; Kaulek, 232; *LP,* XVI, 13, 182, 188, 214, 347, 662, 733, 864, 954, 962, 1068, 1080; *SpCal,* VI(I), 121, 135, 144, 155, 163, 168.
8 *StP,* I, 658; VIII, 441, 458, 460, 479, 553; *Chron. of Calais,* 191-7; Kaulek, 222, 228-30, 235-6, 243, 267, 277, 302; Nicolas, VII, 64; *LP,* XVI, 29, 35, 130, 183-4, 200, 276, 465, 562, 761, 876.
9 Kaulek, 250-1, 289; *LP,* XVI, 785; Ribier, I, 552-3.
10 *StP,* I, 653; VIII, 434, 436, 447, 457, 511; Kaulek, 222, 233; *Hist.MSS.Com., Rutland MS.,* 11; *LP,* XVI, 57, 115, 174.
11 Kaulek, 236-7.
12 Ibd., 247, 273-4; Nicolas, VII, 138-9f.
13 *StP,* VIII, 519.
14 *Archaeologia,* XXXIII, 5-6.
15 Kaulek, 101-4, 274; *LP,* XIV(I), 1091-2, 1097; XVI, 590.
16 *StP,* VIII, 338, 364-5.
17 *LP,* XVI, 448.
18 Nott, II, 277-308; *StP,* VIII, 530-2, 544-6; *LP,* XVI, 461, 515-16; *SpCal,* VI(I), 150.
19 *LP,* XIII(II), 817-18.
20 Kaulek, 309; *LP,* XVI, 897; *SpCal,* VI(I), 166; *PoliEp,* III, Ep., 35-37.
21 *LP,* XVI, 932; Wriothesley, I, 125.
22 *LP,* XVI, 931-2; Wriothesley, I, 125; Kaulek, 317-18.
23 *StP,* I, 658.
24 P.R.O., S.P., 1/166, 35ff, 58; *LP,* XVI, 887, 917.
25 Nicolas, VII, 181-2; Wriothesley, I, 125.
26 *LP,* XIV(I), 455; XV, 752; *StP,* V, 151-2; IX, 106; Elton, *Policy and Police,* 367.
27 *LP,* XVI, 429; *StP,* III, 281-5.
28 *StP,* I, 659; III, 304-10, 323-5; *LP,* XVI, 927, 974.
29 *LP,* XVI, 1487.
30 *StP,* I, 666-7; III, 300-3, 336-8, 350-3, 394-7; *LP,* XVII, 831-3, 890; *SpCal,* VI(II), 68.
31 *LP,* XVII, 468; *SpCal,* VI(II), 20.
32 Foxe, V, 440-9; Hall, 841.
33 *Orig. Letters,* I, 200-1; Wriothesley, I, 119; Foxe, V, 251.
34 Burnet, IV, 307.
35 *LP,* XVI, 945.
36 Kaulek, 317.
37 Nicolas, VII, 207, 209-22; *Ham.P.,* I, 75, 82; Kaulek, 320.
38 P.R.O., S.P., 1/187, 14f; *LP,* XVI, 1134.
39 Nicolas, VII, 226-7, 230; *LP,* XVI, 1337, 1339; *Archaeologia,* XXIII, 336-8.
40 Nicolas, VII, 231-4; Kaulek, 334; *LP,* XVI, 1131.
41 Kaulek, 326-7, 334-6.
42 Nicolas, VII, 236-43; Kaulek, 341; *LP,* XVI, 1338-9.
43 Kaulek, 337-8; *LP,* XVI, 1178, 1182; *Ham.P.,* I, 87-88.
44 Nicolas, VII, 244-52; *LP,* XVI, 1232; Foxe, V, 463.

45 Nicolas, VII, 252-63.
46 *StP,* I, 683-4.
47 Ibd., 689-95; Kaulek, 352-4; Nicolas, VII, 267-8, 352-6; *LP,* XVI, 1320-1, 1328; *SpCal,* VI(I), 204.
48 Kaulek, 363-7, 370-2; Nicolas, VII, 355; *LP,* XVI, 1376; *Hist.MSS.Com., Rutland MS.,* I, 28.
49 *LP,* XVI, 1395.
50 *StP,* I, 698, 701.
51 *LP,* XVI, 1470.
52 *StP,* I, 700.
53 *Stat. of Realm,* 33 Hen. VIII, Kapitel 21; Kaulek, 388; *LP,* XVII, 100, 106.
54 *StP,* I, 727.
55 Ibd., 721; Kaulek, 383, 426; *LP,* XVII, 415.
56 *LP,* XVII, 177; Burnet, IV, 510-19.
57 Gachard, *Anal. Hist.,* I-IV, 242-5; *LP,* XVII, 92, 124; *SpCal,* VI(I), 232, 350.
58 *LP,* XVI, 1407; *StP,* 1708-9.

26 – Solway Moss

1 Kaulek, 341-5, 390-4, 402-3, 411; *StP,* I, 728-32; VIII, 680-5.
2 *LP,* XVI, 1359; XVII, 329; *SpCal,* VI(I), 207.
3 Kaulek, 422-9.
4 *LP,* XVII, 329.
5 Kaulek, 438.
6 *LP,* XVII, App., 21-23, 28, 33; *StP,* IX, 65-66.
7 Kaulek, 432-5.
8 *StP,* V, 211, 211-12f; *LP,* XVII, 586; *SpCal,* VI(II), 41.
9 *LP,* XVII, 586, 746, 759; *StP,* IX, 123; *SpCal,* VI(II), 58.
10 *LP,* XVII, 418, 560, 759; Kaulek, 456-7.
11 *StP,* IX, 65, 202-5.
12 Ibd., V, 207-8; *HamP,* I, 127, 146(1), 154, 158; *LP,* XVII, 764.
13 *HamP,* I, 175, 181, 189, 197; *StP,* V, 198-9; *LP,* XVII, 919.
14 Lodge, I, 42-43; *HamP,* 171-3, 178(1), 182, 185, 190(1), 193, 198, 201-2, 211, 218, 221; *LP,* XVII, 199.
15 *HamP,* I, 221, 223-4, 226, 228-9, 231; S. LXXVII, LXXX; *StP,* V, 213-19; Theiner, 613; *LP,* XVII, 998, 1060.
16 *HamP,* I, 240, 247; S. LXXII, LXXXVII; Knox, *History of the Reformation in Scotland,* I, 35-38; *LP,* XVII, 1137, 1207; *VenCal,* V, 288.
17 *HamP,* I, 241; S. LXXXVII; Wriothesley, I, 140-1 (Wriothesley behauptet fälschlicherweise, der Hof sei an Weihnachten in Greenwich gewesen); Dasent, *Acts of the Privy Council,* I, 66-69; *LP,* XVII, 1224, 1230, 1241; *SpCal,* VI(II), 69, 85, 87, 90.
18 Hall, 846-56; *HamP,* I, 269; *LP,* XVII, 898(2).
19 *HamP,* I, 270(2), 276, 276(3).
20 Ibd., 275(1).
21 Ricart, *The Maire of Bristowe is Kalendar,* 55; *LP,* XIV(I), 184, 1095.
22 Siehe Northumberland an Cecil, 7. Dezember 1552, in Tytler, *England under Edward VI and Mary,* II, 148; Machiavelli, *Der Fürst,* 131; *StP,* V, 250f.
23 Foxe, V, 439; *HamP,* I, 255.
24 *Orig.Letters,* I, 237; II, 634.
25 *HamP,* I, 269, 275(I); *StP,* V, 242, 250-1f; *Sadler P.,* I, 160-8.
26 *HamP,* I, 348, 408.
27 *LP,* XVIII(I), 150; *SpCal,* VI(II), 100.

28 Rymer, XIV, 768-76.
29 Wilkins, III, 868; Lloyd, 262-3, 266; *StP,* IX, 615-16.
30 Lloyd, 215, 217-19; *Stat. of Realm,* 34 & 35 Hen. VIII, Kapitel 1.
31 Dasent, I, 94, 105-8, 113-15.
32 *NarrRef,* 252-3; Foxe, VIII, 28-31; Parker, *De Antiquitate Britannicae Ecclesiae,* 392-3; *LP,* XVIII(II), 546.
33 Foxe, V, 464-86; Dasent, I, 97-98, 126-7, 150-1.
34 *LP,* VXIII(I), 443, 854, 954; *SpCal,* V(II), 188.
35 *LP,* XVIII(I), 873, 918.
36 Foxe, V, 486-92.
37 Ibd., 493-4; *Orig.Letters,* I, 242.
38 Foxe, V, 494-6.
39 Ibd., VIII, 31-34.

27 – Der Krieg um Boulogne

1 *LP,* XVIII(I), 925, 955; XVIII(II), 143, 294, 310; *SpCal,* VI(II), 190, 204, 249; *StP,* IX, 489-93, 522-9, 554.
2 *HamP,* I, 43, 426.
3 *StP,* V, 273; *HamP,* I, 354, 358; *LP,* XVIII(I), 455.
4 *HamP,* I, 345.
5 *StP,* V, 281-2f; Rymer, XIV, 786-97.
6 *Sadler P.,* I, 259; *HamP,* I, 446, 451; II, 14, 19.
7 *StP,* V, 334-5.
8 *HamP,* II, 27, 33, 46; *StP,* V, 335.
9 *HamP,* II, 31, 34-35, 51, 93, 123(1).
10 Ibd., 138(b), 149, 154, 159, 162; *StP,* V, 355; Haynes, *State Papers left by Lord Burghley,* 20; *Hist.MSS.Com., Cecil MSS.,* I, 135.
11 *HamP,* II, 98, 130, 160, 307; Haynes, 12-13; *LP,* XIX(II), 33.
12 *HamP,* II, 189, 207, 209, 217.
13 Ibd., 230, 232-3, 237, 240; »The late Expedition in Scotland«, passim; »The Late Expedition by the King's Army«, passim (in Dalyell, *Fragments of Scottish History*); *LP,* XIX(I), 355, 481, 518(3), 533; *SpCal,* VII, 85, 89.
14 *HamP,* II, 233.
15 *LP,* XVIII(II), 525; XIX(I), 65, 118, 206, 318, 529-30, 714, 964; XIX(II), 275; *SpCal,* VII, 17, 22, 50, 65, 99-100; *StP,* I, 761-2; IX, 682-93, 710-12; Haynes, 6.
16 *LP,* XVIII(II), 525; XIX(I), 271, 714, 794, 955; *StP,* IX, 710, 715; *SpCal,* VII, 134, 159-60.
17 *LP,* XIX(I), 427, 682, 730, 765, 767, 769, 776, 789, 793, 799, 827, 829, 850, 856, 858, 896-7, 944, 960; *SpCal,* VII, 77, 124, 128, 131, 138-9, 142, 144, 157; *StP,* IX, 718-25; Lanz, II, 415.
18 *LP,* XIX(I), 795, 849, 868, 907.
19 Ibd., 291; *SpCal,* VII, 60-61; *StP,* IX, 391-2.
20 *StP,* I, 763-5.
21 *LP,* XIX(I), 921, 940, 946; Rymer, XV, 52-57; *SpCal,* VII, 152.
22 *LP,* XIX(I), 957, 964; XIX(II), 167, 207, 324; *HamP,* II, 322.
23 *LP,* XIX(I), 929, 933, 953, 955, 1024, 1026; XIX(II), 20-21, 45, 53, 105, 235; *SpCal,* VII, 156, 159-60, 169, 173, 176, 179, 187, 222; *StP,* X, 1, 19-20, 23-27, 24-25f.
24 *LP,* XIX(I), 866, 903, 921, 955, 989; XIX(II), 112; *SpCal,* VII, 152, 164, 159-60.
25 *StP,* X, 11-12; *LP,* XIX(II), 174; Rymer, XV, 50-52.
26 *StP,* X, 31-33, 64-65f; *LP,* XIX(II), 218, 236; *SpCal,* VII, 198.
27 Leonard, II, 430-48; Gachard, *Voyages des Souverains des Pays Bas,* II, 292-3; *LP,* XIX(II), S. XXVIIf.

28 *LP,* XIX(II), 236, 268, 281, 288, 304, 344, 410, 507, 661; *SpCal,* VII, 198, 209-11, 217, 241, 248, 253; Granvelle, III, 26-29; *StP,* X, 76-82, 94-96, 147-51, 161-5.
29 *LP,* XIX(II), 292.
30 *StP,* X, 66-70; *LP,* XIX(II), 236, 334, 336; XX(II), 494; *SpCal,* VII, 198, 215.
31 *LP,* XIX(II), 287, 306-7, 323, 342, 372, 379, 671; XX(I), 606, 689, 1092, 1248; *SpCal,* VII, 216; VIII, 51; *StP,* X, 101, 358.
32 *LP,* XIX(II), 347, 352, 355, 399, 515; XX(I), 1123; *SpCal,* VII, 219; *StP,* X, 101, 108; Nott, I, App. Nr. XVII.
33 *LP,* XX(I), 7, 21-22, 27, 30, 36, 41, 43, 137, 239, 261, 459, 590; *SpCal,* VIII, 4-5, 7, 15-16; *StP,* X, 241-4, 254-61, 309-19, 321-3, 330-3, 370, 408.
34 *LP,* XX(I), 11.
35 Haynes, 43; *HamP,* II, 395; *StP,* V, 417-18.
36 *HamP,* II, 414, 417-20, 422; *SpCal,* VIII, 23.
37 *LP,* XX(I), 16, 85; Lodge, I, 99-100.
38 *LP,* XX(I), 17, 52, 538.
39 Ibd., 1017, 1078, 1101; XX(II), 167; *SpCal,* VIII, 124; *StP,* III, 517; V, 432, 475.
40 *StP,* I, 827.
41 Dasent, I, 174; *LP,* XX(I), 606, 787.
42 *StP,* X, 278-83.
43 Ibd., 610-11, 613-16, 657-60, 822; *LP,* XX(I), 721, 947, 1079, 1138; XX(II), 283, 380, 527, 536, 544, 563, 585, 605-6, 636, 671, 679-80, 689, 710, 715-16, 750, 883, 962, 992; *SpCal,* VIII, 151.
44 *LP,* XIX(II), 373, 555; XX(I), 462, 1293; *SpCal,* VII, 233; VIII, 10, 106.
45 *LP,* XX(I), 1263, 1293; S. LX-LXI; *SpCal,* VIII, 101, 106; Du Bellay, IV, 282-305; Froude, *History of England,* IV, 126-44.
46 *StP,* I, 796, 801, 803; *LP,* XX(II), 81.
47 *LP,* XX(I), 1245, 1276-7, 1279, 1293, 1297, 1299, 1301.
48 *StP,* I, 798-9, 801, 820-4, 829; V, 508; Dasent, I, 225-30; *LP,* XX(II), 145, 149, 178, 493; *SpCal,* VIII, 122, 126, 143.
49 *Society of Antiquaries Proclamations,* II, 154.

28 – Anne Askew

1 *StP,* I, 831-4; X, 581-3; *LP,* XX(II), 251, 486, 513, 589, 717, 754; XXI(I), 126, 195, 201, 218, 241; *SpCal,* VIII, 232, 244; Wriothesley, I, 163.
2 Strype, *Mem.,* I(II), 489; MacNalty, 153-5; Parker, *Correspondence,* 34; Wilkins, III, 875-6.
3 *LP,* XX(II), 223, 254, 393; XXI(I), 56, 197, 296, 375, 409; XXI(II), 42, 51.
4 *Society of Antiquaries Proclamations,* II, 118; *LP,* XXI(I), 447; XXI(II), 42, 70-71, 97; *SpCal,* VIII, 220.
5 *LP,* XX(I), 984, 1329; XX(II), 200; XXI(I), 589; *SpCal,* VIII, 70; Dasent, I, 276.
6 P.R.O., S.P., 1/210, 30-33ff; *LP,* XX(LL), 738.
7 *StP,* V, 486-7, 509-37, 539-43; *LP,* XX(II), 97, 401, 456, 458, 525.
8 *HamP,* II, 391.
9 *StP,* III, 533-5, 537-8, 541-4, 548-50; V, 482-5, 501-8; Dasent, I, 188, 240; *LP,* XX(II), 231, 714.
10 *StP,* V, 449-50.
11 Ibd., 470; *HamP,* II, 116.
12 *StP,* V, 510-12.
13 Ibd., X, 640-1, 643-5, 654-7, 667-77, 679-87, 723-9, 744-8, 795-801, 815-16; *LP,* XX(II), 149, 773-5, 782, 788, 793-4, 798, 821; *SpCal,* VIII, 122; Muller, 201-2.
14 Muller, 210; *StP,* X, 730-3.
15 Foxe, V, 690-1; *Private Prayers of Queen Elizabeth,* 567, 572; Dasent, I, 225; Strype, *Cranmer,* I, 185; Cranmer, *Works,* II, 412.

16 *NarrRef*, 254-8; Foxe, VIII, 24-26; Parker, *De Antiquitate Britannicae Ecclesiae*, 393-5; Gairdner, *The English Church in the Sixteenth Century*, 233; Gairdner, *Lollardy and the Reformation*, II, 418-21; Ridley, *Thomas Cranmer*, 238-9f.
17 Hall, 864-6; *H.L.Jo.*, 24. Dezember 1545.
18 *LP*, XX(II), 1030, 1045.
19 Ibd., 81; *StP*, XI, 3-5, 16-17.
20 *LP*, XXI(I), 365, 439, 447, 488; *SpCal*, VIII, 208, 216, 220; Foxe, VI, 351; *StP*, I, 842-50, 872, 875, 878; *LP*, XXI(I), 836; XXI(II), 155; Ellis, II(II), 176-8.
21 *LP*, XXI(I), 640, 682; *StP*, XI, 111-14.
22 Rymer, XV, 93.
23 *StP*, XI, 183-6, 192-6, 193f, 202-8; *LP*, XXI(I), 938, 949-50, 952, 975-6, 989, 995; *SpCal*, VIII, 266-7; Rymer, XV, 93.
24 Knox, *History of the Reformation in Scotland*, I, 76-78; *StP*, V, 561; XI, 221.
25 Strype, *Mem.*, III, 160; Dasent, I, 400, 402, 408, 414, 417-19, 423, 466-7, 492-3; *StP*, I, 842-50, 872, 875, 878; *LP*, XXI(I), 836; XXI(II), 155; Ellis, II(II), 176-8.
26 Foxe, V, 537-43.
27 Ibd., 543-8; Bale, *Works*, 137-246; Dasent, I, 462.
28 Foxe, V, 547.
29 Ibd., 550-1; Wriothesley, I, 169-70.
30 Foxe, V, 553-61.

29 – Die letzte Säuberungsaktion

1 *Correspondence de Selve*, 17-22; *LP*, XXI(II), 194, 203.
2 Wriothesley, I, 171-3; *LP*, XXI(I), 1384.
3 Foxe, V, 562-4.
4 *StP*, XI, 322-6, 330.
5 Ibd., I, 858, 862-4, 867-8, 870-1; XI, 283-9, 290f, 293-7, 300, 319, 333-4; Selve, 22-26; *LP*, XXI(II), 23, 28-29, 31-32, 69, 83-84, 89-91, 101, 114, 125-6, 128, 131, 151, 245, 330; S. XI-XVIII; *SpCal*, VIII, 320; Holinshed, III, 859-61.
6 Theiner, 618; *StP*, I, 867; *LP*, XXI(II), 92, 114, 123(2); *SpCal*, VIII, 323.
7 *StP*, V, 563-5.
8 Selve, 39-44; *LP*, XXI(II), 212.
9 Selve, 61-65, 67-68, 71; *StP*, V, 572-4; *LP*, XXI(II), 451.
10 *LP*, XXI(II), 575.
11 Ibd., 139; Selve, 32.
12 *LP*, XX(I), 687, 745; XX(II), 269, 287; XXI(II), 384, 567; *VenCal*, V, 335, 337, 356, 439.
13 Selve, 53-61.
14 Ibd., 72-73; *LP*, XXI(II), 546, 605; *SpCal*, VIII, 364, 370.
15 Foxe, V, 566, App. Nr. XVIII; Wriothesley, I, 175.
16 Muller, 161.
17 Foxe, VI, 138-9.
18 *LP*, XXI(II), 546; *SpCal*, VIII, 364; Wriothesley, I, 176.
19 P.R.O., S.P. 1/175, 85f; *LP*, XVIII(I), 73, 315, 327, 351, 390; XX(II), App., 30; *StP*, IX, 554; Dasent, I, 104; *SpCal*, VI(II), 127.
20 *LP*, XXI(II), 541, 546; *StP*, XI, 378, 387-8.
21 *LP*, XXI(II), 555.
22 Lord Herbert, 566; Burnet, VI, 274.
23 *Letters of Henry VIII*, 422-3; *LP*, XXI(II), 605-6; *SpCal*, VIII, 370.
24 Rymer, XV, 110.
25 Selve, 78-83, 88; *LP*, XXI(II), 679, 756; *SpCal*, VIII, 317, 386; *Orig. Letters*, I, 41-42, 256.

26 *LP,* XXI(II), 620; *SpCal,* VIII, 373; Lord Herbert, 567-9.

27 *LP,* XXI(II), 697, 753; Wriothesley, I, 177; *Stat. of Realm,* 38 Hen. VIII, Kapitel 32.

28 *H.L.Jo.,* 18., 24. und 27. Januar 1546/7.

29 Foxe, V, 689.

30 Selve, 95-96; *VenCal,* V, 452; Wriothesley, I, 178.

31 Foxe, V, 563, 691, 697.

32 *LP,* XI, 219; Eduard VI., *King Edward's Journal,* 18. und 19. März 1550/1 (in Burnet, V, 32); *SpCal,* X, 251-61; Dasent, III, 350.

33 Aylmer, *An Harborrowe for Faithfull and Trewe Subiectes,* Q2; Fulwell, *The Flower of Fame* (in *Harleian Miscellany,* IX, 343).

34 Gilby, *An Admonition to England and Scotland* (in Knox, *Works,* IV, 563); Genfer Bibel, Anmerkung zu 1. Samuel XXVI, 9; Raleigh, *History of the World,* Vorwort, B.

35 Fisher, *History of Europe,* 520; Bryant,*Spirit of England,* 227; Gray, »Ode to Magic« (*Works,* I, 65); Oman, *History of England,* 282; Dickens, *A Child's History of England,* 306; Baskerville, *English Monks and the Suppression of the Monasteries,* 12.

36 Thomas, *The Pilgrim,* 9, 54-55.

37 Lord Herbert, 574.

38 Froude, IV, 243.

39 Pollard, *Henry VIII,* 429, 434, 439-40.

40 *PoliEp,* I, 135-7; *LP,* XIV(I), 200, 285; Machiavelli, *Der Fürst,* 55; Elyot, *Dictionary,* Vorwort, A II.

41 Roper, 56-57; Cavendish, 179; *Narr.Ref.* 266.

Bibliographie

Manuskripte

British Library:
Cotton MSS. Caligula D VII, VIII
Galba B IX
Titus, B.I
Vitellius B IX, XI, XX
Additional MSS.28578
Public Record Office:
State Papers I/2, 17, 23, 27, 42, 98, 105, 166-7, 175, 210.

Gedruckte Werke

Aless, A. *Of the auctorite of the word of god agaynst the bisshop of london*. Leipzig(?), 1540.

Allen, P.S. and H.M. (eds.) – *Opus Epistolarum Des. Erasmi Rotorodami*. Oxford, 1906-58.

Archaeologia, vol. XXVI, XXXII, XXXIII. London, 1836, 1847, 1849.

Austis, F. (ed.) *The Register of the Most Noble Order of the Garter from its cover in black velvet usually called the Black Book*. London, 1724.

Aylmer, J. *An harborrowe for Faithfull & Trewe Subiectes agaynst the late blowne Blaste concerninge the Gouvernmet of Women*. Strasbourg, 1559.

Bacon, Francis *History of the Reign of King Henry VIII*. (ed. J.R. Lumby) Cambridge, 1881 edn.

Bale, J. *Select Works of John Bale*. (Parker Society Ed. by Henry Christmas) Cambridge, 1849.

Baskerville, G. *English Monks and the Suppression of the Monasteries*. London, 1937.

»Bishop Cranmer's Recantacyons« (*Miscellanies of the Philobiblon Society,* vol.XV) London, 1877-84.

Bishops' Book. See Lloyd.

Bourchier, T. *Historia Ecclesiastica de Martyris Fratrum Ordinis Divi Francisci, dictorum de Observantia*. Paris, 1582.

Bowle, J. *Henry VIII*. London, 1964.

Bradford, W. *Correspondence of the Emperor Charles V and his Ambassadors at the Courts of England and France*. London, 1850.

Brewer, J. Vorwort zu *Letters and Papers of Henry VIII.* Siehe Briefe und Papiere.
Brinkelow, H. *The coplaint of Roderyck Mors.* London, 1548.
Brixius, G. *Antimorus.* Basel, 1520(?).
Brown, P. Hume *Early Travellers in Scotland.* Edinburgh, 1891.
Bryant, A. *Spirit of England.* London, 1982.
Buchanan, G. *History of Scotland.* Edinburgh, 1752 edn.
Bucholtz, F.B. Von *Geschichte der Regierung Ferdinand des Ersten.* Wien, 1831-8.
Burnet, G. *Reformationsgeschichte der Kirche von England.* 2 Bde. Braunschweig, 1765.
Calendar of Letters, Documents and State Papers relating to the Negotiations between England and Spain preserved in the Archives at Simancas and elsewhere. (ed. G.A. Bergenroth, P. de Goyangos, G. Mattingly, R. Tyler, etc.) London, 1862-1965.
Calendar of State Papers and Manuscripts relating to English Affairs in the Archives of Venice and other Libraries in Northern Italy. (ed. Rawdon Brown, Cavendish Bentinck, etc.) London, 1864-1947.
Calendar of State Papers (Foreign Series) in the reign of Elizabeth, Bd.I (ed. J. Stevenson) London, 1863.
Camden, W. *Remaines concerning Britain.* London, 1657 edn.
Camusat, N. *Meslanges historiques.* Troyes, 1619.
Captivité de François Ier. (ed. A. Champollion-Figeac) Paris, 1847.
Cavendish, G. *Thomas Wolsey late Cardinall, his lyffe and deathe.* (ed. R.S. Sylvester) (Early English Text Society edn.) Oxford, 1959.
Chauncy, M. *Historia aliquot martyrum Anglorum.* Mainz, 1550.
Child, F.J. (ed.) *The English and Scottish Popular Ballads.* (Dover edn.) New York, 1965.
Chrimes, S.B. *Henry VII.* London, 1972.
Chronicle of Calais in the reigns of Henry VII and Henry VIII. (ed.J.G. Nichols) (Camden Society) London, 1846.
Collier, J. *The Ecclesiastical Hisory of Great Britain.* London, 1840 edn.
Cooper, C.H. *Annals of Cambridge.* Cambrigde, 1843.
Corpus Reformatorum. (ed. C.G. Bretschneider und H. E. Bindseil) Halle und Brunswick, 1834-1900.
*Correspondance de l'Empereur Maximilien Ier* et de Marguerite d'Autriche, sa fille. (ed. M. Le Glay) Paris, 1839.
Cranmer, T. *The Works of Thomas Cranmer.* (ed. J.E. Cox) (Parker Society) Cambridge, 1844-6.
Crapelet, G.A. *Lettres de Henry VIII à Anne Boleyn.* Paris, 1835 edn.
Creighton, M. *History of the Papacy from the Great Schism to the Sack of Rome.* London, 1897.
Cromwell, T. Siehe Merriman.
Dalyell, J.G. *Fragments of Scottish History.* Edinburgh, 1798.
Dasent, J.R. (ed.) *Acts of the Privy Council of England.* London, 1890-1907.
Demaus, R. *The Life of William Tyndale.* (ed. R. Lovett) Manchester, 1922 edn.
Derrett, J.D.M. ›The Trial of Sir Thomas More‹ (*English Historical Review,* vol. XXIX) London, 1964.
Dickens, Charles *A Child's History of England.* Vol. 1-2. London, 1898 edn.
Dictionary of National Biography. Oxford, 1885-1900.
Dodds, Madeleine und Ruth. *The Pilgrimage of Grace 1536-1537 and the Exeter Conspiracy 1538.* Cambridge, 1915.
Du Bellay, M. und G. *Mémoires de Martin et Guillaume Du Bellay.* (ed. V.L. Bourrilly und F. Vindry) Paris, 1908-19 edn.
Edward VI »King Edward's Journal«. Siehe Burnet.
Ehses, S. *Römische Dokumente zur Geschichte der Ehescheidung Heinrichs VIII. von England 1527-1534.* Paderborn, 1893.
Ellis, H. *Original Letters illustrative of English History.* London, 1824-46.

Elton, G.R. *England under the Tudors. London, 1953.*

— *Henry VIII an essay in revision*. London, 1962.

— *Policy and Police*. Cambridge, 1972.

— *Studies in Tudor and Stuart Politics and Government*. Cambridge. 1974-83.

— *The Tudor Revolution in Government*. Cambridge, 1953.

Elyot, T. *The Dictionary of syr Thomas Eliot knyght*. London, 1538.

Epistolae Jacobi Quarti, Jacobi Quinti, et Mariae, Regum Scotorum. Edinburgh, 1722-4.

Erasmus, D. Siehe Allen.

Excerpta Historica. (ed. S. Bentley) London, 1831.

Fiddes, R. *Collections,* im zweiten Teil seines *The Life of Cardinal Wolsey*. London, 1724.

Fish, S. *A Supplication for the Beggars*. Siehe Four Supplications.

Fisher, H.A.L. *A History of Europe*. London, 1936 edn.

Fisher, J. *The English Works of John Fisher, Bishop of Rochester*. (ed. J.E.B. Mayor) (Early English Text Society) London, 1876.

— *R.D.D. Ioannis Fischerii...Opera*. Würzburg, 1597. (Nachdruck, Farnborough, Hants., 1967)

Fleuranges, R. De *Mémoires du Maréchal de Fleuranges*. Paris, 1753.

Four Supplications 1529-1533. A.D. (Early English Text Society) London, 1871.

Foxe, J. The Book of Martyrs;

The Acts and Monuments of John Foxe. (ed. J. Pratt) London, 1877; New York, 1965.

Erste Ausgabe: *Actes and Monumets of these latter and perillous dayes touching matters of the Church*. London, 1563.

Zweite Ausgabe: *The Ecclesiasticall History, contayning the Actes and Monuments of thynges passed in every kynges tyme in thes realm, especially in the Church of England*. London, 1570.

Friedmann, P. *Anne Boleyn*. London, 1884.

Froude, J.A. *The History of England from the fall of Wolsey to the death of Elizabeth*. London, 1870 edn.

Fuensalida, G.G. De *Correspondencia de Gutierez Gomez de Fuensalida*. (ed. A.P. y Mélia) Madrid, 197.

Fuller, T. *Church History of Britain from the birth of Jesus Christ until the year MDCXLVIII*. London, 1868 edn.

Fulwell, U. *The Flower of Fame: containing the bright Renowne and moste fortunate Reigne of King Henry the VIII*. London, 1575. Siehe Harleian.

Gachard, P. *Analectes historiques*. Brüssel, 1856-71.

Gairdner, J. *Lollardy and the Reformation in England*. London, 1908-13.

— Vorwort zu *Letters and Papers of Henry VIII*. Siehe Letters and Papers.

— *The English Church in the Sixteenth Century*. London, 1902.

Gardiner, S. *A declaration of such true Articles as George Joye hath gone about to confute as false*. London, 1546. Siehe Muller.

— Letters. Siehe Muller.

Gilby, A. *An Admonition to England and Scotland to bring them to repentance*. Genf, 1558. Siehe Knox, *Works*.

Giustiniani, S. *Four Years at the Court of Henry VIII: Selections of Despatches written by the Venetian Ambassador Sebastian Giustinian*. (ed. Rawdon Brown) London, 1854.

Granvella, A.P. De *Papiers d'Etat du Cardinal de Granvelle*. (ed. C. Weiss) Paris, 1841-52.

Gray, T. *The Works of Thomas Gray*. (ed. J. Mitford) London, 1836-43.

Green, Mary Anne Everett *Letters of Royal and Illustrious Ladies of Great Britain*. London, 1846.

— *Lives of the Princesses of England*. London, 1850-5.

Greyfriars Chronicle. *Chronicle of the Greyfriars of London*. (ed. J.G. Nichols) (Camden Society) London, 1852.

Halkin, L. E. *Erasmus von Rotterdam*. Eine Biographie. Benziger Zürich, 1989.
Hall, E. *Chronicle*. London, 1809 edn.
Halliwell, J.O. *Letters of the Kings of England*. London, 1846.
Hamilton Papers. (ed. J. Bain) Edinburgh, 1890-2.
Hamy, P.A. *Entrevue de François Premier avec Henry VIII à Boulogne-sur-mer en 1532*. Paris, 1898.
Harleian Miscellany, Bd. 9, London, 1812.
Harpsfield, N. *A treatise on the Pretended Divorce between Henry VIII and Catherine of Aragon*. (Camden Society) London, 1878.
— *The life and death of S^r* Thomas More, knight. (ed. Elsie Vaughan Hitchcock) (Early English Text Society) London, 1932.
Harrison, C.J. »The Petition of Edmund Dudley« (*English Historical Review*, Bd. 1XXXVII) London, 1972.
Haynes, S. *A Collection of State Papers...left by William Cecill Lord Burghley*. London, 1740.
Hearne, T. *Titi Livii...accedit, Sylloge Epistolarum a variis Angliae Principibus scriptarum*. Oxford, 1716.
Henry VII *The Will of King Hery VII*. (ed. T. Astle) London, 1775.
Henry VIII *A Glasse of the Truthe*. London, 1532(?). Siehe Pocock.
— *Assertio Septem Sacramentarum or Defence of the Seven Sacraments by Henry VIII, King of England*. (ed. Rev. L. O'Donovan) New York, 1908 edn.
— *The Letters of King Henry VIII*. (ed. M.ST. Clare Byrne) London, 1936. Siehe Crapelet. (ed. L. Black) London, 1933.
Heptameron. Siehe Margaret, Queen of Navarre.
Herbert of Cherbury, Edward, Lord *The Life and Raigne of King Henry the Eighth*. London, 1649.
Herbrüggen, H. Schulte *Thomas Morus*. Bd. 1ff, München 1983ff.
Hess, S. *Erasmus von Rotterdam, nach seinem Leben und Schriften*. Zürich, 1790.
Heylyn, P. *Ecclesia Restaurata, or, The History of the Reformation of the Church of England*. (ed. J. Barnard und J.C. Robertson) Cambridge, 1849 edn.
Historical Manuscripts Commission Reports:
Calendar of the Manuscripts of the Marquis of Bath. Dublin, 1907.
Calendar of the Manuscripts of the Marquis of Salisbury. London, 1883-5 (zitiert als »Cecil MSS.«).
The Manuscripts of the Duke of Rutland. London, 1905.
Holinshed, R. *Chronicles of England, Scotland and Ireland*. London, 1907-8 edn.
Hughes, P. *The Reformation in England*. London, 1950-4.
James IV *The letters of James IV 1505-1513*. (ed. R.K. Hannay, R.L. Mackie und Anne Spilman) Edinburgh, 1953. Siehe *Epistolae*.
James V *Letters of James V*. (ed. R.K. Hannay, D.Hay) Edinburgh, 1954. Siehe *Epistolae*.
Kaulek, J. *Correspondance politique de MM. de Castillondet de Marillac*. Paris, 1885.
Keilwey, R. *Reports d'ascuns Cases qui ont evenus aux temps du Roy Henry VII et du Roy Henry VIII*. London, 1688.
King's Book. Siehe Lloyd.
Knox, J. *John Knox's History of the Reformation in Scotland*. (ed. W. Croft Dickinson) Edinburgh und London, 1949 edn.
— *The Works of John Knox*. (ed. D. Laing) Edinburgh, 1846-64.
Laemmer, H. *Monumenta Vaticana*. Freiburg im Breisgau, 1856.
Lamb, J. *A Collection of Letters...illustrative of the History of the University of Cambridge during the period of the Reformation*. London, 1838.
Lanz, K. *Correspondenz des Kaisers Karl V*. Leipzig, 1844-6.
Latimer, H. *The Works of Hugh Latimer*. (Parker Society) Cambridge, 1844-5.

Le Grand, J. *Histoire du Divorce de Henry VIII Roy d'Angleterre et de Catherine d'Arragon*. Paris, 1688.

Leonard, F. *Recueil des Traitez de Paix, de Treve, de Neutralité, de Conféderation, d'Alliance, et de Commerce, faits par les Rois de France avec tous les Princes et Potentats de l'Europe*. Paris, 1693.

Letters and Papers (Foreign and Domestic) of the Reign of King Henry VIII (ed. J. Brewer und J. Gairdner) London, 1862-1920.

Letters and Papers illustrative of the Reigns of Richard III and Henry VII (ed. J. Gairdner) London, 1861-3.

Lettres du Roy Louis XII et du Cardinal G. d'Amboise, avec plusieurs autres lettres. Brüssel, 1712.

The Lisle Letters. (ed. Muriel St Clare Byrne) Chicago und London, 1981.

Lloyd, C. *Formularies of Faith put forth by authority during the reign of Henry VIII*. Oxford, 1825.

Lodge, E. *Illustrations of British History, Biography and Manners in the reigns of Henry VIII, Edward VI, Mary, Elizabeth and James I*. London, 1838.

London Chronicle in the times of Henry VII and Herny VIII. (ed. C. Hopper) (Camden Miscellany No. IV) (Camden Society) London, 1859.

Lower, M.A. »The Trial and Execution of Thomas Lord Dacre« (*Sussex Archaeological Collections*, Bd. XIX) Lewes, 1867.

Luther, M. *Antwortt deutsch Mart. Luthers auff König Henrichs von Engelland buch*. Wittenberg, 1522.

— *Bekantnus des Glaubens, die Robertus Barns der Heiligen Schrifft Doctor (inn Deutschem Lande D. Antonius genent) zu Lunden inn Engelland gethan het, Anno MDXL, am XXX tag des Monats julii, Da er zum Fewer one urteil und recht, unschuldig, unverhörter sach, gefurt und verbrant worden ist*. Wittenberg, 1540.

— *Dr Martin Luthers Briefe, Sendschriften und Bedenken*. (ed. W.M.L. de Wette) Berlin, 1825-56.

Machiavelli, N. *Der Fürst*. (Reclam Universal-Bibliothek 1219) Stuttgart, 1986.

Mackenzie, W. Mackay *The Secret of Flodden*. Edinburgh, 1931.

Mackie, J.D. »Henry VIII and Scotland« (*Transactions of the Royal Historical Society*, 4. Serie, Bd. XXIX) London, 1947.

— »King James IV« (*Scottish Historical Review*, Bd. XXXVIII) Edinburgh, 1959.

— »The English Army at Flodden« (*Miscellany of the Scottish History Society*) (Scottish History Society, 3. Serie, Bd. XlIII) Edinburgh, 1951.

Mackie, R.L. *King James IV of Scotland*. Edinburgh, 1958.

Macnalty, A.S. *Henry VIII, a difficult patient*. London, 1952.

Manchester, W.D. Mantagu, Duke of (ed.) *Court and Society from Elizabeth to Anne*. London, 1864.

Margarete von Angoulême, Königin von Navarra *Der Heptameron*. Erzählungen der Königin von Navarra. Berlin, 1965.

Marius, R. *Thomas Morus*. Eine Biographie. Benziger Zürich, 1987.

Mattingly, G. *Katharina von Aragon*. Kohlhammer Verlag Stuttgart, 1962.

Merriman, M.H. »The assured Scots« (*Scottish historical Review*, Bd. XlVII) Edinburgh, 1967-8.

Merriman, R.B. *Life and Letters of Thomas Cromwell*. Oxford, 1902.

More, Sir T. Briefwechsel. Siehe Rogers.

— *Mori Lucubrationes*. Basle, 1563.

— *The complete Works of St Thomas More*. (ed. R.S. Sylvester etc.) New Haven und London, 1963-79.

Morice, R. »A declaration concernyng…that most Reverent Father in God, Thomas Cranmer, late archebisshop of Canterbury«. Siehe Narratives of the Reformation.

Muller, J.A. (ed.) *The Letters of Stephen Gardiner*. Cambridge, 1933.

Narratives of the Days of the Reformation. (ed. J.G. Nichols) (Camden Society) London, 1859.

Négociations diplomatiques entre la France et l'Autriche durant les trente premières années du XVIe siècle. (ed M. Le Glay) Paris, 1845.
Nicolas, H. (ed.) *Proceedings and Ordinances of the Privy Council of England.* London, 1834-7.
Nott, G.F. (ed.) *The Works of Henry Howard Earl of Surrey and of Sir Thomas Wyatt the Elder.* London, 1815.
Oman, C. *A History of England.* London, 1921 edn.
Original Letters relative to the English Reformation. (ed. H. Robinson) (Parker Society) Cambridge, 1846-7.
Parker, M. *Correspondence of Matthew Parker.* (Parker Society) Cambridge, 1853.
— *De Antiquitate Britannicae Ecclesiae & Priuilegiis Ecclesiae Cantuariensis, cum Archiepiscopis eiusdem LXX.* London, 1572.
Parmiter, G. De C. *The King's Great Matter.* London, 1967.
Peter Martyr de Anglería *Opus Epistolarum Petri Martyris Anglerii Mediolanensis.* Amsterdam, 1670.
Pinkerton, J. *The History of Scotland from the Accession of the House of Stuart to that of Mary.* London, 1797.
Pitscottie, R. Lindsay of *The Historie and Cronicle of Scotland.* (ed. A.J.G. mackay) Edinburgh und London, 1899 edn.
Pius II, Papst *Aeneas Silvius. in Europam.* Memmingen, 1490. Siehe Brown.
Pocock, N. *Records of the Reformation: The Divorce 1527-1533.* Oxford, 1870.
Pole, R. *Epistolarum Reginaldi Poli S.R.E. Cardinalis.* (ed. A.M. Quirini) Brixen, 1754-67.
Pollard, A.F. *Henry VIII.* London, 1905 edn.
— *The Reign of Henry VII from contemporary sources.* London, 1913-14.
Porcacchi, T. *Lettere di XIII Huomini Illustri.* Venice, 1565.
Private Prayers of the Reign of Queen Elizabeth. (Parker Society) Cambridge, 1851.
Raleigh, W. *The History of the World.* London, 1614.
Ribier, G. *Lettres et Mémoires d'Estat des Roys, Princes et Ambassadeurs sous les Regnes de François Ier,* Henri II et François II 1537-1559. *Paris, 1666.*
Ricart, R. *The Maire of Bristowe is Kalendar.* (Camden Society) London, 1872.
Ridley, J. *The Statesman and the Fanatic.* London, 1982.
— *Thomas Cranmer.* Oxford, 1962.
Rogers, Elizabeth Frances (ed.) *The Correspondence of Sir Thomas More.* Princeton, N.J., 1947.
Roper, W. *Das Leben des Thomas Morus.* (Verlag Lambert Schneider GmbH) Heidelberg, 1986.
Roscoe, W. *Leben und Regierung des Papstes Leo des Zehnten.* 3 Bde. Leipzig, 1806-08.
Rymer, T.W. *Foedera, Conventiones, Literae, Et Cujuscunque Generis Acta Publica inter Reges Angliae.* London, 1704-17.
Sadler Papers. *The State Papers and Letters of Sir Ralph Sadler.* (ed. A. Clifford) Edinburgh, 1809.
Sanders, N. *Rise and Growth of the Anglican Schism.* (ed. D. Lewis) London, 1877 edn.
Scarisbrick, J.J. *Henry VIII.* London, 1968.
Selve, O. de *Correspondance politique de Odet de Salve.* (ed. G. Lefèvre-Pontalis) Paris, 1888.
Skelton, J. *The Political Works of John Skelton.* (ed. F. Henderson) London und Toronto, 1931.
Smith, Preserved *Erasmus.* New York, 1923.
Spalatin, G. *Georg Spalatin's historischer Nachlaß und Briefe.* Jena, 1851.
Spanish Calender. Siehe Calendar of Letters...in Simancas.
Spanish Chronicle. *Chonicle of King Henry VIII of England, being a contemporary record...written in Spanish by an unknown hand.* (ed. M.A.S. Hume) London, 1889.
State Papers published under the authority of His Majesty's Commission: King Henry the Eighth. London, 1831-52.
Statutes of the Realm. London, 1810-24.
Strype, J. *Ecclesiastical Memorials.* Oxford, 1822 edn.

— *Memorials of the Most Reverend Father in God Thomas Cranmer*. Oxford, 1840 edn.
A Supplicacyo^ to the quenes maiestie. Strasbourg (?), 1556.
Supplication for the Beggars. Siehe *Four Supplications*.
Teschenmacher, W. *Annales Cliviae, Juliae, Montium, Mancae, Westphalicae, Ravensbergae, Geldriae et Zutphaniae*. Frankfurt und Leipzig, 1721 edn.
Teulet, A. *Papiers d'État, Pièces et Documents relatifs à l'Histoire de l'Ecosse au XVIe* siècle. Paris, 1851-60.
Theiner, A. *Vetera monumenta Hibernorum et Scotorum historiam illustrantia 1216-1547*. Rom, 1864.
Thomas, W. *The Pilgrim: a dialogue on the Life and actions of King Henry the Eighth*. (ed. J.A. Froude) London, 1861.
Tudor Tracts. (ed. A.F. Pollard) Westminster, 1903.
Tyndale, W. *Doctrinal Treatises and Introductions to different portions of the Holy Scriptures*. (Parker Society) Cambridge, 1848. (Zitiert als »Tyndale, *Works*, Bd. I«).
— *Expositions and Notes on sundry portions of Holy Scripture, together with the Practice of Prelates*. (Parker Society) Cambridge, 1849. (Zitiert als »Tyndale, *Works*, Bd.II«).
— *An Answer to Sir Thomas More's Dialogue*, etc. (Parker Society) Cambridge, 1850. (Zitiert als »Tyndale, *Works*, Bd. III«).
Tytler, P.F. *England under the Reigns of Edward VI and Mary*.
Venetian Calendar. Siehe *Calendar of State Papers...in the Archives of Venice*.
Vergil, P. *Historiae Anglicae*. Leyden, 1651 edn.
Vives, J.L. *Opera omnia*. Valencia, 1782-90.
Waitz, G. *Lübeck unter Jürgen Wullenwever und die Europäische Politik*. Berlin, 1855-6.
Wegener, C.F. (ed.) *Aarsberetninger fra det Kongelige Geheimearchiv*. Kopenhagen, 1852-70.
Wilkins, D. *Concilia Magnae Britanniae et Hiberniae a Synodo Veralaniensi A.D. CCCCXLVI ad Londinensem A.D. MDCCXVII*. London, 1737.
Williams, N. *Henry VIII and his Court*. London, 1971.
Wood, Anthony Á. Annals. *The History & Antiquities of the Colleges and halls in the University of Oxford*. Oxford, 1786-90.
Wood, Mary Anne Everett. Siehe Green.
Wright, T. *Three chapters of letters relating to the Suppression of Monasteries*. (Camden Society) London, 1843.
Wrigley, E.A. und Schofield, R.S. *The Population History of England 1541-1871*. London, 1981.
Wriothesley, C. *A Chronicle of England during the reigns of the Tudors*. (ed. W.D. Hamilton) (Camden Society) London, 1875-7.

Namenregister